中国农垦农场志丛

江 苏
云台农场志

中国农垦农场志丛编纂委员会 组编

江苏云台农场志编纂委员会 主编

中国农业出版社

北 京

图书在版编目（CIP）数据

江苏云台农场志 / 中国农垦农场志丛编纂委员会组编；江苏云台农场志编纂委员会主编 . -- 北京：中国农业出版社，2023. 12. --（中国农垦农场志丛）.
ISBN 978-7-109-32512-8

Ⅰ. F324.1

中国国家版本馆 CIP 数据核字第 2024C5E351 号

出 版 人：刘天金
丛书统筹：王庆宁　赵世元
审 稿 组：干锦春　薛　波
编 辑 组：杨金妹　王庆宁　周　珊　李　梅　刘昊阳　黄　曦　吕　睿　赵世元　刘佳玫
　　　　　李海锋　王玉水　李兴旺　蔡雪青　刘金华　张潇逸　耿韶磊　徐志平　常　静
工 艺 组：毛志强　王　宏　吴丽婷
设 计 组：姜　欣　关晓迪　王　晨　杨　婧
发行宣传：王贺春　蔡　鸣　李　晶　雷云钊　曹建丽
技术支持：王芳芳　赵晓红　张　瑶

江苏云台农场志
Jiangsu Yuntai NongChang Zhi

中国农业出版社出版
地址：北京市朝阳区麦子店街 18 号楼
邮编：100125
责任编辑：王庆宁　　文字编辑：徐志平
版式设计：王　晨　　责任校对：吴丽婷
印刷：北京通州皇家印刷厂
版次：2023 年 12 月第 1 版
印次：2023 年 12 月北京第 1 次印刷
发行：新华书店北京发行所
开本：889mm×1194mm　1/16
印张：33　插页：6
字数：669 千字
定价：358.00 元

历任正职（1952—2021 年）

陆致翔 ■
1952 年 9 月—1953 年 7 月

王荣江 ■
1953 年 8 月—1960 年 4 月

康敬五 ■
1957 年 1 月—1969 年 8 月
1975 年 9 月—1980 年 5 月

耿步怀 ■
1960 年 5 月—1963 年 6 月

葛绍武 ■
1965 年 4 月—1969 年 12 月

钱开玉 ■
1968 年 10 月—1969 年 8 月

任静安 ■
1969 年 9 月—1972 年 4 月

王登龙 ■
1969 年 11 月—1975 年 8 月

金汉章 ■
1978 年 6 月—1984 年 7 月

史居华 ■
1980 年 6 月—1983 年 12 月

左延莹 ■
1981 年 4 月—1986 年 2 月

张广政 ■
1984 年 3 月—1986 年 6 月

韩如冰 ■
1986 年 3 月—1989 年 10 月

朱建国 ■
1986 年 6 月—1988 年 9 月

刘宝玉 ■
1989 年 11 月—1991 年 11 月

薛建云 ■
1990 年 2 月—1994 年 6 月

吴　锋

1993 年 12 月—1996 年 2 月

孙从波

1994 年 7 月—2003 年 11 月

汪宝明

2003 年 11 月—2006 年 12 月

程荣喜

2003 年 11 月—2006 年 12 月

吴玉和

2006 年 12 月—2011 年 5 月

缪素华

2011 年 11 月—2015 年 5 月

何荣方
2013 年 11 月—2018 年 1 月

刘卫华
2015 年 5 月—2021 年 4 月

王信学
2021 年 4 月至今

宋光锋
2019 年 2 月至今

黄祖兵
2020 年 1 月至今

赵士利
2020 年 9 月—2022 年 8 月

现任领导

王信学　党委书记、董事长、社管会主任（正中）

宋光锋　党委副书记、苏垦农发云台分公司总经理（右三）

黄祖兵　党委副书记、总经理（左三）

钱海祥　党委委员、副总经理、工会主席、社管会副主任（右二）

韩跃武　党委委员、纪委书记（左二）

匡洪萍　连云港片区财务总监（左一）

骆　元　苏垦农发云台分公司副总经理（右一）

国家级出口食品农产品质量安全示范区

产品品种：蔬菜
区域范围：云台农场
责任单位：江苏省云台农场
审核时间：二〇一二年十月

国家质量监督检验检疫总局

全国农垦现代农业示范区

中华人民共和国农业部
二〇〇七年六月

职工书屋

职工书屋

中华全国总工会
二〇二一年

2020-2021年度全国"安康杯"竞赛活动

优胜单位

中华全国总工会　应急管理部
国家卫生健康委员会
二〇二二年七月十八日

江苏省文明单位

江苏省精神文明建设指导委员会
2022年1月

省属企业信访维稳工作

先进单位

江苏省政府国有资产监督管理委员会
二〇一九年九月

先进基层党组织

江苏省国资党委
二〇一四年七月

出口蔬菜质量安全示范区

江苏出入境检验检疫局
江苏省农业委员会
江苏省海洋与渔业局

江苏省厂务公开民主管理
先进企业
江苏省厂务公开协调小组
二〇一〇年五月

全国企业文化建设
优秀单位
中国企业文化研究会
二〇一七年十一月

模范职工之家
江苏省总工会
二〇一八年四月

书香江苏
I SHU XIANG JIANG SU I
书香企业建设示范点
江苏省总工会
江苏省全民阅读办
二〇二〇年十二月

2016—2017年度
连云港市文明单位
中共连云港市委
连云港市人民政府
2018年11月

职工书屋
三星级职工书屋
连云港市总工会
二〇二一年十二月

十佳模范职工之家
连云港市总工会
二〇一九年十一月

工人先锋号
连云港市总工会

先进基层党组织

中共江苏省农垦集团有限公司委员会
二〇二〇年四月

江苏农垦宣传思想文化工作
（2019-2020年度）

先进单位

中共江苏省农垦集团有限公司委员会
二〇二一年二月

二〇二一年度

突出贡献企业

江苏省农垦集团有限公司
二〇二二年二月

二〇二一年度

农场社区工作先进单位

江苏省农垦事业管理办公室
二〇二二年二月

二〇二〇年度

先进企业

江苏省农垦集团有限公司
二〇二一年二月

二〇二〇年度

先进社区

江苏省农垦集团有限公司
二〇二一年二月

2018—2020年度

江苏农垦先进集体

江苏省农垦集团有限公司
二〇二一年三月

二〇二〇年度

优秀政研分会

江苏省农垦职工思想政治工作政研会
二〇二一年三月

中国农垦农场志丛编纂委员会

主　任

张兴旺

副主任

左常升　李尚兰　刘天金　彭剑良　程景民　王润雷

成　员（按垦区排序）

肖辉利　毕国生　苗冰松　茹栋梅　赵永华　杜　鑫

陈　亮　王守聪　许如庆　姜建友　唐冬寿　王良贵

郭宋玉　兰永清　马常春　张金龙　李胜强　马艳青

黄文沐　张安明　王明魁　徐　斌　田李文　张元鑫

余　繁　林　木　王　韬　张懿笃　杨毅青　段志强

武洪斌　熊　斌　冯天华　朱云生　常　芳

中国农垦农场志丛编纂委员会办公室

主　任

王润雷

副主任

王　生　刘爱芳　武新宇　明　星

成　员

胡从九　刘琢琬　干锦春　王庆宁

中国农垦农场志

江苏云台农场志编纂委员会

主 任 委 员　王信学

副主任委员　宋光锋　黄祖兵

委　　　员　钱海祥　韩跃武　匡洪萍　骆　元

　　　　　　车　健　刘玉春　江舜年

江苏云台农场志编纂人员

总　　　纂　刘玉春

志稿编写　江舜年　陈守忠　秦兆明　江宇辉　田富芹

中国农垦农场志丛自 2017 年开始酝酿，历经几度春秋寒暑，终于在建党 100 周年之际，陆续面世。在此，谨向所有为修此志做出贡献、付出心血的同志表示诚挚的敬意和由衷的感谢！

中国共产党领导开创的农垦事业，为中华人民共和国的诞生和发展立下汗马功劳。八十余年来，农垦事业的发展与共和国的命运紧密相连，在使命履行中，农场成长为国有农业经济的骨干和代表，成为国家在关键时刻抓得住、用得上的重要力量。

如果将农垦比作大厦，那么农场就是砖瓦，是基本单位。在全国 31 个省（自治区、直辖市，港澳台除外），分布着 1800 多个农垦农场。这些星罗棋布的农场如一颗颗玉珠，明暗随农垦的历史进程而起伏；当其融汇在一起，则又映射出农垦事业波澜壮阔的历史画卷，绽放着"艰苦奋斗、勇于开拓"的精神光芒。

（一）

"农垦"概念源于历史悠久的"屯田"。早在秦汉时期就有了移民垦荒，至汉武帝时创立军屯，用于保障军粮供应。之后，历代沿袭屯田这一做法，充实国库，供养军队。

中国共产党借鉴历代屯田经验，发动群众垦荒造田。1933年2月，中华苏维埃共和国临时中央政府颁布《开垦荒地荒田办法》，规定"县区土地部、乡政府要马上调查统计本地所有荒田荒地，切实计划、发动群众去开荒"。到抗日战争时期，中国共产党大规模地发动军人进行农垦实践，肩负起支援抗战的特殊使命，农垦事业正式登上了历史舞台。

20世纪30年代末至40年代初，抗日战争进入相持阶段，在日军扫荡和国民党军事包围、经济封锁等多重压力下，陕甘宁边区生活日益困难。"我们曾经弄到几乎没有衣穿，没有油吃，没有纸、没有菜，战士没有鞋袜，工作人员在冬天没有被盖。"毛泽东同志曾这样讲道。

面对艰难处境，中共中央决定开展"自己动手，丰衣足食"的生产自救。1939年2月2日，毛泽东同志在延安生产动员大会上发出"自己动手"的号召。1940年2月10日，中共中央、中央军委发出《关于开展生产运动的指示》，要求各部队"一面战斗、一面生产、一面学习"。于是，陕甘宁边区掀起了一场轰轰烈烈的大生产运动。

这个时期，抗日根据地的第一个农场——光华农场诞生了。1939年冬，根据中共中央的决定，光华农场在延安筹办，生产牛奶、蔬菜等食物。同时，进行农业科学实验、技术推广，示范带动周边群众。这不同于古代屯田，开创了农垦示范带动的历史先河。

在大生产运动中，还有一面"旗帜"高高飘扬，让人肃然起敬，它就是举世闻名的南泥湾大生产运动。

1940年6—7月，为了解陕甘宁边区自然状况、促进边区建设事业发展，在中共中央财政经济部的支持下，边区政府建设厅的农林科学家乐天宇等一行6人，历时47天，全面考察了边区的森林自然状况，并完成了《陕甘宁边区森林考察团报告书》，报告建议垦殖南泥洼（即南泥湾）。之后，朱德总司令亲自前往南泥洼考察，谋划南泥洼的开发建设。

1941年春天，受中共中央的委托，王震将军率领三五九旅进驻南泥湾。那时，南泥湾俗称"烂泥湾","方圆百里山连山",战士们"只见梢林不见天",身边做伴的是满山窜的狼豹黄羊。在这种艰苦处境中,战士们攻坚克难,一手拿枪,一手拿镐,练兵开荒两不误,把"烂泥湾"变成了陕北的"好江南"。从1941年到1944年,仅仅几年时间,三五九旅的粮食产量由0.12万石猛增到3.7万石,上缴公粮1万石,达到了耕一余一。与此同时,工业、商业、运输业、畜牧业和建筑业也得到了迅速发展。

南泥湾大生产运动,作为中国共产党第一次大规模的军垦,被视为农垦事业的开端,南泥湾也成为农垦事业和农垦精神的发祥地。

进入解放战争时期,建立巩固的东北根据地成为中共中央全方位战略的重要组成部分。毛泽东同志在1945年12月28日为中共中央起草的《建立巩固的东北根据地》中,明确指出"我党现时在东北的任务,是建立根据地,是在东满、北满、西满建立巩固的军事政治的根据地",要求"除集中行动负有重大作战任务的野战兵团外,一切部队和机关,必须在战斗和工作之暇从事生产"。

紧接着,1947年,公营农场兴起的大幕拉开了。

这一年春天,中共中央东北局财经委员会召开会议,主持财经工作的陈云、李富春同志在分析时势后指出:东北行政委员会和各省都要"试办公营农场,进行机械化农业实验,以迎接解放后的农村建设"。

这一年夏天,在松江省政府的指导下,松江省省营第一农场(今宁安农场)创建。省政府主任秘书李在人为场长,他带领着一支18人的队伍,在今尚志市一面坡太平沟开犁生产,一身泥、一身汗地拉开了"北大荒第一犁"。

这一年冬天,原辽北军区司令部作训科科长周亚光带领人马,冒着严寒风雪,到通北县赵光区实地踏查,以日伪开拓团训练学校旧址为基础,建成了我国第一个公营机械化农场——通北机械农场。

之后,花园、永安、平阳等一批公营农场纷纷在战火的硝烟中诞生。与此同时,一部分身残志坚的荣誉军人和被解放的国民党军人,向东北荒原宣战,艰苦拓荒、艰辛创业,创建了一批荣军农场和解放团农场。

再将视线转向华北。这一时期,在河北省衡水湖的前身"千顷洼"所在地,华北人民政府农业部利用一批来自联合国善后救济总署的农业机械,建成了华北解放区第一个机械化公营农场——冀衡农场。

除了机械化农场,在那个主要靠人力耕种的年代,一些拖拉机站和机务人员培训班诞生在东北、华北大地上,推广农业机械化技术,成为新中国农机事业人才培养的"摇篮"。新中国的第一位女拖拉机手梁军正是优秀代表之一。

(二)

中华人民共和国成立后农垦事业步入了发展的"快车道"。

1949年10月1日,新中国成立了,百废待兴。新的历史阶段提出了新课题、新任务:恢复和发展生产,医治战争创伤,安置转业官兵,巩固国防,稳定新生的人民政权。

这没有硝烟的"新战场",更需要垦荒生产的支持。

1949年12月5日,中央人民政府人民革命军事委员会发布《关于1950年军队参加生产建设工作的指示》,号召全军"除继续作战和服勤务者而外,应当负担一部分生产任务,使我人民解放军不仅是一支国防军,而且是一支生产军"。

1952年2月1日,毛泽东主席发布《人民革命军事委员会命令》:"你们现在可以把战斗的武器保存起来,拿起生产建设的武器。"批准中国人民解放军31个师转为建设师,其中有15个师参加农业生产建设。

垦荒战鼓已擂响,刚跨进和平年代的解放军官兵们,又背起行囊,扑向荒原,将"作战地图变成生产地图",把"炮兵的瞄准仪变成建设者的水平仪",让"战马变成耕马",在戈壁荒漠、三江平原、南国边疆安营扎寨,攻坚克难,辛苦耕耘,创造了农垦事业的一个又一个奇迹。

1. 将戈壁荒漠变成绿洲

1950年1月,王震将军向驻疆部队发布开展大生产运动的命令,动员11万余名官兵就地屯垦,创建军垦农场。

垦荒之战有多难，这些有着南泥湾精神的农垦战士就有多拼。

没有房子住，就搭草棚子、住地窝子；粮食不够吃，就用盐水煮麦粒；没有拖拉机和畜力，就多人拉犁开荒种地……

然而，戈壁滩缺水，缺"农业的命根子"，这是痛中之痛！

没有水，战士们就自己修渠，自伐木料，自制筐担，自搓绳索，自开块石。修渠中涌现了很多动人故事，据原新疆兵团农二师师长王德昌回忆，1951年冬天，一名来自湖南的女战士，面对磨断的绳子，情急之下，割下心爱的辫子，接上绳子背起了石头。

在战士们全力以赴的努力下，十八团渠、红星渠、和平渠、八一胜利渠等一条条大地的"新动脉"，奔涌在戈壁滩上。

1954年10月，经中共中央批准，新疆生产建设兵团成立，陶峙岳被任命为司令员，新疆维吾尔自治区党委书记王恩茂兼任第一政委，张仲瀚任第二政委。努力开荒生产的驻疆屯垦官兵终于有了正式的新身份，工作中心由武装斗争转为经济建设，新疆地区的屯垦进入了新的阶段。

之后，新疆生产建设兵团重点开发了北疆的准噶尔盆地、南疆的塔里木河流域及伊犁、博乐、塔城等边远地区。战士们鼓足干劲，兴修水利、垦荒造田、种粮种棉、修路架桥，一座座城市拔地而起，荒漠变绿洲。

2. 将荒原沼泽变成粮仓

在新疆屯垦热火朝天之时，北大荒也进入了波澜壮阔的开发阶段，三江平原成为"主战场"。

1954年8月，中共中央农村工作部同意并批转了农业部党组《关于开发东北荒地的农建二师移垦东北问题的报告》，同时上报中央军委批准。9月，第一批集体转业的"移民大军"——农建二师由山东开赴北大荒。这支8000多人的齐鲁官兵队伍以荒原为家，创建了二九○、二九一和十一农场。

同年，王震将军视察黑龙江汤原后，萌发了开发北大荒的设想。领命的是第五师副师长余友清，他打头阵，率一支先遣队到密山、虎林一带踏查荒原，于1955年元旦，在虎林县（今虎林市）西岗创建了铁道兵第一个农场，以部队番号命名为"八五〇部农场"。

1955年，经中共中央同意，铁道兵9个师近两万人挺进北大荒，在密山、虎林、饶河一带开荒建场，拉开了向三江平原发起总攻的序幕，在八五〇部农场周围建起了一批八字头的农场。

1958年1月，中央军委发出《关于动员十万干部转业复员参加生产建设的指示》，要求全军复员转业官兵去开发北大荒。命令一下，十万转业官兵及家属，浩浩荡荡进军三江平原，支边青年、知识青年也前赴后继地进攻这片古老的荒原。

垦荒大军不惧苦、不畏难，鏖战多年，荒原变良田。1964年盛夏，国家副主席董必武来到北大荒视察，面对麦香千里即兴赋诗："斩棘披荆忆老兵，大荒已变大粮屯。"

3. 将荒郊野岭变成胶园

如果说农垦大军在戈壁滩、北大荒打赢了漂亮的要粮要棉战役，那么，在南国边疆，则打赢了一场在世界看来不可能胜利的翻身仗。

1950年，朝鲜战争爆发后，帝国主义对我国实行经济封锁，重要战略物资天然橡胶被禁运，我国国防和经济建设面临严重威胁。

当时世界公认天然橡胶的种植地域不能超过北纬17°，我国被国际上许多专家划为"植胶禁区"。

但命运应该掌握在自己手中，中共中央做出"一定要建立自己的橡胶基地"的战略决策。1951年8月，政务院通过《关于扩大培植橡胶树的决定》，由副总理兼财政经济委员会主任陈云亲自主持这项工作。同年11月，华南垦殖局成立，中共中央华南分局第一书记叶剑英兼任局长，开始探索橡胶种植。

1952年3月，两万名中国人民解放军临危受命，组建成林业工程第一师、第二师和一个独立团，开赴海南、湛江、合浦等地，住茅棚、战台风、斗猛兽，白手起家垦殖橡胶。

大规模垦殖橡胶，急需胶籽。"一粒胶籽，一两黄金"成为战斗口号，战士们不惜一切代价收集胶籽。有一位叫陈金照的小战士，运送胶籽时遇到山洪，被战友们找到时已没有了呼吸，而背上箩筐里的胶籽却一粒没丢……

正是有了千千万万个把橡胶看得重于生命的陈金照们，1957 年春天，华南垦殖局种植的第一批橡胶树，流出了第一滴胶乳。

1960 年以后，大批转业官兵加入海南岛植胶队伍，建成第一个橡胶生产基地，还大面积种植了剑麻、香茅、咖啡等多种热带作物。同时，又有数万名转业官兵和湖南移民汇聚云南边疆，用血汗浇灌出了我国第二个橡胶生产基地。

在新疆、东北和华南三大军垦战役打响之时，其他省份也开始试办农场。1952年，在政务院关于"各县在可能范围内尽量地办起和办好一两个国营农场"的要求下，全国各地农场如雨后春笋般发展起来。1956 年，农垦部成立，王震将军被任命为部长，统一管理全国的军垦农场和地方农场。

随着农垦管理走向规范化，农垦事业也蓬勃发展起来。江西建成多个综合垦殖场，发展茶、果、桑、林等多种生产；北京市郊、天津市郊、上海崇明岛等地建起了主要为城市提供副食品的国营农场；陕西、安徽、河南、西藏等省区建立发展了农牧场群……

到 1966 年，全国建成国营农场 1958 个，拥有职工 292.77 万人，拥有耕地面积 345457 公顷，农垦成为我国农业战线一支引人瞩目的生力军。

（三）

前进的道路并不总是平坦的。"文化大革命"持续十年，使党、国家和各族人民遭到新中国成立以来时间最长、范围最广、损失最大的挫折，农垦系统也不能幸免。农场平均主义盛行，从 1967 年至 1978 年，农垦系统连续亏损 12 年。

"没有一个冬天不可逾越，没有一个春天不会来临。"1978 年，党的十一届三中全会召开，如同一声春雷，唤醒了沉睡的中华大地。手握改革开放这一法宝，全党全社会朝着社会主义现代化建设方向大步前进。

在这种大形势下，农垦人深知，国营农场作为社会主义全民所有制企业，应当而且有条件走在农业现代化的前列，继续发挥带头和示范作用。

于是，农垦人自觉承担起推进实现农业现代化的重大使命，乘着改革开放的春风，开始进行一系列的上下求索。

1978年9月，国务院召开了人民公社、国营农场试办农工商联合企业座谈会，决定在我国试办农工商联合企业，农垦系统积极响应。作为现代化大农业的尝试，机械化水平较高且具有一定工商业经验的农垦企业，在农工商综合经营改革中如鱼得水，打破了单一种粮的局面，开启了农垦一二三产业全面发展的大门。

农工商综合经营只是农垦改革的一部分，农垦改革的关键在于打破平均主义，调动生产积极性。

为调动企业积极性，1979年2月，国务院批转了财政部、国家农垦总局《关于农垦企业实行财务包干的暂行规定》。自此，农垦开始实行财务大包干，突破了"千家花钱，一家（中央）平衡"的统收统支方式，解决了农垦企业吃国家"大锅饭"的问题。

为调动企业职工的积极性，从1979年根据财务包干的要求恢复"包、定、奖"生产责任制，到1980年后一些农场实行以"大包干"到户为主要形式的家庭联产承包责任制，再到1983年借鉴农村改革经验，全面兴办家庭农场，逐渐建立大农场套小农场的双层经营体制，形成"家家有场长，户户搞核算"的蓬勃发展气象。

为调动企业经营者的积极性，1984年下半年，农垦系统在全国选择100多个企业试点推行场（厂）长、经理负责制，1988年全国农垦有60%以上的企业实行了这项改革，继而又借鉴城市国有企业改革经验，全面推行多种形式承包经营责任制，进一步明确主管部门与企业的权责利关系。

以上这些改革主要是在企业层面，以单项改革为主，虽然触及了国家、企业和职工的最直接、最根本的利益关系，但还没有完全解决传统体制下影响农垦经济发展的深层次矛盾和困难。

"历史总是在不断解决问题中前进的。"1992年，继邓小平南方谈话之后，党的十四大明确提出，要建立社会主义市场经济体制。市场经济为农垦改革进一步指明了方向，但农垦如何改革才能步入这个轨道，真正成为现代化农业的引领者？

关于国营大中型企业如何走向市场，早在1991年9月中共中央就召开工作会议，强调要转换企业经营机制。1992年7月，国务院发布《全民所有制工业企业转换经营机制条例》，明确提出企业转换经营机制的目标是："使企业适应市场的要求，成为依法自主经营、自负盈亏、自我发展、自我约束的商品生产和经营单位，成为独立享有民事权利和承担民事义务的企业法人。"

为转换农垦企业的经营机制，针对在干部制度上的"铁交椅"、用工制度上的"铁饭碗"和分配制度上的"大锅饭"问题，农垦实施了干部聘任制、全员劳动合同制以及劳动报酬与工效挂钩的三项制度改革，为农垦企业建立在用人、用工和收入分配上的竞争机制起到了重要促进作用。

1993年，十四届三中全会再次擂响战鼓，指出要进一步转换国有企业经营机制，建立适应市场经济要求，产权清晰、权责明确、政企分开、管理科学的现代企业制度。

农业部积极响应，1994年决定实施"三百工程"，即在全国农垦选择百家国有农场进行现代企业制度试点、组建发展百家企业集团、建设和做强百家良种企业，标志着农垦企业的改革开始深入到企业制度本身。

同年，针对有些农场仍为职工家庭农场，承包户垫付生产、生活费用这一问题，根据当年1月召开的全国农业工作会议要求，全国农垦系统开始实行"四到户"和"两自理"，即土地、核算、盈亏、风险到户，生产费、生活费由职工自理。这一举措彻底打破了"大锅饭"，开启了国有农场农业双层经营体制改革的新发展阶段。

然而，在推进市场经济进程中，以行政管理手段为主的垦区传统管理体制，逐渐成为束缚企业改革的桎梏。

垦区管理体制改革迫在眉睫。1995年，农业部在湖北省武汉市召开全国农垦经济体制改革工作会议，在总结各垦区实践的基础上，确立了农垦管理体制的改革思路：逐步弱化行政职能，加快实体化进程，积极向集团化、公司化过渡。以此会议为标志，垦区管理体制改革全面启动。北京、天津、黑龙江等 17 个垦区按照集团化方向推进。此时，出于实际需要，大部分垦区在推进集团化改革中仍保留了农垦管理部门牌子和部分行政管理职能。

"前途是光明的，道路是曲折的。"由于农垦自身存在的政企不分、产权不清、社会负担过重等深层次矛盾逐渐暴露，加之农产品价格低迷、激烈的市场竞争等外部因素叠加，从 1997 年开始，农垦企业开始步入长达 5 年的亏损徘徊期。

然而，农垦人不放弃、不妥协，终于在 2002 年"守得云开见月明"。这一年，中共十六大召开，农垦也在不断调整和改革中，告别"五连亏"，盈利 13 亿元。

2002 年后，集团化垦区按照"产业化、集团化、股份化"的要求，加快了对集团母公司、产业化专业公司的公司制改造和资源整合，逐步将国有优质资产集中到主导产业，进一步建立健全现代企业制度，形成了一批大公司、大集团，提升了农垦企业的核心竞争力。

与此同时，国有农场也在企业化、公司化改造方面进行了积极探索，综合考虑是否具备企业经营条件、能否剥离办社会职能等因素，因地制宜、分类指导。一是办社会职能可以移交的农场，按公司制等企业组织形式进行改革；办社会职能剥离需要过渡期的农场，逐步向公司制企业过渡。如广东、云南、上海、宁夏等集团化垦区，结合农场体制改革，打破传统农场界限，组建产业化专业公司，并以此为纽带，进一步将垦区内产业关联农场由子公司改为产业公司的生产基地（或基地分公司），建立了集团与加工企业、农场生产基地间新的运行体制。二是不具备企业经营条件的农场，改为乡、镇或行政区，向政权组织过渡。如 2003 年前后，一些垦区的部分农场连年严重亏损，有的甚至濒临破产。湖南、湖北、河北等垦区经省委、省政府批准，对农场管理体制进行革新，把农场管理权下放到市县，实行属地管理，一些农场建立农场管理区，赋予必要的政府职能，给予财税优惠政策。

这些改革离不开农垦职工的默默支持，农垦的改革也不会忽视职工的生活保障。1986 年，根据《中共中央、国务院批转农牧渔业部〈关于农垦经济体制改革问题的报告〉的通知》要求，农垦系统突破职工住房由国家分配的制度，实行住房商品化，调动职工自己动手、改善住房的积极性。1992 年，农垦系统根据国务院关于企业职工养老保险制度改革的精神，开始改变职工养老保险金由企业独自承担的局面，此后逐步建立并完善国家、企业、职工三方共同承担的社会保障制度，减轻农场养老负担的同时，也减少了农场职工的后顾之忧，保障了农场改革的顺利推进。

从 1986 年至十八大前夕，从努力打破传统高度集中封闭管理的计划经济体制，到坚定社会主义市场经济体制方向；从在企业层面改革，以单项改革和放权让利为主，到深入管理体制，以制度建设为核心、多项改革综合配套协调推进为主：农垦企业一步一个脚印，走上符合自身实际的改革道路，管理体制更加适应市场经济，企业经营机制更加灵活高效。

这一阶段，农垦系统一手抓改革，一手抓开放，积极跳出"封闭"死胡同，走向开放的康庄大道。从利用外资在经营等领域涉足并深入合作，大力发展"三资"企业和"三来一补"项目；到注重"引进来"，引进资金、技术设备和管理理念等；再到积极实施"走出去"战略，与中东、东盟、日本等地区和国家进行经贸合作出口商品，甚至扎根境外建基地、办企业、搞加工、拓市场：农垦改革开放风生水起逐浪高，逐步形成"两个市场、两种资源"的对外开放格局。

（四）

党的十八大以来，以习近平同志为核心的党中央迎难而上，做出全面深化改革的决定，农垦改革也进入全面深化和进一步完善阶段。

2015 年 11 月，中共中央、国务院印发《关于进一步推进农垦改革发展的意见》（简称《意见》），吹响了新一轮农垦改革发展的号角。《意见》明确要求，新时期农垦改革发展要以推进垦区集团化、农场企业化改革为主线，努力把农垦建设成为保障国家粮食安全和重要农产品有效供给的国家队、中国特色新型农业现代化的示范区、农业对外合作的排头兵、安边固疆的稳定器。

2016 年 5 月 25 日，习近平总书记在黑龙江省考察时指出，要深化国有农垦体制改革，以垦区集团化、农场企业化为主线，推动资源资产整合、产业优化升级，建设现代农业大基地、大企业、大产业，努力形成农业领域的航母。

2018年9月25日，习近平总书记再次来到黑龙江省进行考察，他强调，要深化农垦体制改革，全面增强农垦内生动力、发展活力、整体实力，更好发挥农垦在现代农业建设中的骨干作用。

农垦从来没有像今天这样更接近中华民族伟大复兴的梦想！农垦人更加振奋了，以壮士断腕的勇气、背水一战的决心继续农垦改革发展攻坚战。

1. 取得了累累硕果

——坚持集团化改革主导方向，形成和壮大了一批具有较强竞争力的现代农业企业集团。黑龙江北大荒去行政化改革、江苏农垦农业板块上市、北京首农食品资源整合……农垦深化体制机制改革多点开花、逐步深入。以资本为纽带的母子公司管理体制不断完善，现代公司治理体系进一步健全。市县管理农场的省份区域集团化改革稳步推进，已组建区域集团和产业公司超过300家，一大批农场注册成为公司制企业，成为真正的市场主体。

——创新和完善农垦农业双层经营体制，强化大农场的统一经营服务能力，提高适度规模经营水平。截至2020年，据不完全统计，全国农垦规模化经营土地面积5500多万亩，约占农垦耕地面积的70.5%，现代农业之路越走越宽。

——改革国有农场办社会职能，让农垦企业政企分开、社企分开，彻底甩掉历史包袱。截至2020年，全国农垦有改革任务的1500多个农场完成办社会职能改革，松绑后的步伐更加矫健有力。

——推动农垦国有土地使用权确权登记发证，唤醒沉睡已久的农垦土地资源。截至2020年，土地确权登记发证率达到96.3%，使土地也能变成金子注入农垦企业，为推进农垦土地资源资产化、资本化打下坚实基础。

——积极推进对外开放，农垦农业对外合作先行者和排头兵的地位更加突出。合作领域从粮食、天然橡胶行业扩展到油料、糖业、果菜等多种产业，从单个环节向全产业链延伸，对外合作范围不断拓展。截至 2020 年，全国共有 15 个垦区在 45 个国家和地区投资设立了 84 家农业企业，累计投资超过 370 亿元。

2. 在发展中改革，在改革中发展

农垦企业不仅有改革的硕果，更以改革创新为动力，在扶贫开发、产业发展、打造农业领域航母方面交出了漂亮的成绩单。

——聚力农垦扶贫开发，打赢农垦脱贫攻坚战。从 20 世纪 90 年代起，农垦系统开始扶贫开发。"十三五"时期，农垦系统针对 304 个重点贫困农场，绘制扶贫作战图，逐个建立扶贫档案，坚持"一场一卡一评价"。坚持产业扶贫，组织开展技术培训、现场观摩、产销对接，增强贫困农场自我"造血"能力。甘肃农垦永昌农场建成高原夏菜示范园区，江西宜丰黄冈山垦殖场大力发展旅游产业，广东农垦新华农场打造绿色生态茶园……贫困农场产业发展蒸蒸日上，全部如期脱贫摘帽，相对落后农场、边境农场和生态脆弱区农场等农垦"三场"踏上全面振兴之路。

——推动产业高质量发展，现代农业产业体系、生产体系、经营体系不断完善。初步建成一批稳定可靠的大型生产基地，保障粮食、天然橡胶、牛奶、肉类等重要农产品的供给；推广一批环境友好型种养新技术、种养循环新模式，提升产品质量的同时促进节本增效；制定发布一系列生鲜乳、稻米等农产品的团体标准，守护"舌尖上的安全"；相继成立种业、乳业、节水农业等产业技术联盟，形成共商共建共享的合力；逐渐形成"以中国农垦公共品牌为核心、农垦系统品牌联合舰队为依托"的品牌矩阵，品牌美誉度、影响力进一步扩大。

——打造形成农业领域航母，向培育具有国际竞争力的现代农业企业集团迈出坚实步伐。黑龙江北大荒、北京首农、上海光明三个集团资产和营收双超千亿元，在发展中乘风破浪：黑龙江北大荒农垦集团实现机械化全覆盖，连续多年粮食产量稳定在 400 亿斤以上，推动产业高端化、智能化、绿色化，全力打造"北大荒绿色智慧厨房"；北京首农集团坚持科技和品牌双轮驱动，不断提升完善"从田间到餐桌"的全产业链条；上海光明食品集团坚持品牌化经营、国际化发展道路，加快农业

"走出去"步伐，进行国际化供应链、产业链建设，海外营收占集团总营收 20% 左右，极大地增强了对全世界优质资源的获取能力和配置能力。

千淘万漉虽辛苦，吹尽狂沙始到金。迈入"十四五"，农垦改革目标基本完成，正式开启了高质量发展的新篇章，正在加快建设现代农业的大基地、大企业、大产业，全力打造农业领域航母。

(五)

八十多年来，从人畜拉犁到无人机械作业，从一产独大到三产融合，从单项经营到全产业链，从垦区"小社会"到农业"集团军"，农垦发生了翻天覆地的变化。然而，无论农垦怎样变，变中都有不变。

——不变的是一路始终听党话、跟党走的绝对忠诚。从抗战和解放战争时期垦荒供应军粮，到新中国成立初期发展生产、巩固国防，再到改革开放后逐步成为现代农业建设的"排头兵"，农垦始终坚持全面贯彻党的领导。而农垦从孕育诞生到发展壮大，更离不开党的坚强领导。毫不动摇地坚持贯彻党对农垦的领导，是农垦人奋力前行的坚强保障。

——不变的是服务国家核心利益的初心和使命。肩负历史赋予的保障供给、屯垦戍边、示范引领的使命，农垦系统始终站在讲政治的高度，把完成国家战略任务放在首位。在三年困难时期、"非典"肆虐、汶川大地震、新冠肺炎疫情突发等关键时刻，农垦系统都能"调得动、顶得上、应得急"，为国家大局稳定做出突出贡献。

——不变的是"艰苦奋斗、勇于开拓"的农垦精神。从抗日战争时一手拿枪、一手拿镐的南泥湾大生产，到新中国成立后新疆、东北和华南的三大军垦战役，再到改革开放后艰难但从未退缩的改革创新、坚定且铿锵有力的发展步伐，"艰苦奋斗、勇于开拓"始终是农垦人不变的本色，始终是农垦人攻坚克难的"传家宝"。

农垦精神和文化生于农垦沃土，在红色文化、军旅文化、知青文化等文化中孕育，也在一代代人的传承下，不断被注入新的时代内涵，成为农垦事业发展的不竭动力。

"大力弘扬'艰苦奋斗、勇于开拓'的农垦精神，推进农垦文化建设，汇聚起推动农垦改革发展的强大精神力量。"中央农垦改革发展文件这样要求。在新时代、新征程中，记录、传承农垦精神，弘扬农垦文化是农垦人的职责所在。

（六）

随着垦区集团化、农场企业化改革的深入，农垦的企业属性越来越突出，加之有些农场的历史资料、文献文物不同程度遗失和损坏，不少老一辈农垦人也已年至期颐，农垦历史、人文、社会、文化等方面的保护传承需求也越来越迫切。

传承农垦历史文化，志书是十分重要的载体。然而，目前只有少数农场编写出版过农场史志类书籍。因此，为弘扬农垦精神和文化，完整记录展示农场发展改革历程，保存农垦系统重要历史资料，在农业农村部党组的坚强领导下，农垦局主动作为，牵头组织开展中国农垦农场志丛编纂工作。

工欲善其事，必先利其器。2019年，借全国第二轮修志工作结束、第三轮修志工作启动的契机，农业农村部启动中国农垦农场志丛编纂工作，广泛收集地方志相关文献资料，实地走访调研、拜访专家、咨询座谈、征求意见等。在充足的前期准备工作基础上，制定了中国农垦农场志丛编纂工作方案，拟按照前期探索、总结经验、逐步推进的整体安排，统筹推进中国农垦农场志丛编纂工作，这一方案得到了农业农村部领导的高度认可和充分肯定。

编纂工作启动后，层层落实责任。农业农村部专门成立了中国农垦农场志丛编纂委员会，研究解决农场志编纂、出版工作中的重大事项；编纂委员会下设办公室，负责志书编纂的具体组织协调工作；各省级农垦管理部门成立农场志编纂工作机构，负责协调本区域农场志的组织编纂、质量审查等工作；参与编纂的农场成立了农场志编纂工作小组，明确专职人员，落实工作经费，建立配套机制，保证了编纂工作的顺利进行。

质量是志书的生命和价值所在。为保证志书质量，我们组织专家编写了《农场志编纂技术手册》，举办农场志编纂工作培训班，召开农场志编纂工作推进会和研讨会，到农场实地调研督导，尽全力把好志书编纂的史实关、政治关、体例关、文字关和出版关。我们本着"时间服从质量"的原则，将精品意识贯穿编纂工作始终。坚持分步实施、稳步推进，成熟一本出版一本，成熟一批出版一批。

中国农垦农场志丛是我国第一次较为系统地记录展示农场形成发展脉络、改革发展历程的志书。它是一扇窗口，让读者了解农场，理解农垦；它是一条纽带，让农垦人牢记历史，让农垦精神代代传承；它是一本教科书，为今后农垦继续深化改革开放、引领现代农业建设、服务乡村振兴战略指引道路。

修志为用。希望此志能够"尽其用"，对读者有所裨益。希望广大农垦人能够从此志汲取营养，不忘初心、牢记使命，一茬接着一茬干、一棒接着一棒跑，在新时代继续发挥农垦精神，续写农垦改革发展新辉煌，为实现中华民族伟大复兴的中国梦不懈努力！

中国农垦农场志丛编纂委员会

2021 年 7 月

江苏云台农场志
Jiangsu Yuntai NongChang Zhi

序言

　　岁月如歌，春华秋实，在党的二十大即将召开之际，我们迎来了云台农场七十华诞。同志们殚精竭虑，伏案笔耕，《江苏云台农场志》付梓出版。场志客观再现了农场七十年光辉历程，记录了农场从盐碱荒滩到生态宜居现代化小城镇的蝶变。这是农场发展进程中的重要里程碑，也是值得每个云台人庆贺的大喜事！

　　七秩春秋谱华章，栉风沐雨铸辉煌。云台山外曾是一片白茫茫的盐碱滩，经过三代农垦人的艰苦奋斗，农场成功融入现代化新港城，成为江苏农垦一颗耀眼的明珠，在中国现代农业航母"江苏号"上奏响了时代强音。农场曾被评为江苏省文明单位、江苏农垦先进企业，荣获江苏省五一劳动奖。踏着全国农垦锐意改革的节拍，云台农场已进入了"全产业链"发展的新阶段。

　　云台热土，人杰地灵。七十年来，我们传承了红色基因，坚定不移践行新发展理念，坚持稳中求进，统筹做好党建工作与生产经营深度融合，不断改善民生福祉，为建设生态宜居新时代农场砥砺奋进。我们坚持一二三产业融合发展，"全域旅游"深入人心，营造风清气正的政治生态，"云荷新时代"企业文化的内涵更加深厚。

盛世修志，传承文明；服务当代，惠泽后世。《江苏云台农场志》再次修编，史料翔实，文字洗练，必将启迪后人，激励来者。

坐看云台山外云卷云舒，听取农场大田蛙声一片。作为一名农垦人，见证农场变美变强，为新修场志作序，荣幸之至。七十岁农场正青春，云台农场将坚持"粮食安全国家队，现代农业示范区，农业对外合作排头兵"的定位，坚持走高质量发展之路，向改革要动力、向创新要动能，在乡村振兴战略的大潮中扬帆起航，砥砺前行，为建设"强富美高"新江苏生态宜居新农场，做出新的更大贡献！

党委书记、董事长：

江苏云台农场志
Jiangsu Yuntai NongChang Zhi

凡
例

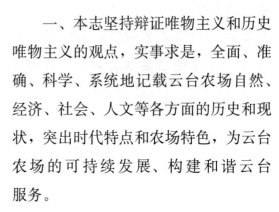

一、本志坚持辩证唯物主义和历史唯物主义的观点，实事求是，全面、准确、科学、系统地记载云台农场自然、经济、社会、人文等各方面的历史和现状，突出时代特点和农场特色，为云台农场的可持续发展、构建和谐云台服务。

二、本志为重修云台农场志，志书在 2012 年编纂的场志基础上，除部分内容修改和补充外，着重记述 2012—2021 年农场政治、经济和社会发展状况，农场志时限为 1952 年至 2021 年 6 月。

三、本志采用现代语体文记叙体，述、志、记、传、图、表、录诸体并用，以志为主。

四、本志由概述、大事记、人物和后记组成，以事分类，横排门类，纵向叙述，突出重点，分章组合。章以下分节。大事记记述发生在农场的重大事件；"人物传"遵循"生不立传"原则，以卒年为序排列；"人物"记述在世有突出贡献和有影响的人物，简述生平。

五、本志数字除民国以前年号、惯用语、成语、专用名词、不定数、次第及少数不便使用阿拉伯数字个位数字用

汉语外，其他均用阿拉伯数字。

六、本志行文遵循《江苏省志编写告行文通则》的规定。常用组织机构名称除首次出现用全称，以后出现则括注用简称，例：中国共产党云台农场有限公司委员会简称"场党委"，中国人民解放军南京军区江苏生产建设兵团第一师第二团简称"二团"，江苏省云台农场有限公司简称"云台农场"等。志书中出现的"解放前（后）"均指 1948 年底当地解放时间。

七、本志中标点符号、数字和计量单位（除引文外），均按照国家统一规定的要求书写。1955 年 3 月 1 日前使用的旧人民币，已折算成现人民币币值。

八、本志资料主要来源于农场档案室及各单位、部门档案、史载文献和访问材料，均经核实后载入，一般不注明资料出处。统计数据原则上以统计部门的数据为准；统计部门没有的，以主管单位的统计数据为准。

九、知青不含回乡知青。

十、农场曾用名和隶属关系多次变更，记述中一律简称云台农场或农场。统计图表一律用云台农场名，不因农场隶属关系变更而分别制作表格。

中国农垦农场志丛

目 录

第三编 规 划

第四编 产 业

第七编　社会管理

第八编　人物与荣誉

概　述

　　建场以来，云台干群在江苏农垦集团公司党委的坚强领导下，团结一心、艰苦创业、开拓进取、接续奋斗，克服了重重困难和挑战，使云台大地发生了沧桑巨变，实现了由一穷二白、温饱不足向繁荣富强、全面小康的历史性跨越，谱写了一部可歌可泣的奋斗史诗。

　　党的十八大以来，全场上下坚持以习近平新时代中国特色社会主义思想为指导，坚持以新发展理念引领高质量发展，坚持生态宜居的总目标，迎难而上、拼搏竞进，取得了令人瞩目的历史性新成就。新时代，一个充满活力的生态云台正以崭新的姿态在高质量发展道路上阔步前行。先后荣获江苏省五一劳动奖状、江苏省文明单位；多次获得集团公司先进企业、先进社区、突出贡献奖等荣誉称号。

　　经济发展突飞猛进，综合实力大幅跨越。1952 年建场初期，营业收入仅有 8.81 万元，利润 6.5 万元，资产总额 35 万元。到 2011 年实现营业收入 1.02 亿元，利润 299.89 万元，资产总额 2.58 亿元。截至 2021 年，全场实现营业收入 8167.89 万元，利润 7088.71 万元，资产总额达到 6.93 亿元。分别是 1952 年的 927.12 倍；1090.57 倍；1980 倍。

　　1953 年小麦单产 45 千克，水稻单产 69 千克。截至 2021 年，小麦单产 672.5 千克，水稻单产 600 千克。分别是 1953 年的 14.94 倍、8.70 倍。

一

　　江苏省云台农场，隶属于江苏省农垦集团有限公司，属二级企业。由云台山而得名，位于连云港市境内的南郊，北纬 34°30′，东经 119°17′，南北宽约 4 千米，东西长约 25 千米，总面积 29.5 平方千米，承雨面积 4.5 万亩*。南靠烧香河，北倚云台山，东临连云区板桥镇，西与高新区南城镇、花果山景区南云台林场接壤，南与东辛农场、海州区宁海乡

---

　　* 亩为非法定计量单位，1 亩≈667 平方米。

隔河相望，北与景区云台街道毗邻。至 2021 年底，社区常住居民 1965 户，人口 6563 人。

农场境内多为新海湾相沉积平原的地貌特征，全境呈微倾斜的山前平原，地形西北高、东南低，土壤属黏性滨海盐土，海相淤泥呈黏质，地面多生长盐蒿和芦苇。属温湿性季风气候，年平均气温 13.6℃，平均无霜期 213 天，年均降水量 898.3 毫米，年平均蒸发量 1499.9 毫米。日照 2282.8 小时，全年大于或等于 14℃的有效积温为 4403.2℃，年平均风速 2.8 米/秒。

境内有 9 条主要河流，即烧香河、妇联河、云善河、凤凰河、云山河、普山河、东池河、西池河、引淡河，经过多年修整，流水畅通，灌排能力增强，地面沟河排水流入大海。

二

1952 年，中共华东局决定南京市移民垦殖，在灌云一带，建立棉垦农场。1952 年 9 月成立"南京市人民政府灌云棉垦管理处"，陆致翔任处长、王荣江任副处长，带领 1400 余人进驻云台山下，开始垦荒治碱，建造机械化农场；1953 年初，灌云棉垦管理处更名为"中国人民救济总会南京市分会云台农场"，属事业单位性质；1955 年 6 月，南京市将云台农场移交给江苏省农林厅领导，正式更名为"江苏省国营云台农场"；1958 年 9 月，与南云台林场、东磊乡、黄圩乡、南城镇合并成立云台人民公社，划归灌云县领导；1959 年 3 月，农场从云台人民公社划出，恢复"江苏省国营云台农场"，隶属省农林厅与淮阴地委领导；1969 年 9 月，改编为"江苏生产建设兵团一师二团"；1975 年 8 月，兵团二团建制撤销，恢复"江苏省国营云台农场"；2018 年 2 月，进行公司化改制，更名为"江苏省云台农场有限公司"。

建场初期至 1984 年，农场管理机构的设置须报经上级主管单位批准。1984 年以后，简政放权，农场可根据自身发展需要，自行决定机构设置。农场先后对机关实行改革和调整。对非职能机构和科室采取了转制、合并、交叉任职或撤销等形式精简机构。1990 年，将农业科、工业科、农机科、多种经营科分别改为管理服务中心；2002 年，农场机关合并为党群办、场长办、财务办三个办公室；2007 年，为适应现代农业建设需要，机关设置为五部一室；2011 年初，机关科室由 1990 年的 16 个减少到 2 部 2 室，工作人员由 1990 年的 68 人减少到 22 人。改革后的机关人员精干，职责明确，任务具体，提高了办事效率，增强了责任感。到 2003 年，全场 14 个二三产企业全部改制为民营。农场职工医院、电子元件厂、粮油棉加工厂、包装厂拍卖给个人经营。在推进二三产企业改革改制过程中，农场积极引进资金并积极鼓励职工投资兴业，先后引进台湾农友公司、云盛食品公司、通宇房地产公司、天津鹏博置业公司参与农场所属产业企业的开发及资产重组。至2020年底，引进外资在农场落户企业15个，农场控参股企业达到2个，全场二三产企业由改革前的11个增至23个，民营和个体工商户达到360户。

2004年，根据省农垦集团公司关于农场管理机构和干部人事制度改革的精神，撤销分场，合并管理区。按照人口、资源等分布情况，集中设立5个管理区。管理区作为农场的一个派出机构，主要负责辖区经济建设和社会行政管理工作，履行社会公共服务职责，引导、扶持非公有经济发展，代表农场履行对土地、林地、水面等国有资产和资源的管理以及各种费用的收缴。同时农场撤销12个居民点，集中建设张圩、于沈、普山3个居民新村。2008年8月，农场实施企业内部的政企分开。至2021年底将辖区整合为4个居民委员会、13个居民（党）小组。居民委员会和居民小组属于居民自治组织，主要负责社区服务、环境卫生、社会治安、文化普及和计划生育等群众性自治工作。原由管理区负责的社会行政管理工作、社会公共服务工作也全部移交居委会管理。

2011年8月，农场根据江苏省农垦集团公司资源整合上市的总体部署，成立"江苏农垦农业发展公司云台分公司"，专司农业经营和发展，机关设置5个部室；存续农场设置4个部室，负责农场的管理服务及社会事务。根据《云台农场关于农业资源整合人员划转实施方案》（云农场字〔2011〕77号）文件精神进行划转。

2018年落实江苏省国资委等六部门《关于印发江苏省农垦国有农场办社会职能改革实施方案的通知》精神，对农场办社会职能进行改革，对企业职工家属区供水、供电、供热（供气）和物业管理（统称"三供一业"）的设备设施进行必要的维修改造，达到城市基础设施的平均水平，分户设表、按户收费，由专业化企业或机构实行社会化管理。是年6月25日，连云港高新技术产业开发区管委会下发《关于推进云台农场改革发展的实施意见》，明确改革目标，重点落实改革任务。农场承担的社会管理和公共服务职能按照"内部分开、管办分离、授权委托、购买服务"的方针，全部纳入高新区统一管理、统一年度计划预算、统一财政支付，实现农场与周边区域社会管理和公共服务共享共建。2020年，高新区撤销后，由属地海州区管理。

2018年，农场贯彻落实集团公司改革改制相关文件精神，进行公司化改制，更名为"江苏省云台农场有限公司"。2018年2月，农场召开十届三次职工代表大会，选举职工董事和职工监事；按照集团公司文件精神，召开第一届第一次董事会；完成机构和薪酬体制改革，现代企业制度和管理架构初步建成。

改革后的农场下辖6个部室（即办公室、计划财务部、资产经营部、党委工作部、工会办公室和审计监察室）和 5 个下属单位，2020 年增设林业服务中心。下属单位有连云港市云龙房地产开发有限公司、连云港市华缘生态旅游开发有限公司、连云港市凤凰陵园、连云港华泰物业管理有限公司、水电服务中心。社区设三个科室：综合管理科、社会管理科、公共服务科；2021 年 1 月水电服务中心移交江苏凯惠电力有限公司，成立云台项目部。

三

从建场到 1954 年，农场属事业性质的移民垦殖单位，不实行经济核算，不负盈亏。1955—1959 年，农场实行统一领导、分级管理、集中结算的经营管理体制，基层生产单位只需完成生产任务，不负盈亏，基本实行高度集中的计划管理体制。大到生产经营，小到作物布局，完全实行指令性计划。1960—1969 年，农场实行两级管理两级核算。计算盈亏，但不负盈亏责任。1970—1977 年，改为三级管理、两级核算，连队为基层核算单位，根据农场计划要求，直接组织生产和场内经济活动。

自 1978 年，农场农业生产经营制度改革主要经历了五个阶段，即 1980—1984 年的"定、包、奖"制度改革阶段；1985—1998 年的大农场套小农场的双层经营制度改革阶段；1999—2007 年的土地租赁经营制度改革阶段；2008—2011 年的模拟股份制承包生产经营制度改革阶段；2011 年至今的农业一体化经营、全产业链发展阶段。

1978 年，国家对农垦实行财务大包干，自负盈亏，制定"定、包、奖、赔"生产责任制，实行场、分场、生产大队三级管理、三级核算的经营管理体制。1981 年起，逐步改为"统一计划，分级管理"的计划体制，在确保农场统一计划的前提下，给基层以作物布局，指标调整，部分产品处理等自主权。1984 年，农场农业改三级管理两级核算为场、分场、生产大队三级管理，场、生产大队两级核算。

1985 年，农业兴办职工家庭农场，实行大包干，超产全奖、欠产全赔的"大农场套小农场"的大包干双层经营体制。1984 年，农场在农业上全面推行联产计酬，承包到组生产经营责任制。探索建立家庭农场生产协作体。1985 年开始，农场改革经营体制实行大农场套小农场，统分结合的双层经营体制，全部实行大包干，超产全奖、欠产全赔，土地全部承包到劳，农场对农业职工实行生产、生活费用预借垫支办法，农业职工不再按月按级发放工资。

1989 年起，农场林业生产以发展"生态型林业"为主线，加快了复合林业经济体系发展，实现了林业生态效益、经济效益、社会效益的协调持续发展。1952—2022 年，农场投资近千万元，用于发展林业。2020 年，农场公司成立林业服务中心，负责农场林业苗木、绿化管理。全场林地总面积达 9926 亩，其中防护林面积达 9376 亩，果树面积达 550 亩。林木覆盖率达 24.1%。城镇绿化覆盖率达 41.5%。农田林网 152 条，四旁绿化面积达 300 公顷。

1992 年，农场恢复三级管理、三级核算经营管理体制。农业上实行"统一种植计划和布局，统一养地和水利实施，统一关键性技术措施和机械作业，统一收购农产品和回收垫支费用，统一利费税上缴标准和会计核算"的"五统一"管理模式。1996 年，农业实行预交承包抵押制度。1998 年，由三级管理、三级核算改为三级管理，农场、分场两级核算。

1999 年，农场推行生产、生活费用的"两费自理""先交钱后种田"的土地租赁经营试点，2000—2008 年，农场全面推行"先交钱后种田"土地租赁经营责任制，较好地化解了农场的风险。

自 2008 年起，农场进行土地模拟股份制经营试点。

2009—2010 年，全场 8 个农业生产区成立了 8 个农业生产合作社，全部实行了模拟股份制，使合作社真正成了自主经营、自负盈亏、自我约束、自我发展的经济实体。

2011 年至今，为农业一体化经营、全产业链发展阶段。采取联合集体承包体，生产资料由农发云台分公司投入，生产成本由分公司统一结算，农产品统一销售。主要生产方式为"农技人员＋农机"。种植业的机械化率达到 98.6%。农场的组织化、规模化种植水平得到了充分体现。

二三产业。1984 年之前，根据不同厂情实行定额管理、改革供销办法为主的责任制，或个别项目承包给能人生产经营。1985 年开始，农场对工业公司和工厂实行定额上缴，超利留厂经济责任制。工业实行工业公司、工厂两级管理，两级核算改为工厂独立经营、独立核算。1998 年起，农场二三产企业进行改革改制。

1998 年起，农场对工业、商业和服务业实行产权制度改革；对服务性单位实行公开招聘，采取高险抵押租赁承包经营；医院实行企业化管理，定员定编，核定工资和费用由农场补贴，不足部分自己创收。对学校和幼儿园实行校长、园长负责制、教职工聘用制、结构工资制和考核奖励制。同时农场还加强对职工医疗制度的改革、养老保险制度的改革，建立了最低生活保障制度。场属二三产企业积极引进外资、启动民资，国有资本从生产领域有序退出，进行改革改制。

经济体制的改革与经济结构的调整大大促进了生产力的发展，为农场注入了生机和活力，农场整体实力显著增强。

"十一五"期间,农场实现生产总值5.51亿元,年均增长9.3%;国有营业收入5.32亿元,年均增长6.8%;利润5808万元,年均1161.7万元;粮种生产连续7年获得丰收。2011年粮种总产达到14325吨。6个良种繁育基地实现亩亩种子田,订单生产,销售种子1.33万吨。农业机械不仅数量增加,而且更新换代,生产力水平大幅提高。

"十二五"期间,至2015年,实现国有营业收入累计5.21亿元,利润总额累计实现1929.03万元,年均实现385.81万元;归属于集团母公司净利润累计实现2896.15万元,年均实现579.23万元;国有固定资产投资累计达9859.14万元;上缴税金2168.2万元。至2015年末,现代城镇水平达80%;人均年收入达2.24万元,职均年收入达4.08万元,增长5.46%。农场家庭住房成套比例达73.5%,农场人均拥有公共文化体育设施面积达3.8平方米,农场和谐社会建设达标率达97.8%,城镇绿化覆盖率达41.2%。

"十三五"期间,农场在产业结构上基本形成了三大产业,即现代农业、生态旅游业和房地产业。锁定"十三五"目标,坚持高质量发展,为推动生态宜居农场建设砥砺奋进。

农场抓住省第12届园博园落户契机,打造"园博园+"经济。重点围绕"两个基地、一个平台"(即特色鲜果采摘基地、农业休闲体验基地和特色农产品营销平台)进行打造。

到"十二五"末,进驻示范区的生产企业15家,其中农产品加工企业5家,农民专业合作组织3家,省级农业产业化龙头企业1家,市级农业产业化龙头企业1家,实现工业产值1.25亿元,固定资产投资达9000多万元。"十三五"期末,全场共有48家企业和300多家个体户,从业人员超过1200人,固定资产总额12.7亿元,年营业收入超过3亿元,年缴纳各类税金超过600万元,职均年收入6万元。

"十二五"至"十三五"期间,农场完成《云台农场城镇控制性规划修编》和《云台农场普山小区修建性规划》的编制工作;累计投资2587.65万元,先后投入道路、绿化、下水道、路灯、厕所、菜市场等68项民生工程;累计完成298户危旧房改造;完成35千伏增容改造工程。加大全场环境综合整治力度,加强违建防控,启动了污水处理厂、垃圾中转站和东池河改造等环境治理工作。完善社区管理机制,改造"一站式"服务大厅,提升为民办事效能。

房地产发展势头强劲。"十二五""十三五"期间,农场抓住房地产的黄金期,2009年,云龙房地产公司与天津鹏博置业公司共同完成了海连新天项目开发,建筑面积达162879.95平方米,实现营业收入3.8952亿元,净利润3261万元,农场享有土地增值收益5083万元。2011年,完成了资产清算和分割方案。2002—2022年已成功开发海连新天、华泰·丰泽园(一期)、华泰·丰泽园(二期)、华泰山南福第花园(一期),共计创造营业收入 72235 万元。

2022 年初，华泰山南福第（二期）42.7 亩土地成功摘牌。

农场与江苏通宇房地产合作成立了江苏运通房产，成功开发凤凰星城小区。从 2013 年底开始预售至 2021 年底，实现营业收入 18.4 亿元，利润总额 6.34 亿元，净利润 4.74 亿元；2022 年四期顺利开发，实现销售。

凤凰陵园秉持"生态墓葬"理念，自 1993 年开发公益性公墓，2021 年投入 660.68 万元改善基础设施、40 万元进行绿化，全年实现营业收入 937.72 万元；水电中心在做好场域内用电用水保障的基础上积极对外拓展业务，2019 年实现营业收入 794.3 万元，实现利润 70.99 万元。2021 年 1 月，集团公司电力改革，成立凯惠电力有限公司云台项目部，由凯惠总部实行管理。

生态旅游业。连云港华缘生态旅游有限公司成功举办四届连云港市荷花节、葡萄采摘节、油菜花节等系列活动；2017 年 6 月，连云港市政府与省农垦集团签订了共建 2022 年省第 12 届园博园《合作框架协议》，园博园确址云台；云台发展定位调整为：全域旅游、生态宜居。云水湾景区被成功纳入连云港市旅游年卡服务范围，云台农场的形象和美誉度大幅提升。

现代高效农业创新发展。苏垦农发云台分公司发展豆丹养殖，打造云台特色产业。积极推进涟水县徐集乡黄金瓜、灌云县图河乡豆丹养殖产业帮扶工作，取得良好开局。

城镇建设。1952 年，从南京市儿童教养院拆选旧活动房屋 12 幢，8 幢供工作人员住宿办公使用，另 4 幢改成 8 座，作为拖拉机库、汽油库。是年 10 月开始建筑，到 12 月底完成，共建成活动房屋 16 幢 48 间，竹架苇墙草顶工棚 104 幢 599 间。从此拉开了农场城镇建设的序幕。

1955 年编制《1955—1967 年云台农场规划》，开始永久性房屋建设；1987 年，教学区、工业区、医疗卫生服务区基本建成；1990 年，农场对场部小城镇规划做了调整，在普山路西首北侧，东池河西新辟南小区作为职工住宅区；1991 年，农场机关与修理厂职工住宅互换建成了职工住宅区和机关办公区；2006 年，农场制订《江苏省云台农场建设社会主义新农场规划方案》。小城镇定位：连云港市区的经济副中心，山南片区的商务中心城镇，产业发展的服务中心，连云港市现代化的轻工业为主导的未来城区和农场经济、文化、政治中心。云台农场小城镇规划面积 1.5 平方千米，规划容纳人口 10000 人。

1990 年以来，农场实施了"聚人兴场，引资活场"战略，鼓励农场职工和周边居民参与小城镇基础设施的建设，以建设商业街为突破口，建设商住两用楼房。1991—2020 年，小城镇建设投资近 5.3 亿元，建设农贸市场 1 幢，建设商物公司综合楼、科技楼、机关办公楼、幼儿保育楼、医院综合楼、门诊楼、中学教育综合楼、小学教育综合楼、加工厂办公楼、元件厂生产楼、塑料厂生产楼等 12 幢楼房，建设居民住宅楼房 1709 幢，256350 平方米。

2017—2019 年，融入连云港市城市规划建设一体化，先后引入连云港市民政局三等甲级康复（优抚）医院、市特殊教育中心、明远中英文学校、市残疾人托养中心等。

2020 年，农场有限公司投资 193.44 万元，对丰泽园休闲健身广场改造升级；投资 509.7 万元，在徐新路出入口新建 26000 平方米广场公园；投资 320.16 万元，在镇区内增加 552 盏路灯及高杆灯；投资 373.37 万元，对镇区普山路扩宽。到 2021 年场部小城镇内共有 15 个驻场单位，370 家个体工商户，从业人员约 1200 人。

2020 年，农场公司以乡村振兴为统领，坚持"大健康"发展导向，抢抓园博园落户的历史性机遇，力克疫情冲击，高质量发展逆势上行，聚焦房地产、生态旅游、服务三大主导产业，充分释放优势主业产能。全年实现国有营业收入 9082 万元，同比增长 169.1%；实现利润总额 4411 万元，同比增长 93%；归属于母公司所有者权益 3.51 亿元，同比增加 5297 万元；资产总额为 4.61 亿元，同比增加 4869 万元；资产负债率 30.9%，同比下降 4.5 个百分点。

"十三五"期间，农场先后被省总工会授予"五一劳动奖状""江苏省模范职工之家"；被省国资委授予"党建强基提质工程基层党建创新案例三等奖"；被集团公司授予"学习型党组织示范点"等荣誉称号，连续 18 年蝉联"省级文明单位"；2020 年被评为集团公司"先进企业"，2021 年获集团公司突出贡献奖；2020、2021 年连续两年被评为先进社区。

四

提升企业文化实力。农场从建场初期到 2021 年，企业文化系统梳理为拓荒文化、知青文化、兵团文化、创新文化及"荷"文化。确立"同心、敬业、务实、创新、自律、奉献"的企业精神，构建"生态宜居云台"的愿景；创建知行合一的场规民约，规范了云台人的"家庭美德、职业道德、社会公德"，形成了共同的价值观。"十二五"期间，农场组织编撰了《云台农场志》《企业文化手册》，设计了场徽、场旗等标识；"十二五"到"十三五"期间，农场连续 18 年荣获"江苏省文明单位"称号，连云港市"和谐劳动关系"标兵企业，"重合同守信用"先进单位；连续三年荣获"江苏农垦优秀思想政治工作研究会"称号；农场先后有 4 人获得省、市五一劳动奖章。

知青文化为农场社会和经济发展奠定了基础。从 20 世纪 60 年代初到 20 世纪 80 年代，农场共接收 4407 名知青，他们具有初、高中文化水平，为农场带来先进文化和城市文明，在教育、卫生、文化、体育方面起到了主力军作用。

教育卫生事业蓬勃发展。教育从 20 世纪 50 年代末的小学复式班，发展到 20 世纪 80 年代的 4 所完全小学、1 所完全中学。通过改革整合，实现了集中办学，建立了科教合一的管理体制。到 2001 年教育移交地方管理，已建成中、小学综合教育楼各一座，新增现代化教育试验设备 100 多台（件）。至 2021 年，从农场走出去的职工子女有 8 人成为博士生。

职工医疗有保障。20 世纪 70 年代，农场建设医院门诊楼一幢，1995 年新建三层医疗综合楼一座，新增了医疗设备。该医院于 2004 年改为民营，经营者先后投资 193.55 万元，增添了医疗设备，设标准病床 40 张，改善了工作环境和医疗条件。计划生育工作坚持"依法管理，民主管理，优质服务，政策推动，综合治理"的工作机制，人口增长控制在 0.519%，生育符合政策率 100%，传染病报告发病率在国家规定的指标内。

全场养老保险和社会保障体系健全。职工除失业保险外，养老、医院、工伤、生育保险率达 100%，城乡居民新型合作医疗参保率为 100%。

2012 年 1 月起实行全员公积金制度，缴存比例暂按 5% 执行，2020 年提到 8%。

科学种田技术水平逐年提升。通过科技培训、引智工程，与各大院校合作，将农场作为科技示范试验基地，进行科研成果示范和推广。至 2021 年，全场有科技人员 203 人，其中高级技术职务 8 人；科技人员对外发表科技论文 186 篇，取得科技成果 58 项。

农场建有 3 万多平方米文化广场 3 个，各居委会设三室一场，即会议室、活动室、阅览室、篮球场。建有老干部、老工人活动室和敬老院，全场电视入户率 100%，网络入户率 95%，燃气入户率 95%，自来水入户率 100%，移动电话普及率 100%。

农场交通便利，通信发达，电力充足。新浦至大岛山有 8 路客车，至徐圩新区有 50、51、53、50K、61 路客车，途经农场；徐新公路、东疏港高速、宁连高速、242 省道从场境内经过；水路有国家二级航道古烧香河和云善河经过场域内。

公共道德意识增强，通过七个"五年"普法活动，广大职工群众学习了《中华人民共和国宪法》《中华人民共和国经济合同法》《中华人民共和国农业法》《中华人民共和国劳动法》《中华人民共和国合伙企业法》《中华人民共和国刑事诉讼法》《中华人民共和国工会法》《职工代表大会条例》等二十多部法规，形成了依法治场的良好氛围。

民主意识增强，农场每年至少召开一次职工代表大会，建立民主管理制度和场务公开制度，干部作风、廉政建设都要接受民主监督。每年开展劳动竞赛活动，树立先进人物和楷模典型人物，造就良好的职业道德和社会风尚。

政治文明、精神文明建设取得了新成果，党建工作以保持共产党员先进性教育活动和"争先创优""两学一做"学习教育等为载体，提升党支部战斗堡垒作用，提高广大党员和干部的政治素质。

职工的物质文化生活水平明显提高。2021年人均收入90401.52元，而建场初期1955年人均收入仅为344.18元。

2019年，职工人均收入达59186元，较2005年10487元增长了464.38％；2019年，人均纯收入达29960元，较2005年5635元增长431.68％。2020年，全场拥有私人楼房1709幢。人均住房44.19平方米，80％的家庭拥有家庭轿车，家用电脑、电视、电话、手机、摩托车、电动车成为每户居民的日常用具。

五

70年的艰苦创业，云台农场人在为国家创造大量物质财富的同时，还锤炼出"同心、敬业、务实、创新、自律、奉献"的企业精神，正是这种精神不断鼓舞了一代代云台人薪火相传，无私奉献，用青春和热血铸就光辉历程；正是这种精神鼓励着云台人不断迎接新挑战，与时俱进，不断开创新局面，不断创造新业绩；这种精神孕育着农场发展的无限生机与活力；敢于试验，敢于冒险，敢于创新是云台农场的胆略和气魄的真实体现，而这种精神在实践中不断营造着现代企业精神的再升华。

大 事 记

● **1952 年**　6 月，华东局在扬州召开苏北棉垦会议决定：将新海连市、灌云县一带成片国有土地，划给南京市人民政府进行移民垦殖。

9 月 17 日，南京市人民政府依据办秘〔1952〕字第 973 号文，决定成立"南京市人民政府灌云棉垦管理处"，在南京市成贤街碑亭巷设临时办事处，并任命陆致翔为处长、王荣江为副处长。

同月 7 日，第一批工赈工人 442 人，由汤其洪带队，从南京抵达垦区。

同月，从南京市吉伏州农场调入美制爱力斯轮式拖拉机 6 台及机引农具，开始农田机械化作业。

10 月 4 日，第二批 400 名垦殖工人，由陈金荣带队，从南京抵达垦区。

同月，首次在已垦土地上播种小麦 939 亩。

12 月 7 日，第三批 410 名垦殖工人，由刘汝南带队，从南京抵达垦区。

是年，赶建生产、生活用房 120 幢（铁皮房 16 幢，竹架苇墙草顶工棚 104 幢），并突击修复原海连公路的盐河至小岛山段。

是年，建立共产党、共青团组织，陆致翔任党支部书记，王荣江任党支部副书记，王常任团支部书记。

● **1953 年**　6 月，第一次喜收小麦 8.5 万斤[*]。

6 月 18 日，二排沟 6～13 号地共计 816.6 亩土地，暂借给灌云县南城区龙山乡群众耕种，借期 7 年，并于 1954 年 12 月 10 日订立合约。

7 月，"南京市人民政府灌云棉垦管理处"更名为"中国人民救济总会南京市分会云台农场"，属南京市民政局领导，仍为事业单位。

是年，对原工会会员进行登记，恢复工会组织，推选刘学文兼任工会主席。

是年，疏散遣返工人 457 名。

---

* 斤为非法定计量单位，1 斤＝500 克。

● **1954 年**　1 月，开展过渡时期总路线教育，境内农民自动结伙成立互助组。

3 月，第一次植树造林 20 万株，云台披上绿装。

4 月，江苏省民政厅副厅长张志强来场视察工作，并拨款 30 亿元（老币），加强农场建设。

6 月 10 日，原南京市市长柯庆施，在新浦约见农场康敬五、王常两位同志，在听取工作汇报后，决定考虑农场性质，同意拨款疏浚烧香河。

7 月，境内于沈、小汪成立农业生产合作社。

是年，购置 20 门电话及交换总机设备 1 套，农场开始通电话。

是年，从三河农场调进黄牛三头，又购买当地母猪一头，农场开始发展畜牧业。

是年，疏散遣返工人 239 名。

● **1955 年**　1 月，农场划归江苏省农林厅领导，定名为"江苏省国营云台农场"，并开始经济核算。

4 月 13 日，江苏省农林厅农场〔1955〕号第 1293 号文决定：同意将原划归东辛农场的大岛山与栖云山之间的万亩国有荒地，改由云台农场兴垦。

5 月，从淮海农场引进美利奴细毛羊 280 只。

10 月，农场决定兴垦大岛山荒地，并派员进驻工作。

11 月 28 日，与新海连市教养院签订移交土地合约。

12 月，农场职工口粮改由灌云县供应。

是年，试种水稻、棉花成功。

● **1956 年**　5 月 24 日，颁布《云台农场 1955—1967 年远景规划》，规划对云台未来 10 多年的发展、生产、基本建设、文化福利、增产措施目标做了具体的安排和描述。

7 月，灌云县南城区委决定：将南城山东山坡、灌井以南地段，划给农场，建立"红军果园"。后又向北延伸，并于 1962 年 3 月 6 日和 1963 年 2 月 4 日两次商定界址并立合约。

10 月 19 日，经中共灌云县委组织部〔1956〕字第 001 号文批复，农场设立党组，王荣江、康敬五分别任正、副组长。

10 月 21 日，农场召开职工代表大会，选举刘学文、梁承检、李有才 3 人为出席江苏省工代会代表。

12 月 23 日，从宝应湖农场调进 KS-02 拖拉机三台，随车机务工 8 人。

12月20日，农场党组由南城区划出，直属中共灌云县委领导。

是年，兴建盐河畜牧场。

● **1957年**　1月始，开展"整风反右"运动，农场成立整风运动领导小组，下设整风办公室。

12月21日，农场召开第四次工会代表会议，选举新的工会委员会。会议选出工会委员11人，刘学文当选为工会主席。

● **1958年**　4月，吸收灌云县东磊乡小汪高级农业生产合作社、武官乡于沈高级农业生产合作社入场，土地共计1.2万亩，人口884人。

5月，有偿征用南城镇东门外两块官地，共计40.1亩，兴建粮油加工厂。

8月，境内以生产队为单位，大办公共食堂。

同月，全场抽调400多劳动力，投入开挖妇联河工程。

9月，于团创办初小复式班，招收学生20余人，设场域第一所小学。

9月9日，中共灌云县委决定，云台农场、南云台林场、东磊乡、黄圩乡、南城镇合并，成立"国营云台农场"。

11月9日，"国营云台农场"更名为"云台人民公社"。

● **1959年**　4月，根据中央郑州会议精神，农场从"云台人民公社"划出，恢复"国营云台农场"名称，恢复全民所有制性质，独立经营。

5月25日，中共灌云县委批复，成立中共国营云台农场总支委员会，康敬五任书记。

6月，灌云县云台人民公社武圩畜牧场并入农场，共计49户，237人，2600亩土地。

同月，从北京引进来克亨蛋鸡700只。

7月，大岛云南支渠3000余亩盐场，划给云台人民公社。

是年，粮油加工厂建成投产。

● **1960年**　3月，农场医务室改为医院，基层生产队改为作业区。

4月13日，中共淮阴地委干批字第77号文，批准农场成立党委会，任命康敬五为党委书记，耿步怀为副书记兼场长。原场长老红军王荣江调任灌云县副县长。

5月10日，农场召开第一次党代表会议，会上康敬五代表党委做工作报告，选举康敬五、耿步怀、刘学文、夏金顺、陈晓钟、纪永传、徐良基、孙从来、葛树梓为党委委员，康敬五为党委书记，耿步怀为党委副书记。

同月，成立"云台农场监察委员会"，业务归灌云县监察委员会领导，刘学文任监察委员会书记。

7月，创办农业中学一所，学制两年，学生59人。

同月，农场成立供销站，汤其洪任主任。

● **1961年** 7月22日，农场召开三级干部会议，会议学习中共中央12条指示，开展整场、整风运动。

8月21日，召开共青团云台农场第三届团代会，出席会议代表40人，选举徐良基任团委书记。

是年，供销站移交灌云县供销联社。

● **1962年** 2月28日，康敬五、孙益三等7人，出席中共灌云县第三届代表大会。

4月15日，农场召开第五次工会代表会议，选举新的工会委员会。会议选出工会委员11人，孙益三当选为工会主席。

7月，农场开展精兵简政，合并科室，精简人员，共下放干部31人。

9月5日，农场首次接收南京知识青年103人。至年底，共接收南京知识青年3批，177人。

12月5日，召开建场10周年庆祝大会。

● **1963年** 3月，农场良种繁育队成立，后改为试验站，1970年定名为农业科学试验站。

5月7日，召开中共国营云台农场第二届代表大会，到会代表77人，会议选举康敬五为党委书记，孙益三为党委副书记。

7月，普山作业区南京知识青年曾宪昆光荣列席共青团中央九大会议。

9月，国家农垦部姜齐贤副部长来场视察工作，并决定调给军马40匹。

是年，接收南京知识青年905人。

● **1964年** 2月21日，农场召开三级干部会议，认真学习《农场工作条例》和农垦部文件。

3月，购置放映机一台，成立电影队。

9月，大岛女知青归侨林月兰光荣赴京，参加中华人民共和国成立15周年观礼。

12月，南京知青张圩、归侨蔡必水光荣出席省知识青年积极分子代表会议。

冬，农场组织 800 余人，投入盐河水利大会战。

是年，接收南京知识青年 300 人。

● 1965 年 1 月 7 日，农场召开贫下中农代表会议，选举产生场贫代会筹委会，推选彭湃、乙萍出席省贫下中农代表会议。

2 月 25 日，农场抽调 43 人组成工作队，深入 8 个基层单位，开展面上的四清（清账目、清财物、清仓库、清食堂）运动。

4 月，首次在南城、于沈建造电力排灌站。

6 月 2 日，吴圩畜牧场移交灌云县云台人民公社、大岛云南支渠道 1051 亩土地收归农场，2200 亩土地转交连云港市板桥镇跃进大队。

10 月，农场完成 15 千伏配交电过程 13.5 千米，农场首次通电。

● 1966 年 2 月，"国营云台农场半农半读农业学校"开学，校址普山，共计两个班，招收学生 100 名。

4 月 7 日，农场召开工会代表会议。选出工会委员 13 人，孙益三当选为工会主席，会员发展到 675 人。

5 月 3 日，中共淮阴地委社会主义教育工作团灌云县团云台农场、林场分团进驻农场，开展点上的社教运动，发展中共新党员 109 人，发展共青团员 137 人。

● 1967 年 5 月，农场成立临时生产指挥部，下设生产办公室。

9 月，小汪烧香河大桥建成。

● 1968 年 9 月，大汪小学增设初中班，招收学生 46 名。次年，场部小学增设初中班，本着就近入学的原则，普山等地 15 名学生从大汪初中班迁入场部中学。

10 月 22 日，江苏省国营云台农场革命委员会成立，驻军代表钱开玉任主任，葛绍武、席于志任副主任。

11 月 24 日，农场首次召开活学活用毛泽东思想积极分子代表大会，出席会议代表 77 人，选出 25 人出席灌云县活学活用毛泽东思想积极分子代表大会。

是年，全场学校"少先队"改为"红小兵"。

● 1969 年 3 月 8 日，中国人民解放军南京军区毛泽东思想宣传队进驻农场，筹建生产建设兵团。

11 月 24 日，农场改建为中国人民解放军南京军区江苏生产建设兵团第一师第二团。王登龙任团长，张克山任副团长，任静安任政治委员，李成山、祁福元任副政治委员。

12月，农场接收6453部队在海州的国防施工场地，组建采石连。

是年，农场接收南京、苏州、清江等地知识青年1223人。

1970年 9月，全团架设有线广播线路，共计25千米。

12月，农场首届大汪、场部两个初中班学生毕业。

是年，接收苏州知识青年220人。

是年，农场设立客运汽车站，通往南京、淮阴、新浦的公共汽车均停站搭客。

1971年 5月13日，召开中共江苏生产建设兵团第一师第二团首届代表大会。会议选举任静安为党委书记，王登龙为党委副书记。团以下设五个营级党委、两个党总支、32个党支部。

是年，接收常熟、靖江知识青年291人。

1972年 年初，一师独立二营（南云台林场）划归二团领导，编为第六营。

2月，场部学校开设高中班。

5月26日，采石连水塘及菜地11.5亩移交给连云港市锦屏化工厂，立协议为凭。

1973年 8月，三营机务人员陈学武出国，援助几内亚建设。

9月，场部学校中小学分开，正式创办兵团二团中学（云台农场中学），内设初、高中各两个班。

1974年 3月，机修连机务人员杨庆岭出国，援助坦桑尼亚建设。

7月，二营机耕排机务人员黄跃根出国，援助坦桑尼亚建设。

1975年 7月，江苏生产建设兵团撤销，恢复原农场建制，归江苏省农垦局领导，康敬五、祁福元、金良政代表农场与部队办理交接手续。

8月，农场恢复革命委员会和中国共产党的核心小组。康敬五任党的核心小组组长兼革委会主任，祁福元、陈如友、余光明任副主任。

12月，全场掀起学大寨运动高潮。

是年，接收连云港市（盐务局）知识青年712人。

1976年 3月，经淮阴公安处批准，农场配备治安民警四人，隶属灌云县公安局云台派出所。

7月，三分场境内的云东桥建成。

10 月，云农会堂建成。

是年，接收连云港市（盐务局）知识青年 464 人。

● **1977 年** 1 月，接收连云港市（盐务局）知识青年 95 人。

3 月 8 日，14 连指导员武传生当选为江苏省第五届人民代表大会代表，出席江苏省第五届人民代表大会。

5 月，经灌云县人民法院〔1977〕法秘字第 03 号文批准，农场设立法庭，名称为"云台人民法庭"。

9 月，三分场学校增设初中班，招收初一新生 26 人。

● **1978 年** 8 月，夏粮增产，三麦（即大麦、小麦、元麦）单产首次达到 190 千克，总产接近 2000 吨，农场受江苏省人民政府表彰。

同月，农场医院两层门诊楼落成。

9 月 8 日，14 连指导员武传生当选为中华全国总工会第九次代表大会代表，赴京参加工会九大。

10 月，农场恢复"文化大革命"前的党、政建制。

是年，成立工业科，负责对农场工业发展进行调查、规划，开始筹建元件厂、弹力丝厂，仅 5 年时间，相继办起了无线电元件厂、塑料厂、弹力丝厂、标准件厂等工业企业。六分场（南云台林场）从农场划出。

● **1979 年** 4 月，三分场副场长魏根顺，支援西藏建设，历时一年。

5 月，农场兴建机械化兔场。

是年，全场扭转长期经营亏损局面，盈利 30.04 万元。

是年，二分场筹建塑料厂。

● **1980 年** 10 月，为建场内公路，与云台公社山东大队签订土地调换协议。

11 月，种鸡场建成，计 6 幢 48 间 5000 平方米。是年，农场实行农机标准化管理。

● **1981 年** 5 月，元件厂两层生产楼落成。

7 月，农场设立教卫科。

9 月，九岭大队划归南云台林场。

是年，首次试种制种甜菜成功，共计 10 亩，单产 350 斤。

● **1982 年** 3 月，盐河砖瓦厂 20 门轮窑建成投产。

● **1983 年** 9 月，农场兽医站落成。

12 月，基层连营建制改为大队、分场，撤销五营。

● **1984 年**　1 月 7 日，召开场第一届职工代表大会，历时 3 天，出席会议代表 304 人。

5 月 4 日，陈培杭被选为共青团连云港市第十次代表大会代表并出席会议。

9 月 18 日，农场行政隶属从灌云县划归连云港市云台区。

同月，中共云台农场纪律检查委员会成立，韩如冰兼任纪委书记。

12 月，经省公安厅批准，成立云台农场派出所，直属市云台公安分局领导。

是年，对农业实行大包干，基层全部实行承包到户，全场兴办各类家庭农场 260 多个。农场改三级管理、三级核算为三级管理、两级核算，即农场、分场、大队三级管理，场、大队两级核算。

● **1985 年**　5 月，驻场的灌云县云台人民法庭，交连云港市云台区人民法院，人员、机构搬至南城镇，更名为南城人民法庭。

9 月 10 日，召开庆祝第一个教师节大会，到会 600 余人，向全场教职员工赠送节日礼品。

● **1986 年**　5 月，农场成立敬老院，17 名退休的孤鳏老人入院安度晚年。

8 月，农场颁发第一代居民身份证。

5 月，元件厂由股级晋升为副科级建制单位。12 月，元件厂三层生产楼落成。

● **1987 年**　8 月 13 日，召开第二届职工暨工会会员代表大会。

9 月，农场实行场长负责制。

● **1988 年**　1 月 22 日，砖瓦厂标准件车间从砖瓦厂划出，晋升为大队级，定名为"连云港市第八标准件厂"。

4 月，推行共保合同制度，农场行政、党委、工会三方签署合同。

同月，恢复专业技术职务评聘工作，到 1992 年全场有高级技术职务 4 人，中级技术职务 35 人，初级技术职务 215 人。

8 月，粮棉油加工厂棉花加工车间改造成功。

● **1989 年**　4 月，实施省政府、省总公司黄淮海资源开发、低产田改造工程，接受该项贷款 63 万元。

5 月，省农垦总公司工会在农场召开"共保合同"研讨会。

12 月，农场党委提出"团结、求实，拼搏，创新"的云农精神。

是年，购进佳木斯装置 1 套、液压重耙 3 台、立式旋转开沟犁 1 台、铲运机 6 台、苏产挖掘机 1 台。

1990 年

2 月，农业科、农机科、多种经营科与机关分离，分别成立农业服务中心。多种经营服务中心，由机关科室均改为独立核算、自主经营、自负盈亏单位。物资总库与供销经理部合并，成立商业物资公司。

8 月，农场成立司法所。

9 月 3 日，召开中共国营云台农场第六次党代会，到会代表 115 人。大会选举薛建云、刘宝玉、朱崇昕、魏根顺、庄开标为党委委员，薛建云当选为党委书记，朱崇昕当选为党委副书记。选举朱崇昕、李如为、陈培杭、王可银、孟宪水为纪律检查委员会委员，朱崇昕当选为纪委书记，李如为当选为纪委副书记。

1991 年

3 月 20 日，召开第三届职工暨工会会员代表大会，到会代表 320 人。选举产生场新一届工会委员会，朱崇昕同志当选为工会主席。

5 月 10 日，农场召开"七·五"科技总结大会，180 名科技人员出席了大会。场长刘宝玉在会上做《依靠科技进步，振兴农场经济》的报告。会上，对"七·五"期间的 12 项科技成果和做出显著成绩的 41 名科技工作者进行了表彰。

7 月 31 日，农场投资 11 万元新建的棚式农贸市场正式开张投入使用。

9 月，因生源不足等原因，云台农场中学高中部停止招生。

12 月，工会组织职工代表对大队级以上干部进行民主评议，评出最佳干部 15 人，优秀干部 26 人，称职干部 168 人，不称职干部 22 人。根据评议情况，农场党委先后提拔 15 人，免职 16 人。

同月，经全场党员代表会议选举，薛建云、陈培杭、陈炳南、陈学武、孟庆岭、司海珍为出席中共云台区第五次代表大会代表。

1992 年

2 月 22 日，农场召开第三届第三次职工代表大会。

3 月 25 日，农场颁布《关于深化农场改革，转换企业经营机制的工作意见》。

7 月 1 日，由李凤阁主编的《农垦企业民主管理》，由中国工人出版社面向全国发行。

7 月，农场投资 120 万元新建的机关三层办公大楼落成并交付使用。

8 月，农场投资 12 万元的加油站建成并投入使用。

9月，农场进行管理机构和人事制度改革，机关18个部门科室精减为"三室一科"，即场长办公室、党委办公室、政法办公室和计划财务科。恢复五分场建制，组建电镀厂，成立农产品贸易公司，粮站改制为粮油贸易公司。

11月8日，举行云台农场建场四十周年庆典活动。

12月，云台农场人民法庭成立。

是年，全场职工参加省农垦职工系统内养老保险统筹。

1993年 2月，改革干部人事制度，由任用制改为聘任制。

同月，农场成立浦田塑料有限公司。

5月，农场实行房改，对公房实行折价归私。7月，农机配件库营业楼建成。

1994年 1月，云台农场冷冻厂建成投产。

同月，场团委授予国家女子足球队员农场籍青年陈玉凤"杰出青年"称号。

7月，全场集资36万多元，建门诊楼并于1995年建成和投入使用。

12月，连云港市总工会授予无线电元件厂"模范职工之家"称号；授予粮油棉加工厂剥绒车间"先进班组"称号；授予全场8个科分场单位、11个大队、班组"先进职工之家"称号。

1995年 1月，东辛农场、云台农场、淮阴棉纺针织厂等单位联合成立东辛集团，云台为集团核心企业。

3月，实行医疗保险场内统筹。

同月，撤销党委办公室建制，恢复组织科、宣传科建制。

6月，完成《云台农场经济发展"九五"计划和2010年规划》编制工作。

8月，农场投资36万元建立有线电视站，同时开展有线电视安装工作，全场有600户居民安装了有线电视。

1996年 5月8日，农场召开第三次科技工作会议。会议总结了"八五"以来的科技工作，讨论了"九五"科技规划，表彰了科技工作先进集体和先进个人，奖励了"八五"期间科技项目成果。

同月，落实《云台农场科技管理暂行规定》，对科技人员发放技术职务补助。

同月，落实《云台农场场镇发展规划和实施意见》。

8月，党员代表会议选举孙从波、庄开标、陈培杭、马琳、孙爱年、黄跃根、索以香、江乃庄、王明发9位同志为中共连云港市云台区第六次代表大会代表。

同月，集市贸易市场由东山路南侧搬迁至普山路北侧原修理厂院内，占地1200平方米，摊位50个。

1997年 1月，农场党委开展"党性、党风、党纪"专题教育活动。农场党委与基层党支部、党总支签订党建目标考核责任状。

1月18日，召开第五届第一次职工暨工会会员代表大会，出席会议代表254人。选举陈长生为工会主席、杨庆生为工会副主席。

8月，全场24名民办教师转为公办教师。

1998年 1月，原按数字序列设置的分场、大队、农机站，更改为按所在地地名设置名称。大队更名为管理区。

11月，云台农场小学三层教学楼竣工。建筑面积1507平方米，投资120万元。

1999年 3月，农场党委开展以"讲学习、讲政治、讲正气"的"三讲"教育活动。

4月，农场开始对加工厂、元件厂、包装厂、电镀厂、消防器材厂、多种经营服务中心等场办二三产企业实行模拟股份制改制，各企业分别设立董事会、监事会、经理层。董事长由场里委派，董事由股东选举，职工入股设立持股会，经理层由董事会聘任。

2000年 2月，盐河分场改为盐河管理区，划归普山分场管辖。

4月，农场深化农机改制，将现有农机具拍卖给个人经营，农机商场、配件库、加油站由个人买断经营。

8月，农场加大农业改革力度，全面推行"先交钱，后种田"农业租赁经营责任制。

9月，多种经营服务中心下属饲料厂、种禽场拍卖归个人经营。

是年，全场职工养老保险纳入江苏省养老金保险社会统筹。

2001年 2月22日，农场召开第六届第一次职工暨工会会员代表大会，出席会议114人。选举陈长生为工会主席，陈培杭为工会副主席。

5月，贯彻《农垦集团公司关于场级干部制度改革意见》，面向全场选聘副场级干部 2 名。张明立、汪宝明分别被录用为工业、农业副场长。

7 月始，农场中、小学从农场剥离移交地方，到 12 月底，移交工作基本结束。全场 1 所中学，2 所小学，9 个初中班，19 个小学班，共计 992 名学生、70 名教职工全部移交新浦区。

同月，农场成立二次改制小组，进驻粮棉油加工厂，对粮棉油加工厂进行二次改制。

9 月，农场实行人事制度改革，全场干部全部实行重新竞聘上岗。机关设置为党群办公室、行政办公室、财务办公室三大职能部门。

11 月，连云港市政府东迁，征用农场盐河管理区土地 1700 亩。

是年，利用江苏省农村电网改造资金，全场电网进行改造。

● **2002 年** 5 月，举办建场五十周年庆典。

7 月始，农场二三产企业全面实行"国退民进"产权制度改革，到 2003 年 9 月二三产企业改革改制基本结束。

8 月，连云港云龙房地产公司成立，驻地设在新浦东区，负责农场房地产业开发。

同月，农场有线电视与连云港市有线电视联网。

● **2003 年** 2 月，农场机关增设招商引资办公室。

4 月，农场成立"非典"防治工作指挥部，全面部署落实防治"非典"各项措施。

8 月，农场投资 10 万元接通大岛至台南盐场自来水管道，结束了大岛居民长期靠手扶拖拉机到自来水点拉水供应生活的历史。

9 月，农场颁布《云台农场干部人事管理若干规定》。

● **2004 年** 3 月，农场进行管理体制和人事制度改革。设置为农场、分场、管理区三级管理，农场、分场两级核算为农场、管理区两级管理，农场一级核算，撤销分场建制。全场农业单位合并成立 5 个管理区。

7 月，云台农场投资 67.68 万元建设的科技楼竣工并投入使用，建筑面积 780 平方米。

同月，连云港农村信用社进驻农场。

12 月 20 日，卞长青以 180.8 万元买断农场医院产权及经营权。

同月，云龙房地产公司项目部与天津鹏博置业公司签订协议，合作开发"海连新天"住宅楼盘。

● **2005 年**　1 月，全场 2881 名职工及离退休人员参加连云港市职工基本医疗、工伤、生育保险统筹。

同月，农场有线广播改造为调频方式传输广播节目。

2 月 26 日，召开第七届第一次职工暨工会会员代表大会，出席会议代表 92 人。选举程荣喜为工会主席，选举陈培杭、索以香为工会副主席；签订了《云台农场 2005 年集体合同》。

7 月，全场共产党员先进性教育全面启动，历时近一年。

是年，职均年收入首次突破万元，达到 10487 元。

● **2006 年**　3 月起，全场开展"当好主力军，建功'十一五'，和谐建小康"立功竞赛和"创建小康之家"比赛活动。

4 月始，云台开展"创建和谐劳动关系企业"活动。至 2011 年底，农场连续 5 次被省农垦评为"和谐劳动关系企业"，2010 年被连云港市评为"和谐劳动关系标兵企业"。

6 月，农场成立新农村建设规划领导小组，对全场居民点进行规划，撤销 10 个居民点，集中建设于沈、张圩、普山居民新村。

12 月，职工文化活动广场建成，占地面积 7870 平方米，总投资 284.59 万元。

是年，苏港棉业有限公司落户农场产业园区。

● **2007 年**　3 月，撤销小汪管理区，划归张圩管理区领导；东山公墓更名为连云港凤凰陵园有限责任公司；机关科室改为部室或增挂相关部室牌子。

3 月 17 日，召开场第七届第三次职工暨工会会员代表会，出席会议代表 94 人，历时一天。

4 月 19 日，省农垦集团公司党建工作座谈会在云台召开。

4 月 26 日，省农垦集团公司总经理任建新一行来云台进行房地产开发情况调研。

4 月 27 日，农场召开都市农业论证会，与会专家通过了云台农场都市农业发展方案。

同月，张圩新村举行开工奠基仪式，至年底，100 户居民搬进新村新居。

8 月 5 日始，62 名中基层管理人员自筹资金建造日光温室 66 幢，发挥示范带动作用。

9 月 28 日下午，连云港市委书记王建华、市长刘永忠、副书记仲琨率全市生态、高效、外向型农业现场观摩会全体代表视察农场设施农业示范园区。

同月，撤销农业技术推广服务中心，成立云台农场农业经济发展公司。农业管理区更名为农业生产区，划归农业经济发展公司管辖。

10月，农场为1651名非职工居民办理城镇居民基本医疗保险。至2009年全场非职工居民全部进入城镇居民基本医疗保险。

12月，成立综合档案室，建筑面积96平方米，实存档案1070卷，5074件。

同月，农场获"2005—2006年度江苏省精神文明建设先进单位"称号。

● **2008年**　1月8日，编制完成《江苏省云台农场二次创业发展规划》。

2月始，全场开展"解放思想，创新发展"大讨论活动。

3月1日，江苏省农林厅副巡视员蔡恒一行考察农场高效农业发展情况。

3月4日，召开农场第七届第四次职工暨工会会员代表大会，出席会议代表92人。

3月27日，云台农场与江苏通宇房地产公司共同投资组建的连云港运通房地产公司在新浦揭牌成立。

4月15日，市政协副主席、发改委主任董春科一行来农场检查文明城市创建工作。

4月24日，农业部农垦局副局长彭剑良一行到农场调研。

5月16日，农场举行"情系灾区、奉献爱心"向汶川地震灾区捐款活动。

5月22日，江苏省委第三巡视组组长宋秀芳到农场考察调研日光温室生产基地和华瑞种苗有限公司情况。

6月19日，连云港市出口蔬菜示范区建设工作会议在云台召开。

6月24日，连云港华瑞种苗有限公司台湾农友品种展示推广会在华瑞种苗生产基地举行。

7月9日，原省农垦集团公司董事长许祖元来农场调研。

7月24日，云台参加江苏农垦"走垦区、看亮点、比成效"活动暨2008年经济工作会议，代表参观云台"海连新天"楼盘、物流和农产品加工区、园艺苗木基地、日光温室基地、华瑞种苗公司、水生花卉基地、水生蔬菜基地、张圩居民小区。

8月28日，江苏省农垦云台农场社区管理委员会举行挂牌仪式。

同月，于沈新村开工建设，至年底32户居民搬进新村。

10月1日，扬州大学园艺与植物保护学院与云台签订共建教学实习基地和科技服务基地协议。

10月30日，江苏农垦工会"小康之家"创建工作座谈会在农场召开。

11月2日，江苏省农林厅农业局副局长唐国强一行考察农场外向型农业基地建设情况。

12月25日，连云港市出口蔬菜示范区现场办公会议在农场召开。

同月，撤销农业经济发展公司，恢复农业服务中心，建立动物防疫中心、农机水利服务中心；农业生产区恢复为农场垂直领导。江苏省花果山外向型农业示范区管理委员会成立，专司负责外向型农业的开发和管理。

同月，农场接待中心竣工并交付使用，建筑面积1842平方米，总投资181.39万元。

● **2009 年**

1月8日，"云盛"商标荣获"连云港市知名商标"称号。20日，"云盛"牌番茄被评为"2008年度江苏名牌产品"。

同月，农场成立基地管理部，负责高效农业的经营与管理。5个农业生产区调整为8个农业生产区。

2月20日，召开第八届第一次职工暨工会会员代表大会，出席会议代表108人。

3月2日，连云港云盛果蔬食品有限公司成立，10月被评为农业产业化市级龙头企业。

同月，农场以参股形式与南京通宇公司合作成立连云港运通房地产有限公司，共同开发"凤凰新城"项目。

同月，21栋钢架大棚在于团蔬菜基地建成，占地面积15789.9平方米，投资153.55万元。

4月14日，省国资委第二监事会主席、省委企业巡视组第二组组长施建国一行在农垦集团公司纪委书记周作义等陪同下到农场巡视调研。

4月19日，省农垦集团公司董事长、党委书记宣荣一行考察调研连云港市云盛果蔬食品有限公司和连云港市出口蔬菜基地。

4月始，全场开展"深入学习实践科学发展观"活动。全场27个党支部519名党员参加了活动。

5月5日，连云港市出口蔬菜示范区GAP（良好农业规范）质量管理体系认证研讨会在农场召开。

5月8日，农场获江苏省五一劳动奖状。

5月13日，农场民营企业协会挂牌成立。

6月11日，省农垦集团公司总经理任建新一行来场调研指导工作。

7月13日，农场困难职工帮扶中心挂牌成立，工会对困难职工提供救助、维权和服务的社会公益性事业统一纳入社区管理范畴。

8月6日，江苏省总工会国际部部长缪建华到云台农场调研考察连云港云盛果蔬食品有限公司、出口蔬菜生产基地、华瑞种苗公司、出口花卉生产基地和莲藕生产基地。

8月25日，连云港市人民政府副市长赵建华一行到连云港市云盛果蔬食品有限公司调研。

9月7日，农场正式通过国内最高层次认证机构的ISO9001和ISO14001两个认证。

10月18日，社区管理委员会召开居民代表会议，成立张圩、于沈、普山、宏业、创业居委会，选举产生各居委会主任。

10月27日，省农垦集团公司董事长、党委书记宣荣一行考察连云港云盛果蔬食品有限公司、凤凰新城拆建现场、江苏省花果山出口蔬菜基地、日光温室和设施农业生产基地。

11月4日，连云港市现代农业发展暨康居示范村建设观摩现场会在农场召开。

11月16日—17日，江苏省旅游学会会长、东南大学旅游与景观研究所教授、博士后导师周武忠在省农垦集团公司副总经理陈建军一行陪同下考察农场观光旅游项目。

11月25日，农场"百名教授兴百村专家工作站"挂牌成立。驻站专家为江苏省农业科学院的严继勇研究员、扬州大学的杜予州教授和陈学好教授。

12月30日，农场顺利通过市、区旅游局验收，成为江苏省二星级乡村旅游点。

是年，农场各项经济指标均达到省规定的小康社会指标标准，职均收入实现19054元，人均收入首次突破万元，达到10801元。

● 2010 年

1月18日，台湾南部农会江苏合作交流之旅代表团在省农垦集团公司总经理任建新陪同下来农场参观考察。

1月20日，"云盛"莲藕获"江苏省名牌农产品"称号。

1月30日，农场召开第八届第二次职工暨工会会员代表大会，116名职工代表参加会议。

2月2日，在江苏省名特优农产品（上海）交易会上，连云港云盛果蔬食品有限公司送展的"云盛"牌系列盐渍类蔬菜被组委会授予畅销产品奖。

2月22日，农场职工医院通过省级社区卫生服务中心验收。

3月，撤销云台产业园区管理委员会，成立二三产管理部，负责全场二三产企业及园区的管理。

4月13日，江苏垦区辣椒种植技术专题培训班在农场举办，特邀韩国韩友饲料有限公司董事长金荣镐先生和金敬锡博士、韩国水株式会社常务理事章林先生、安徽合肥福斯特种苗有限公司总经理张胜民先生授课。

4月15日，农业部农垦局科技经贸处调研员黎光华、农业部管理干部学院农垦培训部副主任冯明惠一行来农场调研。

4月24日—25日，中国质量认证中心王吉潭、唐金艳、徐亮亮三位专家教授对农场申报的莲藕、胡萝卜、西蓝花、甘蓝等四个品种共计2000亩出口蔬菜基地进行了GAP现场审核。

5月9日，农场供电中心外线二班被连云港市总工会授予"工人先锋号"示范班组称号。

5月12日，农场获连云港市"2007—2009年度文明单位"称号。

5月27日，农业部高鸿宾副部长、农垦局李伟国局长、何子阳巡视员、吴恩熙副局长带领全国各省、自治区、直辖市农垦主管部门、新疆生产建设兵团负责人在省农垦集团公司董事长兼党委书记宣荣、总经理任建新、副总经理胡兆辉陪同下来农场视察调研。

6月9日，连云港市农机推广工作会议在农场召开。

同月，出口蔬菜基地办公楼建成并投入使用。建筑面积2505平方米，投资180万元。

同月，于团农机存放点钢架结构机库竣工，占地面积4353.52平方米，投资151.58万元。

8月19日，农场获江苏省"出口蔬菜安全示范区"奖牌，是连云港市唯一获奖单位。

8月21日，江苏省委常委副省长黄莉新在省农委主任吴沛良、连云港市委常委政法委书记董恕娟、副市长邱志高的陪同下考察农场外向型农业示范区情况。

同月，张圩居委会办公楼落成，投资82万元。

9月16日，连云港华瑞种苗有限公司资产重组方案启动，江苏农垦和台湾农友种苗合作项目在南京中山大厦签约。

11月11日，江苏省农委农业产业化处副处长杜海蓉一行考察调研农场外向型农业发展情况。

12月2日，国家质检总局食品二处处长汤德良、江苏省出入境检验检疫局食品处处长陈忘名一行考察云台农场出口蔬菜示范区建设情况。

12月15日，江苏省外向型农业暨出口农产品示范基地建设推进工作会议代表参观出口蔬菜示范区管理委员会、蔬菜试验科研基地、苏垦农友种苗公司及云盛果蔬食品有限公司。

12月23日，农场获"2007—2009年度江苏省级精神文明建设先进单位"。

● **2011年** 1月16日，农场召开第八届第三次职工暨工会会员代表会，出席会议代表116人。

1月18日，江苏省农垦集团公司总经理任建新陪同台湾南部农会江苏合作交流之旅代表团到农场参观考察。

1月20日，"云盛"莲藕获江苏省名牌产品称号。

同月，撤销8个农业生产区建制，调整为6个良种繁育基地管理区，归生产技术部领导。二三产管理部更名为企业管理部。连云港凤凰陵园有限公司从社区管委会划出，归农场垂直领导，更名为"连云港凤凰陵园管理处"。

2月21日，农场召开2011年目标管理暨2010年目标管理总结表彰大会，全体管理人员及受表彰人员出席了会议。

2月24日，农场与扬州大学联合举办现代农业实用技术培训班，30人参加了为期一周的封闭培训。

3月15日，江苏省农垦集团公司副总经理陈建军、苏舜集团公司财务总监张瑞琪一行考察调研农场发展现代都市型农业，打造生态旅游示范区情况。

3月，连云港市《花果山区域发展战略规划》通过专家评审，规划将农场农业生态旅游放在连云港市"一环、两线、三区"旅游大框架中，成为三大"外围游览区"之一，与大花果山旅游南线相接成为线上景点之一。

同月，全场有线电视改为数码电视。

4月16日，农场被连云港出入境检验检疫局、市农委授予"进出口食品安全工作先进集体"称号。

5月6日，广东省农垦总局党组书记、局长赖诗仁、江苏省农垦集团公司总经理任建新、副总经理胡兆辉一行来农场考察。

5月，农场申报的洋葱、辣椒、荷兰豆、西蓝花等8个品种，共计4000亩出口蔬菜基地经过中国检验认证集团江苏有限公司专家组每年一次的复审，顺利通过GAP一级认证的复评换证审核。

6月8日上午，连云港市新浦区检察院云台农场工作站举行揭牌仪式。

6月29日，农场场长缪素华应邀参加由中华人民共和国商务部、江苏省人民政府主办，江苏省商务厅、江苏省经济和信息化委员会、商务部流通产业促进会和江苏省贸促会承办的第六届跨国零售集团采购会暨采购商大会。缪素华代表国内供应商在会上就加快推进省级出口蔬菜示范区——连云港花果山出口蔬菜示范区建设进行专题演讲。

10月18日，江苏省连云港花果山出口蔬菜示范区通过国家质检总局专家组升级验收评审，升级为国家级出口蔬菜质量安全示范区。

11月17日，由江苏省云台农场和连云港出入境检验检疫局依托南京贺林科技有限公司研发的"连云港出口蔬菜示范区原料追溯及种植过程管理系统"正式投入运行，云台农场出口蔬菜有了"二维码"身份证。

11月28日，农场召开干部大会，贯彻江苏农垦农业资源整合会议精神。

11月29日，农场召开第八届第四次职工代表大会。审议通过《江苏省云台农场资产划转方案》《江苏省云台农场负债划转方案》《江苏省云台农场人员划转方案》。

11月30日，江苏农垦农业发展公司云台分公司成立，刘卫华任公司副总经理、缪素华任存续农场党委书记、场长。

12月2日，江苏省农委、商务局联合发文苏农复〔2011〕33号文件，原则同意农场关于江苏省花果山外向型农业示范区总体建设规划，同意农场设立江苏省花果山外向型示范区。

12月6日，中国绿色食品发展中心正式向农场颁发"云盛"牌莲藕和洋葱中国绿色食品使用证书。

12月17日，农场获"2011年度外向型农业工作先进单位"和"2011年度市级现代农业产业园区"奖。

● **2012年**　2月20日，江苏省农垦集团副总经理孙宝成到云台农场调研指导工作，场党委书记缪素华就资源整合后新形势下农场发展思想、工作目标及主要措施做了汇报。

2月22日，云台农场召开区人民代表大会换届选举工作会议，区调研组领导出席并指导工作。选举产生张明立、刘卫华两人为区人大代表。

3月20日，辽宁省农垦局局长、党委书记王庆联一行6人在江苏省农垦集团副总经理胡兆辉的陪同下，到农场考察。

4月26日下午，中共中央候补委员、中国农业国际合作促进会长翟虎渠和香港投资基金会主席伦惠明、连云港市领导张序余一行来云台农场对相关农业项目进行考察，农发云台分公司副总经理刘卫华陪同。

5月13日，云台农场召开第九届一次职代会，全票通过了《关于公积金缴存比例暂按5%执行和暂缓执行新职工住房补贴的议案》票决的报告。会议选举产生了张明立为工会主席，万红霞、杨守建为工会副主席。

6月12日，江苏省农垦集团副总经理、苏垦农发公司总裁胡兆辉到云台检查指导三夏生产工作。

6月30日，云台农场召开建党91周年庆祝大会。

7月3日，江苏省财政厅综改办处长许明一行到云台农场检查指导农场税费改革专项资金使用情况。

8月13日，由国家住建部住房保障专项巡察员余山川、秦咸悦，省住房和城乡建设厅住房保障处专项巡察员李孝万组成的住房保障联合专项巡视组一行莅临云台，对危旧房改造工作进行专项督查。

8月14日下午，江苏省农垦集团工会在云台农场召开连云港工会工作座谈会。

9月28日，第十届中国国际农产品交易会上，连云港吉本多食品有限公司送展的"藕然一片"荣获金奖。

10月19日，人民日报社记者冯华、经济日报社记者周琳、农业部农垦宣传文化中心副主任袁燕梅一行到云台农场就发展生态、外向、高效型都市农业进行专题采访。

10月31日，云台农场现代农业产业园区被省人民政府评为江苏省农垦现代农业产业园区。

12月21日，云台农场的连云港花果山出口蔬菜示范区被国家质检总局授予"国家级出口食品农产品质量安全示范区"。

12月25日，云台农场举办的国家级出口食品农产品质量安全示范区授牌暨建场六十周年庆典在云台宾馆隆重举行。

12月25日，《云台企业文化手册》发布，该文件是今后相当长的时期内指导云台文化实施活动和推动云台跨越发展的内在动力。

12月底，云台农场荣获2010—2011年连云港市文明单位称号。

12月底，花果山出口蔬菜示范区建设工程获评"连云港市2012年度十大惠民工程"。

● **2013年**　1月9日，云台农场农贸市场投入使用，总投资200万元，占地3033平方米，停车场855平方米。

1月10日，"云盛"商标获2012—2015年度江苏省著名商标称号。

2月22日上午，云龙房地产开发公司开发的华泰丰泽园一期工程项目三幢小高层开盘销售，总建筑面积10万平方米。

4月3日，省农垦集团副总经理陈建军、投资发展部副部长钱伯彬一行来农场考察生态农业旅游产业的发展情况。场党委书记、场长缪素华、苏垦农发云台分公司副总经理刘卫华等陪同考察。

4月24日，江苏省农委纪检书记朱洪生、省农委科教处长江雪忠在连云港市农委主任王以标及新浦区区长单晓敏陪同下来农场调研乡村旅游发展情况。

5月8日，云台农场的"云盛"牌番茄获2012年度江苏省名牌产品称号。

6月，连云港花果山出口蔬菜示范区入选省绿色食品办公室"放心吃网"联盟。

8月19日，江苏农垦云台农场社区一站式服务大厅正式启用，服务项目涉及城建城管、土地管理、房屋建设、信访民调、社会保障、农机水利、费用收缴等窗口。

8月30日，"云盛"牌辣椒、西蓝花获中国绿色食品称号。

9月11日，投入40余万元搭建"云台农场视频监控系统及物联网应用平台"，基本实现了对路口、出入口、重点要害部位、公共复杂场所的全方位实时监控。

10月，云台农场获得"2010—2012年度江苏省文明单位"称号。

12月2日，江苏省农垦集团主办的以"中国梦·农垦篇"为主题的书画摄影巡回展走进云台。

12月10日，云台农场水生花卉园通过"国家2A级旅游景区"评定。

12月17日，省农垦集团总经理任建新到云台调研指导工作。

12月25日，江苏省农垦集团纪委书记章朝阳到云台考察指导工作。

● **2014年** 1月1日，农场被评为"2013年度江苏省放心消费创建先进单位"。

1月8日，江苏省农垦集团公司党委副书记周作义、纪委副书记席林来场慰问困难职工。

2月21日，农业部国际合作司司长王鹰、省农委外办主任李旭、连云港市副市长吴海云到农场调研。

3月21日，农场召开第九届三次职工代表大会。

4月21日，连云港市政府与农业部国际合作司、江苏省农委、市政府战略合作协议签署仪式在南京钟山宾馆举行，云台农场场长缪素华、党委书记何荣方应邀出席。

5月6日下午，江苏省农垦集团总经理任建新一行到云台农场，对生态旅游进展情况进行考察。

5月19日，召开2014年目标管理大会，全场各部门、各单位的全体管理人员参加会议。会议签订年度目标管理、党风廉政建设责任状。

5月，场长缪素华获江苏省五一劳动奖章。

5月29日，江苏省国资委副主任王宁生到农场调研。江苏省农垦集团党委组织部、人力资源部部长杨义林陪同调研。

6月11日，江苏省农垦集团副总经理胡兆辉，携办公室主任姜建友、农业发展部部长朱亚东到云台考察调研，深入农场"三夏"第一线。

6月24日，西藏拉萨市净土产业投资公司总经理崔永刚、副总经理八一农场场长毛玉军一行，在江苏省农发公司纪委书记、工会主席孟亚平，农场管理部副部长程兆明的陪同下到农场考察。

6月23日，农业部对外合作经济中心处长王劲松及有关农业专家一行在连云港市农委主任王靖的陪同下到农场调研，党委书记何荣方、分公司总经理刘卫华参加活动。

7月2日，连云港市政协主席仲坤带领部分政协委员，到云台专题调研生态农业休闲旅游。

7月22日，江苏省外向型农业载体建设推进会在连云港市召开，江苏省农委副主任徐惠中、连云港市副市长吴海云参加会议。

7月25日，云台农场水生花卉园旅游专线开通。

7月30日，江苏省科协部长王安宁一行来云台农场考察，对农场外向型出口农业、发展现代观光农业给予积极肯定。

9月3日，江苏农垦农友种苗董事会召开。

10月10日，2014年云台农场居民代表大会召开，70多名居民代表参会。大会表彰了2014年度农场"十佳好儿媳""十佳老人""五星户"。

11月21日，农贸市场通过验收，35万专项资金到位。

12月22日，连云港市农业委员会下发连农〔2014〕190号文件，确定江苏省农垦（云台农场）现代农业产业园区为连云港市首批8家"十有"现代农业产业园区之一。

● 2015年　1月4日，发布《关于表彰2013—2014年度基层党员干部冬训先进集体、先进个人和创新案例的决定》（连委宣发〔2015〕2号文），云台农场党委获先进集体。

2月10日，退休职工封公荣被评为江苏省农垦第二届文明标兵。

2月14日，云台农场召开第九届第四次职工代表大会。

2月，云台农场水生花卉园荣获省四星级乡村旅游区（点）。

5月6日，江苏省农垦集团副总经理胡兆辉、财务部长杨炳生一行来云台吉本多公司调研。

6月4日，原江苏省农垦集团总公司党委书记、董事长许祖元，原连云港市委副书记郑顺成一行察看云台湿地生态环境博览园、苏垦农友种苗有限公司生产基地。

6月12日，人民日报、中央电视台外语频道、经济日报、中国日报、工人日报、中国网、中国国门时报等多家中央级媒体，到云台花果山出口蔬菜质量安全示范区进行联合采访。

9月20日，江苏省花果山出口蔬菜示范区顺利地通过了国家检验检疫总局组织的示范区复检。

10月20日，召开2015年度居民代表大会，表彰2015年度十佳老人、十佳孝星、十佳居民。

10月24日，凤凰星城楼盘被评为2015年港城放心楼盘。

10月25日，生态湿地博览园被命名为连云港市新十景。

11月25日，云台荣获江苏农垦"十二五"期间企业文化建设先进单位。

● **2016年**　2016年元旦，云台农场游8路公交车顺利通车。

1月26日，省农垦集团公司总经理胡兆辉、总经济师刘刚到云台慰问贫困家庭。

3月17日，联合国粮食及农业组织驻中国首席代表伯希·米西卡先生、联合国粮农组织驻中国官员傅荣及立陶宛大使、厄瓜多尔大使等人一行到云台参观。

3月24日，苏垦农发云台分公司召开第一届第九次职工暨工会会员代表大会。

5月15日，云台农场公司荣获连云港市政府"十二五"全市扶残助残先进集体称号。

6月14日，江苏省农委农业局处长马建军带领专家组对云台现代农业产业园建设工作进行考评。

6月16日，省农垦集团总经理、苏垦农发董事长胡兆辉一行到云台调研，指导"三夏"工作。7月4日，湖南省湘西州州委常委、副州长孙法军一行代表团到云台农场参观。

7月16日上午，云台农场公司"2016年连云港市荷花节"开幕式暨景区征名颁奖仪式成功举办，水生花卉园正式更名为"云水湾"湿地公园。

8月3日，省农垦集团副总经理姜建友一行到云台农场视察指导工作。

9月12日，连云港市市长项雪龙带领市发展和改革委员会、市经济和信息化委员会、市商务局以及市卫生和计划生育委员会等部门负责人到云台农场调研。

9月13日，农业部农垦宣传文化中心主任成德波一行到云台农场调研。

9月23日，省农垦集团副总经理姚准明陪同南京市浦口区委副书记任家龙、浦口区政府副区长王礼文，以及农垦系统、浦口区相关部门领导一行来云台农场调研。

10月29日，中国科学院大学党委常务副书记董军社带领北京、浙江等客商一行，在连云港市人大常委会副主任李国章、连云港高新区党工委书记陈佑龙的陪同下到农场调研。

● **2017年**　1月17日，省农垦集团副总经理姚准明一行到云台农场开展"春节送温暖"慰问活动。

2月10日，党员冬训工作会议召开。

3月4日，第十届第二次职工代表大会召开。

3月7日，连云港市副市长尹哲强、江苏省农垦集团公司副总经理姜建友陪同江苏省中国科学院植物研究所专家组一行到农场调研。

3月17日，江苏省企业文化研究会会长赵常林、江苏省政研会副秘书长沈霆一行到农场专题调研企业子文化工作。

3月27日，连云港市市长项雪龙、副市长尹哲强率国土局、市建设局等相关单位的负责人到农场视察。

3月30日，高新区纪工委与云台农场纪委签订《政企廉洁共建协议》。

5月11日，江苏省农垦集团公司纪委书记章朝阳到农场调研。

5月18日，社区服务中心"连云港市工人先锋号"举行授牌仪式。

6月11日，江苏省农垦集团公司总经理、苏垦农发董事长胡兆辉一行到农场调研。

6月16日，江苏省农垦集团与连云港市政府签订共建省园博园《合作框架协议》。

7月15日，连云港市"第二届荷花节"在云水湾景区盛装开幕。

8月26日，中国共产党江苏省云台农场第七届代表大会隆重开幕。

10月16日，第六届农民体育节项目展示暨云台农场采藕节，在云水湾湿地公园隆重举行。

● **2018年**　2月9日，江苏省农垦集团总经理胡兆辉一行到农场调研。

2月10日，云台农场召开第十届第三次职工代表大会。

3月，云台农场被列为第十一批"市级廉政文化建设示范点"。

3月13日，江苏省农垦集团副总经理姜建友一行莅临农场调研指导工作。

3月31日，云台农场召开2018年社区居民代表大会。

4月10日，云台农场公司与国网连云港供电公司举行资产移交签约仪式。

4月19日，省农垦集团公司党委书记、董事长魏红军到云台农场进行调研。

5月3日，江苏省农垦集团公司党委委员、苏垦农发公司总裁苏志富，苏垦农发公司副总裁许峰一行到云台农场调研指导工作。

6月15日，省农垦集团公司总经理、苏垦农发公司董事长胡兆辉一行到云台农场进行调研。

6月25日，连云港高新区正式出台《关于推进云台农场改革发展的实施意见》（连高管〔2018〕52号）文件。

7月21日，在云水湾生态湿地公园举办"情归荷处·藕遇云水湾"为主题的"2018年连云港第三届荷花节"。

9月7日，云台农场公司取得国有土地确权。

10月24日，江苏省农垦集团公司总经理胡兆辉一行，深入云台农场调研"三秋"工作。

● **2019年** 1月4日，连云港市副市长陈书军带队到云台农场专题调研江苏省第十二届园博会工作推进情况。

1月30日，第十届第五次职工暨工会会员代表大会召开。

2月20日，连云港市2019年重点项目春季集中开工仪式高新区分会场活动在云台农场产业园区举行。

3月5日，江苏省副省长费高云、江苏省政府副秘书长杨勇及江苏省自然资源厅、省住房城乡建设厅、省财政厅、省农业农村厅等有关领导在连云港市市长方伟、副市长陈书军、市住房和城乡建设局及高新区相关领导的陪同下到云台农场调研。

3月29日，社区2019年居民代表大会召开。

5月14日，2019年"中国农垦改革发展百场行"活动正式启动。中国农垦宣传文化中心主任成德波携农民日报、人民网、新华网等媒体一行人首站抵达连云港，深入了解了云台农场公司文化、生态以及特色养殖等产业的发展情况。

5月18日，云台"喜迎新中国成立70周年"首届职工健身运动会在农场小学开幕。

6月21日，江苏省农垦集团公司总经理胡兆辉、副总经理姜建友、仲小兵及相关部室负责人到云台农场专题调研环境污染防治工作。

7月20日，"2019年连云港市第四届荷花节暨葡萄采摘节"在云台农场云水湾湿地公园盛大开幕。

9月29日，江苏省农垦集团公司与连云港高新区签署园博园征地租地框架协议。

12月，云台农场荣获"2016—2018年度省级文明单位"称号（苏文明委〔2019〕15号文）。

● **2020年**　1月19日，江苏省云台农场有限公司第十一届第一次职工代表大会暨工会会员代表大会召开。

4月24日，2022年在云台农场举办的第十二届江苏省园艺博览园总体规划方案通过专家组的评审。

6月5日，江苏省云台农场有限公司第十一届第二次职工代表大会暨工会会员代表大会召开。

6月10日，第十二届江苏省园艺博览会（连云港）组委会第一次会议在南京召开，云台农场公司主要负责人参加会议。

9月12日，江苏省农垦集团公司专职外部董事王远见、外部董事及江苏省国资委有关处室负责人一行到云台农场公司调研指导工作。

9月26日，西藏拉萨净土集团公司党委副书记、总经理陈强，副总经理刘罗山、袁春元、赵士利一行来云台农场参观。

10月19日，江苏省云台农场有限公司第十一届第三次职工代表大会暨工会会员代表大会在云荷道德讲堂隆重召开。

● **2021年**　2月3日，云台农场获得江苏省农垦集团公司党委授予的农场公司、社区"双先进"。

2月7日，江苏省云台农场有限公司第十一届第四次职工代表大会暨工会会员代表大会在云荷道德讲堂隆重召开。

2月26日，云台农场获江苏农垦"2019—2020年度江苏农垦宣传思想文化工作先进单位"荣誉称号。

3月4日，第十二届江苏省园博会博览园建设项目被列入2021年度省级重大项目清单。

5月17日，云台农场公司党委理论学习中心组组织成员赴扬州、南通开展"跟着习近平总书记在江苏足迹学党史"活动，走进实境课堂，深入学习党史、阐悟思想。

5月20日，连云港华缘生态旅游开发有限公司荣获连云港市四星级农旅融合精品景点。

5月26日，广东乐禾食品集团公司考察组一行来云台农场有限公司考察洽谈农产品供应链开发项目。

6月10日，省农垦集团公司党委副书记、总经理，苏垦农发公司董事长胡兆辉一行到云台农场公司考察调研。

8月4日，云台农场公司社管会、社区卫生服务中心、华泰物业公司、城管等多单位，联合开展于沈居民点全员核酸检测"实战"与疫情防控应急处置演练。

8月8日，云台农场社区卫生服务中心检验科医务人员王洪月赴扬州支援疫情防控工作。

8月13日，云台农场公司召开贯彻落实全国全省国有企业党的建设工作会议精神情况"回头看"工作部署推进会。

9月2日，广州乐禾食品集团考察组一行到云台农场公司考察农产品供应链开发与产业园投资项目。

9月14日，云台农场公司与中国邮政集团连云港市分公司签订战略合作框架协议，双方将在农产品返程服务、金融及增值服务、寄递类业务服务等方面开展合作。

9月23日，省农垦集团公司党委第二巡察组在云台农场召开巡察工作动员会。

9月28日，江苏省农垦集团公司农业发展部部长刘卫华一行到云台农场调研。

10月18日，省农垦集团公司党委副书记、总经理、苏垦农发公司董事长胡兆辉到云台农场调研"三秋"、产业发展、重点项目建设等工作。

10月23日，中国社会科学院工业经济研究所研究员李刚到云台农场公司专题调研农垦企业竞争力相关情况。

12月15日，云台农场召开海州区人民代表大会换届选举云台农场选区选举大会。

● **2022 年**　1 月 6 日，集团党委第二巡察组在云台召开巡察情况反馈会。

1 月 14 日，云台农场公司召开水环境治理专题会议，制订整治方案。

1 月 17 日，农场公司党委召开乡村振兴巡察整改专题民主生活会。

1 月 26 日，江苏省云台农场有限公司第十一届第五次职工代表大会暨工会会员代表大会隆重召开。

2 月 15 日，云台农场举办喜迎建场 70 周年文化系列活动之元宵喜乐会。

2 月 21 日，云台农场获集团公司"突出贡献奖"和"先进社区"荣誉称号。

3 月 27 日，云台农场召开迎接第二轮中央环保督察工作会议。

5 月 27 日，云台农场召开共青团第十二届第二次委员会（扩大）会议。

中国农垦农场志

第一编

建　制

中国农垦农场志

第一章　建制区划及农场机构

江苏省云台农场有限公司地处云台山南麓，由云台山而得名。2011 年 11 月 30 日，江苏农垦集团公司实行农业资源整合改制上市，将农场农业资源整合成立江苏农垦农业发展公司云台分公司，隶属于江苏省农垦农业发展公司领导，存续农场仍隶属于江苏农垦集团公司领导。2018 年 3 月完成公司制改制，更名为江苏省云台农场有限公司，属于江苏农垦集团有限公司全资子公司。

第一节　建制沿革

1952 年 6 月初，南京市人民政府为了安置南京失业人口、孤儿、国民党俘虏等，成立南京市人民政府灌云棉垦管理处，在灌云县境内成立棉垦农场。

同年 9 月 17 日，南京市政府给予批复，下发 973 号文，正式成立南京市人民政府灌云棉垦管理处，任命陆致翔为处长，王荣江为副处长，该处隶属于南京市人民政府，为县团级事业单位。该处在南京市统一领导下种植棉花供给国家需要。6 月中旬，时任南京市副市长李乐平，率专家实地勘察。8 月，南京市政府决定在接近陇海路、靠近云台山的南城区沿烧香河沿岸的荒地上筹建棉垦农场。

1953 年 7 月，南京市人民政府灌云棉垦管理处更名为中国人民救济总会南京市分会云台农场，隶属南京市人民政府管辖。

1954 年 11 月 27 日，苏经（三）第 10164 号批复同意，决定自 1955 年 1 月 1 日起云台农场划归江苏省农林厅，更名为江苏省国营云台农场，性质为企业，取消供给制管理办法，推行经济核算制，任命王荣江为场长。

1958 年 9 月，云台农场与黄圩乡、南城镇、东磊乡和南云台林场合并成立灌云县云台人民公社，治所设在南城，按数字编号，设置大队、中队，归灌云县领导。

1959 年 3 月，云台农场、云台林场从灌云县云台人民公社划出，恢复江苏省国营云台农场，隶属淮阴区、灌云县双重领导。

1968 年 10 月，成立江苏省国营云台农场革命委员会，仍隶属淮阴区、灌云县双重领导。

1969 年 11 月，组建为中国人民解放军南京军区江苏生产建设兵团第一师第二团，隶属江苏生产建设兵团领导。

1975 年 8 月，恢复江苏省国营云台农场革命委员会建制，隶属江苏省农垦局（后改为省农垦总公司、省农垦集团）领导。

1981 年，撤销革命委员会，恢复江苏省国营云台农场，仍隶属江苏省农垦局领导。

1995 年 1 月，根据省农垦总公司部署，云台农场、东辛农场、南云台林场、共青团农场、淮阴棉纺针织厂联合成立江苏省东辛集团，参与组建董事会、监事会及经理层等现代企业制度。云台农场隶属东辛集团和省农垦总公司双重领导。

1997 年，成立连云港市农垦事业管理办公室，淮阴棉纺针织厂退出东辛集团，云台农场重归省农垦集团公司直接领导。

2011 年 11 月 30 日，江苏农垦集团公司实行农业资源整合并改制上市，农场农业资源整合成立江苏农垦农业发展股份有限公司云台分公司，隶属江苏农垦农业发展公司领导，存续农场仍归江苏农垦集团公司领导。

2018 年农场进行公司制改革，2 月 23 日苏垦集资〔2018〕47 号文件同意江苏省云台农场改制为江苏省农垦集团有限公司全资子公司，更名为江苏省云台农场有限公司。

第二节　区划调整

云台农场地处连云港海州区东境，云台山南麓，除海州综合厂在海州区锦屏镇刘顶山境内外，与云台街道、南云台林场、东辛农场、宁海乡、南城街道、连云港市经济开发区、板桥镇毗邻，东西长约 20 千米，南北宽 4 千米，面积约 29.5 平方千米。境内除凤凰东山的东山坡、刘顶山的西山坡属山地外，其余皆为平原，徐连高速公路、宁霍高速公路、徐新公路、242 省道从场域经过，妇联河、云善河、烧香河从境域流过。大岛山、小岛山、普山、猫山都在农场属地边上。

云台农场建场初期属事业性质的生产单位，人、财、物均由南京市人民政府管理，农场级领导由政府部门任命。从 1955 年开始，改制为省属国营农场管理体制，农场一级机构按县级国营企业体制构建，农场主要领导实行任命制，县团级企业单位性质未发生改变。

农场地域于 1984 年 10 月前均归灌云县管辖。1984 年 9 月经连云港市人民政府决定划归连云港市云台区管辖。2001 年 11 月云台区撤销划归连云港市新浦区管辖。2015 年 2 月经连云港市委、市政府同意，划归连云港高新技术产业开发区管辖，2020 年划归连云港市海州区管辖。

第二章　农场机构

第一节　下辖单位调整

建场初期，划定土地为 27583.63 亩，人口 1412 人。第一、二中队驻普山，第三中队驻张圩，第四中队驻小岛，妇女队驻大汪。

1952 年，基层设 4 个生产队、1 个畜牧队、1 个机耕队。

1953 年 6 月，农场下属中队改为大队，一、二大队驻普山，三大队驻张圩，四大队驻小岛，妇女队由大汪移迁驻普山。

1954 年 10 月，农场下属生产大队更名为作业区。设置 4 个生产作业区，分别为普山作业区、张圩作业区、小岛作业区、盐河作业区。

1955 年 3 月，经江苏省农林厅批复，东辛农场兴垦位于大岛山、小岛山之间的 10000 亩荒地划归云台农场开垦。

1958 年 4 月，灌云县东磊乡小汪高级农业生产合作社、武官乡于沈高级农业生产合作社划归云台农场，土地共计 12000 亩，人口 884 人。5—6 月，征用南城镇东门外两块官地共计 40.1 亩，兴建农场粮油加工厂。

1958 年 10 月，农场与南城镇、南云台林场、黄圩乡、东磊乡合并，成立灌云县云台人民公社。下设 4 个大队和 1 个机耕队，大队下设中队，中队下设小队。

1959 年 3 月，云台农场从云台人民公社划出，恢复江苏省国营云台农场名称，下设 8 个生产作业区（即普山作业区、张圩作业区、小岛作业区、大岛作业区、于沈作业区、小汪作业区、盐河作业区、武圩作业区）、1 个机耕队。作业区以下按生产队编制。

1958 年 8 月，成立共青团云台农场委员会。张玉任团委书记。

1958 年 9 月，场社合并时成立妇女联合会，丁月娥任妇联主任。

1959 年 3 月，场社分开，团委、妇联等群团组织便沿袭下来。1983 年农场工会组织恢复，妇联工作由工会女工委员会负责。

1959 年 6 月，灌云县云台人民公社武圩畜牧场共计 49 户 237 人 2600 亩土地划归云台农场管辖。7 月，大岛作业区云南支渠 3000 余亩盐场划归云台人民公社。

1962年，农场设置小岛、小汪、张圩、于沈、普山5个农业作业区，武圩、于团、盐河3个畜牧场，大岛1个水产养殖场，1个机耕队，1个红军果园（即后来的东山果园、东山综合厂），农产品加工厂和农业机械修配厂等13个生产单位。土地面积42781亩，全场总人口2270人，其中职工1125人。

1962年将原农业机械科、畜牧副业科合并成立生产科，党委、管委两个办公室合并为一个办公室，分头办公、撤销基建队，将基建业务划归计财科办理，职工医院改为卫生所，并在小汪生产队设立门诊室，撤销原作业区编制，改称生产队，撤销大岛水产养殖场，改称大岛生产队，原生产队和机耕队改称生产小队和机耕小队。全场设办公室、生产科、计财科、人保科、武装部、工会、团委、妇联，另设卫生所。基层设大岛、张圩、普山、小汪、于沈、小岛六个生产队，盐河、武圩、于团3个畜牧场，成立红军果园、蔬菜队、场部食堂，以及1家工厂、1支机耕队。

1963年，农场先后在大汪、小粮地建立知青队，将于沈境内零散户集中居住，组建新的生产队，并称新建队。1963年11月，成立国营云台农场良种繁育队、国营云台农场基建队、国营云台农场运输队。

1965年5月，经省农林厅〔1965〕字第339号批复，增设供销科，兼管基建业务。行政机构压缩为生产、财贸两个办公室。基层作业区改为生产大队。

1965年6月，武圩畜牧场移交灌云县云台人民公社，大岛云南支渠道1051亩土地划归农场管理，2200亩土地由农场移交连云港市板桥镇跃进大队。

1966年，农场设置大岛、小岛、小粮地、张圩、大汪、普山、盐河、东山果园、于团畜牧队9个青年生产大队，于沈、小汪河东、小汪河西3个场带队，1个良种繁育队，还设有粮油加工厂、农机修造厂。总人口3426人，其中职工2018人，农场土地面积40781亩。

1968年，基层设置10个农业生产队、2个畜牧场、1个红军果园、2个工厂、1个机耕队、1所职工医院。

1969年9月，兵团二团成立。团下设营，营下设连队，连队下设排，全场编制5个营，22个连队。第一营驻小岛，下属3个连队，大岛生产队改为一连，小岛生产队改为二连，小粮地生产队改为三连。二营驻张圩，下属5个连队：小汪以烧香河为界，河东生产队改为四连，河西生产队改为五连，张圩云山河北生产队改为六连，云山河南生产队改为七连，大汪生产队改为八连。三营驻于团，下属4个连队：新建生产队改为九连，沈圩生产队改为十连，于团生产队改为十一连，于团畜牧队改为十二连。四营驻普山，下属4个连队，按职工住宅区由东向西分别划分为十三连、十四连、十五连、二十连。以二排沟为准，沟南为十五连，沟北为二十连（农科站），以四排沟为界，沟南为十四连，沟北为十三连。五营驻东山果园，下属4个连队：盐河生产队以二排界沟为界，沟北改为十六连，沟南改为十七连，南城东门外砖瓦厂改为十八连，东山果园改为十九连。另将良种繁育队改为二十连，粮棉油加工厂改为加工连，农机修造厂改为修理连，为团直属连队。

1969年12月，6453部队在海州锦屏镇刘顶山的国防施工场地移交兵团二团管辖，二团抽调人员组建海州采石连。

1972年，一师独立第二营（南云台林场）划归兵团二团领导，编为第六营。陈明友任六营营长，胡成林任副营长，尉政功任六营教导员。至此全场共为6个营27个连队和九岭（属场带队），总人口6933人（其中职工4221人），土地总面积70605亩（其中南云台林场面积24000亩）。

1975年8月，撤销兵团二团建制，恢复农场建制，仍保留营连建制。

1977年1月，一分场一连拆分为两个连队，即一连和二十一连，1979年1月又合并为一连。

1978年，南云台林场从农场划出。农场取消营级编制设立分场，营级党委改为党总支。

1979年5月在四分场十三连四排沟云善河北岸建设机械化兔场。

1980年11月，在三分场引淡河东、云善河南岸建种鸡场。

1981年9月，九岭大队从云台农场划出，归南云台林场管辖，一分场二连、三连合并为二连，三分场十一连、十二连种鸡场合并为十一连。

1982年3月，在盐河原十七连建成20门轮窑砖瓦厂。1983年，连队建制改为生产大队，同时，撤销五分场建制，十八连、十九连改为东山综合厂，十七连与砖瓦厂合并改为砖瓦厂，海州采石连改为海州综合厂，均划归工业公司管辖。十七连的原有耕地划归十六连，十六连划归第四分场管辖，撤销副业连建制，良种站划归四分场管辖。

自1984年起，在场部机关周围，先后建起修理厂、加工厂、元件厂、弹力丝厂、塑料厂、农科站、种子公司、饲料厂、农机配件库、变电所、粮站、物资总库、供销经理部等10多个工副业单位，还先后办起农场中学、场部小学、职工医院、中心幼儿园等。

1985年12月28日，弹力丝厂与四分场化工厂合并为"国营云台农场弹力丝厂"。1986年3月11日，鸡场、兔场合并，成立种禽场，属四分场领导。1986年基层设置4个农业分场、14个农业大队、1个农科站、4个农机站、9个工业企业、1个变电所、1个基建队。

1987 年，农场成立云台农场场部居民委员会，将场部机关小城镇作为独立区划纳入全场统一管理。1984 年、1996 年、2003 年三次进行城镇规划与改建，截至 2010 年，场部城镇区共辖创业、宏业、普山三个居民委员会。2011 年底，宏业居委会撤销，所属区域分别划归创业和普山居委会管辖。场部城镇区人口增加至 4505 人，占地 1467.7 亩。至此场域内共有 3 个居民委员会，工业公司更名为工业科。

1990 年，农场成立农业服务中心、多种经营服务中心和商业物资公司。同年底，工业科更名为工业管理中心。

1991 年，农机职能与农服中心分离，成立机电管理服务中心，变电所、农机站、修理厂、配件库划归机电中心管辖。

1992 年，农场粮站更名为粮油贸易公司，1997 年恢复粮站名称，划归商物公司管辖。1992 年 9 月，恢复五分场建制，撤销十六、十七大队两个核算单位，成立特禽养殖场，均划归五分场管辖。农场在原十八连建立电镀厂。在原水利大队基础上，成立机械工程公司；一大队更名为大岛养殖场；在原基建队与基建科的基础上，成立建筑安装公司；将招待所从机关划出，成立生活服务公司；另外，成立农副产品供销公司和粮油贸易公司。五个公司均为副科级建制。

1998 年，农场原分场、大队、农机站改变名称，均按地名设置名称。一大队改为大岛养殖场，下设农业、渔业两个生产队。一分场改为小岛分场，下设小岛管理区、小粮地管理区和小岛农机站。二分场改为张圩分场，下设烧香河东管理区、烧香河西小汪管理区、云山河北管理区、云山河南管理区、大汪管理区、张圩农机站。三分场改为于沈分场，下设新建管理区、沈圩管理区、于团管理区、于沈农机站。四分场改为普山分场，下设普山管理区、大寨河管理区、龙山管理区、普山农机站。农科站改为东池河管理区，划归普山分场管辖。五分场改为盐河分场，下设养殖场和一个农业生产队。2000 年，盐河分场改为盐河管理区，归普山分场管辖。

2001 年，农场中学、小学划归地方，由新浦区教育局管辖。

2002 年 8 月，农场成立连云港市云龙房地产开发有限公司，驻地新浦东区。

2003 年，场属二三产企业均改为民营，农场在原工业管理中心的基础上将工业管理中心改为企业管理中心留守处，负责全场改制后二三产企业管理和处理遗留问题。

2004 年，农场改变管理体制，变三级管理、两级核算为两级管理、一级核算。撤销分场建制，合并管理区，全场成立五个管理区，原管理区改为生产片。小岛分场更名为小岛管理区。烧香河东与河西管理区合并为小汪管理区。云山河北、云山河南和大汪管理区合并成立张圩管理区。于沈分场更名为于沈管理区。普山分场更名为普山管理区。企业管理中心留守处更名为企业管理中心。成立资源开发中心。农业服务中心更名为农业技术推广服务中心。成立城镇管理服务中心，负责场域的城镇建设及规划管理。

2007年3月，撤销小汪管理区，划归张圩管理区领导，将东山公墓划出，成立连云港凤凰陵园有限公司，负责陵园管理经营，海州综合厂和东山社区的党务及社会事务管理。城镇管理服务中心更名为社区管理委员会。9月，撤销农业技术推广服务中心，成立云台农场农业经济发展公司，下设5个农业生产区：原大岛片区从小岛管理区划出，成立大岛农业生产区；小岛管理区更名为小岛农业生产区；张圩管理区更名为张圩农业生产区；于沈管理区更名为于沈生产区；普山管理区更名为普山生产区。将高效农业部分从农业技术推广服务中心划出，成立现代农业示范园区管理委员会。下设浅水藕生产区、设施农业生产基地和市场开发部。凤凰陵园有限公司划归社区管理委员会管辖。

2008年12月，农场撤销云台农场农业经济发展公司。5个生产区改为由农场垂直管理。分别设立农业服务中心、动物防疫中心和农机水利服务中心。同时成立新农村办公室，负责场域居民点建设规划。撤销现代农业示范园区管理委员会，成立江苏省花果山外向型农业示范区管理委员会，负责外向型农业的开发和管理。

2009年，农场成立基地管理部。管理设施农业生产基地、水生蔬菜生产基地、出口蔬菜基地。将5个生产区调整为8个农业生产区。普山农业生产区改为第一农业生产区。原大汪生产片区改为第二农业生产区；于沈农业生产区改为第三农业生产区，原张圩云山河南生产片区与原烧香河东片区常规农业部分合并为第四农业生产区。原张圩云山河北生产片区与小汪烧香河西生产片区合并为第五农业生产区。小岛生产片区改为第六农业生产区。小粮地生产片区改为第七农业生产区。大岛生产片区改为第八农业生产区。原于沈生产区和小汪烧香河东生产区的高效农业部分划归浅水藕生产区管理。

2010年3月，农场撤销云台产业园区管理委员会，成立二三产管理区，负责全场二三产企业及产业园区的管理。

2011年1月，农场撤销8个农业生产区。调整为6个良种繁育基地管理部，隶属农场生产技术部管辖。原第一农业生产区调整为良种繁育基地第一管理区；原第三农业生产区为良种繁育基地第二管理区；原第二农业生产区调整为良种繁育基地第三管理区；原第四、第五农业生产区合并成立良种繁育基地第四管理区；原第六农业生产区调整为良种繁育基地第五管理区；原第七、第八农业生产区合并成立良种繁育基地第六管理区。撤销农业服务中心，成立生产技术部和品质管理部；撤销二三产管理部，成立企业管理部。连云港云龙房地产有限公司、云龙建安公司、社区管理委员会、连云港凤凰陵园管理处、水电管理中心均为农场垂直管理单位，设施农业生产基地、水生蔬菜生产基地、出口蔬菜示范基地仍归基地管理部管辖。原盐河管理区居民成立凤凰新城居民小组。创业居委会、宏业居委会、普山居委会、于沈居委会、张圩居委会及海州、东山、凤凰新城居民小组划归社区管理委员会社会服务管理科管辖。

2011 年 11 月 30 日，根据江苏省农垦农业资源整合改制上市工作的总体部署，农业资源从农场中分离，成立江苏农垦农业有限公司云台分公司，农场组织机构及区划随之进行了调整，原良种繁育基地管理区与基地管理部划归农业经济发展公司云台分公司所有，6 个良种繁育基地管理区调整为 7 个生产区，将第一管理区划分为第一、第二两个生产区，第二管理区更名为第三生产区，第三管理区更名为第四生产区，第四管理区更名为第五生产区，第五管理区更名为第六生产区，第六管理区更名为第七生产区。基地管理部更名为出口蔬菜生产区。企业管理部、社区管理委员会、凤凰陵园管理处、水电管理中心、云龙房地产开发公司划归存续农场。撤销云龙建安公司，其职能归并社区管理委员会。原 5 个居民委员会合并为 3 个居民委员会，张圩、于沈两个居委会合并成立张圩、于沈居委会，撤销宏业居委会，以场部文化活动广场为界，南面划归普山居委会，北面划归创业居委会，归社区管理委员会社会服务管理科管辖。

2019 年，农发公司下设 4 个生产区，一个农机站（原 3 机站）。

第一生产区划为一大队（原 15 连）、二大队（原 14 连）、十大队（原 13 连）、六大队（原三大队）。

第二生产区划为三大队（原 11 连、10 连、12 连）、四大队（原 5 连、8 连）。

第三生产区划为五大队（原 6 连）、七大队（原 2 连）、八大队（原 4 连）、九大队（原 1 连）、外拓基地（原 7 连）。

高效农业生产区包括豆丹养殖基地（原 11 连大荒田）、莲藕基地、日光温室。

机关 7 个部门为：办公室、人力资源部、资产财务部、供应贸易部、农业中心、投资管理办、工会办公室。

2020 年，云台农场有限公司下辖连云港云龙房地产开发有限公司、连云港华缘生态旅游开发有限公司、连云港华泰物业管理有限公司、凤凰陵园管理处、水电管理中心。社区管理委员会下辖综合管理科、社会管理科、公共服务科。

第二节　场部建设

1952 年 9 月，成立南京市灌云棉垦管理处，机关设办公室、人事科、农垦科、基建科、供管科、财务科。另设医务所、机耕队、警卫队、服务队和四个基层中队。后人事科改为人事股，康敬五任股长。1954年3月进行组织机构调整，成立南京市救济分会云台农场，设生产股、人事股、财务股、机耕队和医务室，基建科改为基建组。1956年，设秘书室、人事保卫股、计划财务股、生产股、总务股，增设农场工会，计划财务股下设基建队，人事保卫股下设警卫组。

1959年，经淮阴军分区批准，成立云台农场人民武装部。

1960年5月，成立云台农场监察委员会。

1966年12月，撤销科室建制，政治机构设政治处，撤销人事保卫科，政治处下设保卫、组织、宣传、人武、团委、妇联等职能部门。

1968年，农场成立革命委员会，设生产组、政工组。

1969年11月24日，兵团二团成立后，按部队序列建制。团部设司令部、政治处、后勤处。司令部下辖作训股、军务股、生产建设股、管理股；政治处下辖组织股、宣传股、保卫股；后勤处下辖财务股、物资股、机运股。

1972年独立二营划归二团管辖，1975年以后恢复农场建制，改营为分场。场部机关按云台农场革命委员会建制，场部设办公室、生产科、工副业办公室、财务物资科、政工科、团委、人武部等。

1977年，撤销生产科，成立农业科和农机科；撤销工副业办公室，成立工业科，副业划归农业科；撤销财务物资科，成立计划财务科和物资运输科。经灌云县人民法院〔1977〕法秘字03号文批准成立灌云县云台人民法庭，农场配备4名民警，隶属灌云县云台乡派出所编制。

1980年，场部机关设6科一室，即农业科、农机科、计划财务科、劳资科、工业科、政工科、办公室。另设供销经理部，群团组织和政法机构未变。

1981年，农场成立教卫科。

1983年，机关机构设置为办公室、劳资科、农业科、农机科、计划财务科、多种经营科、教卫科、组织宣传科、团委，将工业科与场直党总支合并成立工业公司，另设物资总库和供销经理部。党委工作部门另设人武部、法庭。7月农场工会成立。

1984年，农场纪律检查委员会成立。

1986年3月，根据农垦总公司党委〔1986〕002号文件、连云港农垦公司〔1986〕003号文件精神，恢复劳动工资科、基本建设科和教卫科，设宣传科。8月，云台农场法庭撤销，搬迁至南城镇，成立南城人民法庭。至此，农场机关机构设置为办公室、计财科、审计科、劳资科、农业科、农机科、多种经营科、基建科、教卫科、组织科、宣传科、计生办、工会、纪委、人武部、派出所。1987年，工业公司更名为工业科，物资运输公司更名为商业科。

1990年，撤销农机科、农业科建制。分别成立农业服务中心，同时成立种子公司，归农服中心领导；撤销多种经营科，成立多种经营服务中心；物资总库及运输公司、商业科与供销经理部合并成立商业物资公司；撤销工业科，成立工业管理中心。成立科委，下设办公室（与计生委合署办公），负责日常科技事务。成立司法所和法律服务所，负责全场司法服务和法律普及宣传工作。成立审计监察室，与场纪委合并办公。粮站划归商物公司领导，农科站划归农服中心领导。土地管理职能从基建科划出，成立土地管理办公室。农场机关机构设置由原来的17个变为11个，机关机构设置为办公室、教卫科、审计监察科、计划财务科、基建科、劳资科、组织科、宣传科，另设派出所、武装部、计划生育委员会。

1991年，农场成立综合治理办公室。

1992年初，农场机关设置机构有办公室、计财科、审计科、教卫科、劳资科、基建科、组织科、宣传科、纪委、监察室、团委、科委、工会、计生办、武装部、综合办、派出所、司法所、武装部等科室。9月，农场进行机构改革，机关机构合并成立三室一科：场长办公室，下设场行政、政研、安全生产等职能部门；党委办公室，下设组织、宣传、纪委、监察等职能部门；政法办公室，下设派出所、司法所、综合办、武装部等职能部门；计划财务科，下设财务、审计、基建、劳资等职能部门；场工会、计生委与职工教育办公室合署办公。教育科与农场中学合署办公。基层一大队养殖部分划出成立水产公司，为副科级单位，划归多种经营服务中心领导。12月，经上级批准，成立"连云港市云台区云台农场人民法庭"。

1993年7月，恢复审计科建制，同时成立建设办公室和房改办公室。12月，场纪委办与监察室划出党委办公室，恢复纪委和监察室，增挂连云港市检察院云台农场经济检察室牌子。

1994年，农场成立结算中心，隶属于计财科领导；撤销农场生活服务公司，原招待所、邮电所划归场长办公室领导，水电管理划归场变电所；路工队、环卫队、市场管理划归建设办公室；撤销房改办公室，其职能由场建设办行使。

1995年，恢复基建科、劳资科建制，同时成立城建委。

1996—1997年，机关机构又陆续做了一些调整。撤销党委办，恢复组织科、宣传科建制。

1998年，农场机关设置为场长办公室，增挂体改办、信息中心牌子；计财科增挂国资办、财务结算中心牌子；劳资科增挂养老保险科、劳动就业管理科、安全办牌子；撤销基建科,成立建设科,增挂土地办、基建办、房开办牌子;组织科与宣传科合并,成立组织宣传科,增挂人事科、职改办、机关党总支、农场团委的牌子;场纪委、监察室、审计科实行联合办公,一人牵头,增挂清欠办牌子;场工会增挂计生办、民营办牌子;场科委、教委合并成立科教委,增挂职教中心牌子。保留派出所、司法所、武装部等机构。下属5个农业分场、2个养殖场、13个农业管理区、2个农业队、1个渔业队、4个管理服务中心、4个公司、11个工厂。

2001年底,农场中、小学及派出所划归地方,分别由新浦区教育局和连云港市公安局管辖。

2002年3月,农场机关重新设置为三大职能部门:党群办公室、计划财务科和行政办公室。

基层单位下设4个农业分场、15个农业管理区,原盐河分场改为盐河管理区,划归普山分场管理,原大岛养殖场更名为大岛管理区,划归小岛分场管理。

成立城镇建设管理委员会、建设项目办公室、农业服务中心和二三产企业留守管理服务中心。

2003年,机关成立招商引资办公室。

2004年,农场深化管理机构和人事制度改革,撤销行政办公室,设立场长办公室;撤销党群办公室,设立党委办公室,保留财务管理中心建制。城镇建设管理委员会,改为城镇社区管理中心,原党群办的人武、保卫、政法职能划归城镇社区管理中心;建设项目办公室,改为资源开发管理中心;二三产企业留守管理服务中心,改为企业管理中心;保留农业服务中心。上述四个管理服务中心均实行企业化管理。水电安装公司改为供电管理服务中心,实行独立核算。撤销分场建制,合并成立小岛、小汪、张圩、于沈、普山5个管理区,管理区不再实行独立核算,改为报账制。

2007年3月,机关机构设置为党委办公室(增挂人力资源部牌子)、监察审计部、劳动和社会保障部、工业经济发展部、工程技术部、场长办公室(增挂目标管理办公室牌子)、财会部(增挂国资部牌子)。下设农业技术推广服务中心、农业资源开发公司、社区管理委员会、连云港凤凰陵园管理处、水电管理中心、连云港云龙房地产公司和小岛、张圩、于沈、普山4个管理区,原小汪管理区并入张圩管理区。

2008年2月,农场机关设置为"两室三部一委两公司"。"两室",即党委办公室兼人力资源部、场长办公室兼目标管理办公室;"三部",即工业经济发展部、财会部兼国资部;现代农业示范区管理委员会更名为高效农业示范区管理委员会,华瑞种苗有限公司从管委会划出,归农场垂直管理;"两公司",即华瑞种苗有限公司、农业发展公司,下设农业服务中心、农水动物防疫中心，以及大岛、小岛、张圩、于沈、普山5个生产区。

8月，社区管理委员会挂牌，社会事业部并入社区管理中心，更名为社会事业科。

12月，撤销工业经济发展部，成立云台农场产业园区管理委员会，下设招商引资办公室、土地管理办公室、综合管理办公室。撤销高效农业示范园区管理委员会，成立江苏省花果山外向型农业示范区管理委员会，下设生产技术科、市场开发部、品质管理科、农产品检测中心。撤销农业经济发展公司。农业服务中心、动物防疫中心、农机水利服务中心及5个生产区恢复为农场垂直管理。农业服务中心与动物防疫中心合署办公。成立新农村建设管理办公室，原工业经济发展部的工程技术职能并入新农村建设管理办公室。成立政策研究室，目标管理办公室与政策研究办公室合署办公。撤销党委办公室，分别成立党委组织部、党委宣传部、监察审计部。党委组织部与人力资源部合署办公，党委宣传部与企划部合署办公。

2009年9月，农场将5个农业生产区调整为第一至第八个农业生产区，划归农服中心领导。

2010年3月，撤销新农村建设管理办公室，成立连云港云龙建安公司，原产业园区管委会、工程技术管理职能并入建安公司。新农村建设办的居民点规划与撤并职能并入社区管理中心社会服务科；撤销云台产业园区管理委员会，成立二三产管理部。撤销政策研究室、目标管理办公室，其职能并入场长办公室。成立基地管理部，对设施农业生产基地、水生蔬菜生产基地、出口蔬菜示范基地进行管理。撤销监察审计部，职能并入纪委。

2011年1月，农场机关设置"两部两室"。"两部"，即计划财会部、人力资源部；"两室"，即场长办公室、党委办公室。撤销农业服务中心、农机农水管理中心，成立生产技术部，下设农用投入品配送中心、农机管理中心。成立品质管理部，下设农产品检测中心。社区管理委员会仍设立社会行政管理科、社会事业管理科、社会服务管理科。撤销财会国资部，其职能并入计划财会部。

2011年11月30日，按照农业资源整合改制上市，加快农场体制改制和经济转型要求，存续农场机关设置为"一室三部"，即办公室、组织宣传部（人力资源部）、财会部、企管部；社区管理委员会设置为"三科一中心"，即社会服务科、社会行政管理科、社会事业管理科、退休人员社会化管理服务中心。

2012年4月，社区管理委员会职能部门调整为"三科一室"，即社会服务管理科、社会行政管理科、社会事业管理科（退休人员社会化管理服务中心）、建设规划办公室。

2012年12月，部门设置如下：组织宣传部与场长办公室合并，成立党委办公室；建设规划办公室从社区管理委员会中划出。

2013年5月，经场党委研究决定，成立企划部（党委宣传部），其职能从党委办公室分离。

2018年2月4日，江苏农垦集团有限公司下发《关于推进全民所有制企业公司制改制工作的通知》（苏垦集资〔2018〕29号）；2月10日，召开了江苏省云台农场第十届三次职工代表大会，将连云港市云龙实业集团公司进行整合。以票决方式，实到代表46人，全票通过江苏省云台农场和连云港市云龙实业集团公司制改制方案，大会选举了杨守建为江苏省云台农场有限公司职工董事，周恒芹为江苏省云台农场有限公司职工监事；2月23日，苏垦集资〔2018〕47号，同意江苏省云台农场公司改革方案。同意江苏省云台农场改建为江苏省农垦集团有限公司全资子公司，名称为江苏省云台农场有限公司。改制后，公司注册资金4500万元，实收资本4500万元，其余为资本公积。改制前企业资产和负债由新公司全部承继；股东（江苏省农垦集团有限公司）决定，根据《中华人民共和国公司法》，经股东同意，通过江苏省云台农场有限公司章程；委派刘卫华、何荣方、宋光锋、黄祖兵为董事，刘卫华为董事长，叶小云、杨生力为监事会监事。公司类型为有限公司（法人独资）；12月26日，根据《关于核定江苏省云台农场有限公司及社区管理委员会机构、人员编制的通知》（苏垦集党〔2018〕221号）精神，农场公司及社区管理委员会组织机构调整如下：

一是农场有限公司设办公室、计划财务部、资产经营部、党委工作部、工会办公室和审计监察室，共6个部室，其中资产经营部由原企管部和投资与项目管理办公室合并，党委工作部由原人力资源部和企划部合并。

二是社区管理委员会设三个科室，为社会服务管理科、社会行政管理科、社会事业管理科（离退休人员社会化管理服务中心），建设规划办公室。各部门职责为：

社会服务管理科负责小城镇、居委会管理、禁违拆违、城管、环卫、绿化及居民点和小城镇内的土地管理等。

社会行政管理科下设危旧房改造办公室，负责危旧房改造、农机、养殖业、林业管理和种植业土地管理。

社会事业管理科负责离退休人员社会化管理、民政、残联等。

建设规划办公室负责小城镇建设规划、工程预算、设计、监管、招投标和安全生产等。

第三节 下辖单位

2011 年 11 月 30 日，云台农场组织机构重新设置。农业资源整合成立江苏农垦农业发展股份有限公司云台分公司，分公司下辖 7 个农业生产区（为副科级建制）、1 个出口蔬菜生产区。存续农场下辖 3 个二三产企业及管理服务单位、6 个控参股企业。

一、江苏农垦农业发展股份有限公司云台分公司下辖单位

1. **第一生产区** 由原普山分场所属龙山管理区、农科站组建而成。2011 年 11 月 30 日，由良种繁育基地第一管理区分离更名为第一生产区。全区耕地总面积 1902.2 亩，其中原 15 连龙山耕地面积 1772.3 亩，农科站耕地面积 129.9 亩。西与云台乡西范庄三排沟界沟和丹霞村地边路临界，东与第二生产区相连，南至小陈庄坟地，北至农场工业园区。以生产水稻、小麦良种为主，同时生产各类蔬菜。

2. **第二生产区** 由原普山分场大寨河管理区改建成立。2011 年 11 月 30 日，由原良种繁育基地第一管理区分离更名为第二生产区。全区有耕地 2036.5 亩，其中原 14 连大寨河（云善河）1840.7 亩，小陈庄 156 亩，坟南地 39.8 亩。东至大寨河、东范庄，西至三排沟与五排沟界沟，南至烧香河边，北至农场场部。以生产水稻、小麦良种为主，同时生产洋葱、辣椒等蔬菜。

3. **第三生产区** 由原于沈分场所属单位组建而成。2011 年 11 月 30 日，由原良种繁育基地第二管理区更名为第三生产区。全区有耕地 4803.7 亩，其中原新建管理区大荒田 3～11 号地 339.9 亩，小河南 1～5 号地 179.7 亩，浅水藕地 1084.2 亩，河北浅水藕地 1028.5 亩；原沈圩管理区 761.3 亩；原于团大荒田 12～17 号地 336.1 亩，26～36 号地 873.6 亩，鱼塘地（浅水藕）200.4 亩。东与原小汪管理区接壤，西至大寨河（云善河），南至烧香河边，北与云台乡凌州村地相邻。以生产水稻、小麦良种为主，同时种植浅水藕。

4. **第四生产区** 由原大汪管理区和新建管理区一部分组建而成。2011 年 11 月 30 日，由良种繁育基地第三管理区更名为第四生产区。全区有耕地 2304.5 亩，其中原大汪管理区 2145.2 亩，原新建管理区八排沟 17～18 号地 159.3 亩。以生产水稻、小麦良种为主。

5. **第五生产区** 由原张圩分场所属单位与于沈管理区于团片区一部分组建而成。2011 年 11 月 30 日，由原良种繁育基地第四管理区更名为第五生产区。全区有耕地

7323.9 亩，其中原小汪管理区烧香河东卡林 272 亩，头排、二排、五排、六排浅水藕地 1853.5 亩；原小汪管理区烧香河西的河南浅水藕地 1075.7 亩，1～12 号地 553.9 亩；原云北管理区九排沟 1580.4 亩；原云南管理区七排沟沟东浅水藕地 2～19 号地 1078.2 亩；七排沟沟西浅水藕地 1～15 号地 715.4 亩；原于沈分场于团片区七排沟浅水藕地 1～7 号地 194.8 亩。东与东辛农场原二分场临界，西与云台乡凌州村毗邻，南至于沈，北至云台乡杨圩村。以生产水稻、小麦良种和种植浅水藕为主。

6. **第六生产区** 由原大岛管理区与小粮地管理区合并组建而成。2011 年 11 月，由原良种繁育基地第五管理区更名为第六生产区。大岛片区位于农场最东部，距场部 18 千米，东至栖云河，西、北与中云乡交界，南与板桥镇相接，小粮地片区东至烧香河，西、北与小岛交界，南与小汪相望。全区有耕地 3313.1 亩，其中原小粮地管理区十排沟 6～10 号地 679.9 亩，十排沟北段 375.9 亩，十一排沟南段 476.1 亩，十一排沟北段 525.5 亩；原大岛管理区新稻田 300.8 亩，小盐场地 214.3 亩，大柴滩 346 亩，复垦区 394.6 亩。主要生产水稻、小麦良种。

7. **第七生产区** 由原小岛管理区改建而成。2011 年 11 月 30 日，由原良种繁育基地第六管理区更名为第七生产区。全区有耕地 2518.3 亩，其中十排沟 0～5 号地 560.9 亩；十一排沟南段 2～7 号地 380.2 亩，十一排沟北段 3～7 号地 332.8 亩；十二排沟 682 亩，部队地 303.1 亩。东至烧香河边，西、北与云台乡渔湾相接，南接小粮地。以生产水稻、小麦良种为主。

8. **出口蔬菜生产区** 2007 年 1 月成立农业资源开发公司筹备办公室，2008 年更名为现代农业示范区管理委员会，2010 年 3 月定名为基地管理部，2011 年 11 月 30 日更名为出口蔬菜生产区，生产区下设三大生产基地，即设施农业生产基地、水生蔬菜生产基地、出口蔬菜示范生产基地。全区有耕地 9749 亩，主要生产浅水藕、水芋、慈姑、茭白、水芹、冬瓜、南瓜、山芋、洋葱、黄瓜、刀豆、荷兰豆、辣椒等多种蔬菜。

2009 年，出口蔬菜示范生产基地通过连云港出入境检验检疫局认证，获出口植物源性食品原料种植基地检验检疫备案证书。基地管理部通过 ISO 9001 和 ISO 14001 双体系认证。云盛洋葱、荷兰豆、刀豆、黄瓜等四个品种获批为无公害农产品。2010 年，出口蔬菜示范生产基地通过 GAP 认证。2011 年，通过国家出口蔬菜示范基地验收。

二、存续农场下辖单位

（1）水电管理中心。1964 年 10 月，农场派 9 名知青到新浦学习电力知识，组建电工班，1976年10月更名为变电所，2003年更名为云台农场供电管理服务中心，后更名为云台农场水电管理中心，统管全场水、电运维。1990年前，隶属场工业科、工业管理中心；1990年后，隶属场机电管理服务中心、企业管理中心、企业管理中心留守处；2006年设为副科级单位。下设财务部、服务部、生产运行部三个职能部门。

（2）连云港华缘生态旅游开发有限公司。成立于2010年12月28日。占地面积2000余亩，公司员工17名，注册资本100万元，是江苏省云台农场有限公司子公司。公司主要业务分为两块，一是云水湾景区，二是采摘园。2020年，云水湾被征、租为省第十二届园博园建设用地，2021年采摘园更名为云水湾湿地公园。

（3）连云港华泰物业管理有限公司。江苏省云台农场有限公司下属二级独立法人公司，公司以"规范管理、至诚服务"为服务宗旨，下设物业管理部、安全保卫部、环境清洁部、工程管理部、财务部。公司服务范围分为两块：一是农场房地产公司开发的华泰丰泽园小区、华泰山南福第花园约8万平方米楼盘和驻场单位（康复医院、特教中心、残疾人托养中心）的物业管理；二是原农场社区管理的场域范围内环卫保洁及绿化维护业务。

（4）连云港云龙房地产公司。2002年由江苏省云台农场投资成立综合性房地产开发企业，注册资金818万元，房地产开发资质为三级，是连云港市具有较强综合实力的开发企业。公司开发的"海连新天"项目，占地160亩，总建筑面积达13万平方米，共开发23幢住宅楼，其中20幢多层，3幢小高层，共有住户1200余户。该项目至今营业额达4.2亿元，实现利润总额5000余万元。华泰·丰泽园项目占地约40亩，共开发7幢楼，建筑面积38709平方米，容积率1.564，建筑密度19.25％，绿地率35％，其中3幢小高层，4幢多层，总户数354户。山南福第花园项目占地面积为37.8亩，容积率1.254，建筑密度27.7％，绿地率30％，总户数154户，建设3栋七层电梯多层，6栋四层阳光排屋，1栋两层商业楼，总建筑面积31603平方米。山南福第第二期项目总面积28465平方米，住宅土地使用年限为70年。该地块总建筑面积53161.55平方米，其中计入容积率的总建筑面积39181.61平方米，建筑密度27％，容积率1.38，绿地率31％，居住总户数300户，机动车停车位309个，非机动车停车位627个。该项目正在建设中。

（5）连云港凤凰陵园管理处。原名为"凤凰山公墓"，位于连云港市凤凰山南，距离市区5千米，属于农场公司二级单位，科级建制，1993年5月经连云港市云台区人民政府（云政民〔1993〕6号）批准成立的环保生态型公益性公墓，2005年经新浦区民政局批准更名为连云港市凤凰陵园。2008年1月改名为连云港凤凰陵园有限责任公司，3月更名为连云港凤凰陵园管理处。一期批复土地面积83.459亩，实际使用面积43.21亩，建设有11个园区，建设墓穴3775座；二期批复土地面积71.1亩。2020年经连云港市民政局（连民行〔2020〕12号）、连云港市高新区经安局（连高经复〔2020〕5号）批复，建设高新区散坟整治项目20亩土地，规划9个园区，计划建设生态墓位12996座；计划建设纪念堂1200平方米；园区绿化覆盖率达到60%。

三、云台农场社区管理委员会

云台农场社区管理委员会成立于2004年3月，原为云台农场小城镇管理委员会、云台农场城镇管理服务中心。2008年8月经江苏省农垦集团公司批准，正式更名为"云台农场社区管理委员会"。

第四节　场域地名

云台农场辖区内有些地名仍然沿用建场前的老地名，于团（于公疃）、沈圩、大汪、小汪、张圩均系历史上留用下来的地名。建场后新建的单位以地理位置和时间背景取名，如海州综合厂、东山综合厂、普山分场、盐河分场、小岛分场、大岛养殖场等。建场前，由于场域内多为荒滩，住户分散，居民因生活所迫，搬离住所，只剩下空屋基，那个地方就以住户的姓氏或名字作为地名。

1978年后成立的兔场、种禽场、农服中心、机电中心、多服中心等单位，都是按照行业名字来起名，无自然地名。

1. **大岛**　位于云台农场最东面，距场部18千米，因驻地靠近大岛山而得名。1955年经省农林厅批准，垦殖归属农场。原为大岛作业区、大岛生产队，兵团二团时期为一营一连，1983年改为一大队，归一分场管辖。1992年从一分场划出，更名为大岛养殖场，为独立副分场级建制，下设农业队、渔业队，1996年恢复一大队名称。1998年又改为大岛养殖场。2000年改为大岛管理区，仍归小岛分场管辖。2009年成立第八农业生产区。2011年1月，改为良种繁育基地第五管理区，2011年11月30日更名为第六生产区。2009年至今大岛居民成立居民小组，归张圩居委会管理。

2. **小岛**　位于云台农场大岛山南，距场部11千米，为云台山脉一单峰小山，裸岩，基本无植被，海拔62米，面积150亩，平均坡度为27°，农场建场时小岛是4中队驻地，以后改为小岛作业区，1964年更名为小岛生产队，"兵团二团"时期为一营二连，后改为二大队。一营营部、一分场分场部一直设在小岛。1998年更名为小岛管理区。2007年改称小岛生产区，2009年更名为第七农业生产区，2011年初改为良种繁育基地第六管理区，2011年11月30日更名为第七生产区。在2006年新农场撤点并村规划中，撤销小岛居民点，并入张圩新村。

3. **小粮地**　位于云台农场东部，距场部9千米，因盛产当地人称为"小粮"的作物（一种穄子）而得名。1963年农场在这里盖房，建立知青居民点，归小岛作业区管辖。1964年成立小粮地生产队，兵团二团时期，改为一营三连。1983年改为第三大队，归一分场管辖，1998年更名为小粮地管理区，归小岛分场管辖。2004年并入小岛管理区，2009年更名为第七农业生产区，2011年初并入大岛片区成立良种繁育基地第五管理区，2011年11月30日，更名为第六生产区。在2006年新农场撤点并村规划中，小粮地居民点被撤销，并入张圩新村。

4. **小汪**　位于云台农场东南部，距场部8千米。解放后建立小汪高级农业合作社，1958年3月划归农场，先后更名为小汪作业区、小汪生产队等。烧香河从沈圩甩头向东至板桥镇入海口段穿村而过，河西为小汪烧香河西生产队，河东划为小汪烧香河东生产队。原二分场小学、中学驻地，位于小汪河西。兵团二团时期，河西为5连，河东为4连，1983年，河东改为四大队，河西改为五大队。1998年，四大队改为河东管理区，河西改为小汪管理区。2004年河东管理区合并到小汪管理区。2007年，小汪管理区更名为小汪生产区。2006年农场进行新农村建设规划，撤点并村，撤销小汪河东、河西两个居民点，并入张圩，建设张圩新村。

5. **大汪**　位于云台农场东南部，距场部6千米。建场时，大汪曾是妇女队的驻地。1963年，农场在这里盖房建立大汪生产队，并盖教室，办了大汪小学。1968年9月，办起了大汪中学。兵团二团成立时，组建为二营八连，兵团撤销后曾一度和五连合并。1979年恢复八连独立建制，1983年改为第八大队，1998年改为张圩分场大汪管理区，2004年3月与张圩管理区合并，2009年改为云台农场第二农业生产区。2011年1月改为良种繁育基地第三管理区。2006年农场进行新农村建设规划，实施撤点并村，撤销大汪居民点，合并到张圩，建设张圩新村。到2011年底，大汪所有居民全部搬迁至张圩新村。

6. **张圩**　位于农场东部，距离场部5千米。建场时是三中队的驻地，1962年更名为张圩作业区，1964年称张圩生产队。兵团二团时期为二营营部驻地，云山河穿村而过，以云山河为界，河南编为七连，河北编为六连。1983年六、七两个连队合并为六大队，与八大队、四大队、五大队共同组成二分场。1991年分为六、七两个大队，1998年六大队更名为云北管理区，七大队更名为云南管理区，归张圩分场管辖。2006年农场撤销分场建制，两个管理区与大汪管理区合并成立张圩管理区。张圩一直是分场、管理区、生产区、良种繁育基地第四管理区的驻地。江苏农垦农业发展公司云台分公司第五生产区的驻地就在张圩。2006年农场实行撤点并村，撤销小岛、小粮地、小汪河东、小汪河西、大汪居民点，建立张圩新村。2011年已有224户居民搬进新村，有40户居民在新村内建设公寓式楼房。张圩新村已成为农业农村部新农村建设示范点。

7. **于团**　1958年并入农场后更名为于沈作业区。于沈大队曾改名为群英大队。1960年，农场在于团庄北建立于团畜牧场，为独立建制单位。兵团二团时期，于团两个生产队合并组建为11连，于团畜牧场设为12连，二团三营营部设在12连。1978年11连、12连合并为11大队。1998年改为于团管理区，2006年更名为于沈生产区，2008年更名为第三生产区。2006年农场开展新农村建设，对原有的居民点进行撤并，撤销沈圩、新建居民点合并到于公疃建设于沈新村，同时将原于沈生产区位于于公疃的部分耕地划归基地管理部，建设云台农场乡村生态旅游区。2011年初，第三农业生产区更名为良种繁育基地第二管理区。2011年底，农场农业资源整合后，第二管理区更名为江苏农垦农业发展股份有限公司云台分公司第三生产区。

8. **沈圩**　位于场部正南4千米，云台至东辛的云东路西侧，群英桥闸与东辛农场相通，处于烧香河北岸，与东辛农场孙庄隔河相望，北与于团相距2千米。1958年3月更名为于沈作业区，于沈大队1967年改为群英大队，一直为大队部驻地。1969年兵团二团时期组建为二团三营十连，1983年改为云台农场第十大队。1998年改为沈圩管理区，2004年与于团、新建两个管理区合并成立于沈管理区。2008年，根据新农村建设规划，撤点并村，此居民点被撤销，并入于团，建立于沈新村。到2011年此居民点只剩4户人家等待搬迁，2013年住户全部搬迁至于团。

9. **普山**　位于云台农场南面，相距场部约1千米。建场时是一、二、五中队驻地，以后统称普山作业区、普山生产队。在兵团二团时期组建为二团四营，下编13、14、15连及机耕排，后改为四分场、普山分场、普山管理区、普山生产区、第一农业生产区、良种繁育基地第一管理区。2011年11月30日，农业资源整合时良种繁育基地第一管理区分为江苏农垦农业发展股份有限公司云台分公司第一生产区和第二生产区。2006年农村小城镇规划普山纳入场部小城镇建设，设立普山居委会。

10. **盐河**　位于云台农场西部，距场部8千米。建场初期，为盐河畜牧场，兵团二团时期，盐河畜牧场分为16连、17连。与红军果园、砖瓦厂组建为二团五营。1983年五分场撤销，16 连改为砖瓦厂，17 连划归四分场改为 16 大队。1991 年恢复五分场建制，原砖瓦厂租赁给私人经营，其余职工改为以种植蔬菜、养鱼为主，恢复 17 大队名称，归五分场管辖。五分场驻地设在盐河。1998 年 1 月，五分场更名为盐河分场。2000 年改为盐河管理区，划归普山分场管辖。2002—2004 年连云港市政府分两次征用盐河管理区土地 3091.54 亩，建设连云港市新城区，现在盐河管理区境内已完全变成连云港市新浦区的新城区，云龙房地产公司开发的海连新天楼盘就坐落在原 16 连境内。江苏省运通房地产公司开发的凤凰新城项目，在原 17 连驻地建设，现已开发至第四期。

11. **东山**　位于凤凰城的东门。建场初期，老红军王荣江带领职工在凤凰山东山的东山坡下种植果树，建立东山果园，又称红军果园。1959 年，在凤凰城东门口建立粮油加工厂，加工厂搬迁后改制为砖瓦厂。兵团二团时期，砖瓦厂组建为五营 18 连，红军果园组建为五营 19 连。1983 年，18 连、19 连合并为东山综合厂。1992 年，在原砖瓦厂驻地办起连云港市电镀厂。进入 21 世纪后，在原红军果园境内开发公墓，2007 年成立凤凰陵园管理处，专司公墓开发与管理。2008 年，连云港市公安局将连云港市看守所搬迁至东山综合厂境内。2009 年东山居民成立居民小组，归普山居委会管理。

12. **海州采石连**　位于云台农场最西面，距场部 17 千米，处于海州区锦屏镇刘顶山西山坡。1968 年前为 6453 部队在海州的国防施工场地。1969 年 12 月，部队移交给兵团二团，组建采石连。1983 年更名为海州综合厂。2009 年，驻地居民建立居民小组，归普山居委会管理。

13. **小陈庄**　位于云台农场西南部，烧香河北岸，相距场部约 4 千米，因为陈氏族居住而得名。农场 20 世纪 60 年代对散居人员实行撤点并村，将陈姓居民和散居在于沈区域的曹姓居民、王姓居民全部撤并至新建点。小陈庄废为平地，现在隶属于江苏农垦农业发展股份有限公司云台分公司第一生产区管辖。

1952—2006 年云台农场场级领导人员见表 1-1。

表1-1 1952—2006年云台农场场级领导人员

场长（处长、团长、主任）	任期	副场长（副处长、副团长、副主任）	任期	书记（政委、核心小组组长）	任期	副书记（副政委、核心小组副组长）	任期	其他职务 职务名称	姓名	任期
陆致翔	1952.9—1953.7	王荣江	1953.8—1954.12	陆致翔	1952.9—1953.7	王荣江	1952.9—1953.7	工会主席	刘学文	1954.9—1962.1
王荣江	1955.1—1960.4	康敬五	1953.8—1958.8	王荣江	1953.8—1958.8	康敬五	1954.10—1958.8	监委书记	刘学文	1960.5—1963.5
—		耿步怀	1955.10—1960.4	—	1955.10—1960.4	韩克伦	1957.1—1958.8	监委书记	孙益三	1963.5—1969.8
耿步怀	1960.5—1963.6	刘学文	1960.2—1965.8	康敬五	1960.2—1965.8	耿步怀	1959.5—1962.7	工会主席	孙益三	1962.4—1969.9
—		夏金顺	1960.2—1965.10	—	1960.2—1965.10	孙益三	1960.10—1969.8	政治处主任	施惠群	1969.9—1975.8
—		陈晓钟	1961.12—1965.8	任静安	1969.9—1972.4	王登龙	1969.9—1975.8	司令部参谋长	文井洲	1969.9—1972.4
葛绍武	1965.4—1969.12	金良政	1965.10—1976.10	金良政	1965.10—1976.10	李成山	1969.9—1975.9	司令部参谋长	王林山	1972.5—1975.8
钱开玉	1968.10—1969.8	席宇志	1968.10—1969.8	—	1968.10—1969.8	祁福元	1969.9—1975.8	顾问	金汉章	1978.6—1984.7
王登龙	1969.11—1975.8	张克山	1969.11—1975.8	康敬五	1969.11—1975.8	祁福元	1975.9—1978.9	总农艺师	左延莹	1986.3—1991.12
—		康敬五	1970.4—1975.8	—	1970.4—1975.8	裴成连	1976.6—1978.9	纪委书记	韩如冰	1983.12—1986.3
康敬五	1975.9—1979.12	祁福元	1975.9—1978.12	史居华	1975.9—1978.12	薛建云	1978.11—1981.2	工会主席	李凤阁	1984.2—1989.9
—		余光明	1975.9—1980.9	—	1980.6—1983.12	左延莹	1981.4—1986.3	纪委书记	李凤阁	1986.4—1989.9
—		陈如友	1975.10—1982.8	—	1975.10—1982.8	韩如冰	1983.11—1986.3	工会主席	朱崇昕	1989.10—1992.4
—		裴成连	1976.5—1989.12	张广政	1984.3—1986.6	—		纪委书记	朱崇昕	1989.10—1992.4
—		薛建国	1978.11—1981.12	朱建国	1986.6—1988.9	李凤阁	1986.11—1989.9	工会主席	庄开标	1994.2—1997.1
—		左延莹	1980.6—1981.2	薛建云	1990.2—1994.7	朱崇昕	1989.10—1992.4	纪委书记	庄开标	1994.2—2000.2
—		朱崇昕	1981.2—1983.9	—		—		工会主席	陈长生	1997.1—2003.11
左延莹	1981.4—1986.2	—		庄开标	1992.4—2000.2	庄开标	1992.4—2000.2	纪委书记	程荣喜	2003.11—2006.12

（续）

场长（处长、团长、主任）	任期	副场长（副处长、副团长、副主任）	任期	书记（政委、核心小组组长）	任期	副书记（副政委、核心小组副组长）	任期	其他职务 职务名称	其他职务 姓名	任期
韩如冰	1986.3—1989.10	张志	1983.12—1985.3	孙从波	1994.7—2003.11	—	—	工会主席	程荣喜	2003.11—2006.12
—	—	姜宝康	1983.12—1990.8	程荣喜	2003.11—2006.12	汪宝明	2003.11—2006.12	工会主席	吴玉和	2006.12—2011.6
刘宝玉	1989.11—1991.11	魏根顺	1989.9—1994.2	吴玉和	2006.12—2011.5	缪素华	2006.12—2011.11	纪委书记	吴玉和	2006.12—2011.6
—	—	庄开标	1990.12—1992.4	—	—	—		督导员	张广政	1986.6—1992.9
薛建云	1991.11—1993.12	孙从波	1991.11—1994.7	缪素华	2011.11—2013.11	张明立	2011.6—2013.11	督导员	裴成连	1984.5—1989.1
—	—	吴锋	1992.4—1993.12					督导员	庄开标	2000.2—2003.11
吴锋	1993.12—1996.2	陈长生	1993.11—2003.11					督导员	徐定云	2001.6—2003.11
—	—	汪宝明	1994.8—2003.12					督导员	王兆柱	2001.6—2003.11
—	—	徐定云	1996.2—2001.6					纪委书记	张明立	2011.6—2013.9
—	—	王兆柱	1996.4—2001.6					工会主席	张明立	2011.6—2013.9
孙从波	1996.2—2003.11	孙洪波	1996.2—1996.12							
—	—	张明立	2001.8—2002.8							
汪宝明	2003.11—2006.12	吴登成	2003.12—2004.8							
—	—	李德利	2003.12—2006.12							
—	—	缪素华	2004.8—2006.12							

云台农场有限公司 2007—2021 年场级领导任职情况见表1-2。

表1-2 云台农场有限公司 2007—2021 年场级领导任职情况

姓名	任职时间	职务
缪素华	2007.11—2011.10	任江苏省云台农场场长
	2011.11—2013	任江苏省云台农场党委书记、场长
	2013.11—2015	任江苏省云台农场党委副书记、场长
邓传松	2007.12—2008.3	任江苏省云台农场副场长
陈从林	2007.12—2009.12	任江苏省云台农场副场长
陈兴广	2008.3—2012.4	任江苏省云台农场副场长
刘卫华	2011.11—2014.4	任苏垦农发云台分公司副总经理（主持工作）
	2014.4—2015.5	任苏垦农发云台分公司总经理
	2015.5—2017.4	任江苏省云台农场党委副书记、场长
	2017.5—2018.4	任江苏省云台农场党委书记
	2018.5—2021.1	任江苏省云台农场有限公司党委书记、董事长、社区主任
	2021.1—2021.4	任江苏省云台农场有限公司党委书记、董事长
何荣方	2013.11—2015.5	任云台农场党委书记、纪委书记、工会主席、社区主任
	2015.5—2017.5	任云台农场党委书记、工会主席、社区主任
	2017.5—2018.3	任云台农场党委副书记、场长、社区主任
	2018.4—2018.5	任云台农场总经理、社区主任
杨生力	2011.12—2014.4	任苏垦农发云台分公司总经理助理
	2014.5—2019.3	任苏垦农发云台分公司副总经理
索以香	2013.6—2017.6	任苏垦农发云台分公司工会主席
宋光锋	2015.5—2018.6	任云台农场党委委员、苏垦农发云台分公司副总经理（主持工作）
	2018.7—2019.2	任云台农场党委委员、苏垦农发云台分公司总经理
	2019.2至今	任云台农场有限公司党委副书记、苏垦农发云台分公司总经理
赵士利	2017.10—2018.1	任江苏省云台农场副场长
	2018.1—2018.8	任江苏省云台农场副总经理
	2018.8—2019.2	任江苏省云台农场副总经理、社区副主任
	2020.9—2022.8	任江苏省农垦集团公司党委管理的中层正职（关系在江苏省云台农场有限公司）
叶小云	2015.7—2016.7	任江苏省云台农场党委委员
	2016.7—2019.9	任江苏省云台农场纪委书记
张子平	2019.9—2021.12	任江苏省云台农场有限公司纪委书记
黄祖兵	2013.11—2018.1	任江苏省云台农场副场长
	2018.2—2020.1	任江苏省云台农场有限公司副总经理、工会主席
	2020.1—2020.12	任江苏省云台农场有限公司副总经理主持经营层工作
	2021.1—2021.4	任江苏省云台农场有限公司党委副书记、总经理、社区主任
	2021.4至今	任江苏省云台农场有限公司党委副书记、总经理
匡洪萍	2018.7至今	任江苏省云台农场有限公司财务总监
张明立	2011.6—2013.11	任江苏省云台农场党委副书记、纪委书记、工会主席、社区主任
王建波	2020.1—2021.4	任江苏省云台农场有限公司副总经理、工会主席

（续）

姓名	任职时间	职务
李大维	2021.10—2022.6	任江苏省云台农场有限公司副总经理
王信学	2021.4 至今	任江苏省云台农场有限公司党委书记、董事长、社区主任
钱海祥	2021.10 至今	任江苏省云台农场有限公司副总经理、工会主席、社区副主任
韩跃武	2021.12 至今	任江苏省云台农场有限公司纪委书记

1952—2020 年云台农场组织架构见图 1-1 至图 1-22。

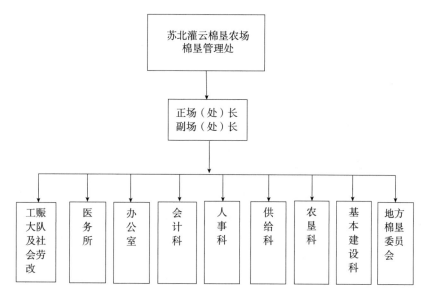

图 1-1　1952 年组织架构

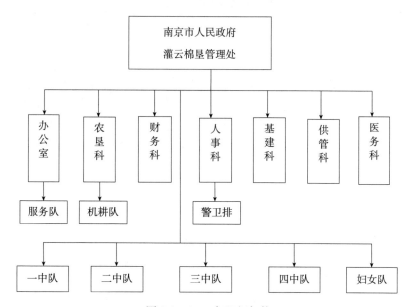

图 1-2　1953 年组织架构

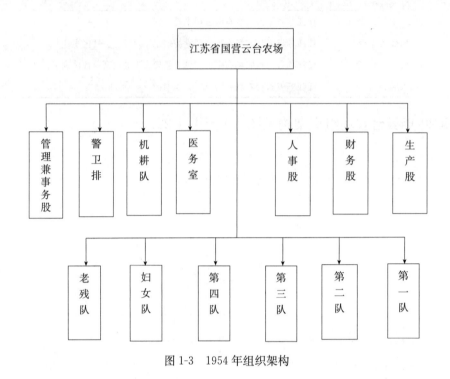

图 1-3 1954 年组织架构

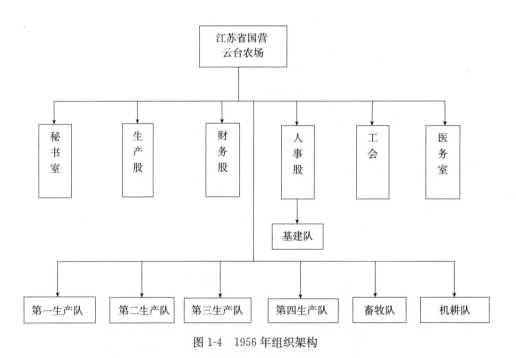

图 1-4 1956 年组织架构

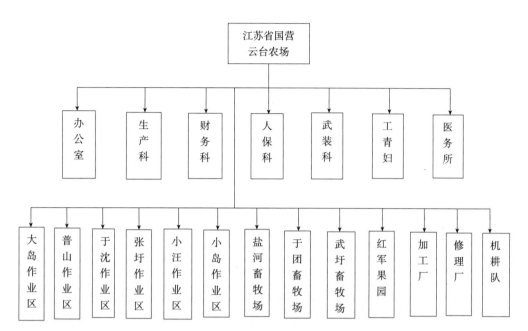

图 1-5　1962 年组织架构

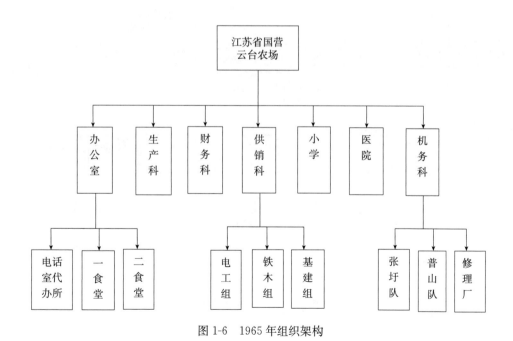

图 1-6　1965 年组织架构

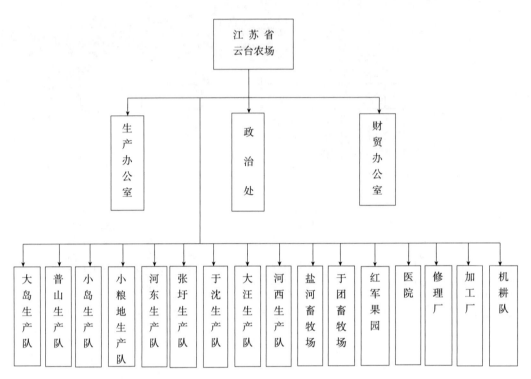

图 1-7 1966 年组织架构

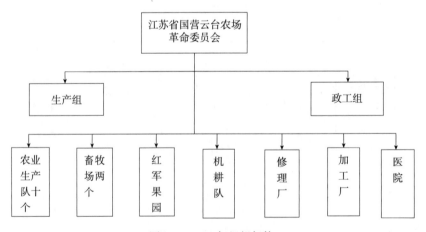

图 1-8 1968 年组织架构

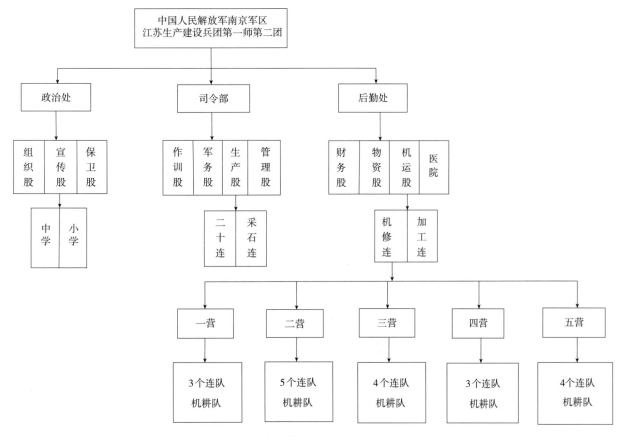

图 1-9　1970 年组织架构

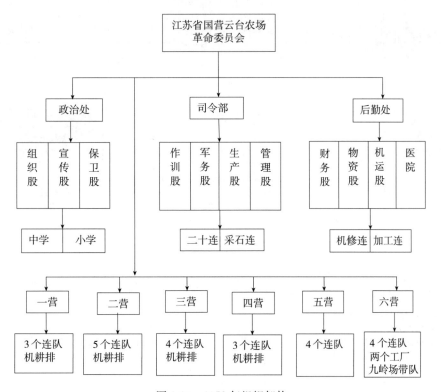

图 1-10　1972 年组织架构

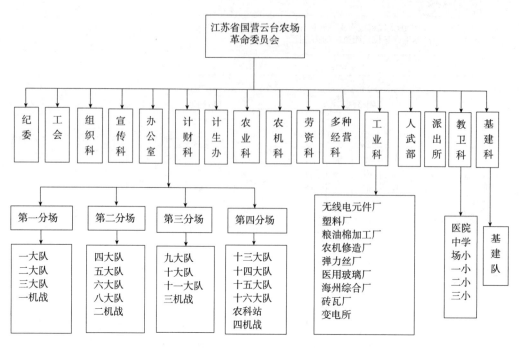

图 1-11　1986 年组织架构

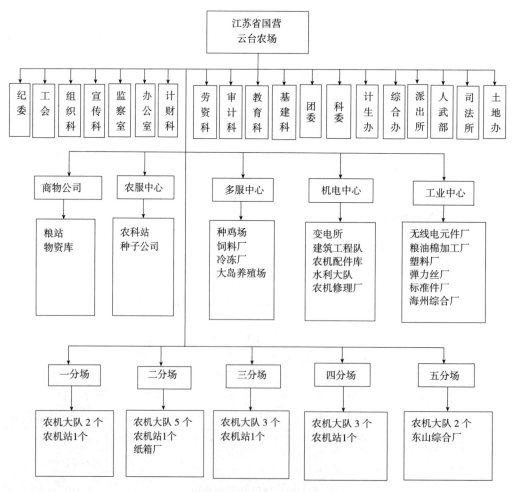

图 1-12　1992 年组织架构

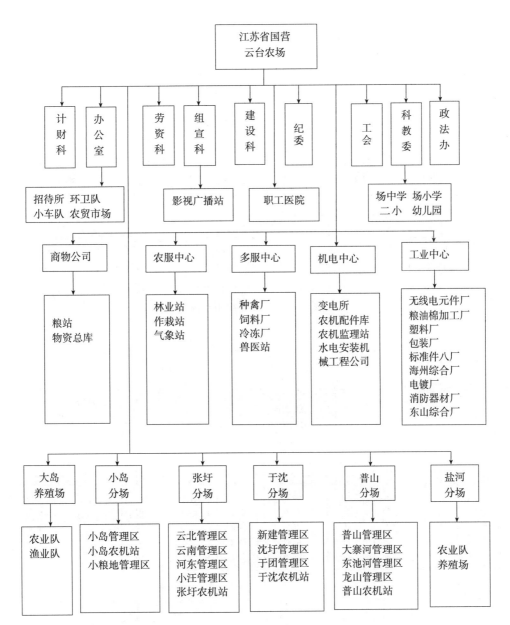

图 1-13 1998 年组织架构

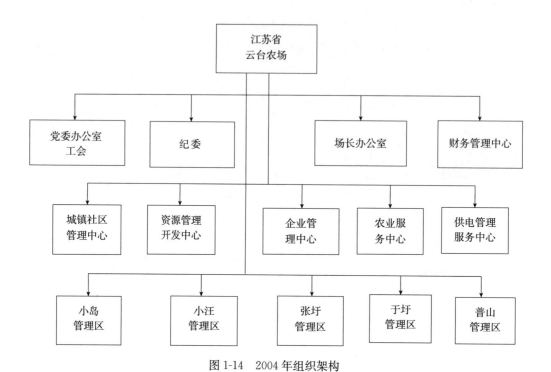

图 1-14 2004 年组织架构

图 1-15 2007 年组织架构

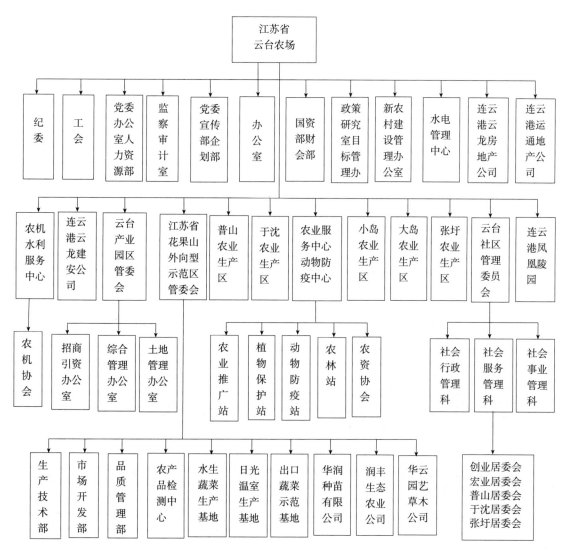

图 1-16　2008 年组织架构

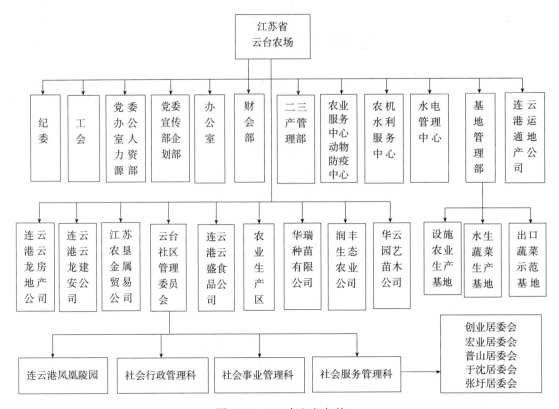

图 1-17　2010 年组织架构

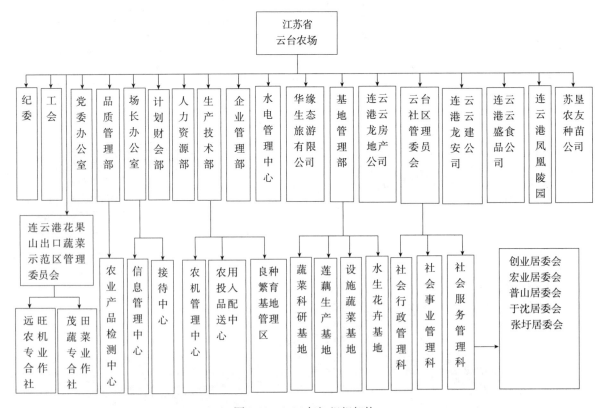

图 1-18　2011 年初组织架构

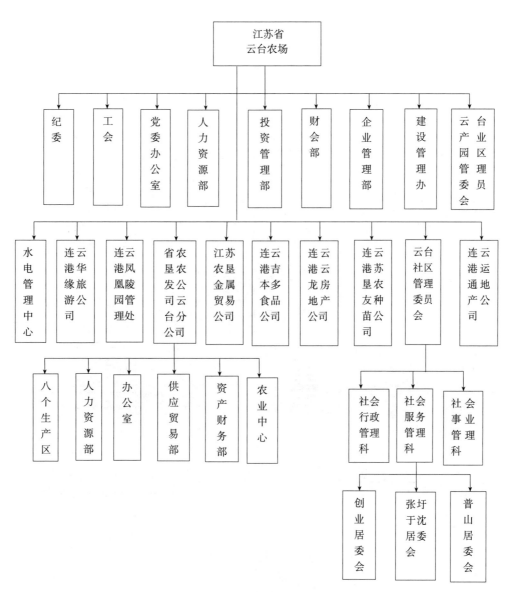

图 1-19 2011 年组织架构

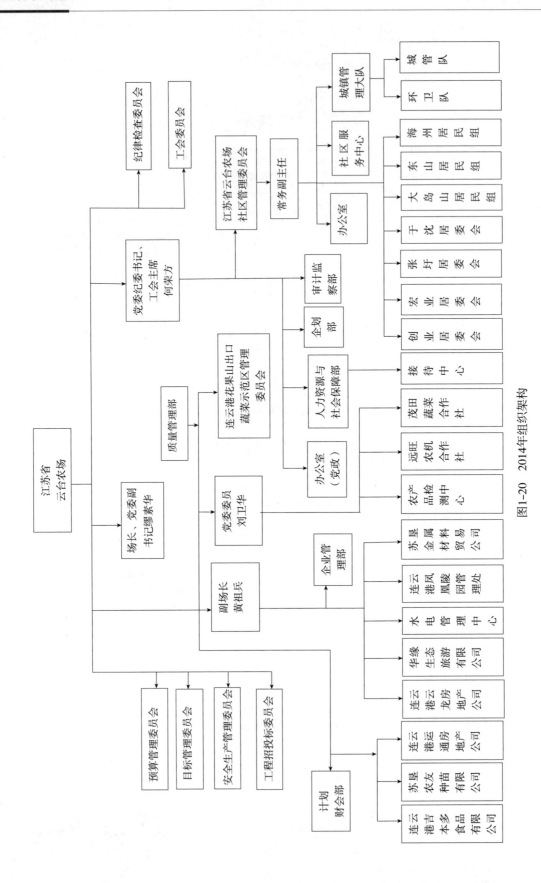

图1-20　2014年组织架构

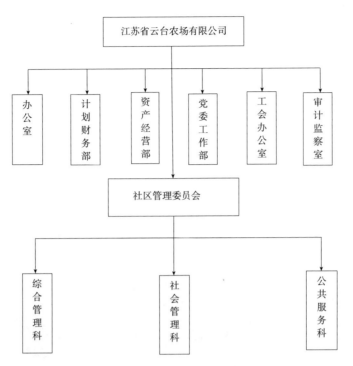

图 1-21　2018 年组织架构

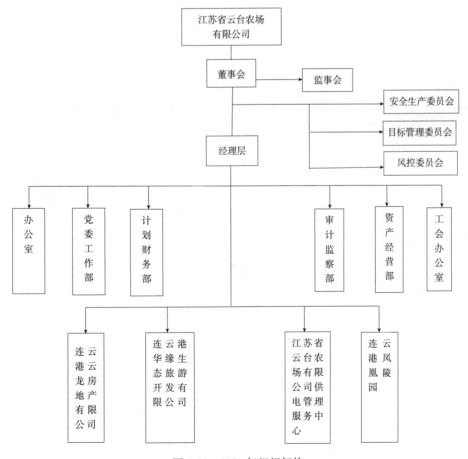

图 1-22　2020 年组织架构

中国农垦农场志

第二编

自然地理
与社会环境

中国农垦农场志

第一章　自然地理

云台农场位于云台山南麓平原地带，东经119°17′，北纬34°30′。场域气候温和，土地平旷、四季分明，光照充足，雨量适中，雨热同季，适宜种植小麦、水稻、玉米、大豆、棉花，以及多种蔬菜等农作物生长。农场东以栖云河划线与连云港市经济技术开发区、中云乡、板桥镇相邻；西以农场三排沟15号地、二排沟5号地界沟、南城镇凤凰东山的东山坡城墙、海连公路北段划线，与连云港市海州区南城镇、云台山风景名胜区（科教园区）云台乡、南云台林场交错相连；南以烧香河为界，分别与江苏省东辛农场、海州区宁海乡相望；北以海连公路、东盐河划线，与云台山风景名胜区云台乡、连云港市新浦农场相接。

第一节　地　貌

云台农场地貌比较单一，境内除东山综合厂在海州区南城镇凤凰东山的东山坡，海州综合厂在海州区锦屏镇刘顶山西山坡属山地外，其余地势平坦，沟壑纵横，西北部高于东南部，地势相对高度2.7~3.4米，高差0.7米左右，地面沟河排水均流入大海。云台山为农场北面屏障，海拔625.25米。场域土壤质地黏重，源于沿海湖沉淀物，为新海湾湖相沉积石灰岩母质，经多年海水浸渍，属富含氯化钠盐分的重黏性滨海盐土，地表软质海淤层较厚，土壤黏软，碱性大。表土多为黏土或壤质黏土，呈核状结构。心土底土则为黏土，一般呈棱块状，坚实、渗水性极差。土壤含盐量为0.1%~0.4%，少数地区达0.4%以上，表土含盐量低于心土，心土含盐量又低于底土，旱季盐分随着毛细血管上升，因蒸发而凝聚于表土，增加表土含盐量，容易出现返盐现象。地耐力较低，平均地耐力为每平方米4~5吨。

第二节　气　候

云台农场处于暖湿带南缘和亚热带过渡区域，属暖湿带南缘湿润性季风气候。云台农场靠近海岸，其气候主要特征是四季分明，雨量中等，日照充足，雨热同季，无霜期较长，适宜大多数农作物生长。

一、气温

自有气象资料记载以来，全场年平均气温为 13.6℃。1 月最冷，月平均气温−0.3℃，极端最低气温−17.2℃，出现在 1963 年。8 月最热，月均气温 26.4℃，极端最高气温 39.8℃，发生在 1955 年和 1964 年。日最低气温小于 0℃的，年平均日数为 88.1 天。主要分布在 12 月、1 月、2 月。日最高气温大于 30℃的，年平均日数为 48 天。日最高气温大于 35℃的，年平均日数为 4.4 天。日平均气温稳定通过 14℃的，始日为 4 月 18 日，最早的为 4 月 10 日，最迟的为 4 月 27 日。

二、地温

自有气象资料记载以来，全场年均地温 16.1℃，极端最高地温 68.89℃，发生在 1966 年，极端最低地温−27.0℃，发生在 1969 年。

从时间分布看，地面温度变化趋势与气温变化趋势大致相同，地面温度即 0 厘米地温，累年平均为 16.3℃。一年中以 8 月地面温度为最高值，平均为 29.9℃。1 月地面温度为最低值，平均为 0.4℃。极端最高地面温度为 68.89℃，出现在 1966 年 8 月 8 日；极端最低地面温度为−26.39℃，出现在 1969 年 2 月 5 日。将地面温度与气温相比较可发现，除 12 月地面温度略低于同一地方气温外，其他各月地面温度均高于气温。5 月和 6 月地面温度和气温差值最大，达到 4.6℃，其形成原因主要是受太阳辐射影响，雨季之前太阳辐射最强，昼长夜短。12 月地面温度和气温差值出现逆差，这是因为昼短夜长，地面接收太阳辐射微弱，加之 12 月雨雪稀少地面辐射较强。

地中温度分浅层地温和较深层地温两种，浅层地温有 5 厘米、10 厘米、15 厘米、20 厘米深处温度，较深层地温有 40 厘米、80 厘米、160 厘米和 320 厘米深处温度。云台农场地中温度从 5 厘米深处到 320 厘米深处，各层累年平均值比较接近，为 15.4～15.69℃，垂直变化有三个特点：①在冬季，越往深处温度越高，12 月、1 月、2 月各层温度都是 5 厘米深处最低，320 厘米深处最高；②在夏季，越往深处温度越低，6 月、7 月、8 月，5 厘米深处地温最高，320 厘米深处地温最低；③越往深层地温变化幅度越小，并表现出明显的滞后性。40 厘米深处地温年变差较大，为 21.6℃，320 厘米深处地温年变差较小，只有 4.89℃。滞后性表现为 40 厘米、80 厘米深处平均地温最高值不是出现在 7 月，而是推后到 8 月，160 厘米深处平均地温最高值推后到 9 月，320 厘米深处平均地温最高值推后到 11 月，滞后长达 4 个月。在深层，平均地温最低值都不是出现在最冷的 1 月，80 厘米、160 厘米、320 厘米深处地温最低出现月份分别推后到 2 月、3 月、4 月。

三、日照

自有气象资料记载以来，全场年均日照时数为 2282.8 小时，平均每天为 6.25 小时，平均日照百分率为 52%。4—9 月，月日照时数平均为 203.3 小时，日日照时数平均为 6.63 小时。其中 5 月的月平均日照时数为 228.9 小时，日日照时数平均为 7.38 小时。9 月的月平均日照时数为 211.1 小时，日日照时数为 6.8 小时。最多年平均日照时数为 2529.4 小时，发生在 1955 年。最少年平均日照时数为 1922.3 小时，发生在 1964 年。

农场累计年各月平均日照时数与平均日照百分率见表 2-1。

表 2-1　农场累计年各月平均日照时数与平均日照百分率

项目	1月	2月	3月	4月	5月	6月	7月	8月	9月	10月	11月	12月	全年
平均日照时数/小时	160.3	158.4	187.4	196.3	228.9	197.6	170.3	200.3	211.1	190.9	163.5	158	2282.8
平均日照百分率/%	53	54	53	50	52	51	41	51	50	58	55	53	52

四、降水

自有气象资料记载以来，全场年平均降水量为 898.3 毫米，最多为 1974 年，年降水量为 1321.3 毫米；最少为 1978 年，年降水量 494.5 毫米。一日最大降水量为 346.9 毫米，发生在 1961 年 7 月 29 日。一年雨日数最多为 114 天，发生在 1964 年。年均雨日为 85.5 天，最长无降水日数为 144 天，发生在 1969 年 10 月 1 日至翌年 2 月 21 日。年内季节变化为：春季（3—5 月）降水量平均为 131.8 毫米；夏季（6—8 月）降水量平均为 536.03 毫米；秋季（9—11 月）降水量平均为 176.3 毫米；冬季（12 月至翌年 2 月）降水量平均为 49 毫米。一般夏季多雨易涝，冬季雨少，极易干旱。

平均每年 6 月 26 日进入雨季，7 月 23 日雨季结束，雨季期为 28 天，1965 年 7 月 9 日至 7 月 24 日连续降雨达 16 天，总降水量 391.4 毫米。

五、蒸发量、相对湿度

农场累计年各月蒸发量统计见表 2-2。全场全年平均蒸发量为 1518.3 毫米，年平均最小蒸发量在 1 月，为 48.7 毫米，年最大蒸发量在 6 月，为 201.2 毫米。年平均相对湿度为 74%，一般冬季为 70%，夏季为 85% 左右。

表 2-2 农场累计年各月蒸发量统计

月份	1月	2月	3月	4月	5月	6月	7月	8月	9月	10月	11月	12月	全年
蒸发量/毫米	48.7	64.3	117.6	162.5	196.5	201.2	168	170.2	141.5	119.8	75.9	52.1	1518.3

六、风

农场境内风向季节变化明显，年平均风速 2.8 米/秒，春季以东北风为主，夏季以偏南风居多，秋季多为偏北风，冬季西北风较多。1986 年 6 月 12 日出现过最大风速（25 米/秒）。

七、雷、雾、冻

农场年平均雷日为 19.3 天，最多为 30 天，发生在 1979 年，最少为 13 天，发生在 1976 年，主要出现在 7 月和 8 月。

年平均雾日（能见度在 1000 米以内）14 天，最多为 25 天，出现在 1958 年，最少为 17 天，出现在 1968 年。冬春季节出现较多，夏秋季节出现较少。

一般从 12 月中下旬出现薄冰，翌年 2 月中下旬解冻。

八、霜、雪

1. **霜** 农场有霜期常年平均为 150 天，最长 178 天，最短 97 天。平均初霜期始于 11 月 2 日，平均终霜期在 3 月 31 日。最早的初霜出现在 1963 年 10 月 17 日，最迟的初霜出现在 1961 年 11 月 23 日。最早的终霜出现在 1977 年 2 月 18 日，最迟的终霜出现在 1990 年 4 月 24 日。有霜的最多月份是 1 月，平均为 18.9 天。一个月中最多有霜日出现在 1981 年 12 月，长达 30 天。年平均无霜期 215 天，最长无霜期 268 天，最短无霜期 187 天。

2. **雪** 降雪的平均初日在 12 月 11 日，平均终日在 3 月 12 日。下雪最早日期为 1959 年 11 月 8 日，下雪最迟日期为 1973 年 1 月 17 日，最早终雪日期是 1961 年 1 月 24 日，最晚终雪日期是 1968 年 4 月 10 日。出现积雪日数平均每年有 7.2 天，最早出现积雪初日为 11 月 27 日（1987 年），最晚出现积雪日期为 4 月 1 日（1987 年）。最大积雪深度 28 厘米，出现在 1969 年 1 月 28—29 日。出现积雪平均初日为 1 月 8 日，平均终日为 2 月 10 日。

第三节 河 流

云台农场场内的主要河流有烧香河、妇联河、云善河、凤凰河、栖云河、云山河、普山河、东池河、中池河等。

烧香河：据传是唐代宝应人到延福观烧香而开挖，起初由中正至东磊（小烧香河）。公元 1935 年 5 月开始疏浚，西起黑风口（盐河东侧），向东流经南城闸至沈圩后折向东北，在小岛山河口处岔成两支，一支直向东，在大板桥南入烧香河北闸入海；一支转弯向南，至东陬山西侧经烧香河老闸排水出埒子口入海。1956 年、1966 年、1986 年三次对该河进行疏浚、拓宽。烧香河流经云台农场场内长约 4 千米，河岸上建有 6 座电灌站，解决了农场的排涝问题。烧香河是农场农田排灌的主要河流。2008 年江苏省对烧香河进行提升改造，为省级二级疏港航道，在云台农场境内，河口宽 80～100 米，底宽 50～60 米，深 3～5 米，可通行千吨位货船。徐新公路从烧香河穿过，修了一座大桥，双向四车道；重建原于沈群英闸和小汪群英桥。现在农场境内烧香河上共有三座大桥。

妇联河：妇联河开挖于 1958 年 1 月，贯穿于云台乡、云台农场境内，东自凤凰嘴烧香河，西至南城通烧香河，全长 15.1 千米，河口宽 30～34 米，底宽 6～7 米，深 1.8 米，最高水位 3.3 米，底宽 0.8～1.3 米。当年开挖时，云台乡全乡男劳动力全部参加界圩河大型水利工程会战，因此云台乡组织全乡妇女（云台农场组织 400 余名妇女）投入河道开挖工作，经过妇女们的日夜奋战，共挖土方 115 万立方米，故此河取名为妇联河。妇联河的开通为云台乡、云台农场农田灌溉、排涝、洗碱带来了便利，农场农科站、二大队的两座电灌站均建在该河南岸。

云善河：1975 年农业学大寨高潮中由东辛乡、宁海乡、云台乡、东辛农场、云台农场自力更生联合开挖的一条河道。南起东辛乡南侧的善后河，向北通入云台乡及云台农场境内的妇联河，全长 14.4 千米。其中境内 7.6 千米，流经于沈分场、普山分场，是于沈分场、普山分场农田主要排灌河道。沿河有云善河南套闸、东辛农场公路桥、云台农场公路桥（云东桥）、云善河北闸，有 7 座电灌站建于该河河岸。

凤凰河、栖云河：1953 年开挖，下游入烧香河，是大岛养殖场主要排涝内河，两河的河岸各建有电灌站 1 座。

云山河：1953 年在原淤浅的河道上开挖而成，上游为妇联河，下游入烧香河，是张圩分场的主要灌溉河道，境内全长 3.3 千米，沿岸建有 6 座电灌站。

普山河、东池河、中池河：都为 1953 年在原淤塞的河道上开挖而成，是普山、于沈分场的主要排水内河。

引淡河、栖云河、大涧河、山东水道，均为云台场域内排水内河，除引淡河外，其他几条内河都是由北向南流向，流经烧香河入海。

云台云山河、普山河、东池河、西池河、引淡河、凤凰河蓄水灌排；烧香河、云善河、妇联河三条航道河流，向南流入古泊善后河，向西流入西盐河，与京杭大运河相通，向东流入黄海。水路运输便捷，带动了农场的物流业发展。

第四节 土　壤

一、成土母质

云台农场成土母质主要来源于近 1000 年来黄河多次夺淮入海时，夹带大量泥沙与海水相遇于场内一带絮凝沉积而成的第四系地层。该地层由北向南、由西向东逐渐加厚。农场境内第四系地层主要为海相和陆相交替沉积而成。基岩上部无良好的隔水泥层，距地表1.5 米以下，普遍盖有一层海积淤泥层，厚 10 米左右，从而隔断了地表水与地下水的联系，天然降水无法下渗淡化地下水，且中上部分地下水又涵于重黏土地层中而导致排泄不畅，从而形成一咸水滞留层，导致浅层地下水矿化度高，上层土壤含盐量高，改良难度较大。

二、土壤形成

云台农场土壤为新海湾湖相沉积石灰岩母质经多年海水浸渍形成的富含氯化钠盐分的重黏性滨海盐土。场内地势平坦，地面真高 2.6～3.4 米，西北部高于东南部。西部高处水质好，含盐量低，排水通畅，土壤脱盐快；中部在乡镇辖地中间，呈闭合状态，地下水流动缓慢，地下水埋藏深度由东向西逐步抬高，西部一般为 1.2 米，东部一般为 1.1 米，东部矿化度大于西部。东部部分土地生长芦苇、盐蒿等次耐盐植物。建场以来，农场通过大搞农田水利、种植绿肥、平田整地和引淡水洗盐等多种农艺措施，全场土壤种类由重盐土向轻盐土和脱盐土转化，逐渐形成了适合于多种农作物生长的农耕土壤。

三、土壤类型

建场以来，进行过三次土壤普查、一次复查。1952 年，南京市人民政府委托中国农业科学研究院研究所，对垦区进行土壤盐分、草色分布勘查。1963 年，进行了土壤盐分、地力普查。1979 年 11 月至 1981 年，农场进行第三次土壤普查，普查人员涉足每块条田，钻打 1351 个钻点，挖掘 29 个土壤剖面，采集 5962 个土样、442 个农化样点，基本搞清了农场的土壤状况。1999 年 10 月—2000 年 7 月，农场进行了一次土壤复查，共取主剖面 4个，副剖面 3 个，农化点 73 个，盐分点 3 个，剖面点代表面积 3857 亩，农化点代表面积400 亩，盐分点代表面积 9000 亩，共取样本数 169 个。复查测定，场域内共有四个土种，分别为脱盐土、轻盐土、中盐土、重盐土。脱盐土 7184 亩，占耕地总面积的 26.6％，主要分布在普山分场和张圩分场的河东、小汪生产区；轻盐土 7689 亩，占耕地总面积的 28.48％，主要分布在小岛分场和于沈、张圩分场的部分生产区；中盐土 4904 亩，占耕地总面积 18.17％，主要分布在大岛、大汪、盐河等生产区的部分复垦地；重盐土 7223 亩，占耕地总面积 26.75％，主要分布在张圩分场、于沈分场内沿烧香河畔的地块。

四、土壤改良成效

据 2000 年土壤复查资料记载，土壤改良的主要成效如下：

1. **有机质提高**　全场农化点平均有机质含量达 14.65g/kg，较 1990 年增加 1.55g/kg。

2. **速效磷增加**　全场农化点平均速效磷含量达 16.6mg/kg，是 1990 年的 1.95 倍，是 1980 年的 2.84 倍。

3. **容重降低，孔隙度增加**　容重较 1990 年下降 11.09％，较 1980 年下降 8.87％。总孔隙度较 1990 年、1980 年分别提高 5.85％、4.56％，通透性有所提高。

4. **有效态微量元素含量增幅较大**　据 7 个样点测定，硼、锌等值，均达临界值以上，与 1990 年相比，硼值增加 3.39％，锌值是 1990 年的 6 倍多。

5. **重盐土比例下降**　2000 年重盐土比例为 18.17％，较 1990 年减少 6.53％。

五、改土培肥的主要对策

（1）建立科学合理的轮作制度。一是粮棉轮作；二是水旱轮作；三是棉田以深耕为主。

（2）加强水利等农田基本建设，进一步治水改土。重点抓好农田封闭排水工程。

（3）制定科学可行的土壤培肥投入制度。推广施用有机肥、大力发展有机农业、实行秸秆还田等。

（4）实施配方施肥制度化，适应作物高产栽培的需要。

第五节　土　　地

云台农场版图呈一鲤鱼形，头西尾东，东西长约 20 千米，南北宽约 4 千米，地势西高东低，海拔为 2.6～3.4 米，云台山脉为农场的北面屏障，山顶最高 600 多米，建场前，此地大部分是盐碱荒滩。

权属来源如下：

1952年6月，华东局在扬州召开苏北棉垦会议决定，将新海连市、灌云县一带2万余亩国有土地（现为农场小岛、小粮地、张圩、场部普山）划给南京市人民政府进行移民垦殖。9月17日，南京市人民政府以办秘〔1952〕字第973号文，决定成立"南京市人民政府灌云棉垦管理处"，这就是云台农场前身。

1955年4月13日，江苏省农林厅（批复）农场〔1955〕字第1293号文决定：同意将原划归东辛农场的大岛山与栖云山之间的万亩国有荒地转拨给农场耕种（现为大岛管理区）。

1956年云台农场经当时的南城区批准，并经县委同意，将南城东凤凰山东山坡、官井以南地段，划给农场，建立了"红军果园"，后又向北延伸，商定界址并立合约。

1958年4月吸收灌云县东磊乡小汪高级农业生产合作社，武官乡于沈高级农业生产合作社入场约1.2万亩（现为农场小汪、河东、沈圩、于团、新建）。

至1983年第一次全国土地普查，农场几宗土地总面积47795.42亩。2007年第二次全国土地普查与2018年第三次全国土地普查，场域内土地总面积46124.36亩（含驻场单位与市政基础设施用地）。减少原盐河管理区1671.06亩，划入市政府东城区郁州街道。

第六节　动　植　物

农场境内有多种动植物。

一、动物

（一）无脊椎动物

环节动物：蚯蚓、蚂蟥。

软体动物：河蚌、海蚌、螺蛳、海螺蛳、蜗牛、蚬。

节肢动物：蜜蜂、桑蚕、柞蚕、蓖麻蚕、蜻蜓、螳螂、萤火虫、苍蝇、蚊子、臭虫、跳蚤、马蜂、洋椒子、牛虻、蝉、天牛（山水牛）、蚂蚁、蚱蜢、地鳖子、蝴蝶、蟋蟀、蝗虫、蟥虫、蚜虫、稻飞虱、稻蓟马、稻苞虫、黏虫、盲蝽象、豆天蛾、地老虎、金龟子、蝼蛄、屎壳郎、土蜂、竹蝗、叶蝉（豆丹）、瓢虫、鼠妇、虱、草蛉水虱、螽斯、豆娘、白蜡虫、叩头虫、斑蝥、豌豆象、对虾、麻线虾、蚱蜢、沼虾、白米虾、鳌虾、蜘蛛、棉红蜘蛛、蜈蚣、蚰蜒虫。

（二）脊椎动物

鱼类：鲢鱼、鳙鱼、青鱼、草鱼、鲫鱼、鲤鱼、乌鱼、鲶鱼、鳗鱼、参鱼、沙光鱼、泥鳅、黄鳝、昂针鱼、滩涂鱼、虎头鲨、肉狗鱼、银鱼、鲳鱼、丁鱼。

两栖类：青蛙、蟾蜍（癞蛤蟆）、蝾螈。

爬行类：乌龟、鳖、蝮蛇、水蛇、赤练蛇、石子龙、蝎虎（壁虎）、蜥蜴、翠花蛇、草风蛇、青蛇、七寸蛇、土灰蛇等。

鸟类：燕子、喜鹊、灰喜鹊、乌鸦、麻雀、柴鸡、水鸡、小黄雀、天鹅、白鹤、云雀、杜鹃、鹁鸪、雉（野鸡）、斑鸠、猫头鹰、白鹭、黄鹂、鸢（苍鹰）、雀鹰、啄木鸟、画眉、野鸭、狗鸟（库支）、栋树雀、大雁、鹌鹑、家鸽、鸡、鸭、鹅、柳莺、白头翁、山雀、蜡嘴雀、黄雀、布谷鸟。

哺乳类：黄牛、水牛、马、骡、驴、奶牛、猪、山羊、奶山羊、绵羊、家兔、水貂、狗、猫、野兔、猪獾、狗獾、草狐、野猫、黄鼠狼、鼠（家鼠、田鼠、水鼠、褐鼠）、刺猬、狐狸、狼。

二、植物

（一）菌类

蘑菇、木耳、银耳、黑粉菌、黑伞菌、麦角菌、马勃、平菇、毛霉、曲霉、酵母菌、根霉。

（二）地衣类

灵芝（树台）、白石花、地钱、卷耳（地皮菜）、葫芦藓。

（三）藻类

小球藻、绿球藻、胶球菜、色球藻、念球菜、吐丝藏、环菱藻、卵形藻、双星藻、舟形菜、彭藻等。

（四）蕨类

问荆草、槐叶萍（四叶萍）、满浆红、节节草、毛管草、铁线藏（猪照草）、海金沙、贯众、卷柏等。

（五）裸子植物

黑松、罗汉松、马尾松、柏、杉木、水杉、五针松、荆柏、龙柏、银杏、核桃。

（六）被子植物

泽泻科：慈姑。

禾本科：水稻、小麦、大麦、元麦、玉米、高粱、竹子、薏苡、瞿麦（野麦子）、画眉草、獐毛草、芦苇、雀麦、稗、野稗草、鹅冠草（二麦）、双稃草、千金子、牛筋草、狗牙草、大狗尾草、小狗尾草、金狗尾草、白茅、香茅、野高粱、牛鞭草、虎尾草。

莎草科：荆三棱、潮瓜草、香附子、扁秆莎莎草、高秆莎草、碎末莎草、长尖莎草、荸荠、水葱。

棕榈科：棕榈。

天南星科：菖蒲、大漂（水厚莲）、芋头、半夏、龟背竹。

野跖草科：野跖草、吊竹兰。

姜科：生姜。

石蒜科：水仙、龙舌兰、君子兰。

百合科：小根葱、百合、葱、洋葱、蒜、韭菜、黄花菜、天门冬、麦冬、万年青、文竹、芦笋、玉簪花。

薯蓣科：薯蓣（山药）。

兰科：兰花、美人蕉。

芭蕉科：鹤望兰。

木兰科：木兰、洋玉兰、白玉兰、白兰花鸢。

尾科：鸢尾。

莲科：莲（荷花）。

睡莲科：睡莲。

香蒲科：蒲草。

雨久花科：凤眼莲（水葫芦）。

毛茛科：茴茴蒜、芍药、牡丹。

金缕梅科：木凤香（枫树）。

桑科：桑树、无花果。

大藤科：大藤、萍草（拉拉藤）。

石竹科：石竹、繁缕。

黎科：甜菜、菠菜、地肤（扫帚菜）、黎、灰绿藜、小黎（长叶灰条牙）、灰绿碱蓬（碱蒿）、盐地碱蒿（盐蒿）。

苋科：青箱（鸡冠菜）、反枝花苋（苋菜）、牛藤。

萝科：扁蒿（竹边菜）、酸模叶蓼、绵毛酸模叶蓼、松板归、柳叶刺蓼（芦公草）、酸溜子、齿果酸模、荞麦、虎杖。

山茶科：茶花。

树科：甜麻。

锦葵科：棉花、木槿、苘麻、红麻、洋麻、蜀葵。

葫芦科：南瓜、黄瓜、香瓜、丝瓜、冬瓜、西瓜、菜瓜、白瓜、吊瓜、酥瓜、大瓜、瓠子、马沧（喇卜）、葫芦、瓜篓。

杨柳科：垂柳、旱柳、杞柳、白箕柳、白杨堇。

菜科：紫花地丁。

十字花科：大白菜、青菜、黑菜、包头菜、花菜、大头菜、甘蓝、花椰菜、雪里蕻、油菜、萝卜、荠菜、播娘蒿、二麦香、苤蓝、芥菜。

景天科：瓦松。

虎耳科：虎耳草。

蔷薇科：月季、玫瑰、桃、李、梅、苹果、梨、山楂、紫叶李、红叶桃、红梅、绿梅、蜡梅、寿星桃、樱桃、刺梨、榆叶梅、木香花、火棘。

豆科：合欢、大豆、绿豆、蚕豆、豌豆、紫穗槐、刺槐、本槐、紫荆、扁豆、刀豆、龙爪豆、四季豆、红小豆、田菁、苕子、咖啡豆、紫苜蓿、豇豆、野大豆、含羞草、花生、柽麻。

冬青科：冬青。

大戟科：蓖麻、泽漆（芦点草）、大戟、地锦花（奶苏子）、猫眼草、铁苋菜鼠。

李科：枣。

葡萄科：葡萄、爬山虎。

浆草科：酢浆菜（山溜子）。

伞形科：芹菜、芫荽、茴香、胡萝卜、野胡萝卜、蛇床子。

槭树科：鸡爪槭。

杜鹃花科：杜鹃花、吊钟花。

夹竹桃科：夹竹桃、罗布麻。

芸香科：芸香、花椒、枸橘、金橘。

萝藤科：萝藤（大摩）、马利筋、地稍瓜、鹅绒藤（芙秧子）。

茄科：茄子、马铃薯、龙葵（乌端端）、辣椒、番茄、烟草、酸浆（泡端端）、油端端、枸杞、曼陀罗。

菟丝子科：菟丝子。

旋花科：山芋、牵牛花、茑萝。

唇形科：益母草、雪见菜、薄荷、藿香、夏枯草、水苏、一串红、紫苏、半枝莲。

木樨科：虫蜡树、女贞、茉莉、迎春花。

玄参科：泡桐、婆婆纳。

茜草科：栀子花、小月栀、茜草、猪殃殃、麦仁珠、篷子菜。

忍冬科：忍冬（金银花）。

菊科：菊花、向日葵、洋芋、苍耳、莴苣、蒲公英、大丽菊、百日菊、甜叶菊、非洲菊劳、瓜叶菊、艾、茵陈蒿、一年蓬、鬼针草、大蓟、生菜、大丽花、苦菜、苦卖菜、野菊、萎蒿、野艾蒿。

马齿苋科：马齿苋（马鸡菜）。

蚕级科：蚕缀（鹅不食草）、麦瓶草、麦兰草（王不留行）。

兰雪科：中华补血草（兰花草）。

芝麻科：芝麻。

榆科：白榆、紫榆。

石榴科：石榴。

紫草科：麦家公（羊蹄菜）、附地菜。

车前科：车前、平车前。

香蒲科：蒲草、苍蒲。

水鳖科：水鳖（野绿萍）。

眼子菜科：眼子菜。

浮萍科：浮萍、蚱草（水草）。

仙人掌科：仙人掌、仙人球。

苦木科：臭椿。

黄杨科：黄杨。

胡桃科：胡桃（核桃）。

悬铃木科：悬铃木。

楝科：楝树、香椿。

海桐科：海桐、泡桐。

柿树科：柿树。

千屈菜科：紫薇。

报春花科：仙客来（兔耳草）。

小檗科：南天竹。

旱金莲科：旱金莲（金莲花）。

第七节 四季特征

一、春季

农场春季起讫时间，平均在 4 月 6 日至 6 月 10 日，其间 67 天。其特点是温度回升缓慢，且不稳定，要比同纬度徐州地区晚。气温 10～12℃，气温平均每天升高 0.17℃，进入 5 月气温才能稳定上升。春季阳光和煦，少雨干燥，春早较为突出，5 月、6 月北方冷空气频频南下与暖湿空气汇合，有时造成冰雹天气。

二、夏季

农场夏季起讫时间，平均在 6 月 11 日至 9 月 11 日，其间 93 天。其特点是炎热多雨，气温在 22℃ 以上，受东南季风影响，进入雨季。当处在太平洋副热带高气压控制下时，天气炎热。副热带高气压进退过程中，若北方小股冷空气切入，时常形成暴雨。同期有台风活动，也会带来大量降水和风灾。夏季降水量占全年总降水量的 62%，高于（或等于）35℃ 的高温天气，平均有 7～8 天。

三、秋季

农场秋季起讫时间，平均在 9 月 12 日至 11 月 7 日，其间 57 天，秋季是全年最短季节。特点是秋高气爽，风微天晴，气候宜人。气温 10～22℃，昼夜温差大，有利于秋熟作物生长成熟和秋收秋种，但也有少数年份秋雨连绵影响农业生产。

四、冬季

农场冬季起讫时间，平均在 11 月 8 日到翌年 4 月 5 日，共 148 天，是一年中最长的季节。特点是天气较冷，气温在 10℃ 以下，雨雪不多，低于（或等于）−8℃ 的气温，平均为 13 天。年极端最低气温一般为 −14℃，每年平均有 2～3 次寒潮影响，造成剧烈降温，并伴有雨雪天气。

第八节 自然灾害

云台农场冬季常受西伯利亚多变性寒潮控制，干冷和冻害经常发生。夏季受海洋性季风控制，炎热多雨，旱涝交替。春秋季节多处于南北季风交替期，虽然日照条件较好，但光温常常分布不均，加之农场北屏东西走向的云台山，东临茫茫大海，其灾害性天气发生频率及程度与其他地方有所不同。场域内灾害性天气主要有旱灾、暴雨、连阴雨、大风、冰雹、寒潮等，给当地农作物生长造成不同程度的危害。据统计，近20年内曾多次发生大暴雨与连阴雨。大暴雨发生在1992年7月20日、1993年8月5日、1997年7月16日、2000年8月30日、2001年6月29日。尤其是2000年8月30日的特大暴雨，造成大面积洪涝渍水达7天。连阴雨较重发生在1997年8月3日至17日、2001年7月21日至8月1日、2003年8月23日至9月9日、2004年7月9日至7月19日、2005年9月19日至10月17日、2006年6月21日至7月4日，造成在田农作物不同程度的减产。1991年以来，持续50天以上的干旱天气发生在1999年11月至2000年1月3日、2001年12月11日至2002年2月20日、2010年10月31日至2011年6月2日。2010年10月31日至2011年6月2日遭遇严重干旱，降水量之少、干旱持续时间之长为历史罕见。

在灾害性气候中，台风、冰雹及雷击现象时有发生，台风、冰雹常常有局部性，雷击现象有时候造成人畜伤亡和财产损失。其中1984年5月28日的雹灾最为严重，持续降雹12分钟，冰雹直径8～14毫米，平均每平方米降雹14.5千克，造成经济损失约72万元。

2012年7月7日至7月9日，云台农场遭遇了较大的暴雨袭击。7月7日8点30分云台农场区域内开始降雨，到7月8日8点钟左右降雨转为强降雨到大暴雨，9点左右烧香河水位达2.5米，内河水位达2.7米，13点烧香河水位达2.9米，内河水位达2.98米，降水量达144.3毫米，18点20分降水量达186.4毫米，据监测，20点30分至22点30分，烧香河水位达3.6米，内河水位达3.8米。7月8日18点至7月9日8点降水量达到153.6毫米。7月7日至7月9日7点降水量合计为340毫米。由于农场位于烧香河下游，上游客水过境入海，造成烧香河水位持续高位不下，特别是山水下泻，致使农场受灾严重。农场种植业、养殖业、二三产业生产经营和居民生活遭受严重影响和损失，总计直接经济损失约2000万元。

第九节　环境保护

20世纪70年代之前，云台农场生态环境良好，虽然土壤、水系中含盐量较高，但几乎没有什么污染。场域内河道沟渠中，野生鱼、虾、蟹等资源丰富，平原是多种鸟类、野生动物的栖息地。进入20世纪70年代以后，由于大面积开垦荒滩荒地，加之农药、化肥的大量施用，城镇化建设进程加快的同时，也带来了生态环境污染的副作用。至20世纪90年代，野生资源在场域内大幅度减少，有的已濒临绝迹。影响农场生态环境的污染源主要有：①经过农场境内河流上游地区污水排放形成的污染；②畜禽粪便被雨水冲刷到河内造成的污染；③工业废气、废水、固体废弃物排放量逐年增加形成的污染；④居民生活垃圾随意倾倒形成的污染等。

20世纪80年代，农场开始重视环境保护和污染治理工作，结合开展爱国卫生运动，对造成农场生态环境污染的主要污染源进行综合治理，并在场工业管理部门安排兼职环境保护工作人员，负责场内环境管理工作。

20世纪90年代，重点解决场部和部分分场居民自来水供应问题，1995年，农场投资30万元，在南云台林场建自来水翻水站一座，更换了农场境内的自来水主管道，使居民能够吃上定时供给的水质符合饮用水标准的自来水。全场居民家家户户都用上了自来水，喝上了放心、洁净的水。

20世纪80年代，农场成立环卫队，负责场部垃圾清理工作，配置一辆手扶拖拉机运送垃圾。90年代场区新建公厕四座，同时在居民区建垃圾池、垃圾箱。2000—2010年，农场先后投资近百万元，购置了一辆垃圾运输车，一辆吸粪车，20余个垃圾箱。维修改造公厕三座，改造场区排水系统，保证场部城镇常年整洁、面貌清新。

至2010年农场城镇绿化面积已达10余公顷，绿化带近3000平方米，共栽植各种花木10余万株，全场林木覆盖率达20.49%，城镇绿化覆盖率达30%左右。此外，农场还投资200余万元分别在场部城镇和张圩居民新区新建了总占地面积超过12200平方米的文化娱乐健身场所，使农场居民休闲健身有了好去处。2020年农场境内绿化面积达10000亩，城镇绿化率达30%以上。

2012年云台农场对东池河进行了改造，东池河封闭排水，新建垃圾池，对垃圾场、创业小区下水道进行改造，共投入52.8万元。2013年对张圩公共厕所前水泥道路、下水道、垃圾场、化粪池和厕所进行整治，张圩新村、于沈新村新建厕所，并开展张圩新村、于沈新村道路及下水道工程、绿化配套工程、路灯及水电改造工程，共计投入194万元。2016年云台农场进行农村环境综合整治，有云台农场村庄基础设施建设、原四连垃圾场综合整治、环境综合整治项目徐新路出入口环境治理绿化工程和三供一业项目供水分离施工共4个"一事一议"项目，共计投入2722万元。2017年云台农场城镇基础设施等美丽乡村建设项目共计投入250万元。

2019年全面落实江苏省"263专项环境整治"精神和连云港高新区"飓风行动"计划，对河道漂浮垃圾、镇区及居民点卫生死角、黑臭水体、私挖乱垦、私搭乱建、乱堆乱放、乱贴乱画、畜禽养殖污染等问题进行全面整治，全年共清理各类垃圾4000余吨，清理化粪池120余车次。清理河道15千米，栽植绿化苗木30000多株，种植花草50余亩，让"垃圾河"变成景观河。

农场于2019年购买洒水车一辆，对镇区主要道路定时洒水，清除路面积尘，城镇面貌焕然一新。2020年云台农场空气质量情况（表2-3）显示：1月、2月、3月、11月和12月空气质量为良，其他月份空气质量均为优。

表2-3　2020年云台农场空气质量情况

| 年份 | 空气质量指数 PM2.5 数值 | | | | | | | | | | | | |
	1月	2月	3月	4月	5月	6月	7月	8月	9月	10月	11月	12月	1—12月平均
2020	76.4	46.5	36.4	34.3	28.4	27.7	25.9	12.5	17.0	26.6	37.9	67.8	36.5

1953—1991年云台农场历年日照、温度、平均相对湿度情况见表2-4。

表2-4　1953—1991年云台农场历年日照、温度、平均相对湿度情况

| 年份 | 日照总时数/小时 | 温度/℃ | | | 平均相对湿度/% |
		平均	最高	最低	
1953		14.5	39.0	−13.0	
1954		12.5	35.0	−12.1	
1955		13.6	39.8	−16.8	
1956		12.9	37.1	−17.0	
1957		12.7	34.7	−16.3	
1958		13.2	38.4	−14.1	
1959		14.7	39.7	−13.3	
1960	2165.3	13.9	36.0	−12.7	73.0
1961	2172.3	14.4	37.6	−13.1	76.0
1962	2274.7	13.8	34.8	−11.9	72.0
1963	2170.9	13.1	35.5	−17.2	75.0
1964	1921.8	13.4	39.8	−15.0	78.0
1965	2321.2	13.6	38.0	−13.5	72.0
1966	2242.7	14.0	39.0	−14.6	74.0
1967	2318.1	13.3	38.0	−15.6	76.0
1968	2482.1	13.6	36.5	−14.5	75.0
1969	2319.4	12.6	37.0	−17.0	76.0
1970	2266.7	13.2	35.1	−14.0	76.0
1971	2285.5	14.5	38.2	−11.6	75.0
1972	2235.9	12.9	36.5	−12.6	78.0
1973	2247.4	13.6	35.5	−12.4	80.0
1974	2306.8	13.3	35.3	−10.0	78.0
1975	2234.4	13.0	35.4	−10.8	79.0
1976	2306.3	13.3	35.6	−12.0	72.0

（续）

年份	日照总时数/小时	温度/℃			平均相对湿度/%
		平均	最高	最低	
1977	2104.3	14.1	37.3	−12.3	73.0
1978	2305.0	14.5	37.8	−10.3	71.0
1979	2344.2	14.1	34.8	−12.7	72.0
1980	2469.8	13.2	35.0	−13.2	72.0
1981	2291.4	13.5	37.0	−12.3	68.0
1982	2287.9	13.9	37.1	−12.2	72.0
1983	2410.0	14.0	37.3	−12.9	71.0
1984	2231.4	13.3	35.6	−11.8	74.0
1985	2126.4	13.4	34.3	−11.1	77.0
1986	2450.9	13.3	35.1	−11.5	73.0
1987	2435.9	13.6	35.3	−10.4	76.0
1988	2465.7	13.7	38.6	−11.2	71.0
1989	2222.2	13.8	34.1	−9.0	75.0
1990	2223.2	14.2	36.9	−12.6	79.0
1991	2232.4	14.1	35.2	−10.1	73.0

1960—2020 年云台农场历年各月日照时数情况见表 2-5。

表 2-5　1960—2020 年云台农场历年各月日照时数情况（小时）

年份	1月	2月	3月	4月	5月	6月	7月	8月	9月	10月	11月	12月
1960	144.9	214.0	148.7	188.9	232.6	149.9	159.3	217.4	169.2	207.6	138.3	194.5
1961	157.0	198.0	200.9	237.3	243.6	139.8	166.1	170.0	166.8	182.4	138.0	180.4
1962	245.3	189.3	240.1	219.6	243.2	204.9	138.0	137.7	143.6	191.8	139.0	182.0
1963	245.4	232.5	204.1	121.4	106.6	237.9	113.6	149.5	159.2	247.8	183.6	169.3
1964	140.2	133.2	197.9	95.6	200.7	209.5	225.2	177.6	105.0	90.0	193.4	163.5
1965	175.8	158.0	247.7	175.2	269.2	234.9	120.5	187.1	264.2	175.9	139.3	173.4
1966	174.0	145.6	180.1	205.7	244.4	215.8	204.9	274.5	229.3	211.7	187.3	135.4
1967	191.0	153.7	168.3	157.8	197.0	227.1	161.1	276.4	192.2	243.5	128.1	221.8
1968	160.0	236.3	222.2	251.1	210.8	211.0	195.5	247.6	212.8	185.6	162.5	106.7
1969	152.9	131.0	173.0	174.7	227.0	261.6	175.7	216.8	154.3	269.2	162.8	220.4
1970	197.6	145.3	189.0	191.4	232.5	197.8	190.7	217.3	118.2	207.2	207.3	177.2
1971	213.5	140.2	200.6	208.9	277.1	130.3	238.4	175.6	187.36	195.8	204.3	163.5
1972	126.5	142.2	185.2	209.2	206.5	223.7	146.9	178.8	204.3	202.4	154.5	155.7
1973	111.7	89.0	204.1	191.0	182.2	200.1	180.1	251.4	189.8	177.4	2269.3	244.3
1974	171.5	162.6	207.7	255.3	254.8	273.2	133.5	192.4	206.0	207.0	198.7	175.4
1975	157.9	180.0	222.8	166.0	272.9	229.5	141.4	208.0	175.6	155.8	143.2	180.5
1976	157.4	157.3	216.1	178.7	238.5	184.8	192.4	206.0	207.0	198.7	194.7	175.4
1977	142.1	182.37	191.7	165.1	121.4	200.5	147.2	194.6	197.2	214.6	195.7	151.5

（续）

年份	1月	2月	3月	4月	5月	6月	7月	8月	9月	10月	11月	12月
1978	169.4	162.9	155.4	256.6	213.2	237.7	229.1	244.3	192.2	207.7	115.1	121.3
1979	147.0	169.0	202.3	190.9	257.6	244.8	162.7	206.6	152.7	279.2	206.9	124.5
1980	176.7	186.7	173.9	224.2	262.0	175.2	158.9	252.2	238.1	194.3	198.2	229.5
1981	188.9	158.3	178.8	220.5	254.8	197.9	210.6	216.4	197.9	159.3	128.1	179.9
1982	200.5	155.6	166.5	241.2	257.9	235.1	171.1	175.7	196.0	197.3	127.6	163.4
1983	183.5	191.7	202.1	180.2	229.4	216.7	182.9	259.6	195.0	138.0	210.6	220.3
1984	197.4	143.7	210.0	189.3	253.1	153.2	177.1	230.7	159.0	230.4	146.3	141.2
1985	151.1	134.5	184.1	258.4	185.2	209.6	184.6	215.9	117.7	130.5	184.2	170.6
1986	205.4	194.3	206.8	196.8	273.2	185.5	184.7	231.9	223.0	228.6	163.7	158.4
1987	166.7	166.9	192.0	234.0	257.0	231.2	152.9	194.7	274.1	172.8	164.6	229.0
1988	176.6	170.1	184.1	247.2	236.8	214.0	194.7	254.4	221.0	165.0	236.4	165.4
1989	128.8	124.6	213.7	188.9	235.5	203.3	175.9	220.6	190.7	234.9	161.3	134.0
1990	131.1	117.3	190.3	207.5	222.0	174.0	207.6	187.5	201.8	230.8	172.2	181.2
1991	139.3	131.3	127.2	215.6	160.0	113.3	180.5	243.9	207.7	245.8	184.8	142.0
1992	131.6	196.7	121.8	224.6	232.4	201.3	191.4	219.2	114.3	206.8	180.2	121.6
1993	134.1	142.3	193.3	200.3	189.0	158.4	143.1	128.2	189.6	218.4	117.8	185.1
1994	172.9	146.3	195.5	171.5	241.0	182.4	234.8	218.1	232.0	189.1	85.9	117.2
1995	186.1	173.3	202.8	184.1	215.6	172.3	142.1	184.9	159.7	164.6	217.0	174.3
1996	130.8	196.2	153.1	198.5	267.7	144.0	142.5	233.4	152.4	160.3	132.9	164.5
1997	166.4	188.0	207.0	181.9	229.4	220.3	201.5	242.8	228.9	241.6	32.4	125.6
1998	132.2	155.8	170.7	157.0	157.8	180.2	176.0	100.2	247.7	197.0	184.5	152.8
1999	152.9	152.0	120.6	214.8	217.5	206.6	177.4	15.6	179.0	122.0	137.2	191.7
2000	119.5	192.9	210.8	242.2	221.7	165.4	194.2	149.0	182.4	108.4	119.4	130.6
2001	96.5	98.8	230.9	217.3	229.3	126.5	206.6	219.1	246.9	147.0	176.0	110.6
2002	183.9	174.3	172.2	178.3	169.7	176.4	193.0	237.5	218.1	192.7	197.0	125.9
2003	192.2	169.1	173.1	187.8	210.6	216.9	122.2	89.7	190.3	1588.8	168.3	165.0
2004	178.3	212.9	227.6	231.4	211.4	165.9	167.4	144.6	230.0	235.6	182.7	136.0
2005	192.6	136.8	205.8	251.8	246.0	221.0	83.6	136.5	116.9	190.9	171.7	186.2
2006	155.7	131.4	206.5	180.5	230.3	213.3	177.9	170.0	161.7	187.7	148.3	161.2
2007	189.1	154.3	196.3	199.7	222.1	155.7	150.2	161.6	160.2	184.9	194.5	164.7
2008	121.8	201.6	238.3	208.5	171.9	125.4	141.5	194.1	163.4	171.5	227.9	193.1
2009	160.3	160.7	191.5	225.0	199.2	193.2	152.8	166.0	170.2	192.9	149.9	153.7
2010	181.1	110.3	162.2	180.8	216.8	198.8	200.8	164.7	179.5	234.1	198.8	195.6
2011	227.1	146.9	233.8	240.6	201.3	122.3	152.0	151.0	195.7	173.2	118.1	175.5
2012	184.6	158.2	183.7	209.3	254.4	162.5	210.9	144.6	212.5	214.1	171.6	126.2
2013	173.6	100.4	201.0	254.4	194.7	196.0	163.2	247.9	198.5	247.8	193.0	192.6

（续）

年份	1月	2月	3月	4月	5月	6月	7月	8月	9月	10月	11月	12月
2014	207.8	116.0	242.5	202.3	269.3	140.3	210.7	164.5	116.0	231.3	150.8	214.1
2015	153.4	143.9	235.8	197.9	214.2	202.2	166.4	177.3	211.9	225.8	75.4	148.9
2016	162.3	182.5	212.6	168.8	207.7	197.1	223.8	251.3	164.1	74.5	137.6	153.2
2017	158.4	174.4	209.7	236.8	278.7	223.0	208.5	165.1	181.3	164.7	201.0	175.7
2018	113.3	151.5	176.6	215.6	158.9	230.3	206.6	198.4	194.8	229.9	108.0	119.7
2019	153.6	85.2	208.7	139.2	230.2	211.1	177.2	204.9	196.6	159.6	165.6	163.3
2020	99.6	140.2	215.1	263.1	191.8							

1953—1990 年云台农场历年降水量情况见表 2-6。

表 2-6　1953—1990 年云台农场历年降水量情况

年份	雨季		日最大降雨		一次最大降雨		雨日/天	雨量/毫米	蒸发量/毫米
	始日	终日	日期	雨量/毫米	日期	雨量/毫米			
1953	6月9日	7月15日	7月10日	103.3	6月16日—22日	239.7		1013.6	1121.9
1954	6月23日	7月12日	8月6日	109.2	8月6日—16日	180.7		1023.5	1413.4
1955	6月22日	7月5日	7月31日	82.5	7月28日—8月3日	238.6		795.1	1810.0
1956	6月3日	7月5日	8月26日	91.2	7月11日—18日	103.2		1082.5	1672.6
1957	6月4日	7月10日	8月18日	168.6	8月18日	168.6		1100.4	1519.1
1958	6月27日	7月7日	7月30日	54.0	6月30日—7月6日	59.6		780.3	1565.7
1959	6月4日	7月12日	7月17日	93.2	8月30日—31日	123.8		1136.9	1656.5
1960	6月25日	7月18日	8月27日	143.1	6月29日—7月8日	158.0	98	1101.8	1633.5
1961	6月16日	7月6日	7月29日	346.9	7月29日	346.9	81	1311.3	1800.5
1962	7月7日	8月19日	7月29日	87.5	7月23日—30日	187.0	94	1086.0	1800.7
1963	6月27日	7月31日	7月18日	179.3	7月18日	179.3	104	1203.0	1698.0
1964	7月22日	8月12日	8月27日	68.0	9月12日—18日	75.8	114	1060.0	1616.7
1965	7月1日	7月31日	8月4日	116.1	7月9日—24日	391.4	88	1053.3	1598.4
1966	7月21日	7月26日	6月24日	68.1	7月21日—26日	133.8	80	678.0	1701.2
1967	7月4日	7月28日	6月27日	66.4	6月27日—28日	67.0	82	650.0	1579.8
1968	7月7日	7月20日	8月6日	53.6	8月5日—7日	68.7	80	620.4	1653.2
1969	7月2日	7月24日	7月21日	150.5	7月20日—24日	228.6	79	1032.8	1535.3
1970	7月14日	7月31日	7月23日	74.4	7月19日—23日	181.3	83	918.2	1433.4
1971	6月9日	7月10日	9月24日	151.3	9月28日—30日	152.5	83	1113.4	1451.8
1972	6月25日	7月11日	7月2日	178.5	7月2日	178.5	99	1012.5	1380.8
1973	7月3日	7月22日	7月29日	103.3	7月29日	103.3	79	810.6	1450.4
1974	7月12日	8月8日	7月8日	146.7	7月8日	146.7	93	1321.3	
1975	7月9日	7月10日	8月15日	96.1	8月13日—17日	183.1	100	1007.6	1457.9
1976	6月16日	7月25日	6月29日	106.4	6月29日—30日	136.5	75	862.9	1410.9

（续）

年份	雨季		日最大降雨		一次最大降雨		雨日/天	雨量/毫米	蒸发量/毫米
	始日	终日	日期	雨量/毫米	日期	雨量/毫米			
1977	7月4日	7月29日	7月11日	110.1	7月7日—12日	156.9	83	679.0	1608.0
1978	6月24日	7月16日	8月21日	59.1	8月8日—12日	114.5	63	494.5	1864.8
1979	6月23日	8月4日	8月4日	60.1	9月12日—17日	121.9	86	1002.2	1601.1
1980	6月24日	7月3日	8月24日	56.8	8月24日—26日	62.6	73	669.5	1305.9
1981	6月24日	7月27日	6月25日	78.1	6月25日	78.1	70	710.2	1392.4
1982	7月5日	8月21日	7月22日	99.6	7月21日—31日	130.8	86	896.7	1312.7
1983	6月23日	7月24日	7月23日	73.4	7月18日—24日	262.0	81	553.5	1335.5
1984	6月4日	7月27日	7月21日	132	7月21日	132	87	1010.7	1234.6
1985	7月3日	7月30日	5月3日	118.4	5月3日—6日	161.7	103	915.7	1248.9
1986	6月13日	7月27日	7月18日	84.2	7月24日—27日	116.6	74	706.7	1317.1
1987	7月5日	8月8日	7月27日	111.4	10月13日—16日	119.2	87	959.1	1274.3
1988	7月12日	7月31日	7月26日	67.5	7月12日—17日	92.4	71	578.1	1383.5
1989	6月4日	7月15日	6月7日	113.8	11月2日—8日	186.1	78	838.1	1306.1
1990	6月18日	7月20日	7月17日	92.1	8月13日—21日	151.9	97	1128.2	1130.1

1991—2020年云台农场历年各月降水量情况见表2-7。

表2-7　1991—2020年云台农场历年各月降水量情况（毫米）

年份	1月	2月	3月	4月	5月	6月	7月	8月	9月	10月	11月	12月	年合计
1991	19.6	21.3	95.8	23.9	116.8	124.5	227.2	41.6	63.6	0.7	16.3	21.0	772.3
1992	29.4	8.3	37.1	22.8	66.3	2.4	421.0	143.6	112.3	3.8	6.5	15.8	869.3
1993	43.0	51.8	14.2	0.8	37.4	98.3	130.8	342.5	41.1	38.9	49.5	5.8	854.1
1994	5.8	32.7	29.0	51.7	23.1	43.4	84.3	188.7	16.0	71.5	37.1	40.0	623.3
1995	8.3	13.2	26.1	65.4	69.5	39.7	354.5	230.0	11.3	61.6	0.1	0.3	880.0
1996	9.8	7.0	64.0	59.4	0.8	163.4	236.4	61.4	115.7	41.3	63.2	5.7	828.1
1997	5.3	18.4	52.7	65.5	114.6	4.8	382.9	247.8	21.4	0.6	65.3	36.6	1015.9
1998	35.9	39.6	87.6	86.3	122.2	135.3	181.0	369.6	2.2	30.2	13.0	15.7	1118.6
1999	7.1	9.9	49.7	44.3	74.1	124.1	128.5	114.9	91.9	84.2	1.0	0	729.7
2000	48.1	22.3	5.6	7.2	62.9	157.3	267.8	617.7	55.8	76.0	77.2	8.7	1406.6
2001	73.2	44.3	3.1	25.7	30.6	192.0	270.3	215.2	25.4	35.0	6.5	42.5	963.8
2002	0	10.5	24.9	60.2	104.2	104.0	157.2	144.5	47.8	7.8	5.8	24.2	691.1
2003	11.6	39.6	46.2	53.8	27.2	156.6	431.2	239.4	63.6	55.3	19.2	19.5	1163.0
2004	7.6	21.3	10.1	65.0	48.0	18.0	288.3	193.6	109.1	13.4	38.8	13.8	826.4
2005	5.5	34.9	24.0	20.8	50.2	120.3	352.7	428.0	252.9	9.7	25.7	124.0	1448.7
2006	13.5	22.9	58.0	31.0	25.8	95.6	274.9	203.3	79.6	18.3	53.3	24.2	900.4
2007	62.0	35.4	97.5	26.6	57.1	130.6	271.6	221.8	270.4	15.7	180.0	27.5	1396.2
2008	33.4	3.0	14.1	143.9	156.9	160.6	215.4	130.4	100.4	96.0	8.7	128.0	1190.8

（续）

年份	1月	2月	3月	4月	5月	6月	7月	8月	9月	10月	11月	12月	年合计
2009	0	166.0	53.0	30.8	139.2	111.5	262.7	202.7	15.3	13.2	34.7	30.1	1059.2
2010	0	55.8	11.8	71.3	96.1	50.7	147.8	221.3	172.6	3.5	0	4.9	835.8
2011	0	28.8	6.3	9.2	94.6	62.4	208.9	214.8	57.6	10.2	56.8	31.0	780.6
2012	0.2	10.2	55.4	47.8	0	88.7	364.9	390.3	86.8	2.5	44.0	47.9	1138.7
2013	3.9	9.5	26.4	15.7	123.8	24.9	274.9	117.8	126.8	1.0	20.5	0	745.2
2014	6.5	35.2	18.0	25.3	64.4	46.8	179.3	81.3	135.7	78.7	85.9	1.5	758.6
2015	3.3	17.3	20.6	41.7	36.0	129.7	57.8	64.4	44.0	8.9	157.1	14.9	595.7
2016	4.0	23.0	10.2	31.1	54.0	120.6	133.9	120.5	41.1	180.2	8.8	38.0	765.4
2017	59.5	24.3	12.8	31.4	45.4	60.8	250.7	215.1	97.0	63.7	10.1	5.3	876.1
2018	21.0	6.5	51.2	46.7	69.9	12.2	134.3	80.6	129.7	0.2	44.4	51.6	648.3
2019	37.6	14.9	41.3	61.1	12.3	105.3	101.3	128.1	40.4	25.5	15.4	26.7	609.9
2020	57.6	17.0	30.3	16.3	85.8								

1959—1990年云台农场历年雪、霜情况见表2-8。

表 2-8　1959—1990 年云台农场历年雪、霜情况

时间	雪			霜		
	初雪	终雪	雪日/天	总霜日/天	初霜日	终霜日
1959—1960 年	11 月 6 日	12 月 6 日	6	84	11 月 13 日	3 月 22 日
1960—1961 年				77	11 月 5 日	3 月 28 日
1961—1962 年	12 月 6 日	12 月 31 日	2	40	11 月 5 日	2 月 26 日
1962—1963 年	12 月 29 日	3 月 8 日	3	32	12 月 1 日	3 月 24 日
1963—1964 年	12 月 9 日	2 月 15 日	18	56	10 月 17 日	3 月 25 日
1964—1965 年	1 月 23 日	2 月 8 日	2	65	11 月 2 日	3 月 29 日
1965—1966 年	12 月 5 日	2 月 22 日	5	61	11 月 9 日	4 月 16 日
1966—1967 年	12 月 21 日	2 月 23 日	4	71	10 月 28 日	3 月 24 日
1967—1968 年	1 月 10 日	1 月 28 日	4	66	11 月 12 日	4 月 3 日
1968—1969 年	12 月 14 日	3 月 12 日	19	51	10 月 19 日	4 月 17 日
1969—1970 年	11 月 16 日	2 月 26 日	8	84	11 月 5 日	4 月 13 日
1970—1971 年	12 月 20 日	3 月 13 日	7	98	10 月 27 日	4 月 4 日
1971—1972 年	12 月 22 日	2 月 26 日	12	84	11 月 10 日	1 月 10 日
1972—1973 年	12 月 28 日	3 月 6 日	3	67	10 月 22 日	4 月 3 日
1973—1974 年	1 月 23 日	3 月 6 日	7	102	10 月 24 日	4 月 2 日
1974—1975 年	12 月 8 日	2 月 18 日	7	89	10 月 23 日	4 月 3 日
1975—1976 年	12 月 26 日	3 月 2 日	3	72	10 月 31 日	4 月 9 日
1976—1977 年	12 月 8 日	12 月 8 日	1	58	10 月 26 日	3 月 5 日
1977—1978 年	11 月 27 日	2 月 23 日	3	42	11 月 4 日	3 月 15 日
1978—1979 年	11 月 5 日	12 月 23 日	3	55	10 月 28 日	4 月 3 日

（续）

时间	雪			霜		
	初雪	终雪	雪日/天	总霜日/天	初霜日	终霜日
1979—1980 年	12 月 24 日	2 月 14 日	5	75	10 月 22 日	4 月 14 日
1980—1981 年	12 月 11 日	2 月 16 日	7	74	10 月 27 日	3 月 10 日
1981—1982 年	12 月 18 日	3 月 16 日	10	103	10 月 23 日	4 月 10 日
1982—1983 年	1 月 17 日	2 月 16 日	3	96	11 月 11 日	4 月 17 日
1983—1984 年	12 月 29 日	2 月 22 日	6	108	11 月 12 日	4 月 19 日
1984—1985 年	12 月 15 日	3 月 26 日	12	77	11 月 26 日	4 月 4 日
1985—1986 年	12 月 7 日	1 月 26 日	2	102	11 月 2 日	4 月 16 日
1986—1987 年	12 月 7 日	4 月 1 日	9	90	11 月 4 日	4 月 15 日
1987—1988 年	11 月 27 日	3 月 15 日	6	98	11 月 3 日	4 月 9 日
1988—1989 年	12 月 18 日	2 月 25 日	10	88	10 月 3 日	4 月 10 日
1989—1990 年	12 月 22 日	2 月 28 日	6	84	11 月 9 日	4 月 24 日

1953—2020 年云台农场历年月平均气温情况见表 2-9。

表 2-9　1953—2020 年云台农场历年月平均气温情况（℃）

年份	1 月	2 月	3 月	4 月	5 月	6 月	7 月	8 月	9 月	10 月	11 月	12 月
1953	−0.5	2.2	6.4	12.6	20.1	24.2	27.6	28.7	22.0	17.8	9.1	3.3
1954	0.4	−0.3	4.9	11.3	17.7	21.7	24.0	26.5	27.0	13.4	10.5	−0.3
1955	−3.3	2.7	5.1	13.0	19.4	24.4	25.7	26.8	23.2	14.1	6.8	4.7
1956	−1.9	0.2	3.9	13.5	17.6	22.7	27.6	26.1	22.3	14.7	6.0	1.7
1957	−1.7	−1.5	4.4	11.6	18.7	22.0	25.3	25.4	19.9	14.7	9.7	4.1
1958	−1.5	1.7	5.9	12.1	17.3	23.2	27.5	25.1	21.2	13.6	7.7	4.1
1959	−1.8	2.3	7.5	13.2	19.2	23.0	27.6	28.1	21.4	16.2	7.8	4.0
1960	0.2	3.7	7.7	12.8	18.4	23.7	26.9	26.3	22.7	15.4	8.4	0.9
1961	−0.6	3.0	7.3	14.1	18.6	23.3	28.2	27.1	22.1	16.9	106.0	2.2
1962	−1.8	2.2	6.5	12.1	22.8	22.4	26.7	26.0	21.2	15.5	8.3	3.8
1963	−0.5	0.1	6.5	11.0	16.2	23.0	25.9	26.2	21.9	14.7	9.5	2.2
1964	1.6	−3.4	6.1	11.2	17.9	22.7	28.8	26.5	21.9	14.7	9.5	2.2
1965	0.3	2.2	5.9	11.5	19.6	24.1	25.6	25.3	21.3	17.1	9.5	0.7
1966	0.3	2.9	7.0	12.6	19.0	23.7	27.3	28.7	20.7	15.9	8.8	0.8
1967	−2.4	0.7	6.5	13.1	19.4	24.6	26.9	29.4	21.0	15.5	8.2	−2.9
1968	1.1	−1.9	7.5	13.8	18.6	24.2	25.4	25.7	21.4	14.3	9.6	5.3
1969	−2.1	−1.5	4.3	12.5	18.7	22.7	25.0	27.1	22.0	15.7	6.5	0.3
1970	−2.1	2.6	4.6	12.8	18.7	22.1	25.5	26.6	21.3	16.2	7.8	2.1
1971	−0.6	0.5	5.4	12.3	19.8	22.6	28.9	25.8	21.4	14.5	8.9	1.2
1972	0.1	−0.7	5.5	13.2	17.2	22.9	25.0	25.0	20.5	15.2	8.8	2.4

（续）

年份	1月	2月	3月	4月	5月	6月	7月	8月	9月	10月	11月	12月
1973	0.8	2.9	6.7	14.0	18.0	23.0	26.9	27.5	20.7	14.5	7.6	0.4
1974	−0.4	0.5	5.4	13.8	14.7	23.2	25.2	26.1	21.5	14.8	9.0	1.2
1975	0.6	2.1	6.9	12.7	18.4	23.8	25.8	26.4	23.3	16.1	8.8	1.1
1976	−0.4	3.0	6.8	11.5	18.0	22.8	24.5	27.0	21.5	16.2	6.5	1.9
1977	−2.7	1.4	8.6	14.4	17.0	23.9	27.6	25.8	22.0	17.7	8.6	5.0
1978	0.2	1.2	6.2	15.3	20.2	26.1	27.7	27.0	22.2	15.2	8.8	2.7
1979	1.0	3.6	7.3	12.2	18.8	24.5	25.7	26.8	20.5	16.6	8.0	3.2
1980	−0.2	1.5	6.9	13.1	21.2	23.1	25.0	26.0	21.2	17.0	9.6	1.6
1981	−1.7	1.5	8.4	14.3	20.3	23.4	27.2	26.0	21.2	13.7	6.5	1.4
1982	−0.2	1.5	6.9	13.1	21.2	23.1	25.0	26.0	21.2	17.0	9.6	1.6
1983	0.1	1.2	6.5	14.4	19.5	23.3	26.5	27.1	23.5	16.0	8.3	1.7
1984	−0.5	0.1	6.3	12.8	18.5	22.6	25.8	26.8	20.5	15.5	10.4	1.1
1985	−0.3	1.6	5.0	14.3	18.7	22.9	26.4	26.6	26.1	16.5	7.4	0.4
1986	−0.6	0.3	7.0	13.4	19.5	23.6	25.0	25.5	21.5	14.3	7.5	2.1
1987	0.8	2.3	5.4	12.1	18.8	22.5	26.2	26.0	21.5	17.0	8.7	1.8
1988	0.6	1.0	4.9	14.0	19.2	23.6	27.5	24.9	21.5	16.0	8.7	2.3
1989	1.3	2.2	7.5	13.7	18.6	22.6	25.4	25.2	21.7	16.1	7.5	3.2
1990	−0.5	2.2	8.3	12.6	18.9	23.5	27.2	26.5	22.1	16.0	10.8	2.5
1991	0.7	2.4	5.5	12.6	17.3	22.6	26.6	25.0	21.3	15.1	8.3	2.4
1992	0.1	2.7	5.4	13.9	18.7	22.6	26.7	25.0	21.1	13.6	7.5	2.9
1993	−0.9	3.2	7.0	13.1	18.5	23.0	24.5	23.9	22.1	15.3	8.6	1.5
1994	1.0	2.0	6.4	14.4	20.0	24.0	28.9	27.4	21.8	5.6	10.8	4.2
1995	0.7	2.5	7.3	12.4	19.4	23.4	26.3	27.2	21.8	16.7	8.3	2.1
1996	0.8	15.0	6.3	13.1	19.5	24.0	26.3	26.5	22.3	16.3	8.1	3.0
1997	−0.5	2.9	8.3	13.5	20.2	24.7	27.4	27.4	21.1	17.4	9.8	3.7
1998	0.2	4.4	7.7	14.6	18.2	22.2	28.0	26.2	20.3	18.4	11.5	4.0
1999	2.4	4.6	7.5	14.3	19.9	23.5	26.1	25.9	24.8	17.5	12.7	5.1
2000	0.7	1.3	8.6	15.0	20.3	23.9	27.5	26.9	23.1	16.8	8.6	4.7
2001	1.4	3.0	8.1	13.6	21.6	24.0	27.7	26.2	22.8	17.3	9.0	2.5
2002	2.8	6.8	10.0	14.5	18.1	23.9	27.1	25.5	22.1	15.8	8.2	3.3
2003	−0.1	3.5	7.1	14.3	17.8	23.0	24.2	25.1	22.0	15.8	9.1	2.7
2004	0.1	4.4	7.9	14.1	18.3	23.6	26.9	25.7	21.9	15.9	10.0	4.6
2005	−1.0	0.3	5.5	14.7	19.2	25.6	26.5	25.3	21.5	15.7	10.5	0.9
2006	1.7	1.4	7.5	13.0	18.7	22.9	26.1	26.8	20.4	18.4	10.8	2.5
2007	0.9	5.9	8.1	13.8	20.2	22.9	25.3	26.6	22.2	16.3	8.9	4.4
2008	0.1	1.1	8.4	14.1	19.3	21.7	26.7	24.7	22.0	17.1	8..5	2.9
2009	−0.2	5.8	7.6	14.2	19.6	24.9	26.0	24.5	22.0	17.8	6.7	1.9
2010	0	3.2	5.6	10.9	19.9	22.9	26.6	27.4	22.8	15.7	9.2	2.9

（续）

年份	1月	2月	3月	4月	5月	6月	7月	8月	9月	10月	11月	12月
2011	−2.4	2.0	7.7	14.2	19.2	23.2	26.1	25.9	21.5	15.8	11.9	2.1
2012	0.1	1.0	6.1	15.2	21.1	23.8	28.2	26.3	21.6	16.6	7.7	1.2
2013	−0.2	2.5	7.7	13.0	19.2	23.4	28.8	28.8	22.4	17.2	10.3	2.8
2104	3.1	2.6	10.2	14.9	21.3	23.2	26.3	24.8	21.2	16.1	9.4	0.9
2015	1.6	3.0	7.8	13.0	18.8	23.5	25.6	26.0	21.7	16.1	9.3	3.1
2016	−0.6	2.4	7.6	15.2	19.0	23.3	27.0	27.3	22.8	16.8	8.8	3.9
2017	2.0	3.5	7.4	15.0	20.6	24.0	28.6	26.6	22.1	15.6	8.8	2.4
2018	−0.5	1.4	8.9	14.5	18.9	24.4	27.7	28.0	22.3	15.0	9.7	3.1
2019	0.7	1.5	8.9	12.6	19.6	23.9	27.1	26.4	22.7	15.9	10.3	3.9
2020	3.0	4.5	9.0	12.5	19.9							

1953—2020 年云台农场历年月蒸发量统计见表 2-10。

表 2-10　1953—2020 年云台农场历年月蒸发量统计（毫米）

年份	1月	2月	3月	4月	5月	6月	7月	8月	9月	10月	11月	12月
1953	66.1	46.3	117.8	123.2	124.8	141.9	90.9	124.5	114.5	91.7	50.3	29.2
1954	34.2	55.4	128.3	133.8	153.4	172.8	139.9	161.6	177.2	121.2	90.5	43.1
1955	57.9	77.4	102.8	229.2	274.3	264.1	156.2	191.3	140.8	149.9	101.3	66.3
1956	56.0	73.4	91.2	206.6	211.2	211.1	202.0	184.3	150.6	135.4	97.2	55.7
1957	34.6	40.2	103.8	140.5	205.2	162.0	148.9	192.4	183.7	155.2	81.8	70.7
1958	56.1	82.6	108.6	135.3	196.5	235.7	213.5	166.5	139.3	117.7	67.1	45.6
1959	62.7	50.6	116.1	173.1	199.2	205.5	219.7	232.4	148.4	142.4	76.1	40.3
1960	37.7	102.9	101.1	184.5	223.5	192.2	260.4	181.8	145.5	128.4	86.3	59.6
1961	119.3	107.3	137.0	219.5	189.9	192.0	220.0	195.7	150.5	147.7	77.6	45.6
1962	61.6	100.2	217.0	233.7	265.7	239.8	155.6	150.7	134.7	121.1	67.7	59.9
1963	69.2	157.2	156.7	130.8	134.2	219.4	157.5	166.2	173.5	169.4	101.9	53.0
1964	52.2	61.4	183.9	85.4	144.9	236.7	312.6	179.4	122.0	85.4	92.4	51.8
1965	38.2	75.5	146.2	151.3	241.0	258.9	137.8	147.7	155.6	123.1	66.1	57.0
1966	59.7	66.9	103.8	145.4	216.7	221.3	196.7	180.9	177.6	123.8	86.4	51.0
1967	91.4	71.8	128.3	129.7	173.0	202.9	170.1	206.2	142.8	137.0	73.0	55.0
1968	120.2	76.2	153.2	175.4	189.3	249.1	142.9	170.3	143.5	103.3	75.3	50.2
1969	66.2	86.6	102.6	153.6	183.8	209.5	165.7	146.36	127.8	135.4	92.4	66.2
1970	110.1	74.6	110.1	157.1	185.7	157.1	148.5	161.0	96.9	98.0	73.9	60.0
1971	59.1	49.6	128.4	171.2	234.2	117.7	198.8	138.0	126.0	99.0	84.8	49.1
1972	42.6	74.7	92.0	169.1	165.3	194.6	147.1	141.9	130.6	108.5	61.2	61.2

（续）

年份	1月	2月	3月	4月	5月	6月	7月	8月	9月	10月	11月	12月
1973	51.9	48.8	115	151.2	146.2	165.8	150.9	251.4	118.9	96.3	92.8	61.2
1974	59.1	60.1	122.5	190.2	183.6	223.9	134.3	156.3	146.8	102.7	80.7	32.0
1975	40.6	70.6	138.5	166.8	198.7	203.7	142.8	149.1	136.3	75.1	62.4	73.3
1976	51.9	70.4	81.5	132.0	198.9	165.2	164.2	163.0	152.8	112.7	96.7	63.6
1977	49.0	99.4	163.6	165.1	130.8	222.3	173.6	169.4	149.6	125.4	96.3	63.1
1978	72.8	78.6	128.2	256.6	261.5	178.1	208.2	182.9	146.3	130.6	64.1	56.9
1979	45.7	71.2	125.9	152.5	174.7	136.9	114.1	124.5	141.2	88.4	71.7	58.8
1980	45.7	71.2	125.9	152.5	174.37	136.9	114.1	124.5	1414.2	88.4	71.7	58.8
1981	44.0		124.2	165.3	236.4	176	141.4	141.7	128.3	84.7	58.2	37.8
1982	53.1	50.9	103.2	148.8	208.4	180.4	128.2	1119.4	122.3	90.3	51.8	55.9
1983	45.9	60.9	98.9	152.0	158.2	177.2	138.5	168.3	126.8	76.1	73.0	59.3
1984	47.1	61.4	126.2	118.6	163.6	124.3	122.1	141.58	93.6	109.6	66.5	60.1
1985	44.4	50.4	98.0	187.1	129.5	182.1	137.0	136.1	80.4	90.1	70.5	43.3
1986	44.3	54.2	110.0	149.1	196.4	159.6	118.0	136.7	121.2	112.2	70.0	45.5
1987	40.0	58.6	98.7	126.6	182.4	177.7	136.9	127.1	144.3	85.36	56.4	40.0
1988	45.7	56.5	90.2	161.2	165.9	163.7	155.7	143.4	128.3	102.5	107.3	53.1
1989	31.7	53.9	123.2	137.9	161.3	175.3	134.4	151.4	111.8	132	62.6	48.7
1990	36.5	30.3	84.4	127.4	141.3	128.7	139.0	110.0	110.3	108.7	55.2	58.2
1991	41.4	51.0	74.7	139.8	168.4	139.4	165.9	162.5	147.2	143.2	88.3	26.7
1992	37.0	73.7	84.7	194.9	188.6	229.5	210.0	157.8	124.2	132.9	96.2	47.8
1993	37.9	64.8	123.9	192.9	186.4	163.7	146.0	121.2	142.0	139.0	52.8	60.0
1994	54.8	69.0	115.3	143.5	228.7	195.6	210.4	197.8	174.1	137.6	62.4	47.8
1995	52.8	57.6	122.1	156.3	189.1	188.2	170.9	155.6	135.3	93.7	85.4	43.4
1996	38.3	64.6	91.0	157.5	8.6	156.9	146.2	172.3	118.7	99.3	44.5	36.5
1997	30.8	55.4	91.1	115.1	178.8	211.4	179.0	159.0	146.6	123.7	53.1	33.7
1998	30.3	46.5	67.0	96.9	144.3	171.5	203.7	139.6	203.0	133.0	96.7	56.7
1999	55.3	69.9	68.8	152.9	193.6	204.1	184.2	155.9	164.2	95.5	80.5	66.5
2000	37.1	52.2	134.0	214.6	221.9	182.6	203.5	156.9	166.7	92.9	61.5	54.7
2001	43.5	45.7	140.8	192.8	242.2	185.1	214.6	202.7	120.1	95.8	65.5	65.5
2002	89.3	107.8	151.4	197.2	190.5	268.5	247.4	223.9	190.2	153.6	117.9	60.7
2003	58.3	53.7	117.9	182.5	228.4	134.5	120.1	119.4	114.4	71.3	51.6	51.6
2004	53.4	91.7	140.1	167.1	167.9	178.9	149.1	131.2	135.5	120.4	83.1	75.9
2005	48.5	50.7	117.6	170.3	191.8	226.5	136.7	102.6	84.2	96.4	65.2	65.1
2006	48.6	51.1	113.4	148.0	188.0	194.4	146.3	147.5	131.4	95.2	62.7	56.1

（续）

年份	1月	2月	3月	4月	5月	6月	7月	8月	9月	10月	11月	12月
2007	55.0	52.0	86.6	147.8	203.0	135.6	142.6	145.5	103.2	92.8	74.7	50.0
2008	50.3	65.8	115.4	135.0	176.7	187.8	143.7	140.5	114.0	91.9	61.9	49.9
2009	46.4	44.6	98.0	146.5	160.6	187.0	154.7	130.8	114.6	117.0	88.3	53.1
2010	70.8	57.0	78.0	126.0	168.5	173.3	153.7	130.6	102.5	100.5	94.1	73.2
2011	63.2	60.2	122.4	184.0	206.0	160.7	139.8	125.8	117.1	93.9	66.2	71.3
2012	59.3	61.7	94.7	133.5	210.8	179.8	166.7	137.8	123.5	214.1	78.9	41.8
2013	30.8	52.0	129.3	177.8	145.9	224.2	177.1	167.5	110.0	130.5	83.4	66.6
2014	58.5	51.3	114.2	138.0	232.4	141.1	177.9	130.1	80.4	98.3	64.5	52.9
2015	44.1	56.2	108.1	147.5	187.4	182.9	139.3	158.0	123.0	108.4	44.5	62.9
2016	51.4	77.4	139.5	147.0	163.6	156.6	149.5	184.4	134.7	68.9	61.1	48.9
2017	38.4	73.1	119.0	158.8	199.5	230.4	175.0	121.3	112.7	102.1	90.5	55.9
2018	43.4	68.6	118.6	161.5	140.6	211.8	197.3	164.5	183.9	144.6	53.9	42.8
2019	47.1	45.9	156.3	116.2	208.1	205.9	166.4	144.8	164.9	98.9	91.3	48.8
2020	40.3	62.3	138.9	187.7	185.2							

1955—2018年云台农场历年灾害性天气情况见表2-11。

表2-11　1955—2018年云台农场历年灾害性天气情况统计

年份	灾害类型	发生日期	过程时间/天	危害程度	灾害类型	发生日期	过程时间/天	危害程度
1955	大暴雨	7月30日—8月2日	3	200mm				
1956	暴雨	6月30日—7月1日	2	103.5mm	台风影响	8月2日、9月5日	2次各一天	8～9级
1957	大暴雨	8月17日—8月18日	2	245.6mm				
1958	连阳雨	6月30日—7月6日	7	60mm				
1959	暴雨	8月30日—8月31日	2	123.8mm				
1960	大暴雨	8月27日	1	143.1mm	连阴雨	6月29日—7月8日	9	158mm
1961	特大暴雨	7月29日	1	346.9mm				
1962	14#台风	9月6日—9月7日	2	严重				
1963	大雨	7月18日	1	179.3mm				
1964	低温大雪	2月1日—3月1日	29	积雪21mm	连阴雨	10月1日—11月5日	36	
1965	连阴雨	7月9日—7月24日	16	391.4mm	干旱	2月1日—4月21日	80	严重
1966	干旱	1月1日—3月1日	60	重				
1967	干旱	7月5日—9月8日	65	严重	干旱	9月11日—10月31日	51	重
1968	干旱	1月1日—4月6日	96	严重	干旱	10月4日—12月30日	79	严重
1969	大暴雨	7月21日—7月23日	3	228.6mm				
1970	干旱	上年10月1日—2月21日	144	严重				
1971	干旱	3月3日—6月1日	91	严重	大暴雨	9月24日	1	151.3mm
1972	干旱	上年10月1日—1月28日	120	严重	大暴雨	7月2日	1	178.5mm

（续）

年份	灾害类型	发生日期	过程时间/天	危害程度	灾害类型	发生日期	过程时间/天	危害程度
1973	干旱	10月11日—12月31日	82	严重	暴雨	7月29日	1	103.3mm
1974	干旱	上年10月11日—2月28日	141	严重	大暴雨	7月8日	1	146.7mm
1975	暴雨	8月13日—8月17日	5	183.1mm				
1976	干旱	9月11日—12月31日	112	严重	暴雨	6月29日—6月30日	2	136.5mm
1977	干旱	1月1日—4月13日	103	严重	13号强台风	9月11日—9月12日	2	阵风11级
1978	干旱	上年11月11日—3月6日	116	严重	干旱	3月11日—6月30日	112	严重
1979	大暴雨	9月13日—9月17日	5	121.9mm				
1982	连阴雨	7月21日—7月31日	10	130.8mm				
1983	连阴雨	7月18日—7月24日	7	262mm				
1984	大暴雨	7月21日	1	132mm	冰雹	5月2日—5月8日	1	严重
1985	大暴雨	5月3日	1	118.4mm	暴雨伴冰雹	7月15日	10分钟	严重
1986	连阴雨	7月24日—7月27日	4	116.6mm	飓风	6月12日	1	风速25m/s
1987	大暴雨	7月27日	1	111.4mm				
1988	干旱	10月25日—12月22日	59	严重				
1989	连阴雨	6月4日—6月15日	12	257mm				
1990	连阴雨	8月13日—8月21日	9	151.9mm				
1992	大暴雨	7月20日	1	严重				
1993	大暴雨	8月5日	1	严重				
1997	大暴雨	7月16日	1	严重				
1998	连阴雨	8月3日—8月17日	15	严重				
2000	干旱	上年11月11日—1月3日	54	较重	特大暴雨	8月30日—8月31日	2	严重
2001	大暴雨	6月29日	1	重	连阴雨	7月21日—8月1日	12	较重
2002	干旱	上年12月11日—2月20日	72	重				
2003	连阴雨	8月23日—9月9日	18	严重				
2004	连阴雨	7月9日—7月14日	11	严重				
2005	连阴雨	9月19日—10月7日	19	重				
2006	连阴雨	6月21日—7月4日	14	重				
2007	干旱	1月2日—2月15日	35	较重				
2008	干旱	1月21日—3月20日	59	重				
2009	暴雨	8月9日	1	重				
2010	干旱	10月31日—12月31日	60	严重				
2011	干旱	1月1日—6月2日	150	严重				
2012	干旱	4月26日—6月6日	42	严重	大暴雨	7月8日—7月9日	2	严重
2015	连阴雨	11月4日—11月6日	13	重	大雪	11月23日—11月24日	2	严重
2016	连阴雨	9月7日—9月18日	12	较重	连阴雨	10月20日—10月28日	9	较重
2018	干旱	6月1日—7月3日	33	重				

云台农场各类土种统计见表 2-12。

表 2-12　云台农场各类土种统计

土壤类型			样品数/个			耕地面积/亩			所占比例/%			备注
土类	土属	土种	1980 年	1990 年	2000 年	1980 年	1990 年	2000 年	1980 年	1990 年	2000 年	
滨海盐土	黏度	脱盐土	4	4	1	4478.3	5052.6	7184	18.3	21.05	26.6	1990 年后复垦部分土地
滨海盐土	黏度	轻盐土	6	7	1	7900.9	8842.2	7223	32.3	36.84	26.75	
滨海盐土	黏度	中盐土	5	6	1	5961.4	7578.9	7689	24.3	31.58	28.48	
滨海盐土	黏度	重盐土	5	2	1	6140.4	2526.3	4904	25.1	10.53	18.17	
	合计		20	19	4	24481	24000	27000	100	100	100	

云台农场土壤有效微量元素及有效硅含量见表 2-13。

表 2-13　云台农场土壤有效微量元素及有效硅含量

剖面编号	B/%		Zn/%		Mn/%		Mo/%		SiO₂/%	
	1996 年	2000 年	1996 年	2000 年	1996 年	2000 年	1996 年	2000 年	1996 年	2000 年
小岛 10 排 4 #	1.3	1.26	0.49	2.82	2.61	2.72	0.12			352.8
大汪 8 排 10 #	0.94	1.51	0.34	1.8	2.11	7	0.07			306
大荒田 19 #	1.37	0.9	0.37	3.58	1.98	7.64	0.09			335.7
龙山 6 #	1.11	1.08	0.33	2.26	3.49	1.84	0.07			299.1
5 队河南 8 #		0.84		0.9		3.72				334.5
10 队沈圩里		1.26		1.9		3.84				379.1
盐河 3 排 6 #		1.72		2.76		3.64				363.7
平均	1.18	1.22	0.38	2.29	2.55	4.34	0.09			338.7

云台农场（1980 年、1990 年、2000 年、2010 年）土壤速效钾含量分级统计见表 2-14。

表 2-14　云台农场（1980 年、1990 年、2000 年、2010 年）土壤速效钾含量分级统计

等级	分级标准/（毫克/千克）	耕地面积/亩				所占比例/%			
		1980 年	1990 年	2000 年	2010 年	1980 年	1990 年	2000 年	2010 年
1	＞200	20794.3	23513.5	27000	27000	83.9	98	100	100
2	150～200		486.5				2		
3	100～150	3816.7				15.4			
4	50～100	170				0.7			
5	30～50								
	合计	24781	24000	27000	27000	100	100	100	100

第二章　社会环境

解放初期，农场场域内只有零星十几户人家，居民中没有多少识字的人，居民健康水平也不高。随着社会的进步，人民生活水平的提高，教育卫生事业的发展，加之垦荒移民，人口增长较快，居民素质也相应提高。至2021年全场总户数1756户，总人口5898人，人口比建场初期增加6倍。主要分布在张圩、于沈、宏业和创业居住。大岛、海州、东山综合厂、小岛、小汪仅有60户人家。在农场部分工作人员，为了照顾小孩上学，将户口迁至新浦等地。还有部分是招聘来场的工作人员，户口未迁入。流动人口有3000余人。

第一节　人口变动

1952年6月，华东棉垦会议决定在灌云一带成立棉垦农场，安置南京失业人口，在统一领导下开荒种植棉花供给国家需要。1952年9月7日，从南京市建设局抽调442名工赈工人来场。以后，分三次从南京救济分会调来学员，分别为第一次（1952年10月4日）56名；第二次（1952年12月7日）400名；第三次（1952年12月26日）410名。在此期间，从南京各机关陆续抽调部分干部和勤杂人员。至1952年底，全场有总人口1412人，其中工人与勤杂、管理人员492人，学员920人。在920名学员中，有女学员85人，15岁以下少年44人。

1953年开始，原规划垦殖面积缩小，对人员进行了调整变动，先后疏散调出近千人。至1954年底，全场总人口421人，其中干部与工人174人，学员247人。

1956年，全场总人口329人，其中干部54人，机务人员35人，警卫员4人，农工236人。

1958年4月，农场吸收灌云县东磊乡小汪高级农业生产合作社、武官乡于沈高级农业生产合作社入场，884人进入农场。

1961年12月，全场总人口2270人，其中男1270人，女1000人；农业人口2003人，非农业人口267人。在2270人中，职工1217人，其中男职工734人，女职工483人，总户数 906 户，其中，家属户 451 户，单身户 455 户。

1962 年开始，农场接收城镇知识青年来场安家落户，当年接收南京市来场知青 177 人，其中男 115 人，女 62 人。以后，又陆续接收南京、苏州、靖江、常熟、清江、连云港等地知青来场，至 1977 年初，共接收知识青年 4407 人，其中南京知识青年 1745 人，苏州知识青年 580 多人，清江知识青年 500 多人，连云港知识青年 1271 人，靖江知识青年 40 人。1976 年底，农场有知识青年 2660 人。1969 年组建江苏生产建设兵团第二团，从部队与省级机关陆续调进一些干部人员。至 1976 年 12 月，全场总人口 6721 人，职工 4572 人，其中男职工 2248 人，女职工 2324 人。1978 年开始，国家落实知识青年政策，农场大部分知识青年陆续回城，到 20 世纪 80 年代末，留在农场的知识青年仅 50 余人。

1990 年全场总人口 4152 人，其中女性人口 1732 人，占总人口的 41.7%。有职工 2567 人。非农业人口 852 人。

1992—1995 年，为发展和繁荣农场经济，先后接收场外迁入人口 1500 人。此后，虽有人口相继迁出，但总人口变动不大。

2000 年全场总人口 5032 人，职工总人数 2086 人，其中女职工 1002 人。

2011 年全场总人口 5535 人，职工总人数 1460 人，其中女职工 589 人。

2016 年辖区常住 1810 户，6092 人。其中宏业居委会 755 户，2573 人；创业居委会 474 户，1403 人；张圩居委会 350 户，1328 人；于沈居委会 231 户，788 人。

2017 年全场居民人口 5693 人，1875 户，流动人口 2000 多人。其中职工 818 人，离退休人员 1741 人，残疾人 137 人。2017 年以后农场职工和职工子女文化水平，大专以上达到 43%。一产从业人员 675 人，二产从业人员 365 人，三产从业人员 548 人。农场评聘专业技术服务人员 270 人，主要服务于农业、机械、工程、加工等岗位。

云台农场总面积 29.5 平方千米，平均人口密度为每平方千米 187.7 人，其中最高密度场部周围为每平方千米 3000 人。

2021 年辖区常住 1493 户，4393 人。其中宏业居委会 638 户，2102 人；创业居委会 393 户，1192 人；张圩居委会 304 户，687 人；于沈居委会 158 户，412 人。

第二节　人口构成

一、民族

云台农场人口以汉族为主，2020 年上半年据南城派出所提供的户籍资料显示：总人口 4849 人，其中男 2453 人，女 2396 人。60 岁以下 3471 人，60 岁以上 1378 人。年出生人数 42 人，年死亡人数 32 人。少数民族 8 人，其中回族 4 人，蒙古族 2 人，苗族 1 人，水族 1 人。2020 年人口普查数据显示，全场总户数 1755 户，总人口 6143 人。

二、年龄

在云台农场 2000 年的总人口中，0～14 岁有 1107 人，占总人口的 22％；15～64 岁有 3502 人，占总人口的 69.6％；65 岁以上 423 人，占总人口的 8.4％。

在 2011 年全场 5535 人中，0～14 岁有 805 人，占全场总人口的 14.5％；15～64 岁有 4107 人，占全场总人口的 74.2％，65 岁以上有 623 人，占全场总人口的 11.3％。

从农场人口构成可以看出，0～14 岁的少年儿童由 2000 年 1107 人减少至 805 人，减少 302 人，占总人口的比例由 22％降至 14.5％，这是因为计划生育政策的实施，从而使 0～14 岁少年儿童数量呈下降趋势。

65 岁以上人口占总人口比例呈不断增大趋势。由 2000 年占总人口的 8.4％，上升到 2011 年的 11.3％，可见云台农场人口的老年化趋势明显。同时也说明，随着农场生活条件的改善，居民健康水平不断提高，人口的平均寿命不断延长。到 2011 年底，全场 90 岁以上有 5 人，其中男 2 人，女 3 人。100 岁以上有 1 人。

2020 年 65 岁以上老人 1378 人，占人口总数的 22.4％，农场人口结构老年化趋势已显现，人口平均寿命也在延长。

三、文化程度

云台农场人口文化程度中等。1990 年农场总人口 5262 人，有文化的占 65.27％。初中以上文化程度的 2211 人，占 42％，其中本科以上文化程度 17 人，大专 105 人，中专及高中 594 人，初中 1495 人。

2000 年农场总人口 5032 人，其中本科以上文化程度 10 人，大专 80 人，中专及高中 162 人，初中 230 人。

2011 年农场在册总人口 5535 人，其中本科以上文化程度 170 人，大专 50 人，中专及高中 385 人，初中 274 人。

2021 年在册人口 5898 人，其中本科以上文化程度 138 人，大专 382 人，中专及高中 398 人。

从 1990 年、2000 年、2011 年、2021 年的统计数字看出，农场人口高等学历层次人数逐年增加，全场平均文化程度在不断提高。

四、姓氏

据连云港市公安局云台派出所提供资料，不完全统计：2011 年云台农场共有 185 个姓氏，其中姓王、刘、陈的有 300 人以上；姓李、杨、孙、徐的有 200 人以上；姓顾、江、赵的有 100 人以上。全场姓氏如下：（以姓氏笔画为序）乙、丁、卜、万、于、马、王、井、仇、卞、尤、尹、方、毛、火、车、邓、付、仝、兰、冯、包、厉、古、史、叶、司、宁、左、田、龙、乔、仲、任、伏、全、关、刘、匡、华、吉、吕、孙、巩、庄、成、朱、毕、江、池、汤、祁、纪、许、齐、严、何、佘、吴、宋、张、时、李、杜、来、杨、汪、沃、沈、沙、纵、肖、芦、苏、郜、邱、邵、邹、闵、陆、陈、侍、卓、单、周、孟、季、宗、尚、屈、巫、庞、房、易、林、欧、武、罗、苗、范、茆、郎、郑、金、姚、姜、封、施、查、柳、段、祝、禹、胡、荣、费、贺、赵、郝、骆、倪、唐、夏、席、徐、桂、桑、殷、浦、秦、索、翁、耿、聂、袁、贾、郭、钱、陶、顾、高、商、屠、崔、康、戚、梁、章、黄、龚、嵇、彭、惠、曾、焦、程、童、葛、董、蒋、谢、韩、鲁、窦、赖、路、靳、鲍、廖、臧、蔡、裴、谭、阚、樊、滕、潘、颜、黎、穆、薛、霍、戴、魏、瞿。

五、户籍

建场初期，农场人员来自全国各地，户籍也多为全国各地，有南京、广东、崇明、山东、湖北、湖南、四川、安徽、河南、河北、辽宁、宜兴、浙江的，还有无锡、徐州、盐城、淮阴、滨海、启东、高邮、涟水的。到 20 世纪 60—70 年代，大批知识青年来场落户，户籍多为南京、苏州、靖江、常熟、淮安、连云港等地。到 20 世纪 90 年代，大批知青回城，农场从灌云县等地迁进一批人口，农场人员户籍以灌云与连云港市区居多。据连云港市公安局云台派出所提供人口资料，2011 年，全场总人口 5535 人中，灌云籍有 1654 人，赣榆籍 31 人，东海籍 125 人，灌南籍 4 人，沭阳籍 5 人，南京、徐州、涟水、淮阴、仪征、宿迁、盐城、建湖、高邮、滨海、扬州、镇江、响水、连云港市区以及广西、山东、安徽、四川、湖南、湖北、辽宁、浙江、云南籍的共有 3716 人。

六、计划生育

（一）管理组织

20 世纪 60 年代前，农场没有实行计划生育，也没有专门的组织管理机构。人口生育处于无政府状态。因为没有制度的制约，农场人口自然出生率相当高，一对年轻夫妻生育

3～4 个小孩很是普遍，尤其是农场当地职工群众，一般每户都有 3 个子女以上，最多的达 7 个。

1963 年，农场开始对计划生育工作做一些简单的宣传，有些党员干部主动做了节育手术。

1973 年，农场成立计划生育领导小组，下设办公室，调配一名专职人员处理日常工作，农场人口发展开始有了控制，各基层单位都成立相应组织和分工专人负责人口管理工作。

1980 年，农场成立教卫科，科内设一名科员，专职负责计划生育工作。

1987 年，农场成立计划生育委员会，由一名农场领导兼任计划生育委员会主任，计划生育办公室实行独立办公。农场调配两名专职工作人员。

2004 年，农场成立社区管理委员会，计划生育划归社区管理委员会领导管理。社区管理委员会分工一名领导专抓计划生育工作，并配备专职具体工作人员负责日常管理工作。各居民委员会都有专人负责，将计划生育工作纳入了居委会的日常工作。至 2016 年以后，计划生育工作不作为各基层的主要工作，社区配一名工作人员兼管，把工作重心转移到为育龄妇女进行"两癌"筛查。

（二）晚育

建场初期，农场当地籍职工，由于受几千年遗留下来的多子多福思想的影响，在他们中提倡晚婚晚育效果甚微。1950 年 5 月公布的我国第一部婚姻法规定的男女结婚年龄分别为男 20 周岁，女 18 周岁。在 1958 年前，有许多当地居民都是在男不到 20 周岁，女不到 18 周岁时结婚。在 1970 年前，当地籍居民晚婚晚育率都比较低，1970—1980 年，实行晚婚晚育，男婚 25 周岁，女婚 23 周岁，到 1980 年晚婚晚育率达 100％。

1980 年 10 月，《中华人民共和国婚姻法》规定，"结婚年龄，男不得早于 22 周岁，女不得早于 20 周岁，晚婚晚育应鼓励。"但此后，晚婚率有所下降，一般在 35％左右；2005 年晚婚率只有 5.5％，2010 年晚婚率只有 8.5％，2020 年全场晚婚率达到 80.6％。

中国农垦农场志丛

第三编

规　　划

中国农垦农场志丛

第一章　发展规划

1952 年 6 月，南京市政府编制了《南京市苏北灌云棉垦管理处初步计划》；1953 年编制了《南京市人民政府灌云棉垦管理处五年建设计划概要（1953—1957 年）》，对 1952 年编制的《南京市苏北灌云棉垦管理处棉垦农场初步计划》进行了完善；1955 年，编制了《国营云台农场远景规划（1955—1967 年）》；1991 年编制了《云台农场"八五"计划和十年规划》；1995 年 6 月编制了《国营云台农场经济发展"九五"计划和 2010 年规划》；2001 年 2 月编制了《云台农场经济发展"十五"计划》；2005 年 9 月编制了《云台农场经济和社会发展"十一五"发展规划》；2011 年 5 月编制了《云台农场国民经济和社会发展第十二个五年规划》；2016 年 6 月农场编制了《云台农场国民经济和社会发展第十三个五年规划》；2021 年编制了《江苏省云台农场有限公司"十四五"发展规划》。规划的编制和执行，促进了农场管理逐步走上正常化、法治化的轨道，保障了农场经济和社会事业健康、稳定、协调发展。

第一节　建场以来部分发展规划介绍

一、《南京市苏北灌云棉垦管理处棉垦农场初步计划》

1952 年，根据苏北棉垦会议精神，编制了《南京市苏北灌云棉垦管理处棉垦农场初步计划》。计划用五年时间在灌云县境内分为南北二部开垦荒地 19.1 万亩，移民 25000 人。分为两期进行，第一期移民 15000 人，开垦荒地 11 万亩；第二期因在盐滩光板地放於洗盐需求，以及北部与群众相混杂的荒地调整，再次移民 10000 人，进行开垦。

规划确定"水利先行，以垦养垦，人畜力为主，机械为辅，农林牧相结合"的方针。明确了"五年开垦的轮廓、1952 年的具体计划、组织领导与分工，以及垦荒预算"等。

二、《南京市人民政府灌云棉垦管理处五年建设计划概要（1953—1957 年）》

《南京市人民政府灌云棉垦管理处五年建设计划概要（1953—1957 年）》首先对土地问题进行了调整，确定共有荒地 23213 亩，分为 6 个耕作区，每个耕作区均在 2000 亩以上。确定五年发展的六条方针：第一，荒地开垦，根据由好及坏，由近及远的原则，逐年开垦，五年内全部开垦完，并充分利用；第二，因为自然条件限制，每年仅能推行一年一熟制栽培作物，以经济价值最大的小麦、棉花为主，并利用云台山淡水在近水低洼处试种水稻，以扩大种植面积，增加收入；第三，为增加有机质改善土壤结构，提高及稳定作物产量，有步骤地实行草田轮作，并配合草田轮作，发展畜牧；第四，由行政管理过渡到企业化经营，管理实行经济核算制，达到增加生产、节约开支、降低成本、争取早日自给的目的；第五，学员及以工代赈人员，在水利工程结束后，为减少供给困难，提高工作热情，全部转入农业生产；第六，为减少国家开支，尽量争取自给，开始时由政府逐年补贴，五年后争取全面自给。

该规划在执行过程中做了部分调整，至 1957 年大部分指标完成。

三、《国营云台农场远景规划（1955—1967 年）》

1956 年 6 月，农场编制完成《国营云台农场远景规划（1955—1967 年）》。规划确定了今后十多年的发展方针：以粮食生产为主，逐步扩大高产作物（水稻）、经济作物（棉花）的播种面积，以增加收益，发展农副产品相应的（毛猪饲养为重点）畜牧业以开辟肥源和供应城乡市场需要。确定了逐年垦荒及达到耕地面积：1955 年终耕地面积 17526 亩；1956 年开荒 8000 亩，年终耕地面积达到 23326 亩；至 1957 年全部可垦荒地垦荒完毕，当年开荒 3118 亩，年终耕地面积达到 28194 亩。生产规划中对土地利用、农作物生产、商品率及商品量、牧畜发展、畜产品等逐年做出了规划。

此规划，后期因受"文化大革命"的影响实施不彻底，至 1967 年，农场仍然处于亏损状态。

四、《云台农场"八五"计划和十年规划》

1991 年，农场编制完成《云台农场"八五"计划和十年规划》。

"八五"计划的综合经济指标是：社会总产值年递增 7.3%，1995 年达到 4892.9 万元；工农业产值年递增 6.9%，1995 年达到 3946.8 万元；利润总额年递增 14.6%，1995 年达到 425.4 万元；全员劳动生产率年递增 10.9%，1995 年达到 20468.5 元/人；固定资产投资额五年累计 1635.701 万元，用于工业新产品的开发、农田水利、低产田改造、农机具更新、水产、冷冻加工业的兴建，学校的集中办学和医疗设备的改善，以及普山小城镇建设。为完成上述指标，"八五"计划提出了三条措施。第一，坚持科技兴农，加强农业投入，进一步提高复种指数。粮豆总产年递增 5.5%，1995 年达 5050 吨；棉花总产年递增 6.6%，1995

年达 1115 吨。第二，场办工业进一步深挖潜力，引进新工艺，重点放在新产品开发上，产值年递增 6.1%，1995 年达 2300 万元，棉花加工年递增 13.1%，1995 年达 1115 吨。其中主要工业品产量：电位器年递增 7.9%，1995 年达 400 万只，编织袋递增 12.9%，1995 年达 530 万条。第三，加快多种经营发展步伐，充分发挥资源丰富的优势，发展肉鸡、水产品、禽蛋的生产能力，形成生产、加工、储藏一条龙生产。肉类产量年递增 12.2%，1995 年产量达 255 吨；水产品产量年递增 11.5%，1995 年达 500 吨；蛋类产量年递增 5.6%，1995 年产量达 25 吨。规划提出"八五"期间农场还要积极筹集资金，争取使职工住房、机关办公、学校教学、医疗门诊、职工文化娱乐等设施进一步改善，并修建一条 3 千米长的水泥路及全场安装程控电话，使普山小城镇建设进一步发展，并初具规模。

"八五"计划指标到 1995 年基本实现。

五、《国营云台农场经济发展"九五"计划和 2010 年规划》

1995 年 6 月，农场编制完成了《国营云台农场经济发展"九五"计划和 2010 年规划》。

规划提出"九五"期间综合经济指标是：社会总产值年递增 18.45%，2000 年达到 23319.3 万元；工农业总产值（不变价）年递增 18%，2000 年达到 9150 万元；利润总额年递增 19.1%，2000 年达到 1200 万元；全员劳动生产率递增 16%，2000 年达到 16657 元/人。

六、《云台农场经济发展"十五"计划》

2001 年 2 月，编制完成《云台农场经济发展"十五"计划》。

"十五"期间的发展目标如下：

1. **经济目标** 国内生产总值 9729.3 万元，年均增长 9.9%；人均国内生产总值 16709元，年均增长 9.3%；三次产业结构为 47.3：16.5：36.2。农业国内生产总值 4603.5 万元，年均增长 10.4%。农产品的产量：水稻 3750 吨，年均增长 8.45%；棉花 1845 吨，年均增长 23.04%；麦子 3562 吨，年均增长 0.5%；水产品总产 350 吨，年均增长 2.46%；肉类产品 1800 吨，年均增长 6.65%。工业国内生产总值 1612.7 万元，年均增长 9.8%；工业产品的产量：电位器 580 万只，年均增长 7.7%；皮棉 1900 吨，年均增长 23.3%；纸盒 510 万只，年均增长 6.8%；压力表 250 万只，年均增长 10.9%。全社会固定资产五年累计完成投资 2506.7 万元。利润总额达 633.7 万元，年均增长 10.7%。民营国内生产总值 4662.2 万元，年均增长 17.4%，五年间民营固定资产投资 1164.4 万元，年均增长 11.4%。第三产业增加值 3513.1 万元，年均增长 9.4%。抓好种子产业化工程，建成种子生产场。建设和完善养殖业服务体系。

2. **经济发展环境目标** 全场总人口 6000 人以内，人口自然增长率控制在 4.5‰ 左右。科技对经济发展的作用明显增强，工业、农业新增产值中科技贡献份额分别达 60％ 以上和 50％ 以上。劳动者的科技文化素质得到很大提高。加快小城镇建设进程，建设好布局合理、特色鲜明的机关驻地小城镇。完善社会保障体系，参加养老保险、医疗保险的职工达 100％。完成企业社会事业向地方政府的剥离。文化、卫生得到较快发展。有线电视覆盖率得到更大提高。医疗设备、医疗技术得到进一步的改善和提高。社会治安进一步好转。

3. **职工生活目标** 职工年人均收入 8753 元，年均增长 8.3％，2005 年职均收入达 10200 元。职工住房条件、出行条件有较大幅度改善。

七、《云台农场国民经济和社会发展第十一个五年规划》

2005 年 9 月，编制完成《云台农场国民经济和社会发展第十一个五年规划》。

"十一五"期间发展战略如下：

区域空间定位：云台农场的区域影响范围将成为连云港市山南片区对外经济联系的窗口，市区东南部经济板块的配套服务中心。

产业发展定位：以云台产业园区为平台，成为连云港市山南区域以轻工业为主导的制造基地。

城镇性质定位：场区小城镇要成为连云港市区的经济副中心，山南片区的商务中心城镇和产业发展的服务中心，连云港市现代化的轻工业为主导的未来城区，农场场域的经济、文化和政治中心。

"十一五"期间的总体目标如下：

以率先实现富裕型农场为目标，努力增强场域整体经济实力和长期发展的社会动力，不断提高经济社会的可持续发展能力，建设富裕型农场，大力推进城镇化、工业化和产业化进程。到 2010 年，使云台建设经济结构合理，产业化程度高，市场竞争力强，综合效益好，职工人均纯收入水平在地区处于领先，农场工业化和城镇化建设取得长足发展，初步建设起现代化城郊型农场的雏形。

八、《云台农场国民经济和社会发展第十二个五年规划》

2011 年 5 月，编制完成了《云台农场国民经济和社会发展第十二个五年规划》。

预期目标：一、二、三产比重调整为 15∶50∶35；国有营业收入确保 3 亿元，平均年增长 25％；国有净利润确保 1500 万元，力争 2000 万元。

云台农场"十二五"经济发展产业布局及重点建设项目如下：

1. **现代农业**　完成江苏省花果山出口蔬菜质量安全示范区特色基地建设任务，规划总面积 26000 亩。

2. **农产品加工厂**　高起点规划建设以蔬菜精深加工为主的出口农产品加工区，规划总面积 5 平方千米。

3. **第三产业**　积极融入地方经济发展大局，精心打造以房地产开发为主，物流仓储、金属贸易和农业旅游休闲为辅的第三产业。

九、《云台农场国民经济和社会发展第十三个五年规划》

2016 年 6 月，编制完成了《云台农场国民经济和社会发展第十三个五年规划》。

1. **经济发展目标**　到 2020 年，场一、二、三产业比重调整为 15∶20∶65；国有营业收入达 1.5 亿元，利润总额达 3000 万元，归属母公司净利润达 1650 万元。"十三五"期间，累计固定资产投资达 1.4 亿元。

2. **民生幸福目标**　职工人均收入达 7.3 万元，年均递增 12.3%；人均收入达 4.6 万元，年均递增 15.5%，基本社会保障覆盖率达 98%，形成覆盖全场、惠及民众、富有活力的商业、文化、医疗、卫生、社区服务等公共服务体系。全场社会秩序持续稳定，职工群众的安全感和幸福感显著增强。

3. **资源环境目标**　提倡节能减排，绿色生产、生活，维护生态环境。农场林木覆盖率达 22%，城镇绿化覆盖率达 42% 以上，农场生活垃圾无害化处理率达 90%，农场环境整治达标率达 99%。

第二节　未来规划

一、相关规划解读

1. **《连云港市南云台片区总体规划（2015—2030 年）》于 2015 年经市政府批准**　已批复的《连云港市南云台片区总体规划（2015—2030 年）》中规划总面积为 108.33 平方千米，批复时间为 2015 年 11 月 25 日。

2. **对《连云港市南云台片区总体规划（2015—2030 年）》进行较大修改**　云台农场场部主要功能为生活居住、农产品加工和集散，提供 1560 亩建设用地给园博园区域。

3. **江苏省云台农场场部控制性详细规划**　云台农场场部居住人口容量为 0.7 万人，规划区建设用地规模为 81.07 公顷，规划总用地面积 82.16 公顷。立足云台农场，服务南云台片区，以生态理念为核心、生态城镇建设为目标、旅游服务为主导功能，将云台农场场部打造成为生态宜居的旅游服务小镇，成为市区旅游的一个重要环节。

基于近几年云台农场场部的发展及近几年重要项目的建设，规划调整云台农场场部用地，为其考虑用地的经济性，统筹考虑云台农场场部与园博园，完善公共配套、基础设施等。

4.《连云港市高新区云台农场镇村布局规划（2019 版）》　规划云台农场集聚提升类村庄 1 个，特色保护类村庄 2 个，搬迁撤并类村庄 4 个，其他一般村庄 2 个。其中位于云台农场场部南部的普山居民点为其他一般类村庄。

5.《第十二届江苏省（连云港）园艺博览会博览园总体规划方案》（苏园连办〔2020〕5 号）　园博园方案按照"一轴一环五片区"的总体布局，突出博览园在山海文化及"丝路"特征、盐碱土壤改良及植物种植技术探索、健康园艺与绿色建筑技术运用等方面的特色，打造集园艺博览、生态休闲、互动体验等功能于一体的城市生态园林和区域宜游空间。

6.《海州区国土空间规划近期实施方案》　该方案于 2021 年 3 月 10 日经过技术审查，方案中云台农场场部地块共涉及 132.81 公顷建设用地，未涉及的主要位于云台农场场部建云路西侧两块用地以及红香溢樱桃酒厂用地南侧；园博园地块共涉及 132.81 公顷建设用地。将按照控规编制范围进行优化修改，为其解决近期项目建设用地指标的需求，并于 3 月底报批。

二、规划原则

1. **城乡一体化原则**　从市域城乡一体化发展前景分析着手，寻求和论证云台农场场部在区域范围内特色和作用，明确未来的地位与职能。

2. **区域协调原则**　着眼于整个南云台片区，明确规划区发展方向和主导功能，与周边区域及乡镇实现功能上与形象上互补协调。

3. **前瞻性与可操作性原则**　在用地布局和景观风貌规划上突出片区特色、亮点和重要职能，体现高起点、高标准的建设原则，同时强调规划的可操作性，合理安排重点设计区域。通过重点区域重点项目提升地区活力和土地价值，带动周边区域的发展。

4. **土地效率原则**　强调土地使用效率，实现土地集约化开发利用，确定合理可行的建设用地控制指标及建设规模容量。

三、发展条件分析

1. **乡镇发展的机遇条件**　围绕党的十八大精神，贯彻落实省政府《关于扎实推进城镇化促进城乡发展一体化的意见》。抓住实施新型城镇化、构建大中小城市和小城镇协调发展的城镇体系的战略机遇。紧跟全市全面推动城乡统筹发展、加快推进城乡一体化进程的步伐，增强场部集聚功能，提高场部对农村人口的吸引力，吸纳农业人口就近、就地城镇化，有效带动周边农村地区发展。

2. 良好的区位和交通条件 南云台片区中心区具有良好的区位和交通条件，规划区位于云台山南麓；西接南云台林场，南邻宁海乡和东辛农场，东侧是云台乡；距离市区仅15分钟车程，徐新公路与北侧的连霍高速有立交口，徐新公路必然成为规划区的大动脉。

已建成通车的环山路成为南云台片区中心区与各大景区的重要联系纽带，区位交通优势将更加凸显。

3. 重大项目开发建设 市级特殊教育中心、救助管理工作站选址在云台农场场部。江苏省第十二届园艺博览会将于2022年9月在连云港市举行，园区选址在云台农场场部东南侧。云台农场场部工业园区已有部分建设用地收储，需要在规划上解决建设用地指标，云台农场场部居住用地开发以及商业服务业设施的建设用地及建设指标需要通过规划落实。

四、目标定位

云台农场作为云台山南麓的一处都市型农场，应充分发挥其交通、区位优势及土地优势，主动并入云台山南部的景区线路，成为旅游线路上的一处旅游配套服务节点。同时推进场部升级改造的建设，利用优越的自然条件，打造生态宜居小城镇。园博园作为连云港市近年重大项目，与云台农场场部融合互补，进一步促进片区整体发展。

规划目标：贯彻生态优先、绿色发展理念，立足云台农场，融合园博园，服务南云台片区，以生态城镇为建设基础、旅游服务为主导功能，将规划区打造成为生态宜居的城市近郊旅游服务小镇，嵌入并成为连云港市全域旅游的重要一环。

五、人口容量

规划区总面积397.88公顷，包括云台农场场部和园博园。其中居住建筑总面积约48.5万平方米，规划容纳居住人口约1.5万人。

第二章 城镇建设

建场前，农场境内村庄建设没有规划，居民均居住在散落、简陋的茅屋内。农场建立后，以农场场部为中心，场镇建设开始发展，居民点建设逐渐扩大。中共十一届三中全会以后，场镇建设步伐加快，特别是场部的小城镇建设发展迅速，道路、供水排水、路灯实施、建筑、绿化、环境卫生及城镇管理方面提档升级。2014 年农场编制《江苏省云台农场场部控制性详细规划》（2014 年 9 月 1 日—2019 年 12 月 30 日），2015 年 10 月 29 日连云港市人民政府连政复〔2015〕49 号《市政府关于江苏省云台农场场部控制性详细规划的批复》给予批复。

2021 年 3 月，利用园博园落户云台农场的契机，委托连云港市城乡规划设计咨询有限公司对《南云台片区中心区控制性详细规划》进行了较大修改，保证了云台农场山南福第二、三、四期和加油站用地指标，确保项目落地。

2020 年，农场投入 500 多万元，对普山路、东山路进行拓宽改造，雨、污分流改造。投资 193.44 万元，对丰泽园休闲健身广场改造升级，投资 509.7 万元，在徐新路出入口新建 26000 平方米云荷广场公园。场部小城镇规划布局合理，功能分工明确，建筑造型美观大方，道路柏油化，逐步呈方格网状交错，两旁植被多层分布，是一座环境优美的云台山南小镇，并成为全场政治、经济、文化中心。场镇居民点相对集中，住宅楼房化、公寓化。村村通上水泥路，村村通水、通电、通气、通互联网，手机普及率达 95.6%，有线电视或网络电视家庭拥有率达 100%，生态宜居小城镇面貌一新。

第一节 场镇建设规划

1952 年，农场规划从南京市儿童教养院拆选旧活动房屋 12 幢，8 幢供工作人员住宿办公使用，另 4 幢作为拖拉机库、汽油库。根据荒地分布情况，在普山、盐河、张圩等处分别搭建竹架苇墙草顶的临时性工棚 6 处，每处 14 幢。是年 10 月开建，12 月底完成，共完成活动房屋 16 幢 48 间，竹架苇墙草顶工棚 104 幢 599 间。

1955 年编制《1955—1967 年云台农场规划》，开始永久性房屋建设。规划 1956 年建职工宿舍 450 平方米，建家属住宅 500 平方米，食堂 300 平方米，招待所 150 平方米，医务室 150 平方米，1962 年建家属住宅 600 平方米，大礼堂 1000 平方米，托儿所 500 平方米。至 1967 年，除招待所、托儿所未达规划要求外，其余项目基本完成。

1984 年，农场成立场镇建设规划领导小组，下设办公室，负责农场场部的统一规划，遵循"全面规划、因地制宜、节约用地、保护环境、有利生产、有利生活"的原则，完成《云台农场场部小城镇建设规划方案》，对场部的住宅区、办公区、工业区、教学区、医疗卫生服务区做出了近期、远期规划。规划东山路东首农场机关的办公区改为职工住宅区。普山路北、东山路南，靠近猫山路东侧改为机关办公区。普山路南，沿猫山路东侧普山分场部后为教学区。沿猫山路西侧至普山分场部后为工业区。普山路北，沿猫山路向北作为医疗卫生服务区。沿东山路中段南侧为商贸区。1987 年，教学区、工业区、医疗卫生服务区基本建成。1991 年农场机关与修理厂职工住宅互换建成了职工住宅区和机关办公区。

1990 年，农场对场部小城镇规划做了调整，在普山路西首北侧，东池河西新辟南小区作为职工住宅区。将东山路中段以南与普山路中段以北，西至机关东院墙，东至云农会堂西围墙为商贸区。将东山路两侧规划为商贸一条街。到 1995 年，这个规划基本完成。

2003 年，农场第六届三次职工代表大会第四次主席团及代表团长会议通过《云台农场场镇发展规划和实施意见》。将农场小城镇规划为 3~5 年内拥有居民 4000 人左右，集工业生产、商业商贸、居民生活、文化、教育、卫生、体育、娱乐、休闲为一体，功能齐全的小城镇。将原有的普山路、猫山路、东山路三条主要道路逐步建成"四横三纵"道路框架。四横，即场外公路（南岛路）、普山路、纬一路（现更名为知青路，元件厂南侧）、兵团路（普山分场北侧）。三纵，即猫山路、经一路（现更名为建云路，由加油站向南交普山路、知青路）、创业路（经商物公司向南交普山路、知青路、兵团路）。小城镇形成五大区域，即在普山西路南侧，知青路两侧建设 300~500 亩的工业园区。将场部、普山分场两块生活区连成一块，共计 907 亩；新辟 300 亩，加快场部西小区建设，形成居民生活区。设立科教文卫区和文体娱乐、休闲活动区；在普山路北侧向西与猫山路交会处东侧建设绿地公园一座。在妇联河边沿南岛路南侧建成农资贸易一条街；在东山路两侧建成商品零售一条街；在猫山路建成饮食服务一条街，新建并扩大农贸市场，形成商业贸易区。到 2005 年五大区域已形成雏形。

2006 年，农场颁布《江苏省云台农场建设社会主义新农场规划方案》，按照发展新产业、建设新城镇、构筑新设施、培养新职工、树立新风尚的要求，对场镇建设规划做了调整。将小城镇性质定位为：连云港市区的经济副中心，山南片区的商务中心城镇，产业发展的服务中心，连云港市现代化的轻工业为主导的未来城区和农场经济、文化、政治中心。云台农场小城镇规划面积 1.5 平方千米，人口 10000 人。以布局优化、道路硬化、村庄绿化、住宅美化、环境净化、路灯亮化、服务强化为主要内容，对农场的居民点进行重新规划。决定用 5 年时间，投资 8000 万元，将场域内大岛、小岛、小粮地、张圩、小汪、河东、大汪、新建、沈圩、于团等 10 个自然村庄撤并为 3 个建设新村（后又调整为 2 个建设新村）。用三年时间，将小城镇社区建成文化活动中心、体育活动中心、医疗卫生服务中心，无线调频广播覆盖面达 100%，文体活动场所覆盖率达 100%，有线电视入户率达 100%。

2014 年农场委托连云港市城乡规划设计咨询有限公司、上海市上规建筑设计研究有限公司对农场场部小城镇编制 2014 年 9 月 1 日—2019 年 12 月 30 日《江苏省云台农场场部控制性详细规划》。2015 年 6 月 11 日通过专家评审，2015 年 10 月 29 日《市政府关于江苏省云台农场场部控制性详细规划的批复》（连政复〔2015〕49 号）给予批复。规划分为三个部分：规划文本、规划图件、规划附件。

规划范围：西至东池河，南至新建东路，东至云东路，北至南岛路，总面积 82.16 公顷。

一、目标与定位

（1）总体发展目标：立足云台农场，服务南云台片区，以生态理念为核心、生态城镇建设为目标、旅游服务为主导功能，将云台农场场部打造成为生态宜居的旅游服务小镇，成为市区旅游的一个重要环节。建设充满活力、配套完善、设施齐全的场部；在对危旧房改造的同时，注重传统风貌的维护保留；塑造水绿交融、品质高尚的城镇形象；打造生态和谐、充满魅力的居住社区；建设绿色、畅达、安全的交通体系。

（2）功能定位：生态型旅游小镇。

（3）容量规模：按照《连云港市郊区规划（2008—2030 年）》、《连云港城乡统筹规划》要求，综合居民的生活方式等，规划云台农场场部居住人口容量 0.7 万人，规划区建设用地 81.07 公顷，规划总用地面积 82.16 公顷。

二、空间结构与分区划分

根据场部功能需要、现状道路、用地条件的特点，规划构建"双核两轴三区"的空间结构。

1. **双核** 公共配套核心和旅游服务核心。

2. **两轴** 一条轴是沿普山路形成的城镇主要发展轴，是沟通场部和市区的主要道路；

另一条轴是沿猫山路形成的城镇次要发展轴，串联各功能组团，将整个场部紧密相连。

3. **三区**　指旅游配套服务区、城镇生活核心区、城镇更新发展区。

三、土地利用规划

1. **用地布局**　场部规划总用地面积 82.16 公顷，其中水域面积 1.09 公顷，建设用地 81.07 公顷。

2. **居住用地布局**　规划居住用地 28.83 公顷，占规划城镇建设用地的 39.61%。

3. **公共管理与公共服务用地**　规划公共管理与公共服务用地 13.87 公顷，占规划城镇建设用地的 19.05%。

4. **商业服务设施用地**　规划商业服务设施用地 4.09 公顷，占规划城镇建设用地的 5.62%。

5. **道路与交通设施用地**　规划区内的道路与交通设施用地包括场部城市道路用地、收费停车场用地，规划道路与交通设施用地 16.23 公顷，占规划城镇建设用地的 22.3%。

6. **公共设施用地**　规划公共设施用地 0.5 公顷，占规划城镇建设用地的 0.69%。

7. **绿地与广场用地**　规划绿地与广场用地 9.27 公顷，占规划城镇建设用地的 12.74%，包括公园绿地、保护绿地及广场用地。

8. **区域公共设施用地**　保留现状核电淡水管道加压泵站用地面积 0.71 公顷。

9. **其他用地**　水域总面积 1.09 公顷。

2021 年 3 月，云台抢抓园博园落户契机，委托连云港市城乡规划设计咨询有限公司对《南云台片区中心区控制性详细规划》进行修订。具体修订内容如下：

云台农场场部区域。东至翰林路，西至云台农场与丹霞村界沟，南至新建东路，北至南岛路，还包括一块飞地，总面积约 160.74 公顷。

园博园区域。东至徐新公路，西至云东路，南至园博南路，北至新建东路，总面积约 237.14 公顷。

规划区总用地面积为 397.88 公顷，包括云台农场场部和园博园。云台农场场部，其中城市建设用地为 137.93 公顷、规划公共管理与公共服务用地 20.06 公顷，占规划建设用地面积的 8.29%，均位于云台农场场部。行政办公用地 1.18 公顷，占规划建设用地面积的 0.49%。中等专业学校用地 3.79 公顷，占规划建设用地面积的 1.57%（现为神州武术学校）。中小学用地 2.15 公顷，占规划建设用地面积的 0.89%，为 24 班九年一贯制学校。特殊教育用地 3.97 公顷，占规划建设用地面积的 1.64%。医疗卫生用地 4.88 公顷，占规划建设用地面积的 2.02%。社会福利用地 4.10 公顷，占规划建设用地面积的

1.69%。商业服务业设施用地 23.99 公顷，占规划建设用地面积的 9.92%。云台农场场部中规划商业服务业设施用地 9.66 公顷，园博园中规划商业服务业设施用地 14.33 公顷、商业用地 5.82 公顷，占规划建设用地面积的 2.41%，主要布局在普山路沿线。商务用地 2.30 公顷，占规划建设用地面积的 0.95%，位于云台农场场部猫山路与普山路交叉口和南岛路北侧；商务兼文化设施用地 0.85 公顷，占规划建设用地面积的 0.35%，位于猫山路与普山路交叉口西南侧。加油加气站用地 0.69 公顷，占规划建设用地面积的 0.29%，共规划 2 处，其中 1 处现状保留，1 处规划新建。商业兼容商务兼容娱乐康体用地 14.33 公顷，占规划建设用地面积的 5.92%，主要为园博园花果园艺街、展览馆（山海云梦）和秦东阁。工业用地 15.58 公顷，占规划建设用地面积的 6.44%，均位于云台农场场部西侧。物流仓储用地 28.05 公顷，占规划建设用地面积的 11.59%，均位于云台农场场部西侧。道路与交通设施用地规划 23.99 公顷，占规划建设用地面积的 9.92%，其中云台农场场部中规划道路与交通设施用地 21.75 公顷，园博园中规划道路与交通设施用地 2.24 公顷。绿地与广场用地 96.39 公顷，占规划建设用地面积的 39.84%，其中云台农场场部中规划绿地与广场用地 8.95 公顷，园博园中规划绿地与广场用地 87.44 公顷。公用设施用地 0.68 公顷，占规划建设用地面积的 0.28%，均位于云台农场场部。村庄建设用地 11.24 公顷，均位于云台农场场部；非建设用地 139.01 公顷。云台农场场部中规划非建设用地 5.87 公顷，其中水域 2.41 公顷，农林用地 3.46 公顷。园博园中规划非建设用地 133.14 公顷，其中水域 2.80 公顷，农林用地 130.34 公顷，发展备用地 5.70 公顷，均位于云台农场场部。

第二节　城镇建设

建场时，选择猫山东 3 千米，小普山西北 1 千米，东窑山嘴南 500 米，靠近云台乡山东庄老龙涧水库至新浦海昌巷自来水管线南侧地块作为农场场部驻址，建竹架苇墙草顶简易工棚 124 幢，活动房屋 16 幢。农场突击修复了原徐连公路的盐河至小岛山段土公路。1954 年，随着农场的发展，在场部驻地兴建石墙瓦顶可容 50 万斤种子仓库一幢，石墙瓦顶浴室一幢，水泥晒场 600 平方米，三孔及两孔石桥各一座，石基土墙草顶家属宿舍 8 幢。1956 年成立了马车运输队、平板车运输队，相继兴办了职工消费合作社、农机修理厂、粮食加工厂。建起部分石墙瓦顶的职工宿舍和家属住宅。

1960 年以后，相继建起石基砖墙瓦顶职工礼堂、部分石墙瓦顶的职工宿舍及家属住宅、托儿所、职工住宅。兴办供销合作社、粮站、酿酒厂、砖瓦厂、木器加工厂等场办工商企业。文化教育事业有了长足发展。办起了农业中学、完全小学。建立了业余剧团、电影队、医院等设施，修建了场部内的土路街道，即东山路、猫山路、普山路。

兵团二团时期，场部建起招待所、成排营房式的砖瓦结构职工住宅和办公用房，兴建了农场医院的住院部和两层石墙楼房，办起了二团中学和幼儿园，将东山路铺成砂石路，普山路与场外公路接通，使公共汽车穿场而过。兵团撤销后，农场又兴建了普山分场两层石墙楼房，农科站试验楼。农场中心小学迁址普山路南侧与猫山路东侧交会处。1958年在南城东门外（十八连）将粮食加工厂搬迁至普山路东首北侧，在云东路西侧交会处建设粮棉油加工厂。1976年，云农会堂兼影剧院竣工，整个会堂1000座位。农场相继办起了饮食服务店，照相、理发、烟酒百货等商业网店，实现了户户通上自来水，户户通电灯。场部小城镇有了雏形。

20世纪80年代，农场建中心幼儿园、中学教学楼，在东山路中段供销合作社对面建起商贸市场。在普山路中段南侧建职工住宅，开辟南小区职工生活区。农场兴办农工商经理部。农业银行建起两层营业楼。供销合作社兴建两层商场大楼。

20世纪90年代，农场加快场部小城镇建设步伐，铺设东山路水泥路1500米。在东山路与普山路两侧鼓励职工兴建商住两用楼房。农场兴建三层综合办公楼、物资公司商业楼、医院门诊楼、场部小学教学楼、邮电所营业楼、粮棉油加工厂办公楼，兴建了加油站、职工浴室和自来水塔、农机配件商店，成立了种子公司、有线电视站。搬迁并扩建农贸市场。

连云港农业银行分行、江苏东方农村合作银行先后在农场成立营业厅。电信支局、邮政代办所、铁通云台营业所相继设立。农场先后成立公安派出所、农场法庭、农场司法所等机构。场部小城镇已成为云台农场政治、经济、文化中心。

2003年起，农场小城镇建设进一步加快。先后拓宽了普山路和猫山路，将普山路铺设沥青路面。农场先后铺设了纬一路、纬二路、经一路、经二路，全场铺成了水泥道路。道路两旁安装了路灯，栽上了行道树，并铺上了行道砖。2020年场部小城镇建成区内形成四纵四横主要干道，四纵为建云路、猫山路、华泰路、云东路；四横为：东山路、普山路、知青路、兵团路。

2005年明远中英文学校入驻农场，占地50亩，建筑面积8852平方米。2006年农场投资260万元建成职工文化休闲娱乐健身活动广场，投资100万元建成了科技楼。2007年农场工业园区相继有10家企业在这里落户，盖起了厂房和办公楼房。至2010年，场部小城镇内的场办工业、职工住宅、商业、文教、卫生、科技、办公、宾馆、招待所494幢不同类型的2～4层楼房，耸立于场部驻地的纵横8条街路区内。

个体经济发展迅速。个体商店、饭馆、缝纫店、修理铺、照相馆、服装店、五金店、超市、游戏厅如雨后春笋般兴起。到2020年，场部共有个体工商户386个，从业人员658人。

2012年投资286万元改造了镇内东山路和东池河封闭等配套附属设施；投资185.94万元建成2129.6平方米的现代化农贸市场，方便居民生活；投资30万元完善小城镇中心道路绿化和亮化工程；连云港市残联依据市政府规划投资4580万元，在农场知青路北侧，占地22亩建成两栋11100平方米残疾人托养中心。

2013—2016年，投资502万元用于完善小城镇内配套设施建设，新建支路巷道7685米，铺设下水道2955米，新建厕所两座，改造三座。投资40余万元扩建了视频监控系统，基本实现了场部城镇道路出入口重点要害地段、公共场所全方位实时监控。投资390万元完成新建小区的道路绿化等配套工程。投资965万元建设城镇雨污分离和污水集中处理工程，垃圾中转站和东池河改造工程。投资452万元对镇内普山路、猫山北路进行改造升级，铺设沥青。

2017—2019年，连云港市民政局三等甲级康复（优抚）医院搬至小城镇内知青路北，投资3.36亿元，占地60亩，规划建筑面积53453平方米，2017年开工，建设至2019年，完成一期2.42亿工程，37495平方米。市特殊教育中心迁入小城镇兵团路北侧，占地40亩，规划建筑面积25822平方米，2017年3月开工建设，2019年6月开学，生源面向省内苏北各市。三年期间投入179.24万元，进行小城镇环境综合整治与基础设施建设；投资112.4万元新开挖华泰河，提升小城镇内排洪能力和滨河游园建设。

2020年，投资193.44万元，对丰泽园休闲健身广场进行改造升级；投资509.7万元，新建26000平方米云荷广场；投资320.16万元，增加552盏路灯及高杆灯；投资373.37万元，扩宽镇区普山路，北边扩2米非机动车道、3米人行道，机动车道12米为双向四车道，路宽为22米，行道砖由路牙石改为大理石；投资200万元，对东山路原9米每边扩宽5.5米，每边增设非机动车道3米，停车位2.5米，机动车道为9米，每边人行道保留2～3米，行道砖由路牙石改为大理石，同时对沿街实行亮化出新改造；投资3293万元，实施环境综合整治项目，完成镇区污水主管道、旱厕改造等建设；投资120万元，完成农贸市场升级改造，消除安全隐患，提升市场品质，便于居民生活；12月连云港市救助站迁至农场兵团路，占地39亩，投资5008万元，规划建筑面积10026平方米开工建设。

至2020年，场部小城镇内共有19个驻场单位，300多家个体工商户，从业人员超过1200人。

"十二五"期间，完成云台小城镇控制性规划和普山小区修建性规划；累计投资2587.65万元，先后实施建设村庄及镇区道路、菜市场等68项民生工程；完成于沈道路、绿化、下水道、路灯等公共设施；修建、改造厕所6座；累计完成298户危旧房改造；完成35千伏增容改造工程。

2021年，投资377万元，猫山路扩改建每边拓宽3~4.2米非机动车道，机动车道为双向四车道；每边人行道2~6米。猫山路与普山路中间转盘拆除，架设红绿灯，原转盘向南至普山改铺沥青路；投资130万元在云荷广场西康复医院北建4716平方米与西小区东池河西建2496平方米两个停车场；投资495万元，新建垦云路；投资398万元，实施市场巷、创业路道路升级改造及立面出新；投资390万元，完成华泰、知青路道路升级改造；投资380万元，完成东池河、华泰河沿岸治理改造，建成靓丽"景观河"；投资350万元，完成普山新建居民区基础设施及雨水管道建设工程；2022年投资2925.36万元，用于环境整治及小城镇提升项目，改善农场居住条件。

第三节　居民点建设

1952年，农场先后在基层中队驻地搭建工棚，开荒种地。

1955年，正式更名为江苏省国营云台农场，开始永久性建筑，先后在大岛、小岛、张圩、普山、盐河、东山等地翻盖职工宿舍及家属住宅，农场职工在此安家落户。

1958年，吸收于沈、小汪两个高级农业生产合作社入场，农场范围扩大，自然村落增多，但居住仍比较分散。

1962年，农场结合知识青年居民点建设，同时因农田水利规划、道路建设的需要，农场进行规划并点，对部分居住分散的村落进行了较大调整，撤迁零星族居村落15个，增加了大汪、小粮地、新建、南城加工厂4个居民点。兵团二团时期，由中国人民解放军6453部队移交在海州区锦屏镇刘顶山一个采石场，农场调集职工接管采石场，形成一个新的海州居民点。

至1975年兵团二团撤销时共有15个居民点，居民点建设完成了从居住零散到相对集中的过程。后由于国家建设征地需要和农场经济发展，减少了盐河17连、16连2个居民点。

2006年，农场成立社会主义新农场建设规划小组，对居民点进行重新规划，撤并大岛、小岛、小粮地、张圩、小汪、河东、大汪、新建、沈圩、于团10个居民点，在张圩和于团集中建设张圩新村和于沈新村两个居民点。普山居民点纳入场部小城镇建设规划。

　　农场对张圩新村和于沈新村进行统一规划、统一设计，职工居民自己建设。2006 年 4 月，张圩新村开工建设，2007 年底 50 栋公寓式小楼竣工，100 户居民喜迁新居。2010 年建 62 栋 124 户；2011—2012 年建 30 栋 60 户。从 2006 年开工建设至 2020 年共建 142 栋，有 284 户搬进新村。

　　于沈新村 2008 年开工建设，是年底 16 栋小楼建成，32 户居民搬进新村。2010—2011 年建成 52 栋小楼，104 户居民搬进新村；2012—2013 年建 18 栋小楼，36 户居民搬进新村；2014—2016 年建 34 栋小楼，68 户居民搬进新村；2019 年建 6 栋小楼，12 户居民搬进新村。从 2008 年开工建设至 2019 年共建 126 栋小楼，252 户居民搬进新村。

　　2012 年，海州综合厂居民点开始对兵团时期危旧房屋统一规划两层楼房，至 2016 年完成 37 户。

　　2014 年，宏业居委会普山居民点在原普山居民点重新规划 3～4 层排式阳光公寓，拆旧建新一排 4～5 户，每户统一设计标准。2015 年开工建设，2015—2016 年建 42 户，2019—2020 年建 111 户，2015—2020 年已有 153 户竣工入住，桥西居民点一户一栋建 22 户。

　　2006—2020 年，张圩新村投入 852 万元、于沈新村投入 756 万元完善居民点基础设施建设。

　　2020 年，新建居民点与场部小城镇住户接通新奥管道天然气。

第三章 基础设施建设

云台农场建场前，域内是一片盐碱荒滩，零星散居十几户人家，没有什么基础设施。道路是烂泥路，民房是就地取材，其墙头多泥筑，顶部都是柴草，十分简陋。

建场后，农场十分重视基础设施建设，特别是党的十一届三中全会以后，农场基础设施建设发展迅速，道路更换成了水泥和沥青路面，交通运输四通八达，电力、自来水，燃料、电信、计算机网络相继配套，居民点建设展露新姿，场部小城镇建设初具规模。2017年以后，农场贯彻落实《国务院关于印发加快剥离国有企业办社会职能和解决历史遗留问题工作方案的通知》（国发〔2016〕19号）、《国务院办公厅转发国务院国资委、财政部关于国有企业职工家属区"三供一业"分离移交工作指导意见的通知》（国办发〔2016〕45号）、《省政府办公厅关于印发江苏省国有企业职工家属区"三供一业"分离移交工作实施方案的通知》（苏政办发〔2016〕2号）等文件要求，将农场职工家属区"三供一业"分离移交地方政府。农场承担的社会管理和公共服务职能按照"内部分开、管办分离、授权委托、购买服务"的方针，全部纳入高新区统一管理、统一年度计划预算、统一财政支付，实现农场与周边区域社会管理和公共服务共享共建水平明显提高，资源配置进一步优化，场地协同发展格局进一步提升。农场区域范围的社会事业和公共服务统一纳入城市发展规划并同步实施。围绕"三供一业"移交地方政府要求，按照省相关改革统一进程，将农场纳入城市"三供一业"管理体系。农场城镇管理、市场管理、安全监管等由政府相关部门统一扎口管理，确保区域和谐稳定。

第一节 交 通

一、公路

场外公路。共有3条，其中南岛路（南城至大岛山）途经农场场部，是进出农场的主要通道，与徐（圩）新（浦）公路、连（云港）霍（尔多斯）高速公路互通；242省道与东疏港高速途经农场大岛山管理区。

场内公路。纵横农场境内的公路共有13条，分别是云东路、沈河路、圩岛路、普山路、猫山路、建云路、于张路、东山路、引淡河路、知青路、兵团路、华泰路、大岛管理区道路。以上道路除普山路、东山路、猫山路、云东路、引淡河路、兵团路为沥青路面外，其余均为水泥路面。

1952年9月，南京市人民政府灌云县棉垦管理处刚成立时，为了方便筹建农场的各种物资、材料运送到农场，从南京市建设局抽调工赈队400余名工人，暂住南城镇民房，突击修筑解放前的海连公路盐河至小岛山段的泥土公路，长约15千米，计土石方47000立方米。1955年，又修筑小岛山至大岛山段的泥土公路。

1956年，灌云县开始修筑云张线泥土公路，由南城起经云台农场、东辛农场至张圩垱，与204国道相接。1964年后，逐段加铺砂石路面，1968年完成该路段全段砂石路面铺设工程。是年，由东辛农场开往淮阴、南京的长途客车途经云台农场，为出行长途的乘客提供了方便。但场内道路仍然全部是泥土路。

20世纪70年代，农场场部的东山路、普山路、猫山路陆续铺设砂石路，与南岛线连接。直至1987年，场内泥土路才逐步被简易砂石路替代。期间共修筑通往基层单位的砂石路面总长度约20千米，路面宽度3.5米，田头附设机耕作业路。全场农业单位之间实现砂石路连通。

1989年，农场投资30万元，对云东路经过场部的三个弯道取直，保障了行车安全。

1990—1992年，场部东山路由砂石路面改建为水泥路面，为场部第一条水泥路。接着对猫山路、普山路由砂石路面逐年改建为沥青路面和水泥路面。

1998年，农场出资35万元，对云东路商物公司至沈圩桥段的砂石路进行重新扩宽和加固维修。修筑面积14434平方米。

2000年以后，农场道路建设速度明显加快。

2002年，农场投资34.04万元，对商物公司至大寨河桥段铺设沥青路面；新建饲料厂至普山路的水泥路，建筑面积合计10143平方米。

2003年，农场投资140.83万元，新建工业园区水泥路（加油站至场部转盘段），建筑面积6240平方米。

2004年，农场投资350万元，新建转盘至元件厂水泥路，建筑面积3960平方米，长330米，宽12米；投资676.5万元（农场出资100万元、云台乡出资320万元、省政府苏北道路建设补贴256.5万元），对南岛线途经云台农场段铺设宽9米、长1.1千米的水泥路面；投资164万元，修筑猫山路元件厂至普山管理区水泥路，建筑面积7956平方米，长663米，宽12米；投资180余万元，铺设普山路、猫山路人行道，铺设面积1万余平方米。

2005年，新建云东路及配套工程，建筑面积30660平方米，工程投资403.25万元；新建沈河路及配套工程，建筑面积47772平方米，工程投资207万元；新建元件厂至普山水泥路，建筑面积17880平方米，工程投资71.06万元；猫山路维修及配套工程，建筑面积17400平方米，工程造价51.41万元。

2006年，共修筑两条水泥路，总投资461.33万元，即于岛路建筑面积58680平方米，工程投资337.25万元；于张路建筑面积11430平方米，工程投资124.08万元。

2007年，共修筑3条水泥路，即纬四路、纬一路、径一路，修筑总面积23219.02平方米，工程总投资达222.45万元。其中工业园区道路建筑面积3449平方米，工程投资77.83万元；农机停放点、道路（含场面）建筑面积5944平方米，工程投资48.8万元；花果山出口蔬菜基地示范区道路建筑面积7801.5平方米，工程投资89.68万元。

2010年，农场对纵横于境内的十一条道路进行重新命名，分别如下：

云东路。起点为农场场部，终点为烧香河群英桥，道路级别为三级公路，道路宽7米，全长4.7千米，水泥路面。

沈河路。起点为沈圩，终点为小汪河东，道路级别为四级公路，道路宽4.5米，全长5.32千米，水泥路面。

圩岛路。起点为张圩，终点为小岛，道路级别为四级公路，道路宽4.5米，全长9.11千米，水泥路面。

普山路。起点为产业园区大牌，终点为加工厂与云东路连接处，道路级别为二级公路，道路宽12米，全长1.49千米，沥青路面。

猫山路。起点为场部车站，终点为普山，道路级别为二级公路，道路宽12.0米，全长1.45千米，水泥路面。

云龙路（产业园区）。起点为农场加油站，终点为园区南段，道路宽12米，全长0.89千米，水泥路面。

于张路。起点为于团，终点为张圩，道路级别为四级公路。道路宽4.5米，全长2.65千米，水泥路面。

东山路（商业一条街）。东起商物公司西侧围墙，西与猫山路连接，道路级别为四级公路，道路宽8米，全长0.5千米，水泥路面。

普东路。位于健身广场南侧至田湾核电站淡水加压泵站，与云东路连接，道路级别为二级公路，道路宽12米，全长1.62千米，水泥路面。

蔬菜基地道路。起点为蔬菜基地，终点为普东路，道路级别为四级公路，道路宽4米，全长0.9千米，水泥路面。

花果山出口蔬菜示范区道路。道路宽 2～5 米，全长 6.4 千米，水泥路面。

2011 年，农场在确保场域内各主、支干道畅通，道路状况完好的基础上，新修建农业生产道路 1530 米，2013 年，土地整理项目新建沈圩（十队）云东路至云善河十队电站水泥路 967 米，投资 86 万元，实现了每条田块路路相通，为农田作业机械和耕作者提供了极大的方便。

2016 年农场投资 452.173 万元，对两条道路（即普山路东从徐新路出入口，西至东池河桥路段；猫山路北从车站南至转盘段）铺设沥青升级改造。

2017 年农场投资 78.5 万元，将引淡河路西从云东路，东至十一队电站徐新路出入口段水泥路改成沥青路面；投资 605 万元，用于云东路铺设沥青与大寨河桥重建。

2018 年依据省农垦集团有限公司下达《关于下达 2018 年度江苏农村公路桥梁任务的通知》苏垦集社〔2018〕240 号，批复建设农场农村公路大岛管理区道路工程，新建长 4 千米，宽 4 米混凝土道路，总投资 237.6 万元，资金来源为省级奖补资金 50%，集团公司配套 50%。

2019 年依据农场小城镇规划并经连云港市民政局批准，将原云龙路更名为建云路，普东路更名为知青路，新命名两条路——华泰路与兵团路。

2020 年场部小城镇建成区内形成四纵四横主要干道。四纵，即建云路、猫山路、华泰路、云东路；四横，即东山路、普山路、知青路、兵团路。投资 653.96 万元新建规划中的兵团路，西从猫山路东至特殊教育中心，长 800 米，宽 12 米，投资 373 万元对普山路东从徐新路出入口，西至东池河桥段扩宽至 22 米，长 1.49 千米，增设非机动车道，机动车为双向四车道，行道砖与路牙石更换为大理石；投资 200 万元对东山路扩宽，每边增设 3 米非机动车道，并铺设沥青路面，人行道路牙石更换为大理石。

2021 年投资 227 万元对猫山路北从转盘南至普山 1050 米长水泥路面加铺沥青。

二、桥梁

前桥。20 世纪 50 年代建造。位于云台农场场部西侧约 2 千米处的妇联河上，是南岛线上主要公路桥之一。

群英闸大桥。1965 年建造。位于云台农场与东辛农场交界处烧香河上，与云台农场至东辛农场砂石公路同时建造。分别于 1986 年、1994 年、2010 年三次重建，跨度 70 米，桥下可通行 1000 吨以下船只。

云东桥。建于 1976 年，位于于沈管理区境内云善河（大寨河）上，是云东路主要公路桥梁之一。2008 年、2017 年两次重建，桥面宽 8 米，跨度 60 米。

引淡河桥。始建于 1978 年，位于于沈管理区境内引淡河上。2007 年因桥面破损，重新建造，桥面宽 12 米，跨度 20 米。

张圩桥（云山河桥）。1970 年建造，位于张圩新村门前的云山河上。2008 年东移重建，桥面宽 6 米，跨度 15 米。

连心桥。建于 1967 年，位于小汪村河东、河西两个居民点之间的烧香河上。1978 年改建，更名群英桥。2009 年重建，更名为连心桥，桥面宽 6 米，跨度 70 米，桥下可通行 1000 吨以下船只。

河西大桥。建于 1970 年，位于小汪河西村北云山河上，是农场通往小岛管理区的场内公路桥。2009 年改建，桥面宽 6 米，跨度 14 米。

山东水道大桥。建于 1965 年，位于小粮地与小汪之间的山东水道上。2009 年改建，桥面宽 6.5 米，跨度 8 米。

东池河桥。建于 1972 年，位于普山管理区境内东池河上。2008 年改建，桥面宽 8 米，跨度 13 米。

凤凰河桥。建于 1962 年，位于大岛生产区境内的凤凰河上。1970 年改木桥为双曲拱形水泥预制桥。

栖云河桥。建于 1973 年，位于大岛生产区境内栖云河上，2016 年重建。

2007—2011 年，农场累计投资 236.6 万元，对场域内破损严重的 13 座桥梁（含 6 座小石桥）进行改造和新建。

烧香河大桥。2009 年建设，位于徐新路烧香河段。双向四车道，跨度 70 米，桥下可通行 1000 吨以下船只。

2016—2017 年，将小粮地通往小岛弯路改直，在十排沟上重新建桥，桥面宽 9 米，跨度 10 米；重建十一排沟南北段大沟桥，桥面宽 9 米，跨度 10 米；对新建管理区通往徐新公路的道路普山河上的险桥拆除重建，桥面宽 10 米，跨度 16 米。

华泰河桥。2020 年建设，位于兵团路华泰河段。投资 199.96 万元，桥面宽 24 米，跨度 13.7 米。

三、运输

1. **货运** 建场初期，运输工具主要是马车、牛车、平板车和独轮车。农场有三辆美式旧汽车，其中两辆用于物资运输，一辆为农场领导外出用车。

1956—1958 年，美式"福特"车报废，美式中吉普调出，农场仅有一辆美式大通卡货车参与运输。其间先后添置 10 辆马车和 19 辆牛车，承担农场的物资运输任务。

1963年，农场成立运输队。是年购进解放牌汽车1辆，配有马车5辆、平板车20辆，专营场内外运输。兵团时期，农场成立汽车运输队。有汽车4辆、手扶拖拉机30台。

1991年，农场汽车队解体，所有车辆分配至工业单位，由驾驶员承包，1992年各单位载重运输车逐年出售给私人。

1996年，农场私人运输汽车、轿车有30余辆。2000年，农场私人运输车、轿车拥有量50余辆。2007年，私人运输车、面包车、轿车拥有量60余辆。2011年，全场私人运输车、面包车、轿车拥有量近百辆，公有小车4辆。

2020年，全场拥有办公用车和运输车辆10辆，80％以上家庭拥有私家车。

2. 内河运输　水路运输的主要河道是烧香河。1960年农场成立船队，有木船5只，1970年添置拖轮一艘，从事物资运输任务。1979年拖轮及船只被卖出场外，船队随之解散。

3. 客运　建场初期，人员外出要步行到南城或新浦乘车，1965年南岛路由泥土路改建为砂石路，通往云台乡、东辛农场客车经过农场场部，并在场部设停靠站。1971年农场新建长途客车停靠站，由东辛农场直接发往南京、淮阴、灌云等长途客运班车都在场部停车带客。20世纪80年代末停止营运。1992年东辛农场和灌云县宁海乡合资建设宁东公路建成通车，原新浦至东辛农场客车改道经204国道武圩路口直通东辛农场，云东线客运班车停止运行。至2016年，仅有新浦至云台乡、朱麻村（大岛山）的私营专线班车沿途停靠云台农场。

2016年元月1日，市公交游8路开通。从龙河广场至大岛山途经农场小城镇内设5个站点：产业园区、普山路头、农场场部、云台农场、东窑大桥。50路、51路、53路和61路公交车，场域内徐新路口设站点。

第二节　电　力

一、电力建设

1964年以前，农场仅有一台柴油发电机，专供场部机关照明。配1名操作工人，负责发电机维修保养和发电工作。1964年，农场先后购进柴油发电机、汽油发电机各1台。是年10月，场部成立电工班，有9名知青经专业培训后上岗，供电范围扩大到医院。

1965年，经省农林厅批准，拨专款由灌云县供电所在东辛农场建成孙庄变电所，装备750千伏安主变电器1台，架设10千伏高压线路2条，其中1条专供云台农场用电。是年10月，完成10千伏配变电线路13.5千米，解决了农场场部和普山的照明用电。

1966年，农场架设了30千米的高压线路和各作业区的低压线路。是年，在于沈、南城两处建成两座电灌站，部分农田开始电气化灌溉。

1970年，全场生活用电、生产用电基本得到解决。

1975年，变压器增至22台，总容量为1860千伏安；架设10千伏高压线路32千米，建成电灌站22座，全场供电网络初步形成。

1976年10月，架设云台农场35千伏高压线路。装备容量为750千伏安的主变压器一台。是年，农场自建变电所一座，原电工班更名为云台农场变电所。

1978年，经连云港市供电局批准，云台农场和东辛农场共同架设刘顶变电所至云台、东辛两农场的供电专线，农场电力不足的矛盾得到了缓解。

1980年，农场为保证安全用电，调荷用电，不断调整供电线路。进行内部设备的检修、更新，增设配变电设施。至1989年，农场变电所有10千伏输出线路2条，场内高压线路长达41千米，沿线共配备变压器48台。

1990年，变电所又增加2000千伏安的主变压器1台，主变压器总容量达到2750千伏安，年用电总量由1981年的138万千瓦·时，增至310万千瓦·时，为1981年的2.24倍。

2001年，淘汰2750千伏安主变压器，更换为3150千伏安主变压器，全场主变压器容量达到5150千伏安。

2015年，争取国有农场社会职能改革财政奖励资金90万元，对35千伏变压器增容改造，缓解了农场电力供需紧张的局面。

云台农场供电管理服务中心，有在册员工23人，至2016年底资产总额为916.26万元，其中固定资产为135万元。场域全年用电量1200万千瓦·时，其中民用电量340万千瓦·时。

二、农网改造

根据国务院办公厅国发〔1978〕134号、《国务院办公厅转发国家计委关于改造农村电网改革农田管理体制，实现城乡同网同价请示的通知》精神，从2001年11月开始，云台利用江苏省经贸委提供的农村电网改造资金，投入438万元对场域内供电设施进行全面改造，于2002年底全场农网改造基本结束。

农网改造新增3150千伏安主变压器1台，供电主变压器容量由原2750千伏安增至5150千伏安；更新全场10千伏高压线路24.77千米，改造0.2千伏、0.4千伏低压线路123千米；更新配电变压器63台；新装用户电表2100只，实现了用电收费分户计量，机械电表更新为电子电表，提高用电计量的准确率。居民用电管理实现了一表一户，用电价格实行城乡同网同价，农场工农业生产及居民用电的质量有了较大的提高。

2011年，争取国家项目政策，投资7000万元完成云台10千伏线路60千米、400伏线路160千米的低危线改造。

三、电力资产移交

2017年12月8日，集团公司与国网江苏省电力公司签订《江苏省农垦集团所属农场电力管理体制改革和电网改造框架协议》《"三供一业"供电分离移交框架协议》。

2018年4月10日，农场与连云港供电分公司签订《电力资产移交协议》《职工家属区供电设施资产移交协议》，将农场所属公用电力资产及职工家属区供电设施，无偿移交给连云港供电公司。确定移交基准日期为2017年12月31日。固定资产原值658.034万元，净值513.1155万元，涉及44项，其中设备类23项、线路类21项。含20项职工家属区供电设施。"三供一业"供电分离移交固定资产原值378.943万元，净值300.5041万元。移交后的资产分界点最终以供用电合同为准。

2020年开始，国网江苏省电力有限公司连云港供电分公司与场域内用电单位及住户签订供用电合同。

四、电网改造

2018—2020年，国网江苏省电力有限公司连云港供电分公司对云台农场有限公司电网改造累计立项项目139个（含职工家属区供电分离立项9个），投入资金8847.11万元，维修架空线路146.321千米，电缆通道8.97千米，敷设电缆15.813千米。更换或新增配电变压器40台，环网单元柜19台，柱上开关27台，电缆分支箱8台。维修低压导线49.634千米，低压电缆14.089千米。更换或新增低压电缆分支箱37台，低压配电柜37台。S9及以下高损变压器全部更换为S13变压器，台区户均容量提升至8.9千伏安，低压平均供电半径缩短至305米。

五、电力分布

2020年之前，云台有以下三条10千伏输出线路：

普东线。主线路长9.26千米，配电变压器21台，总容量5150千伏安。主要供工业园区、普山社区、医院、场部、西小区用电。

普岛线。主线路长36.4千米，配电变压器39台，总容量4595千伏安，主要供南小区、张圩社区、于沈社区、种禽场、华瑞种苗用电。

猫山线。主线路长 3.42 千米，配电变压器 12 台，总容量 2155 千伏安，主要供场部机关、元件厂、学校用电。

2020 年电力移交改造后，原普岛线、普东线、猫山线 3 条改为由云台变电站输出，凌猫线、凌普线、凌岛线 3 条线路供农场用电。凌猫线由电缆线路和少部架空线路组成，凌岛线、凌普线为架空线路，线路经过全绝缘化处理。凌猫线、凌普线主要为农场场部小城镇供电，凌岛线主要为农场养殖区域供电，3 条线路形成环网式回路覆盖整个场域。

六、用电管理

1. **管理机构** 1964 年 10 月，农场成立电工班，专门负责场内 3 台自备柴油、汽油、发电机组的发电和维修工作。1965 年，高压线路架入农场境内后，电工班还要负责场内供电线路、电力设备的维护和管理工作。

1976 年，电工班更名为云台农场变电所，设所长、书记、副所长各 1 人。

1983—1991 年，变电所隶属场工业公司。

1992—2002 年，变电所隶属场机电管理中心。

2003 年，云台农场变电所更名为云台农场供电管理服务中心。下设三个部门：财务部、抄接服务部和生产运行部，承担全场供电、供水及安全用电管理、供电线路及设备的维修与保养、水电费收缴等职能。

2006 年，改为农场垂直领导。

2018—2020 年，供电管理中心履行代管义务结束。

2021 年 1 月，农场有限公司供电管理中心并入江苏凯惠电力有限公司，成立云台项目部。

2. **安全用电** 农场供电所连续 11 年获得安全生产先进单位称号。1990 年、1993 年两次获“连云港市文明单位”称号；1987—1998 年，5 次获得“云台区文明单位”称号，2001—2008 年，3 次获得“新浦区文明单位”称号。

1979 年，云台成立安全生产小组，落实安全用电措施。宣传安全用电常识，定期组织安全用电大检查，对用电事故隐患下达限期整改通知，加强对用电操作人员进行业务培训。

1987 年，改双线一地制供电为三线制供电，生产生活用电全部安装触电保安器，用电安全性明显提高。

1990—2000 年，农场先后举办电工培训班 5 期，培训电工操作人员 89 人，有 41 人通过考试获得了电工上岗证。各分场、工厂配备专职电工，在大队配备兼职电工。

1981—2020 年云台农场用电量统计见表 3-1。

表 3-1　1981—2020 年云台农场用电量统计（万千瓦·时）

年份	用电量	其中			年份	用电量	其中		
		农业	工商业	生活			农业	工商业	生活
1981	180.24	78.3	63.82	38.12	2001	278.07	117.2	78.37	82.5
1982	176.38	81.27	59.1	36.01	2002	382.13	120.3	178.43	83.4
1983	185.13	85.46	64.12	35.55	2003	276.55	90.23	99.32	87
1984	180.17	90.13	50.84	39.2	2004	353.8	119.5	145.2	89.1
1985	166.2	92.35	36.64	37.21	2005	274.52	108.7	70.82	95
1986	221.13	89.51	90.39	41.23	2006	341.8	153	80.8	108
1987	242.47	93.21	105.69	43.57	2007	409	179.96	102.25	126.79
1988	297.36	102.49	144.75	50.12	2008	476	218	119	139
1989	343.23	105.37	182.58	55.28	2009	514.89	228.69	146.74	139.46
1990	398	110.23	230.47	57.3	2010	600	260	195	145
1991	369.95	98	212.95	59	2011	800	360	285	155
1992	432.66	107.32	262.84	62.5	2012	1127.91	259.19	372.88	495.84
1993	354.26	120.2	171.06	63	2013	1294.69	297.65	427.62	569.42
1994	225.2	101.2	57	67	2014	1175.74	270.42	387.99	517.33
1995	229	88	72.5	68.5	2015	1190.48	327.53	411.77	451.18
1996	227.2	95.2	64	68	2016	1165.26	349.84	424.26	391.16
1997	239.3	117.1	53.2	69	2017	1145.76	461.06	276.62	408.08
1998	340.55	120.3	147.95	72.3	2018	1318.65	580.21	224.17	514.27
1999	336.09	110.3	150.39	75.4	2019	1416.51	622.29	242.65	551.57
2000	318.23	130	108.03	80.2	2020	891.18	391.72	152.25	347.21

第三节　自　来　水

1952 年建场时，农场在山东庄水库蓄水池管道上接通支水管，安装 2 个水龙头，建造临时水房和 1 座小型蓄水池，解决首批垦殖人员的饮用水问题。

20 世纪 60 年代，在张圩、普山、盐河等知青较为集中的单位接通自来水管道，各安装 1 个自来水龙头，建造小型蓄水池。

1975 年，除大岛居民点外，全场各单位都安装了 1 个自来水龙头，建造 1 座蓄水池，专供知青食堂和居民饮用水，场部部分家庭自来水龙头安装到户。

1980年，农场场部居民自来水陆续安装到户。农场办公室安排专人管理，负责场部自来水管道维修和水费计收。各单位安排管水员负责自来水管理。

1994年，由市自来水公司和沿途供水单位共同出资（云台农场出资60万元），对主管道进行改造。水源为蔷薇河和山东庄水库两处。

1995年，云台出资50余万元，在南云台林场处建造一座自来水翻水站。陆续对全场自来水管道进行改造，改由1个水龙头供水为将自来水龙头全部安装到户，实行一户一表。企业的生产用水也基本得到满足。由场供电中心负责管理。

2003年，农场出资10万元，从板桥（台南盐场）接通自来水管道，结束了大岛管理区居民到数十里*外拖水吃的历史。

2011年，投资2000万元完成全场自来水主管道70千米改造工程，全场自来水用户1830户，其中工业用水户11户，年用水量15万吨，其中居民生活用水量为13000吨，生产用水量为2000吨。

2012年，场投资217.85万元，对场部、普山、于沈、张圩居民点自来水管道进行改造。

2013年，与东辛农场有限公司协商，在东辛自来水管网途经农场时预留接口处投资40万元新建加压泵站1座。

2018年12月29日，江苏省农场云台农场社区管理委员会与连云港市自来水有限公司签订《江苏省云台农场有限公司职工家属区"三供一业"供水分离移交改造项目协议书》，由农场出资287.18万元，对农场区域内场部镇区、华泰小区、普山居民点、于沈新村、张圩新村、小汪新村的供水管道、水表、阀门及消防栓等二次供水设施泵房土建、设备改造安装，水泵更新改造，控制柜等升级改造。

2019年9月，依据2018年12月29日江苏农垦云台农场社区管理委员会与连云港市自来水有限责任公司签订的江苏省云台农场有限公司职工家属区"三供一业"供水分离移交改造项目协议书及连云港市人民政府连政办发〔2017〕102号等文件精神，农场社区与连云港市自来水有限责任公司双方就供水分离移交改造项目完成后资产接管，委托招投标和施工建设管理等签订《江苏省云台农场有限公司职工家属区"三供一业"供水分离移交改造项目委托建设管理协议》。委托建设费用1845.75万元（费用分别由省政府出资50%，省农垦集团公司投资50%）。

---

* 里为非法定计量单位，1里＝500米。

2020 年，连云港市政工程公司对云台农场有限公司职工家属区"三供一业"供水分离移交改造。工程内容主要为管网工程改造，管网改造包含云台农场场部、华泰小区、于沈、张圩、小汪（仅为主管预留）、普山，总户数 2637 户。

第四节 燃 料

一、油料

建场初期，油料由灌云县石油部门供应，只用 53 加仑*桶储存。20 世纪 50 年代末，在原修理厂院内（现机关办公楼地址）兴建小型油库一座，有 20 吨储油罐 1 只、10 吨储油罐 1 只，储存能力 30 吨，其中柴油 20 吨，汽油 10 吨。

1969 年，原 4 个分场的机耕队相继添置 5 吨左右的柴油储存罐。

1992 年 8 月，农场投资在南岛路南侧，建成一座加油站，储存量 60 吨，其中柴油 30 吨、汽油 30 吨。为了减少蒸发量，确保安全、方便，储油罐均埋设在地下。

2000 年 10 月，加油站与农机配件库一并改制为模拟股份制，国有资产全部退出，转让给私人经营。

2002 年，加油站被连云港石油公司收购。

2008 年，农场在原三分场农机站投资 16 万元购置 15 吨油罐两个，加油机 1 台，储备柴油 30 吨。

2020 年 9 月 29 日，农场与中石化连云港分公司合资成立连云港绿之洲能源有限公司，投资 600 万元新建园博园加油站，农场有限公司占 49％股份。规划一座加油加气站（园博园加油加气站）作为合资公司第一座启动项目。

二、煤

1991 年以前，农场群众生活用煤由农场物资部门按计划供应，后多在云台乡小十队煤球厂购煤，用于做饭、取暖。

1992 年，场多种经营服务中心投资近 3 万元，在原场部机关食堂处建蜂窝煤球加工厂，日生产能力 2～3 吨，年供应量 500 吨左右。1994 年，煤球厂承包给私人，一年后停产。

---

* 加仑为非法定计量单位，1 加仑＝3.79 升。

三、燃气

1987年，云台约300余户干部职工家庭使用液化石油气（通称为液化气）。气源来自南京市人民政府液化气站。

1993年，气源转至连云港市市机关液化气站供应。至1995年底，农场居民均使用液化气。

1993年，连云港市工商银行与农场签订15年土地租赁协议，在农场盐河分场原轮窑厂南侧半成品堆放场地及大修车间处兴建液化气站，占地面积4200平方米，1994年建成投入使用。三年后转私人经营。2010年市东城区建设拆除。

2015年，连云港新奥天然气公司在农场建临时燃气站，储量1300立方米，仅供华泰丰泽园小区354户使用。

2019年，新奥天然气公司燃气管道进入场区，除危旧房未改造住户外，至2020年场内天然气管道入户有1491户，其中张圩居民点219户，于沈居民点185户，宏业居民点234户，创业居民点355户，华泰丰泽园小区354户，华泰山南福第小区144户。

第五节　电信与计算机网络

一、电信

1954年，成立连云港云台农场邮电代办所，在中国邮电局名簿上登记注册。有20门插孔总机一部，场内始通电话，并能经南城，灌云县总机转发对外通话。线路总长10千米，明线路，介质为镀锌铁丝。邮件寄收由南城支局来人取送。

1962年，云台成立综合性全业务邮电所，获灌云县邮电局批准。

1963年，邮电所电话总机由20门增至30门，线路由10千米增至20千米，场内电话开通至各作业区。

1969年邮电所电话总机30门，1975年增至50门，农场领导家庭住宅开始安装电话。

1984年，电话总机由插孔式更换为拨号式。

1988年，云台进入连云港市自动程控电话网，自动程控电话中断线由原来的1条增加至2条。1993年自动程控电话中断线由2条增加到10条。

1995年，机关片电话用户250余户，小程控交换机无法满足需求。是年7月，电话全部改为直拨电话，1996年固定电话用户达1000余户，农场有少数人开始使用2G移动电话。

1997 年，农场场部新建一幢三层邮电楼，占地 2800 平方米。

2002 年，农场电信与邮政正式分开经营，成立连云港市电信局云台农场电信支局，编制 4 人；固定电话用户发展到 1800 余户。移动电话进入 3G 时代。邮电代办所独立经营，保留 1 名业务员负责日常邮递业务。

2004 年，铁通公司进入云台，当年电信开通小灵通业务和宽带网络。

2006 年，农场固定电话用户 2230 余户，小灵通用户 500 余户。

2008 年，电信开始经营移动电话业务，号段为 133、135。到 2011 年，移动用户达 500 余户。

2009 年，农场有效整合网络资源，办公自动化 OA 系统全场贯通，为管理人员提供科学、开放、先进的信息化办公平台。

2010 年 12 月，农场投资 84 万元完成出口蔬菜示范区信息化管理系统建设，对作物生产过程中农事操作、农业投入品使用、采收信息、农残检测等数据进行实时采集上传，实现蔬菜种植、生产、流通和溯源信息的电子化管理。

2013 年，4G 一期基站土建及配套设施开工建设，2014 年开始体验 4G 高速网络，2015 年手机 4G 网络实现全覆盖，手机用户升级为 4G 手机，开通便民手机应用，实现全市电费和部分区域水费、燃气费用的快捷缴费，支持电影票、火车票、汽车票等在线支付。至 2018 年，全市 4G 基站总量达 4814 个。同年农场开展物联网＋农业的畜牧感知和水产养殖溶氧测定仪大规模试用工作。2019 年，全市开通 5G 基站 211 套站，云台居民享受 5G 网络服务。

2020 年 1 月，农场机关办公网络实现 200 兆专线光纤宽带。

二、计算机网络

2004 年，连云港市电信、铁通相继在农场开通局域网络，机关各科室及基层各管理区均配备电脑，并实行办公自动化，部分家庭开始拥有电脑。

2008 年，农场开通江苏省云台农场信息网，网址：http：//www. jsytnc. agh. gou. cn。

到 2011 年，全场电脑拥有量 830 台，其中公共办公电脑拥有量 121 台，家庭电脑拥有量 625 台，网吧电脑拥有量 84 台。

2018 年，开通江苏省云台农场有限公司信息网，网址：http：//www. jsytnc. com/。同年开通微信"江苏省云台农场有限公司"公众号。

2018 年起，建设江苏农垦农产品质量安全控制系统。到 2020 年，共录入数据 102755 条，数据录入及时率、准确率、完整率、规范率均达到 100％。

2020年，全场拥有办公电脑160台，家用电脑覆盖率已达到99％以上，电脑成为家庭必备电器生活用具。

云台农场场内道路线路见表3-2。

表3-2　云台农场场内道路线路

序号	道路名称及起讫点	道路级别	道路宽度/米	道路长度/千米
1	云东路农场：南岛线至群英桥	支	7	4.7
2	沈河路：沈圩至河东	支	4.5	5.32
3	圩岛路：张圩至小岛	支	4.5	9.11
4	普山路：徐新路至建云路	干	12	1.49
5	猫山路：南岛线至普山	干	12	1.45
6	建云路：南岛线至普山	支	12	0.89
7	于张路：于沈至张圩	支	4.5	2.65
8	东山路：猫山路至原商物公司	支	5	0.4
9	知青路：云东路至猫山路	支	12	1.62
10	华泰路：东山路至兵团路	支	12	0.5
11	兵团路：猫山路至特殊教育中心	支	12	0.8
12	引淡河路：云东路至徐新路	支	7	1.5
13	大岛管理区道路	支	4	4
	合计			34.43

注：主干道路为三纵四横。三纵：猫山路、云龙路、云东路；四横：南岛路、东山路、普山路、普东路。

1992年云台农场自备柴油发电机统计见表3-3。

表3-3　1992年云台农场自备柴油发电机统计

单位	台数/台	容量/千瓦安
无线电元件厂	1	150
粮棉油加工厂	1	160
弹力丝厂	1	100
塑料厂	2	150
种鸡场	1	30
医院	1	50

2011年云台农场电脑拥有情况统计见表3-4。

表3-4　2011年云台农场电脑拥有情况统计

项目	用途	拥有量/台	云台农场信息网网址
办公拥有	办公信息化专用	121	http：//www.jsytnc.agh.gou.cn
家庭拥有		625	

中国农垦农场志

第四编

产　业

中国农垦农场志

第一章 种 植 业

1952—1960年，云台以"治水"为本，以改良土壤为目的，开垦耕地面积25000余亩，粮食作物年均亩产达52.7千克，年均总产991.3吨。后粮食产量逐年提升，至20世纪80年代，粮食作物年均亩产达到214.9千克，棉花年均亩产达到83千克，粮食年均总产3180吨。

1991—1999年，全场粮食复种指数年均提高到103.6%，粮食作物年均亩产达到了500千克左右；年均亩产皮棉达到88.3千克，高产田块亩产皮棉高达102.3千克。1995年，农场荣获江苏省丰收杯奖。

2000年，全场粮食的复种指数由1990年的103.6%增至2005年的123.1%。

2011年11月，农场按照省农垦集团公司的要求，将种植业剥离，组建江苏省农垦农业发展股份有限公司云台分公司，主要从事稻麦种植。

2011—2015年，分公司采取的经营模式为联合承包种植，由分公司和分公司农业职工联合种植，共划分为三个生产区9个大队。

2015年秋，分公司农业一线职工不再参与稻麦种植，稻麦由分公司集体种植，为保障一线职工收益，分公司将部分田块对分公司职工发包，改种浅水藕。

2016年秋，大岛新稻田片被上合物流园租用，复垦地和小盐场被职工承包改种浅水藕，农业生产大队改为8个大队。农场将国土储备用地（原张圩渠东、渠西）租赁给分公司集体种植，认定为分公司的拓展基地。

2017年夏，新增设大汪大队。2020年夏，分公司将十三连蔬菜基地组建十大队，农业生产大队数量变为10个。

2020年，云台水稻种植总面积1.68万亩，小麦种植总面积1.52万亩。水稻亩产量常年保持为1100～1200斤。2015年、2016年、2019年三个年度，水稻亩产均在1250斤以上。小麦亩产量到2019年突破1000斤。2020年夏收，小麦亩产达1191斤。2021年，小麦亩产达1300斤，创历史最高水平。

主要农作物生产实绩构成如下：

1960—1969年，全场年均耕地面积为3.31万亩，包括绿肥在内的平均复种指数为

1.18%。其中粮食作物年平均种植面积 2.1 万亩，占总耕地面积的 63.44%，经济作物（棉花）年平均种植面积 0.14 万亩，占总耕地面积的 4.23%。粮食作物中，三麦年均种植面积 1.37 万亩，占粮食作物总面积的 65.24%，年均单产 50.6 千克；水稻年均种植面积 0.2 万亩，占粮食作物总面积的 9.52%，年均单产 91.2 千克；大豆年均种植面积 0.31 万亩，占粮食作物总面积的 14.76%，年均单产 52.7 千克；玉米年均种植面积 0.08 万亩，占粮食作物总面积的 3.81%，年均单产 120.3 千克。经济作物主要是棉花，年均种植面积 0.14 万亩，年均单产皮棉 14.3 千克，年均皮棉总产 19.5 吨，比 20 世纪 50 年代增加 2.9 吨。

1970—1979 年，年均耕地面积为 2.54 万亩，年均总播种面积 3.78 万亩，包括绿肥在内的平均复种指数为 1.69%，不包括绿肥在内的平均复种指数为 1.48%。其中粮食作物年平均种植面积 1.99 万亩，占总耕地面积的 52.65%，棉花年平均种植面积 0.28 万亩，占总耕地面积的 7.41%，比 20 世纪 60 年代增加 0.14 万亩。在粮食作物中，三麦年均种植面积 1.04 万亩，较 20 世纪 60 年代减少 0.33 万亩，占粮食作物总面积的 52.26%，年均单产 131.6 千克，比 20 世纪 60 年代增加 81 千克；水稻年均种植面积 0.55 万亩，比 20 世纪 60 年代增加 0.35 万亩，占粮食作物总面积的 27.64%，年均单产 232.8 千克，比 20 世纪 60 年代增加 141.6 千克；大豆年均种植面积 0.32 万亩，与 20 世纪 60 年代基本持平，占粮食作物总面积的 16.08%，年均单产 42.1 千克，比 20 世纪 60 年代减少 10.6 千克；玉米年均种植面积 0.09 万亩，比 20 世纪 60 年代增加 0.01 万亩，占粮食作物总面积的 4.02%，年均单产 145.9 千克，比 20 世纪 60 年代增加 25.6 千克。棉花年均种植面积 0.29 万亩，比 20 世纪 60 年代增加 0.15 万亩，年均皮棉单产 29.8 千克，年均皮棉总产 82.7 吨，比 20 世纪 60 年代增加 63.2 吨。

1980—1989 年，年均耕地面积为 2.63 万亩，年均总播种面积 3.59 万亩，包括绿肥在内的平均复种指数为 1.46%，不包括绿肥在内的平均复种指数为 1.36%。其中：粮食作物年平均种植面积 1.92 万亩，占总耕地面积的 53.48%。棉花年平均种植面积 0.86 万亩，占总耕地面积的 24.0%，比 20 世纪 70 年代增加 0.58 万亩。在粮食作物中，三麦年均种植面积 1.21 万亩，占粮食作物总面积的 62.5%，年均单产 229.1 千克，比 20 世纪 70 年代增加 97.5 千克；水稻年均种植面积 0.13 万亩，占粮食作物总面积的 6.77%，年均单产 348 千克，比 20 世纪 70 年代增加 115.2 千克；大豆年均种植面积 0.53 万亩，占粮食作物总面积的 27.6%，年均单产 67.2 千克，比 20 世纪 70 年代增加 25.1 千克；玉米年均种植面积 0.06 万亩，占粮食作物总面积的 3.13%，年均单产 236.5 千克，比 20 世纪 70 年代增加 90.6 千克；棉花年均种植面积 0.71 万亩，比 20 世纪 70 年代增加 0.42 万亩，年均皮棉单产 61.1 千克，比 20 世纪 70 年代增加 31.3 千克。

1990—1999 年，年均耕地面积为 2.69 万亩，年均总播种面积 3.32 万亩，包括绿肥在内的平均复种指数为 1.43%，不包括绿肥在内的平均复种指数为 1.23%。其中：粮食作物年平均种植面积 1.47 万亩，占耕地总面积的 44.28%。棉花年平均种植面积 1.7 万亩，占耕地总面积的 51.2%，比 20 世纪 80 年代增加 0.99 万亩。在粮食作物中，三麦年均种植面积 0.77 万亩，比 20 世纪 80 年代减少 0.44 万亩，占粮食作物总面积的 52.38%，年均单产 399.44 千克，比 20 世纪 80 年代增加 170.3 千克；水稻年均种植面积 0.19 万亩，比 20 世纪 80 年代增加 0.06 万亩，占粮食作物总面积的 12.93%，年均单产 454 千克，比 20 世纪 80 年代增加 106 千克；大豆年均种植面积 0.31 万亩，占粮食作物总面积的 21.09%，年均单产 102.9 千克，比 20 世纪 80 年代增加 35.7 千克；玉米年均种植面积 0.2 万亩，占粮食作物总面积的 13.61%，年均单产 350.5 千克，比 20 世纪 80 年代增加 114 千克。棉花年均种植面积 1.7 万亩，占耕地总面积的 63.2%，年均皮棉单产 84.7 千克，比 20 世纪 80 年代增加 23.6 千克。

2000—2009 年，年均耕地面积为 2.53 万亩，年均总播种面积 4.17 万亩，包括绿肥在内的复种指数为 1.84%，比 20 世纪 90 年代提高 0.41 个百分点，不包括绿肥在内的复种指数为 1.65%，比 20 世纪 90 年代提高 0.42%。其中粮食作物年平均种植面积 2.82 万亩，三麦和水稻种植面积占耕地总面积的 67.63%，比 20 世纪 90 年代增加 1.35 万亩，为各个年代最高。在粮食作物中，三麦年均种植面积 1.24 万亩，比 20 世纪 90 年代增加 0.47 万亩，占粮食作物总面积的 43.97%，年均单产 587.6 千克，比 20 世纪 90 年代增加 133.6 千克；大豆、玉米面积均大幅减少。棉花年均种植面积 1.15 万亩，占耕地总面积的 45.45%，比 20 世纪 90 年代减少 0.55 万亩，减少 32.3%，年均单产皮棉 77.6 千克。2001 年棉花种植面积为 19600 亩，2007 年下降至 3000 亩，2008 年仅为 699 亩。

2009—2011 年，除少数农户在零星地上种植少量棉花外，条田已不再安排棉花种植计划。

2012—2020 年，农场保留 2000 多亩浅水藕种植，大部分均承包给个人，其他均为小麦和水稻，产量也达到了历史最高。

第一节　粮食作物

一、三麦（即大麦、小麦、元麦）

1. 种植面积　1952 年 10 月，农场种植 939 亩小麦，次年收获单产 45 千克/亩。直至

1960 年，三麦播种面积均为 5000～8000 亩。受水、土、肥等因素的影响，产量低而不稳，最高单产 56.5 千克/亩，低的仅 7.5 千克/亩。

20 世纪 60—70 年代，三麦的播种面积基本稳定在 10000 亩左右，约占粮食作物的三分之一。随着农田水利设施逐渐完善，土壤条件不断改良，积极引进新品种。三麦栽培采用"因苗管理、分类促控"等技术措施，而后又发展成"三张图"（即方向田作业图、骨干田作业图、潜力田作业图）。从种植到收获实行按图施工，使三麦产量稳中有升。

1980 年后，三麦播种面积扩大到 14000 亩左右。1991 年，农场实种三麦 10300 亩，平均单产 351.85 千克/亩，大麦最高单产 585.9 千克/亩，小麦 587.5 千克/亩。1991 年后，推广"一根主线"（即以群体质量栽培为主线）、"两条路子"（即早茬麦走"小、壮、高"路子，晚茬麦走"独杆栽培"路子）的技术路线。

2011 年，小麦、大麦播种面积为 15337.6 亩。其中大麦 4297.5 亩，小麦 11040.1 亩，小麦又分套麦和破土种植，其中套麦 5827.5 亩，破土麦 5212.6 亩。

2012 年，小麦、大麦播种面积为 12828.6 亩。其中大麦 4289.6 亩，小麦 8539 亩（套麦 2377.4 亩）。

2013 年，小麦、大麦播种面积为 12094.8 亩。其中大麦 3555.8 亩，小麦 8539 亩（套麦 3503.5 亩）。

2014 年，小麦、大麦播种面积为 14416.1 亩。其中大麦 3508.4 亩，小麦 10907.7 亩（套麦 4728.1 亩）。

2015 年，小麦、大麦播种面积为 12823.9 亩。其中大麦 988.5 亩，小麦 11835.4 亩（套麦 3733.2 亩）。

自 2016 年秋播，农发云台分公司取消了大麦种植，全部种植小麦。2016 年、2017 年、2018 年、2019 年、2020 年播种面积分别为 11738.4 亩、13515.2 亩、14278.7 亩、15263.3 亩、15447.3 亩。

2. **茬口安排** 20 世纪 70 年代大多以田青翻耕后播种三麦，到 20 世纪 80 年代后期，农场三麦茬口以夏大豆、夏玉米茬口为主，后以棉花茬口为主。2000 年后逐渐转化为以水稻茬口为主。

3. **品种布局** 1952 年 10 月至 1960 年，三麦主要沿用当地的传统品种，如"碧马 1 号"等。1961—1970 年，三麦播种面积基本稳定在 10000 亩左右，约占粮食作物的三分之一。1978 年，三麦单产首次达到 190 千克，总产接近 2000 吨，受到省人民政府的表彰。1980 年以后，三麦播种面积扩大到 14000 亩左右，1990 年以 5418、泰山系列新品为农场三麦的主体品种，大麦则转向以西引、岗二品种为主，旨在增高产、增效益。

2015年，大小麦种植面积14416.03亩，品种为港啤1号、苏啤6号。小麦种植面积10937.67亩，占总面积的75.7%，品种以烟农19、连麦8号、济麦22为主体，搭配种植淮麦28、郑7698，其中套麦4758.29亩，占小麦种植面积的43.5%，破土种植小麦面积6179.38亩，占小麦种植面积的56.5%。

2018年，小麦种植面积15289.3亩（含基地1774.1亩），三个小麦品种烟农19、连麦8号、淮麦35均为当地适播品种，以烟农19为主体，搭配种植连麦8号和淮麦35。

2019年，小麦种植品种主要以烟农19为主，搭配种植连麦8号、淮麦35、淮麦43、淮麦40、安农0711品种。2020年以淮麦33和烟农19为主体品种，搭配种植淮麦43、连麦8、安农0711、淮麦35。

2012年，调整茬口布局。一方面，通过种植浅水藕等经济作物来调节茬口早晚；另一方面，从秋播布局入手，合理调整种植大麦和稻套麦面积，在品种布局上讲究早中熟品种搭配。

2013年，统筹布局各类茬口，套麦、破土麦种植面积按1∶3的比例进行划分，套麦全部安排产量表现稳定的烟农19。至2015年，在种植方式上，合理调节破土麦与稻套麦。

2016年，小麦种植淮麦35、连麦8号，烟农19三个品种。

2017年，小麦种植以烟农19、连麦8号为主体，搭配种植淮麦35、烟农999等。

2018年，小麦品种烟农19、连麦8号、淮麦35均为当地适播品种，以烟农19为主体，搭配种植连麦8号和淮麦35。

2019年，小麦种植品种主要以烟农19为主，搭配种植连麦8号、淮麦35、淮麦43、淮麦40、安农0711。

2020年，在种植品种上，以淮麦33和烟农19为主体品种，搭配种植淮麦43、连麦8、安农0711、淮麦35。

4. 栽培方法　1995年以前，秋播整地方式采用"两刮两压"技术，即旋耕、重耙后采用畦面刮、交切刮，播前播后两遍镇压的方式进行整地。1995年后，改为将麦种撒在棉田中，人工刨种、灌溉出苗，简化了整地播种作业程序。播种期要求小麦10月5日—15日，大麦10月15日—20日。2012年以后实行耕翻深松，鼠道深松，提高土壤爽水降渍能力。

基本苗主要依照播期而定。一般10月上旬播种，基本苗以10万～15万株/亩为宜；10月中旬播种以15万～25万株/亩较好；10月下旬播种则要求基本苗为25万～35万株/亩，即走独杆栽培技术路线。基本用种量为25万～35万千克/亩，由于土壤的适种期短，耕作粗放，田间出苗率不到 50%，所出基本苗都较少且田块间差异较大，小麦田少数为 30 万～40 万/亩，普遍在 25 万/亩左右；早大麦田基本苗在 40 万/亩以上，晚播大麦普遍在 30 万～35 万/亩，个别田块甚至只有 20 万/亩左右。2020 年农场主要以稻麦为主，茬口以小麦收割后种植水稻。

二、水稻

1. 种植发展过程 20 世纪 50 年代中期至 20 世纪 60 年代初，为传统种植时期，采用民间传统粗放的水直播种植方法，稻种经过简单的催芽后，直接播入农田。水稻品种为当地的农家品种，如大车梗、黑稻等。种植面积不稳定，最少的是 1955 年的 116 亩，单产 84 千克/亩，1956 年尝试大面积水稻机械旱直播，播种面积 878 亩，结果因灌溉用水盐分过重，导致 778 亩秧苗浸盐死亡。最多为 1961 年的 5400 亩。因受水质、管理、病虫害等因素影响，产量低且不稳，平均单产 52.8 千克/亩，低的仅 26.5 千克/亩，高的为 111.5 千克/亩。

1964 年农场派夏士秀去练湖农场、余光明去常阴沙农场学习水稻栽培技术。1965 年农场派顾德华、陈德良赴练湖农场学习水稻栽培技术，并聘请南通技术人员来农场指导种植水稻。

20 世纪 60 年代中期至 20 世纪 70 年代，是水稻种植技术的改革发展时期。在各农业单位电灌站相继建成后，农场大力推行旱改水，特别对大岛、盐河、大汪等重盐土区，大面积种植水稻，实施种稻洗盐改良土质。引进了黄壳早、桂花黄、农垦 57 等品种取代农家品种，水稻种植面积迅速扩大，每年均为 5000～7000 亩，并对育秧技术、水层管理、病虫防治等栽培技术进行了改进和提高，产量水平稳步提高，年亩产高的已达 326 千克。

1972 年农场派杨仲骆、李贵平、汤明荣、王根娣等 6 人外出学习，开始引进机械插秧。

1978 年以后，水稻种植进入调整稳定期。1977 年开始种植杂交稻，以杂交稻南优 3 号代替原农垦 57 号和桂花黄。至 20 世纪 80 年代中后期又大力推广培育壮秧、合理密植等肥水科学运筹技术，做到前期抓促分蘖、中期抓转淡、后期抓管理和严密防控病虫害等，单产突破 400 千克/亩。1991 年水稻面积 2000 亩，单产 419 千克/亩，总产 838 吨，基本满足农场职工所需。

1978 年 5 月 12 日—16 日，中共江苏省委、江苏省革委会在南京人民大会堂隆重召开江苏省科学大会。云台农场三分场种子班因在水稻工厂化无土育秧、南粳 15 号三年三圃制提纯复壮、杂交水稻南优 2 号制种、水稻中粳组小区评比试验等方面成绩突出，获江苏省科技先进集体称号。三分场技术员兼分场种子班班长刘自俭出席了大会。

1979—1980 年，按省农垦局要求，云台农场在全场进行了第二次土壤普查。荆素贞、陶祖庚、顾德华、刘自俭等组成土壤普查队，挖掘深 2.5 米、宽 1.0 米土壤剖面 20 余个，采集 20 厘米深耕作层农化土样 600 余个，并完成分析。

1991 年以后，农场水稻生产依据叶龄模式栽培理论，科学运用群体质量调控技术，全面推行青壮秧、壮个体、拿足穗、攻大穗、增粒重技术路线。以"精量播种、扩形稀植、定量控苗、精确施肥、好气灌溉和综合防治"为核心技术体系。

2001—2010 年水稻种植面积逐年增加，到 2007 年水稻种植面积达 21200 亩，后因为农场大力发展高效农业浅水藕种植，水稻种植面积稳定在 17000 亩左右。10 年内水稻平均单产 585 千克/亩，最高的为 2006 年的 650 千克/亩，水稻总产由 2001 年的 4375 吨，增至 2006 年超万吨，最高总产为 2007 年的 12189.7 吨。水稻品种根据种子公司需求，合理调配布局，以早中熟品种为主，主要种植品种有连粳系列、淮稻系列、武育粳系列等。这一期间，在继承了前些年先进栽培技术的同时，采用更为精确的科学测土配方施肥技术，根据土壤各种元素的含量决定施肥量，到 2010 年亩水稻一生使用肥料在 100 斤左右，这样既保证了水稻正常生长的元素供应，又极大地节省了肥料成本。

2012 年水稻种植面积 1.53 万亩，实收总产 882.3 万千克，平均单产 576.7 千克/亩。其中机插秧 1.3 万亩，平均单产 582.5 千克/亩。手栽稻 0.23 万亩，平均单产 543.9 千克/亩。

2013 年种植水稻 14595.42 亩，比 2012 年减少 742.18 亩，减少 5.36%，平均单产 560.97 千克/亩，亩平均比 2012 年增加 44 千克，增加 8.51%，总产 818.76 千克，比 2012 年增加 25.85 万千克，增加 3.26%。各大队仅安排 2～3 个水稻品种，扩大连粳 11、华粳 5 等偏早熟的品种面积，试验推广种植郑旱 10 等旱地品种，实现提早收割、错峰收割。

2014 年水稻总面积 14228.3 亩，预计总产 782.6 万千克，单产 550 千克左右，单产与上年基本持平。以津稻 263、连粳 7 号、宁粳 4 号为主体品种，搭配种植镇稻 99、华粳 5 号等品种。

2015 年种植水稻 14913.28 亩，比 2014 年增加 685.15 亩，平均亩实产 638 千克，亩平均比 2014 年（521.9 千克）增加 116.1 千克，增产 22.2%。与 2014 年相比，产量结构表现为四增一减，每穗总粒数、每穗实粒数、千粒重、结实率增加，亩穗数略有减少。千亩片亩产达 667.5 千克，百亩方亩产达到 785 千克以上。

2016 年种植水稻 14714.7 亩（包括拓展基地 1805 亩），比 2015 年（14913.28 亩）减少 198.58 亩，平均亩实产约 608 千克，亩平均比 2015 年（638 千克）减产约 30 千克，减产4.7%。

水稻生产上，加强推广盐水选种、药剂拌种、微喷灌育壮秧，肥水科学运筹、小型挖掘机筑埂、无人机飞防等技术，先进实用的技术为分公司农业生产提供了强大的技术保障。

2017年种植水稻16041.8亩（包括拓展基地1805亩），比2016年（14714.7亩）增加1327.1亩，其中直播稻7493亩（水直播4527亩，旱直播2966亩），机插7638.8亩（钵苗摆栽1129.2亩），手栽稻910亩。

2018年种植水稻16663.8亩（其中本部14889.7亩，基地1774.1亩），比2017年（16041.8亩）增加622亩，其中钵苗摆栽1143.2亩，25厘米机插秧11305.8亩，旱直播2388.4亩，水直播1826.4亩。总产911万千克，单产546.5千克/亩，比2017年亩减35.4千克，减幅为6.1%。

2019年，种植水稻16821.9亩（包含外拓基地张圩南区1400亩），较2018年水稻种植面积（16663.8亩）增加158.1亩，其中直播稻4337.3亩（旱直播818.4亩，水直播3518.9亩），机插秧12484.6亩（含摆栽2025.7亩）。总产1124.9万千克，平均亩实产668.7千克，亩平均比2018年（553.7千克）增加115千克，增幅为20.8%。外拓基地较2018年显著增产，平均亩实产605千克，较2018年（436.2千克）增加168.8千克，增幅39.1%。

2020年，水稻栽种面积为15399.4亩，水直播的面积为12395亩，机插秧面积与直播稻面积的比例为18:82。

2.管理方法

种子处理：1995年前采用石灰水多菌灵进行处理；1993—2003年采用施保克进行处理；2003年以后采用浸丰2号、吡虫啉浸种，防治水稻恶苗病、线虫病、小穗病、条纹叶枯病。浸种催芽。

育秧：主要的育秧方式为双膜半旱湿润育秧。落谷期一般在4月25日—5月10日；落谷量为25千克/亩，按畦称重，撒双遍，均匀落谷。落谷后用少量营养土盖种，然后化除、盖草覆膜、洇水。栽插期一般在6月底前栽插结束。

插秧：春茬稻要求株行距控制在25厘米×10厘米左右，每亩2.6万穴，每穴3株，基本苗8万株/亩左右；小麦茬水稻要求株行距20厘米×（10～12）厘米，3万穴/亩，3～4株/穴，基本苗8万～12万株/亩。

肥料运筹：水稻一生总投肥量为纯氮23千克/亩，五氧化二磷11.5千克/亩，氮磷比为2:1。①基面肥：亩施磷酸二铵25千克，尿素7.5千克；返青分蘖肥：亩施尿素15千克；平衡肥：亩施尿素 5 千克，撒黄糖促平衡；促花肥：在叶龄到 3.5 叶左右，亩施尿素 10 千克；保花肥：在叶龄到 1.5 叶左右，亩施尿素 5 千克。

田间管理：全面推广"水稻好气灌溉技术"。克服传统灌溉弊病，有利于水稻生长，减少病害感染，改善群体生长环境。好气灌溉技术的内容是：寸水插快、寸水施肥、除草治虫、寸水孕穗扬花、湿润水分蘖、湿润水幼穗分化、湿润水灌溉结实，够苗排水烤田控蘖。

机插秧：2009 年、2010 年农场推广示范机插稻面积 3000 余亩。在取得示范成功的基础上，2011 年，农场大力推广机插秧，机插秧原计划 60％面积 1 万亩，实际栽插达 1.2 万亩，占整个水稻面积的 70％。投入 300 多万元新购 33 万只硬盘、6 台机械化流水线播种机，8 台洋马高速栽插机。水稻育秧全部采用了硬盘机械化流水线播种，保证播种质量，培育了壮秧，做到了一插全苗匀苗，为秋粮奠定了高产基础。在栽插质量上，做到不重不漏，不缺苗断垄，确保基本苗。坚持做到一栽就管促早发，合理把握好肥水运筹，抓好病虫害防治。保证秧苗叶蘖同伸，适期够苗，搭起秋粮丰产架势。

栽培方式。2012 年，水稻栽种面积为 15337.6 亩。分公司水稻主要有机插稻和手栽稻两种方式，机插稻与手栽稻比例为 85：15。

2013 年，水稻栽种面积为 14595.4 亩。分公司增加了直播稻，机插稻、手栽稻与直播稻比例为 63：30：7。

2014 年，水稻栽种面积为 13719.8 亩。分公司取消了手栽稻，扩大了直播稻面积，机插稻与直播稻比例为 68：32。

2015 年，水稻栽种面积为 14913.3 亩。栽种 239 亩杂交稻丰两优 6 号，机插稻与直播稻比例调整为 80：18，推广水稻钵苗摆栽机，栽种面积 145 亩。

2016 年，水稻栽种面积为 12909.7 亩。直播稻面积略有扩大，机插稻与直播稻比例为 80：20，钵苗摆栽面积扩大到 1378 亩。

2017 年，水稻栽种面积为 14236.8 亩。机插稻与直播稻比例为 51：49，钵苗摆栽面积保持在 1127 亩。

2018 年，水稻栽种面积为 14869 亩。直播稻面积有所下降，机插稻与直播稻比例为 73：27，钵苗摆栽面积为 1119 亩。

2019 年，水稻栽种面积为 15421.9 亩。机插稻与直播稻比例为 74：26，钵苗摆栽面积为 2025.7 亩，为历年最高。

2020 年，水稻栽种面积为 15399.4 亩。直播稻面积为 12395 亩，机插稻与直播稻比例为 18：82。

3. 品种布局 1953—1956 年为传统种植期，主要种植大车梗、黑稻等。1964 年以黄壳早、桂花黄、农垦 57 品种为主。1978 年以后改杂交稻为粳稻。2012 年种植品种为连粳 7 号、镇涛 99、连粳 8 号、淮优粳 2 号、连粳 3 号、大粮 203、盐粳 5 号等。2013 年主要种植水稻品种为连粳 7 号、淮优粳 2 号、宁粳 4 号、津稻 263 等。2014 年主要种植水稻品种为连粳 7 号、镇稻 99、宁粳 4 号、津稻 263 等。2015 年主要种植水稻品种为连粳 7 号、郑旱 10 号、宁粳 4 号、连粳 11 号等。2016 年主要种植水稻品种为华粳 5 号、连粳 11 号、郑旱 10 号、连粳 7 号等。2017 年主要种植水稻品种为华粳 5 号、连粳 11 号、连糯 1 号、南粳 9108 等。2018 年主要种植水稻品种为华粳 5 号、淮稻 5 号、连粳 7 号、连稻 99 等。

2019 年水稻主体品种选择了早熟的华粳 5 号、南粳 2728，分别占比 35.8% 和 23.1%。搭配种植连粳 7 号、华粳 9 号等其他品种，共计 11 个水稻品种。

2020 年主要种植水稻品种为华粳 5 号、盐粳 311、华粳 9 号等。

三、玉米

1. 种植品种及产量 1955 年，云台农场开始种植玉米，品种为小红缸、小糙等，年平均单产 50 千克左右。20 世纪 60 年代中期，开始引种大白马牙、金黄后，单产升至 100 千克/亩左右。20 世纪 70 年代，除继续种植大白马牙等传统品种以外，引种苏玉、丹玉等杂交品种。1991 年农场种植玉米 330 亩，单产达 248 千克/亩。

2. 种植技术及施肥 纯氮 21 千克/亩，五氧化二磷 7 千克/亩左右。基种肥要足，一般亩施磷酸二铵和尿素各 15 千克；在孕穗期，即 10 片平展叶时，重施穗肥，亩施尿素 20 千克；灌浆期每亩施尿素 5 千克。正常年份，玉米一生必须灌好三次水，即出苗水、拔节孕穗水和灌浆水。

2012 年以后，每年试种少量甜玉米。2022 年，落实集团公司总体部署，农发云台分公司种植玉米-大豆带状复合种植 4072.6 亩。

四、大豆

1. 种植面积、品种 1954 年开始种植大豆，主要沿用当地的大白花、小白花、罗线豆等品种，播种面积扩大至 2000 亩左右，夏大豆一般于麦收后耕翻灭茬，以人工撒播和牛耕播种为主，年均单产 50 千克/亩。1970 年起，由确保亩基本苗在 2.3 万株左右，增施磷肥，适期喷施叶面肥，年均单产超过 100 千克。至 2000 年，云台基本不种植大豆。2022 年，落实集团公司总体部署，农发云台分公司种植玉米-大豆带状复合种植 4072.6 亩。

2. 管理方法 夏大豆要求麦收后及时抢墒播种，主要采取边收麦，边整地，边播种，播期一般要求在 6 月 10 日—25 日结束。大豆在第四片叶平展时，要求亩用盖草能或稳杀得 40～50 毫升，或用虎威 35～40 毫升兑水喷雾除大豆田间杂草。为协调好群体长势长相，在大豆开花后 5～10 天，亩用 15％多效唑 100 克兑水喷雾。在大豆盛花期，亩用尿素 5 千克，趁雨撒施。适期灌好花荚水、鼓粒水，防治好豆荚螟、豆天蛾等病虫害。

第二节 经济作物

一、棉花

1. 面积与产量 云台自 1953 年开始种植棉花，直至 1970 年播种面积一直维持在 1000 亩左右。年均亩产皮棉仅 11.6 千克。20 世纪 70 年代，种植面积扩大至 3000 亩左右，平均皮棉单产上升为 30.4 千克，最高已达到 50 千克（1973 年）。

自 1980 年，棉花成为农场的主要经济作物。1991 年，全场棉花种植面积 1.7 万亩，皮棉总产 1463 吨。1993 年，全场 18000 余亩棉花实现亩单产 90.65 千克。在栽培技术上，从 20 世纪 90 年代起，全场棉花推广高能同步栽培技术体系。该体系通过合理调控播期、密度、施肥等，来协调棉花各个群体在开花结铃期的高光合效率与太阳的高能辐射期同步。该技术体系包括品种更新在内，使棉花年均亩产可稳定保持在 85 千克左右。

2. 品种布局 建场初期以种植岱字棉 15 号为主，到 20 世纪 70 年代种植徐棉 142 号。

3. 栽培技术 1995 年以前采用机械条播，播种量一般每亩 10～12 千克。以后推广地膜种植，播种方式改为人工点种，播种量下降到每亩 2.5～3 千克。以 5 厘米地温稳定通过 14℃为播期。棉花施用的肥料有碳铵、复合肥、尿素和磷酸二铵等。1993 年以后棉田主要用尿素和磷酸二铵两种肥料。20 世纪 90 年代前的肥料运筹为：每亩基肥施尿素 10 千克、磷酸二铵 5～7.5 千克，花铃肥施尿素 17.5～20 千克。进入 20 世纪 90 年代后，按照棉花优质高产高效栽培技术要求，最大限度实现本地区 7 月中旬至 9 月初 50 天左右高能同步栽培目标，逐步取消棉花蕾期施肥，改为基肥每亩施尿素 10～75 千克、磷酸二铵 17.5～20 千克；第一次花铃肥亩施尿素 7.5～10 千克；第二次花铃肥亩施尿素 25～27.5 千克。采用化学调控。2001 年以前主要种植非抗虫棉，品种以苏棉为主，棉花长势较旺，化调采取轻控勤控原则，每亩矮壮素施用量分别为：3～4 叶期 0.5 克；7～8 叶期 1～1.5 克；13～14 叶期 2～2.5 克；17～18 叶期 2.5～3 克，打顶后 5～7 天再施缩节铵 3～3.5 克。2001 年开始大面积推广种植抗虫棉，而抗虫棉对化控较敏感，化控方式也随之发生变化。棉花苗期尽量不化控，采用了少控轻控原则，即亩用缩节铵分别为：初花期 1～

1.5 克，盛花期 1.5～2 克，打顶后 10 天再喷 2.5～3 克封顶。棉花重茬种植面积较大，苗期病害和枯黄萎病经常发生。大面积的抗虫棉种植也使棉田的虫害情况发生变化，未种植抗虫棉之前棉田主要以治棉铃虫为主，此后以盲蝽象为主。20 世纪 70 年代提出"凹顶早，冒尖迟，平顶正当时"的打顶原则。20 世纪 80 年代要求"枝（果枝）到不等时，时到不等枝"。1986 年后又总结出"先、后、看、限"四字法打顶术，即先打万株棉，后打常规棉，看长势、株型和施肥水平确定打顶期，最迟不得超过 7 月。力争棉田搭成"封行不早、个头不小、伏桃满腰"的丰产株型。此打顶整枝技术一直沿用至今。

2006 年以后，由于受市场行情的影响，农场停止种植棉花。

二、甜菜

1981 年开始种植制种甜菜，纯商品性，甜菜种专销黑龙江省，产、销以合同形式固定。

1. 面积与产量　1981 年试种 600 亩，1984 年最高年份达到 4500 亩，平均亩单产达 130 千克。平均亩效益在 200 元。

2. 主要栽培措施　直播田多为麦茬或旱豆茬。玉米及棉茬多为移栽田，一般不宜重茬，轮作间隔以 3～4 年为宜。要求土地平整，二倍体每畦 6 行，多倍体每畦 8 行，净畦面宽 4.6 米左右。直播田亩施纯氮 5～6 千克，五氧化二磷 6～8 千克作基种肥。要求 8 月上中旬播种，播种量为 0.5～0.75 千克/亩，多倍体制种甜菜父母本行比 1：3。要求灌溉不漫，墒沟保持滞水 24 小时，力求一灌全苗。一般苗床与移栽田的面积比为（1：4）～（1：5），苗龄 30 天（6～10 片叶）时即可移栽。不论移栽还是直播田，越冬前一律培土，覆盖好块根和心叶，气温回升后分 2～3 次逐渐扒土以利于萌发。2 月底前早施重施返青肥，要求亩施尿素 15 千克、磷酸二铵 30 千克，开花期叶面喷施硼肥及磷酸二氢钾 2～3 次。抽薹时，可进行人工打顶或挖心，以塑造丰产株型。约 2/3 种球黄时适期收获。收割后晾晒 2～3 天可脱粒，严防捂种或用碾子打。

1995 年以后，云台不再种植制种甜菜。

第三节　耕作制度

从建场至 20 世纪 60 年代中期，是以土壤改良为中心的旱作农业形成期。云台农场以加速土壤脱盐化为中心，除大力兴修水利外，耕作方式以秋耕晒垡、冬耕冻垡为主，以每种必耕、耕后必耙来创造适合农作物生长的土壤理化与生物学性状。其次以一年一熟制轮作或套种冬夏绿肥和施用有机肥作为提高土壤肥力的主要措施。轮作套作方式主要有麦-麦、春玉米（春大豆）-冬绿肥、棉-绿肥、麦-绿肥等，以及少量的麦-豆-麦两年三熟制。

从20世纪60年代后期至70年代，是以土壤养用相结合为主的耕作制度探索选型期。在全场排灌体系基本配套情况下，农场将培肥土壤与利用相结合作为发展种植业的指导方针。该期除不断探索和推行深松、重耙灭茬与少免耕相结合的耕作方式外，仍以传统的耕翻晒冻垡为主。轮作或间、套作制度已逐步由旱作农业期形成的一年一熟制向麦-夏玉米（夏大豆）-麦、麦-稻-棉、制种甜菜-豆-麦等一年两熟或两年三熟制过渡。其中探索和推行水旱轮作是该期耕作制度改革的重要特征。不过水稻种植虽然有所发展，但栽植面积在年份间变化较大，品种的合理构成与关键性技术措施尚在探索之中。该期的绿肥种植面积很大，平均占总种植面积的30%以上。

自20世纪80年代起至20世纪90年代中期，是以提高复种指数为目标的耕作制度配套完善期。农场确定了以提高复种指数为目标，全面探索和推广不同耕作制的合理构成及其配套应用的方式方法。在耕作方式上试验和推广旋耕灭茬，重耙灭茬和深松耕方式，重点探索少免耕技术的配套应用问题。该期除棉-棉连作田于拔秆期耕翻冻垡外，对麦茬种稻（或种夏玉米、夏大豆）、棉茬种麦（或玉米、大豆）、稻茬种麦不再经过耕翻。改年年耕、茬茬耕为3～4茬轮耕或深松一次，改过去单项作业为复式作业。农场推广和应用的免耕技术，是集上茬收割、秸秆还田、免耕带底肥播种等一次性完成，大大缩短了收种时间，为下茬的温光要求提供保证。另外，该时期的绿肥种植面积逐年缩减直至消失，取而代之的是化学商品肥施用量不断提升，20世纪80年代初开始的大力探索和推广化学氮磷钾肥的合理施用技术成为了该期的主要特征。轮作制度上形成了棉-棉一年一熟制，间套种大豆、西瓜等，麦-豆（玉米）一年两熟制和麦-稻-棉两年三熟制配套并存的生产格局，其中水旱轮作所占的比例依然很小。

20世纪90年代后期到2005年，是耕作制度优化和向现实生产力转化期。农场在耕作方式上进一步优化重耙灭茬、深松、免耕与秸秆粉碎覆盖相结合的配套性技术体系。在轮作制度上逐渐去除一年一熟的棉-棉耕作制，逐渐向以水旱轮作为中心的一年两熟或两年三熟制发展。到2000年以后，农场在缩减棉花种植面积的同时大面积减少大豆种植面积。随着水稻种植的抗逆、高产、稳产性能的凸显，加之粮食价格的持续走高，以及种植水稻具有有利于加快土壤脱盐等特点，2002年起，迅速扩大稻-麦一年两熟制的种植比例。从2006年后，农场所有常规农业几乎全部改成稻-麦连作一年两熟制。而大豆、棉花逐步演化成零星种植。

第四节　土壤改良与施肥

一、脱盐脱碱

建场初期，农场土地俗称"盐碱地"。"春天一片白茫茫，夏天到处水汪汪，秋天盐蒿一片红，冬天寒风刺骨凉"；有一半土地不适宜作物生长，而另一半土地仅适宜少部分耐盐作物生长。农场开展大量的脱盐脱碱工作。

建场初期，农场大兴水利，初步形成以治水改土为中心的农田基本建设格局。利用进出农场境内的几条主河道，先后开挖改造了从一排沟至十二排沟的贯穿河道，作为农田进出水灌排沟渠道。至20世纪80年代，农场的进出水系形成了一张完整的水利网络，加之先后建立的电灌站、排水站，并实行分段灌溉、速灌速排、水从沟走、沟干渠空的措施，加快了土壤脱盐速度，同时，也有效地改善了土壤的理化生物学性状。随后，农场在进一步完善水利设施的同时，在人工脱盐方面重点改革耕种方式。

20世纪60—70年代，冬、春、秋耕冻晒垡除了以创造良好的土壤物理性状的方式在一直沿用外，试验并推广深松及少免耕技术措施。1964年农场先后派出余光明、夏士秀、洪华忠到练湖农场、常阴沙农场学习水稻种植技术；1965年派出顾德华、陈德良到练湖农场学习水稻种植技术，从此农场旱改水土壤改良工作拉开了序幕，盐河试种800亩，在李怀忠的带领下，当年亩产达200斤，到1972年，水稻种植由水直播改为人工插秧，水稻产量达到250千克，1975年水稻产量达到400千克。全场水稻种植面积扩大到3000亩。

20世纪70年代末，农场引进深松犁，每隔1～2年就对全场耕地深松耕一遍，提高土壤通气透水性，促进植物的根系生长，有利于养分的积蓄和有效化，减少机械作业次数。同时结合大封闭灌排体系以增加土壤受益面积。

20世纪80年代，农场人工进行土壤改良。在原来改良方法的基础上，利用种植农作物来加快土壤脱盐，起到了非常显著的效果。

1992—1993年，农场利用世界银行黄淮海开放贷款和农场自筹资金90.4万元，开挖中小沟366条，共计22.3万立方米，改造中低产田4500亩，新建和改建排灌站3座、防渗渠道3000余米，改善农田灌溉条件约4000余亩，农田基本建设得到进一步完善，极大地改善了农作物赖以生存的土壤条件。

2001年以后，由于大力推行扩稻工程，农场水稻种植面积迅速扩大，至2005年后，全场几乎全部种植水稻，大大加快了土壤脱盐化速度。

二、种植绿肥

农场自 20 世纪 50 年代引种田菁成功后，到 1963 年冬全场冬夏绿肥种植面积扩大到 10000 亩。田菁春播后于 9 月上旬翻压，苕子等 9 月播种后于翌年 4 月上旬翻压。20 世纪 50 年代，冬夏绿肥种植面积年均 3000 亩左右，20 世纪 60 年代年均达 5000 亩。到 20 世纪 80 年代初，农场为了提高土地产出率和复种指数，冬夏绿肥开始逐年减少，20 世纪 80 年代末期土壤培肥主要转以秸秆还田为主，而绿肥种植逐步消亡。但实践证明，冬夏绿肥种植对土壤改良起到过重要作用，尤其是对土壤有机质的积累和难溶性养分的活化产生了持久的效果。

三、秸秆还田

秸秆还田是继绿肥种植后对土壤改良的又一新举措。20 世纪 80 年代之前，因没有相应的秸秆粉碎技术，多采取翻压还田的办法，不但还田效果不好，还影响下茬作物的播种质量，因此没有大规模推广应用。20 世纪 80 年代后期，由于在收割器械上添置了秸秆粉碎装置，并探索出配套的秸秆机械化粉碎覆盖的技术与方法，即秸秆粉碎长度低于 10 厘米且均匀散布田块。如果播种与秸秆覆盖同时进行，则要求基肥施氮量与秸秆还田量折成氮、碳比例不大于 1∶20。如果不立即播种，则应该配合秸秆还田时一起撒施氮肥，使得氮、碳比例不大于 1∶25，以利于土壤微生物对秸秆的腐解。该项技术在 20 世纪 80 年代末期开始对三麦、水稻、玉米、大豆等作物全面推广。为了确保农作物秸秆实现亩亩还田，农场制定并监督实施了严禁秸秆焚烧的奖惩措施。不过农场秸秆还田的技术措施、实施方法，以及肥料施用等方面有待于进一步完善。

至 2011 年，全场脱盐面积达到了 1.18 万亩，轻盐土面积 0.64 万亩，重盐土面积最小，0.29 万亩。

2012 年至今，农场实现了亩亩秸秆还田。同时推行水、旱轮作制，达到改良土壤的目的。

第五节　植物保护

一、病虫害防治

建场初期，农场配有专门的植保人员 2～3 名。当时对农作物主要病虫害如地老虎、棉铃虫、玉米螟等除发动人工捕捉外，多采用二二三乳剂或 25％六六六粉拌毒饵防治。

对三麦的黑穗病锈病、赤霉病、棉花立枯病等多用盐水选种来防治。

20 世纪 60—70 年代，用晶体敌百虫 1500～2000 倍液防治麦芽虫等，以及利用黑光灯或金属卤化灯诱蛾扑杀。同时，采用田间调查和定点观察等方法提高病虫测报的准确性。

20 世纪 80 年代，除了对病虫害进行药物防治和人工捕捉外，重点加强植保队伍建设和加密测报点的布控。全场建起由农业技术部门、分场、大队三级植保测报和防护网络。除定期发布病虫情报外，还利用广播和组织植保人员技术培训等方法，加大病虫测报与防治的及时性和准确性。这时期，主要用药有辛硫磷、久效磷、晶体敌百虫、敌杀死、氧化乐果等。同时加强种子的药剂处理，并以扑锈宁、多菌灵、代森锰锌等对土壤消毒或用于植株防治。

20 世纪 90 年代，农作物病虫防治实行布点控面，对突发性病虫害实行集中力量打歼灭战的方法进行防治。该时期玉米苗期小地老虎的防治方法是对种子进行拌种处理，用 50％辛硫磷兑水 20 千克喷拌后避光闷堆 3～4 小时。对各代玉米螟的防治主要采用 3％呋喃丹颗粒剂 1～1.5 克点灌玉米植株，确保一棵不漏，防治效果很好。对于大豆豆荚螟和食心虫的防治一般采用菊酯类或有机磷类 50 毫升/亩喷雾防治，大豆霜霉病则采用多菌灵、代森锰锌 1∶800 倍液来防治。对小麦蝼蛄和蛴螬等地下害虫的危害，一般采用 50％辛硫磷 150～200 克兑水 3～5 千克拌 10 千克麦种。对小麦蚜虫、黏虫亩用 40％乐斯本即毒死蜱 25 毫升，均达到较好的防治效果。20 世纪 90 年代末期小麦赤霉病逐渐加重，早期主要采用防霉宝每亩用 60 毫升防治，将病穗率控制在 5％以内。

1992 年，用卫福 200FF 370 克拌种 100 千克，有效地控制了棉花苗期的红腐病、立枯病、炭疽病的危害。通过大面积的水旱轮作和选用抗病新品种，使棉花的枯萎病、黄萎病得到根治。对于小地老虎主要采用毒饵方法，即用 90％晶体敌百虫 500 克加水 5 千克，拌 50 千克炒香棉籽饼，每亩用 1.5～2.5 千克撒施，或采用 5％来福灵 25 毫升或久效磷 50 毫升喷雾施用防治。对于棉花棉铃虫的防治先后用 21％灭杀毙 30～35 毫升、50％灭铃神 50 毫升、10％卵虫脒 50～60 毫升、47％棉铃宝 50 毫升、40％百虫死 50 毫升、25％多虫清 50 毫升、4.5％大灭灵 50～60 毫升、30％抗虫威 60 毫升、24％辛棉宝 50～60 毫升、25％辛硫灭扫利 25～30 毫升轮换用药，延缓棉铃虫抗药性产生。对不同代次提出不同的防治药剂和防治配方，配合"时到不等卵、卵到不等时"的防治策略，有效地控制住了大发生年代棉铃虫的危害。2000 年后由于抗虫棉的种植、盲蝽象成为棉花的主要害虫并且危害猖獗，对此采用有机磷类或菊酯类复合配剂 50～60 毫升/亩，取得了较好的防治效果。

2000—2002 年，采用每亩 40％多菌灵悬浮剂 80～100 毫升，于扬花期喷施，并实行统防统治，起到了相当好的效果。使用后病穗率控制在 1％左右。水稻方面，采用"402"（1∶2000）～（1∶4000）浸种，或用多菌灵 1∶250 兑水浸种防治稻瘟病、立枯病、稻苗根病。后采用 25％施宝克 5 毫升加水 10 千克浸 8 千克种子，浸泡 48 小时，防治水稻恶苗病和干尖线虫病。由于多年连续使用该药，致使 2000 年后水稻小穗头病和翘穗头病大发生。

2003 年，施用浸丰 2 号 2 毫升兑水 4 千克浸种 10 千克，浸种 48～72 小时，以提高水稻秧苗素质。水稻苗瘟和纹枯病亩用 20％三环唑及井冈霉素 75～100 毫升进行控制。在水稻虫害方面，该期主要以白背飞虱、大螟、二化螟为主，一般用杀虫双 200 克兑水 30 千克喷施防治。对于棉花的病害防治，主要采用 70％代森锰锌 1.5 千克兑水 25 千克拌种 500 千克硫酸脱绒棉种，或用 40％多菌灵胶悬剂 0.75 千克兑水 50 千克在常温下浸种 14 小时，但效果均不理想。

二、化学除草

20 世纪 60—70 年代，用西玛津、阿特拉津等进口化学除草剂以及南开大学研制的"除草剂 1 号"进行化学除草，均因效果不佳而停止使用。直到 20 世纪 70 年代后期，随着杂草种类和数量的增加，加之知青返城和劳动力缺乏，农场开始对三麦、玉米、大豆、水稻、棉花等田间杂草进行广泛的化除试验和探索。到 1990 年全场农作物实施化除比例超过 50％。

1. **三麦化除** 20 世纪 90 年代，由于长期旱作，麦田杂草基数大且密度厚，主要杂草群落以播娘蒿、荠菜、泽漆为主或以麦家公、婆婆纳为主，部分田块有少量野燕麦和雀麦发生。对此农场连续多年采用 20％使它隆 25 毫升＋20％二甲四氯 125 毫升或 75％巨星 1.3 克。野燕麦用骠马 60 毫升每亩化除，使杂草数量大幅下降，特别是 2000 年以后实行大面积水旱轮作后，只使用二甲四氯 125 毫升就能有效防治麦田杂草。多效唑化控，蹲苗促蘖。

2. **玉米化除** 农场的玉米田杂草分 15 科 36 属 41 种，以禾本科为主，共计 7 科 7 属，占杂草总数的 70％以上。优势杂草 3 种：稗草、狗尾草、马唐；阔叶杂草 27 属 32 种，占杂草总数的 25％左右；优势杂草 5 种：铁苋菜、苘麻、苍耳、反枝苋、葎草；莎草科 2 属 2 种，主要是香附子。对这些杂草一般每亩用 48％阿特拉津 100 毫升加 72％杜尔 100 毫升，于播种灌溉后以毒土法撒施即可防除，玉米田只需一次用药即可抑制整个生长期杂草危害。

3. 大豆化除 大豆3~5叶期，实行茎叶处理便可防除禾本科杂草。一般亩用"盖草能"25~30毫升或12.5%精稳杀得50毫升。防除阔叶杂草则亩用25%虎威50毫升即可。禾本科与阔叶杂草混生田，亩用盖草能25毫升或12.5%精稳杀得50毫升加25%虎威50毫升即可杀灭。

4. 水稻化除 1993年以后，稻田杂草数量开始上升，主要以禾本科为主，优势杂草约占57.6%，阔叶草约占10.3%，莎草占32.1%。优势杂草是指扁秆鹿草、香附。对这些杂草主要防治方法是进行土壤封闭处理。1995年前亩用50%杀草丹200~250毫升，拌细土20~30千克兑水3千克均匀施入，施药时田间建立潜水层，施药后田间保水2~3天，排水播种或插秧。1997年后，对稗草发生田块亩用72%杜尔10毫升或96%精杜尔5~7毫升，于插秧后秧苗返青、稗草一叶一心前拌细土20千克均匀撒施，施药后保持水层3~5天。对莎草发生严重的田块于插秧后20~30天，杂草3~5叶期，亩用48%苯达松200毫升或48%苯达松100毫升加20%二甲四氯100毫升兑水喷施；施药前排干田间积水使杂草全部露出水面，喷施后1~2天恢复正常水浆管理。由于连续多年对莎草进行茎叶处理而地下球茎未死亡，致使多年后水稻下茬作物棉花田莎草发生严重，草欺苗，影响棉花幼苗正常生长，无有效药剂进行化除，从而陷入束手无策的窘境。2000年后开始对水稻田化除药剂进行探索性筛选试验，选用兼治稗草、阔叶草及莎草，抑制杂草萌发的苄嘧磺隆配剂，经试验取得较好效果。

5. 棉花化除 棉花化除一般亩用48%氟乐灵75~100毫升。于播后覆膜前喷药，能有效防除禾本科与阔叶杂草。

第六节　农业管理体制

一、管理演变

云台农场种植业经营管理体制及其运作方式的沿革过程大致分为责任制、承包制、租赁制、模拟股份制四个阶段。

1. 责任制（1952—1983年）　1952—1954年，农场属事业性质的移民垦殖单位，不搞经济核算。棉垦管理处对基层中队和垦殖人员实行考核制，其间的主要工作任务是以垦荒为主，试种粮棉作物为辅，故不与经济效益挂钩。主要考核农业生产部门下达的月度、季度、年度农业生产任务完成情况，完成好的单位和个人给予通报表扬，完不成的单位视情况给予口头批评或通报批评。

1955 年 1 月，场内实行农场、生产队两级管理、农场一级核算。农场种植业根据统一的生产计划和作业要求，首先建立大田生产责任制。实行机工、农工统编组，划定农机具及耕牛等大牲畜，划定耕地面积，明确生产管理责任目标。农场实行"统一领导、统一经营、分级核算、统负盈亏"的经营管理方式，基层单位只搞统计、报账，不负盈亏。

20 世纪 60 年代初，改为"三包一奖"制度。"文化大革命"期间停止执行。

1970—1975 年，兵团二团期间，实行团、营、连三级管理，团、连两级核算。营、连根据团生产计划组织生产和经营活动，制定"定、包、奖"考核办法。连虽为核算单位，但只负责按计划组织生产，按期上报生产、财务报表，不负责盈亏结果。当时流传这样的顺口溜"亏多亏少国家包，盈多盈少向上交，用多用少向上要"，是对这一时期"大锅饭、等、靠、要"经营体制的恰当写照。农工则按照出勤天数或完成劳动定额情况，每月预支生活费，年终综合分配。

1979—1982 年，实行"五定到劳"联产承包责任制，五定，即定面积，定产量、产值，定生产成本，定利润，定水利、肥料、植树任务。

1983 年，实行"四定奖赔制"。即定生产任务、定作物成本、定利润总额、定流动资金占用，超计划盈利按比例分成。以粮为主的单位按超利润部分"五一四"（50％交农场，10％为单位积累，40％为奖励，下同）比例分成；以棉为主的单位按"六一三"比例分成；粮棉并重的单位按"五二三"比例分成。

2. **承包制**（1984—1999 年）　1984 年，农业实行"定额上交，自负盈亏，剩余归己，全奖全赔"的大包干责任制。种植业实行"四定、二借、一结算"方式。"四定"，即定人、定地、定作物、定上缴产量和利润；"二借"，即借支生活费用、借支计划内生产费用；"一结算"，即年终按户（劳）结算，全奖全赔，承包人与农场签订承包合同。在管理上坚持"四统一"，即统一产品、利润上缴时间；统一土地划等定级；统一关键性技术措施；统一共同性用工。至 1987 年，调整为"五统一"，即统一种植计划和布局；统一养地和水利设施；统一关键性技术措施和机械作业；统一收购主要产品和回收垫支费用；统一利费税上缴标准和会计核算。

1985—1999 年，实行大农场套小农场，统分结合的双层经营体制。1996 年农业实行预交承包抵押金制度，抵押金标准为棉花作物每亩 500 元，其他作物每亩 300 元，减少了农场预先垫支生产、生活费用的回收风险。1997 年试行农业单位管理人员一人牵头承包，领导集体负责，自负盈亏，全奖全赔的大包干责任制。1998 年农场出台了农业管理若干规定，在生产管理上实行"六统一"：一是统一布局；二是统一供种；三是坚持农作物的量化管理，各分场、管理区干部要加强农作物的管理指导，分片包干，各负其责；四是加强新技术的推广力度；五是要坚持农副产品统一收购；六是实行农田灌溉按小时分摊费用。1999年，进一步完善经营管理机制，逐步减少直至取消农场对承包户生产费用垫支，并在部分分场试点推行先交钱，后种田，两费（生产费用、生活费用）自理、租赁经营制度，取得了一定的经验。

3. **租赁制**（2000—2007年） 2000年，农场对农业种植业实行"两田制"（生活田、承租田），对不善经营、长期亏损、老弱病残、不具备大面积承租土地能力的农业职工，每人划给3亩生活田。承租田，由农业单位在公开土地租金的基础上，向本单位职工公开、公平发租。全面推行"先交钱，后种田，两费（生产费用、生活费用）自理、自主经营、自负盈亏"的租赁经营制度。农场仅统一作物布局、种子供应和部分订单产品回收。承租者真正成为生产和经营的主体，自行承担市场风险和自然风险。租赁制一直延续至2008年。租赁经营政策的贯彻执行，从根本上改变了种植业经营管理体制及其经营方式，耕地使用权交由承租人运作，推行土地一年一租或者一租几年，土地租金一年一定，一年一交。种植结构与作物布局、良种供应由农场统一规划，农产品由租赁者自行处置，除了统一订单回收的产品（种子粮）外，其余产品由产品所有者面向市场自主销售和处理。各级组织和农业服务部门主要负责核定和收取租金、政策引导、信息咨询和做好产前、产中、产后各项服务工作。同时成立了相关协会，加强对租赁者的服务工作，如先后成立的农机协会、蔬果协会、粮食协会等。2003年，农场耕地面积的发租率、土地租金回收率，分别由2001年的76%和60%、2002年的85%和73%，上升为两个90%以上。到2005年，基本上达到两个100%。亩土地租金的确定，原则上根据上年度农产品市场走向和下年度农业刚性支出情况，在保证承租职工有一定盈利空间（200元/亩以上）的前提下，确定相关作物亩土地租金。土地租金一般分两次交纳，第一次为当年9月，在签订下年度承租协议时（9月20日前）交纳应交租金总额的50%；第二次为当年12月10日前（当年秋季作物已收获并部分出售时）全额交纳。场农村信用社在每年9月启动土地租金小额贷款项目，为部分职工每户提供3000～5000元贷款，解决了困难职工想种田、能种田但又缺乏资金的问题。

2004年撤销农业分场建制，设立农业管理区，农业管理区财务不再实行独立核算，执行内部报账制。

4. **模拟股份制**（2008—2011年） 2008年，依据《江苏农垦农业土地承包经营管理实施办法》《江苏农垦完善和加强农业生产经营管理制度的补充意见》精神，结合农场实际，制订《江苏省云台农场土地经营管理实施方案》，对 2008 年秋播作物经营管理方式做出重大调整。在稳定租赁制的基础上，首先在小岛、张圩、于沈、普山四个生产区部分土地上进行模拟股份制试点，并获得成功，积累了经验。2009 年，全场八个生产区共 17300 余亩秋播粮食作物全部推行模拟股份制，成为连云港垦区第一家全面推行股份制的农场。同时，改革二级管理、一级核算的管理体制，实行农场和生产区模拟股份制实体二级管理和二级核算的管理体制，全面推进模拟股份制经营。

为充分体现土地经营公开、公正的原则，在股权设置、出资方式、民主管理、薪酬及分配制度等方面都做出明确规定。

（1）股权设置。股权设置必须保障务农职工基本利益，按照"务农职工、生产区管理人员、农场"先后顺序合理设置。设"务农职工股""生产区管理人员股""农场股"。出资方式。每 1100 元/亩为一股，生产区内所有人员以现金入股，上交股金不计利息。实行"先交后种"土地承包方式。在下一轮土地发包之时，生产区所有人员按照农场下达的土地承包金足额缴纳，取得土地的承包权。生产资金，30％在下一轮土地发包年 11 月 10 日到位，其余 70％于 12 月 10 日前到位。

（2）民主管理。生产区设立管理委员会，由生产区负责人、生产管理员、入股职工代表组成。管理委员会对生产区的资金筹集，成本费用开支产品销售、效益分配等重大事项进行监督。

（3）薪酬及分配制度。农场在编农业管理人员，工资和绩效奖金由农场支付，不列入生产区生产成本；红利则待年终决算后发放。剔除各项成本费用后的净利润，按股份分红；生产区内所有人员均享受国家农业政策性补贴，由农场兑现到生产区，再由生产区按照股份兑现到参股人员。改革农场农业二级管理、一级核算的管理体制，实行农场和生产区模拟股份制实体二级管理、二级核算的管理体制。

2003—2011 年，农场每年均获得支农惠农资金。其中 2009 年全场共落实小麦直补及农资综合补贴 196.68 万元，水稻良种补贴 27.6 万元，发放税费改革资金 80.24 万元，农桥补贴资金 43.13 万元，河道疏浚补贴资金 43.15 万元，小麦良种推广资金及农工培训经费 27.6 万元，农机项目补助资金 400 万元，设施蔬菜基地建设资金 120 万元；争取江苏省高效农业地债项目一个，获省级财政资金 50 万元；争取市级高效农业项目两个，获市级财政资金 100 万元。

5. **一体化经营全产业链发展阶段**（2012—2020 年）　2011 年 11 月 30 日，根据农垦集团农业资源整合改制精神，成立农发公司云台分公司。

农发公司云台分公司将原模拟股份制承包体提升为联合集体承包体，土地经营承包调整为土地生产承包，管理人员与农业职工按照约定分配比例获得收入；生产资料由分公司投入，生产成本由分公司统一结算，农产品由龙头企业统一销售。"农技人员＋农机"成为主要生产方式，基本解决"谁来种地、如何种地"的问题。

2012年，调整农业生产的组织架构。分公司下设生产区、大队的二级管理一级核算体制，完善农业联合生产承包的考核办法和激励机制，强化产量目标考核和制定末名淘汰制度，充实农业联合承包队伍。同时加大农业生产管理人员的培训，强化技术措施的执行。联合生产承包体制更加成熟，规范运作更加合理，广大农业管理人员积极性大大提高，执行力大为改观，各项技术措施落实到位率明显提高，逐步从粗放式种植向精细化管理迈进。

2015年，实行"统一组织、分工协作，分片管理、责任到人"的"集体经营、责任管理"模式，大队管理人员统筹兼顾，分片管理土地，增强农业核心竞争力，提高农业综合产出水平。改为三级管理、二级核算。

2016年，按照"推进上市、规范运作，拓展经营"要求，在用工、资产、账务等规范管理上进一步加强培训，严格要求，实现规范运作，提升管理水平，适应公司的运作能力，确保农发公司按时股改上市。

一体化经营全产业链促进了分公司体制创新和技术创新，稻麦管理上探索形成"云台模式"。

二、农产品质量安全管理

2010年以来，农场围绕生态、绿色、安全、大健康产业定位，以保障农产品质量安全为目标，以创建国家级出口食品农产品质量安全示范区为载体，坚持"产出来""管出来"两手抓、两手硬，大力推进生产标准化、发展绿色化、监管常态化，牢牢守住农产品质量安全底线，逐步探索出一套符合农场场情和农情的农产品质量安全管理模式，切实保障农业产业健康发展和公众"舌尖上的安全"。

1. **责任落实**　按照"谁主管谁负责、谁生产谁负责、谁经营谁负责"要求，全面落实农产品质量安全"一岗双责"责任制，将农产品质量安全纳入绩效考核范围，明确考核评价、督查督办等措施。2012年，开展农产品质量安全和诚信承诺活动，与场域单位、部门主要负责人签订了《农产品质量安全目标责任状》，推动农产品质量管理执行纵向到底，横向到边。2018年，开展农产品质量安全控制体系建设工作，突出全员参与、全产品覆盖、全过程管控，实现追溯宽度、深度与精确度的全面升级。

2. **标准化生产**　农场标准化种植基地2.14万亩，包括高效农业生产基地和常规农业生产基地。高效农业方面，在严格实施国家级、省级标准的同时，参照日本、欧盟等国际农业操作规范，研究制定与国际标准接轨的生产技术操作规程12个；常规农业方面，推广稻麦"三高一控"技术体系，因地制宜实施先进生产技术，形成稻麦生产标准化、规范化技术模式。以标准化生产，夯实农产品质量安全基础；以农产品质量安全，引领支撑农业高质量发展。种植过程实行"五统一"模式，即统一作物和品种布局，统一种子和农资供应，统一农业生产措施，统一农机作业标准，统一农产品销售，从源头上对农产品质量进行管控，形成了品质管理和食品安全的优势。2011年，基地通过良好农业规范（GAP）论证，被国家质检总局认定为国家级出口食品农产品质量安全示范区。2017年，开始创建全国绿色食品原料（水稻、小麦）标准化生产基地，2020年获批进入创建期。

3. **投入品管理**　严格农资申请、采购、入库、保管、发放、使用等流程，采取"统一进货、统一价格、统一保管、统一发放、统一技术指导"的管理模式，既控制了投入品的来源，又保证了投入品的质量，规避了乱施滥用的隐患。依托农产品质量安全控制系统，推动投入品全程"闭环"管理，实现系统数据与账务数据一致，做到了"账与物相符、领与用相符、账与库存相符"。2015年始，开展农药化肥减量增效行动，推行统防统治、绿色防控、配方施肥和高效低毒农兽药使用等质量控制技术，农药、化肥施用量连续多年实现负增长。

4. **农产品监管**　按照"源头管控、标本兼治、综合治理"的工作原则，对农产品质量安全日常监管始终保持高压态势，建立了大队、生产区、公司三级监管网络，积极打造覆盖产地环境、投入品、生产过程和农产品质量的监管体系。2012年，建立农产品质量安全监控中心，形成了涵盖主要基地的视频监控网络。2018年，借助质控平台、质控手机端APP等设施设备，采取线上、线下相结合的方式，实现实时监管和风险预警，切实提升监管效能。加强数据收集挖掘和综合分析，探索农产品质量安全大数据分析决策，研判趋势规律，锁定监管重点，实行精准监管。

5. **生态环境保护**　坚定不移打好农业面源污染治理攻坚战，强化废旧农膜、秸秆的综合利用，切断污染物进入农田的链条，净化产地环境。2014年始，开展农田环境综合整治行动，实施长效动态管理，实现田园清洁、生态良好。加强农产品产地环境监测评估，重点监测土壤中重金属含量、农药残留和土壤养分，根据监测结果建立土壤资料信息库。实施耕地质量保护与提升行动，科学保护和合理利用水资源，保证农业种植用水安全。

6. **农产品检测**　2014年，农场投资近350万元，建设一座占地面积400平方米的检测中心，拥有气质联用仪、高效液相色谱仪、原子吸收分光光度计等先进的设备，可进行农药残留、重金属、微生物检测以及各种理化分析。科学制订和实施农产品质量安全风险监测和监督抽查计划，加强对重点品种、重要时节的农产品抽检，建立农产品质量安全形势分析制度，确保农产品质量安全。2010 年以来，共检测水稻、小麦、蔬菜、水果等农产品 586 批，合格率达 100%。

7. 信息化技术运用　2010 年，由云台农场、连云港检验检疫局和南京贺林科技公司共同研发的"出口蔬菜原料追溯及种植过程管理系统"投入使用，实现出口蔬菜精细化管理和生产端到销售端的可视化追溯。2018 年 5 月 1 日，农产品质量安全控制系统（V1.0）全面上线运行，系统将条田信息、产地环境、生产过程、农业投入品、采收、运输、仓储、销售等质量安全关键控制点，全部纳入质控系统统一管理，标志着农产品全面质量管理工作迈上信息化、标准化、数字化、规范化管理的新阶段。通过系统的运行，全面而完整地构建了水稻、小麦、蔬菜等农产品质量安全数据库，实现了农产品源头可追溯、流向可跟踪、信息可查询、责任可追究。

2013 年持续改进质量、环境与 GAP 管理体系，确保有效地实施和运行，针对质量、环境和 GAP 管理体系运行中存在的问题，对质量、环境管理体系进行了重新修订，对 GAP 管理体系进行了换版，使之更具有适宜性、充分性和运行的有效性，并顺利通过外部监督审核。积极做好农业示范园区内各类数据的上报、考核和总结工作，按照园区建设进度及时准确报送园区动态统计监测报表，并先后完成了"江苏省出口农产品示范区"重新认定工作、"国家级出口食品农产品质量安全示范区"考核调研工作和"江苏省连云港花果山出口蔬菜示范区"、"全国农垦现代农业示范区"建设情况工作总结。加强基地日常监管和农产品质量监测，检测结果全部合格。

拥有 200 余台终端设备、20 米带宽 10 千米通信光缆的局域网，并有专人管理和维护；建成涵盖蔬菜科研试验基地、设施栽培基地、出口水生花卉基地、工厂化育苗基地、农产品加工基地的视频监控系统，24 小时全天候对农事操作、农用投入品管理、产品检测、农产品加工等关键控制点进行实时监控。该系统包含安全流程、安全档案质量检测、应急预警、安全溯源五大管理子系统及安全标准管理、投入品档案、农残药残检测应急控制、质量溯源等十三个功能模块。为基地决策和服务社会公众提供各种有效信息，建设共享型的信息管理平台。

云台农场各年代主要农作物生产实绩构成见表 4-1。

云台农场各年代主要农作物生产实绩构成见表 4-2。

1953—1990 年云台农场农作物播种面积产量统计见表 4-3。

表 4-1 云台农场各年代主要农作物生产实绩构成

年份	项目	年均总耕地面积/万亩	年均总播种面积/万亩	复种指数 包括绿化在内/%	复种指数 不包括绿化在内/%	年平均种植面积/万亩	占总耕地面积比例/%	三麦 面积/万亩	三麦 占粮食作物比例/%	三麦 单产/(千克/亩)	三麦 总产/万亩	水稻 面积/万亩	水稻 占粮食作物比例/%	水稻 单产/(千克/亩)	水稻 总产/吨	大豆 面积/万亩	大豆 占粮食作物比例/%	大豆 单产/(千克/亩)	大豆 总产/万亩
1960—1969年	年平均生产实绩	3.31	3.58	1.18	1.08	2.1	58.66	1.37	65.24	50.6	693.39	0.2	9.52	91.2	137.56	0.31	14.76	52.7	160.3
	比20世纪50年代增减量	0.66	2.1	1.77	1.67	1.11	—	0.96	—	28.7	603.51	-0.11	—	38.8	-6.04	0.22	—	22.3	134.18
	比20世纪50年代增减比率/%	24.9	141.9	90	82	112.1	—	234.15	—	131.1	671.5	-35.5	—	74	-4.2	244	—	73.4	513.7
1970—1979年	年平均生产实绩	2.54	3.78	1.69	1.48	1.99	52.65	1.04	52.26	131.6	1362.3	0.55	27.64	232.8	1256.9	0.32	16.08	42.1	129.3
	比20世纪60年代增减量	-0.77	0.2	0.51	0.4	-0.11	—	-0.33	—	81	668.91	0.35	—	141.6	1119.34	0.01	—	-10.6	-31
	比20世纪60年代增减比率/%	-23.3	5.6	43.2	37	-5.2	—	-24.1	—	160.1	96.47	175	—	155.3	813.7	3.2	—	-20.1	-19.3
1980—1989年	年平均生产实绩	2.63	3.59	1.46	1.36	1.92	53.48	1.21	63.02	229.1	2778.3	0.13	6.77	348	494.1	0.53	27.6	67.2	352.7
	比20世纪70年代增减量	0.09	-0.19	-0.23	-0.12	-0.07	—	0.17	—	97.5	1416	0.42	—	115.2	-762.8	0.21	—	25.1	223.4
	比20世纪70年代增减比率/%	3.54	-5.0	-13.6	-8.1	-3.5	—	16.34	—	74.1	103.9	-76.4	—	49.5	-60.7	65.6	—	59.6	172.8
1990—1999年	年平均生产实绩	2.69	3.32	1.43	1.23	1.47	44.28	0.77	52.38	399.4	3066.1	0.19	12.93	454	965.7	0.31	21.09	102.9	32.4
	比20世纪80年代增减量	0.06	-0.27	-0.03	-0.13	-0.45	—	-0.44	—	170.3	287.8	0.06	—	106	471.6	-0.22	—	35.7	-320.3
	比20世纪80年代增减比率/%	2.28	-7.52	-2.05	-9.6	-23.4	—	-36.4	—	74.33	10.36	46.2	—	30.5	95.4	-41.5	—	53.1	-90.8
2000—2009年	年平均生产实绩	2.53	4.17	1.84	1.65	2.82	67.63	1.24	43.97	402.7	4998.7	1.33	47.16	587.6	7851.5	0.22	7.8	151.9	316.1
	比20世纪90年代增减量	-0.16	0.85	0.41	0.42	1.35	—	0.47	—	3.3	1932.6	1.14	—	133.6	6885.8	-0.09	—	49	283.7
	比20世纪90年代增减比率/%	-5.95	25.6	29.67	34.15	91.8	—	61	—	0.83	63	600	—	29.4	713	-29	—	47.6	875.6
2010—2020年	年平均生产实绩	2.22	2.22	1.98	1.69	2.06	47.86	1.41	49.6	537.01	5621.26	1.45	50.4	575.49	8584.21				
	比21世纪头十年增减量	-0.31	-1.95	0.14	0.04	-0.76	-19.77	0.17	5.63	134.31	622.56	0.12	3.24	-12.11	732.71				
	增减比率/%	-12.25	-46.76	7.61	2.42	-26.95	-29.23	13.71	12.8	33.35	12.45	9.02	6.87	-2.06	9.33				

名称

表4-2 云台农场各年代主要农作物生产实绩构成

年份	项目	玉米 面积/万亩	玉米 占粮食比例/%	玉米 单产/(千克/亩)	玉米 总产/吨	经济作物 面积/万亩	经济作物 占总播种种面积/%	棉花（皮棉）面积/万亩	棉花（皮棉）占经济作物比例/%	棉花（皮棉）单产/(千克/亩)	棉花（皮棉）总产/吨	绿肥 面积/万亩	绿肥 占总播种种面积/%	蔬菜和瓜类 面积/万亩	蔬菜和瓜类 占总播种种面积/%	蔬菜和瓜类 总产/吨	其他作物 面积/万亩	其他作物 占总播种种面积/%
1960—1969年	年平均生产实绩	0.08	3.81	120.3	98.1	0.14	—	0.14	4.23	14.3	19.5	1.1	30.7	0.15	4.2	187.5	0.09	2.5
	比20世纪50年代 增减量	0.02	—	27.5	55.1	-0.05	—	-0.05	—	3.7	2.9	—	—	—	—	—	—	—
	比增减 比率/%（±）	33.3	—	29.6	128.1	-26.3	—	-26.3	—	34.9	17.5	—	—	—	—	—	—	—
1970—1979年	年平均生产实绩	0.09	4.52	145.9	122.5	0.28	—	0.29	8.46	29.8	82.7	1.3	34.4	0.06	1.6	1227.5	0.16	4.2
	比20世纪60年代 增减量	0.01	—	25.6	24.4	0.14	—	0.15	—	15.5	63.2	0.2	3.7	-0.09	-2.6	1040	0.07	1.7
	比增减 比率/%（±）	12.5	—	21.3	24.9	100	—	107.1	—	108.4	324.1	18.2	—	-60	—	554.7	77.7	—
1980—1989年	年平均生产实绩	0.06	3.13	236.5	139.7	0.86	—	0.71	32.7	61.1	473.8	0.69	19.2	0.04	1.1	1119.8	0.03	0.8
	比20世纪70年代 增减量	-0.03	—	90.6	17.2	0.58	—	0.42	—	31.3	391.1	-0.61	-15.2	-0.02	-0.5	-107.7	-0.13	-3.4
	比增减 比率/%（±）	-3.33	—	62.1	14	207.1	—	144.8	—	105	509.2	-46.9	—	-33.3	—	-8.8	-81.2	—
1990—1999年	年平均生产实绩	0.2	13.61	350.5	704.6	1.74	—	1.7	63.2	84.7	1486.2	—	—	0.08	2.4	2266.4	0.02	0.6
	比20世纪80年代 增减量	0.14	—	114	564.9	0.88	—	0.99	—	23.6	1012.4	—	—	0.04	1.3	1146.6	-0.01	-0.2
	比增减 比率/%（±）	233.3	—	48.2	404.4	102.3	—	139.4	—	38.6	213.7	—	—	100	—	102.4	-33.3	—
2000—2009年	年平均生产实绩	0.02	0.71	377.2	74.8	0.92	—	1.15	45.45	77.6	881.8	—	—	0.41	9.8	5499.7	—	—
	比20世纪90年代 增减量	-0.18	—	26.7	-629.8	-0.82	—	-0.55	—	-7.1	-604.4	—	—	0.33	7.4	3233.3	—	—
	比增减 比率/%（±）	-90	—	7.6	-89.4	-47.1	—	-32.3	—	8.3	-40.7	—	—	412.5	—	142.7	—	—

表4-3　1953—1990年云台农场农作物播种面积产量统计

| 年份 | 粮食作物 | | | | | | | | | | | | 经济作物 | | | | | |
| | 三麦 | | | 水稻 | | | 玉米 | | | 大豆 | | | 棉花 | | | 特种甜菜 | | |
	面积/万亩	单产/(千克/亩)	总产/吨	面积/万亩	单产/(千克/亩)	总产/吨	面积/万亩	单产/(千克/亩)	总产/吨	面积/万亩	单产/(千克/亩)	总产/吨	面积/万亩	单产/(千克/亩)	总产/吨	面积/万亩	单产/(千克/亩)	总产/吨
1953	939	45.4	42.6	—	—	—	—	—	—	—	—	—	250	1.2	0.3	—	—	—
1954	5311	40.9	217.2	—	—	—	—	—	—	400	5.5	2.2	460	12.6	5.8	—	—	—
1955	9322	27.1	252.6	116	69	8	—	—	—	520	13.8	7.2	1280	4	5.8	—	—	—
1956	9200	0.5	4.6	1819	56	101.7	—	—	—	—	—	—	6306	1.9	12	—	—	—
1957	4957	15	74.4	4020	72	289.4	—	—	—	196	55.1	10.8	2704	10.7	28.9	—	—	—
1958	5850	7.4	43.3	4483	29	130	112	112	12.5	1100	61.3	67.4	1585	24.5	38.9	—	—	—
1959	5485	48.2	264.4	5251	36	189	999	73.5	73.4	2665	16.1	42.9	1277	19.6	25	—	—	—
1960	8950	55.9	500.3	3500	111	388.5	651	82.6	53.8	1850	23	42.6	1200	12.5	15	—	—	—
1961	12824	47.3	606.6	5440	35	190.4	500	117	58.5	1930	36.9	71.2	1090	17	18.5	—	—	—
1962	17323	14.8	256.4	3129	27	84.5	376	76	28.6	8007	40.1	321.1	1102	6.4	7.1	—	—	—
1963	15200	43.3	658.2	2095	93	194.8	550	128	70.4	2670	34.7	92.6	1370	6.2	8.5	—	—	—
1964	16820	45.2	760.3	1970	52	102.1	900	94	84.6	1782	47.7	85	1379	29.9	41.2	—	—	—
1965	15024	34.1	512.3	820	201	164.8	1577	109	171.9	1780	89	158.4	1648	14.1	23.2	—	—	—
1966	10265	88.6	909.5	1320	75	99	1108	136	150.7	2225	60.9	135.5	2075	7.6	15.8	—	—	—
1967	11500	100.3	1153.5	560	54	30.2	—	—	—	2612	49.8	130.1	2076	7.7	16	—	—	—
1968	13500	81.7	1103	75	176	13.2	645	183	118.0	3175	85.8	272.4	1158	23.2	26.9	—	—	—
1969	15600	30.3	472.7	1200	89	106.8	929	156	145.0	4960	59.2	293.6	1230	18.5	22.8	—	—	—
1970	15200	50.6	769.1	3974	182	723.3	1400	138	193.2	4300	37.2	160	1400	23.9	33.5	—	—	—
1971	10400	47.5	494	7920	150	1188.0	280	87	24.4	3549	33.8	120	2500	19.2	48	—	—	—
1972	8957	64.8	580.4	7258	172	1248	27	107	2.9	3852	25.7	99	2429	22.6	55	—	—	—

（续）

年份	粮食作物 三麦 面积/万亩	三麦 单产/(千克/亩)	三麦 总产/吨	水稻 面积/万亩	水稻 单产/(千克/亩)	水稻 总产/吨	玉米 面积/万亩	玉米 单产/(千克/亩)	玉米 总产/吨	大豆 面积/万亩	大豆 单产/(千克/亩)	大豆 总产/吨	经济作物 棉花 面积/万亩	棉花 单产/(千克/亩)	棉花 总产/吨	特种甜菜 面积/万亩	特种甜菜 单产/(千克/亩)	特种甜菜 总产/吨
1973	9112	132.8	1210	6280	272	1708	750	227	170	3238	39.1	126.6	2550	50.2	127.9	—	—	—
1974	10080	113	1139	4839	326	1578	1470	105	154.4	3217	46.4	149.3	3292	17.7	58.3	—	—	—
1975	9500	173.2	1645	5500	250	1375	640	160	102.4	2990	66.9	200	3080	34.1	105	—	—	—
1976	9490	166	1575	6000	279	1674	500	200	100	3000	39.6	118.8	3100	26.5	82.2	—	—	—
1977	9800	178.6	1750	7000	203	1421	630	184	116	2200	54	118.8	2990	36.8	110	—	—	—
1978	10300	189.5	1952	3314	239	792	1810	110	199	2650	25.4	67.3	3060	41.6	127.3	—	—	—
1979	10705	234.5	2510	3334	254	846.8	1146	141	162	2520	52.9	133.3	3116	25.5	79.5	—	—	—
1980	14000	202.1	2829	2315	308	713	300	196	58.8	3380	67.7	228.8	4000	50.9	203.6	—	—	—
1981	13400	189.8	2543	1700	301	511.7	640	292	186.9	3380	46	155.5	3924	58.8	230.7	120	50	6
1982	13560	229.9	3118	1640	354	580.6	500	307	153.5	3900	64.6	252	5600	58.8	329	260	72	18.7
1983	13500	249	3362	1900	403	765.7	640	198	127	3400	84.6	287.6	5600	64.2	360	260	84.5	22
1984	16000	188.6	3017	1920	383	735.4	580	189	109.6	4000	56	224	6600	59.2	391	1500	116.6	175
1985	11304	217.6	2460	1286	311	400	655	153	100	7985	58.9	470	10000	43	429.5	1380	88.4	122
1986	10500	239.3	2513	837	373	312.2	305	190	58	9633	71.5	688.8	7700	55	423.5	2481	89.1	221
1987	11000	280.4	3084	300	262	78.6	1000	228	227.8	7000	53	371.1	8000	67.5	540	4000	150	600
1988	900	258.3	2325	—	—	—	900	361	325	5000	110	550	12000	70.8	850	2150	139.5	300
1989	9000	281.1	2530	800	438	350	200	250	50	5000	60	300	11500	82.61	950	2100	191.2	401.5
1990	8500	308	2618	2000	338	676	1300	187	243.3	5000	64	320	12000	50	600	2300	121.7	280

1991—2020 年云台农场主要农作物布局结构见表 4-4。

表 4-4 1991—2020 年云台农场主要农作物布局结构（亩）

| 年份 | 播种面积 | 小麦、大麦面积 | | | 水稻面积 | 棉花面积 | 大豆面积 | 玉米面积 |
		合计	小麦面积	大麦面积				
1991	34280	10300	6000	4300	2000	17000	4650	330
1992	34092	9050	6050	3000	1883	18900	1522	2737
1993	27565	5015	4000	1015	350	18000	3500	700
1994	27900	4200	1800	2400	255	19800	3450	195
1995	31290	6795	3195	3600	495	18000	495	5505
1996	31815	7500	4995	2505	1500	17010	300	5505
1997	36210	10005	8700	1305	600	17505	6705	1395
1998	30960	6405	6105	300	705	18000	3855	1995
1999	34132	9000	8800	200	10000	14000	448	684
2000	33045	11000	11000	—	5000	10000	7000	45
2001	33680	6680	6480	200	7000	19600	200	200
2002	42800	12500	11000	1500	18000	8100	4000	200
2003	35600	9000	8000	1000	9000	16000	1400	200
2004	34500	6000	5500	500	6500	18000	4000	
2005	42364	14000	13100	900	15428	11000	1936	—
2006	42405	14700	13620	1080	18000	8505	1200	
2007	42550	18000	17600	400	21200	3000	350	
2008	34499	15500	15500	—	17000	699	1000	300
2009	36273	17373	17373		18400		500	
2010	34670	17120	17120	—	17300	—	250	—
2011	32931	16465.5	13095.3	3370.2	16465.5			
2012	30675.2	15337.6	11040.1	4297.5	15337.6			
2013	27424.02	12828.6	8041.5	4787.1	14595.42			
2014	28069.96	13841.83	10465.6	3376.23	14228.13			
2015	29329.31	14416.03	10907.67	3508.36	14913.28			
2016	25733.6	12823.9	11898.1	925.8	12909.7			
2017	25975.2	11738.4	11738.4		14236.8			
2018	28404.9	13515.2	13515.2		14889.7			
2019	29700.57	14278.7	14278.7		15421.87			
2020	30662.66	15263.26	15263.26		15399.4			

1991—2020 年云台农场小麦、大麦生产情况统计见表 4-5。

表 4-5　1991—2020 年云台农场小麦、大麦生产情况统计

年份	小麦面积/亩	小麦单产/（千克/亩）	小麦总产/吨	大麦面积/亩	大麦单产/（千克/亩）	大麦总产/吨	主体品种
1991	6000	321.2	1927.2	4300	394.7	1697.2	冀 5418
1992	6050	366.9	2220	3000	393.3	1180	陕 229
1993	4000	382.5	1530	1015	428.6	435	陕 229
1994	1800	410.2	738.4	2400	379.8	911.5	陕 229
1995	3195	415.6	1328	3600	435	1566	陕 229
1996	4995	447	2233	2505	439.1	1100	陕 229
1997	8700	460	4002	1305	406.1	530	陕 229
1998	6105	382.1	2333	300	373.3	112	陕 229
1999	8800	468.7	4125	200	375.1	75	陕 229
2000	11000	323.2	3555	—	—	—	淮麦 18、19、20 号
2001	6480	425	2754	200	440.1	88	淮麦 18、19、20 号
2002	11000	400	4400	1500	420	630	淮麦 18、19、20 号
2003	8000	425	3400	1000	425	425	淮麦 18、19、20 号
2004	5500	460.4	2532.2	500	460	230	淮麦 18、19、20 号
2005	13100	460	6026	900	300.5	270.45	淮麦 18、19、20 号
2006	13620	497.3	6773	1080	324.1	350	烟农 19
2007	17600	424	7462	401	361.5	145	烟农 19
2008	15500	425	6587.48	—	—	—	烟农 19
2009	17373	362.5	6297.7				烟农 19
2010	17120	310	5307				烟农 19
2011	12046	350	4216.1	3310	250	827.5	烟农 19
2012	13095.3	256.27	3356	3370.2	262.49	884.65	烟农 19
2013	8041.5	298.15	2397.57	4787.1	202.8	970.83	烟农 19
2014	10465.6	387.26	4052.91	3376.23	454.53	1534.6	烟农 19
2015	10907.67	412.23	4496.47	3508.36	411.77	1444.64	烟农 19
2016	11898.1	363.53	4325.32	925.8	456.99	423.08	烟农 19
2017	11738.4	459.29	5391.33	0			烟农 19
2018	13515.2	482.55	6521.76	0			烟农 19
2019	14278.7	542.23	7742.36	0			烟农 19
2020	15263.26	595.61	9090.95	0			烟农 19

2012—2020 年小麦各类品种种植面积汇总见表 4-6。

表 4-6 2012—2020 年小麦各类品种种植面积汇总（亩）

年份	港啤1号	济麦22	淮麦28	烟农19	郑麦7698	连麦8号	烟农999	大麦	连麦7号
2012	4787.1	1311	3872.7	2834.6					
2013		1356.2	2701.3	5544.93	170.8	860.47		3649.47	
2014		801.3	1171.05	5794.06	904.7	2807.4		3666.46	
2015	925.8	1667		6002.3		3578.3			
2016				9070.9		2066.5	1604.2		228.6
2017				10006.2		3132.1			
2018				11960		1244			
2019				4622		1648			
2020				3483.86		1648			

年份	徐麦	淮麦33	淮麦40	淮麦43	淮麦35	安农0711	合计	备注
2012							12805.4	面积含秧田在内
2013							14283.17	
2014					274		15418.97	
2015	177				473.5		12823.9	
2016					884.7		13854.9	
2017					2807.2		15945.5	
2018			772.3	1312	1172	544.8	17005.1	
2019		4690		2923.1	1983.4	1721	17587.5	
2020		4690.3		2236.1	1484.5	1720.5	15263.26	

1991—2020 年云台农场水稻生产情况统计见表 4-7。

表 4-7 1991—2020 年云台农场水稻生产情况统计

年份	水稻面积/亩	水稻单产/（千克/亩）	水稻总产/吨	种植主体品种
1991	2000	419	838	8169-22
1992	1883	403.6	760	武育粳3号
1993	350	440	154	武育粳3号
1994	255	414.1	105.6	武育粳3号
1995	495	454.5	225	武育粳3号
1996	1500	475.3	713	武育粳3号，早丰9号
1997	600	500	300	武育粳3号，早丰9号
1998	705	546.1	385	武育粳3号，早丰9号
1999	10000	550	5500	武育粳3号，早丰9号
2000	5000	500	2500	连嘉粳1号，淮稻3、4号
2001	7000	625	4375	连嘉粳1号，淮稻3、4号
2002	18000	525	9450	连嘉粳1号，淮稻3、4号

（续）

年份	水稻面积/亩	水稻单产/ （千克/亩）	水稻总产/吨	种植主体品种
2003	9000	600	5400	连嘉粳1号，淮稻3、4号
2004	6500	600	3900	连嘉粳1号，淮稻3、4号
2005	15428	550	8485	连嘉粳1号，淮稻3、4号
2006	18000	650	11700	徐稻3号，华粳稻2、5、6号
2007	21200	575	12190	徐稻3号，华粳稻2、5、6号
2008	17000	625	10625	徐稻3号，华粳稻2、5、6号
2009	18401	600	11041	徐稻3号，华粳稻2、5、6号
2010	17300	525	9083	徐稻3号，华粳稻2、5、6号
2011	16465.5	481.64	7930.4	连粳6、7、8号，镇稻99
2012	15337.6	514.74	7894.87	连粳7号，华粳稻5号，镇稻99
2013	14595.42	540.42	7887.66	连粳7号，华粳稻5号，镇稻99
2014	14228.13	521.93	7426.1	连粳7号，华粳稻5号，镇稻99
2015	14913.28	638.18	9517.4	连粳7号，华粳稻5号，镇稻99
2016	12909.7	606.24	7826.4	连粳7号，华粳稻5号，镇稻99
2017	14236.8	586.55	8350.6	连粳7号，华粳稻5号，镇稻99
2018	14889.7	567.74	8453.5	连粳7号，华粳稻5号，镇稻99
2019	15421.87	695.81	10730.7	连粳7号，华粳稻5号，镇稻99
2020	15399.4	602.62	9280	连粳7号，华粳稻5号，镇稻99

2012—2020年水稻各类品种种植面积汇总见表4-8。

表4-8　2012—2020年水稻各类品种种植面积汇总（亩）

序号	品种	2012年	2013年	2014年	2015年	2016年	2017年	2018年	2019年	2020年
1	连粳7号	3870.9	4992.2	2618.1	3423.1	1323.3	952.6	1712.9	3703.6	
2	镇稻99	3141		2326.08	524.9					
3	连稻99						824.6	2198.2	574	
4	连粳8号	1781.2								
5	苏秀867						1019.9			
6	淮优粳2号	1780.6	2010.8			544.7				
7	连粳3号	1002.6								
8	连粳4号				415.5					
9	圣稻16	958	726.67		1388.1	1082.1				
10	圣稻19								433.5	
11	连嘉粳1号					242.9				
12	嘉优中科1号						232.3			
13	C两优608						678.7			
14	淮5					1029.4				
15	南粳9108					407.5	2803.7			
16	扬粳687					627.1				
17	郑旱10号				2485.39	1411.5				
18	盐粳16					250.9				

（续）

序号	品种	2012年	2013年	2014年	2015年	2016年	2017年	2018年	2019年	2020年
19	连糯1号					618.5	1475.7	582.2	315.5	244.5
20	连糯1号新系									418.5
21	连糯2号						668.9	154.7	418.5	
22	临稻16			211.7		775.9				
23	金稻787			297.8						
24	武连粳1号			457.74						
25	大粮203	158.1	508.6	287.1						
26	盐粳5号	546.4								
27	皖垦津晴								398.5	951.4
28	南粳2728								4082.3	
29	南粳38	214.3								
30	南粳58									35.7
31	华粳5号	116.8	500.5	1624.8	1579.97	4251.9	5269.6	5748.6	6227.7	10650.6
32	华粳9号								1065.4	1196.8
33	武运粳21	1103								
34	盐粳311				389.37	243.6	60.2		13.4	4219.71
35	丰两优6号				239.4					
36	9805	318.3								
37	2803						88.9		20.3	871.43
38	徐稻9号								512.9	
39	镇稻88（优）		457.5							
40	宁粳4号		2907.4	2448.7	1832.4					
41	津稻263		2687.6	3408.97	763.59	288.6				
42	连粳9号			67.8						
43	连粳10号			848.78						
44	连粳11号				2843.9	2155.1	1470.2	1066.9	305.7	
45	连粳13号									147.7
46	连粳15号						352.4	992.7		
47	杂交水稻	331.4		1922.3	37.75	69.3	460.8	557		
48	新品种			260.7						
49	淮稻5号	15							4042.6	
	合计	15337.6	14791.27	16780.57	15923.37	15071.4	16609.4	17055.8	18071.3	18736.34

1991—2008年云台农场玉米生产情况统计见表4-9。

表4-9　1991—2008年云台农场玉米生产情况统计

年份	玉米面积/亩	玉米单产/（千克/亩）	玉米总产/吨	种植主体品种
1991	330	247.9	81.8	鲁原单4号、苏玉1号等
1992	2737	278.8	763.1	津夏1号、丹玉6号
1993	700	353.3	247.3	津夏1号、丹玉6号
1994	195	558.5	108.9	津夏1号、丹玉6号

（续）

年份	玉米面积/亩	玉米单产/（千克/亩）	玉米总产/吨	种植主体品种
1995	5505	389.6	2145	津夏1号、丹玉6号
1996	5505	349.7	1925	津夏1号、丹玉6号
1997	1395	401.1	560	津夏1号、丹玉6号
1998	1995	349.9	698	沈单7号、苏玉1号
1999	684	400.6	274	沈单7号、苏玉1号
2000	45	311.1	14	沈单7号、苏玉1号
2001	200	375.1	75	披单2号、4号
2002	200	401	80	披单2号、4号
2003	200	350	70	披单2号、4号
2004	—	—	—	—
2005	—	—	—	—
2006	—	—	—	—
2007	—	—	—	—
2008	300	450	135	苏玉1号

1991—2010年云台农场大豆生产情况统计见表4-10。

表4-10　1991—2010年云台农场大豆生产情况统计

年份	大豆面积/亩	大豆单产/（千克/亩）	大豆总产/吨	种植主体品种
1991	4650	56	260.4	74-12
1992	1522	80	121.8	淮豆4号
1993	3500	123	430.5	淮豆4号
1994	3450	124.6	430	淮豆4号
1995	495	126.3	62.5	淮豆4号
1996	300	76.7	23	淮豆4号
1997	6705	149.9	1005	淮豆4号
1998	3855	124.8	481	淮豆4号
1999	448	149.5	67	淮豆4号
2000	7000	100	700	淮豆4号
2001	200	100	20	淮豆4号
2002	4001	175	700	淮豆4号
2003	1400	125	175	淮豆4号
2004	4000	175	700	淮豆4号
2005	1936	172.5	334	淮豆4号
2006	1200	172.5	207	淮豆4号
2007	350	170.5	59.6	淮豆4号
2008	1000	150	150	淮豆4号
2009	500	175	87.5	淮豆4号
2010	250	176	44	淮豆4号

1991—2011 年云台农场棉花生产情况统计见表 4-11。

表 4-11　1991—2011 年云台农场棉花生产情况统计

年份	棉花面积/亩	棉花单产（皮棉）/（千克/亩）	棉花总产（皮棉）/吨	种植主体品种
1991	17000	86.1	1464	盐棉 48、苏棉 1 号
1992	18900	56.1	1060	泗棉 3 号
1993	18000	90.3	1625	泗棉 3 号
1994	19800	96	1901	苏棉 6 号、苏棉 9 号
1995	18000	98	1764	苏棉 6 号、苏棉 9 号
1996	17010	105.8	1800	中棉 23、苏棉 14
1997	17505	100	1751	中棉 23、苏棉 14
1998	18000	95	1710	中棉 23、苏棉 14
1999	14000	70	980	中棉 23、苏棉 14
2000	10000	65.5	655	中棉 41、99B
2001	19600	81	1588	中棉 41、99B
2002	8100	100	810	中棉 41、99B
2003	16000	60	960	中棉 23、中棉 41
2004	18000	95	1710	中棉 23、中棉 41
2005	11000	51.1	562	鲁棉 21、鲁棉 22
2006	8505	83.5	710	鲁棉 21、鲁棉 22
2007	3000	85	255	鲁棉 21、鲁棉 22
2008	699	85.1	59.5	鲁棉 21、鲁棉 22
2009	零星种植	—	—	—
2010	零星种植	—	—	—
2011	零星种植	—	—	—

云台农场农化分析结果统计见表 4-12。

云台农场典型剖面化学性状分析统计（一）见表 4-13。

江苏云台农场志

表 4-12 云台农场农化分析结果统计

分场	有机质/(克/千克)			全氮/(克/千克)			全磷/(克/千克)			碱解氮/(毫克/千克)			速效磷/(毫克/千克)			速效钾/(毫克/千克)			pH		
	1980年	1990年	2000年	1980年	1990年	2000年	1980年	1990年	2000年	1980年	1990年	2000年	1980年	1990年	2000年	1980年	1990年	2000年	1980年	1990年	2000年
一分场	—	—	14.7	—	—	1.05	—	—	—	—	—	48.7	—	—	15.8	—	—	454.6	—	—	8.29
二分场	—	—	15.2	—	—	1.1	—	—	—	—	—	51.6	—	—	17.26	—	—	464.2	—	—	8.24
三分场	—	—	14.5	—	—	1.08	—	—	—	—	—	51.25	—	—	16.34	—	—	446.1	—	—	8.21
四分场	—	—	14.4	—	—	1.03	—	—	—	—	—	49.54	—	—	14.7	—	—	445.1	—	—	8.24
五分场	—	—	12.7	—	—	0.93	—	—	—	—	—	43.6	—	—	22.9	—	—	461.3	—	—	8.26
平均	15.4	13.1	14.65	—	—	1.06	—	—	—	55.13	112.9	50.03	8.52	5.84	16.6	213.3	257.5	454.6	8.18	8.21	8.25

表 4-13 云台农场典型剖面化学性状分析统计 (一)

剖面编号	层次/厘米			有机质/(克/千克)			全氮/(克/千克)			全磷/(克/千克)			碱解氮/(毫克/千克)			速效磷/(毫克/千克)			速效钾/(毫克/千克)			pH		
	1980年	1990年	2000年	1980年	1990年	2000年	1980年	1990年	2000年	1980年	1990年	2000年	1980年	1990年	2000年	1980年	1990年	2000年	1980年	1990年	2000年	1980年	1990年	2000年
小岛10排4轻盐土	0~25.8	0~26	0~26.2	17.9	16.9	16.9	—	—	1.56	—	—	1.11	69.3	122	56.2	—	5.5	7.6	142	273	472	—	—	8.37
	25.8~52	26~52	26.2~52	13.9	10.4	8.3	—	—	1.26	—	—	0.62	46.2	111	21	—	4	4.6	277	260	455	—	—	8.65
	52~73	52~73	52~73	—	—	7.1	—	—	1.42	—	—	0.59	—	—	17.3	—	—	17.6	—	—	576	—	—	8.61
	73以上	73以上	73以上	—	—	7	—	—	1.17	—	—	0.64	—	—	23.5	—	—	19.9	—	—	625	—	—	8.53
大迁8排10中盐土	0~17.5	0~18	0~19.5	18	13.8	15.2	—	—	1.07	—	—	1.07	81.2	112	47	4	4.5	16.7	375	298	437	—	—	8.22
	17.5~39	18~39	19.5~39	16.3	11.8	12.1	—	—	1.42	—	—	0.93	69.3	101	39.6	4	7	11.7	395	258	492	—	—	8.32
	39~82	39~82	39~82	—	—	6.8	—	—	1.3	—	—	0.51	—	—	16.1	—	—	14.4	—	—	526	—	—	8.61
	82以上	82以上	82以上	—	—	14.1	—	—	1.44	—	—	0.96	—	—	43.9	—	—	20.8	—	—	466	—	—	8.45

（续）

剖面编号	层次/厘米			有机质/（克/千克）			全氮/（克/千克）			碱解氮/（毫克/千克）			速效磷/（毫克/千克）			速效钾/（毫克/千克）			pH		
	1980年	1990年	2000年	1980年	1990年	2000年	1980年	1990年	2000年	1980年	1990年	2000年	1980年	1990年	2000年	1980年	1990年	2000年	1980年	1990年	2000年
大荒田 19#重盐土	0~26.3	—	0~27	13.8	10.2	15.5	—	—	1.05	72.8	104	51.9	12	11	15.8	320	288	446	—	—	8.37
	26.3~54	—	27~54	12.2	5.3	6.8	—	—	0.46	40.6	61	13	7	19	18.5	370	298	589	—	—	8.65
	54~87	—	54~87	—	—	5.9	—	—	0.53	—	—	10.5	—	—	29	—	—	634	—	—	8.57
	87以上	—	87以上	—	—	7.1	—	—	0.51	—	—	13.6	—	—	34.5	—	—	642	—	—	8.29
龙井 6#脱盐土	0~25.6	—	0~27	18.4	13.5	11.4	—	—	1.17	60	111	35.8	4	7	4.4	228	270	411	7.8	—	8.33
	25.6~53	—	27~53	15.4	8.9	7.3	—	—	1.3	51.8	93	17.3	4.5	8	3.9	328	260	443	7.8	—	8.44
	53~87	—	53~87	—	—	7.1	—	—	1.3	—	—	15.4	—	—	7.6	—	—	564	—	—	8.48
	87以上	—	87以上	—	—	7.7	—	—	1.1	—	—	10.1	—	—	9.4	—	—	593	—	—	8.42

云台农场典型剖面物理性状变化情况统计见表 4-14。

表 4-14　云台农场典型剖面物理性状变化情况统计

土种	剖面号	层次/厘米			土壤容重/（克/厘米³）			总孔隙度/%			田间持水量/%			毛管孔隙度/%			地下水埋深/米		
		1980年	1990年	2000年	1980年	1990年	2000年	1980年	1990年	2000年	1980年	1990年	2000年	1980年	1990年	2000年	1980年	1990年	2000年
小岛10排 4#轻盐土	耕层	0~25.8	0~26	0~26.2	—	1.41	1.363	—	46.79	46.79	48.57	18.04	17.31	—	22.3	23.61	0.8	0.95	1.05
	犁底层	25.8~52	26~52	26.2~52	—	1.47	1.468	—	44.52	44.52	44.6	—	—	—	—	—	—	—	—
大汪8排 10#中盐土	耕层	0~17.5	0~18	0~19.5	1.39	—	1.246	47.54	47.54	52.98	—	23.55	21.39	—	—	26.65	0.8	0.9	1
	犁底层	17.5~39	18~39	19.5~39	1.39	—	1.345	47.54	47.54	49.24	—	—	—	—	—	—	—	—	—
大荒田 19#重盐土	耕层	0~26.3	0~27	0~27.5	—	—	1.369	—	—	48.34	—	24.23	20.85	—	30.5	28.54	0.9	1.05	1.1
	犁底层	26.3~54	27~54	27.5~54	—	—	1.427	—	—	46.15	—	—	—	—	—	—	—	—	—
龙山 6#脱盐土	耕层	0~25.6	0~27	0~27.4	1.33	1.38	1.03	49.81	47.52	61.13	—	22.18	29	—	30.7	29.87	1.2	1.1	1.1
	犁底层	25.6~53	27~53	27.4	1.38	1.39	1.495	47.54	47.54	43.58	—	—	—	—	—	—	—	—	—

云台农场土壤有机质含量分级统计见表 4-15。

表 4-15　云台农场土壤有机质含量分级统计

等级		分级标准/	耕地面积/亩			所占比例/%		
国家级	省局级	（克/千克）	1980 年	1990 年	2000 年	1980 年	1990 年	2000 年
2 级	1 级	＞20	2612.6	—	—	10.54	—	—
3 级	2 级	15～20	12180.2	2666.7	10410	49.15	11.11	38.56
4 级	3 级	10～15	9980.2	19999.9	16590	40.31	83.33	61.44
5 级	4 级	6～10	—	1333.4	—	—	5.56	—
6 级	5 级	＜6	—	—	—	—	—	—
	合计		24773	24000	27000	100	100	100

云台农场土壤全氮含量分级统计见表 4-16。

表 4-16　云台农场土壤全氮含量分级统计

等级		分级标准/	耕地面积/亩			所占比例/%		
国家级	省局级	（克/千克）	1980 年	1990 年	2000 年	1980 年	1990 年	2000 年
2 级	1 级	＞1.5	—	—	—	—	—	—
3 级	2 级	1～1.5	—	—	19580	—	—	72.52
4 级	3 级	0.75～1	—	—	7420	—	—	27.48
5 级	4 级	0.5～0.75	—	—	—	—	—	—
6 级	5 级	＜0.5	—	—	—	—	—	—
	合计		—	—	27000	—	—	100

云台农场土壤碱解氮含量分级统计见表 4-17。

表 4-17　云台农场土壤碱解氮含量分级统计

省局级	分级标准/	耕地面积/亩			所占比例/%		
	（克/千克）	1980 年	1990 年	2000 年	1980 年	1990 年	2000 年
1 级	＞120	—	—	—	—	—	—
2 级	90～120	—	22060.6	—	—	91.9	—
3 级	60～90	24781	1939.4	2222	100	8.1	8.23
4 级	30～60	—	—	24778	—	—	91.77

（续）

省局级	分级标准/	耕地面积/亩			所占比例/%		
	（克/千克）	1980 年	1990 年	2000 年	1980 年	1990 年	2000 年
5 级	<30	—	—	—	—	—	—
合计		24781	24000	27000	100	100	100

云台农场土壤速效磷含量分级统计见表 4-18。

表 4-18　云台农场土壤速效磷含量分级统计

等级			分级标准/	耕地面积/亩			所占比例/%		
国家级	省局级		（克/千克）	1980 年	1990 年	2000 年	1980 年	1990 年	2000 年
2 级	1 级	一1 级	>20	—	—	4940	—	—	18.3
		一2 级	15~20	680	1718.7	12670	2.75	7.16	46.92
3 级	2 级		10~15	1586.5	4010.3	6040	6.4	16.71	22.37
4 级	3 级		5~10	9204.7	12232.3	3350	37.14	50.97	12.41
5 级	4 级		3~5	13309.8	4654.2	—	53.71	19.36	—
6 级	5 级		<3	—	1393.5	—	—	5.8	—
合计				24781	24009	27000	100	100	100

云台农场土壤速效钾含量分级统计见表 4-19。

表 4-19　云台农场土壤速效钾含量分级统计

等级		分级标准/	耕地面积/亩			所占比例/%		
国家级	省局级	（克/千克）	1980 年	1990 年	2000 年	1980 年	1990 年	2000 年
1 级	1 级	>200	20794.3	23513.5	27000	83.91	97.97	100
2 级	2 级	150~200	—	486.5	—	—	2.03	—
3 级	3 级	100~150	3816.7	—	—	15.4	—	—
4 级	4 级	50~100	170	—	—	0.69	—	—
5 级	5 级	30~50						
6 级	6 级	<30						
合计			24781	24000	27000	100	100	100

1992—2011 年云台农场蔬菜种植情况统计见表 4-20。

2007—2011 年云台农场出口蔬菜示范区瓜果蔬菜生产情况统计见表 4-21。

表 4-20 1992—2011 年云台农场蔬菜种植情况统计（亩）

项目	1992年	1993年	1994年	1995年	1996年	1997年	1998年	1999年	2000年	2001年	2002年	2003年	2004年	2005年	2006年	2007年	2008年	2009年	2010年	2011年
蔬菜面积	500	600	660	750	450	345	300	1000	1150	300	300	300	100	200	627	917	6012	9177	9455	11850
瓜类面积	100	400	405	450	150	150	405	700	2000	4000	2000	2000	500	1000	1010	1010	510	300	320	210
合计	600	1000	1065	1200	600	495	705	1700	3150	4300	2300	2300	600	1200	1637	1927	6522	9477	9775	12060

表 4-21 2007—2011 年云台农场出口蔬菜示范区瓜果蔬菜生产情况统计

项目	2007年 产量/吨	2007年 产值/万元	2007年 面积/亩	2008年 产量/吨	2008年 产值/万元	2008年 面积/亩	2009年 产量/吨	2009年 产值/万元	2009年 面积/亩	2010年 产量/吨	2010年 产值/万元	2010年 面积/亩	2011年 产量/吨	2011年 产值/万元	2011年 面积/亩	合计 产量/吨	合计 产值/万元	合计 面积/亩
高效作物																		
浅水藕	793.1	991.5	218.8	1584.2	6876	1237.7	5427.2	4341.8	1389.1	7149	10723	2573.6	7350	11172	2499	22303.5	34104.3	7918.22
甘蓝	360	1260	88.2	210	735	36.75	45	225	8.1	64.8	130	11.6				679.8	2350	144.65
洋葱	200	700	35	950	2850	142.5	186.2	862.98	60.1	486	863	60.4	350	1480	101.5	2172.2	6755.98	399.5
大白菜	300	1350	81													300	1350	81
西蓝花							200	8	72	40	47.5	5.4	160	179.2	41.6	400	234.7	119
水生花卉	50	29（万株）	465				300	90（万株）	315				350	120（万株）	465	700	239（万株）	1245
辣椒	—						448	308.2	56.3				280	420	84	728	728.2	140.3
荷兰豆	—						49.7	11.2	2				110	46.2	27.5	159.7	57.4	29.5
设施栽培作物																		
黄瓜	50	150	27	28	84	15.1				2	2.9	0.29	35	109.2	21.7	115	346.1	64.09
番茄	90	675	108	40	300	48	160	180	225.6	60	67.5	84.6	195	491.4	222.3	545	1713.9	688.5
西瓜	300	750	52.5				120	360	360	109	327	327	529			1058	1437	739.5
甜瓜、吊瓜	—						10	100	50				52	130	15.6	62	230	65.6
芸豆	—						12	81	46.8							12	81	46.8
韭菜、香葱	—						70	175	28				200	650	156	270	825	184
甜玉米													80	116.8	52.8	80	116.8	52.8

注：番茄含复种面积。

云台农场 2012—2020 年农业总产值和利税见表 4-22。

表 4-22 云台农场 2012—2020 年农业总产值和利税（万元）

年份	林业	牧业		渔业		农业（非国有企业）		农业（国有）			
								云台农场有限公司		江苏省农垦农业发展有限公司云台分公司	
	总产值	总产值	利税	总产值	利税	总产值	利润	总产值	利润	总产值	利润
2012	46	1813.6	115.8	365	84.7	5248.3	537.39		—19.81	3449.8	—133.29
2013	61	1356.3	85.4	914.8	154.2	5566.7	591.5		0.9	4139.28	243.98
2014	14	1135	81.4	966	174.3	5852.36	607.27	140.64	34.33	4243.35	185.22
2015	16.5	1010	92.9	890	124	5450.79	432.62	153.71	99.68	4064.69	252.75
2016	16.5	966.8	81.4	935	133.7	1756.78	116.77	161.52	98.33	4973.53	476.39
2017	18.9	762.58	88.9	1102.5	314.55	1604.68	180.5	279.3	222.95	4704.01	419.73
2018	33.8	701.6	76.22	1168.22	220.36	1730.77	171.1	172.85	125.48	4309.65	409.56
2019	64.6	566.8	73.13	926.89	244.44	1377.7	189.3	180.59	128.27	5167.64	692.69
2020	72.5	141.6	26.4	936.14	246.88	1150.24	273.28	313.24	139.23	5857.37	1075.8

第二章　养　殖　业

建场初期，农场的养殖业从无到有，发展势头逐年上升。20 世纪 90 年代，以肉鸡为龙头，养殖业形成了产业链，作为重要支柱产业。受市场影响，养殖业波动较大。2011年，出栏肥猪 3080 头，羊饲养量 2165 只，家禽饲养量达 50.7 万只。2012—2019 年，以水产养殖业为主，家禽、家畜的饲养量逐年下降。2012 年，肥猪年末存栏 1968 头，出栏12414 头；羊年末存栏 819 只；家禽年末存栏 24 万只，出栏 103.8 万只，产肉 1392.1 吨；全场水产养殖面积达到 10974.9 亩，其中对虾 5167.2 亩；水产养殖总产量 4970.4 吨，其中鱼类 4362.5 吨，虾类 607.9 吨。

第一节　家　畜

一、大牲畜

1953 年，云台农场开始发展养殖业，从三河农场调进黄牛 3 头、母猪 1 头。1962 年，发展到牛、马、驴 224 头（匹）；1963 年，从新疆调进 30 匹马作役用，20 世纪 70 年代马被淘汰处理。

大牲畜中以牛为主，其中水牛占 2/3，都为地方品种，20 世纪 70 年代引进"秦川牛""鲁西黄牛"进行杂交改良。建场初期至 20 世纪 60 年代，年均存栏役牛 160 头。20 世纪70 年代，年均存栏役牛 278 头。20 世纪 80 年代，年均存栏役牛降至 110 头。2000 年以后牛存栏量逐年减少。

从建场初期开始饲养马，主要用于运输，数量不多。1963 年，从新疆调进 30 匹，作为役用。20 世纪 70 年代，马被淘汰处理，不再饲养。

1960 年，于团畜场饲养了 16 头荷兰黑白花奶牛，1967 年被淘汰停养。

1965 年，农场引进 50 匹伊犁良种马，在盐河作过渡饲养。

1984 年以前，大牲畜为农场公有，自推行农业大包干责任制以后，大牲畜全部折价归私。

2000 年以后，农场大牲畜逐年减少，到 2005 年，农场仅存 2 头水牛、5 头黄牛。

二、生猪

农场从 1953 年开始饲养生猪，1956 年在盐河兴建境内第一个畜牧场，1960 年先后在于团、武圩兴建两个畜牧场，成为农场养猪基地。1966 年武圩畜牧场撤销，保留盐河和于团两个畜牧场。到 20 世纪 70 年代兵团期间，畜牧业由各农业连队饲养，原有的畜牧场被撤销。

农场采取"见母就留"，动员职工兴建简陋的土猪圈，队队养猪，户户养猪。1961 年，在"猪多肥多粮增产"的口号下，除场办畜牧场外，职工家家户户垒起猪禽圈舍。1962 年，农场有生猪 1221 头，基础母猪 180 头。1962—1972 年，累计繁殖苗猪 13641 头，家禽饲养量 115489 只，出栏肥猪 8567 头。1965 年，生猪饲养量达 1350 头。

20 世纪 70 年代，生猪饲养量持续增长，年均饲养量 2130 头，出栏量 1300 头。1978年前，农场统一发放饲料，统一场内调配，统一对外销售，统一更新猪种。农场的生猪品种比较复杂。建场初期至 20 世纪 70 年代，集体养猪场大多饲养种猪，职工家庭多饲养育肥猪。20 世纪 50 年代引进"约克夏"种猪，进行杂交生产育肥猪；20 世纪 60 年代引进"巴克夏""新淮猪"，以改良提高育肥猪的生产能力。20 世纪 70 年代，在原有品种的基础上，引进"长白二代杂"作为后备母猪，逐步推广瘦肉型种猪。

1975 年，农场饲养生猪达 4200 头，年出栏肥猪 1500 余头。1979 年农场从组织上配齐畜牧兽医技术员，实行技术上条条管理。

20 世纪 80 年代，农业实行承包责任制以后，集体养猪场全部关闭，全由职工家庭饲养，存栏量明显下降，大批猪舍闲置。截至 1982 年，共有猪舍 40 栋，400 余间。30 年共向国家交售肥猪 23271 头，170 余万千克；1987 年私人养猪仅 200 头左右。20 世纪 80 年代末，推行猪渔合养，猪粪喂鱼，养猪业略有回升。1991 年年末猪存栏量 634 头，出栏肥猪 737 头。畜牧业年产值由建场初的 0.82 万元，增长至 1982 年的 69.23 万元，增长83.42 倍，利润 16.62 万元，创历史最高。

1995 年，农场经过考察，在大寨河边上建万头猪场，共建 8 栋猪舍，年末存栏量 1060 头，年内出栏量 900 头，2000 年由于多种原因，猪场停办，年末存栏量 1210 头，年内出栏量 1020 头。

2001 年，农场肥猪出栏量达到 11384 头。2001—2010 年，年均出栏肥猪 3456 头。

2005 年，农场肥猪年末存栏量 816 头，年内出栏量 580 头。2010 年，年末存栏量 620 头，年内出栏量 430 头，较 1995 年有较大幅度减少，主要原因是 2006—2007 年生猪价格大幅度下降。2011 年养猪开始回升，出栏肥猪 3080 头。之后，农场公司多次进行环境综合整治，场域内取缔饲养场所。

生猪产品 20 世纪 80 年代前为计划销售，20 世纪 90 年代后改为自主销售。

三、羊

1956 年，云台从淮海农场调进"美利奴"细毛羊 280 只，集中在盐河畜牧场放牧饲养。1960 年又从新疆调进少量细毛羊，饲养在于团畜牧场。1962 年，养羊 117 只。后因牧草缺乏，无自然和人工种植牧场，加之疫病较多，于 1965 年被淘汰。20 世纪 80 年代，私人饲养地方山羊较多，多以食用为主，20 世纪 90 年代，平均每个饲养户饲养山羊总量达 20～30 只。

1995—1998 年，年饲养量分别为 3150 只、2645 只、3250 只、2050 只。2000 年养羊 1800 只，2009 年达到 2554 只。

2000—2011 年，户养山羊饲养量一直保持平稳发展，年均饲养量 2660 只，较 20 世纪 80 年代年均饲养量 1442 只增加 1218 只，增长近 1 倍，大部分在盐河饲养，后因环境综合整治，场域内取缔饲养场所。

四、兔

1970 年，农场开始饲养肉兔，品种多为"大耳兔""青紫兰兔"等，年饲养量 2000 只左右。1973 年饲养量增至 5000 只以上。1977 年，农场成立兔场，新建兔舍 10 幢。年饲养种兔 3000 只，肉兔 8000 只。1979 年，在大寨桥北侧新建机械化兔场，江苏省农垦局投资 20 万元，新建机械化兔舍 1 幢 22 间。兔舍建成后，因设计、饲草、电力等原因，未投入使用，至 1990 年改为肉鸡饲养舍，后因效益不佳而关闭。

1980 年，农场从北京购进西德长毛种兔 19 只，通过杂交改良后，兔群不断扩大，至 1981 年底，长毛兔饲养量达 2000 余只，年产兔毛近 1 吨。1985 年，因兔毛市场萎缩，价格急剧下跌，兔群规模渐小，折价归私。自 2000 年起，养兔已完全从养殖业中退出。

第二节　家　禽

1959 年，云台首次从北京引进"来克杭"种鸡 700 只，并在盐河畜牧场建鸡舍 2 幢及土坑房。20 世纪 60 年代初，农场大力发展养鸡，外购大量种蛋、苗鸡，年饲养量 10

余万只。20 世纪 60 年代后期，仅留 200 只"来克杭"种鸡，饲养在东山红军果园。20 世纪 70 年代，境内又掀起养鸡高潮，主要品种为白洛克肉鸡，各农业生产队都建起简易鸡舍。1977 年在于沈分场建种鸡舍及电孵室，年饲养种鸡 5000 余只，出栏肉鸡 2 万余只。1973—1975 年，农场在于沈电灌站饲养肉鹅，年饲养量 300 只。鸭多为职工家庭散养，每户 3~5 只。

1962 年，养鸡、鸭 1717 只，蜜蜂 20 箱。生产鲜蛋 13550 千克。但因 3 年自然灾害影响，畜牧业兴而不活。

1980 年 11 月，种鸡场建成，共计 6 幢 48 间，5000 平方米。

20 世纪 80 年代，农场养鸡处于低谷，1982 年饲养肉蛋鸡 30 余万只，蛋品总产 149650 千克；1988 年养鸡业开始复苏。1990 年，农场成立多种经营服务中心，实行一条龙管理服务，一体化经营。同时，对原种禽场进行改建扩建，是年引进"AA"父母代种鸡 3000 套，新购 4 台电孵器，年孵化苗鸡 30 万只，饲养肉鸡 15 万只，出栏肉鸡 7 万只。1991 年，饲养肉鸡 30 万只，出栏 17 万只。1990 年，农场建起一座配合饲料厂。1991 年初建起简易肉鸡宰杀车间。1994 年，农场投入 120 万元，在盐河新建肉鸡宰杀分割、冷冻生产线一条，建起 80 吨冷藏库一座。1990—1994 年，各管理区新建、改建鸡舍共计 40 余幢，年饲养肉鸡 50 余万只，出栏肉鸡 30 余万只。

1990 年开始发展规模化肉鸡养殖，1992 年农场成立多种经营服务中心，下辖种鸡厂、饲料厂、冷冻厂、大岛养殖场。至 1993 年，种鸡场鸡舍由原来的 6 栋，扩建至 12 栋，年饲养种鸡 7000 套，出雏鸡 30 万只。小岛、张圩、于沈、盐河等分场相继建成肉鸡场，新建鸡舍 33 栋。冷冻厂、饲料加工厂等肉鸡生产一条龙配套设施陆续建成投产。

1991—1994 年，农场职工杨正健、索彩军个人投资，分别在盐河、沈圩饲养山鸡、野鸭、珍珠鸡等特种禽类，年饲养量 1.5 万只左右。1995 年因市场因素及饲养成本等原因停产。

1996 年，种鸡存栏量为 1.2 万只，产种蛋 110.6 万枚，入孵种蛋 90 余万枚，出雏鸡 70 万只，饲养量 45 万只，出栏量 26 万只。

1998 年，针对肉鸡生产严重滑坡局面，农场对肉鸡生产企业进行全面改制。种鸡场、饲料厂资产转让给个人经营。冷冻厂停产，厂房出租。肉鸡场鸡舍折旧归私、人员分流。

1998 年，因肉鸡市场原因，农场先后对种鸡场、肉鸡场进行改制，国有资产全部退出，折价转让给私人经营。种禽场资产一次性整体转让给职工冯明献，成立云台农场宝羽种禽场。至 2020 年底，该场占地 46 亩，拥有职工 20 余人，其中中级技术人员 3 人，现有种禽舍 14 栋，建筑面积 5100.3 平方米。种鸡全部采用笼养、人工授精，禽舍纵向通风，湿帘降温；电孵室、办公室、仓库用房面积 929 平方米，拥有电脑控制孵化机 10 台，出雏机 2 台。年饲养种鸡达 2 万套，生产合格种蛋 200 万枚，销售种蛋 40 万枚，种蛋受精率平均 92.8%，种蛋孵化率 94.3%，年生产销售合格雏鸡 120 万只，生产配合饲料 600 吨。雏鸡、种蛋主要销往山东、淮阴、东海、赣榆、岗埠农场和本场。

2000 年，连云港孙玉厂畜禽养殖场成立，建址东山综合厂，建筑面积达 3600 平方米。2004 年 5 月海州区云台农场明来种禽养殖场成立，建址张圩，建筑面积 3500 平方米。

1998 年，农场原有 5 个肉鸡场全部折价卖给场内职工，大部分鸡舍已改作他用。目前仅有一所年饲养肉鸡量 10 万只的肉鸡场，由职工冯明来、陈洪芹经营。累计饲养肉鸡 96 万只，出栏肉鸡 80 余万只。2004 年 5 月海州区云台农场明来种禽养殖场成立，建址张圩，建筑面积 3500 平方米。2012—2020 年，每年出栏量达 6 万只，存栏量达 1.5 万只。年产蛋 1.5 万千克。连云港孙玉厂畜禽养殖场 2012—2020 年每年出栏量达 6 万只，存栏量达 2 万只。年产蛋 7 万千克。蛋鸡品种：海兰褐壳蛋鸡。

家禽生产与 20 世纪 90 年代中期相比，保持平稳发展，其中：肉种鸡年饲养量达 2 万套，年末存栏 1.5 万套，年均生产合格种蛋 200 万枚，对外销售种蛋 40 万枚，销售合格雏鸡 120 万只，种蛋平均受精率 92.8%，受精种鸡孵化率 94.3%。肉用鸡年饲养量 43 万只，出栏 32.5 万只，生产肉鸡产品 500 吨。

2020 年至今，云台农场宝羽种禽场统计年存栏量 15000 套，年产种蛋 197 万枚，年销售雏鸡 80 万羽，种蛋受精率 94%，受精种蛋孵化率 97%。苗鸡销往连云港市各县区及山东等地。建全封式种鸡舍，采用笼养肉种鸡新技术，集约化生产。

第三节　水　　产

建场前农场境内野生鱼资源丰富，主要为鲤鱼、鲫鱼、黑鱼等。人们大多采用摸、钓等方法捕鱼，供自己食用。

1960 年，云台淡水养殖开始起步，大岛开挖鱼塘 1500 亩。

1962 年，农场在大岛生产区开发 300 余亩低洼紫滩，人工围建养鱼，采用野生鱼种自然繁殖生长，饲养方式粗放，20 世纪 60 年代年均产量 10 吨左右。

1978 年，农场在大岛开挖 70 余亩精养鱼塘，开始人工放养鱼苗。1979 年冬，农场集中 1000 余人，在大岛开发鱼塘 900 余亩，养殖水面扩大到 1200 余亩，其中精养鱼池 210

亩。1980年从外地购进草鱼、白鲢、红鲤等鱼苗放养,当年捕鱼量达18.7吨。1982年精养鱼塘18个,224亩;鱼苗池15个,41亩;滩荡1000亩。1982年产鱼1万千克。1981—1985年,年均产鱼量23吨,1986—1990年,年均产鱼量180吨,其中1990年达到290吨。1991—2000年,共养殖成鱼4685吨,年均产鱼量468.5吨,其中1994—1998年,年均产鱼量达550吨。

1978年以后,农场资源利用,因地制宜将鱼塘承包到人,并对少数低洼荒地围垦养鱼,以发挥资源潜力。至1992年底,全场除大岛养殖场以外的零星养殖水面共计有460亩,年捕鲜鱼75吨左右。

2000年以后,农场推行退渔返耕政策,养殖面积逐步缩小,到2010年,鱼塘面积仅有900亩,其中对虾池养殖面积600亩。2000—2011年,年均鱼塘面积876.4亩,其中对虾养殖面积391.75亩。累计销售鱼虾量3223.35吨,其中鱼类2201.25吨、对虾1022.1吨。

大岛养殖场的淡水鱼放养品种,从开始的鲢鱼、草鱼等普通鱼,发展到20世纪80年代的鳊鱼、白鲫、异育银鲫、建鲤等名贵品种。鱼种投放多在春末、夏初,并强调清塘消毒,日常管理中的投饵、施肥、换水、充氧、防病等形成一套科学的管理规范,保证了鱼体的正常生长。成鱼起捕一般从七八月开始至次年的一二月。

2012—2019年,全场水产养殖面积累计为10974.9亩,其中鱼类5807.7亩,虾类5167.2亩;鱼、虾总产4970.4吨,鱼4362.5吨,虾607.9吨。自2020年起,因地方水环境治理要求,场域内取缔养殖场所。

第四节 蜜 蜂

1960年,农场从外地购回7箱"意大利蜂",开始发展养蜂业。养蜂人员由农场直接管理,蜜蜂一年中大半时间在南方放养,蜂群也逐年扩大。至20世纪70年代,养蜂业归各连管理,以四营14连为主,1972年达到400箱左右,年产蜂蜜23000千克左右及少量蜂王浆,从业人员达到25人,由于蜂蜜丰收,14连当年人均分配达到220元。后来四营13连、15连及二营6连也开始发展养蜂业,1982年养蜂327箱,年产蜂蜜1万千克以上。1984年,养蜂划归普山分场管理,并由承包责任制转换为折价归私。1991—1995年,每年养蜂量保持在250~370箱,年产蜂蜜10000千克左右及少量蜂王浆。1996年以后养蜂量逐年减少,至1998年蜂群转让后,农场无人再养蜂。

第五节　饲　　料

（1）野生青饲料。场域内野生青饲料品种多，资源丰富。20世纪50—60年代饲养牲畜，粗饲料主要来源均为各种野草、野菜。青草季节，大多数牲畜以放牧为主，枯草季节，则利用青草期收集的青干饲料饲喂牲畜。

（2）作物秸秆饲料。可作为饲料的作物秸秆主要有稻草、麦秸、豆秸等。

（3）人工种植牧草。20世纪70年代以前，集体养猪场和职工养猪场均划给少量饲料地，主要种植紫花苜蓿、苕子、青玉米等牧草。饲喂方法是将牧草粉碎打浆后，加入少量精料，经煮熟后饲喂，20世纪80年代后，猪大多改喂精料。

（4）槽渣饲料。20世纪70—80年代，豆腐渣是养猪的好饲料，它们大多来源于酿化厂，居民家逢年过节做豆腐也会产生豆腐渣。

（5）2006年，农场工业园区开工建设连云港河海饲料有限公司，该公司属于民办企业，2010年建成投产，占地面积10500平方米，主要进行饲料加工销售，资产总额1089万元。

第六节　疫病防治

一、队伍建设

1956年，农场成立畜牧队，全场仅有2名畜牧、水产技术人员，从事家畜、水产疫病的防治工作，归生产科领导。

1962年，农场成立3个畜牧场，共有畜牧兽医技术人员5人、水产技术人员1人，负责全场家畜、水产疫病防治工作，仍归生产科领导。

1983年，成立多种经营科，同年9月成立畜牧兽医站，隶属多种经营科。畜牧兽医站设站长1人，技术人员4人，药品管理员1人，水产技术员2人。

1990年，成立多种经营服务中心，下辖畜牧兽医站，共有畜牧兽医技术人员6人，水产技术员2人。

2011年，全场有畜牧兽医技术人员3人，其中中级职称2人，初级职称1人。

2012年后，动物防疫工作由经营单位自行承担，农场社区监督管理，每年分为春防和秋防，2015年以后防疫任务每年稳定在鸡25000只、猪1500头、羊1500只；免疫人员每年工作经费6000元/人，由农场支出。

2019 年，农场做好非洲猪瘟疫情防控工作，与区社会事业局对接，领取 1 万元非洲猪瘟防治费用，发现并处理死猪事件 4 起。

2020 年至今，辖区内经多次环境整治，已无生猪饲养。

二、兽医药品供应

1983 年前，兽医药品由农场生产科负责采购，1983 年以后由多种经营科和多种经营服务中心负责采购与供应。

2000 年，兽医药品由养殖户自行采购。

三、主要畜禽鱼类疫病防治

1956 年，农场成立了畜牧队，逐步建立了畜禽鱼类疫病防控体系，加强疫病的预防，各种疫病发病率明显下降。疫病发生后，均能严格控制，有效地避免了疫情的蔓延。

1. 场域内常见的畜禽鱼类疫病

（1）猪病。包括猪瘟、猪丹毒、仔猪副伤寒、猪霉形体肺炎、猪传染性胃肠炎、猪水疱（水肿）病。

（2）牛病。包括口蹄疫、牛结核、牛流感等。

（3）禽病。包括禽新城疫、禽霍乱、禽流感、鸡马立克氏病、鸡传染性法氏囊病、鸡白痢、鸡球虫病、鸡大肠杆菌病等。

（4）鱼病。包括出血热、打印病、细菌性烂鳃病、赤皮病、肠炎病等 10 余种。草鱼、鲢鱼多有发生。

2. 畜禽鱼类疫病主要防治措 坚持"预防为主、防治结合"的方针，主要措施为防疫、消毒、接种疫苗；对常见疫病，由兽医站技术人员上门现场诊断、治疗。特殊疫病，兽医站及时制订防治方案，经业务主管部门确认后由兽医站具体实施，做到既要及时治疗，又要确保疫情得到及时控制。

1952—2019 年云台农场养殖业生产情况统计见表 4-23。

表4-23 1952—2019年云台农场养殖业生产情况统计

年份	大牲畜年末存栏数							猪/头		羊/只		兔/只		家禽				蜜蜂/箱
	合计/(头、匹)	黄牛/头	水牛/头	奶牛/头	马/匹	骡/匹	驴/匹	年末存栏数	肥猪出栏数	饲养量	年末存栏数	饲养量	年末存栏数	饲养量/万只	年末存栏数/万只	出栏肉鸡/万只	产肉/吨	
1952	3	—	3	—	—	—	—	—	—	—	—							
1953	11	—	11	—	—	—	—	15	—	—	—							
1954	27	—	27	—	—	—	—	154	—	—	—							
1955	37	6	23	—	2	3	3	349	96	441	374							
1956	45	11	26	—	2	3	3	695	185	175	105							
1957	56	11	35	—	4	3	3	647	516	163	141							
1958	96	16	40	—	35	2	3	708	450	324	214			0.18	0.09			
1959	217	55	117	—	26	2	17	1878	3199	241	233			0.9	0.4			
1960	221	60	122	4	18	2	15	1315	453	186	155			0.3	0.1			
1961	224	54	128	4	15	2	21	727	549	155	124			0.25	0.14			
1962	233	65	127	5	13	2	21	964	252	168	144			0.11	0.05			
1963	249	71	134	13	12	2	17	961	291	154	139			0.13	0.04			
1964	239	58	135	13	16	2	15	838	160	90	60			0.93	0.06			
1965	274	63	155	13	27	2	14	1349	443	147	114			0.54	0.02			
1966	270	63	146	15	28	2	16	1240	600	166	118			0.62	0.03			
1967	207	45	123	1	28	2	8	1177	900	132	90			0.15	0.04			
1968	229	57	135	1	33	1	2	1103	964	147	114			0.33	0.02			90
1969	255	62	155	2	33	1	2	1799	398	122	60	150	90	0.03	0.03			162
1970	277	70	161	2	41	1	2	1472	578	61	35	257	180	0.42	0.42			200
1971	293	75	167	2	43	3	3	1459	430	13	13	570	220	0.45	0.45			180
1972	381	115	210	3	45	4	4	1750	380	25	25	660	335	1.03	1.03			160
1973	380	107	220	3	41	5	4	1696	732			2550	690	0.65	0.65			180
1974	310	106	190		8	3	3	2541	403			3968	2800	1.39	1.39			232
1975	316	99	205		7	2	3	2685	1580			6452	3311	0.63	0.63			240

（续）

年份	大牲畜年末存栏数							猪/头		羊/只		兔/只		家禽				蜜蜂/箱
	合计/(头·匹)	黄牛/头	水牛/头	奶牛/头	马/匹	骡/匹	驴/匹	年末存栏数	肥猪出栏数	饲养量	年末存栏数	饲养量	年末存栏数	饲养量/万只	年末存栏数/万只	出栏肉鸡/万只	产肉/吨	
1976	280	90	182		3	2	3	2458	1278			8250	4214	0.89	0.89			256
1977	275	87	182		2	1	3	2251	1549			11410	4217	1.36	1.36			208
1978	229	67	159		1	1	1	2390	1225			10875	4093	0.64	0.32			195
1979	200	66	134					2215	1608			10300	600	1.12	0.27	0.85	17	286
1980	155	44	111					1779	1940			9200	1700	2.58	0.27	1.31	23	286
1981	144	40	104					1205	1387			4200	3100	2.45	0.18	2.27	45.4	327
1982	137	32	105					1277	1461			5600	3700	0.86	0.21	0.74	14.8	330
1983	133	30	103					1227	1413			3250	2814	0.44	0.15	0.29	6.3	330
1984	123	28	95					797	1027			1685	850	1.43	1.1	0.33	6.9	330
1985	77	15	62					559	764			530	480	2.06	0.76	1.3	26.37	223
1986	66	13	53					750	850	195	170	440	400	1.9	0.9	1	12.5	223
1987	75	12	63					270	747	244	244	608	608	2.44	0.94	1.5	9	150
1988	71	16	55					295	345	525	325	1565	765	4.9	1.6	3.3	13	265
1989	97	20	77					296	460	627	523	500	250	4.9	1.1	3.8	38	173
1990	111	22	89				5	407	475	941	389	1425	225	9.2	1.3	7.9	98	160
1991	62	7	55				2	634	737	474	135	465	200	18.8	2.7	16.1	241.5	142
1992	56	8	48				4	523	719	184	144	368	118	14.3	2.3	12	150	65
1993	38	3	35				6	192	1087	315	223	245	125	18.3	3.3	15	165	40
1994	35	3	32				7	375	2000	1140	140	2200	200	37.5	2.5	35	437	48
1995	13	1	12				6	501	2700	3150	150	1420	200	46	6	40	500	40
1996	13	2	11				4	495	2800	2645	145	1450	250	47.5	5.5	42	615	40
1997	14	14					8	545	3450	3250	450	2252	340	47.9	4.9	43	645	40
1998	16	16						460	3200	2050	150	3400	600	42.2	1.2	41	612	
1999	85	85						1174	5806	539	269	1700	360	45.9	3.9	42	630	

（续）

年份	大牲畜年末存栏数							猪/头		羊/只		兔/只		家禽				蜜蜂/箱
	合计/(头·匹)	黄牛/头	水牛/头	奶牛/头	马/匹	骡/匹	驴/匹	年末存栏数	肥猪出栏数	饲养量	年末存栏数	饲养量	年末存栏数	饲养量/万只	年末存栏数/万只	出栏肉鸡/万只	产肉/吨	
2000	77	77					12	2610	11384	674	320	956	386	29.8	4.8	23.9	358.5	
2001	71	46	25					1735	6100	690	430			26.6	4.1	21	210	
2002	30	13	17					1300	7000	7270	670			35	2.3	29.1	363.8	
2003	36	8	28					670	4120	1440	240			24.45	2.1	22.1	331.5	
2004	36	23	13					680	3095	1075	370			26.2	3.8	22.3	311.6	
2005	7	5	2					600	3702	1960	400			41.2	4.9	31.8	557.1	
2006								310	2820	1390	345			38.4	4.5	33.8	287.6	
2007								350	2547	1661	280			45	5.5	39.5	582.7	
2008								400	2799	1770	320			51.2	6.2	42.9	623.6	
2009								407	2478	2554	530			51.4	5.8	45	594	
2010								410	2500	160	380			40.75	5.5	33.3	416.2	
2011								3201	2366	158	410			43.5	5.6	38.2	419.7	
2012								345	2981		215				3.7	43.3	530.4	
2013								304	2100		190				4.4	21	282.9	
2014								262	1840		173				3.8	14	186.2	
2015								238	1630		142				2.6	11.5	181.2	
2016								294	1542		98				3	9.8	148	
2017								230	1033		51				1.6	4.2	63.4	
2018								170	803						2.5			
2019								125	485						2.4			

注：家禽饲养量、年末存栏数含种鸡。

1959—2020 年云台农场水产生产情况统计见表 4-24。

表 4-24　1959—2020 年云台农场水产生产情况统计

年份	养殖面积/亩		产品产量/吨			
	合计	其中对虾	总产	其中		
				鱼类	虾类	蟹
1959	70	—	13.1	13.1	—	—
1960	70	—	15	15	—	—
1961	100	—	16.6	16.6	—	—
1962	100	—	12.5	12.5	—	—
1963	100	—	4.2	4.2	—	—
1964	100	—	11	11	—	—
1965	100	—	—	—	—	—
1966	100	—	—	—	—	—
1967	100	—	—	—	—	—
1968	100	—	8	8	—	—
1969	100	—	5.6	5.6	—	—
1970	100	—	4.6	4.6	—	—
1971	100	—	14.4	14.4	—	—
1972	100	—	16.1	16.1	—	—
1973	100	—	9	9	—	—
1974	100	—	4	4	—	—
1975	100	—	4.5	4.5	—	—
1976	100	—	10	10	—	—
1977	100	—	10	10	—	—
1978	100	—	10	10	—	—
1979	169	—	4	4	—	—
1980	273	—	18.7	18.7	—	—
1981	363	—	18.2	18.2	—	—
1982	363	—	17.5	17.5	—	—
1983	572	—	10	10	—	—
1984	506	—	25.5	25.5	—	—
1985	802	—	60	60	—	—
1986	1252	—	140	140	—	—
1987	1230	—	160	160	—	—
1988	1230	—	150	150	—	—
1989	1230	—	150	150	—	—
1990	1680	—	290	290	—	—
1991	1680	—	325	325	—	—
1992	1680	—	350	350	—	—
1993	1680	—	375	375	—	—
1994	1545	—	500	500	—	—

（续）

年份	养殖面积/亩		产品产量/吨			
	合计	其中对虾	总产	其中		
				鱼类	虾类	蟹
1995	1545	—	550	550	—	—
1996	1545	—	550	550	—	—
1997	1680	—	550	550	—	—
1998	1680	—	530	530	—	—
1999	870	—	335	335	—	—
2000	870	—	310	310	—	—
2001	780	—	310	310	—	—
2002	705	—	325	325	—	—
2003	1275	570	329	243.5	85.5	—
2004	650	200	107.35	61.75	45.6	—
2005	650	195	232	116	56	60
2006	729	—	200	160	40	
2007	729	—	340	160	180	
2008	729	—	360	180	180	
2009	729	—	345	155	190	
2010	900	600	365	120	245	
2011	900	600	358	236	122	
2012	727.5	436.5	316	228	88	
2013	1500	549	680	603.2	76.8	
2014	1500	684	678.9	598.4	80.5	
2015	1500	684	673.42	601.6	71.82	
2016	1500	690	699	624	75	
2017	1449.9	724.95	659	588	71	
2018	1425	712.5	592	533	59	
2019	1372.5	686.25	672.08	586.3	85.78	
2020	1302.6	651.3	639.37	557.96	81.41	

注：2002 年以后对虾养殖面积和产品产量均指南美白对虾。

云台农场牧业生产情况（2013—2020 年）见表 4-25。

表 4-25　云台农场牧业生产情况（2013—2020 年）

年份	鸡		猪			
	成品鸡/只	禽蛋产量/吨	出栏肥猪/头	能繁殖的母畜/头	当年生仔畜/头	合计养猪/头
2013	24000	91.2	2100	71	656	304
2014	38000	102	1840	0	0	262
2015	30000	155	1630	39	468	238
2016	98000	256	1542	33	432	294

（续）

年份	鸡		猪			
	成品鸡/只	禽蛋产量/吨	出栏肥猪/头	能繁殖的母畜/头	当年生仔畜/头	合计养猪/头
2017	42000	261	1033	40	384	230
2018	25000	187.5	803	0	337	170
2019	24000	120	485	16	211	125
2020	26000	128.7				

云台农场渔业生产情况（2013—2020 年）见表 4-26。

表 4-26　云台农场渔业生产情况（2013—2020 年）

年份	养殖面积/公顷	养殖产量/吨	其中	
			鱼类/吨	虾类/吨
2013	100	680	603.2	76.8
2014	100	678.9	598.4	80.5
2015	91.5	672.08	586.3	85.78
2016	100	674	602	72
2017	97	659	588	71
2018	95	592	533	59
2019	91.5	672.08	586.3	85.78
2020	86.84	639.37	557.96	81.41

第三章　林　　业

1952年，农场境内无天然森林，无人工造林。1954年，农场为了防风保护庄稼，开始在新开垦土地上建立防护林，一边开荒，一边植树，此后植树造林在云台农场大规模兴起。至2022年，全场林地总面积达3247.62亩，其中防护林面积达2572.11亩，果树面积达221.7亩。林木覆盖率达34%。城镇绿化覆盖率达41.5%。农田林网152条，四旁绿化面积达142.34亩。

第一节　队伍建设

1970年之前，农场无专门林业生产管理机构和管理制度，仅在农场生产部设一名专职林业管理员负责全场林业规划管理和技术服务，各分场大队自行管理，职责不明确。

1970年，农场成立林业管理站，隶属于生产科（农业科）。1979年，经农场党委研究决定，每个连队设1名专职林业队长，负责本连林本保护、栽植、修伐、苗圃培育，兼管鱼塘，独立核算，自负盈亏。是年，农场成立11人林业专业队，负责对全场所有的成林、新建幼林实行管护工作。职责为对幼林抚育、培土、除草、浇水保成活；负责分期分批修剪整枝；看管检查、防偷防盗。

1986年，农场成立多种经营科，林业站隶属于多种经营科。1990年隶属于多种经营服务中心。2000—2011年，隶属于农业服务中心（生产技术部）。全场形成林业站、分场（生产区）、大队（居民组）三级管理网络。此后逐步完善林业管理责任制和破坏林木的处罚条例等。

2020年2月，农场成立了林业服务中心，属职能部门。主要职能为：负责宣传与贯彻执行国家林业法律、法规和各项方针政策；编制农场公司林业发展规划；负责林木采伐计划报批与监督管理；负责林地经营管理工作；负责农场公司绿化工程建设、林业生产、苗木繁育及林木产品销售工作；负责农场公司绿化苗木的养护工作（修剪、施肥、除草等工作）；负责林业项目的申报与实施；配合政府林业主管部门开展林业资源调查、造林检查验收、林业统计和森林资源档案管理等工作；协助地方政府依法查处滥伐、盗伐林木、侵占林地案件；负责林地纠纷争议调解工作；负责林地合同管理及林业台账的归档管理。

第二节 制度建设

20世纪80年代，林业管理形成了制度化管理，以农场责任制形式每年下发各单位林业任务及相关政策和奖励措施。1989年起，实行生态效益与建立育林基金等相关制度，每年按农业分场实有耕地面积提取生态效益费作为发展林业生产、改造生态环境的主要费用。

1995年林业政策规定包括：

（1）新造林带一律由个人承包管理，每人限包两条林带，其林带不征土地费用，一包十年不变，其林业产权归承包人所有，但必须遵守农场要求按时间计划砍伐。

（2）农场每年给每个大队600元的林业补贴，年终由农场林业站验收，树木成活率达到农场规定指标后可给予补助，否则不予补贴。如达不到农场规定的成活指标，每株罚款0.5元。

（3）幼林成活后，树木由林业站统一编号注册，每少一株，按农场有关规定罚款。

（4）老林带也交个人承包管理，其产权的50%归个所有，50%归林业站，其砍伐时间、数量按农场要求办理。

（5）为了加快农场林业生产的发展，每亩拟提林业经费2元，由农场统一使用。

（6）新造林带、老林带的承包，必须签订承包合同，一式三份，农场、分场（大队）、个人各执一份。

1996年，林业经费提取额为2元/亩耕地。随着林权制度改革，林业生产管理计划指标与措施等由指令型逐步向指导型和服务型转变。农场范围内用材林、农田防护林及四旁林木（家前屋后按规定范围内自栽树木除外）均属全民所有，按行政权属划归所属单位经营管理，任何单位及个人不得侵占、破坏和砍伐。林带更新、死树淘汰管理由单位申请报告，经农场批复后进行。

2019年，农场出台林业资源经营管理办法。

2020年，农场加大对林业服务中心的考核力度。一是要求保证造林成活率，新造林成活率90%，集体经济苗木成活率90%，绿化工程苗木成活率90%，每年6月、10月两次考核，两次考核成绩可互补。二是完成年度造林400亩。三是保证工程进度。因工作安排不当，工程进度按时间节点完成。四是施工工程质量合格率100%。五是针对职责范围管理的树木、草坪、苗圃进行养护。年度经济指标为：实现收入400万元，其中场外收入

180 万元，场内收入 220 万元。

第三节　绿化造林

1954 年，农场开始在新开垦土地上建立防护林，一边开荒，一边植树。此后，植树造林在云台农场大规模兴起。

1954 年 3 月，农场动员全场干部职工植树造林，当年植树 20 多万株。以营造农田防护林为主，主林带设计大致为南北向，带长一般为 1000 米，带幅 6～8 米，林带形式为两林夹一沟。主要树种有臭椿、刺槐、白榆、桑树、本槐等。因土质较差，成活率仅为52％。以后逐年改造农田防护林，增加苦楝、紫穗槐、杨树等树种。至 1960 年，基本完成了全场 106 条主副林带的防护林植树计划。防护林总面积约 1530 亩，果树面积 276 亩。

1957 年，原农场老场长、老红军王荣江同志，在农场境内的南城东山坡亲手栽种果树，建起第一座面积约 20 亩的果园，定名为"红军果园"。

20 世纪 60 年代，植树造林由原营造农田防护林转向以种植经济林、用材林为主，大量栽植紫穗槐、杨柳、意杨等树种，并通过对居民区、道路等进行四旁植树，绿化环境。至 20 世纪 70 年代末，全场林地面积已达 5800 亩，其中 1978 年达到 5871 亩。

20 世纪 70 年代末至 80 年代初，乱砍滥伐现象严重。至 1979 年，林地面积降至 1967亩，果树面积仅为 68 亩。1982—1992 年，林地面积为 2000～3000 亩，林木覆盖率仅为 7.4％。

20 世纪 80—90 年代，农场植树重点转向对老林带的改造和四旁绿化。将原设计的"两林夹一沟"农田防护林改造为"两沟夹一林"，林带长度不变，宽度改为 5～6 米。林床相应提高，改善农田的排沟洗盐，方便机械化作业和田间管理。至 20 世纪 90 年代末，共改造老林带 41 条。住宅区、办公区绿化率达 25％，四旁植树 26 万株，林木覆盖率12.9％。1989 年起，农场林业生产以发展"生态型林业"为主线，加快了复合林业经济体系发展，实现了林业生态效益、经济效益、社会效益的协调持续发展。

2000 年底，农场林木总面积 2940 亩，林木覆盖率不足 10％，住宅区绿化率 35％，主要河、沟、渠、路旁绿化率达到 100％。

2003 年，全场新增林业面积 505 亩，成片林植树 35450 株；四旁植树 10100 株，树木成活率达 85％。

2008 年 7 月，农场与新浦区农林水利局林业站协作，组建连云港华云园艺有限公司，发展杨树苗木基地 200 亩，生产杨树苗 60 万株。

2010年，农场投入85万元用于更新老林带及烧香河堆统一规划植树，完成绿化造林面积339亩，植树5.5万株，全场绿化总面积达12.61万平方米，林木覆盖率20.1%。截至2011年，全场林地总面积9926亩，其中防护林面积9376亩，果树面积550亩。

2012年以后，农场发展农业生态旅游，以发展观赏树林和绿植花木为主。2013—2019年，云水湾栽植乔木19593株，灌木61445株，色块植物121.1亩，铺草坪122.9亩。

2014年3月18日，农场与连云港浩东交通道路设施有限公司签订了土地承包协议，注册江苏浩东生态科技有限公司和浩东生态产业园。将农场位于于沈生产区（十一连西）300亩土地，承包给对方，用于种植园艺苗木。时间至2024年3月17日止。合作期满后，根据双方合作意愿可延长十年合作期限。该公司主要种植弗吉尼亚栎、速生白榆，成为连云港良种培育基地。

2015—2019年，华缘旅游公司采摘园栽植乔木1230株，灌木4567株，铺草坪5200平方米；2018—2019年，于沈新村栽植乔木4510株，灌木124株，色块植物28400平方米，草坪500平方米；徐新路农场境内栽植乔木3139株，灌木6937株；七排沟河堆栽植乔木3800株，八排沟栽植乔木6160株，灌木2000株；引淡河河堆栽植乔木3045株，灌木3180株；张圩新村栽植乔木2265株，灌木2090株，色块20010平方米。

2019年底，连云港高新区《徐新路园博园示范段绿化提升工程——开发地块苗圃绿化》项目公开招标，农场公司中标。该项目占地面积110亩，栽植树木7900株，预算220万元左右，由农场公司栽植、养护三年，栽植树木品种有雪松、大叶女贞、落羽杉、栾树，获纯利50余万元。

2020年春季，建设景观示范林186亩、苗圃育苗基地186亩，栽植乔木112364株，灌木100333株，色块植物217.18亩，草坪139.7亩，补植农田林网5条，疏港通道烧香河堆绿化300亩。

景观示范林品种、规格：定杆高度1.8米的乔木化紫薇、金叶日本女贞、东京樱花、飞寒樱，以及3.2米高的黄山栾树、6米定秆高度的大叶女贞；一年生的黄山栾树、沼生红栎、元宝枫、红花刺槐和白花刺槐点缀其间。

2020年建设完成工程：凤凰陵园一期绿化栽植工程已栽植1.2米洒金柏287株、1.5米蜀桧349株、3米蜀桧80株，直径1～2厘米紫竹900株、8米雪松18株。投资金额22.7万元。2020年采摘园绿化工程栽植2米造型树12株、2米高红花丛生紫薇50株、直径5厘米独秆月季30株、2米紫荆40株，栽植灌木面积9863平方米，草坪2500平方米。总面积14.7亩，投资金额52万元。

2021年建设完成工程：老广场绿化改造工程14.28亩，现已栽植直径15厘米榉树19株，高度180厘米红花丛生紫薇14株，5厘米垂丝海棠10株，建成草坪2293平方米，栽植灌木面积1865平方米。投资总金额为25万元。东池河绿化补植工程17.5亩，现已栽植直径15厘米青桐33株、直径15厘米大叶女贞210株、直径10厘米垂柳54株、直径10厘米乌桕91株。投资金额31万。云荷广场绿化工程23亩，决算金额182.1万元。栽植直径20厘米乌桕15株、直径12厘米乌桕25株、直径15厘米榉树23株、直径12厘米榉树4株、直径20厘米朴树14株、直径10厘米染井吉野95株、造型松2株，栽植色块3016平方米，草坪4000平方米。投资金额为230万元。张圩学校周边苗圃建设工程栽植3412型无絮杨1310株，投资金额为5.5万元。普山路一期绿化工程栽植直径15厘米榉树104株，投资金额85.78万元。普山路二期绿化工程完成乔灌木移植工作，后栽植直径15厘米榉树79株，投资金额62.71万元。凤凰陵园一期零星补植工程完成栽植工作，投资金额3.5万元，目前已经回款2.4万元。兵团路两侧行道树绿化栽植工程2亩，栽植直径12厘米榉树124株，投资金额62.39万元。云水湾停车场绿化工程绿化面积5亩，栽植直径18厘米法国梧桐57株、直径20厘米法国梧桐95株等，投资金额77.43万元。知青路两侧行道树绿化工程现已移植110株青桐，雪松27株，海桐球129株，樱花274株；栽植直径18厘米法桐158株，投资金额36.63万元。华泰路两侧行道树绿化工程栽植直径12厘米榉树115株，直径12厘米法国梧桐19株，投资金额17.82万元。凤凰陵园二期绿化工程已栽植325株刺槐，投资金额22.32万元。猫山路乔灌木移植并补植工作，投资金额32.79万元。华泰路青桐移植及法桐、榉树栽植工作，投资金额17.8万元。云水湾湿地公园容器苗绿化工程占地23亩，栽植直径6厘米皇家雨点海棠340株，6厘米丰盛海棠340株，6厘米百夫长海棠340株，10厘米普贤象樱花树222株，8厘米红梅156株等，投资金额164.82万元。

2022年完工工程：云水湾湿地公园"云台"周边绿化工程，占地9亩，栽植直径10厘米中山杉960株，投资金额28.94万元。

第四节　林下经济

20世纪末至21世纪初，伴随着林业产权制度改革的推进，林下经济得到了发展。全场防风林于20世纪80年代大部分承包给职工个人管理，农场经济主要靠林-禽模式、林-畜模式、林-经模式、林-菜模式和林-菽模式。

一、林-禽模式

在郁闭的林下放养或圈养鸡、鸭、鹅等，每公顷投放 900～1500 只，这是林下养殖的首要模式，承包林带的职工为禽类提供生存环境，家禽啄食昆虫，可大幅度减少人工饲料和抗生素用量，禽粪又可为树木提供肥料，实现了林"养"禽、禽"育"林的良性循环。林地养鸡，平均每公顷可增加收入 1.20 万～1.80 万元。

二、林-畜模式

主要在林下规模圈养、放养猪、羊、肉兔等，这也是农场林下养殖的重要模式。牲畜产生的粪便为树木提供大量的有机肥，促进树木生长，形成一条生物产业链。林下养畜，平均每公顷可增加养殖收入 2.25 万～3.00 万元。

三、林-经模式

这种模式包括林-果模式、林-苗模式、林-菌模式。在林地内种植葡萄、枣树等苗木，或利用郁闭林地空间栽培油菜，或改为经济林等。一亩桃树年产纯利润 0.50 万元。

四、林-菜模式

根据林间光照和蔬菜的需光特征，选择种植种类，或根据林间光照和蔬菜需光二者的生长差异选择种类。例如，利用冬春季节林间的光照种植蒜苗、菠菜、圆葱等蔬菜。仅种植蔬菜、瓜果，每公顷就可获得数万甚至十万元的收益，弥补了林木生长的先期投入。

五、林-菽模式

这种模式主要种植黑豆、黄豆等豆类作物，可以有效控制杂草生长，减少用工，亦可改善土壤结构，亩产量可达 200 千克以上，一亩地纯利润 800 元左右。

第五节 四季草花

随着人们物质生活、精神生活消费水平的迅速提高，农业种植结构调整的步伐不断加快，花卉产业已成为城市绿化建设不可或缺的一部分。现今市场四季草花绿化种苗需求巨大，主要是应用于园林绿化的草花，如孔雀草、石竹等传统品种，以及其他日益丰富的优良品种。

2020 年底云台农场进军四季草花产业，大棚占地 10 亩，林业部门在摸索中前进，在前进中总结经验。为了提高发展效率与质量，积极引进先进农业技术，同时将先进技术本土化，因地制宜，整合资源，全力打造云台农场特色化高效种植模式。

2021年，云台农场以育苗、栽植养护、销售为生产模式运营管理，掌握市场信息，把控产品质量。与连云港市海州区绿化一处、二处、苍梧绿园达成紧密的业务往来，为草花产业的稳步发展奠定了基础。全年培育一串红、孔雀草、羽衣甘蓝、欧石竹、国庆菊、鸡冠花、彩叶草等品种，共计销售各类草花93.9万盆，销售额达43.7万元，实现利润14.2万元。

2022年延续草花良好发展势头，扩大生产规模，积极迎合后园博园经济发展浪潮。云水湾湿地公园内新建草花大棚16个，占地20亩，包含外遮阳系统、加温系统、喷滴灌设施，具有物联网控制系统、智慧平台两大全面质量管理体系建设，投资570.8万元。全年大力生产一串红、孔雀草、鸡冠花、长春花、矮牵牛、彩叶草、国庆菊、金盏菊、羽衣甘蓝等草花品种植物，还有萱草、美人蕉等多年生草本植物，全面提升草花品种范围与经济效益。2022年度目标：供应各家合作单位四季草花248万株，实现利润50万元。其中供应连云港市绿化一处、绿化二处、苍梧绿园四季草花188万株，实现利润38万元；供应其他单位60万株，实现利润12万元。2022年农场计划承接园博园花镜工程，提供3万平方花苗栽植、后期养护等一系列服务。工程启动后，2022年度陆续供应四季草花300万株，实现工程总利润150万元。草花产业规模的扩大也带来了相应的社会效益，促进部分农村富余劳动力就业，丰富高质量草花的供应市场，为现代化草花基地建设提供了示范。可带动周边旅游，促进现代化农业多元化发展。亦可提供中小学生研学旅行平台，开辟第二课堂，让学生近距离参与部分草花培育过程，在为科普教育贡献力量的同时也达到了宣传的效果。

附：林业资源经营管理办法

江苏省云台农场有限公司林业资源经营管理办法

第一章　总　　则

第一条　为规范和加强农场区域内的林地管理，理顺林业管理体制，规范林业经营行为，合理利用农场林业资源，持久做好植树造林和绿化环境的工作，实现林业可持续发展，推进林业生产产业化、集约化和规模化，根据《中华人民共和国森林法》及其他相关法律法规，结合农场公司实际情况，制定本办法。

第二条　本办法适用于农场公司的林业管理与经营。

第三条　本办法所称林业，包括农场河堆林、四旁林网绿化等。

第四条 林业资源是农场公司资产的重要组成部分,应作为资产加强管理。

第五条 本办法所称林业管理,包括林业资源规划、林业资源管理、林业产业发展、林业项目的争取与管理、民事纠纷的调解与违法行为的处理等内容。

第六条 农场公司林业资源管理应遵循以下原则:

(一)立足现状、因地制宜;

(二)坚持产业化方向,实现市场化运作;

(三)以生态为中心、实现生态效益和经济效益双兼顾。

第七条 农场公司林业资源管理与经营相关程序应严格按照本办法相关规定执行。

第二章 职责分工

第八条 资产经营部是农场公司林业产业主管部门,主要工作职责如下:

(一)负责宣传与贯彻执行国家林业法律、法规和各项林业方针政策;

(二)制订农场公司林业发展规划;

(三)负责林木采伐计划报批与监督管理;

(四)负责林地发包工作,组织和开展林业生产经营活动;

(五)负责农场公司林业生产、苗木繁育及销售工作;

(六)负责林业项目的争取与实施;

(七)配合政府林业主管部门开展资源调查、造林检查验收、林业统计和森林资源档案管理工作;

(八)协助地方政府依法处理毁坏林木、林地案件;

(九)协助国家、农场公司征用林地部门完成争议调解工作;

(十)负责发包合同和林业台账的归口管理。

第九条 场审计监察室负责对林地砍伐、发包、合同相关工作进行监督。

第三章 林业资源规划

第十条 农场公司林业资源发展规划应当以科学发展观为指导,加强现代林业生态建设,着力构建点、线、面相结合的农场公司森林生态网络体系,维护生态安全,发展绿色产业,弘扬生态文明,以打造生产发展、生活富裕、生态宜居的美丽农场为目标。

第十一条 林业资源的规划应坚持以下原则:

(一)林业发展规划与区域经济发展规划相结合,统一规划、合理布局、协调发展;

(二)坚持生态优先,生态效益、社会效益和经济效益相统一,整体和局部效益兼顾,长远与当前效益兼顾;

(三)坚持因地制宜,实事求是,从实际出发。

第十二条 农场公司林业资源规划以林木生长周期和年度计划为宜，中期辅以必要的计划调整。规划应于前一年的第四季度编制完成。

第十三条 林业资源规划的编制由资产经营部牵头，委托具有资质的专业机构或在农场公司组建专家组（专家组成员应当包括林业、经济类、战略发展等方面的人员）进行编制。

第十四条 资产经营部应将林业资源规划提交总经理办公会讨论。其中年度计划由总经理办公会审批，中长期规划经总经理办公会、党委会审议后，提交农场公司董事会审批。

第四章 林业资源管理
第一节 林地采伐与更新

第十五条 林业采伐严格执行申报审批制度，各基层单位申请更新砍伐计划的，应先将变更申请上报资产经营部。上报的计划经资产经营部审核批准后，方可进行林地砍伐手续的申报。任何单位或个人一律不准擅自乱砍滥伐，对不在采伐期上报砍伐林木的，原则上不予批准。农场林间套种农作物必须符合规定，场域内所有林木砍伐，由资产经营部统一向政府林业部门办理林木采伐许可证。办理费用由承包人承担。

第十六条 如遇国家重点工程或农场公司规划建设征用林地，需项目主管部门提供各级行政主体行政批文或总经理签字同意的请示报告，资产经营部方可办理申报手续。

第十七条 农场林业采伐更新申请须满足以下条件：

（一）病虫害严重，已造成林木大面积死亡必须更新的；

（二）合同约定期满的；

（三）影响农场公司和地方政府重大建设工程的；

（四）其他符合条件的特殊情况。

第十八条 农场林业更新采伐计划流程：

（一）各基层单位上报采伐更新计划；

（二）计划采伐林木必须经资产经营部审核无误，经分管副总经理审核、农场公司总经理审批同意后，上报区、市林业局，取得合法砍伐手续；

（三）更新的林木由资产经营部牵头，组织相关部门进行评估后，由场招投标委员会统一公开拍卖；

（四）所得林木款上缴国家育林基金后，余款按合同条款规定进行分配；

（五）对取得砍伐资格的中标人或中标单位必须按资产经营部规定的时间和其他要求完成林木采伐，否则农场公司有权收回拍卖林木；

（六）所有更新的林地于每年的 12 月底前完成林地林木砍伐；

（七）所有更新林地要求当年更新，次年必须完成造林，造林必须于翌年春天前完成。

第十九条　采伐作业要严格按照采伐许可证的要求完成采伐任务，不准超限额采伐，对不符合要求的应及时予以纠正。

第二节　林地发包

第二十条　农场公司林地发包有职工承包、分成和买断三种形式。农田林网以职工分成模式为主，零星林地可采取按株数拍卖的办法，实行买断发包。

第二十一条　农场林地发包的流程如下：

（一）由资产经营部牵头，农场公司相关部门参与，对更新林地进行面积测量，各方签字认可后，林地面积在计划财务部备份；

（二）招投标委员会负责公开招标确定承包方，由农场公司资产经营部与承包方办理合同手续；

（三）资产经营部应每年对承包方履约情况进行例行检查，并根据检查结果判定承包方是否合格。若不合格则根据合同规定进行处罚，如合同未约定处罚方式，由双方协商处理不合格事宜。

第二十二条　发包对象与要求：林地发包采取面向具有农场户籍的居民公开竞标、育林费用由承包人自理、林木收益与农场公司分成的承包办法。林地抚育采取以耕代抚，新造林栽植的株、行距按照资产经营部和合同条款要求执行。

第二十三条　林地发包竞标方式与流标的处理：林地公开竞标方式根据每亩缴纳抚育保证金的高低确定承包人。对于流标的标的物由招标委员会会同资产经营部讨论研究，形成方案提请分管领导批准后进行二次招标。

第二十四条　林地发包考核。

新造林按造林地成活率、保存率、生长量及每年例行检查情况，确定抚育保证金退还比例。抚育保证金退还的验收过程，由场审计监察部牵头，资产经营部、计划财务部等相关部门共同参与。

第三节　林地抚育管理

第二十五条　林地承包人必须执行农场公司林业管理五统一规定，即统一林业布局，统一苗木供应，统一生产措施，统一病虫防治，统一林产品销售。

第二十六条　林地抚育管理是通过协调改善土壤、水、肥、气、热等条件而提高林地生产力的各项技术措施。主要包括病虫害防治、除草松土、灌溉、施肥、排涝降渍、合理间作、林间种养等。

第二十七条 林地抚育分类：

（一）幼林郁闭前及未成林造林地抚育：主要包括松土除草、灌溉、施肥、排涝降渍、合理间作等。

（二）中幼龄林抚育包括用材林抚育及生态公益林抚育：用材林抚育主要包括割灌、修枝、透光伐、生长伐、卫生伐等；生态公益林抚育要求以不破坏原生植物群落结构为前提，其主要目的是提高林木生长势，促进森林生长发育，增强森林生态系统的生态防护功能。其中对《生态公益林建设 导则》（GB/T 18337.1—2001）规定的特殊保护地区的公益林和《江苏省生态公益林条例》第21条规定的生态公益林禁止开展抚育活动。

（三）近熟林经营：包括无林地和疏林地封育、有林地和灌木林地封育两类。

（四）低效林改造：包括补植、封育、更替、抚育、调整、复壮和综合改造等。

第二十八条 对于场内所属的一切林地、林木，除做好日常抚育工作外，应特别加强林木病虫害防治工作。

第二十九条 资产经营部组织公司验收小组应于每年7月、12月对当年更新林地进行间作品种及成活率等方面的验收，严禁承包方在林地内间作大麦、小麦、水稻、高秆作物及藤本植物等，允许间作品种、时间等以合同约定为准。

第五章　林业产业发展

第三十条 林业发展的指导思想：

深入贯彻落实科学发展观，全面实施现代林业，加快转变林业发展方式及体制，提升林业质量效益，以实现农场公司增效、职工增收为目标，努力构建现代林业发展基本框架，满足农场公司经济和社会可持续发展的需要。

第三十一条 林业发展思路：

立足农场公司现有资源优势，加快林业产业转型升级，构建科学的林业产业体系。坚持产业化发展、市场化运作，逐步建立优质高效、充满活力的林业产业化体系，实现生态建设产业化，产业发展生态化，以市场需求为导向，以科技为支撑，突出抓好经济林基地建设，做大做强绿化苗木产业，同时积极引导职工发展林下经济和多种经营，科学推广林下经济，即林药、林牧、林禽、林草、林菌等种植模式，最大限度地拓展林业发展空间。

第三十二条 林地发展范围：

更新改造的林地由农场公司集体经营管理，场内所有沟、渠、堤、马道属林地范畴的，由资产经营部统一规划经营管理。主干河堆、马道等面积较大、土地条件较好的地块作绿化苗木园，繁育商品性好、经济价值高的绿化苗木。

第三十三条 林业发展体制：

农场公司林业产业发展实行国有经营，全力打造全新林业经营管理体制，走规模化、集约化、高效化、生态化林业发展之路。

第六章　林业项目争取与管理

第三十四条　林业项目争取与实施流程如下：

（一）加强与地方林业部门的交流，及时掌握惠林政策，获取相关林业项目申报文件；

（二）根据惠林政策及农场公司林业实际情况，有针对性地选择适合农场公司林业发展的林业项目；

（三）负责编制项目建议书和项目可行性研究报告；

（四）项目争取后，按项目实施方案，负责项目具体实施及申请上级主管部门验收工作。

第三十五条　林业项目资金的使用与管理：

（一）林业项目资金由场公司计划财务部统一管理，实行专款专用，资产经营部根据项目要求和实施进度申报使用项目资金；

（二）严格按项目规定使用资金，严禁挤占挪用等问题的发生；

（三）加强项目资金管理，坚持厉行节约的原则，努力降低成本，防止损失浪费，提高资金使用效率。

第七章　民事纠纷的调解与违法行为的处理

第三十六条　农场公司应加大内部护林力度，严厉打击乱砍滥伐、破坏绿化等违法行为。发现违法行为的，农场公司应积极协助地方林业执法部门，依据《中华人民共和国森林法》《中华人民共和国森林法实施条例》《江苏省实施森林法办法》及其他相关法律法规，同时结合农场公司承包合同约定，予以严肃处理。

第三十七条　当因国家征地导致农场公司与承包方出现纠纷时，由资产经营部协助有关部门做好纠纷调解及林地补偿工作。当由于农场公司规划原因需要征地时，应当由征用部门在资产经营部的指导下完成争议处理事宜。

第三十八条　由于农场公司规划需要征地时，农场资产经营部应当事先制定各类型补偿款上限，并将负责部门与承包方的协商结果与负责人的当年责任状挂钩，以保证征用部门申请的赔偿价合理。另外，农场公司与承包方之间的争议调解应当明确责任人，禁止部门之间的相互推诿。

第三十九条　当由于农场公司规划原因需要征地时，农场公司林地争议处理的程序是：由农场资产经营部制定补偿上限，同时根据农场公司"三重一大"决策相关程序规范处理。

第八章 林业台账管理

第四十条 资产经营部负责林业台账的管理。

第九章 附 则

第四十一条 本办法由云台农场有限公司资产经营部负责解释和修订。

第四十二条 本办法制定及修订须经农场公司党委会、董事会审议通过后颁布实施。

1954—2020 年云台农场林业情况统计见表 4-27。

表 4-27 1954—2020 年云台农场林业情况统计

年份	林业面积/亩	林业覆盖率/%	年份	林业面积/亩	林业覆盖率/%
1954	208	0.6	1988	2994	6.8
1955	428	1.2	1989	3084	7
1956	856	2.5	1990	3084	7
1957	856	2.5	1991	3442	7.8
1958	856	2.2	1992	3262	7.4
1959	856	2.2	1993	3250	7.3
1960	1530	3.6	1994	3315	7.5
1961	2453	5.7	1995	3525	8
1962	2928	6.8	1996	3525	8
1963	3302	7.7	1997	3825	8.6
1964	3302	7.7	1998	2940	6.6
1965	3302	7	1999	2940	6.6
1966	3302	7	2000	2325	5.3
1967	3802	8.1	2001	2325	5.3
1968	4334	9.3	2002	2190	4.9
1969	4434	9.5	2003	1947	4.4
1970	4534	9.7	2004	1877	4.2
1971	4684	10	2005	1877	4.2
1972	5890	12.6	2006	1782	4
1973	5589	12	2007	1782	4
1974	5617	12.1	2008	3749	8.5
1975	5826	12.5	2009	9276	20.1
1976	5861	13.2	2010	9276	20.1
1977	5866	13.2	2011	9276	20.1
1978	5871	13.3	2012		20.20
1979	1967	4.4	2013	9276	21.70
1980	3341	7.5	2014	9276	21.70
1981	2486	5.6	2015	9276	21.70
1982	2502	5.7	2016	9276	21.60
1983	2524	5.7	2017	9276	23
1984	2000	4.5	2018	9276	23.50
1985	2000	4.5	2019	9276	24
1986	2902	6.6	2020	9276	21.60
1987	2902	6.6			

1988—2020 年果树栽植面积统计见表 4-28。

表 4-28　1988—2020 年果树栽植面积统计（亩）

年份	总面积	桃树面积	梨树面积	葡萄树面积	柿子树面积	其他果树面积
1988	27	—	27	—	—	—
1989	27	—	27	—	—	—
1990	27	—	27	—	—	—
1991	27	—	27	—	—	—
1992	27	—	27	—	—	—
1993	42	15	27	—	—	—
1994	45	15	30	—	—	—
1995	45	15	30	—	—	—
1996	45	15	30	—	—	—
1997	45	—	45	—	—	—
1998	60	—	60	—	—	—
1999	60	—	60	—	—	—
2000	60	—	60	—	—	—
2001	60	—	60	—	—	—
2002	60	—	60	—	—	—
2003	243	186	—	—		57
2004	314	230	—	—		84
2005	314	230	—	—		84
2006	314	230	—	—		84
2007	314	230	—	—		84
2008	550	465	—	—		85
2009	550	465	—	—		85
2010	550	465	—	—		85
2011	550	465	—	—		85
2012						
2013	300.45	214.5			85.95	
2014	300.45	214.5			85.95	
2015	48				48	
2016	91.5		21.9	34.5		35.1
2017	91.5		21.9	34.5		35.1
2018	102	10.5	21.9	34.5		35.1
2019	159.6	10.05	10.05	60		79.5
2020	160.8	25.95	21.9	60		52.95

第四章　农　　机

建场前，场区农村主要依靠传统农业生产工具耕作，动力以役畜为主。1952 年，云台农场从南京吉伏洲农场引进 13 套机引配套农具，此后陆续引进、更新农机具，并引进技术型转业军人为主的农机作业队伍，成立农机作业组织，农机装备力量不断壮大，农业机械类型不断增多，农业生产逐步向机械化方向发展。

第一节　农机类型与引进

1952 年 9 月，从南京八卦洲等地征收的七台美式机车长途开往云台山下。其中履带拖拉机 T-9 两台，KS-07 两台，轮式拖拉机爱立斯一台，美式卡车道奇（称大道奇）、美式中吉普各一辆。之后棉垦管理处从南京吉伏洲农场引进美制爱力斯轮式拖拉机 6 台，收割机 1 台，机引农具 13 台（套）。后又陆续引进 T-9、K407 链式拖拉机、苏制 C-6 拖拉式联合收割机等农机具。

1956 年 12 月，从宝应湖农场调进 KS-02 拖拉机 3 台，KS-07 两台，T-9 汽油链式拖拉机 2 台（美国），日特柴油 25 运输车 1 辆，日特运输车 351 台，罗马 UTZ45L 轮式 35 拖拉机 1 台，德特 54 链式拖拉机 1 台，随车机务工 8 人。至 1959 年，农场共有各类型号链式拖拉机 13 台，收割机 5 台，机引农具 58 台（套），自备柴油机 4 台，机械总动力 463 千瓦，开垦荒地近 2 万亩。

1965 年，从沭阳马厂农机站调拨一台苏制 C-6 拖拉式联合收割机，至 1977 年，全场共有国产拖拉机 20 台，联合收割机 8 台，排灌机械 22 台，手扶拖拉机 28 台，机引农具 76 台（套），农机机械总动力 2075 千瓦，农业机械化综合程度已达 82%，其中三麦机械化程度达 95% 以上。

1979 年，从上海红星农场购置 2 台东风 60 马力*自走式联合收割机。

至 1982 年，农场农机规模、农业机械化水平都有明显的提高。下设 4 个农机站，年

---

* 马力为非标准计量单位，1 马力＝746 瓦。

均农机作业量 35 万亩，拥有各类农机具 307 台（套），其中大中型链式拖拉机 23 台 1242 马力，康拜因 11 台 645 马力，动力机 38 台 1529 马力，大中型农具 110 台（套），小型农具 125 台（套），发动机 213 台 2090 千瓦；载重汽车 6 辆，手扶拖拉机 30 台 360 马力；电灌站 20 座；排灌动力 34 台 1197.315 千瓦。

1983—1986 年，购置东风 90 型和东风 120 型联合收割机 6 台，机械总动力达到 3034 千瓦。

1987—1992 年，农场采用自有资金和职工个人集资相结合的办法，新购进佳木斯 1065、金马 1065 及南斯拉夫进口收割机 7 台，苏产大型挖掘机 1 台，立式旋转开沟犁 10 台，罗马 45 轮式拖拉机 6 台，液压重耙 3 台，铲运机 6 台，机械总动力近 4000 千瓦。

1993—2000 年，农场小麦亩单产从 1990 年的 300 千克/亩增至 425 千克/亩，部分高产田块达 500 千克以上，原有的东风 60 型、东风 90 型收割机已无法执行高产田块的收割任务，逐步被淘汰。1996 年，农场新购进佳木斯 1075 联合收割机 2 台，执行高产田块的收割任务。之后购进东方红 802 链式拖拉机 2 台，德特 2 台（苏联产），罗马 1010 轮式拖拉机、淘汰罗马 45 轮式拖拉机 6 台。至 2000 年，全场机械总动力达 4669.7 千瓦。

2001 年后，随着农机产权制度改革的不断深入，加之地方政府对职工购置新型农机具补贴政策的出台，大型、新型农机具数量迅速增加，农场农机装备有了较大改善。

2008 年，全场大中型拖拉机保有量 52 台，总动力达 2109.45 千瓦；联合收割机 61 台，总动力 3799.5 千瓦；大中型农具 152 台（套）；购置 8 行高速插秧机 1 台，步进式插秧机 21 台，总动力 77.91 千瓦；购置植保机械 265 台，设施农业设备 79 台。全场机械总动力达 7569.46 千瓦。

2010 年，农场成立农机站，购置约翰迪尔 1075 收割机 5 台，东方红 X-1204 型拖拉机 3 台，农具五铧犁 3 台，悬挂式喷雾机 1 台，洋马 VP8 高速插秧机 5 台，洋马 VP6 高速插秧机 2 台，水稻育秧流水线 4 台。全场拥有农机总动力 0.97 万千瓦。农田作业 75 马力以上轮式拖拉机 86 台，配套农具 345 台（套），大中型联合收割机 40 台，8 行高速插秧机 16 台，育秧播种机 8 台。农机新度系数达 0.62。种植业的机械化作业率达到 98%，机耕率 98%，机播（插）率 95%，机收率 100%，稻麦秸秆全量还田率达 100%。2019 年农机总动力 10665.46 千瓦，农场投资 217 万元，新建面积达 9200 平方米的农机集中停放点。

2011 年，全场大中型拖拉机保有量 84 台，小型拖拉机保有量 3 台，共计 87 台，总动力 3995.65 千瓦。联合收割机 65 台，大中型拖拉机、联合收割机新度系数达 88% 以上。机引农具 156 台（套），新购进 8 行高速插秧机 8 台，育秧播种机 5 台，机插水稻面积

3000 余亩，设施农业设备 659 台。全场农业机械总动力达到 10796.1 千瓦，净资产总额达 1432 万元。

2012 年，购置反旋播种机 2 台，旋耕机 4 台，植保机械 5 台，插秧机 4 台，育秧播种机 2 台，鼠道犁 1 台，开沟机 1 台，大大提高农业机械化作业水平。

2013 年，购置大中型拖拉机 11 台（套），插秧机 1 台，收割机械 1 台，农机保有量 132 台（套），总功率达到 12125.73 千瓦；购置复式反旋播种机 1 台，鼠道犁 1 台，改造 6 行插秧机 2 台，种子搅拌机 2 台，通风机设备 4 套，反旋播种机 1 台，改迪尔收割机前置横向双轴流脱粒机 1 台，鼓励、协调职工购置大马力拖拉机 14 台。

2014 年，购置插秧机 2 台，自走式喷杆喷雾机 2 台，收割机半链轨 2 套，扬场机一台，扒谷机一台，自走式输送带一台，移动喷灌设备 6 套，汽油发电机 2 台，自卸挂车一辆，1076 收割机改装 4 台，插秧机改装 8 台。

2015 年，购置扒谷机 1 台，24 行反旋播种机 1 台，开沟机 2 台，秸秆粉碎返田机 1 台，对原有的撒肥机、植保机、旋耕机、收割机、拖拉机、播种机等设备进行了维修。投资 18.63 万元对农机站库房及电线线路进行了改造。购置凯斯 4088 型收割机 1 台，高地隙施肥打药机 1 台，钵苗摆栽插秧机 1 台，育秧流水线 1 套，大马力拖拉机 14 台，更新升级喷肥打药机 1 台。

2016 年，农场回收电灌站 1 座，购置钵苗摆栽插秧机 2 台，天宝导航自动驾驶系统、育秧流水线 1 套，双属轮扒粮机 1 台，登高输送机 1 台，反转灭茬机 2 台，升级自走喷雾机 2 台，购 1076 半链轨 3 套。

2017 年，购置远程培训卫星接收系统、小型电机 7 台，东方红 1304 轮式拖垃圾 1 台，2BD-45 水直播机 2 台，水直播配套轮胎 1 套，水稻钵苗播种机 1 台及双人摆秧机 1 台，水稻埋茬搅浆机 1 台，自走式喷灌机 9 台，天宝自动驾驶系统 1 台，IY-420 镇压器 1 台，710 重耙（3.5 米）1 台，双播盘式撒肥机 2 台，收购 2 个电灌站，8 台喷灌机附件制作、整机改进与调整安装及服务，常柴单缸柴油机 8 台，常柴潜水泵、喷灌机升级 8 台。

2018 年，购置天宝导航自动驾驶系统 1 台，水稻直播机 1 台，平板运输车 1 辆，激光平地机 1 台，轻型打药机 1 台，育秧流水线 5 台（套）；购置智能液晶光照培养箱、集装箱房、变压器；收购水岛电灌站。

2019 年，购置 12 米、15 米输送机各 1 台、100 吨地磅 1 台，2B-45 型水稻直播机 1 台。

2020 年，投入 380 万元建成烘干线设备、风道设备，购置卸粮机 1 台，振动风筛清理筛 1 台，平式输送机 2 台，散粮登高输送机 1 台。是年，农机体制进行改制，农机具拍卖给农机驾驶员，机械作业由集体服务转换为私有化服务，农机职能从农机水利中心分离，保留农机安全监理所，负责场内的农机安全。是年，农场拥有大中型轮式拖拉机 52 台，4815.35 千瓦；大中型拖拉机配套农具 204 台；排灌机械 10 台，510 千瓦；联合收割机 22 台，1572.68 千瓦；植保机械 3 台，220.5 千瓦；拥有开沟犁 17 台，插秧机 1 台，镇压器 1 台（12 米），大疆无人机 2 台。农场种植业机械化作业率达到 98.8%。

第二节　农机队伍建设

1952 年秋，云台农场首批农机战线工作者是由一批转业军人组成，大约 10 人，他们是新中国成立后转业的驾驶员、机修技术军人，均来自南京，他们成为云台农场第一代农机教员，后又从南京下放孤儿院小青年中选出首批学徒 10 余人，这些人经过培养锻炼成为云台农机战线第二代优秀教员。

1956 年，云台首批农机队伍共有 40 人。20 世纪 50 年代末期，在云台本地各生产队招收一批优秀学员，均成为云台农场农机战线上的主力军。

1960 年，农场本地职工陆续进入机耕队，同时有 24 名学员转正。1964 年后一批南京新老知青进入机耕队。至 1977 年知青开始回城后，农场从职工子女中选拔优秀青年到农机校培训学习。1992 年农机在岗人员已达 210 人。2000 年农机改制后，在岗人员全部转岗，分流至农业分场，部分机务工作者购置农机具自谋职业，个人部分社会保险金自交，缴费标准按照市平均工资水平缴纳（含公积金）。

2011 年，农机站工作划归农发云台分公司负责，2012 年农机监理职能划归社区管理，孙爱松兼农机安全监理所所长。至 2020 年，农发云台分公司农机站农机工作者 7 人，全场有各类农机驾驶证的有 121 人（含个体），驾驶员持证率 100%。

第三节　农机组织

1952 年成立机耕队，办公地点在农场场部，第一任机耕队长为汪仲言，副队长为韩克伦。

1956 年，马国务任第二任机耕队长，王天国任副队长。办公地点在农场场部。

1959 年，王东元任第三任机耕队长。办公地点在农场场部。

1960 年，机耕队分为一小队、二小队。一小队队长王天国。二小队队长郭宝才。

1962 年，成立农业机械修配厂。厂长王东元，副厂长万元亨。

1963 年，机耕队分为普山机耕队和张圩机耕队，撤销在场部的一小队、二小队。

1969 年，农机修造厂改为机修连，下属机修一排、机修二排、汽车排。

1970 年，成立四个机耕排，业务上属于机修连领导，行政上属于各营领导。

1972 年，机修连与加工厂合并，农机修造厂改为机修排。

1974 年 8 月，陈学武出国，到几内亚，帮助几内亚发展农业，1976 年回国。

1975 年，兵团撤销后成立五营机耕排，1983 年撤销五营机耕排，人员及车辆调物资库运输队。

1975 年 3 月，杨庆岭出国，到坦桑尼亚，是年 7 月黄跃根出国，到坦桑尼亚，帮助坦桑尼亚发展农业，1975 年坦桑尼亚总统视察农场时，与杨庆岭亲切握手。黄跃根、杨庆岭于 1977 年 7 月回国。

1976 年，机耕排改为机耕队，编制升为连级，一分场机耕队改为第一机耕队，二分场机耕队改为第二机耕队，三分场机耕队改为第三机耕队，四分场机耕队改为第四机耕队。

1976 年，修理厂分 3 个车间，即修理车间、车钳车间和锻铸车间。

1977 年 8 月 23 日，成立分场农机电管理站。根据省农垦局苏革垦农字〔1977〕第 077 号通知精神，撤销各分场机耕队，成立分场农业机电管理站，把原分场机耕队和农业连队的农业机械、半机械化农具及机电排灌设备统一管理起来，加速农业机械化的建设。1986 年改为 4 个农机站，即一分场农机站、二分场农机站、三分场农机站、四分场农机站。

1991 年，农机职能与农服中心分离，成立机电管理服务中心，变电所、修理厂、配件库划归机电中心管理。

1992 年 8 月，成立加油站，与配件库合为一个单位，位于南岛线边上。

1998 年，农机站按地名设置名称，改为小岛农机站、张圩农机站、于沈农机站、普山农机站。

2000 年，农机进行改制，所有农机具拍卖给个人经营。2000 年 5 月 23 日至 25 日，在农场粮、棉、油加工厂会议室召开农机拍卖大会。从此农场农业机械作业全部由个人经营。

2001 年，农场成立农机水利服务中心。

2008 年 12 月，农机职能从农业服务中心分离，成立农机、水利服务中心。

2010 年，在于沈农机站原址成立云台农场农机站，由云台分公司农机水利中心管理。机务区占地面积共 0.99 万平方米，其中建筑面积 0.301 万平方米，大中型机车入库率达 91%。2014 年由徐立恒任农机站副站长。

2020 年 9 月 29 日，云台农场公司与中石化连云港石油分公司成立合资公司，新建加油站项目签约仪式在云荷道德讲堂举行。

第四节　农机管理

一、管理体制

1952年成立农业机耕队，隶属棉垦管理处农垦科领导，负责全场土地垦荒耕种任务。

1955年，成立国营云台农场，农机工作隶属于场生产科。

1961年，国家调配东方红-54一辆，到农场编号为东方红一号。

1963年，国家调配了3辆东方红。

1965年，成立农机科，1966年农机科并入农场生产办公室，该建制一直延续至1968年。

1967年，二小队四号机车组被江苏省农林厅授予"钢车组称号"，万时无大修。

1969—1975年，机车集中管理使用改为分散管理使用。撤销机耕队建制，在所属四个营分别成立机耕排。农场对农机工作实行双重领导，业务归团机运股，机车使用管理归营负责，农忙季节机车由场机运股统一调度。

1970年，时任省委书记兼江苏生产建设兵团政委彭冲，到农场视察工作，并深入机修连各车间视察。

1976年，恢复农机科建制，各营机耕排更名为农机站，即小岛、张圩、于沈、普山四个机耕队。

1980年以前，管理工作有一套严格的计划统计制度，做到机车有档案，作业有计划，运行有记录，保、修有规定。

1980年以后，农机推行标准化管理，对农机队伍、机车档案、油料配件、机场机库、安全生产、经济统计，以及机器、农具状态、作业标准等，都制定出规范化、科学化的管理标准。1986年农场参加江苏农垦技能大赛，吴凤流获得第5名。云台农场已四次被评为"全国二级农机标准化农场"。农机安全监理工作，1986年以前归地方管理，1986年农机安全监理实行归口管理，农场配有监理员，直属省农垦总公司农机安全监理所领导。1988年，农场成立农机安全监理站，负责农场的农机安全监理工作。

1990年，场农机科更名为农机安全监理站，隶属场农业服务中心，其原职能不变。

1992年，场成立机电管理中心，农机安全监理站隶属机电管理中心。

2000年7月，农机站进行产权制度改革，对所有农机具进行清点登记、评估折价，实行公开拍卖。农机产权制度改革后，本着"卖机不撤站"原则，各农业分场仍保留农机站建制，2001年农机站撤销，其职能统一归场机电管理中心。

2003年，撤销机电管理中心，其职能划归农业服务中心，农机监理所与农服中心合并办公，负责全场农机监理工作。

2008年，根据省农垦集团公司关于"三位一体"农机管理模式要求，农场成立农机水利管理中心。履行全场农机作业调度、农机安全监理、农机推广、农机培训、农田水利建设等职能。

2011年，农机水利管理中心并入生产技术部，与生产技术部合并办公。是年11月，苏垦农发公司云台分公司成立，农业机械划归农发云台分公司管理，存续农场负责农机安全管理、社会个体农业机械管理和购置农业机械补贴申报管理。

2016年，农场发放农机补贴52.945万元；年检拖拉机32台、收割机25台；发放农机跨区作业证20张；农机人员培训80人。

2017年发放农机补贴80万元；年检拖拉机40台、收割机30台；发放农机跨区作业证30张；农机人员培训90人。

2018年发放农机补贴89.39万元；年检拖拉机27台、收割机15台；发放农机跨区作业证15份；农机人员培训63人。

2019年发放农机补贴59.6万元；年检拖拉机32台、收割机15台；发放农机跨区作业证15份；农机人员培训68人。

2020年发放农机补贴97.31万元；年检拖拉机36台、收割机15台；发放农机跨区作业证15份；农机人员培训65人。

2021年发放农机补贴48.09万元；年检拖拉机36台、收割机12台；发放农机跨区作业证12份；农机人员培训50人。

二、农机生产责任制

建场初期至20世纪70年代末，农机推行"六定三包（三联）奖赔"责任制。即以机车组为单位，实行定人员、任务、机具、质量、成本、安全；包油料消耗、机车修理费、单车利润；年终综合考核计算奖金。其间做过修改和完善，但主体内容没有大的变化。

20世纪80—90年代，农机推行"财务包干，机农挂钩"责任制。农场对农机站年终综合考核指标主要有：利润、资金利润本、奖金周转天数、全员劳动生产率、标准亩成本、标准亩油耗、农机标准化等。奖赔实行超指标利润以上部分20%为单位积累，15%～25%为职工奖金，完不成指标利润按比例计赔。另按标准0.1元/亩提取农机挂钩奖。

2000年，农机产权制度改革前，农机推行"一人牵头承包，全员风险抵押，农机站内部实行单车核算"责任制。农机产权制度改革后，由国有转为民营。

三、农机标准化管理

1980 年，农场全面推行农机标准化管理，农机管理以坚持为农业生产服务为宗旨，以达到及时、优质、高效、安全、低耗为目的，做到每台机车有档案、农田作业有计划、作业质量有检查记录、维修保养有制度。对油料、配件、机农具状态、作业标准、安全生产等都制定出规范化管理细则。农机维护标准化管理，提高了农机管理水平和农机人员的整体素质，机农具的技术状态有了较大提高，1992 年每标准亩油耗已降至 0.6 升以下。机车三率（出勤率、完好率、时间利用率）均达 93％以上，为农业生产提供优质、及时的服务，促进了农业生产的增产增收。

1989 年 2 月，云台被江苏省农垦农工商联合总公司批准为"1988 年度农机管理标准化农场"；1990 年获省农垦系统"农机管理标准化三级农场"称号；三机站、四机站分获农机管理标准化二级机耕队称号；云台农场先后四次被江苏农垦公司评为"农机标准化管理先进单位"；2010 年云台农场职工周恒军、王庭参加江苏农垦工会组织的农机技能比赛，分获江苏农垦第一、第二名。

四、农机服务体系

建场初期在机耕队内设修理组，负责农机具的维修保养，1960 年随着机械、人员增多，修理组改为农机修造厂。随着农机规模的扩大，修理厂大修、保养设备齐全，能承制、改制部分零部件，农场的农业机械基本做到小修、中修不出机站，大修不出农场。

农业机械所需的油料、配件，由油料配件库负责供应，油料归连云港市石油公司计划供应，配件经省农垦总公司镇江农机供应站计划供应，油料配件库隶属场机电管理中心。

农机产权制度改革后，场农机、水利服务中心组织成立农机作业合作社，人数 53 人，其中固定资产在 50 万元以上的 11 个农机大户全部加入。农机合作社在落实好场内农田机械作业的基础上，及时向农机户发布信息，组织机车跨区作业。2004 年，组织 5 台收割机跨区作业，创收 70 万元；2005 年，组织 8 台收割机跨区作业，创收 90 余万元；2006—2009 年，每年组织 53 台收割机跨区作业，年均创收 300 余万元。2008 年，农场投资 16 万元购置 15 吨油罐 2 个、加油机 1 台，储备柴油 30 吨，用于保证农忙季节的生产用油。夏收期间，协调石油公司加油车到田头加油，满足机车用油需要，受到了农机户一致赞誉。

农机经营服务体系。2011 年，农发云台分公司成立后设农机水利中心，正科级建制。服务农业生产，协助农场农机安全监理所做好农机安全监理工作。2022 年，农机水利中心管理人员 4 人，农机服务站管理人员 2 人，在编机驾人员 8 人。

五、技术培训

建场初期，农机人员培训主要采取以老带新、边学理论边实践的方法。1956 年，随同引进拖拉机到农场的 8 名农机技术人员，承担了新学员的培训工作。兵团二团期间，所有农机人员都轮训一次。1975 年，农场推荐两名职工到南京农机校脱产进修两年汽车修理专业，毕业后回农场修理厂工作；1978 年，农场组织 20 人参加江苏农垦在东辛农场举办的为期 4 个月的首期农机班培训。随后每年都派人参加淮海农场农机校初培和中培；1979 年，农场高级工程师杨德修调东辛农机校任教，1985 年农场一机站副站长徐怀玉调东辛农机校任教。农场农机战线近百人均参加培训；1988 年，农场派两人到南京农机校参加为期一年的农机监理专业脱产培训；1989 年，农场有三名职工考入南京农业大学农业工程学院农机化管理专业，学制两年，取得国家承认学历；1990 年，全场农机人员100％持证作业。

2006—2011 年，农场共举办农机培训班 8 期，系统轮训机驾人员 400 人次，均取得结业证书，其中 85 人领到了农业部颁发的技能证书。

六、安全生产监理

1985 年以前，农场农机安全监理工作归县（区）农机监理所管理；1986 年实行归口管理，农场配 1 名监理员，直属省农垦农机安全监理所领导。1988 年，成立云台农场农机安全监理所，隶属场农机科（机电管理中心），业务上归省农垦农机监理所管理，配专职监理员 1 名，各农机站站长为兼职农机监理员。届时，全场农机安全生产组织网络、制度健全，安全生产台账记录及时、准确，每年定期组织安全生产活动，做到定期安全检查与专项检查相结合，典型事故剖析与安全规章制度相结合，打击"黑机非驾"与挂牌验证相结合，人员教育培训与农机具技术状态检查相结合，进场作业许可证与跨区作业机械安全技术要求相结合，连续多年实现农机安全生产无事故。

农机产权制度改革后，农场保留农机监理职能部门（农机水利管理中心）农机监理站，设专职农机监理员 2 人。

第五节　农机产权制度改革

2000 年初，根据江苏省农垦集团公司《关于垦区内农机改革指导性意见》精神，农场成立农机改革领导小组，制订农机改革方案，对原四个农机站农机具进行全面清查、列表、编号、造册，邀请连云港市永安会计师事务所对现有农机具逐件核查、评估，确定评估基价，评估结果得到连云港市国有资产管理局确认。由领导小组具体负责对全场国有农机进行公开拍卖工作。评估数据显示，全场列入评估农机具 273 台（套）[收割机 10 台，轮式拖拉机 8 台，链式拖拉机 21 台，各种农机配套农具 234 台（套）]，评估值为 134.19 万元。5 月 23 日至 25 日，在粮油棉加工厂会议室召开农机公开拍卖大会。首次公开拍卖成交 62 台机车、74 台（套）农具，拍卖金额 79.67 万元；2001 年初，农场农机改革结束，原有农机具全部公开拍卖完毕，归农机职工和社会人员所有。

1952—1992 年云台农场农机具发展情况统计见表 4-29。

表 4-29　1952—1992 年云台农场农机具发展情况统计

年份	拖拉机		收割机		排灌机械		机引农具数量/台	年份	拖拉机		收割机		排灌机械		机引农具数量/台
	数量/台	功率/千瓦	数量/台	功率/千瓦	数量/台	功率/千瓦			数量/台	功率/千瓦	数量/台	功率/千瓦	数量/台	功率/千瓦	
1952	6		1				13	1973	14	531	6	243	18	558	48
1953	8		1				13	1974	16	626	6	397	34	872	52
1954	10	156	3	110			18	1975	17	671	6	397	25	764	51
1955	10	156	3	110			32	1976	20	671	9	382	25	764	52
1956	13	209	4	154	4	17	49	1977	20	763	8	283	22	763	76
1957	11	180	3	110	4	17	58	1978	20	781	8	283	24	824	56
1958	8	150	3	110	4	17	58	1979	25	671	9	401	37	1138	63
1959	13	260	5	184	4	17	58	1980	22	858	10	400	41	1327	68
1960	11	221	5	184	10	145	58	1981	23	913	11	474	34	1205	90
1961	11	221	5	184	25	224	58	1982	23	913	12	541	34	1205	90
1962	10	220	5	184	3	29	47	1983	31	1172	16	791	34	1205	120
1963	11	258	5	225	11	255	55	1984	33	1273	14	724	34	1205	140
1964	11	471	6	225		143	48	1985	34	1330	14	724	34	944	160
1965	11	480	6	225	6	159	53	1986	35	1362	14	724	34	944	160
1966	11	480	6	225	9	372	53	1987	39	1581	14	794	34	944	157
1967	11	480	6	225	9	372	53	1988	42	1960	11	772	34	1236	112
1968	11	480	8	403	9	372	54	1989	32	1688	11	772	34	1236	103
1969	11	480	8	403	8	281	34	1990	32	1769	12	864	34	1236	120
1970	14	573	8	403	7	331	55	1991	32	1769	13	959	34	1236	124
1971	14	573	8	329	11	377	39	1992	32	1769	13	959	34	1236	126
1972	17	652	8	305	13	416	46								

2012—2020 年云台农场农机具发展情况统计见表 4-30。

表 4-30　2012—2020 年云台农场农机具发展情况统计

年份	拖拉机		收割机		排灌机械		机引农具/台	插秧机/台	打（压）捆机/台	秧盘播种成套设备/台	农业用北斗终端（含渔船用）/台	谷物烘干机/台
	数量/台	功率/千瓦	数量/台	功率/千瓦	数量/台	功率/千瓦						
2012												
2013												
2014	6		1				11					
2015	20		2				17					
2016	15		4				7					
2017	2						6					
2018	5		3				10	6	7	5		
2019	8		5				11				8	5
2020	7		5				8					

2011 年云台农场农业机械拥有量见表 4-31。

表 4-31　2011 年云台农场农业机械拥有量

项目	功率/千瓦	数量/台
一、农业机械总动力	10972.5	—
其中：1. 柴油发动机动力	9478.1	—
2. 汽油发动机动力	150.4	—
3. 电动机动力	1344	—
4. 国有农机动力	815.85	—
二、拖拉机及配套机械	—	—
（一）拖拉机	4149.74	90
1. 小型（小于 14.7 千瓦）	22.05	3
2. 大中型（大于或等于 14.7 千瓦）	4127.69	87
其中：（1）轮式	3961.71	68
（2）链式	165.98	18
（3）变拖	0	0
（二）国有大中型农机具	264.6	3
配套农具	—	181
1. 大中型	—	181
2. 小型	—	0
3. 国有农具	—	16
三、种植业机械	—	—
（一）收割机	3740.75	71
1. 半喂入型	529.2	15

（续）

项目	功率/千瓦	数量/台
2. 全喂入型	3211.25	56
其中：（1）140 马力以上	—	9
（2）10 年以上	—	12
（二）播种机	—	—
1. 水稻直播机	—	0
2. 免耕播种机	—	0
3. 精量半精量播种机	—	6

2020 年底分公司农业机械拥有量统计见表 4-32。

表 4-32　2020 年底分公司农业机械拥有量统计

项目	截至 2020 年底				2020 年新增			
	分公司农机		社会化农机		分公司农机		社会化农机	
	功率/千瓦	数量/台	功率/千瓦	数量/台	功率/千瓦	数量/台	功率/千瓦	数量/台
一、农业机械总动力	2825.32	—	6798.25	—	—	—	—	—
1. 柴油发动机动力	1544.5	—	6285.75	—	—	—	—	—
2. 汽油发动机动力		—		—		—		—
3. 电动机动力	1280.82	—	512.5	—	—	—	—	—
二、拖拉机	359.6	4	4894.5	46				
分类一：								
1. 小型（小于 30 马力）								
2. 中型［30（含）～100 马力］			267.9	5				
3. 大型［100（含）～150 马力］	359.6	4	1925.8	21			102.7	1
4. 大型［150（含）～200 马力］			1054	9			117.4	1
5. 重型［200（含）马力以上］			1646.8	11			737.5	5
其中：场头拖拉机								
分类二：（1）轮式	359.6	4	4894.5	46				
（2）链式								
（3）变拖								
（4）十年以上								
三、配套农具	—	45	—	212	—		—	
1. 大中型	—	45	—	212	—			8
2. 小型								
四、施肥机械	—	11	—	4	—		—	
其中：（1）条播机		9						
（2）圆盘抛洒施肥机		2		4				
五、收获机械								

（续）

项目	截至 2020 年底				2020 年新增			
	分公司农机		社会化农机		分公司农机		社会化农机	
	功率/千瓦	数量/台	功率/千瓦	数量/台	功率/千瓦	数量/台	功率/千瓦	数量/台
1. 凯斯系列/迪尔系列 3518、C240/其他大型	158.025	1						
2. 迪尔 1076/C210/3316/C100/1075/3080	551.25	5						
3. 常发佳联/谷神/春雨								
4. 小型全喂入			1835.15	25			402.1	5
5. 小型半喂入								
六、耕整地机械	—		—		—		—	
1. 犁	—	3	—	17	—		—	
2. 耙	—	3	—	4				
3. 旋耕机	—	3	—	100			—	3
4. 秸秆粉碎还田机	—	1	—	20				
5. 平地机	—		—					
其中：激光平地机	—	1						
6. 筑埂机	—		—					
7. 埋茬起浆机	—	2	—	20				
8. 开沟机	—	4	—	30			—	5
9. 深松机	—	1	—					
10. 鼠道犁	—	2	—	5				
11. 拌种机	—	2						
12. 拖拉机驾驶导航	—	3	—	19			—	12
七、插秧机	—		—		—		—	
1. 摆栽机	26.4	4						
2. 步进式								
3. 乘坐式高速	155.225	12	156.065	11				
其中：①8 行								
②9 行	30.87	2						
③8/9 行两用	108.05	7	46.305	3				
④6 行								
⑤7 行			17.6	2				
⑥6/7 行两用	16.305	3	92.16	6				
八、播种机械	—		—		—		—	

（续）

项目	截至2020年底				2020年新增			
	分公司农机		社会化农机		分公司农机		社会化农机	
	功率/千瓦	数量/台	功率/千瓦	数量/台	功率/千瓦	数量/台	功率/千瓦	数量/台
1. 播种机	—		—		—		—	
（1）3.6米复式播种机	—	3	—	1	—		—	
（2）小型反旋条带播种机	—		—		—		—	
（3）螺旋式复式播种机	—		—		—		—	
（4）双旋耕播种机	—		—		—		—	
（5）其他	—	13	—	3	—		—	
2. 普通水稻育秧流水线	2.96	5	2.5	5				
3. 摆栽机育秧流水线	—	2						
九、植保机械	—	—	—	—	—	—	—	—
1. 自走式								
其中：①作业幅宽≥20米	294	4	220.5	3				
②≥10米、＜20米								
③其他作业幅宽								
2. 悬挂式	—		—		—		—	
3. 牵引式	—		—		—		—	
4. 航空植保机（无人机）	—	1						
十、种子加工设备	—		—		—		—	
1. 种子包衣机	—		—		—		—	
2. 种子清选机	—		—		—		—	
3. 种子包装机	—		—		—		—	
4. 种子分级机	—		—		—		—	
十一、农田基本建设机械	—	—	—	—	—	—	—	—
1. 推土机								
2. 挖掘机			364.6	4				
3. 装载机			198.45	3				
4. 平地机								
5. 大型开沟机								
6. 铲运机								

（续）

| 项目 | 截至 2020 年底 | | | | 2020 年新增 | | | |
| | 分公司农机 | | 社会化农机 | | 分公司农机 | | 社会化农机 | |
	功率/千瓦	数量/台	功率/千瓦	数量/台	功率/千瓦	数量/台	功率/千瓦	数量/台
十二、农用排灌机械	—	—	—	—	—	—	—	—
1. 排灌站								
其中：①单排								
②单灌	977.5	20	510	10				
③灌排结合	300	7						
2. 农用水泵	—	7						
十三、渔业机械	—	—	—	—				
1. 增氧机械								
2. 投饵机械								
3. 清淤机械								

1952—1990 年云台农场完成水利土方情况统计见表 4-33。

表 4-33　1952—1990 年云台农场完成水利土方情况统计

年份	水利完成情况/立方米	年份	水利完成情况/立方米
1952	2.5	1972	47
1953	44.9	1973	40
1954	17.7	1974	28
1955	16.3	1975	53.4
1956	27.3	1976	42
1957	6.3	1977	49.7
1958	3.4	1978	71
1959	3.8	1979	51
1960	11	1980	18.7
1961	23	1981	9.1
1962	27	1982	19.1
1963	13	1983	17.9
1964	7	1984	14
1965	12	1985	10
1966	0.8	1986	10
1967	0.9	1987	30
1968	0.89	1988	28.9
1969	11	1989	20.4
1970	26.2	1990	23
1971	45.5		

1991—2019 年云台农场水利设施投入情况统计见表 4-34。

表 4-34　1991—2019 年云台农场水利设施投入情况统计

年份	水利完成情况/万立方米		水利设施完成情况	投入资金/万元
	大水利	小水利		
1991		28.7		1.15
1992		1.98		1.19
1993		1.98		1.19
1994		1.9		1.14
1995		2		1.2
1996		1.8		1.08
1997		3		1.8
1998		2.8		1.96
1999		2.5		2
2000		2.2		1.76
2001		3.2		2.5
2002		2.1		1.68
2003	5.9	3.6		26.6
2004	9.15	5.1		39.9
2005	5.94	3.6		26.71
2006	3.5	2.8		17.64
2007	12	5.2		41.96
2008	23.79	22.69	新建普山河翻水站一座	117.66
2009	23.5	11.96	新建十三大队翻水站一座	67
2010	14.63	18.04	开挖防渗渠道	79.67
2011	12.06	115.6	场域河塘整治及水利疏浚	120.3
2012	4.2	5.6	十一排沟长改短，开挖大荒田南界沟十连沟塘，扩宽十连大沟	72.6
2013	2.3	3.5	开挖十一排沟、云龙浦大沟、大荒田北界沟	30.8
2014	2.6		疏浚九连村庄河道、五排沟、二排沟	43.4
2015	2.9		疏浚大寨河、河东二排沟、老稻田排沟、南排	40.1
2016				
2017	2.8		疏浚云山河	14
2018	2		收治大岛大浆河，新建泵站	40
2019	2.2		疏浚普山河	18

云台农场 2011 年电灌站基本情况见表 4-35。

表4-35　云台农场2011年电灌站基本情况

序号	泵站名称	所属行政村	建设年份	泵站类型	泵站设计流量/（立方米/秒）	灌溉现状		泵站现状							泵站效率/%	产权情况	管理形式
						设计灌溉面积/亩	实际灌溉面积/亩	水泵			电动机		变压器				
								台数	设计流量/（立方米/秒）	设计扬程/米	台数	功率/千瓦	台数	容量/千伏安			
1	一队一站	一队	1962	单灌	0.64	1100	800	1	0.8	3.5	1	55	1	100	23	集体	个人
2	一队二站	一队	1970	单灌	0.27	1000	300	1	0.35	3.5	1	30	1	75	32	集体	个人
3	二队一站	二队	1976	单灌	0.62	2196	2000	1	0.8	3.5	1	55	1	80	25	集体	个人
4	三队一站	三队	1976	单灌	0.66	2494	2400	1	0.8	3.5	1	55	1	160	25	集体	个人
5	三队二站	三队	1970	单灌	0.84			3	1.05	4.8	3	90	1	100	25	集体	个人
6	四队二站	四队	1980	单灌	0.30	1000	1000	1	0.35	4.8	1	30	1	100	22	集体	个人
7	五队一站	五队	1974	单灌	0.64	1178	800	1	0.8	3.5	1	55	1	50	30	集体	个人
8	五队二站	五队	1974	灌排	0.63	908	908	1	0.8	3.5	1	55	1	100	31	集体	个人
9	七队一站	七队	1969	灌排	0.66	1680	1618	1	0.8	3.5	1	55	1	100	29	集体	个人
10	七队二站	七队	1962	单灌	0.28			1	0.35	4.8	1	30			30	集体	个人
11	八队北站	八队	1981	单灌	0.67	1000	1000	1	0.8	4.8	1	55	1	50	28	集体	个人
12	八队南站	八队	1975	单灌	1.24	1500	1500	2	1.6	3.5	2	110	1	120	25	集体	个人
13	九队站	九队	1980	单灌	0.64	1586	1586	1	0.8	3.5	1	55	1	80	24	集体	个人
14	十队站	十队	1975	灌排	1.24	1793	1793	2	1.6	3.5	2	110	1	160	26	集体	个人
15	十一队南站	十一队	1979	灌排	0.68	1500	1500	1	0.8	3.5	1	55	1	100	28	集体	个人
16	十一队北站	十一队	1980	单灌	0.28	1000	1000	1	0.35	4.8	1	30			30	集体	个人
17	十三队站	十三队	1977	单灌	0.64	1264	1200	1	0.8	3.5	1	55	1	80	31	集体	集体
18	十四队站	十四队	1975	单灌	0.66	1886	1500	1	0.8	3.5	1	55	1	100	29	集体	个人

（续）

序号	泵站名称	所属行政村	建设年份	泵站类型	泵站设计流量/(立方米/秒)	灌溉现状		泵站现状								产权情况	管理形式
						设计灌溉面积/亩	实际灌溉面积/亩	水泵			电动机		变压器		泵站效率/%		
								台数	设计流量/(立方米/秒)	设计扬程/米	台数	功率/千瓦	台数	容量/千伏安			
19	十五队一站	十五队	1962	单灌	0.56			2	0.7	4.8	2	60	1		30	集体	个人
20	十五队二站	十五队	1975	单灌	0.64	1601	1600	1	0.8	3.5	1	55	1	100	26	集体	个人
21	农科站	普山	1996	单灌	0.22	850	600	1	0.35	4.8	1	30	1	80	28	集体	个人
22	东站	十一队	1990	单灌	0.24	500	400	1	0.35	4.8	1	30	1	80	26	集体	个人
23	普山河站	九队	2006	单灌	3.00			1	3.2	4.8	4	180	1	400	92	集体	集体

云台农场2021年现有电灌站情况统计见表4-36。

表 4-36　云台农场 2021 年现有电灌站情况统计

泵站名称	位置（大队、河道名称）	灌溉面积/平方千米	水泵数量/台	水泵型号	单泵流量/(立方米/秒)	总流量/(立方米/秒)	动力功率/千瓦	建成年份	完好情况	备注
一大队电站	大柴滩界沟与凤凰河交汇处（一大队）	0.58	2	20ZLB-70、14HBA-40P	0.34	0.94	85	1979	带病运行	已停用
二大队南站	十二排沟与妇联河交汇处（二大队）	1.49	1	20ZLB-70	0.6	0.6	55	1978	带病运行	已停用
二大队北站	十二排沟与妇联河交汇处（二大队）	1.49	1	14HBA-40P	0.34	0.34	30	2010	完好	已停用
三大队南站	十一排沟与烧香河交汇处（三大队）	1.68	1	20ZLB-70	0.6	0.6	55	1978	带病运行	
三大队北站	十一排沟与烧香河交汇处（三大队）	1.68	1	14HBA-40P	0.34	0.34	30	1974	带病运行	已停用
四大队电站	河东头大排水沟与云东界处（四大队）	1.41	1	20ZLB-70	0.45	0.45	30	1979	带病运行	
五大队东站	云山河与烧香河交汇处（五大队）	0.81	1	20ZLB-70	0.45	0.45	30	1976	带病运行	
五大队西站	云山河与八排沟交汇处（五大队）	0.70	1	20ZLB-70	0.6	0.6	55	1975	带病运行	已拆除

（续）

泵站名称	位置（大队、河道名称）	灌溉面积/平方千米	水泵数量/台	水泵型号	单泵流量/（立方米/秒）	总流量/（立方米/秒）	动力功率/千瓦	建成年份	完好情况	备注
七大队东站	云山河与七排沟界沟交汇处（七大队）	2.43	1	20ZLB-70	0.6	0.6	55	1978	带病运行	
七大队西站	云山河与七排沟界沟交汇处（七大队）	2.43	1	14HBA-40P	0.34	0.34	30	1988	带病运行	
八大队北站	云山河与七排沟交汇处（八大队）	0.72	1	20ZLB-70	0.45	0.45	30	1978	带病运行	
八大队南站	引淡河与七排沟交汇处（八大队）	0.78	2	20ZLB-70	0.6、0.45	1.05	85	1978	带病运行	预拆除
九大队电站	烧香河与普山河交汇处（九大队）	0.68	1	20ZLB-70	0.6	0.6	55	1976	带病运行	已停用
十大队电站	八排沟与云善河交汇处（十大队）	1.01	2	20ZLB-70	0.6、0.45	1.05	85	1975	带病运行	
十一大队南站	引淡河与云善河交汇处（十一大队）	0.91	1	20ZLB-70	0.6	0.6	55	1978	带病运行	
十一大队北站	引淡河与云善河交汇处（十一大队）	0.12	1	14HBA-40P	0.34	0.34	30	1979	带病运行	已停用
十三大队电站	四排沟与云善河交汇处（十三大队）	0.70	1	20ZLB-70	0.6	0.6	55	1977	带病运行	
十四大队电站	五排沟与云善河交汇处（十四大队）	1.32	1	20ZLB-70	0.6	0.6	55	1976	带病运行	
十五大队南站	东池河与烧香河交汇处（十五大队）	1.78	1	20ZLB-70	0.6	0.6	55	1976	带病运行	
十五大队北站	东池河与二排沟交汇处（十五大队）	1.78	1	14HBA-40P	0.34	0.34	30	1960	带病运行	
小岛电灌站	十一排长改短界沟与烧香河交汇处	1.07	2	600ZLB-100	1	2	110	2016	正常运行	
小娘地电灌站	十一排沟与烧香河交汇处	1.20	2	600ZLB-100	1	2	110	2016	正常运行	
四连河东电灌站	烧香河边	1.36	1	600ZLB-100	1	1	55	2016	正常运行	
五连东电灌站	云山河与烧香河交汇处	1.20	2	600ZLB-100	1	2	110	2016	正常运行	
五连西电灌站	云山河中段	0.50	1	600ZLB-100	1	1	55	2016	正常运行	
九队电灌站	八排沟中段	0.62	2	400HW-7	2	0.7	74	2017	正常运行	

2007—2011 年云台农场农机购置数量及财政补贴情况统计见表 4-37。

表 4-37 2007—2011 年云台农场农机购置数量及财政补贴情况统计

项目内容	计量单位	2007 年	2008 年	2009 年	2010 年	2011 年
一、农业机械购置总额	万元	90.63	88.26	1488.86	440	236.2
二、农业机械购置补贴	万元	34.3	23.72	443.05	58.65	65.8
1. 中央财政补贴	万元	13	23.72	45.9	57.85	62.3
2. 地方财政补贴	万元	1.5	0	397.15	0.5	3.5
3. 农场补贴	万元	20	0	0	0	0
三、农业机械购置数量	台	72	43	252	63	0
1. 大中拖拉机（70 马力以上）	台	4	8	13	12	4
2. 联合收割机（半喂入式）	台	0	0	0	6	0
3. 水稻插秧机	台	6	0	2	1	8
（1）步进式	台	5	0	0	0	0
（2）乘坐式	台	1	0	2	1	0
4. 挖掘机	台	0	0	3	1	0
5. 植保机械	台	41	0	0	0	0
6. 田园管理机械	台	0	9	0	0	5
7. 排灌机械	台	0	4	3	2	0
8. 犁	台	0	0	2	3	0
9. 旋耕机	台	0	9	8	8	12
10. 埋茬起浆机	台	11	5	8	8	0
11. 播种机	台	0	0	8	1	0
12. 果蔬保鲜设备	台	0	0	203	0	0
13. 平土器	台	4	8	0	0	0
14. 撒肥机	台	0	0	0	3	0
15. 深松犁	台	0	0	0	1	21

2012—2020 年云台农场农机购置数量及财政补贴情况统计见表 4-38。

表 4-38 2012—2020 年云台农场农机购置数量及财政补贴情况统计

项目内容	计量单位	2012 年	2013 年	2014 年	2015 年	2016 年	2017 年	2018 年	2019 年	2020 年
一、农业机械购置总额	万元									
二、农业机械购置补贴	万元									
1. 中央财政补贴	万元			35.14	82.1	55.245	7.8	89.39	98.24	79.52
2. 地方财政补贴	万元									
3. 农场补贴	万元									
三、农业机械购置数量	台			18	39	26	8	36	37	
1. 大中拖拉机（70 马力以上）	台			6	16	14	2	5	8	7
2. 大中拖拉机（70 马力以下）	台				4	1				
3. 联合收割机（半喂入式）	台									

（续）

项目内容	计量单位	2012 年	2013 年	2014 年	2015 年	2016 年	2017 年	2018 年	2019 年	2020 年
4. 水稻插秧机	台									
（1）步进式	台									
（2）乘坐式	台								6		
5. 挖掘机	台									
6. 植保机械	台									
7. 田园管理机械	台									
8. 排灌机械	台									
9. 犁	台									
10. 旋耕机	台			8	12	7	6	7	6	3
11. 埋茬起浆机	台									
12. 播种机	台									
13. 果蔬保鲜设备	台									
14. 平土机	台							1		
15. 撒肥机	台									
16. 深松犁	台									
17. 秸秆粉碎还田机	台			2						
18. 自走履带式谷物联合收割机（全喂入）	台			1	2	4		3	5	5
19. 开沟机	台			1	5			2	5	5
20. 打（压）捆机	台							7		
21. 秧盘播种成套设备	台							5		
22. 农业用北斗终端（含渔船用）	台								8	
23. 谷物烘干机	台								5	
24. 钵苗摆栽机	台									1
25. 无人植保飞机	台									2
26. GPS										12

2011 年农业机械资产情况见表 4-39。

表 4-39 2011 年农业机械资产情况

单位：万元

项目	原值	净值
农业机械总资产	2650.06	1513.35
1. 小拖	10.1	1.75
2. 大中拖	539.89	338.85
（1）轮式	515.89	337.35
（2）链式	24	1.5
（3）变拖	0	0

（续）

项目	原值	净值
3. 收割机	590.1	356
（1）全喂入	354	254
（2）半喂入	236.1	102
4. 插秧机	175	140
（1）步进式	0	0
（2）乘坐式	175	140
5. 农具	97.15	95.15
（1）小型	0	0
（2）大中型	97.15	95.15
6. 排灌机械	140.86	54
（1）排灌站	74	25
（2）排灌动力机械	39.56	15
（3）农用水泵	27.3	14
7. 农田基本建设机械	1083.16	522
（1）推土机	12.5	3
（2）挖掘机	1050	505
（3）装载机	0	0
（4）平地机	0	0
（5）开沟机	20.66	14
8. 渔业机械	13.8	5.6
9. 畜牧养殖业机械	0	0
10. 其他机械	0	0

2020 年农业机械资产情况见表 4-40。

表 4-40　2020 年农业机械资产情况（万元）

项目	分公司		社会化	
	原值	净值	原值	净值
农业机械总资产	1199.28	260.36	3746.54	1032.52
1. 拖拉机	42.6	4.56	1202.8	430
（1）小型（30 马力以下）				
（2）大中型（30～200 马力）	42.6	4.56	1023.9	310
（3）重型（200 马力以上）			178.9	120
2. 收割机	322.186	77.04	207.8	121.6
（1）全喂入	322.186	77.04	207.8	121.6
（2）半喂入				
3. 插秧机	302.17	65.88	117.4	86.12
（1）步进式				

（续）

项目	分公司		社会化	
	原值	净值	原值	净值
（2）乘坐式	228	41.608	117.4	36.12
（3）摆栽机	74.17	24.272		
4. 植保机	44.01	7.84	422.77	22.4
5. 农具	215.35	65.04	617.77	62.4
（1）小型	44.01	7.84	422.77	22.4
（2）大中型	171.34	57.2	195	40
6. 排灌站及其附属设备、设施			1085	250
7. 农田基本建设机械			35	10
（1）推土机				
（2）挖掘机			35	10
（3）装载机				
（4）平地机				
（5）开沟机				
8. 渔业机械				
9. 畜牧养殖业机械				
10. 其他机械	272.964	40	58	50

云台农场域内河道现状见表4-41。

表 4-41 云台农场域内河道现状

河道名称	类型	长度/千米	平均河道底宽/米
大沟级河道			
大浆河	平圩	3.47	4
凤凰河	平圩	5.17	5
普山河	平圩	3	4
引淡河	平圩	1.8	5
东池河	平圩	3	3
西池河	平圩	1.02	3
云善河	平圩	3	5
山东大沟	平圩	1.87	5
云山河	平圩	3.33	5
大岛山大浆河疏浚		1.4	8
云山河疏浚		2.9	11
普山河疏浚		1.8	10
中沟级河道			
老稻田北排水沟	平圩	0.6	2
老稻田南排水沟	平圩	0.6	2

（续）

河道名称	类型	长度/千米	平均河道底宽/米
大柴滩界沟	平圩	0.41	2
新稻田地头沟	平圩	1.73	2
十二排沟	平圩	1.5	2
十一排沟	平圩	1.73	2
十排沟	平圩	3.53	2
九排沟	平圩	3.61	2
河东二排沟	平圩	0.65	2
河东头排沟	平圩	2.28	2
河东头排与二平排界沟	平圩	1.35	3
河西河南排水沟	平圩	3.39	3
八排沟	平圩	2.2	3
七排沟	平圩	2	3
二排沟	平圩	1.8	3
三排沟	平圩	1.41	3
四排沟	平圩	1.35	3
五排沟	平圩	1.47	3
七排沟东西界沟	平圩	1.43	3
新七排沟	平圩	1.43	3
大岛复垦地排沟	平圩	2.1	3
大岛生产区 4 号大沟	平圩	1.5	3
十排沟长改短界沟	平圩	3.2	3
出口蔬菜基地封闭排水沟	平圩	3.5	3

注：按江苏省农村河道划分标准划分，场域内共有大沟级河道 12 条，中沟级河道 24 条。

云台农场水资源总量及可利用量见表 4-42。

表 4-42　云台农场水资源总量及可利用量

项目	来水保证率/%	当地水资源量/万立方米				水资源可利用量/万立方米			水资源可利用总量/万立方米
		地表水	地下水	重复计算量	水资源总量	地表水	地下水	客水	
多年平均		689	346.8	123.5	912.3	175.4	34.6	2469.2	2679.2
平水年	50	610.9	345.7	119.5	837.1	155.6	34.56	2406.5	2596.66
偏枯年	75	390.2	298.8	111.2	577.8	108.6	29.9	2530.7	2669.2
枯水年	95	180.6	237	106.6	311	54.3	23.7	2832.3	2910.3

注：枯水年来水保证率按 95% 计算。

第五章　现代高效农业

从 20 世纪 90 年代以来，云台农场着手现代农业的发展与建设研究，围绕现代农业的特征，结合云台农场农业的发展现状和区位优势，到 2000 年形成基本发展思路，随后制订了初步的发展与建设规划。以农产品加工业为龙头，发展高效农业示范基地。2000 年以后，围绕浅水藕做文章，从几百亩发展到 8000 余亩，以荷为基础，又发展了农业生态旅游，成立华缘旅游公司。2016 年 5 月 18 日，全国农垦率先实现农业现代化推进会在连云港召开。2018 年以后，围绕江苏省第 12 届园博会的思路，做好"园博园＋"大文章。农发云台分公司到 2019 年积极参与全国绿色食品原料（小麦、水稻）标准化生产基地创建。总面积 21377.42 亩，为稻麦两熟制。通过创建活动的开展，实现了现代农业发展的可持续性。2015 年农发云台分公司发展豆丹养殖业，目前云台豆丹已形成了从育种、养殖、加工到储存、销售的全产业链，在国内率先掌握了豆丹反季节育种、高效养殖、绿色加工及储存技术，建成豆丹繁育养殖基地 200 亩，包括豆丹养殖大棚 160 个，育种温室 2000 平方米，成为行业领先的集育种与生产、科研与推广为一体的示范基地，形成一个省级地方标准《豆丹规模化养殖技术规程》，以及一项实用新型专利和一项发明专利。

为了让更多农户从豆丹养殖中受益致富，近年来，云台分公司主动承担社会责任，帮扶、引领、带动地方及兄弟单位发展豆丹养殖，平均年产优质豆丹卵 3000 万粒，豆丹 1 万千克，带动垦区内、苏北及周边省市豆丹养殖面积超过 10 万亩，促进了整个豆丹行业的蓬勃发展，受到省委领导的充分肯定，也吸引了江苏省农业科学院、扬州大学、广州大学、湖北工业大学等高校院所的关注，它们纷纷寻求合作。2019 年与江苏省农业科学院合作，成功申请江苏省农业自主创新项目资金 180 万元，项目为期三年。在此基础上，还开展对昆虫蛋白粉、几丁质、不饱和脂肪酸等豆丹深加工产品技术的研究，为进一步拉长豆丹产业链打下坚实基础。

随着 2022 年第十二届江苏园博园在云台开园，云台分公司瞄准园博园后经济发展带来的契机，发挥人才、设备、技术优势，秉承创新理念，加快推进高品质西瓜、葡萄、白桑葚、灵芝、大球盖菇、羊肚菌等的研发与种植，灵芝实现当年试种当年成功当年量产，亩产孢子粉达 50 千克，经检测云台灵芝具备极高的营养价值，下一步将开展菌种繁育嫁接、白桑葚扦插扩繁等核心技术研究，大球盖菇、羊肚菌进入大面积种植培育，着力打造一批科技含量大、生态绿色及档次、品位高的品牌农业、特色农业和高效农业。

种子加工是农场现代农业的传统产业，至 2020 年，大华种子公司云台分公司年产水稻种 1741.48 吨，小麦种 4050 吨，全部销往全省各地及山东、河南、安徽等地。

第一节　高效农业生产示范基地

到 2010 年，农场建成五个高效农业生产示范基地，分别为：

1. **农友种苗生产基地**　2007 年 12 月，成立以台湾优质瓜果蔬菜种苗繁育与新品展示、栽培技术和优质良种推广为主的华瑞种苗有限公司，由农场控股经营。公司成立初期占地面积 45 亩，当年建成连栋钢架大棚一栋，面积 2464 平方米；单体钢架青苗大棚 21 个，占地面积 8400 平方米；露地展示区 16500 平方米。采用国内先进的育苗设施和农友先进的工厂化育苗技术，年产各类瓜果蔬菜优质种苗 700 万株。2010 年 10 月华瑞种苗公司资产重组，由江苏省农垦集团公司、江苏云台农场和台湾农友种苗公司合资新成立连云港苏垦农友种苗公司。公司注册资金 2000 万元，成为江苏农垦二级企业。主要经营由蔬菜种苗拓展至蔬菜、瓜果、种苗和青果业务。公司占地面积 120 亩，现有现代化智能型玻璃温室 118784 平方米，3000 平方米连栋育苗大棚，50 余个单体育苗大棚。年种苗产能 4000 万株。可带动高效农业生产基地面积 5 万亩，种植户 500 户以上，年销售青果 3000 吨。由于市场等诸多因素，企业连年亏损，至 2019 年与农场分离，农场所占股份由原来的 30％降为 12％。公司由江苏农垦集团公司直接管理，到 2020 年 3 月 26 日苏垦集资〔2020〕55 号文，下发了同意农友种苗名称变更的批复。变更名称为江苏农垦兴垦农业科技有限公司，为省农垦集团公司下属二级企业。主打一宅一花、育苗与甜瓜种植三大项目。

2. **日光温室生产基地**　2007 年 9 月，建成以生产反季节无公害瓜果蔬菜为主的日光温室生产基地，该基地位于大荒田，占地面积 500 亩，建有日光温室 260 栋，由农场和农场职工共同投资建设，管理人员私人投资。主要种植品种有樱桃番茄、西瓜、甜瓜、番茄、津优系列黄瓜等。2020 年园博园征地，日光温室所占土地均在拆迁范围内，并于 2020 年底地上物全部拆完，土地被园博园租用。

3. **水生花卉生产基地**　2007 年 5 月，以生产出口睡莲等水生花卉植物为主的连云港润丰生态农业发展公司，由江苏云台农场与上海莘海生态农业发展公司合资成立。公司致力于出口水生花卉的种植研发、繁育、推广应用及水生花卉深加工。公司占地面积200亩。水生花卉主要品种有睡莲、千屈菜和水葱等。产品主要出口欧美国家。水生花卉基地分为两个观赏区：一是荷花观赏区，面积237.5亩，品种有富贵莲、青菱红莲、红万万、中日友谊莲、白雪公主白建莲、粉色莲等12个；二是睡莲观赏区，面积221.5亩，品种有科罗拉多、玛珊姑娘、克洛玛蒂拉、诱惑、墨西哥黄睡莲、洛桑、豪华、婴儿红、彼得、美洲之星、粉牡丹、海尔弗拉、佛琴娜莉斯、亚克睡莲等16个。2020年该地被省园博园租用。

4. **水生蔬菜生产基地**　该基地于2007年7月建成，占地面积6200亩，其中农场集体模拟股份制种植3000亩，主要品种有浅水藕、芋头、荸荠、慈姑、山芹、茭白等六大类13个品种。浅水藕品种有宝应大紫红、武植2号、鄂莲5号；芋头品种有荔浦芋、武芋一号、二号；荸荠品种有余杭荸荠、桂林马蹄；慈姑品种有苏州黄、紫圆慈姑；山芹品种有扬州长白水芹、旱芹等；茭白品种有苏丹白。基地于2020年被省园博园租用。

5. **出口蔬菜示范基地**　2008年9月，连云港市农业局、连云港市出口蔬菜协会和云台农场合作建成省级出口蔬菜示范基地，占地面积5000亩，主要产品有洋葱、甘蓝、马铃薯、青椒、大蒜和食品桃等6个绿色无公害品种。基地由政府部门搭台提供政策、项目和资金扶持，实行"龙头出口企业＋基地＋农户＋协会"的订单种植模式。年生产各种出口蔬菜3万余吨。2008年底，基地通过国家检验检疫局GAP认证和备案，次年被江苏省农业委员会和江苏省检验检疫局联合认定为江苏省首批4家出口农产品示范区之一，也是垦区和连云港市唯一获得认证的出口农产品示范区。2012年被授予国家级出口食品农产品质量安全示范基区。2019年该地被市规划局规划为市特殊教育中心、城市救助站、商业住宅和九年义务教育学校。

五大基地由于土地变更，到2018年基本上停止生产，农场集中精力围绕省园博会寻找新的经济增长点。是年，农场云水湾景区被江苏省第十二届园博会征用后，重点围绕"两个基地、一个平台"进行打造：①特色鲜果采摘基地。引进多类树种，开辟品种专区，做到观赏化、特色化、高品质、全年供，实现春有花、夏有果、秋有彩、冬有绿。②农业休闲体验基地。打造"百花园""百草园""百药园""三味书屋"等特色园艺，探索钓鱼、网鱼、罾鱼等特色服务，做好现榨果汁、精酿啤酒、桑葚酒等产品开发，做好豆丹、生态草鸡、生态鱼等特色餐饮服务，通过"趣味享受""私人订制"等方式，为游客提供体验服务类产品。③特色农产品营销平台。

第二节 农产品加工

2009年3月，云台农场在产业园区南侧，投资总额6000万元，建成连云港云盛果蔬食品有限公司，2011年12月更名为连云港吉本多果蔬食品有限公司，公司占地面积154亩。注册资本1050万元，员工1480人，其中各类专业技术人员80人。公司主要经营速冻蔬菜、保鲜蔬菜、腌渍蔬菜和调理食品四大系列，品种达120个。

2016年5月，因经营不善等原因，公司停产，进入清理整顿，留守人员4人。负债后吉本多果蔬食品有限公司经营状况不佳，无力偿还借款。农场与云龙房地产公司于2017年3月起诉吉本多果蔬食品有限公司，通过司法程序主张债权，农场还对吉本多果蔬食品有限公司地上物资产进行了保全；同年12月申请强制执行。经过审判、执行等一系列程序，连云港市海州区人民法院于2019年8月做出裁定：将吉本多地上物（不含土地）及其他资产作价2041.5万元（执行过程中法院委托第三方机构做出的评估价），交付江苏省云台农场有限公司以抵偿债务。该裁定明确，在裁定送达时该批资产使用权即转移。同时，农场公司与云龙房地产公司达成协议，并经集团公司批准，在该批资产使用权转移后，根据债权比例，由农场公司向云龙房地产公司支付相应款项。

裁定做出后，农场公司成立由资产管理部门牵头，纪检、财务等多部门联合组成的工作小组，与吉本多果蔬食品有限公司对接开展资产移交相关事宜，目前移交手续已完成，并明确资产管护人，农场公司对该批资产已完成实际掌控。

2020年连云港华泰物业管理有限公司将厂房作为临时办公室。

第三节 浅水藕种植

2000年，农场实行土地租赁经营制度，土地承包给个人经营，由于种植大宗农业，效益低下，承包的职工种粮积极性不高，土地出现了个别抛荒现象。三分场个别职工将大荒田土地转包给当地农民试种浅水藕近200亩，当年收回了成本，这一举措得到了农场职工的认可。后来农场三分场部分职工试种50亩，当年收回成本，第二年扩种到100亩。2006年农场提倡大力发展浅水藕，2007年农场成立浅水藕生产区，由费宏年任经理，浅水藕总面积扩大到6200多亩，亩产达1000千克以上，产品在市场上供不应求，主要销往山东寿光等地。从2008年以来，莲藕种植面积逐年增加，稳定在6000～90000亩，主要栽培品种有鄂莲五号、鄂莲六号、宝应大紫红、美人红。期间还推广莲藕＋小龙虾模式运作，每亩纯利润 2500 元。到 2012 年扩大到近 8000 亩。受价格等因素的影响，2017 年以后，种植规模在逐步减少，有的直接转包给场外工人。至 2020 年农场莲藕种植面积还有 2000 余亩。

第四节 种 子

一、种子引进、繁育及推广

建场初期，由于没有专门从事良种开发的机构，农场使用的种子主要是从外部引进，逐步更新。农作物品种，一般沿用本地区种植的传统品种，例如麦类使用的是碧玛一号等，受灌溉、土质、肥料等条件的限制，产量低而不稳。水稻品种是当地的农家品种大车粳、黑稻等，种植面积很不稳定。因受水质、管理、虫害等因素的制约，产量也是低而不稳。玉米初期采用小红豇、小糙等品种，因品种退化，施肥水平低，加之旱、涝、虫等灾害影响，玉米产量水平一直较低。油料作物大豆使用的是大白花、小白花、罗线豆等品种。20 世纪 60 年代小麦品种以石家庄 407 号和徐州 438 号为主体品种。大麦以六棱大麦为主。由于绿肥田耕翻播种种植制度的形成，麦类产量水平有所上升。水稻以黄壳早、桂花黄、农垦 57 取代了农家品种。原来的稻种催芽水直播法为催芽育秧移栽法，但因水质、育秧技术等问题，产量水平上升缓慢。玉米则开始引用金皇后、大白马牙，但施肥水平低，产量水平上升很小。棉花品种一直使用的是美国引进的岱字棉 15 号，由于土壤含盐量高，长期排灌条件没形成，管理也较粗放，加之受品种退化、虫害影响，产量极低。

20 世纪 70 年代，农场积极引进泰山 1 号、济南 13 号等麦类新品种，产量水平明显上升。1978 年，三麦单产首次达到 190 千克，总产接近 2000 吨。水稻引进南优 2 号取代农垦 57 桂花黄。1979 年开始，农场全部引用苏玉、丹玉等杂交玉米种，实现玉米杂交化生产。棉花则引用徐棉 142 号品种取代岱字棉 15 号，同时改进了植棉技术，提高施肥标准，棉花产量上升。

1980 年以后，麦类品种逐年有所更新，以冀 5418、泰山系列新品为农场的主体品种，大麦则转向以西引、岗二品种为主，旨在增高产、增效益。棉花引用抗病棉新品种苏棉 1 号以及夏播品种中棉 10 号、中棉 16 号等抗病、高产品种。推广"一套沟""肥促化控"等一系列科学管理措施，棉花产量进一步提高。大豆引进诱变、7412 等早熟品种。

1982 年，云台农场种子站成立，主要进行种子经营，开始以商品性生产和营销为主进行种子引繁。对内实行产前、产中、产后良种繁育推广以及技术指导服务，对外实行种子生产、加工和销售一条龙服务。20 世纪 80 年代前后引进玉米杂交种鲁原单 4 号、津夏 1 号、苏玉 1 号、苏玉 3 号、苏玉 4 号、丹玉 6 号、丹玉 13 号、掖单 2 号、掖单 4 号、沈单 7 号等；制种甜菜有双丰 305 号、双丰 8 号、双丰 11 号、洮育 1 号等。

进入 20 世纪 90 年代以后，随着农场管理制度的改革以及科技化的提高，实行农业科研、推广、经营三位一体，对全场实行产前、产中、产后一条龙服务。

1990—1991 年，农场引进推广的水稻新品种 8169-22，取代 20 世纪 80 年代中期种植的籼优 63 号、献改 63 等杂交稻品种；继续推广小麦品种冀 5418；大豆仍以 74-12 为主；棉花继续沿用盐棉 48、苏棉 1 号，逐年淘汰徐州 514；大麦继续推广西引 2 号。

1992—1995 年，引进繁殖小麦新品种陕 229，代替冀 5418 等小麦品种；棉花以新品种泗棉 3 号、苏棉 6 号、苏棉 9 号为主要品种；大豆以淮豆 4 号为主要品种；水稻以武育粳 3 号为主要品种。

1996—2000 年，全场小麦仍以陕 229 为主体，大麦以西引 2 号为主；水稻以武育粳 3 号、早丰 9 号为主体；棉花引进中棉 23、苏棉 14 等抗病高产品种。

2000—2005 年，小麦引进繁殖淮麦 18 号、淮麦 19 号、淮麦 20 号等新品种。水稻引进连嘉粳 1 号、淮稻 3 号、淮稻 4 号，并转为该时期当家品种。棉花引进繁殖 99B、20B、中棉 41、鲁棉研 21 等常规抗虫棉，替代苏棉 14.22 等常规品种，2003—2004 年又以中棉 23、中棉 41 为主体，2005 年转以鲁棉研 21、鲁棉研 22 为主体。

2006—2011 年，小麦以淮麦 18 号、淮麦 19 号、淮麦 20 号为主体品种，并大力引进和推广烟农 19、华麦 4 号、淮麦 28、济麦 22、烟农 19，它们逐步成为小麦主要品种。水稻引进和推广徐幅 3 号、徐幅 4 号、徐幅 5 号、武有粳 8 号、武有粳 11 号、华粳 2 号、华粳 5 号、华粳 6 号、连粳 6 号、连粳 7 号等新品种。

二、生产加工和推广营销

农场农作物品种计划布局和生产推广主要由农场农业服务中心和种子公司共同商定执行。种子的加工销售则由种子公司全权负责。20 世纪 90 年代以后，种子公司体制发生变化，1991—1999 年隶属云台农场；1999 年 11 月至 2003 年 3 月更名为中垦农业资源开发股份有限公司云台分公司；2003—2005 年更改为江苏省大华种业集团有限公司云台分公司。尽管隶属关系和管理体制有所改变，但种子公司一直负责云台农场的种子生产加工和销售的职能没有改变。江苏省大华种业集团有限公司云台分公司前身是江苏省云台农场种子公司，一直是连云港市农业局、连云港市农科院新品种试验示范推广繁殖基地，是集生产、加工、销售为一体企业。公司位于连云港市云台农场，占地 10 余亩，实行种子专业化生产，标准化加工，规范化管理，多次获得连云港市农业局、海州区农业局和植保大队"优秀种子单位""种子安全单位"等荣誉称号。

公司的战略目标：立足于国家发展战略，做强做大民族种业，以"育繁优良品种，保障粮食安全，增加农民收入"为使命，以"大华种，放心种"为方针，专注种业产业，聚合资源，精细管理，实现公司长期可持续发展，保持业务和盈利持续增长，打造百年企业。

云台分公司现有从业人员 25 人，中高级技术人员 8 人。拥有科研基地 200 亩，承担国家级、省级预试、区试、生产示范等科研任务。与苏垦农发云台分公司共同建立了规范化良种繁殖基地 2 万亩，年生产各类种子 1000 万千克以上。

云台分公司拥有谷物种子精选加工线两条，种子低温烘干机 11 台，仓储 4300 平方米，仓库容积 12000 立方米，水泥晒场 20000 平方米，各类检验仪器齐全。

在日趋激烈的市场竞争中，云台分公司依托基地完整的服务体系，对种子繁育实行"统一连片布局，统一资料供应，统一技术措施，统一机械作业，统一质量标准，统一种子回收"的"六统一"规范管理，确保为社会提供合格、可靠的种子。

多年来，云台分公司秉承"质量为本，诚信经营，优势互补，合作双赢"的营销观念，长期与种业及科研单位精诚合作，生产的常规水稻种子以芽率高、色泽好深受种业界及广大客户好评。

1991—1995 年，云台农场生产加工的各类作物种子对内保证供应，对外营销量达38%，主要销售周边地区。1992—1995 年各年生产加工的小麦种、棉花种、水稻种、玉米种、大豆种和甜菜种总量分别为 1090 吨、1100 吨、720 吨和 978 吨，共计外销900 余吨。1996 年以后甜菜销路不畅，取消甜菜种植。1996—2000 年共计加工生产麦、棉、稻、玉米及大豆种 21000 吨，外销 8600 吨，占加工总量的 41.0%。2010年种子生产量达 1500 万千克，基本实现亩亩种子田。2011 年，全场生产种子 14325吨，销售种子 1.33 万吨。

2020 年农发云台分公司生产水稻种 9824.31 吨，小麦种 9090 吨。销往大华种子公司，部分转为商品粮。

第五节　豆丹人工养殖

随着现代农业的快速发展，苏垦农发云台分公司根据连云港当地灌云特有的豆丹美味珍馐，发展豆丹人工养殖。

苏垦农发云台分公司自 2015 年起发展豆丹养殖及育种项目，经过不断总结摸索，全面掌握了豆丹室内越冬、人工催育、化蛹、羽化、交尾、卵粒收集、消毒等一整套的人工育种技术和一套投入低、见效快、效益高的豆丹高产养殖技术，初步形成了育种、养殖、加工、储存、销售的产业链。几年来累计向各地养殖户提供豆丹卵近 1 亿粒，带动豆丹养殖面积 5000 余亩。供应的豆丹卵质量好，安全健康，深受广大养殖户喜爱，很多养殖户慕名前来采购，后续的订单络绎不绝。同时通过采取"有偿提供豆丹卵，无偿提供技术服务"的方式，积极做好豆丹养殖技术服务工作，为豆丹养殖户解决了种源和养殖技术的难题，大大提高了养殖成功率，也为分公司获得了很好的经济效益和社会效益。2019 年，与江苏省农业科学院合作，成功申报江苏省农业自主创新项目，将豆丹生产关键技术的研究提升到知名科研院所的层面，推动了整个豆丹产业的快速发展。

按照省农垦集团公司党委关于产业帮扶工作的要求，2019 年，苏垦农发云台分公司发挥自身产业优势，在灌云县图河镇董庄村开展豆丹产业帮扶项目，在省农垦集团公司党委的正确领导下，在地方政府和群众的大力支持下，云台分公司以实现村企共赢为目标，将生产与示范相结合，边生产边示范边推广，经过一年多的推进，帮扶工作进展顺利，得到了地方各级政府的肯定，帮助当地村民掌握了豆丹养殖技术，带动低收入户实现了脱贫目标。

一、以租代建

积极与图河镇沟通协调，在图河镇农业扶贫产业园租赁现有连栋温室和大棚 70 亩，既减少了企业建设基地方面的成本投入，又增加了当地农村的集体收益，同时提供两个大棚给低收入户进行学习实践养殖，带动周边 40 户村民利用家前屋后及成片零星地开展小规模豆丹养殖，为初次接触豆丹养殖的村民提供了"练练手"的机会。

二、学干结合

基地用工全部委托当地农村雇佣本地村民，优先雇佣低收入户到基地务工，增加其劳动收入，同时手把手培训他们快速掌握豆丹养殖技术。基地每年雇用临时工 100 余人（其中低收入人口 24 人），雇佣长期工 8 人（其中低收入人口 4 人），每年向雇佣的村民发放工资近 30 万元（其中向低收入户发放工资 8 万余元）。

三、免费送、无偿教

为进一步鼓励当地村民养殖豆丹，调动村民的积极性，出台了"豆丹卵免费送、养殖技术无偿教"的政策，对有意向养殖豆丹的低收入户，养殖面积在 2 亩以内的免费提供 2 万粒豆丹卵，对非低收入户以低于市场价优惠提供虫卵。同时有技术员长期在基地随时教授豆丹养殖技术，解答养殖难题，无偿提供上门指导养殖和网络在线指导，2019 年以来已累计免费向低收入户提供豆丹卵 120 万粒。

四、集中培训

2019 年与图河镇镇政府联合举办豆丹养殖技术培训，全镇各村干部及村民 200 余人参加了培训，现场学习交流了豆丹养殖的各项技术，得到了政府和村民的一致认可，并在灌云县政府扶贫网站上给予了充分肯定。2019 年以来累计组织小规模培训 20 余次，累计培训村民 600 余人次，接待周边慕名而来的养殖户 1000 余人次。2020 年 4 月，云台分公司豆丹技术团队作为技术专家参加了江苏省农业科学院组织的灌云县豆丹养殖技术培训会，受灌云县扶贫工作队邀请为东王集、南岗、杨集等乡镇的豆丹扶贫项目进行现场考察、培训，扩大了江苏农垦豆丹产业帮扶工作的影响力。

2019 年图河豆丹养殖示范基地共生产春季豆丹 3250 千克，生产秋季入土豆丹 2000 千克，实现利润 25 万元，实现亩效益 4100 元。2020 年生产春季豆丹 3000 千克，实现收入 30 万元。基地反季节养殖的豆丹连续两年在 5 月初上市，单价达 275 元/千克，创造了本地豆丹上市最早、单价最高的纪录，在当地及周边引起很大反响，打破了当地春季豆丹不敢养、不能养的现状和春季豆丹十养九亏的说法，过硬的养殖技术深得当地村民的好评。

经过一年多的努力，基地有效带动了图河镇豆丹养殖产业的发展，从养殖到销售实现无缝对接，豆丹养殖规模超过了 2000 亩，较 2018 年增长了一倍以上。带动 40 户村民养殖豆丹，亩效益都在 3000 元以上。

2020 年，按照省委、省政府关于"万企联万村共走振兴路"行动要求，云台分公司在灌云龙苴镇王荡村建起了占地 50 亩的豆丹养殖示范基地，为农户传授豆丹养殖技术，先后举办豆丹养殖技术专题培训 3 场，培训农户 150 余人次，许多农户经过培训，利用家前房后闲地从事豆丹养殖，取得了较好的经济效益，受到当地政府的肯定和村民的欢迎。

第六章　工业建筑业

建场初期，农场工业以服务农机为主导，在机耕队设立了农机修理组，成为场办工业萌芽。1958年创办第一个场办工业企业，即云台农场粮油加工厂，当年实现产值8.6万元；1958—1977年，农场为服务生产、方便生活，先后办起农机修理厂、砖瓦厂、采石厂、酱醋厂等规模小、设备简陋、效益低下的小型工业企业，积累办厂经验，培养人才，为场办工业的发展奠定了基础。1977年，实现工业产值140万元，实现利润24万元，工业产值占农场工农业总产值的43%。

1952年，农场成立测绘组，1953年更名为基建科，1956年又更名为基建队。1961年，农场基建队改为基建组，负责全场土地管理、农田水利、建筑施工等；1992年，成立建安公司，隶属于基建科领导，副科级建制。建安公司下设3个工程小队和一个预制队，实行独立核算；1999年，建安公司改制，先租赁经营，后公开转让，农场资产全部撤出；到2000年底，建安公司自行解散，职工转岗分流，自由组合，自谋职业。

2010年，成立云台农场建安公司，有工程技术人员5人。负责农场工程项目招投标、工程项目预决算、工程项目质量监理与验收、比价采购等。建安公司无固定的建筑施工队伍，所有工程项目均实行公开招投标，实行规范化管理。2018年农场成立资产经营部，内设项目工程部。建设重心逐步转移到道路、水利、厂房、下水道等工程。项目工程主要有工业园区道路、场部至各管理区水泥路、桥梁、科技楼、出口蔬菜基地道路及配套设施工程。投资额较大的土建项目有云盛果蔬食品公司车间、冷库、职工宿舍、馨香苑产品交易大棚、出口蔬菜基地排水设施新建改建工程，普山分场道路及排污管道改造工程，菜市场室外工程，云荷广场建设工程等。

2000年，工业企业改制，实行国退民进。农场发挥民营企业作用，着力激发民营企业内部活力，鼓励和引导民营投资，实现农场经济协调发展。具体措施：一是解放思想，创新思路，进一步拓宽民营资本投资渠道，引导、鼓励、支持职工开展自主创业。二是鼓励民营企业加大研发投入，培育一批科技型、创新型民营企业。按照布局合理、产业集聚、集约用地、生态环保要求，鼓励民营企业主动融入地方经济发展规划，引导民营企业投资围绕特色产业、优势项目，形成产业园区资源共享、要素互补、上下游配套的联动发展格局。三是把民营企业投资项目纳入农场经济发展总体规划之中，注重规划引导，鼓励民营投资，优化结构和布局，增强可持续发展能力。进一步优化服务平台，发挥民营企业协会功能，增强企业凝聚力和归属感。完善服务体系，加强民营投资软环境建设。对符合财政贴息补助等政策支持条件的，农场积极帮助企业申报，提供优质服务，努力创造民营经济良好发展环境。到 2020 年底，全场民营企业和个体工商户已发展到 380 余户。农场工业企业数 14 个，生产总值 6639.6 万元，其中国有企业 2 个、私营企业 12 个。国有企业利润－209.15 万元，私营企业利润 451.1 万元。平均从业人员国有企业 4 人，私营企业 172 人。年末国有固定资产原值 10720.36 万元，其中国有 36.36 万元，私营 10684 万元。

第一节　工　　业

一、场办工业的发展

1958 年开始创办第一个场办工业企业，即云台农场粮油加工厂。当年实现产值 8.6 万元。

1978—1983 年，农场相继创办了水泥制品厂（厂址在淮阴）、无线电元件厂、塑料厂、弹力丝厂、标准件厂、纸盒厂等，场办工业企业达到 11 个，从业人员 984 人。期间，农场年均实现工业产值 320 万元，年均实现利润 48.6 万元，其中：1983 年全场实现利润 75.9 万元，其中工业利润达 16.55 万元。1984—1987 年全场累计实现工业产值 1400 万元，实现利润 95 万元。

1988—1997 年，农场的工业产值、销售收入、利润和优质产品数量达到了顶峰，在江苏农垦 26 个农林场中，排名前十，工业成为农场重要产业支柱。

主要门类：农畜产品加工业、电子产品、塑料制品、机械修理与制造、建材、酿制业、弹力丝等。

主要产品：面粉、皮棉、棉清油、棉短绒、棉籽饼、畜牧饲料、wsw3-3 有机实芯微调电位器、wsw20 有机实芯电位器、塑料编织袋、吹塑内衬袋、塑料薄膜、发泡塑料、塑料彩印、热收缩塑料套管、袜子、挂面、汽水、牛马车轴承、脱粒机、扬场机、开沟犁、镇压器、旋耕犁、播种机、石材、水泥预制品、酱油、糖色、酱瓜、酱菜、高粱酒、纸盒、纸箱、标准件、消防器材灭火器专用压力表、鸡产品、速冻蔬菜、保鲜蔬菜、盐渍蔬菜、水煮蔬菜等 40 余种产品。

1995 年后，场办工业经济效益开始逐年下滑，塑料厂、冷冻厂、饲料厂等单位先后出现严重亏损，尤其是塑料厂亏损十分严重。根据党中央、国务院和省农垦集团公司的具体部署，1996 年底开始，推进工业企业改革改制，至 2004 年，改制结束。

2005 年，农场与连云港市新浦区合作，在云台农场境内共建云台产业园区。园区占地面积 6 平方千米，至 2007 年实现园区道路、供水、排水、供电、通信"五通"和园区绿化、净化、美化"三化"。园区充分利用政府给予农场税收返还政策，开展招商引资，园区内工业企业发展至 15 家，其中规模以上工业企业 5 家。2010 年园区工业实现销售收入 1.19 亿元，实现工业增加值 1900 万元。以云盛食品、苏港棉业有限公司、农友种苗为核心的龙头企业发挥了很大的示范带头作用。

至 2011 年，农场二三产业在主营业务收入中比重达 71.9%，在利润总额中的比重达 52.8%。三次产业结构由 2005 年的 35.4：5.2：59.4，调整为 2010 年的 29.6：22.8：47.6，非农产业比重提高 5.8 个百分点。2011 年，农场年度招商引资吸收外资达 2000 万元以上。

二、场办工业管理

（一）管理体制

20 世纪 50—60 年代，场办企业直接同农场财务部门进行简单的经济核算，农场统负盈亏。企业内部管理弱，生产水平低下。到 20 世纪 60 年代中期，农场制定了相应的规章制度、考核办法和劳动定额，但大多流于形式。

江苏生产建设兵团二团成立后，工业分别由后勤处和司令部分管，其中司令部分管采石连，后勤处分管加工连，团部直接对各工厂下达生产计划，对工厂的财务、生产、工资、奖惩等采取集中统一的管理方式，利润统一上缴，亏损由团弥补。与生产相关的资金、能源、物资、技术、销售、用工等，由主管部门及企业共同解决。1975 年二团撤销后，农场成立工副业办公室。1977 年撤销工副业办公室。

1978 年，农场成立工业科，设 1 名副场长分管工业，主要职能是对工业企业发展进行调查、规划以及新办工业的筹建等。着手筹建无线电元件厂、弹力丝厂。

1983 年，农场工业初具规模，生产发展步入正轨。1984 年，工业科变为公司，实行独立核算。1987 年，恢复工业科，把基础管理工作列入主要职责范围，工业企业建立健全各类基础管理档案，并配备相应的专兼职工作人员。至 1992 年，农场工业企业中，有 4 家获三级计量管理合格证书，两家通过市级企业管理达标，有 3 项产品商标获国家商标局注册。

1992 年，成立云台农场工业管理中心，为独立核算的经济实体。中心下辖 6 个工业企业。开展"质量、品种、效益"年活动，农场工业管理步入标准化、规范化轨道。

1996年底，农场推进工业企业改革改制，建立农场工业的混合所有制结构，即有计划、有步骤地从场办工业中撤出国有资本，尽可能减少国有资产的损失。分为两个阶段：1996年底至2000年，工厂改制为国有股和职工股组成的有限责任公司，少数实行国退民进买断经营或租赁经营；2001—2004年，国有资产通过转让、拍卖等形式，实现国有资本全部退出。

至2002年，农场场办工业企业改革改制工作基本结束，撤销工业管理中心，成立二三产企业管理中心留守处，负责全场二三产企业协调、服务工作和处理相关遗留问题。2004年二三产企业管理中心留守处撤销，成立企业管理中心，主要负责改制企业的协调和服务工作。

2007年，农场撤销企业管理中心，成立工业经济发展部，下设招商引资办公室、土地管理办公室、综合治理办公室。主要职能：企业管理、招商引资、项目开发和管理、民企管理、工业统计、土地开发与管理、产业园区管理等。2008年更名为产业园区管理委员会。下设招商办、土地办、综合管理办公室。

2010年，农场撤销产业园区管理委员会，成立二三产管理部。

2011年，农场撤销二三产管理部，成立企业管理部。

2018年，农场公司制改制后，撤销企业管理部，成立资产经营管理部，管理场域内工业企业。

（二）基础管理与质量管理

标准化管理。1984年后，各主要工业企业均成立标准化管理小组，场领导分管，专人负责。主要产品申报注册商标。生产工艺、操作检验、安全技术、劳动卫生等技术操作规程，以及工作质量标准、操作程序标准张贴上墙，做到有章可循，消灭"无标"生产状况，为产品创优奠定了坚实的基础。

计量管理。1987年，场办工业企业开展计量工作达标活动，至1992年，粮油棉加工厂、无线电元件厂、塑料厂、标准件厂等4个企业被定为三级计量合格单位。企业根据生产流程和质量、成本控制要求配置相应的计量器具，建立计量台账。对计量器具定期强检。

定额管理。工业企业制定劳动定额、物资定额、设备定额、能源消耗定额等，将定额同职工的工资、奖金挂钩。

信息管理。1988年以后，企业内部建立信息管理网络。各单位配备专（兼）职统计员，骨干企业配备至车间。建立健全设备维修、产品产量、考勤、工资、物资、能源消耗、安全生产、产品检验等原始记录台账。加强统计报表管理，强化信息对生产经营的指导作用，收集市场行情动态资料，对产品质量进行跟踪调查，设立客户档案，建立外部信息管理网络。

规章制度。改革开放前，工业企业由农场统负盈亏，规章制度主要为厂规厂纪等。1979 年，以经济责任制为核心的规章制度进一步得到重视。1987 年后，推行厂长负责制，企业生产经营成果与管理者和职工经济收入挂钩。工厂根据生产特点和岗位工种，制定生产岗位责任制和管理人员岗位责任制。

班组建设。1980 年后，工厂配齐班组长，开展 QC 小组活动，注重从基层班组长中考核选拔企业后备干部。

技术培训。自 1988 年，农场提高职工岗位"应知、应会"要求，工厂制订详细的业务、技术培训计划，农场定期邀请有关专家、学者来场讲课，安排专业技术人员参加各种培训班。各厂还经常组织操作技术表演和知识竞赛，提高职工的综合素质。

质量管理和产品创优。1980 年后，工业企业把握产品生产质量控制点，制定产品质量自查、互查、专查制度是把好质量关的基础和关键点。确保不合格产品不出厂，不合格工件不流入下道工序。明确规定对质量事故、生产中出现的残次品，给予相关责任人相应的经济处罚，管理者和职工收入与产品质量直接挂钩，从源头保证产品的质量。20 世纪 80 年代后，骨干企业均成立质检科和化验室，对原材料、半成品、产成品理化指标和卫生指标及时进行检测化验。至 90 年代，农场累计投入工业企业基础设施建设、设备改造和技改资金达 5000 余万元，粮油棉加工厂、电子元件厂、云盛公司是投资重点单位。1986 年，农场开展产品创优活动，电子元件厂 wsw3-3 有机实芯微调电位器获省优产品称号、1988 年获得国家电子工业部颁发的生产许可证，粮油棉加工厂棉清油、云农牌皮棉先后获得省优产品称号，2008 年，云盛牌番茄获连云港市名牌产品、江苏著名产品称号，云盛商标获连云港市知名商标称号。2009 年，云盛商标获江苏省著名商标称号。2010 年，云盛牌莲藕获连云港市名牌产品、江苏省名牌产品、连云港市名牌农产品、江苏省名牌农产品称号。

（三）经济责任

1978 年前，农场工业由农场统负盈亏，无明确的经济责任制，工业企业干部职工实行工资制，工资发放仅与考勤挂钩。

1979 年，场办工业企业实行"五定奖赔"责任制，即定产量、定产值、定消耗、定质量、定利润。奖赔即超计划利润以上部分提成 20％奖励职工，20％留作单位积累，剩余交农场。以手工操作为主的企业，试行计件工资或计件计时相结合的工资制度。1984

年，借鉴无锡堰桥乡"一包三改"等经验，农场颁发《关于贯彻场办工业改革的意见（试行）》文件，试行厂长经理负责制。

1987—1990年，工业企业实行包干利润上交，超利企业全留，内部联利计酬，独立经营，自负盈亏经济责任制。全面推行厂长（经理）负责制。对工业企业主要考核指标有利润、资金利润率、资金周转天数、成本利润率、产值利税率等。经营者和一般职工的收入拉开距离。对小、微、亏企业实行承包或租赁经营。

1991年，农场工业企业开始实行保留责任工资制度，按不同职级、经营者保留30%，中层管理人员保留20%，一般职工保留10%（以档案工资为准）。年终完成包干利润指标，保留部分全额发放。如亏损或未完成包干利润，则按比例扣发保留责任工资。对供销人员实行"三无一挂钩"，即无工资、无奖金、无差旅费，报酬与供销实绩挂钩。

1997年，实行利润包干上交，超利全留（亏损单位指标降亏视同超利），除超利按比例提取职工分配外，另对超包干利润以上部分，按10%～20%提取重奖，奖励企业领导班子成员。

20世纪90年代后期，通过工业企业进行改革改制，至2004年全场所有场办企业已全部改制成为私营企业或混合所有制企业。

2005年，农场工业改制以后，农场的管理形式也由管理转变为管理加服务，国有资本均退出场办工业企业。积极发展民营企业，在原农科站开辟600多亩土地建设工业园区，农场做好"五通一平"，11家民营企业进园，引进民间资本8000多万元，工业管理部门将工作的重点放在为民营企业服务上。

三、主要国有企业

1. **粮油棉加工厂** 成立于1958年6月，原名云台农场粮油加工厂，第一任厂长是柏仁超，副厂长是姚汉青、梁成杰。1958年6月，农场有偿征用南城镇东门外两块官地，共计40.10亩，新建农副产品加工厂，1960年正式建成投产。当时建有450平方米工字形加工厂房兼仓库1座、平房办公室1栋、职工平房宿舍1栋。主要设备有碾米机、老式面粉机、老式螺旋榨油机各1台，小皮辊轧花机2台。主要加工生产大米、面粉、豆油和棉花，同时附带酿酒、制糖（糯米熬制）和制作小果子。

1964年，该厂新进小型碾米机和小型精制面粉机各1台，皮辊机2台。1965年下半年购进面粉机1台，是年新建小砖瓦窑1座，不久增至2座。新面粉机搬至场部，技术骨干班组长蔡其海带领8人随机同往，年底前后将碾米机搬至场部。1968年9月，两台新的皮辊机也迁至场部，同时随往10人，编制仍属原加工厂。1969年更名为"云台农场粮油棉加工厂"，从南城迁至场部普山路东端。占地面积13700平方米，建筑面积4170平方米，主要生产精制面粉、皮棉、棉清油、棉短绒、棉籽饼等，年生产加工皮棉1万余吨、棉清油400吨、面粉2300吨。

兵团成立后，云台农场粮油棉加工厂改为一师二团加工连，1971年修理厂划归加工连管理。1973年修理厂与加工连分离，成立机修连。1979年以后，改建生产楼1栋，作为加工厂轧花车间购置200型榨油机配套设备2台、141型气流式轧花机2台、141型气流式剥绒机17台、150型双箱打包机1台、单产15吨青岛双福面粉机组1台，以及锅炉、柴油发电机等设备设施。主要产品有精炼棉清油、皮棉、短绒、精面粉等，年加工皮棉7500吨，生产精炼棉清油270吨，面粉1500吨，年创利润80万元左右。

1990年5月，粮油棉加工厂升为科级单位，黄跃根任加工厂厂长兼书记，到1992年，实现利润150万元，位列当年"江苏农垦百万利润"之列（共有5家），加工厂员工工资普调1级，至1996年利润突破500万元。

1991年，粮油棉加工厂被评为连云港市三级计量管理合格单位。

1992—1998年，连续7年获连云港市文明单位称号、江苏省优秀企业称号、省农垦集团公司先进企业称号。

2003年6月，粮油棉加工厂改制为民营企业，改制后该企业一直处于停产状态。

2. 农机修造厂　成立于1960年，前身为3～4人修理组，第一任厂长王东元，书记万元亨。主要技术师傅和骨干为1952年南京下放的陈阿涛、汪仁冀等。机修厂和机耕队在一起，称为机耕队修理厂，一套班子两个机构，厂房集中在场部最东边的半圆形美制铁皮房内。农忙时分赴各片生产队作业。1963年，铁皮房内分别为发动机修理间、车床间、直流电工间、机配件仓库、康拜因拆修部件存放间、油库、修理厂机耕队办公室、修理厂宿舍等。另外，建有石墙瓦房1栋，分别为锻工房、氧气焊（因无交流电故没有电焊）、钣金（铁皮工）工作间。

1963年前，农场没有通电网，夜晚均为煤油灯照明，大型场地使用的是汽油灯，机修用的是手摇钻、手摇砂轮、手拉风箱、手工钢锯气焊（电工和维修发动机曲轴用的是浇瓦技艺，煤炉火烧烙铁）。发动机起重拆装用的是木拔杆和手拉葫芦。唯一1台车床是老式皮带车床，用12匹柴油机带动。铁皮房内安装1台由60匹马力柴油发动机带动的30千瓦自备发动机，场部竖起电线杆拉起内部电网，从此场部有了电灯和小型电动工具。

1963年，农场原机耕队分成两个小队，即一小队和二小队，也称普山机耕队和张圩机耕队。二小队搬至张圩，一小队暂住原地，修理厂迁至原场部机关最东边老翻砂车间。新厂建设职工宿舍1栋，石头青砖蓝瓦大修理厂房1栋，分别为修理间、精工车间、直流电工间、油泵试验室及小配件库等。另有康拜因大仓库6间，后作为汽车修理车间，另建平房1栋，分别为电氧气焊间、锻工间、钣金工间、木模制作间、轮胎修理间等。修理厂主要任务是确保农场机械车辆正常完好，农业耕、耙、播、种、收正常运转，不误农时。场内日常维修保养的车辆机械有20台（套）左右。

1965年，机耕队合并为1个队，队址在修理厂新厂院内，两个单位共105人，其中机耕队85人、修理厂有25人，陶立言任书记，卞加安任副书记兼队长。

1969年11月，兵团成立，原机修厂改编为机修连，下设1个修理排、4个机耕排，约30人。机耕排领导及各机车组长都由机修连提名报团部研究决定，机修连及机耕排在业务上归团机务股负责，行政上归各营领导。江舜模任连长，龚维琪任指导员（兼书记），杨庆岭任副指导员，卞加安任副连长。1971年机修连撤销，改编为机修排，归加工连领导，原业务不变。

1975年3月，兵团撤销，恢复修理厂，名为"国营云台农场农机修造厂"。至1979年，有职工60人，恢复了拖拉机修理车间、精加工车间、翻砂车间及电氧气焊间、锻工间、钣金工间、木模间、轮胎修理间，同时增加汽车修理车间。主要工作是保证场内及周边地区汽车拖拉机农业机械的维修保养及大修农机具加工铸造。

1978年，涉足制造业，开始机械紧固件加工。主要产品有牛马车轴承、脱粒机、扬场机、开沟犁、镇压器、旋耕犁、播种机，另外还搞过稻麦两用收割机、插秧机、喷灌机、水泥预制管模、机械化养鸡场设计制造以及三轮汽车制造等。

随着农业机械数量的增多、农场在各分场机耕队技术力量的壮大，农机修理由集中转为分散，加之场内民营机械修理的发展，农机修理厂的业务量自然萎缩，到20世纪90年代中期停业，后转为个人经营。

3. 云台无线电元件厂 1977年12月，农场分管工业副政委祁福元带领李开庆、汪子华赴省电子工业厅申报项目计划，决定开发生产wsw3-3型有机实芯微调电位器。

1978年3—4月，农场先后选派陈志富、汪子华、钱宝山、王士奇、董修左、王椿萱、张铁夫7人赴上海嘉定县电位器厂和上海无线电十二厂实地考察、培训学习。1978年4月，在全场范围内招工；徐世庠、张宗一、王柏文、俞熙、赵良仁、万昌才、黄大贵、唐文全、张广普9位知青赴江苏农垦局在大友农场开办的"电子理论基础班"学习。

1978年5月初，上海及大友短期培训学习人员回场，会同热压机及导电轨自动打片机的操作员周德琴，开始试制wsw3-3电位器。农场将新建的大会堂二楼会议室作为试制生产临时过渡厂房和宿舍。5月下旬调整安装试制生产线的布局，建成30人的装配线，期间农垦局拨款6万元以示支持。

试制线的技术骨干为参加上海培训的 7 人和参加大友短期培训学习的张宗一、王柏文、俞熙、张光普；供销骨干为参加大友短期培训的徐世庠、万昌才等 5 人。徐世庠、万昌才以 2000 元极低的价格从南京晨光机器厂购来机床 3 台及 B-50（日制）牛头刨床、7120A 平面磨床、C617（苏制）普通车床加以修复翻新，花费 300 元从南京购置 1 台钻床，自己动手绕制电焊机 1 台，购置数台检测仪器。

陈志富、汪子华、钱宝山在上海无线电十二厂考察，选中损坏废旧的 8 工位热压机（生产关键主机）1 台，由江苏省农垦局以国企之间的渠道无偿调拨至元件厂。机器运回后技术人员动手拆检研究，对机电、液压与热合系统故障修复，1 周后机器投入使用。试制初期，组装机座就是用这 8 工位热压机热固成型。1978 年 7—8 月，由汪子华自行设计制造的第一台导电轨自动打片机投入生产，同年购两台 6 吨冲床，采用上海买来的模具开始冲压生产外壳。期间总装所需大部分零件都是从上海无线电十二厂和嘉定厂小批购买。

1978 年国庆节前夕，首批云台无线电元件厂生产的 wsw3-3 有机实芯微调电位器，由万昌才送检南京无线电厂"714"厂中心实验室做例行试验，按国际 GB-E4 系列检测认定合格，获得国家检测机构电子元器件的合格报告。之后正式投产，产品小批量投向市场。

1981 年夏至年底，元件厂搬迁至猫山路中段西侧的新厂房。下设 5 个车间、7 个职能科室，以及精加工模具车间（含热处理间）、冲压车间（含注塑间、电镀间）、机座热压车间（含配方间、导电轨间、零位间、碳刷间、黄坯生产间）、分选车间和总装检测车间。科室有厂长办公室、供销科、财务科、生产调度科、技术科、检验科、动力设备科级材料物资仓库、成品半成品仓库。在此期间建立了 QC 小组，并以全面质量管理模式进行质量控制。

迁入新厂址后，元件厂逐步完善设备，扩大产能规模批量生产。黄坯机座、拨盘、碳刷、导电轨等所有零部件均自行生产，生产系列所需各种工装模具、夹具等均自行制作制造。

1982 年后，从南京 714 厂和南京长江（大桥）机器厂等单位聘请经验丰富的模具制造和精加工师傅，为南京汽车制造厂依维柯汽车生产制造模具。1983—1989 年，每年均为南汽制造模具 200 多副，创收 20 多万元。精加工模具车间发展至 40 余人，各类精加工机床设备车、钻、铣、磨、刨线切割、热处理达 20 多台（套），模具设计、钳工达 15 人。1984 年元件厂自行设计、制造碳膜电位器的关键设备——红外传动烘箱，节约资金 4 万元。

1985 年，元件厂开发二代、三代新产品，从南京无线电元件三厂引进生产 wsw20 有机实芯微调电位器，不久就进行批量生产和销售。1986 年开发引进直滑式碳膜电位器，

1987 年小批量生产投放市场，新产品车间有职工 20 余人，秦兆明任新品车间主任，全面负责生产和技术。车间采取封闭式管理一条龙生产，从所有零部件（包括碳膜片）的生产，到总装、印字、检测、检验、包装等全部在一个车间内完成。两年后因市场原因产品停止生产。

从 1978 年到 1981 年底，元件厂的第一任厂长为陈志富（原一连指导员），支部书记为唐文全（同时兼弹力丝厂书记），副厂长钱宝山，后增副厂长黄大贵、万昌才；1982 年徐权接任元件厂厂长，陈志富改任支部书记；1983 年第三任厂长彭兴周，书记蒋森林；第四任厂长徐世厍，书记蒋森林；第五任厂长彭习华，副书记赵绍年；第六任厂长左扬华，书记孙爱连，第七任厂长秦兆明，书记孙爱连、杨庆伦、李如为、左扬华；第八任厂长钱忠来，书记左扬华。

至 1983 年底，云台无线电元件厂占地面积 13000 平方米，建筑面积 5600 平方米，设有 6 个车间，9 个职能科室，建有三层、四层主楼各 1 幢，平房大车间 2 栋，平房仓库 1 栋，平房冲压车间注塑间及发电机房 1 栋，拥有专用设备 80 台（套），仪器、仪表 80 余件，专用工装模夹具近 450 副。主要产品"云台"牌 wsw3-3、wsw20 有机实芯微调电位器，年生产能力 600 万只，年最大销售量近 600 万只，年最高销售收入 330 多万元，年最高利润 50 多万元。产品主要供应国内电视机厂，产品销量占全国供应需求量的 60%。

1985 年，云台无线电元件厂荣获连云港市文明单位称号；1987—1997 年连续 5 次（每两年评选 1 次）被江苏省人民政府授予双文明单位称号。改制前该厂有职工 270 多人，高峰时期曾达 300 多人，其中大中专毕业生 20 余人。1986 年批准为科级建制，同年经过三级计量单位验收，wsw3-3 有机实芯微调电位器被评为省优产品；1988 年获得国家电子工业部颁发的生产许可证（电子工业部定点生产厂家），多次被江苏省农业银行评为特级信用企业；1998 年实行股份制（经营层持大股），2002 年 11 月改制，企业拍卖。

2002 年，该厂改制为民营企业。

4. 云台塑料厂 建于 1977 年 11 月，位于张圩六连。1983 年迁至场部猫山路西侧与普山路交叉路口处，占地面积 11000 平方米，建筑面积 4000 多平方米，场内设有平织、圆织、吹塑、发泡、缝纫 5 个车间，6 个职能科室。拥有职工 230 人，机器设备 90 多台。主要产品、产量：塑料编织袋年生产 400 多万条，吹塑内衬袋年生产 600 万条，塑料薄膜、发泡塑料年生产 30 吨，生产部分 PVS 热收缩塑料套管等产品，年最高利润近 30 万元。产品主要销往盐城农垦局化肥厂、山东济南化肥厂、宝应化肥厂、六合化肥厂等。1990 年获三级计量管理合格证书，通过市级企业管理达标合格验收，同年获批科级建制。1997 年实行切块租赁承包。2003 年 6 月改制为民营企业。

1977 年 11 月，二营（现张圩生产区）抽调徐兆希（时任六连连长）、六连南京知青徐宗荣、六连盐场知青徐忠来 3 人负责筹建办厂，由徐兆希牵头负责。徐兆希外出考察，徐宗荣在出差南京考察途中，得知国家化肥市场供应特别紧张，随即认定化肥包装袋一定紧俏，于是产生办塑料厂生产化肥包装袋的想法。他在淮阴途中下车，转到盐城农垦局化肥厂，请见该厂党委书记管晨，了解到化肥包装袋的材料属国家计划分配，相当紧缺，该化肥厂计划由江苏省轻工、化工厅划拨给常州勤业塑料厂定点生产。第二天，徐宗荣赶回淮阴，向农垦局工业处黄尔培科长汇报情况，表明诉求，希望由省农垦局领导疏通农垦化肥厂生产包装袋业务事宜。王崇瑞局长非常关心和支持，经协调，农垦局化肥厂提出三点意见：一是同意试用云台塑料厂塑料包装袋，合格后签订正式供货合同；二是同意从化肥厂调拨 1 台高频热合机给云台塑料厂，设备款从供货款中扣除；三是同意拨款 20 万元用于购买专用设备。

1978 年元月，张圩（六连）将老旧食堂作为临时过渡厂房，连队乒乓球桌作为裁剪塑料包装袋的工作台。该厂第一批试用产品聚氯乙烯塑料包装袋先是用电烙铁生产，后改用高频热合机生产，产品经盐城农垦局化肥厂检验试用合格，签订了第 1 份正式供货合同。生产所需聚氯乙烯筒料（2.5 吨）由徐宗荣从南京秦淮塑料厂（当时是南京唯一定点生产再生包装袋筒料厂家）购回。

同年 4 月，市场上化肥包装袋更新换代，原聚氯乙烯再生料停止使用，改用聚乙烯塑料生产。此材料无色无毒无味且结实耐用，但当时生产技术水平无法生产（焊接不黏合），农场曾两次派技术人员到猴嘴塑料三厂学习，后来技术人员在高频机上配 1 台稳压调压器，另在高频刀头上裹多层胶带，问题便得以解决。

1981 年，市场上聚乙烯塑料包装袋改用编织内衬袋双层化肥包装袋。当时云台塑料厂无双层包装生产设备，不具备生产能力，所需编织袋半成品从连云港市塑料一厂、塑料四厂、化纤厂、麻纺厂等单位收购回来后加工、印字、外加内衬袋，月均生产 40 万条，无法满足济南化肥厂使用。后塑料厂从青岛、温州市瑞安、平阳、苍南、胡前等地购进编织袋半成品予以补缺。

供应聚乙烯筒料原料的南京塑料二厂，是江苏省化肥唯一定点生产塑料包装袋厂家，与云台塑料厂签订了每月 40 吨长期供货合同。生产原料供应问题解决后，塑料厂拓展市场，与山东最大的大化肥包装袋生产定点厂家淄博东风塑料厂签订了供货合同（每月25～30 吨）；与河北省省大化肥包装袋生产厂家常州东风塑料厂签订供货合同（每月 35 吨左右）；屯涟水县城 83211 部队后勤部塑料厂签订供货合同（每月 10 吨左右）。与山东济南化肥厂建立了合作关系，农场工业副场长余光明率工业科科长田文圻、徐宗荣陪同云台塑料厂洽谈，签订化肥包装袋的长期供货合同。至此云台塑料厂拥有了省农垦局化肥厂、济南化肥厂、宝应化肥厂 4 个主要用户。

1980 年，云台塑料厂在原场部中学南建设 11000 平方米新厂房。同时购进 44 台平织机、1 台拉丝机、1 台整经机和 8 组绕纬机，购进 20 多台缝纫机，1984 年从辽宁盘锦购进 1 台二手吹塑机，次年又进口 1 台日本产吹塑机，1985 年相继购进 10 多台圆织机。自 1983 年，该厂所需的半成品编织袋部分自行生产，至 1985 年包括聚乙烯内衬袋在内均自行生产。

1983 年，云台塑料厂正式从张圩搬迁至场部新厂址。第一任厂长为徐兆希，书记吴顺兴。

1977—1984 年，塑料厂分 5 批 8 次派人赴外地参观学习，1977 年 12 月选派 10 人，由徐宗荣带队赴南京塑料三厂，学习塑料袋裁剪焊接技术，为期 1 个月；1978 年 2 月选派 4 人，由徐宗荣带队赴南京西善桥附近乡镇学习聚氯乙烯回收拉条、吹塑工艺技术，历时 1 个月左右；1981 年选派 10 人，由杨武一带队赴南京塑料五厂，学习平织饶余技术，历时 40 天；后选派 10 余人由杨帮庭带队赴南京六合某塑料厂，学习平织编织袋技术，历时 40 天左右；1983 年第五批选派 7 人，由孙庆才带队赴辽宁盘锦塑料厂，学习吹塑技术，历时两个月。

2002 年，塑料厂改制为民营企业。

5. 云台农场饲料加工厂　建于 1990 年，原为云台农场粮油棉加工厂的一个生产车间，1990 年从粮油棉加工厂分离出来后独立建厂。主要生产肉鸡、蛋鸡、生猪配合饲料，1992 年开始生产颗粒饲料，1998 年 10 月，饲料加工厂改制为民营企业。

6. 云台农场冷冻加工厂　建于 1990 年，厂址位于场部西侧原兽医站旧址。1992 年新建冷冻加工厂，厂址迁至盐河，建筑面积 6762 平方米，建成 80 吨冷藏库 1 座，安装肉鸡宰杀、分割流水线及配套设施，日宰杀肉鸡 1.5 万只，年冷冻肉鸡产品 3500 余吨。

2000 年，冷冻加工厂改制后停产。

7. 江苏省大华种业集团有限公司云台分公司　1991 年成立，位于妇联河南侧原农场试验站院内。公司年生产加工各类种子 750 万千克以上。1991—1999 年隶属于云台农场，2000—2003 年更名为"中垦农业资源开发股份有限公司云台分公司"，2005 年更名为"江苏省大华种业集团有限公司云台分公司"，隶属"江苏农垦大华种业有限公司"。

8. 包装厂　建于 1989 年，由农场原二分场（张圩分场）在张圩生产区自发创办，原名为"云台农场纸盒厂"，福利性单位，为农场残疾人提供就业机会和工作场所。主要生产各类纸盒、纸箱。1998 年迁至农场场部猫山路南端西侧。年生产各类纸盒、纸箱 10 余万只。2002 年 9 月，改制为民营企业。

9. **标准件八厂**　建于 1985 年，位于农场盐河管理区，原为农场修理厂机械紧固件加工车间，20 世纪 80 年代末与修理厂分离，成立标准件八厂。

10. **消防器材总厂**　原为标准件八厂压力表生产车间，1995 年与标准件八厂分离，成立消防器材总厂，位于农场盐河管理区，主要生产消防器材灭火器专用压力表。2003 年改制为民营企业。

11. **弹力丝厂**　成立于 1979 年，农场响应江苏农垦"无农不稳，无工不富"号召发展场办工业。1978 年初，由冯正才牵头组织 3 名技术骨干到启东县弹力丝厂参观学习。建厂厂址选在现变电所后侧，猫山路西侧，占地约 10 亩，冯正才任第一任厂长，邹春兰任副书记，上马两条生产流水线。1978 年春，农场选派 16 名青年外出学习弹力丝生产技术。该厂主要产品：针织袜子、针织内衣、挂面、汽水等。1988 年新设热收缩塑料套管生产。2003 年改制为民营企业。

12. **海州综合厂**（原采石连）　1969 年 12 月农场接收 6453 部队在海州的国防施工场地，组建采石连。位于连云港市海州区刘顶村，占地 20 余亩，塘口长 140 米。生产内容为采石兼水泥预制。副连长吴顺兴从东辛农场协调 1 台报废的拖拉机，将其发动机改装成空压机，解决打炮眼生产难题，生产的石料供不应求。1970 年 7 月，工人由 5 个班扩充到 9 个班。为解决随队家属工作问题，连队新增 1 台碎石机，女职工从事碎石工作，将山塘里的废石块打造成规格各异的建筑用石子。

1975 年，停止水泥预制生产，改建泡花碱生产。1989 年底，泡花碱车间倒闭，采石连单一从事石料加工。2005 年 5 月山场交付海州区锦屏镇，留在此地职工成立云台农场海州居民小组。

13. **电镀厂**　建于 1992 年，位于南城镇东侧，主要业务为来件加工，为元件厂电位器外壳做铝氧化，对外承接镀锌、镀铬业务。1998 年由私人承包，年交租金 3 万元；至 2005 年改制为民营企业。因环保问题，该厂于 2014 年停产。

14. **东山采石厂**　1992 年成立，由原 19 连东山综合厂转型而成。1960 年，东山综合厂主要酿制油、糖色、酱瓜、酱菜、高粱酒等；1990 年酿制"灌河大曲"白酒，1992 年全部停产。同年成立东山采石厂，位于东山红军果园，副业有酱油和少量茶叶。第一任厂长汪成林，购置 4 台碎石机，1993 年开工采石，第一年产生微利；1995 年年产值达到 360 万元，利润 50 万元；2000 年，因环保原因，地方政府限制开采，该厂 2003 年停产。

15. **砖瓦厂**　1965 年，农场在原 18 连建两座小瓦窑，创办了砖瓦厂，生产砖瓦和石灰烧制，年产砖 40 万块、瓦 30 余万片，烧制石灰近千吨。1981 年，农场将原 18 连砖瓦厂搬迁，建轮窑 20 门，王永强任第一任厂长。至 1987 年，该厂年产值达 201 万元，砖产量达 1400 万块。1992 年停产，后在原址建液化气站。

16. **连云港吉本多果蔬食品有限公司**　成立于 2009 年 3 月，由云台农场与盐城市富奇食品有限公司合资成立，位于云台农场产业园区内，占地面积 154 亩，注册资金 1050 万元，投资总额 6000 万元。江苏省云台农场投资控股经营，持股 48%，经营层持股 7%，富奇公司持股 45%。2010 年被评为省级农业生产龙头企业。后停产。

2020 年，遵照江苏农垦集团公司相关要求，对该企业资产进行处置。

第二节　民营企业

民营企业的发展。2000 年起，农场对场办工业企业改制，实行国退民进，农场国有资产全部退出。至 2020 年，场域内民营企业 11 个，从业人员 172 人。

1. **连云港河海饲料有限公司**　原名连云港恒丰科技饲料有限公司，2010 年更名为连云港河海饲料有限公司。占地面积 14.5 亩，总投资 500 余万元，年生产饲料 10 万吨，其中水产饲料 3 万吨，畜禽饲料 7 万吨，年销售收入近 2000 万元。

2. **苏港棉业有限公司**　成立于 2005 年 11 月，位于东池河西产业园区内，占地面积 47.17 亩。总投资 1000 余万元，主要从事棉花仓储。目前已打造成苏北最大国家级棉花储备库，国家级进口棉花保税和期货分割库。2019 年关闭，厂房租赁。

3. **云亨电子元件有限公司**　成立于 2002 年，由自然人合伙投资，原厂址位于南岛路原饲料厂院内，2007 年迁址于东池河西产业园区。占地面积 4.22 亩，总投资 200 余万元。主要生产有机实芯电位器、小型绕线变压器、电感器等产品，年生产能力 600 余只，产品销往全国 20 多个省市，吸纳就业 60 余人。

4. **云山塑胶有限公司**　成立于 1999 年 4 月，原厂名为连云港市云山胶带厂，后更名为云山塑胶有限公司，位于猫山路原塑料厂院内。总投资 200 余万元，主要生产热熔胶带，年生产能力 600 余吨。

5. **云峰机械修理厂**　成立于 2003 年 1 月，位于云台农场加油站南侧，总投资 50 余万元。主要为市区机械行业配套加工各种配件。

6. **普山机械制造有限公司**　成立于 2007 年 9 月，位于东池河西产业园区，占地面积 4.22 亩，总投资 200 余万元。主要为连云港市鹰游纺机、黄海机械厂等企业配套加工纺织机械和皮革机械部分配件。2011 年更名为连云港尚璞机械设备有限公司，注册资本 101 万元，占地面积 20 余亩，厂房面积 3700 平方米，职工 20 余人。公司拥有数控龙门铣、外圆磨、深孔钻镗床及车床等高、精、专大型机械加工设备。曾为连云港市多家大型企业提供优质的配套服务，且多次被上级主管部门评为"优秀民营企业"称号。

7. **连云港市长乐新型材料有限公司**　建于 2008 年，位于云台农场产业园区内，占地面积 32.22 亩，投资总额 400 余万元，主要生产建筑新型材料，年生产混凝土空心砖块 1000 万块，混凝土普通砖 5000 万块，混凝土多孔砖 2000 万块，产品主要销往连云港市各县区及附近地区，年销售收入 1000 余万元。于 2019 年停产。

8. **江苏红香溢酒业有限公司**　成立于 2009 年，位于连云港市云台农场产业园，占地 30 亩，厂房 3000 平方米，1000 吨发酵罐。2017 年建设红香溢樱桃酒庄：餐厅 1000 平方米，连云港特产体验馆 1000 平方米，樱桃酒体验馆 300 平方米，非遗展览馆 600 平方米和会议中心。目前有 3000 亩樱桃基地，带动于云台地区 1000 多户樱桃种植户致富，为连云港市农业产业化龙头企业。

9. **连云港市东港电子元件厂**　成立于 2001 年 10 月，为云台无线电元件厂"租壳卖穰"形式的改制成果。后改为民政福利企业，招收 12 名残疾人员。主产品：wsw3-3 电子元件，年产量 300 万只，平均年实现利润 30 万元。

10. **连云港九鼎制冷设备有限公司**　成立于 2006 年 6 月，2013 年入驻云台农场产业园区，注册资本 480 万元。主要经营范围是制冷剂的销售。

11. **江苏众邦包装制品有限公司**　成立于 2011 年 6 月，2019 年由海州经济开发区迁入云台农场产业园区原苏港棉业厂房内。固定资产 500 万元，占地面积 28000 平方米，建筑面积 9000 多平方米。公司拥有纸管生产线 3 条，纸箱生产线 1 套，氨纶管自动线 6 条，烘房 6 套。主要从事纸管、纸箱的生产加工及销售。2022 年因环保问题关停。

第三节　建　筑　业

1952 年，农场成立测绘组，有工程技术人员 3 人，负责建场初期场内道路、房屋、桥梁、涵洞、给排水工程的勘察、规划、设计等工作。

1953 年，测绘组更名为基建科，有工程技术人员 3 人。1956 年又更名为基建队，有工程技术人员 5 人。

1954—1957 年，农场建筑业分别隶属于场生产股、财务股管理。

1961 年，农场基建队改为基建组，负责全场土地管理、农田水利、建筑施工等。

1969 年，兵团一师二团成立后，基建组隶属于二团后勤处，下设基建队，各营成立建筑排，建筑队伍相应扩大，基本建设任务不断加大。1981 年撤销基建组，保留基建队，

1986 年又恢复成立基建科。

1992 年，成立建安公司，业务上隶属于基建科领导，副科级建制。建安公司下设 3 个工程小队和一个预制队，经济上实行独立核算。

1995 年，撤销基建科，成立建设办公室。是年，成立东辛集团，建安公司更名为东辛集团建安总公司云台农场分公司。

1999 年，建安公司改制，先租赁经营，后公开转让，农场资产全部撤出。到 2000 年底建安公司自行解散，职工转岗分流，自由组合，自谋职业。

2001 年，农场建筑业务归场建设办公室统一负责，主要对工程项目进行发包、招投标。对工程质量进行监督、监理、检查，以及工程预算、决算等。

2004 年，撤销建设办公室，成立资源管理中心。除履行建设办公室所有业务外，另承担全场的土地管理、开发工作。

2007 年，资源管理中心撤销，农场建筑业分别归工程技术部、工业经济发展部和新农村办公室负责。

2010 年，重新成立云台农场建安公司，有工程技术人员 5 人，负责全厂工程项目招标、投标，工程项目预算、决算，工程项目质量监理与验收，比价采购等。建安公司没有固定的建筑施工队伍，所有工程项目不论规模大小和投资额多少，全部实行公开招标、投标，实行规范化管理，2012 年注销，业务归农场资产经营部管理。

云台农场 2012—2020 年工业基本情况统计见表 4-43。

表 4-43　云台农场 2012—2020 年工业基本情况统计

年份	企业个数/个		总产值/万元	工业用电量/千瓦	利润/万元		年平均从业人数/人		年末固定资产值/万元	
	国有及控股	私企			国有	私企	国有	私企	国有	私企
2012	1	10	11506.7	699.2	38.39	702.8	712	411	3381.95	5294.3
2013	1	10	13668.8	712	116.16	713.5	238	280	4091.56	5949.5
2014	1	10	14482.9	489.9	−868.69	340.91	260	317	4091.56	9755.6
2015	1	9	12205.41	461	−2239.67	833.58	133	264	4722.54	10215.6
2016	1	9	10619.34	425	−1695.9	609.14	126	261	4918.48	11207.6
2017	2	10	6101.33	234.7	−1111.78	461.4	55	295	4764.68	11307.45
2018	2	10	5762.67	184.04	−601.88	486.37	4	266	4729.31	11343.05
2019	2	10	6431.7	171.3	−573.5	501.23	4	264	36.36	11384
2020	2	9	6639.6	162.84	−209.15	451.1	4	172	36.36	10684

第七章　第三产业

第一节　商　业

一、县区属商业

县区属商业指当地政府所属的商业企业在云台农场的派驻机构所进行的商业活动。

1966 年前，云台农场没有县区属商业，只有农场自己创办的职工消费合作社。

1966 年 6 月，云台农场与灌云县商业局会商决定成立云台农场供销站，隶属灌云县云台公社供销合作社领导。1966 年 8 月 30 日正式挂牌开张。汤其洪任站长，供销社销售棉布、煤油、烟、酒、糖等日用品。公社供销社在小汪设立商业代销点。

1973 年 5 月，云台公社供销社在农场于团设立商业代销点。

1976 年 8 月 26 日，经灌云县革命委员会批准，在云台农场供销社的基础上成立云台农场供销合作社，有职工 12 人，汤其洪任副主任，主持供销社工作，隶属灌云县商业局领导。小汪、于团 2 个商业代销店归云台农场供销社领导。期间，南城镇土杂品公司在云台农场供销社边上设立"老头店"，有职工 3 人，销售油、盐、酱、醋、水产干杂货、小菜、水果等。

1980 年，云台农场供销社设 7 个门市部、1 个批发部，张圩、于团、小汪、大岛、普山 5 个商业代销点，在全场形成了商业网络。

1983 年 7 月，由于行政区划变更，云台农场供销社划归云台区供销联社领导。

2002 年，云台区行政区划撤销，云台农场供销社划归新浦区供销联社领导。

2003 年，云台供销社实行以置换职工身份和置换产权的两置换制度，实现以"公"转"民"过程，基本退出了农场商业流通领域。

二、场办商业

1955 年 5 月，场部成立职工消费合作社，主要经营日常用品。1966 年 6 月，"云台农场职工消费合作社"改为"云台农场供销站"，归灌云县商业局云台公社供销合作社领导。

1980 年前，农场均实行严格的计划经济体制，除浴室、理发室等零星服务网点外，场办商业基本上集中在生产资料经营领域，一般不参与市场流通，根据农场职能部门计划，负责大宗生产资料的采购、贮运、调拨及粮棉征购等工作，直接为各行业生产和基本建设服务。农场商业物资单位主要有物资库、农机配件库、粮站以及平车队、马车队、汽车队、船队、生猪屠宰站等。

1980年，农场根据中共中央关于"国营农场要尽快成为农工商联合企业"和"农场商业所有经销机构是我国社会主义商业的组成部分"等精神，成立农工商供销经理部，下设两个商业门市部和一个副食品生产门市部，主要经营日用百货和副食品，有经营用房100平方米，职工5人，年销售金额8万多元，经营利润2万元。

1986年，农工商供销经理部并入农场物资公司，下设3个商业门市部，经营商品有所增加，并兼营批发业务，有职工6人，年营业总额15万元，经营利润2.5万元。

1990年8月，农场投入15万元建设商业物资公司二层商业楼1幢；1992年8月，农场投入20万元建加油站1幢；1993年，农场投入15万元建农机配件营业楼。

自1990年，农场办商业进入鼎盛时期，在原商业运输公司的基础上成立商业物资公司，将物资库、汽车队等单位全部划归商业物资公司。

1992年，成立农产品贸易公司，负责农产品的经营贸易。农场工业管理中心成立供销经营部，负责生产、生活资料及工农业产品的经营贸易。将粮站改为"云台农场粮油贸易公司"，经营粮油贸易。农场工业管理中心在新浦青年路成立了"东亚粮油贸易公司"，最终被市场淘汰。

三、主要场办商业

云台农场农机配件库。建场初，农场在机耕队成立农机油料配件室，编制1人，负责全场农业机械所需油料配件的供应。1960年，成立农机修造厂，农机油料配件室归农机修造厂领导。1989年，农机油料配件室更名为农机配件库，为独立生产经营股级单位，职工增至5人，主要负责全场农机具的采购，农机配件的供应，农机商业楼的管理，全场汽油、柴油、副油料的供应。农机配件库先后隶属于农场农机科和机电服务中心，原地址设在农机修造厂院内，1990年搬迁至南岛路南侧，原云台农场汽车站对面。1992年8月在农场原农科站两侧建加油站一座。1993年建一幢两层营业楼。备有30吨油罐车一辆及190吨贮油装置。2000年底，农机配件库建制撤销，改制为民营。

云台农场粮站。成立于1961年，负责全场粮食的调拨和管理。主要职能有：一是负责全场粮食的收购、贮存和调拨工作。二是负责全场职工和居民的粮、油供应。三是负责加工职能。1990年后开始对外经营。1992年9月粮站更名为"云台农场粮油贸易公司"。

1999 年并入场商业物资公司，恢复"云台农场粮站"名称。2003 年撤销建制。

商业物资公司。1980 年，农场成立农工商供销经理部，主要进行百货、副食品、家电等的批发、零售。1986 年农工商供销经理部并入农场物资公司，成立云台农场物资运输公司。1990 年 8 月，云台农场物资运输公司投资 15 万元建二层商业楼。1992 年 9 月，物资运输公司更名为商业物资公司，成为集物资贸易、农产品经营管理和拥有 3 个商业企业的综合性商业企业，资产总额超过 1000 万元。2001 年起，商业物资公司停止生产经营，进行资产处置。2002 年拍卖。

2011 年 11 月，江苏农垦农业资源整合，成立江苏省农垦农业发展股份有限公司云台分公司，下设供应贸易部，负责农发云台分公司农用生产物资的采购与供应工作。

2018 年 4 月，成立江苏农垦农业服务有限公司云台分公司，保证在农发分公司内部物资供应基础上，对场域周边及相关区域开展农资、农技、农机、农产品、农业金融五个方面的社会化服务工作。

四、民营商业

20 世纪 80 年代中期，普山、于团、沈圩、张圩、小汪、小梁地、大岛等居民点有了经营日杂百货的小商店。场部有了私人经营照相馆、经营小饭店。小商店、缝纫机铺也有十几家。这些个体店铺，大都集中在场部猫山路北段和原汽车站附近。

1990 年，17 户职工在场部东山路西段两侧和猫山路北段两侧建起商住两用楼，底层开店，上层居住。后场部沿南岛路、东山路、普山路、猫山路相继建成了商住两用楼，云台小镇初步形成。1991 年，全场商业网点达 26 个，从业人员 39 人，至 1995 年全场商业网点达 110 个，从业人员 155 人。但是直至 20 世纪 90 年代中期，全场的农产品收购和农业生产资料，特别是农药、化肥的经营，仍由商业物资公司负责，严禁民营资本涉足。

1995—2010 年，投入农场商业流通领域民间资本达 2205 万元以上，其中固定资本 825.1 万元，营业收入 4793 万元，个体工商户达 230 家，从业人员 345 人，民营商业进入农场所有商品流通领域。

至 2020 年底，全场形成以东山路、南岛路、普山路为主的三条商业街道，拥有商户达 380 余家，投入民间资本达一亿多元，从业人员达 600 余人，经营餐饮、百货、服装、服务、五金日杂、水果、超市、药房、家电、建材、农机配件等万余种商品。

五、农贸市场

1991 年 7 月，农场投资 11 万元在东山路南侧，原老头店对面建起了一座棚式的集市贸易市场，占地面积 600 平方米，固定摊位 18 个，流动摊位 20 个，由个体经营。主要经营蔬菜、水果、鱼、肉、禽、蛋、日杂百货等。

1995 年，农场争取国家菜篮子工程项目政策，重建云台农场集贸市场，该市场位于普山路北侧，占地面积 1200 平方米，为棚式半封闭结构，玻璃钢波形瓦顶棚。大棚中央为水泥柜台，两边为连体商业门面房，棚内公共设施齐全。市场内拥有各类门店摊位 50 多个，分设蔬菜、水产、肉类等多个商品区。

集贸市场由农场行政办公室负责管理。2004 年，集贸市场交由农场社区管理委员会管理。2005 年，在妇联河边沿南岛路南侧形成农资贸易一条街，在东山路两侧建成商品零售一条街，在猫山路建成饮食服务一条街，新建并扩大农贸市场，形成商业贸易区。

2012 年，农场投资 185.94 万元，在场镇中心（东山路北侧）建 2129.6 平方米现代化农贸市场，2020 年投入 120 万元，对农贸市场进行改造升级，消除安全隐患。

第二节　生态旅游

2010 年，农场利用紧靠中心城区，邻近东磊、渔湾孔雀沟等旅游风景区和交通便利的条件，打造生态湿地公园，稳定推进农业生态旅游。2011 年 5 月，连云港市旅游局将农场生态旅游园区内的景点纳入市旅游线路。2013 年，生态湿地公园被全国旅游景区质量等级评定委员会评为 2A 级国家级旅游景区；被连云港市美术家协会定为写生创作基地；批准为江苏省四星级乡村旅游区。2014 年被连云港市人民政府定为科普教育基地；是年被省科协、省科技厅、省教育厅命名为江苏省科普教育基地；2015 年被连云港市旅游局、连云港市广电局定为连云港新十景。2018 年被连云港市旅游局评为十佳赏花旅游地、最受欢迎的旅游行业单位；自 2016 年，连续承办四届连云港市荷花节，在首届荷花节面向社会征名，景区正式定名为"云水湾"。2020 年云水湾主景区土地被省园博会征租，农场生态旅游业重点打造"云水湾生态湿地公园"。

一、管理机构

2010 年 12 月 28 日，农场成立连云港华缘农业生态旅游开发有限公司，注册资本 100 万元，占地面积 2000 余亩，公司员工 13 名。负责全场旅游项目开发，农业生态观光旅游景点开发、经营，垂钓服务、停车服务、会务服务，农副产品（棉花蚕茧除外）及旅游纪念品销售，以及园林绿化工程设计、施工。江苏省云台农场出资 51 万元，占注册资本 51％；江苏省农业旅游花木有限责任公司出资 49 万元，占注册资本 49％。公司选举张明立为董事长，李学年为公司总经理，2011 年 12 月 20 日，连云港华缘农业生态旅游开发有限公司进行公司股权变更。江苏省农业旅游花木有限责任公司将连云港华缘农业生态旅游开发有限公司 39％的股份以 39 万元转让给江苏省云台农场，将连云港华缘农业生态旅游开发有限公司 10％的股份以 10 万元分别转让给费宏年、陈龙、陆春浩。变更后公司注册资本为 100 万元，江苏省云台农场出资 90 万元，占注册资本 90％，费宏年出资 5 万元，占注册资本 5％，陈龙、陆春浩各出资 2.5 万元，均占注册资本 2.5％。变更后公司总经理为费宏年。该公司为江苏省云台农场有限公司的子公司。公司主要业务分为两块，一是云水湾景区，二是百果园。

二、主要旅游景点

1. 万亩浅水藕基地　踞南岛路 3.5 千米，云东路东侧，在原新建管理区、小汪管理区、河东管理区境内：投资 780 万元，主要浅水藕品种有宝应大紫红、武植 2 号、鄂莲 5 号等。

2. 云台水生花卉园　云台水生花卉园距南岛路 3.5 千米，位于云东路东侧，原沈圩管理区境内，紧靠国家三级航道烧香河边上，邻近东磊、渔湾孔雀沟等景区，一期投资约 642 万元，水生花卉园占地面积 50 亩，以观赏荷花为主的荷花观赏区约 300 亩，以睡莲为主的睡莲观赏区 100 多亩。以垂钓为主的特种水产精品养殖区 30 多亩。目前水生花卉品种主要有荷花十多个品种，睡莲十多个品种，其他水生花卉如千蕨菜、再力花、水葱、海寿花、花叶芦竹、芡实、王莲等多个品种，先后投资 73 万元对水生花卉园里的道路进行铺设，其中水泥路 1000 米，人行路 3000 米；投资 58 万元建设停车场、值班室；投资 52 万元建设栈桥码头；投资 73000 元建设大门；投资 110000 元购买环保厕所；投资 45 万元建设垂钓中心，面积 13 亩；投资 90000 元购置 20 只游船（已投入使用）。

3. 特色鲜果采摘基地　云水湾核心区 1000 余亩，包括 500 亩百花绽放的水生花卉园，其中荷花品种 108 个，睡莲品种 25 个，园区内现已建成百荷园、莲心岛、荷文化长廊、亲荷码头、赏荷广场、莲花栈道、连心吊桥、人工沙滩等多个旅游景点。采摘园 5 月有超大超甜的桑葚采摘、6 月有香甜的油杏、油桃采摘、7 月有五彩缤纷的葡萄采摘、8 月有脆甜的梨子采摘、9 月有甜糯的玉米采摘、10 月有红彤彤的石榴采摘。另外，全年提供草鸡、大鹅、草鸡蛋等优质的产品。

2019 年主要以经营百果园为主。百果园占地 1000 余亩，水果采摘区 267 亩，水果品种有中梨一号、红香酥梨、翠冠梨、油桃、水蜜桃、新疆奶油杏、软籽石榴、美早大樱桃、无花果、十大果桑等，从 5 月中旬至 11 月均可采摘水果。休闲垂钓区，包括龙虾垂钓区和鱼类垂钓区共 70 亩。蔬菜瓜果种植区占地 50 亩，番茄、黄瓜、美浓甜瓜、丝瓜、贝贝南瓜、板栗南瓜，蜜本南瓜、甜糯玉米等多种有机蔬菜，6—12 月均可采摘。养殖垂钓区面积有 100 余亩。养殖有本土草鸡、鹅，还有波尔多山羊、巴马香猪、鸵鸟、孔雀、小白兔等观赏类畜禽。

2020 年，云水湾主景区被江苏省第 12 届园博园建设征租，农场生态旅游重点打造云水湾生态湿地公园。

第三节　房地产业

一、房产管理

1980 年以前，农场的房产为全民所有，产权属农场，建房资金由农场统一安排。1984 年，国营企业基本建设投资改财政专门拨款为企业自行组织资金，农场内部的建房资金改为农场、生产单位多渠道解决办法，其形成的房产权，视资金来源而定。

农场房产实行分级管理，各使用单位直接负责其房产的维修、分配等管理工作。职工住房除于沈、小汪等当地籍职工外，1987 年以前由所在单位统筹安排，按期交纳租金，月平方米租金标准从 20 世纪 60 年代的 2 分，后调为 3 分，又调整为 5 分、7 分、9 分。同年农场对职工住房实行改革，将部分住房折价归私，对农场的生产、办公用房一律按规定计提固定资产折旧费。1988 年开始，农场允许职工按照统一规划，独立建造私人住宅。至 1995 年，全场所有职工住房均折价归私。

二、房地产业

1. **云龙房地产开发有限公司**　2002 年，连云港市新浦新城规划需要，一期征用农场盐河分场四排部分土地，作为市朝阳东路延伸用地。农场抓住时机在规划新地块中，相继取得 23-3 号和 29-2 号地块（土地用途为办公用地和住宅开发用地）的开发权。是年 8 月，农场成立了连云港市云龙房地产开发有限公司，注册资金 818 万元，房地产开发资质为三级。

2003 年 7 月 29 日，连云港云龙房地产开发有限公司与连云港鹏博置业有限公司联合成立项目经营部，共同开发 29-2 号地块 158.94 亩住宅用地"海连新天"项目。土地按市场价进入合作项目。连云港云龙公司出资 40%，连云港鹏博置业公司出资 60%。

2004 年 12 月起，开发"海连新天"项目 160 亩，建筑面积 162879.95 平方米，其中，住宅 131454.32 平方米，车库 18306.35 平方米，商业用房 8078.68 平方米，会所 5040.6

平方米。共开发 23 栋住宅楼，其中 20 栋多层，3 栋小高层，共有住户 1200 余户。

2005 年，"海连新天"项目被人民日报社、中国科学院城市发展与环境研究中心、中国城市标志楼盘年度金榜活动组委会评为"中国城市标志楼盘年度金奖""2004 年中国连云港新城市主义标志楼盘金奖"。被新华日报社、江苏名牌事业促进会、江苏房地产研究中心、中国社会调查事务所江苏分所评为"明星楼盘"。

2006 年 12 月，"海连新天"项目被连云港市建设局评为"2006 年度连云港优秀住宅"。

2008 年农场在盐河分场征地过程中经与市建设局协商，将 23-3 号地块置换到凤凰新城住宅用地开发地块中，面积确定为 43 亩。

2009 年 10 月，"海连新天"项目开发完成，实现营业收入 3.8952 亿元，实现净利润 3162 万元，农场享有土地增值收益 5083 万元。

2012 年起，云龙房地产开发有限公司开发华泰丰泽园、华泰山南福第花园。华泰丰泽园占地约 40 亩，场投资 2500 万元，共开发 7 幢楼，建筑面积 38709 平方米，容积率 1.564，建筑密度 19.25%，绿地率 35%。其中 3 幢小高层、4 幢多层，总户数 354 户。分两期完成：2012 年一期 3 栋小高层开工建设，占地面积 29.45 亩，建筑面积 16371 平方米，共计 198 户，当年封顶；2014 年二期 4 栋多层开工（打桩），建筑面积 16793 平方米，共计 156 户，2016 年主体工程完工。分别于 2014 年初和 2018 年交付使用。华泰山南福第花园一期占地面积为 37.8 亩，容积率 1.254，建筑密度 27.7%，绿地率 30%，总户数 154 户。建设 3 栋七层电梯多层，建筑面积 10296.89 平方米，共计 72 户；6 栋四层阳光排屋，建筑面积 18800.80 平方米，共计 72 户；1 栋两层商业楼，建筑面积 2033.34 平方米，共计 10 套（户），总建筑面积 31603 平方米。该项目于 2018 年开工建设，2019 年建成销售，2020 交房入住。

2020 年，该公司累计售出房屋 29 套，车库 23 间，电梯多层已售罄，所有房源售出率达 60%。完成华泰山南福第项目二期设计强排工作和三期、四期 168.64 亩土地"农转非"准备工作。全年实现营业收入 5633.58 万元；实现利润 1405.57 万元。

2021 年，该公司完成项目二期 52 亩土地农转用手续，摘牌前期工作已就绪。2022 年 7 月，山南福弟二期项目开工建设。

2. 运通房地产开发有限公司 2007 年 8 月，农场以参股形式与南京通宇房地产开发公司合作，开发"凤凰星城"项目。农场出资 49%，南京通宇房地产开发公司出资 51%，共同成立连云港运通房地产开发有限公司。注册资本 5000 万元，注册地：连云港市海州区海宁东路 18 号。项目土地面积 277.6 亩，建设面积 43 万平方米。2007 年 12 月，该公司竞得凤凰新城 LTC2007-80 ♯地块，于 2008 年 2 月 2 日与连云港市国有土地储备中心签订土地出让合同，付清土地出让金。开发性质为住宅、商业和商住混合。

2009年6月，公司办理二级开发资质，土地为毛地出让，由云台农场具体负责拆迁，费用包干，2011年12月底完成拆迁，拆迁面积27000多平方米。土地面积184944.7平方米，地块四期开发，取得一期、二期、三期、四期土地证。

一期：土地面积41119.9平方米，建筑面积99258.22平方米，10栋住宅，共669套，其中2栋18层，8栋11层，可售面积76526.83平方米，商铺53间，面积6523.17平方米。2012年施工，2015年10月交付使用。

二期：土地面积39219.3平方米，建筑面积102444.24平方米，二期8栋18层，共608套住宅，可售面积68943.39平方米，41间商铺，面积9736.21平方米，2015年12月施工，2018年3月已交付使用。

三期：土地面积48158.8平方米，建筑面积123154平方米，三期9栋18层住宅，共771套，面积89653.83平方米，18间商铺，面积4344.92平方米。2017年2月施工，2019年10月交付使用。

四期：土地面积56446.7平方米，建筑面积151382.45平方米，4栋高层，9栋多层商业别墅。商业用途，2019年11月施工。截至2020年底，该公司资产总额52718.18万元，2020年的利润3844.74万元，"十三五"期间农场获得运通房产公司投资分红1.34亿元。

三、物业

2013年8月，连云港云龙房地产开发有限公司出资50万元成立连云港华泰物业管理有限公司。公司经营范围：物业管理服务、水电安装、保洁服务、园林绿化施工。2018年6月19日，连云港云龙房地产开发有限公司将所持有的华泰物业公司100%股份，共计50万元转让给江苏省云台农场有限公司，对公司章程进行修订，公司从属于云龙房产公司，实际以房产公司物管部开展工作。

2020年6月，农场社区通过购买服务，将原属农场社区管理的环卫保洁及绿化维护工作委托给华泰物业公司进行专业的市场化运作。10月20日，公司注册资本增加至200万元，建制为江苏省云台农场有限公司二级企业，独立核算，经营范围中增加了电影放映和家政服务。

2021年8月，成立连云港华泰物业管理有限公司党支部。现公司下设财务部、环境清洁部、物业管理部、工程维修部、安全保卫部。营业范围中增加劳务派遣服务。

公司先后获江苏省云台农场"2020年安全生产先进单位"、江苏省云台农场"2021年先进单位"、江苏农垦集团有限公司工会"2021年工人先锋号"等荣誉称号。

云台农场2012—2020年贸易业、餐饮业、服务业统计见表4-44。

表4-44　云台农场2012—2020年贸易业、餐饮业、服务业统计

年份	经营个数/个		营业收入/万元		利润/万元		从业人员/人		固定资产净值/万元		社会商品零售总额/万元	
	国有	私营	国有	私营	国有	私营	国有	私营	国有	私营	国有	私营
2012	5	307	1191.68	8498.38	−210	759.1	116	759	4044.3	6413.2	1191.68	8498.38
2013	5	359	3804.36	12848.26	687.88	2265.98	134	819	6087.4	9406.8	4524.2	12102.8
2014	5	352	3626.01	12432.43	1124.41	2394.59	148	828	7015.63	10156.66	3626.01	11518.91
2015	6	355	1903.44	10867.79	2680.98	3985.84	166	859	7606.46	10748.44	1255.3	7927
2016	5	368	1526.59	12640.39	2462.06	3624.46	154	873	8160.18	11333.76	2264.8	9027.61
2017	6	373	5911.14	17640.44	8176.93	9249.73	108	862	9344.75	12468.45	2577.84	9403.14
2018	6	369	5600.48	17693.38	2363.22	3780.76	87	828	7369.25	10271.35	4760.35	11582.73
2019	6	346	3192.88	14598.78	2728.51	4013.61	145	857	9789.4	12531.6	5901.23	12485.03
2020	6	353	8768.48	18835.38	4486.5	5345.5	115	850	9224.83	11970.13	2141.17	8148.87

华缘旅游公司2012—2020年绿化工程投入见表4-45。

表4-45　华缘旅游公司2012—2020年绿化工程投入

年份	项目名称	投入款/元
2012	2012年水生花卉园绿化补植工程	49934.00
	2012年烧香河堆绿化补植工程	174889.00
	合计	224823.00
2013	2013年水生花卉园水生植物、柳树栽植养护工程	164337.00
	合计	164337.00
2014	2014年烧香河堆果蔬改造工程	54072.44
	2014年水生花卉园、采摘园栽植养护工程	664710.00
	合计	718782.44
2016	水生花卉园杨树移栽植	69276.05
	2016年油菜花基地杨树养护工程	13592.10
	花卉园草坪、波斯菊等工程	297111.52
	合计	379979.67
2017	2017年百果园果树移栽植	91278.14
	2017年云水湾入口西侧土地绿化工程	205667.00
	2017年水生植物移栽植工程	23924.57
	2017年云水湾绿化工程	405360.00
	2017年云水湾烧烤绿化工程	158407.18
	合计	884636.89

（续）

年份	项目名称	投入款/元
2018	2018 年云水湾绿化栽植工程	112658.68
	云台农场桑葚采摘基地设施工程	48956.55
	老村庄、云水湾、农技站大树移栽植工程	72487.74
	合计	234102.97
2019	2018 年云水湾绿化栽植养护工程	36042.08
	2019 年旅游公司果树栽植工程	91580.00
	2019 年云台农场现代农庄养殖小区工程	62708.88
	2019 年云水湾园区绿化工程	136821.26
	2019 年百果园绿化工程	43585.78
	2019 年蔬菜基地苗圃栽植工程	783865.14
	2019 年烧香河堆绿化工程	321953.18
	桑葚种植基地绿化工程	256113.00
	2019 年养殖小区绿化工程	260122.85
	合计	1992792.17
2020	养殖小区绿化工程	144585.00
	于沈新村三角地绿化工程	149385.00
	果蔬栽植工程	267660.90
	环境整治综合项目徐新路出入口绿化工程	770.00
	2020 云台农场行道树修剪施工合同	27960.00
	钢架大棚建设工程	106811.76
	苍梧绿园水生植物栽植工程	3175.00
	简易大棚（18 个）	3900.00
	于沈苗圃栽植工程	1062.00
	苗圃日常养护	24090.00
	云台农场绿化工程	1120.00
	云东路法桐养护工程	11600.00
	蔬菜基地苗圃建设项目	175287.07
	2019—2000 年烧香河堆绿化工程	7840
	合计	925246.73
	总合计	4036778.76

第五编

资源管理

中国农垦农场志

第一章 经济管理

建场以来，农场以各项管理促经济效益的提高。建场初期主要行使计划经济体制下的管理模式。20世纪80年代以后，农场为适应现代企业制度建设和发展，加强审计管理、品牌管理、劳动管理和内控制度管理，农场经济建设步入高质量发展阶段。

第一节 计划管理

建场以来，农场计划管理工作职能归财务部。分为年度计划（包括季度计划、月计划）、五年规划和十年规划三种类型。计划编制的程序为：年度计划由场部机关各管理部门制定相关行业的计划，各下属单位和部门制定本单位相关计划，报场财务部汇总，经农场党委审核通过后下达。1985年，农场成立政策研究室，根据农场生产总目标分解下达，并依其考核和兑现奖惩，其他计划仍由财务部门负责人提出和下达。五年规划、十年规划由农场编制。

1960年前，农场从事单一的农业生产，年度生产计划由农场统一制订，内容主要包括土地垦荒、作物布局、产量指标和主要生产技术措施等。各基层单位则根据农场生产计划要求，制订阶段性计划。

1960年后，农场注重计划编制的民主性。明确计划自下而上编制、自上而下审批的程序，形成了计划网络，并订立计划执行、检查制度。当时执行八级工资制，计划完成的好坏与干部业绩考核和年终评优挂钩，与收入无关。

1980—2000年，农场对基层单位实行财务包干和实行财务公开，采取指令性计划和指导性计划相结合的管理办法。农业生产经营任务指标根据耕地面积、职工人数、土地类别（分为一、二、三类地）、农田基础设施投资总额等要素下达，工业、养殖、商业等单位则根据其规模、盈利能力等要素下达。指标体系中，分为包干指标、考核指标和争取指标。为确保计划实现，农场对干部职工实行保留责任工资制度和干部风险抵押金制度。年终单位完成包干指标，方可发放保留工资；同时视考核指标、争取指标完成情况，核发年度奖金和领导班子重奖。

2000 年后，农场年度生产计划主要有：总产值及国内生产总值计划、利润税金计划、固定资产投资计划、农作物生产布局与产量计划、畜牧业渔业生产计划、工业产品产量计划、第三产业发展计划、劳动工资计划等。年度生产财务计划是农场生产计划体系的核心，是年度考核奖惩的重要依据。

2009 年，农场按照"权责对等、控制有效、流程简化"原则，将资金计划集中使用纳入财务管理制度，促进各单位能够基本准确上报资金计划。年度资金计划纳入财务预算，月度资金使用通过集团公司资金管理系统操作平台，严格按计划控制使用，并将使用结果列入对单位部门的考核之一。

第二节　财务管理

一、管理与核算体制

1952—1954 年，农场属事业性质的移民垦殖单位，实行报账制，农场对财务实行集中管理，所需经费由南京市人民政府发给，生产粮食产品全部交给国家。

1955 年 1 月，农场划归江苏省农林厅领导，更名为"江苏省云台农场"，农场开始实行经济核算。由场财务科统一管理财务收支、安排资金、计算产品成本及盈亏，统一办理采购、销售的结算，以及上缴款、接受拨款、向银行贷款。核算方式为农场、生产队两级管理、农场一级核算，农场仅对基层年度生产指标完成情况进行考核，基层不负盈亏。

1960—1968 年，实行农场、作业区（1960 年生产队改为作业区）两级管理、两级核算。到 1965 年，全场有 15 个基层核算单位，实行的是"统一领导、统一经营、分级核算、统负盈亏"的管理与核算模式，基层核算单位只搞核算，不负盈亏。

1969—1975 年，兵团期间实行团、营、连三级管理，团、连两级核算。团生产、经营计划由团统一制定，营、连及二三产单位根据计划组织生产活动，不承担经济盈亏责任。

1976 年，兵团撤销后，恢复农场、分场、连队（生产大队）三级管理，农场、分场、大队三级核算的体制。

1980 年起，农业实行大包干责任制，分场成为经济实体，进行全面经济核算，大队则由会计核算改为统计核算。同时职工家庭农场成为一个经营层次，实行"自主经营、单独核算，定额上交、自负盈亏"。农场对农业承包户生产费用、生活费用、土地费用实行全款垫付管理模式，承包户的财务收支情况都由大队代记和核算。

1995 年后，农场开始逐步减少和取消生产费用、生活费用垫支。从 1999 年开始，又大力推行"先交钱、后种田"的管理模式，不但生产、生活费用不再垫支，而且土地费用也采取先交后种。

2000年，农业单位改为农场和分场两级核算，大队不再承担经营核算任务。2004年，撤销农业分场建制，将原分场所属大队合并，成立农业管理区，农业单位的核算体制由原先的"三级管理、两级核算"改为"农场、管理区两级管理，农场一级核算"，即全场农业均由财务科统一核算，农业管理区各项开支实行定额管理，采用报账制方式。

2008年，农场对土地经营管理方式做出调整，即在核定租金的基础上，首先在小岛、张圩、于沈、普山四个管理区部分土地进行模拟股份制试点。

2009年8个生产区817300余亩秋播粮食作物全部推行模拟股份制，成为连云港垦区第一家全面推行股份制的农场。

2010—2011年，秋播粮食作物面积100％实行股份制经营。农业单位的核算体制由"两级管理、一级核算"改为"农场、生产区（股份制实体）两级管理、两级核算"。

建场以来，农场对二三产单位财务管理采取农场、工业管理部门、二三产企业三级管理、两级核算的经营体制。即在二三产单位实行会计核算，农场对下实行财务监督和统筹。其中1996年改"三级管理、两级核算"为"农场、工业管理中心、二三产企业三级核算"，工业管理中心为经营实体。除粮油棉加工厂实行独立核算外，其他二三产企业均为工业管理中心的二级核算单位，年终由工业管理中心负责核算和考核。1998年后，由于二三产企业改制，即取消工业管理中心核算。企业改制后，对农场出资的参控股企业，严格按照公司法规定，依法进行经营与核算。

二、财会队伍建设

农场经历了体制改革及国退民进，会计人员由原来的80余人，缩减至目前包括报账人员在内的18人，但会计人员的业务素质、文化层次有大幅度提高。

1952—1954年，农场属行政拨款单位，实行经费报账，无经济核算，不设会计。

1955年开始，农场划归江苏省农林厅管理，经历了两级管理一级核算、两级管理两级核算、三级管理两级核算等阶段。

1976年兵团撤销后，实行三级管理三级核算，会计人数达80余人。

1995年，农场实行体制改革、人事制度改革，农场财务部门根据行业提出岗位设置方案，实行国退民进。坚持公开、公平、公正的竞聘上岗方法选拔会计人员。

三、财务管理与制度

建场初期，以统计核算为主，沿用传票制，实行报账制。1955年，农场根据生产责任制定期进行成本定额核算，实行统一核算，执行的是苏联的会计制度和会计理论。

1957年，农垦部制定颁发农垦会计制度，农场按照统一会计制度执行，采用借贷记账法，相继建立成本账进行核算。1960年，改借贷记账法为增减记账法，沿用至1968年。

1961—1962年，财政部陆续颁布《国营企业会计核算规范草案》《国营企业会计凭证账簿的格式和使用办法》等规定，正式提出将资产负债表改为资金平衡表，资金平衡表格式从此开始，一直沿用30年。

1965年，实行修订行业分线管理，对基层生产单位的账务采取控制总额的办法。年初，农场根据各种计划指标，提出全场流动资金使用计划，并按资金性质分级管理，严格资金使用审批权限，农场内部物资等调拨全部通过农场统一调度，月底基层单位编制生产费用表，由场财务部门汇总核算。

1979年以后，国家在与企业的分配管理方面，改变统收统支、统购统销、统负盈亏的状况，承认企业的经济利益，试行了多种形式的利润留存和盈亏包干制度。国家对农垦试行财务包干，农场实行定额上交，自主经营，自担风险、自负盈亏的模式。

资金管理方面，对企业占用的固定资金和流动资金收取占用费，对固定资产实行有偿调拨，基本建设投资则实行"拨改贷"；指标考核方面，以经济效益为重点，替代了以往的产量、产值指标，农场对经营单位的主要考核指标为经营成果和经济效益；职工分配方面，推行单位员工的收入与本单位的经营成果和经济效益挂钩，完不成任务的扣发保留工资；完成任务，返还保留工资，并根据超额完成任务数，给予按比例分成作为超额劳动报酬；体制改革方面，鼓励农、林、牧、渔业兴办家庭农、林、牧、渔场，以家庭为主体，进行承包。其生产费用由农场垫支，承包户的产品全部上交给农场，年终结算盈亏。

20世纪90年代后期，农业经营模式进一步完善，由原来农场对承包户生产经营费用的垫支，改为农场只收取土地租赁费，职工对自己的租赁经营自担风险，自负盈亏。对二三产业实行农场国有资本有序退出，让外资、民资成为农场二三产业的主体。

2006年2月，财政部发布新的企业会计准则，包括一项基本准则和38项具体准则，农场根据集团公司的要求，于2009年1月1日起执行。

2011年，农场修订《财务管理意见》，并对财务核决权限修订，进一步明确各类经济事项的审批权限。制订《加强财务管理与风险控制实施方案》，加强对投资、筹资及资金回收风险信息的收集、分析、预警及处理，保障经济健康发展；贯彻执行财政部、证监会等五部委联合发布的《企业内部控制基本规范》及其配套指引，建立健全企业内部控制，保障经营管理合法合规、资产安全、财务报告及相关信息真实完整，提高经营效率和效果；2014年，配合南大项目组形成了16个制度模块、33个制度，业务描述与控制标准62项、制度流程图75个、重要表单141张，确保农场的内控制度从2015年的1月1日起执行，其中财务管理制度3个模块，9个制度（包括财务管理制度、资金管理办法、财务审批管理办法、费用管理办法、资产管理办法、财政专项资金管理细则、担保管理办法、预算管理制度、采购与付款管理制度）。根据农场实际适时对内控制度进行修订和完善，使其更符合"规范、高效、留痕"的要求。

2022年4月，根据苏垦集计财〔2022〕31号文件，集团公司从子公司管理、战略与规划、投资管理、法治国企建设、合规管理、财务监管及风险防控、资产管理、审计管理、内控评价等9个方面，修订集团公司内控制度，完善了内部控制体系。按照集团公司要求，对农场公司现有内控制度进行梳理修订，补充制定缺失的制度，并与集团公司的42项内控制度进行有效的融合对接（186个衔接点）。

四、财务预算管理

根据集团公司2013年9月下发的《关于全面开展企业内部控制体系建设工作的通知》精神，农场于2013年11月27日出台了《云台农场内部控制体系建设实施方案》，2014年12月《江苏省云台农场内部控制制度》正式颁布。

农场预算管理在原有的基础上，为了进一步加强内部管理和控制，提高经营活动的计划性和可控性，建立科学、规范的财务收支秩序，为绩效考核提供可靠的依据，提高经济效益，增加了经营情况计划、应付职工薪酬、借款担保计划和资金计划等预算。

财务预算的内容包括经营预算、资本预算、期间费用预算、现金流量预算，以及资产、负债、所有者权益和利润分配预算等。

预算编制依据：一是国家有关政策法规和上级部门相关政策性文件；二是农场经营发展战略规划；三是预算期内经济政策变动、外部市场竞争情况、内部环境变化等因素；四是近期经营目标和经营策略调整；五是当年度预算执行情况及本年度预计内部变化因素。

编制程序：财务预算编制采用自上而下、自下而上、上下结合的分级编制、逐级汇总的方法。按照编制上报、审议平衡、审核批准、确定目标、下达执行的流程进行。

2010年，财政部会同证监会、审计署、银监会、保监会制定了《企业内部控制应用指引第1号——组织架构》等18项应用指引、《企业内部控制评价指引》和《企业内部控制审计指引》，其中第15号即为《企业内部控制应用指引第15号——全面预算》。

五、目标考核监督

2014年至今，开展了降本增效、对标管理活动，对相关单位部门出台了考核任务，每季度对执行情况进行调查、分析，形成报告材料供领导决策，并纳入农场目标管理考核。

2016年，计划财务部每季度与审计部门共同对核算单位财务管理、内控制度执行情况进行检查，反馈问题提出改进意见和措施，对落实整改情况进行监督，纳入单位部门目标考核。对全场财会人员按照岗位不同实行绩效考核，财会人员考核分为理论知识考试、岗位业绩考核、单位测评三项，考核得分作为年度薪酬发放依据。

六、会计核算

2011年，农场设置了项目核算账套，按照项目规范要求核算财政资金的收支。

2012年，农场开立了公积金账户，农场职工全面享受"五险一金"社会保障。

第三节　工商税务管理

云台农场工商和税务归地方管理，农场未设派出机构。

工商行政管理属连云港市海州区南城工商行政管理所管辖，重大事宜由市工商行政管理局办理。

农场税收征管工作管辖权隶属于海州区国税局、地税局。自2018年起，国家税务总局对国、地税合并，连云港市成立高新技术开发区，农场税收隶属高新区。2020年后，转入海州区。重大事宜由连云港市工商局办理。

物价、食品等社会管理工作纳入地方政府条块管理体系。

2017年，农场制定《江苏省云台农场信用管理制度》，选派4名年轻同志参加江苏省助理信用管理师职业资格培训，4人均获助理管理师资格证书。云台农场连续15年被市工商行政管理局评为"重合同守信用"单位。

第四节　物资和产品管理

1953年农场成立供管科，1962年更名为财务科，1966年为财贸办公室，1968年成立革委会，期间为生产组，1970年为物资股，1976年恢复财务科，1983年为物资总库，

1990年为商业物资公司。贮运单位主要有物资库、汽车运输队、船队等。

基层单位在物资采购、供应和产品处置上，均无自主权。物资采购供应的一般程序为：年初场物资、财务和各业务主管部门会商，由各业主管部门按需编报计划，报场财务、物资部门审核，在此基础上编报全场年度物资采购供应计划，报场领导批准后，由财务部门统一拨款，物资部门统一采购。各基层单位凭业务主管部门的调拨单，按计划向物资部门领取。农场统一管理物资主要有：大宗农业生产资料，包括农药、化肥、种子、地膜等；基建材料，包括钢材、木材、水泥、砖瓦石料；燃料，包括煤炭、汽油、柴油、润滑油；农机具及配件，包括拖拉机、收割机、推土机、挖掘机、机具、汽车、手扶拖拉机等；劳动保护用品和部分生活资料。

1985年后，国家实行双轨制价格体系，生产资料进货渠道逐步拓宽，下属企业的经营自主权不断扩大，二三产单位原、辅材料均改由企业自主采购。但大宗农业生产资料、燃油料、农机及配件，仍然沿用计划经济时的管理模式。场物资总库由原服务型转变为经营服务型。

1999年，随着国有资产从经营领域的退出和农牧业全面推进租赁经营，家庭农场、养殖场成了自主经营的主体，生产资料经营市场随之放开，商业物资公司油库和农机配件库也由国有改制为民营，拓宽了生产资料经营渠道，为家庭农场提供了极大方便。

第五节　劳动管理

截至2022年5月，云台农场公司共有管理人员124人，其中男性80人，占总数的64.5%。女性44人，占总数的35.4%。党员75人，占总数的60.5%。20～30岁35人，占总数的28.2%；31～45岁62人，占总数的50%；46～50岁10人，占总数的8.1%；50岁以上有17人，占总数的13.7%。研究生学历4人；大学学历71人，大专学历45人，大专及以下3人。

苏垦农发云台分公司有管理人员52人，研究生1人，占总数的1.92%；大学学历28人，占总数的53.85%；大专学历16人，占总数的30.77%；中专及以下7人，占总数的13.46%。20～30岁9人；31～40岁13人；41～50岁8人；51岁以上22人。

一、职工来源和构成

调入：1952年9—12月，从南京市调入三批共1252名干部、工人。此后根据上级指示精神进行了疏散处理，至1954年底，共有职工408人，其中干部56人。

社队并入：1958—1959 年，于沈、小汪、武圩三处并入农场，共计人口 1111 人。

下放知青：1962—1976 年，共接收南京、苏州、淮阴、连云港等地知识青年 4407 人。1978 年起，知识青年陆续回城，至 2011 年底，留场知青 38 人。

自然增长劳动力：20 世纪 60—70 年代，农场青年年满 16 周岁，即可申报职工身份，由农场安排就业；1980 年，自然增长劳动力的申报年龄改为 18 周岁，实行公开招工、文化考核、择优录用，报淮阴农垦局审批后就业；1983 年，农场实行农业联产承包责任制，鼓励职工与土地分离和职工留职停薪，每年向农场缴纳三费（企业管理费、工资附加费、劳动保险费）可保留职工身份；1990 年后，农场需招工的企业，须向场劳动部门提出申请，批准后在核定的指标内，由劳资科和用人单位组织统一考试，择优录用，二三产单位须高中文化，农业单位可放宽至初中文化，并实行带资进岗的新办法。

周边乡镇招进职工：1952—1957 年，农场从附近乡镇陆续招进一批职工；1961—1965 年，陆续精简和自动退职 30 余人；为解决农场部分职工夫妻分居的问题，农场每年都会将部分职工配偶迁进农场；1992—1998 年，为解决承包土地劳动力不足的问题，分批从周边乡镇迁进农场 600 余人，报批劳动力。

国家分配和农场招聘大中专院校毕业生：20 世纪 90 年代中期以前，农场每年都要接收国家分配的大中专院校毕业生，人数一般 1~2 人。20 世纪 90 年代中期以后，大中专学生不再统一分配，农场改为从学校和社会上招聘。招聘来的人员大多为农业技术人员、财会人员、工程技术人员。2006—2011 年，农场招聘大专院校毕业生和成熟人才 42 人，他们成为农场的管理骨干和专业技术人员。

2010—2020 年，采用人才招聘方式，从各大中专院校和社会上共招聘各类人才 96 人，其中研究生 3 人，大学学历 56 人，大专学历 35 人，中专学历 2 人。留在管理和专业技术岗位 59 人。招聘人员均按国家规定签订劳动合同，缴纳五险一金。

2017 年，农场设人力资源部，2018 年人力资源部、组织部、企划部合并成党委工作部。员工调整、晋升均为部门或单位主管提名或分管领导提名，经党委会研究后下文，党委工作部办理相关手续。企业改制后转岗职工无调动情况。

1996 年，出台了《江苏省国营云台农场内退干部管理规定（试行）》〔云农党字〔1996〕32 号〕，凡在岗在职的副股级以上聘用制干部、国家干部均列入范围，年龄规定：按女达 50 岁、男达 55 岁掌握。个别身体不好，不能坚持正常工作的，经组织批准也可提前内退。待遇：国家干部或正科级干部内退期间保留原职级，原工资待遇不变，聘用制干部或以工代干人员内退期间，副科级发给原标准工资的 85%，正股级发给原标准工资的 75%，副股级发给原标准工资的 65%。对未达到年龄的经领导批准从领导岗位上退下来的聘用制干部、以工代干人员，由劳资部门办理内退手续，其工资待遇由劳资部门和原单位协商发给一定数量的生活费。国家干部的工资待遇由农场根据其所在单位的经济效益情况，发给一定数量的生活费。内退期间不享受所在单位的年终分配。

根据《关于加强垦区农场有限公司（社区管理委员会）工作人员管理的意见（试行）的通知》（苏垦集党〔2018〕193 号）和《关于印发〈关于加强垦区农场有限公司（社区管理委员会）机构设置和人员编制管理工作的意见（试行）的通知〉》（苏垦集人〔2018〕276 号）文件精神，经农场公司党委会研究通过，制定《江苏省云台农场有限公司人员任用管理办法》（云农司党〔2018〕26 号）。规定农场公司部门副经理（社区管理委员会副科级人员）及其以上职位的工作人员，距法定退休年龄 3 年，退出管理岗位，退出人员可以享受退二线政策，也可以享受退养政策，由农场有限公司党委根据实际情况确定；因身体等原因且距法定退休年龄 5 年内的，由个人提出申请，经农场有限公司党委批准可以享受退养政策。对主管、副主管（社区股级、副股级科员）职位的工作人员，距法定退休年龄 3 年，退出管理岗位，可享受退养政策，由农场有限公司党委根据实际情况确定。

印发了《江苏省云台农场有限公司（社区管理委员会）工作人员薪酬管理办法》（云农司党〔2018〕27 号），规定退二线（退养）人员的薪酬：退二线人员年度薪酬总额标准按不超过其本人在职时同职位职级年度薪酬总额的 80％计发；退养人员年度薪酬总额标准按不超过其本人在职时同职位职级年度薪酬总额的 65％计发，具体比例按照农场公司根据实际情况，由公司党委会研究确定。

二、农场职工基层劳动组织和管理机构

1984 年以前，职工基层劳动组织都是小队、组，或排、班，实行承包到户后，为便于管理，仍分为若干小组。农场工业企业则一直分车间、班（组），通过深化改革，农场对基层的劳动组织不予干涉。

建场成立人事科，管理农场职工，后改为人保科，"兵团"时期是司令部内的军务股，1976—1979 年为办公室，1980 年成立劳动工资科，职工管理渐趋正规。2006 年改为社会事业管理科，2011 年在职职工管理职能并入人力资源部。

三、职工调动及转岗

农场中基层管理人员岗位变动由组织部门负责调整，职工调动由劳资部门负责办理相关手续，干部职工岗位变动统一由人力资源部办理相关手续。各单位在编制范围内需要调动人员的，须经调进调出双方单位行政主管领导签注意见，农场行业分管领导同意，分管

劳资领导签字批准后方可办理调动手续。

1997—2003 年，农场深化改革，国有资本相继从二三产企业退出，压缩各级管理人员编制，农场二三产企业 680 人转岗，在场内二三产企业务工，实现再就业。改制和新创办的民营企业，雇佣原场办企业场内转岗人员 270 名熟练工人；部分转岗职工从二三产业退出后，进入农业进行土地承包经营。部分有自主经营能力的转岗职工，或通过贷款和借贷的方法购买农业机械，或在临街门面开起了服装店、百货店、小饭店等从事个体经营；部分人员转岗，依靠一技之长外出打工。

四、劳动合同

1995 年以前，农场未与职工签订劳动合同；1995 年底，根据江苏省农垦集团统一部署，农场与所有职工均签订了劳动合同。其中工龄 10 年以下的签订有固定期限劳动合同，工龄在 10 年以上的签订无固定期限劳动合同。近年招聘的人员，均按国家规定签订了劳动合同。

五、工资管理

1956 年以前，农场职工的劳动报酬有三种：国家干部执行供给制、薪金制和工人执行工分制。

1956 年，国家进行第二次工资改革，完全实行货币工资制。根据上级规定，国家行政工作人员和技术人员，分别执行国家统一制定的工资级别标准；对 335 名工人，亦按规定的技术等级标准，定为农牧工或机务工，农牧工分为三个级别，其月工资标准为：一级 23 元，二级 26.2 元，三级 29.9 元；机务工也分为三个级别，一级月工资 30 元，二级月工资 35.1 元，三级月工资 41.1 元。以后，职工的劳动报酬便纳入国家的正常调整工资轨道。

1962 年开始，农场工人中增添了大批的知识青年，他们的劳动报酬是：来场第一年，每人月生活费 15 元，第二年开始评定级别，新农工一级月工资 19 元，二级月工资 21 元，三级月工资 23 元。此后纳入正常调资。

1973 年以前，采取"控制工资总额，上死下活评工记分"办法，农场按每月 15 元的标准核发到大队，大队内部以评工计分方式，以分计资发放；1973 年，取消评工记分，以分计资办法又改为内部分四个等级的固定工资制，但工资总额不得突破。

1985 年起，农场执行企业型工资标准，分为三类：企业干部工资分 17 个级别，起点工资为月标准 43 元。工人实行 8 级工资制，起点工资为月标准 43 元。文教、卫生、公安干警参照国家机关事业单位工资标准。

1985年起，农业职工实行大包干生产责任制，盈全得、亏全赔，原工资转为档案工资，此后照常参加调资，至退休时作为确定退休工资的计算依据。

1988年起，农场执行国家六类地区工资标准。场办工业单位根据企业具体情况，采取了多种工资发放形式。主要有计件工资、计时工资以及根据工作年限、工种、技术含量确定的结构工资等。但不论实行何种工资制，基本上没有突破单位档案工资总额。同时，为解决企业负盈不亏的问题，农场实行保留工资制。除农业承包人员外，全场各单位干部职工每月均保留20％档案工资，待年终根据单位经济效益统一结算。这一制度，一直延续到企业改制。

2003年11月，农场管理人员开始实行岗位年薪制。年初制定年度目标管理考核管理办法，年末根据任务完成情况打出分值，工资管理部门依据分值审核薪酬，年薪总额由党委确定，年薪增长幅度依据企业经济效益来确定。

2018年9月，根据《关于加强垦区农场有限公司（社区管理委员会）工作人员管理的意见（试行）的通知》（苏垦集党〔2018〕193号）和《关于印发〈关于加强垦区农场有限公司（社区管理委员会）工作人员薪酬管理工作的意见（试行）的通知〉》（苏垦集人〔2018〕277号）文件精神，经党委会研究决定，工作人员的薪酬由基本薪酬、绩效薪酬、补贴等组成。基本薪酬、绩效薪酬按照职位职级分别定为5等20级，基薪基数由农场公司党委研究确定，中层正职基薪不超过农场公司正职领导基薪的60％。按照对应各职位职级基薪系数来确定。基薪每月固定发放，占年度薪酬总额的比例不得高于50％。绩薪基数与公司的经营业绩挂钩，由农场公司党委研究确定，中层正职绩薪不超过农场公司正职领导绩薪的60％。按照对应各职位职级绩薪系数来确定。补贴包括职称（技能）补贴和通信补贴。

职称（技能）补贴标准分别为：正高级职称220元/月、副高级职称200元/月、中级职称180元/月、初级职称160元/月。

六、社会保险管理

农场职工社会保险管理工作由劳资科（后改为社会事业管理科）负责。2011年，在职职工社会保险工作职能并入人力资源部，主要负责社会保险金的征缴管理。退休、退职人员的报批、审核和养老金的发放工作仍留在社会事业管理科。

基金征缴。缴费原则：广覆盖、定基数、先预交、后结算，全额自交、单位补贴、多缴多保；职工缴费工资的组成部分：标准工资、计时工资、计件工资、加班工资、奖金、津贴和补贴等各种工资性收入；农场参保人员缴费基数确定：2002 年起，对当年收入超过连云港市上年度在岗职工平均工资 3 倍以上人员，按 3 倍计确定社保缴费工资基数；对当年收入低于连云港市上年度在岗职工平均工资 60％的人员，按 60％确定社保缴费工资基数；高于 60％但低于 3 倍的人员，按当年其实际收入加上年效益工资确定社保缴费工资基数。

基金统筹、管理。1992 年，农场推行养老保险制度，农场养老保险金一直实行行业统筹，即由省农垦总公司统一管理，在江苏农垦系统内进行统筹；2000 年 1 月 1 日纳入省直接结算，参加全省统一社会统筹；2004 年 10 月，职工基本医疗保险、工伤保险、生育保险及大额医疗保险均纳入连云港市医疗保险统筹系统。农场社会保险实行统一管理、统一结算、统筹使用，采取收支两条线的模式运作，实行"先交钱，后登记"的办法，确保社会保险费收取不重不漏。农场在计划财务部设立社会保险金专门账户，按月与集团公司结算。

七、退休审批

农场职工达到国家和省规定的退休年龄，即男年满 60 周岁，女满 50 周岁，且企业和本人按照规定连续缴纳养老保险费；1998 年 7 月 1 日以后参加工作的，达退休年龄时需连续缴费年限 15 年以上；1998 年 6 月 30 日以前参加工作，达退休年龄时连续缴费年限需10 年以上。根据苏劳社〔2001〕15 号文件精神，参保人员达到法定退休年龄时，其在职或从事社会劳动期间单位和个人欠缴或未按规定足额缴纳基本养老保险费的，应在补缴基本养老保险费和依法缴纳滞纳金后，再按规定享受养老保险待遇。

农场职工退休退职，一般由本人申请，所在单位向农场申报，农场审核后向省农垦集团公司和省社会保障厅报告并获得批准后，再发放养老金。

截至 2021 年末，离退休共 1935 人。2021 年发放养老金 7111 万元，人均养老金 3062元，每年依据江苏省人社厅文件完成养老金调整工作，2010—2021 年江苏省进行了养老金的调整，保证了离退休人员老有所养，老有所乐。

八、住房公积金制度和其他

2012 年，根据省农垦集团公司会议的统一部署，2012 年 1 月起，新增员工失业保险和住房公积金。按照集团公司的统一口径，向所在地住房公积金管理部门出具报告，说明国有农场的特殊性和要求公积金缴存比例暂按 5％执行的理由。

至此，在完善企业职工基本养老保险、职工基本医疗保险、工伤保险、生育保险制度的基础上，已实现企业职工"五险一金"全覆盖。

2021年1月，农场职工住房公积金缴纳比例从原来的5%提高到8%。

第六节　安全生产管理

一、安全生产管理体制

根据省农垦集团公司和地方政府安全生产管理部门的要求，农场1982年4月成立安全生产委员会，负责全场安全生产领导和管理工作，安委会主任由分管工业或农机的副厂长（助理）兼任。安委会下设办公室，负责场内安全生产日常事务。各分场（生产区）、工厂、公司均根据场安委会的要求，成立由单位行政领导和相关管理、技术人员组成的生产安全领导小组，并配备专兼职安全员，从而形成全场从上到下的安全生产网络。同时，农场粮油棉加工厂还成立了消防应急分队，配备消防器材，建造专用水塔。

二、安全生产管理制度

自农场成立安委会以来，农场出台和修订《云台农场安全生产管理制度》《云台农场安全实施细则》，基层单位根据农场的规定，制定本单位安全生产管理的实施细则。2006年，农场制定《云台农场安全生产管理达标百分考核细则》《云台农场防汛抗旱安全应急预案》《云台农场危险源管理办法》《云台农场安全生产应急救援预案》《云台农场蔬菜生产安全管理规定》《云台农场农机、油库安全应急预案》《云台农场农机、油库安全管理制度》《江苏省云台农场消防安全应急预案》等规定。确保安全生产有章可循，做到目标明确、责任明确、奖罚明确。

2016年，农场制定和完善了云台农场安全生产责任制度、云台农场特种设备管理制度、云台农场危险源管理制度、云台农场特种作业人员管理制度、安全生产例会制度、安全生产宣传培训制度、安全生产事故报告处理制度、安全生产事故责任追究制度、安全生产事故隐患排查和举报制度、安全台账登记制度、短期用工安全生产风险管理制度、安全生产档案管理制度、义务消防队职责、云台农场安全生产事故综合应急预案、云台分公司安全生产应急预案、农场经营单位应急预案；制定云台农场安全生产管理办法，共有9章73条；制定云台农场安全生产事故综合应急预案，共8章30条，纳入内控制度管理。

三、目标管理

年度安全生产管理目标：无因公死亡，无重大火灾；因工重伤率低于0.05%；特种作业人员持证上岗率100%；压力容器强检率100%。

四、责任管理

按照"谁主管、谁负责，管生产必须管安全"的原则，明确各单位的行政一把手是安全生产第一责任人，分管安全生产的领导负直接责任，其他领导对分管行业和工作的安全生产负领导责任。各单位、部门安全生产第一责任人与农场公司签订安全生产责任状，将安全生产管理目标层层分解。

安全生产保证金制度。2005年以前，农场根据单位大小，每年对各单位征缴500～1500元安全生产保证金。从2006年开始，对场安委会成员，基层安全生产领导小组成员个人，每年征缴1000～2000元安全生产保证金。年内单位无事故，保证金可结转下年。年内发生事故，保证金予以没收，由场安委会统一用于全场安全生产设施添置和安全隐患整改。

安全生产责任考核制度。农场制定《云台农场管理达标百分考核细则》，坚持安全生产"一票否决"。凡在年度内发生安全生产事故的单位，当年不得参加全场双文明单位的评比，事故责任人不得参加先进个人的评比。百分考核直接与本单位管理人员年度效益工资挂钩。2012年农场按照国家安全生产年的要求，坚持以"安全生产月"为突破口，制订"安全生产月"活动方案，做到以月促年，把安全生产工作落在实处，形成制度化。

五、安全生产培训

主要内容有：新员工岗前培训、管理人员安全法规培训、特种作业人员安全培训、消防安全知识培训、交通法规培训、烟花爆竹销售单位人员培训等。每年受训人数达500人次；每年举办安全生产知识竞赛，职工参与率达80%以上。

六、安全生产检查

为及时掌握各基层单位安全生产工作情况，及时发现隐患，农场安全办和各级安全生产领导小组按照"查思想、查制度、查管理、查安全设施、查事故隐患"的"五查"要求，定期开展安全生产大检查。农场安委会在每年三夏大忙、三秋大忙和元旦、春节前，都要组织综合性安全生产检查，检查的主要内容为：安全组织网络、安全生产制度、安全设施和消防器材的配备及完好程度、安全措施落实情况、安全生产台账、各种事故隐患等。对检查出的事故隐患，现场下达整改意见书，责成其限期整改，除综合性大检查外，农场安全办每年都要进行电力、交通、农机、消防、油库、烟花爆竹销售点等专项检查。

各生产区、工厂、公司每月组织一次自查，并将自查结果及时上报场安委会。把"三违"作为安全生产检查的重点，对检查出的安全隐患做到及时整改。

七、安全事故处理

农场安全生产管理制度规范规定，处理安全生产事故严格按照"三不放过"的原则，即事故原因未查清楚不放过，事故隐患未完全排除不放过，事故责任处理未到位不放过。对发生的安全生产事故，在查清事故原因的情况下，一般都由场安委会办公室调查并提出处理意见，按照干部和职工的管理权限和责任大小，由有关部门做出处理决定，并报场安全办公室备案。其中重大事故由场安委会向场党委汇报，组织专门调查组调查处理。

1988 年以来，云台农场连年被省农垦集团公司评为"安全生产先进企业"；被连云港市政府、云台区、新浦区、海州区政府评为"安全生产先进单位"。

第七节　统计管理

一、统计队伍

建场初期至 20 世纪 70 年代中期，场部设专职统计员 1 人。20 世纪 70 年代后期，农场统计内容涉及农业、工业、商业、建筑、交通运输和社会事业各方面，统计报表根据时间分为半月报表、月报表、季报表、年报表和部分不定期报表，三夏和秋收秋种期间，负责报送收、种、管进度的统计；至 20 世纪 70 年代末，农场设 2 名专职统计人员，1 人隶属于场工业科，专门负责全场工业统计，1 人隶属于场财务科，负责全场其他各业的综合统计。农场规模较大的两家工业企业——无线电元件厂、粮棉油加工厂各设 1 名专职统计员，工作内容包括生产、效益、劳动工资统计等。

1987 年，农场工业科工业统计撤销，工业统计职能并入场财务科综合统计负责。

2002—2003 年，农场工业企业实行改制，撤销无线电元件厂、粮棉油加工厂统计员，全场的专职统计员仅保留综合统计 1 人。其他各部门统计业务由生产技术员或会计兼任。

二、统计调查

农场除承担政府职能，完成中央和各级地方政府组织的人口普查、工业普查、农业普查、经济普查、商业调查、林业调查、畜牧业等调查外，为服务农场还进行以下调查：

职工收入调查。改革开放前，农场各行业的职工均实行八级工资制，当时职工的收入来源只有这一条渠道。改革开放后，农场经营体制也随之发生变化，种植业由集体种植改为职工承包，场办所有工业单位全部改制，原场办工人全部向一、三产转移，其职工身份发生变化，因此职工收入的来源也呈多元化。为准确摸清全场职工的收入情况，农场每年组织人力，对职工的收入进行调查。调查主要分承包收入调查和综合收入调查。承包收入调查主要是职工经营承包的收入情况。农业承包职工在查清总收入的同时，再分别按土地承租费用、种子、农资、机械作业费等项目，列出费用的明细，计算出该承包户的纯收入。在全场不同的土质、不同的户型、不同的作物调查基础上，测算出全场各种作物的亩均利润；综合收入调查是将全场所有住户按所在区域排列，按抽取比例随机抽取 40~50个样本单位，按承包经营收入、场内务工收入、场外劳务收入、个体经营收入、养殖及其他经济收入等，计算出各户的总收入，计算出全场职工的全年平均收入水平。通过调查能准确反映农场职工的收入水平状况，也为农场制定下一年的经济发展目标提供有价值的参考资料。

商业、服务业调查。农场经济体制改革后，从第二产业转岗分流及新增的劳动力基本转向第三产业。以私人经营的个体经济迅速发展。个体商业作为个体经济群体中的一支主要力量，已成为农场商品流通领域的重要组成部分，因此对农场的全体个体商业、服务业就必须有一个全面的了解。

根据农场商业网点相对集中、规模较小且相对稳定的特点，主要做法是：第一次为全面调查，以后每年进行一次实地核对，对新增加或减少以及改换经营项目的网点进行记录。其次是调查内容简单化，对个体商业户进行调查，由于核算制度不健全等方面的原因，设计调查内容必须坚持简单的原则，总的思路是以时点指标为主，辅以少量或个别的时期指标，一般调查以询问形式收集所需信息。时点指标主要是个体商业户的基本情况，如业主姓名、性别、经营地、经营方式、经营类别、经营范围、从业人员、营业面积等。而时期指标则以反映经营者的支出指标为主，如门面租金、经营费用、雇用人员工资、税费等，对于反映比较敏感的指标如销售额等，可以考虑以其他指标如商品购进额替代，或者是通过其他途径间接反映出来，如平均每天销售额。商业目前在农场经济总量的比重在逐步上升，这为农场制定今后的发展计划、规划起到一定的作用。

2014 年 3 月全国第三次经济普查显示：农场共有 48 家企业、法人单位，以及 300 家个体工商户，从业人员 3146 人，固定资产 12.7 亿，人均产值 9.76 万元，年缴纳各类税金超过 600 万元，人均年收入 4.15 万元，平均万元产值能耗相比于第二次普查时下降 3个百分点。

三、统计报表

20 世纪 80 年代以前，农场向上级部门报送的统计报表一般分为旬报表、月报表、季报表、年报表和一些不定期的报表。进入 20 世纪 90 年代，取消旬报表，增加专项报表，由场综合统计负责收集资料，统一编制上报。

农场行政上隶属于省农垦集团公司，在某些具体业务上地方两套表，两套表的形式与内容都有所不同，省农垦执行的是农业农村部报表制度，地方政府执行的是省统计局报表制度。

农场是农工商建运服综合经营的企业，报表主要有：

综合统计报表。主要统计国内生产总值、全社会营业收入、土地面积、总人口、国民经济和社会发展的主要综合指标。

生产经营类报表。农业统计主要包括农场组织情况，耕地面积、农作物播种面积和产量、林园果蔬生产情况，畜牧业、水产、农业机械状况，农场用电量、水利情况，农业总产值、农业增加值、农业职工收入等相关情况。

工业统计报表。主要包括工业企业数、职工数、工业总产值、销售收入、工业增加值、主要产品产量、企业财务成本、利税完成情况、工业用电量等相关情况。

商业统计报表。主要包括商业、餐饮、服务业发展情况，商品购销存情况，社会商品零售总额，商业网点情况，以及从业人员、营业收入、营业面积等情况。

固定资产投资统计报表。主要包括固定资产投资计划及完成情况、新增固定资产及形成的生产能力、固定资产处置情况。

交通运输业统计报表。主要包括运输单位个数、从业人员、资产、动力、运能、全年货运量、客运量、运输业收入、实现利润等情况。

建筑业统计报表。主要包括建筑企业个数、资质、从业人员、当年施工面积、当年竣工面积、实现营业收入、利润情况。

社会事业类报表。人口和计划生育统计报表：人口统计主要包括居民总户数、总人口、当年出生人口、当年死亡人口等；计划生育统计主要包括人口出生率、人口自然增长率等。

教育统计报表。主要包括学校、班级数、教职工情况，学生情况，教育设施及投入情况，教育经费开支情况。

卫生统计报表。主要包括医疗机构单位数情况、从业人员情况、病床位及年门诊量情况、医疗设备情况、卫生事业投入及经费开支情况、卫生服务体系健全情况。

劳动工资统计报表。主要包括职工人数、工资总额、工资构成、离退休人员情况，养老保险金收缴及发放情况，低保及社会救助人员情况。

城镇规划与建设统计报表。主要包括居民点及居民点人口情况、城镇化水平情况、城镇道路建设情况、城镇绿化情况和小城镇建设投入情况。

四、统计资料的应用

农场统计资料的应用主要有两个方面：一方面是为政府和上级主管部门提供生产经营和社会发展准确、及时、完整的统计资料；另一方面是为农场各级领导制订计划和生产经营决策提供真实、可靠的依据。

20世纪70年代以前，统计工作主要是以收集资料为主；20世纪80年代，统计工作的重要性开始显露，对统计工作的要求也越来越高，在完成编制各种统计月报、季报、年报的同时，统计人员必须同时对掌握的资料进行统计分析。分析的内容主要包括各种主要生产经营指标的完成情况，与计划和上年同期比较的增减幅度、增减原因、提出的建议等；20世纪90年代以后，农场民营、个体经济的迅速发展，给统计工作带来了新的课题。由于这些企业没有向农场报送报表的义务，所以大量的统计资料只能通过调查取得。为此，农场加大统计调查的工作力度，每年都要对农场辖区内的民营企业、个体工商户、职工的收入情况、居民的居住情况进行调查或普查，使各级政府能及时了解农场的经济发展情况及居民的生活状况，也为农场领导制定规划、固定资产投资方向提供依据。

第八节　审计管理

1963年以前，农场"三管"（管钱、管账、管物）人员为会计、出纳、保管员，一靠规章制度约束，二靠思想党性办事，三靠群众监督。农场领导经常告诫"三管"人员要站在党的立场，管好钱物，为农场服务，从正面教育让他们做好本职工作。

1983年，农场财务部门配1名专职审计员。1986年，农场成立审计组；设专职审计人员1人；到1989年，审计组一直与财务科合并办公。根据国家颁布的审计条例，对场内各基层单位进行审计监督；1990年2月，审计组与农场监察室合并成立审计监察科；1992年9月，审计职能与监察室分离，独立成立审计科，成为农场机关的职能科室（科级建制）。

农场审计科成立后，直接行使审计职能，对各基层单位进行了清查审计。从1992年9月开始，审计科联合财务科对农场下属30多个基层单位每年进行两次审计，审计范围包括财务收支审计、经济效益审计、企业负责人离任审计、承包审计、项目审计、基建预决算审计、招投标审计、经营决策审计和审计调查。帮助基层单位建账、记账、理账，做到平时监督、事前介入、指导检查、避免违纪事件发生，对基层单位财务工作起到审、帮、促的作用。20世纪90年代后期，由于改革的深入，国有资本从生产经营领域退出，农场核算单位减少，改两级核算为由场财务科统一扎口管理、核算，审计工作业务量随之下降。2007年，撤销审计科建制，纪委与审计合并办公，成立审计监察部，隶属于党委办公室，履行审计职能。2014年4月，农场单独成立审计监察部，配备专职审计人员；2016年4月，纪检职能并入审计监察部；2019年7月，纪检监察职能与审计分离，单独设立审计部。

审计的日常工作，主要有以下几项：

干部离任审计。从1992年开始，农场规定各基层单位主管财务工作干部调离时都要进行任期终结审计。审计主要内容有：审任期内会计报表和决算有无虚假；审财产和账务手续是否完备；审各项专用基金的提取使用及各类专项借款的使用与归还情况；审财经纪律执行情况；审逐年往来账目；审管理费用列支是否符合制度要求。审计报告均及时报送农场场长、组织部门和业务主管部门，对正确评价干部任期的工作能力、业绩，以及干部的合理使用和任免，提供了真实、可靠的依据。

财务收支和经济效益审计（一般也称年终审计）。从20世纪80年代中期开始，农场对基层单位考核的主要依据是年初农场下达的生产财务计划，并根据计划的完成情况于年终一次性兑现奖惩。

专项审计。主要包括单位合并、分立或撤销时，财务账目的交接和清查审计；企业承包前资产和经营现状的审计，群众反映较大问题的专项审计。

资产评估。1997年起，农场大力推进产权制度的改革，国有资本逐步从生产经营性领域退出。每一次企业合作、资产转让和拍卖前，都要首先进行资产评估。资产量较小的，一般由审计部门会同改制办、财务科和相关专业人员，组成评估小组，进行内部评估，确定转让和拍卖的底价，报请农场领导集体研究批复后实施。资产量较大的，则由财务、审计部门牵头，委托场外专门的会计师事务所进行评估。

专案审计。对财务检查、常规审计中发现的重大违纪、违规问题，以及群众来信来访反映的重大经济问题，经纪检和审计部门研究并报农场党委批准，列入专案审计。专案审计为农场经济和社会发展保驾护航。

招投标审计。从20世纪90年代后期开始，农场规定凡新建项目、更新改造、公共设施建设等固定资产投资，一次性投入在1000元以上的，都要本着公开、公平、公正的原则，进行招投标。审计部门从始至终介入和监督招投标的全过程。

第九节　品牌创建管理

1988年，云台农场电子元件厂生产的"云台牌"电位器，被国家电子工业部评定为名牌产品。

1992年，云台农场生产的棉粮油、棉籽饼获省优产品称号，并列入出口免检产品。

2007—2009年，先后有西蓝花、辣椒、甘蓝、莲藕、洋葱、番茄、黄瓜、荷兰豆、刀豆等蔬菜产品，小麦、水稻等粮食产品，被农业部质量安全中心认定为无公害农产品，并颁发无公害农产品证书。

2008年，云盛牌番茄获连云港市名牌产品、江苏省名牌产品称号，云盛商标获连云港市知名商标称号。

2009年，云盛商标获江苏省著名商标称号。

2010年，云盛牌莲藕获连云港市名牌产品、江苏省名牌产品、连云港市名牌农产品、江苏省名牌农产品称号。

2011年，农场拥有2个农业产业化省级重点龙头企业、1个省级出口蔬菜质量安全示范区，一批特色农产品凭借品牌优势迅速打开市场。

第十节　内控制度管理

2015年1月起，农场实施内控制度管理；2018年，农场实行公司制改革，社区与农场公司并行运行，单独制定内控制度。原农场内控制度中不适应公司制运行的制度、条款进行全面修改，修订《江苏省云台农场有限公司发展战略与规划管理制度》等38项内部控制制度，并经农场公司党委2019年6月26日会议审议通过，自2019年7月1日起执行。

2012—2020年农场财务状况见表5-1。

表 5-1 2012—2020 年农场财务状况（万元）

年份	企业资产净值			固定资产原值			固定资产净值			企业负债总额			企业所有者权益			本年度营业收入			利润总额		
	金额	其中国有	非国有	金额	其中国有	非国有	金额	其中国有	非国有	金额	其中国有	非国有	金额	其中国有	非国有	金额	其中国有	非国有	金额	其中国有	非国有
2012	33766.55	22320.35	11446.2	22315.74	11767.04	10548.7	16483.49	9399.29	7084.2	24929.14	16477.44	8451.7	8489.19	5494.69	2994.5	32086.51	5638.41	26448.1	2396.48	-191.42	2587.9
2013	41015.68	27648.78	13366.9	26477.2	13917.4	12559.8	19463.45	10856.85	8606.6	24942.71	16283.04	8659.67	15661.93	10954.7	4707.23	33754.91	8029.31	25725.6	4074.59	804.94	3269.65
2014	40302.74	26839.17	13463.57	31769.79	15778.49	15991.3	20985.13	11945.3	9039.83	23588.15	14843.04	8745.11	17066.74	12348.28	4718.46	34298.74	7649.82	26648.92	3858.5	290.05	3568.45
2015	39869.53	26626.09	13243.44	32842.16	16426.54	16415.62	20319.41	11689.86	8629.55	22535.55	13821.92	8713.63	18863.82	14334.01	4529.81	29834.68	4515.02	25319.66	3346.27	441.31	2904.96
2016	45509.75	30945.66	14564.09	35437.61	17728.85	17708.76	21923.25	12084.33	9838.92	26105.06	16254.35	9850.71	21710.07	16996.69	4713.38	29244.44	6286.41	22958.03	3196.58	943.47	2253.11
2017	56251.67	41578.98	14672.69	36671.55	18810.26	17861.29	21949.14	12271.43	9677.71	26014.76	15690.70	10324.06	33052.99	28704.36	4348.63	29371.92	6352.15	23019.77	9305.6	7288.1	2017.5
2018	49638.71	36239.12	13399.59	34630.16	17004.47	17625.69	18961.79	9635.75	9326.04	21457.59	11615.25	9842.34	31229.77	27672.52	3557.25	30416.12	5846.59	24569.53	4304.46	1886.82	2417.64
2019	56487.88	41183.38	15304.5	32620.24	15508.64	17111.6	19802.33	9815.23	9987.1	25524.3	14570	10954.3	34185.42	29835.22	4350.20	27519.73	3374.73	24145	4660.51	2283.28	2377.23
2020	61561.29	46516.02	15045.27	32575.8	16029.8	16546	19230.86	9479.98	9750.88	25419.54	14704.47	10715.07	39462.75	35132.55	4330.2	31822.93	9081.72	22741.21	6487.48	4411.4	2076.08

2011—2021年云台农场（含社区）经济发展情况统计见表5-2。

表5-2　2011—2021年云台农场（含社区）经济发展情况统计（万元）

年份	经营情况		资产情况					负债	所有者权益
	销售收入	利润	流动资产	固定资产	长期投资	其他资产	资产总计		
2011	6599.34	−17.36	7520.14	9116.67	1707.33	2664.32	21008.46	15307.16	5701.30
2012	5638.41	−191.42	9828.57	9399.29	1587.31	1792.67	22607.84	16764.93	5842.91
2013	5769.88	784.25	11129.33	10856.85	2870.04	2723.70	27579.92	16214.18	11365.74
2014	7649.82	290.05	8920.50	11945.30	3925.10	2048.26	26839.16	14843.08	11996.08
2015	4515.02	441.31	7687.69	11689.86	5638.96	1594.56	26611.07	13806.89	12804.18
2016	6286.41	943.47	8860.47	11834.66	8142.51	2108.02	30945.66	16254.35	14691.31
2017	6352.15	7288.10	12836.34	12021.75	15814.76	2932.78	43605.63	17667.34	25938.29
2018	5846.58	188.68	13322.68	9386.07	7294.44	6147.67	36150.86	11526.98	24623.88
2019	3374.74	2283.28	20584.85	9815.23	4385.98	6397.32	41183.38	14570.00	26613.38
2020	9081.72	4374.11	21837.95	9478.98	6241.16	8943.18	46501.27	14709.36	31791.91
2021	8167.89	7088.71	36084.7	11584.02	6241.16	15430.81	69340.69	23746.9	45593.79

2013—2021年云台农场职工情况统计见表5-3。

表5-3　2013—2021年云台农场职工情况统计（人）

年份	年末职工总人数	其中：农业职工人数	本年平均职工人数	其中：农业职工人数
2013	1039	121	1076	124
2014	1855	1133	1921	1177
2015	858	67	888	88
2016	796	31	827	71
2017	717	29	751	56
2018	628	0	672	0
2019	575	0	601	0
2020	550	0	586	0
2021	557	0	592	0

云台农场品牌创建情况见表5-4。

表5-4　云台农场品牌创建情况（2012—2021年）

单位名称	产品名称	商标类别	品牌等级	批准单位	注册日期
江苏省云台农场	云盛	31类		国家工商行政管理总局商标局	2005年7月28日
江苏省云台农场	云台农庄	31类		国家工商行政管理总局商标局	2018年1月14日
连云港吉本多食品公司	一风堂	29类	省著名商标	国家工商行政管理总局商标局	2011年8月28日
连云港吉本多食品公司	云台农庄	29类	省著名商标	国家工商行政管理总局商标局	2012年4月7日
连云港吉本多食品公司	JBD吉本多 食品	29～32类		国家工商行政管理总局商标局	2013年12月21日
连云港吉本多食品公司	吉本多	30类		国家工商行政管理总局商标局	2013年8月7日
连云港吉本多食品公司	吉多本	著作权		江苏省版权局	2012年12月31日

（续）

单位名称	产品名称	商标类别	品牌等级	批准单位	注册日期
连云港云龙房产公司	海连新天			国家工商行政管理总局商标局	2017 年
连云港云龙房产公司	华泰丰泽园			国家工商行政管理总局商标局	2017 年
江苏省云台农场有限公司	云台农庄	2 类	省著名商标	国家知识产权局商标局	2020 年 4 月 7 日
江苏省云台农场有限公司	云台农庄	36 类	省著名商标	国家知识产权局商标局	2020 年 4 月 21 日
江苏省云台农场有限公司	云台农庄	34 类	省著名商标	国家知识产权局商标局	2020 年 5 月 14 日

第二章　土地资源管理

建场初期，农场对土地管理十分重视，成立专门机构、配备专人管理，20 世纪 80 年代农场积极参与全国土地调查工作。建场以来多次解决农场与周边乡镇土地纠纷问题。20 世纪 90 年代农场首次制定《江苏国营云台农场土地利用总体规划（1997—2010）》，对于加强土地宏观管理和实施土地用途管制制度，严格保护耕地，特别是 29000 亩基本农田，促进土地集约利用发挥了重要作用，取得了显著的社会经济效益与生态效益。

2007 年重新修订《江苏省云台农场土地管理规定》。2010 年，农场重新修订《江苏国营云台农场土地利用总体规划（2006—2020）》，主要任务是根据上级土地利用总体规划下达的控制指标，阐明土地利用目标，确定各类用地规模，重点安排耕地、城镇村建设用地及基础产业、基础设施用地布局，确定土地利用重大工程的规模和范围，规划空间管制区、土地用途管制区，以及制度规划实施的保障措施，以控制和引导场域土地利用。2019 年，在 2007 年《江苏省云台农场土地管理规定》基础上制定《江苏省云台农场有限公司土地管理办法》。

第一节　土地管理机构

建场以前，场域内土地由灌云县民政局管理。1952 年建场后，农场成立相应土地管理机构，或在相关部门设置土地管理职能，配有专、兼职人员，负责境内土地资源的规划、测绘、丈量、调查、开发、利用等管理工作。

1952 年 10 月，成立测绘组，负责境内土地资源调查、测绘、丈量等工作，编制 3 人。

1953—1968 年，土地管理工作由基建科（组）负责，内设兼职土地管理人员 2 人。

1969—1975 年，土地管理工作由二团后勤处下属基建组负责，内设兼职土地管理人员 2 人。

1976—1982 年，土地管理工作由农场生产科下属基建组负责，内设兼职土地管理人员 2 人。

1983—1986 年，土地管理工作由农场行政办公室负责，内设兼职土地管理人员 1 人。

1986 年 6 月 25 日，国家颁布《中华人民共和国土地管理法》，成立国家土地管理局，

1987 年，农场成立土地管理办公室，与基建科合并办公，内设专职土地管理人员 1 人，兼职 1 人。该建制一直延续到 1994 年。

1995 年，农场成立建设办公室，土地管理办公室与建设办公室合并办公，为场内土地资源管理和工程建设专门机构，编制人员 3 人。

2004 年，撤销建设办公室建制，成立资源管理中心，土地管理编制人员 2 人。

2007 年，撤销资源管理中心建制，土地管理与工业经济发展部合并办公，编制 2 人。

2013 年，撤销工业经济发展部，更名企业管理部，土地管理人员编制 2 人。

2018 年，将企业管理部更名为资产经营部，土地管理归资产经营部管理。

第二节　土地权属调查

1983—1996 年，全国进行第一次土地利用现状调查（详查）。1985—1988 年，农场安排 1 人参加连云港市云台区组织对农场的土地普查工作，当时主要以人工测量，工作量大，时间长，主要是权属、界限、数量、用途调查与地籍测绘，第一次普查农场区域内土地总面积 47795.59 亩（其中农用地面积 42285.69 亩，建设用地面积 4947.6 亩，未利用地面积 562.3 亩）。

2007 年，农场开展第二次全国土地普查，国家依据有关法律程序，将卫星航拍影像图与地面专业工程队伍辅助现场调绘相结合，进行调查，农场土地管理人员协助地面专业队伍人员对场域内影像图调查核对，二调场域内土地总面积 46124.39 亩（其中农用地面积 37940.07 亩，建设用地面积 6408.78 亩，未利用地面积 1775.54 亩）。

2018 年，农场进行第三次全国土地普查，采用与二调相同的技术，将卫星航拍影像图与地面专业工程队伍辅助现场调绘相结合，进行调查。三调场域内土地总面积 46124.39 亩（其中农用地面积 40792.47 亩，建设用地面积 4354.44 亩，未利用地面积 977.48 亩）。全场经确认并持证土地（不含盐河管理区已征用土地和东山原 18、19 连土地）总面积为 2955.39 公顷，其中农用地 2795.25 公顷，占总面积的 94.58%，建设用地 151.14 公顷，占总面积的 5.42%。

第三节　确权登记

一、划拨土地

土地确权登记是土地管理中最重要的一项工作，通过确权登记明确自身本宗土地的权限、用途、面积、界址，政府确认发证。根据省农垦集团有限公司的要求，农场有限公司确权登记工作从 1996 年开始至 2005 年历时 9 年，对农场相邻 37 处土地界址通过调查、取证、洽谈最终确定双方界址，签订土地边界协议。其间与邻界的朱麻村、东磊村、于湾村、山东村、金苏村、魏庵村、黄岭村、东巷村、隔村、跃进村、凤凰村、凌州村、前关村、西山村、刘鼎村、东辛农场、市水利局、新浦区水利局等签订了 37 份土地边界协议书。

1996 年，申请登记位于连云港市海州区锦屏路三宗划拨国有土地使用权证，证号：连国用〔1996〕字第 090 号，面积 12122.1 平方米（工业）、连国用〔1996〕字第 091 号、面积 6604.5 平方米（住宅）、连国用〔1996〕字 092 号，面积 304.3 平方米（住宅）。

2003 年，申请登记农场有限公司粮油棉加工厂两宗工业划拨用地、连国用〔2003〕字第 D005291 号，面积 22008.2 平方米，连国用〔2003〕字第 D005292 号，面积 11243.5 平方米。

2004 年，农场的场域内 5 宗综合用地以江苏省农垦集团有限公司申请登记。具体如下：

第一宗地范围为场部、普山管理区土地，国有土地使用证证号为《连国用〔2004〕字第 SHDD001 号》，土地性质为国有，土地使用权类型为划拨，发证时间为 2004 年 4 月 19 日。本宗地面积为 587.39 公顷，其中农用地 514.06 公顷，建设用地 64.33 公顷。

第二宗地范围为张圩、于沈管理区土地，国有土地使用证证号为《连国用〔2004〕字第 SHDD002 号》，土地性质为国有，土地使用权类型为划拨，发证时间为 2004 年 4 月 19 日。本宗地面积为 1375.18 公顷，其中农用地 1313.26 公顷，建设用地 61.92 公顷。

第三宗地范围为小汪管理区土地，国有土地使用证号为《连国用〔2004〕字第 SHDD003 号》。土地性质为国有；土地使用权类型为划拨，发证时间为 2004 年 4 月 19 日。本宗地面积为 213.32 公顷，其中农用地 204.66 公顷；建设用地 8.66 公顷。

第四宗地范围为小岛管理区土地，国有土地使用证号为《连国用〔2004〕字第 SHDD004 号》，土地性质为国有，土地使用权类型为划拨，发证时间为 2004 年 4 月 19 日。本宗地面积为 480.81 公顷，其中农用地 469.33 公顷，建设用地 11.48 公顷。

第五宗地范围为大岛生产区土地，国有土地使用证号为《连国用〔2004〕字第 SHDD005 号》，土地性质为国有，土地使用权类型为划拨，发证时间为 2004 年 4 月 19 日。本宗地面积为 298.69 公顷，其中农用地 293.94 公顷，建设用地 4.75 公顷。

2011 年 11 月，农垦集团有限公司成立农业发展有限公司。农发云台分公司申请原农场机关办公楼、检测中心两宗土地登记省农垦集团有限公司，证号：连国用〔2011〕第

XP007722 号，面积 1823.5 平方米，（商务金融用地）；连国用〔2011〕字第 XP007723 号，面积 2491.2 平方米（工业用地）。

2013 年，农发云台分公司申请变更登记，省农垦农业发展股份有限公司，证号：连国用〔2013〕XP000349 号，（商务金融用地，作价出资），面积 1823.5 平方米，连国用〔2013〕XP000347 号（工业用地，作价出资），面积 2491.2 平方米。

2018 年，江苏农垦集团有限公司申请对原 5 宗综合用地申请不动产权证重新登记，分为农用地发证 16 宗和建设用地发证 5 宗，具体见表 5-5 和表 5-6。

表 5-5 农用地发证明细

序号	土地证号	宗地号	面积/平方米	备注内容
1	苏〔2018〕连云港市不动产权第 0077156 号	3207064000200GN0000IW00000000	2432549.45	本宗地用途为水田、旱地、沟渠等，其中农用地面积 2268008.38 平方米，未利用地面积 113596.14 平方米，水工建筑用地 5634.32 平方米，其他地类面积 45310.61 平方米
2	苏〔2018〕连云港市不动产权第 0077163 号	320706009002GN01000W00000000	3922.12	本宗地用途为水浇地、河流水面、沟渠等，其中农用地面积 1505.69 平方米，未利用地 2416.43 平方米
3	苏〔2018〕连云港市不动产权第 0077164 号	320706009001GN01003W00000000	10528.91	该宗地用途为沟渠，宗地面积为 10528.91 平方米，其中农用地面积为 784.66 平方米，水工建筑用地 9744.25 平方米
4	苏〔2018〕连云港市不动产权第 0077165 号	320706009001GN01002W00000000	9578.43	本宗地用途为水田、沟渠等，其中农用地面积 9578.46 平方米
5	苏〔2018〕连云港市不动产权第 0077157 号	320706009001GN01001W00000000	15427.45	本宗地用途为水浇地、河流水面、沟渠等，其中农用地面积 6023.15 平方米，未利用地 9404.3 平方米
6	苏〔2018〕连云港市不动产权第 0077167 号	320706400200GN00004W00000000	11675223.83	本宗地用途为水田、旱地、沟渠等，其中农用地面积 11476820.9 平方米，未利用地面积 12969.51 平方米，水工建筑用地 182630.90 平方米，其他地类面积 2802.52 平方米
7	苏〔2018〕连云港市不动产权第 0077159 号	320706400200GN00010W00000000	28087.53	本宗地用途为河流水面，其中农用地面积 0.00 平方米，未利用地面积 11175.46 平方米，水工建筑用地 16045.04 平方米，其他地类面积 867.03 平方米
8	苏〔2018〕连云港市不动产权第 0077169 号	320706400200GN00003W00000000	1959561.86	本宗地土地用途为水田、旱地、沟渠，其中农用地面积 1959442.98 平方米，未利用地面积 0 平方米，水工建筑用地 118.88 平方米
9	苏〔2018〕连云港市不动产权第 0077160 号	320706009001GN01000W00000000	6985.8	本宗地用途为旱地、沟渠等，其中农用地面积 6985.80 平方米
10	苏〔2018〕连云港市不动产权第 0077155 号	320706009010GN01000W00000000	4223.28	本宗地用途为旱地、沟渠等，其中农用地面积 4223.28 平方米，未利用面积 0 平方米，水工建筑用地 0 平方米

（续）

序号	土地证号	宗地号	面积/平方米	备注内容
11	苏〔2018〕连云港市不动产权第 0077168 号	320706400200GN00005W00000000	4130745.65	本宗地土地用途为水田、旱地、沟渠等，其中农用地面积 4130421.22 平方米，未利用地 0 平方米，水工建筑用地 128.81 平方米，其他类面积 195.62 平方米
12	苏〔2018〕连云港市不动产权第 0077166 号	320706009003GN10001W00000000	11805.72	本宗地用途为旱地、河流水面等，其中农用地面积 11512.62 平方米，未利用地 293.1 平方米
13	苏〔2018〕连云港市不动产权第 0077162 号	320706009003GN01000W00000000	5799.47	该宗地用途为水田、旱地、沟渠等，其中农用地面积为 5799.47 平方米
14	苏〔2018〕连云港市不动产权第 0077154 号	320706400200GN00002W00000000	4498969.71	本宗地用途为水田、旱地、沟渠等，其中农用地面积 4379385.34 平方米，未利用地 682.34 平方米，水工建筑用地 118902.03 平方米
15	苏〔2018〕连云港市不动产权第 0077161 号	320706009009GN01000W00000000	2316.43	本宗地用途为旱地、沟渠，其中农用地面积 2316.43 平方米，未利用地面积 0 平方米，水工建筑用地 0 平方米
16	苏〔2018〕连云港市不动产权第 0077158 号	320706400200GN00007W00000000	248763.37	本宗地用途为旱地、河流水面等，其中农用地面积 31597.82 平方米，未利用地面积 77380.95 平方米，水工建筑用地 139784.60 平方米

表 5-6　建设用地发证明细

序号	土地证号	宗地号	面积/平方米	备注内容
1	苏〔2018〕连云港市不动产权第 0103532 号	320706400200GB10002W00000000	70011.27	本宗地权利类型为国有建设用地使用权，权利性质为划拨，用途为建制镇
2	苏〔2018〕连云港市不动产权第 0103534 号	320706400200GB10005W00000000	815895.26	本宗地权利类型为国有建设用地使用权，权利性质为划拨，用途为建制镇
3	苏〔2018〕连云港市不动产权第 0103431 号	320706400200GB10004W00000000	503226.96	本宗地权利类型为国有建设用地使用权，权利性质为划拨，用途为建制镇
4	苏〔2018〕连云港市不动产权第 0103432 号	320706400200GB10001W00000000	64465.28	本宗地权利类型为国有建设用地使用权，权利性质为划拨，用途为建制镇
5	苏〔2018〕连云港市不动产权第 0103433 号	320706400200GB10003W00000000	53420.86	本宗地权利类型为国有建设用地使用权，权利性质为划拨，用途为建制镇

二、出让土地

通过招、拍、挂农场有限公司取得国用土地使用权。

1999 年 11 月，江苏农垦集团有限公司（农垦大华种子公司云台分公司）出让面积 7268.8 平方米（属国用土地资产注入）。

2012 年 12 月，取得九宗工业用地使用权，具体如下：

连国用〔2012〕第 XP004210 号，面积 688.7 平方米。

连国用〔2012〕第 XP004220 号，面积 13024.9 平方米。

连国用〔2012〕第 XP004221 号，面积 3356.5 平方米。

连国用〔2012〕第 XP004223 号，面积 2525.3 平方米。

连国用〔2012〕第 XP004224 号，面积 13774.4 平方米。

连国用〔2012〕第 XP004226 号，面积 9086.6 平方米。

连国用〔2012〕第 XP004227 号，面积 7407.1 平方米。

连国用〔2012〕第 XP004228 号，面积 1236.6 平方米。

连国用〔2012〕第 XP004229 号，面积 64263 平方米。

2013 年 11 月，农场有限公司控股企业连云港吉本多食品有限公司取得工业用地，面积 16596.74 平方米。

农场全资企业连云港云龙房地产有限公司 2003 年、2012 年、2018 年分别在连云港市东城区农场场部小城镇内取得商住开发用地 158.9 亩、29.25 亩、37.76 亩。

2007 年，农场股份制企业运通房地产公司在连云港市东城区取得 277 亩商住开发用地。

第四节　土地资源利用总体规划

一、社会经济发展与土地利用调控目标

以土地利用现状及特点制定社会经济发展目标、产业发展目标、社会人口发展目标、场镇发展目标与土地利用调控目标、耕地保有量目标。2010 年耕地保护任务量 1698.4 公顷；2020 年耕地保护任务量 1586.1 公顷。

二、土地利用结构和布局调整

农用地。规划到 2020 年云台农场农用地面积调整为 2549.8 公顷，约占土地总面积的 84％，较 2005 年减少 22.5 公顷，农用地总量基本稳定。

建设用地。规划到 2020 年云台农场建设用地面积调整为 454.8 公顷，较 2005 年增加 83.7 公顷。

其他用地。规划到 2020 年云台农场有限公司其他用地面积调整为 44.2 公顷，较 2005 年减少 61.3 公顷。

优化土地利用布局。一是农用地向集中化规模化布局，将零散分布的耕地、园地与周边田块整合，加强农用地保护，提高农业机械化程度。二是增强场部镇区的经济服务功能，充分利用镇区存量土地，新增建设用地布局结合农场场部城镇发展规划，重点向南布局。

统筹城乡发展，促进村庄发展和整合。围绕张圩、于沈中心村建设，分阶段复垦零散破旧居民点。

三、土地用途管制和空间管制

在土地利用结构调整和布局优化的基础上，将云台农场分为：一般农用地和城镇村建设用地两个土地用途管制区。规划期间，一般农用地面积 2549.9 公顷，城镇村建设用地区 318 公顷；《江苏省云台农场土地利用总体规划（2006—2020）》将云台农场的土地及空间资源划分为允许建设区、有条件建设区和限制建设区，以实现土地空间管制和引导。允许建设区 318 公顷，有条件建设区 16.6 公顷；限制建设区 2714.3 公顷。

云台农场土地用途分区面积统计见表 5-7。

表 5-7　云台农场土地用途分区面积统计

项目	辖区面积/公顷	基本农田保护区		一般农地区		城镇建设用地区		村镇建设用地区		其他用地区	
		面积/公顷	占比/%	面积/公顷	占比/%	面积/公顷	占比/%	面积/公顷	占比/%	面积/公顷	占比/%
云台农场	3048.9	0	0	2549.92	83.63	295.88	9.7	22.12	0.73	180.98	5.94

四、耕地和农用地保护

规划到 2010 年耕地保有量为 1698.4 公顷，到 2020 年为 1586.1 公顷。严格控制耕地流失，控制非农建设占用耕地，规划到 2010 年、2020 年，建设占用耕地分别控制在 23.3 公顷和 87.7 公顷以内；加大补充耕地力度，规划到 2010 年、2020 年，通过土地复垦补充耕地 8.5 公顷和 18.3 公顷；强化耕地质量建设，以土地开发整理、农田综合开发等项目为基础，完善农田水利等基础设施，提高耕地质量。园地保有量到 2010 年和 2020 年分别保持在 12.9 公顷和 12.1 公顷；其他农用地到 2010 年和 2020 年分别控制在 893.7 公顷和 915.6 公顷。

云台农场耕地保有量规划平衡见表 5-8。

表 5-8　云台农场耕地保有量规划平衡（公顷）

项目	规划期间补充耕地				规划期间减少耕地					规划期间耕地净增（+）减（-）
	增加合计	土地复垦	土地开发	其他	减少合计	建设占用	生态退耕	灾毁	其他	
2006—2010 年	8.5	8.5	0	0	442.7	25.7	0	0	417	-434.2
2011—2020 年	9.8	9.8	0	0	122.1	62.1	0	0	60	-112.3
年均增减	1.2	1.2	0	0	14	14	0	0	0	-12.8
规划期合计	18.3	18.3	0	0	209.6	209.6	0	0	0	-191.3

五、城镇村级基础设施建设

场部小城镇用地安排。根据云台农场城镇总体规划，安排镇区建设用地。在现有建成区的周边安排新增建设用地指标 87.7 公顷，主要用以满足规划期内各项工业、商服、住宅、公用设施等用地需求。通过规划城镇规模边界，明确允许建设范围；同时考虑到规划的不确定性，划定城镇扩展边界，明确有条件建设区范围。居民点用地安排。根据云台农场村镇布局规划，结合社会主义新农村建设，在中心村、村庄集聚区周围划定村庄扩展边界，形成有条件建设区范围。为了有效控制居民点用地的无序扩张，逐步引导居民向城镇、中心村集中，规划期内，主要通过建设用地复垦、建新方案满足居民点建设用地需求。

云台农场建设用地控制指标见表 5-9。

表 5-9　云台农场建设用地控制指标（公顷）

项目	2006—2010 年			2011—2020 年			规划期间		
	合计	耕地	非耕地	合计	耕地	非耕地	合计	耕地	非耕地
一、居民点用地	23.1	19.6	3.5	62.7	60.8	1.9	85.7	80.4	5.3
1. 城镇	23.1	19.6	3.5	62.7	60.8	1.9	85.7	80.4	5.3
2. 农村居民点	0	0	0	47.4	0	47.4	47.4	0	47.4
二、独立工矿用地	0	0	0	0	0	0	0	0	0
三、交通用地	6.9	3.7	3.2	4.3	3.6	0.7	11.3	7.3	4
1. 铁路	0	0	0	0	0	0	0	0	0
2. 公路	5.5	3.6	1.9	3.3	3.2	0.1	8.8	6.8	2
3. 民用机场	0	0	0	0	0	0	0	0	0
4. 港口码头	1.4	0.1	1.3	1	0.4	0.6	2.4	0.5	1.9
5. 管道运输用地	0	0	0	0	0	0	0	0	0
四、水利设施	0	0	0	8.9	0	8.9	8.9	0	8.9
1. 水库水面	0	0	0	0	0	0	0	0	0

（续）

项目	2006—2010 年			2011—2020 年			规划期间		
	合计	耕地	非耕地	合计	耕地	非耕地	合计	耕地	非耕地
2. 水工建筑物用地	0	0	0	8.9	0	8.9	8.9	0	8.9
五、其他	0	0	0	0	0	0	0	0	0
总计	30	23.3	6.7	75.9	64.4	11.5	105.9	87.7	18.2

六、土地整治安排

规划期内通过土地复垦、开发、整理补充耕地 18.3 公顷，主要以 4 队（河东）、二队（小岛）、九队（新建）、五队（小汪）几个居民点，制订开发复垦整治方案。

云台农场农村居民点控制整治方案见表 5-10。

表 5-10　云台农场农村居民点控制整治方案

乡镇场	所在村组	实施年度	规模/公顷
云台农场	四大队	2012	2.42
云台农场	四大队	2012	2.56
云台农场	二大队	2015	0.13
云台农场	二大队	2015	0.07
云台农场	二大队	2015	1.95
云台农场	二大队	2015	0.84
云台农场	九大队	2018	3.92
云台农场	九大队	2018	0.4
云台农场	五大队	2020	9.83
合计			22.12

2017 年对规划整治方案（2016—2020 年），通过申请层层审批做重新调整，主要注重农用地与水工用地的复垦整理。云台农场 2016—2020 年土地整治规划项目汇总见表 5-11。

表 5-11　云台农场 2016—2020 年土地整治规划项目汇总

项目编号	项目名称	项目类型	建设规模/公顷	新增耕地/公顷	建设年份	投资/万元
214	江苏省云台农场土地整治项目（一）	农用地整治	708.46	10.63	2016	3420
215	江苏省云台农场土地整治项目（二）	农用地整治	277.89	4.17	2017	820
216	江苏省云台农场土地整治项目（三）	农用地整治	351.94	5.28	2019	1055.82
217	江苏省云台农场土地整治项目（四）	农用地整治	248.23	3.72	2020	744.69
	小计		1586.52	23.8	—	6040.51
220	连云港市海州区云台农场土地复垦项目	土地复垦	0.62	0.53	2016	9.3
	小计		0.62	0.53	—	9.3
221	连云港市海州区云台农场工矿废弃地复垦项目（一）	土地复垦（工矿）	14.24	10.68	2016	341.76

（续）

项目编号	项目名称	项目类型	建设规模/公顷	新增耕地/公顷	建设年份	投资/万元
222	连云港市海州区云台农场工矿废弃地复垦项目（二）	土地复垦（工矿）	19.33	14.5	2018	463.92
	小计		33.57	25.18	—	805.68
	合计		1628.71	49.51	—	6855.49

2019年11月，连云港高新技术产业开发区管理委员会与省农垦集团有限公司签订《园博园征地、租地框架协议》，用地性质与现行总规不符。农场场部及周边部分用地已收储，需要调整规划提供建设用地指标。云台农场场部居住用地开发，商业服务设施建设涉及用地性质及建设指标需要通过规划修改落实。为解决以上问题，《连云港市南云台片区总体规划（2015—2030）》2020年4月启动较大修改的编制工作。修改范围原则上与现行总规保持一致，东至S242东侧，西至长深高速西侧，南至烧香河，北至云台山，包含了云台街道、南云台林场、云台农场的行政管辖范围，总面积108.33平方千米。由于徐新公路以东、连徐高速以北区域在《连云港城市总规》（2015年版）中已有建设用地，除已批用地外，不再对其他用地进行调整。做到总量平衡，修改前后保持规划区总体建设规模不变；近远结合，考虑近远期建设发展需求，将国土空间规划实施前的建设项目统筹考虑；集聚发展，结合镇村布局规划，进一步引导村庄人口向街道（场）集聚；多规融合，与土地利用总体规划保持一致，落实各相关规划内容。

调整建设用地总面积120.19公顷，分为调出指标和调入指标。

调出指标。总面积120.19公顷，涉及南云台林场片区、葫芦山南片区、葫芦山东片区、云台农场场部西侧工业园区、宏业居委会片区、蒲山村地块、云台街道片区等7个地块（片区）。

调入指标。总面积120.19公顷，涉及园博园片区、市级特教中心及救助管理工作站地块、深港物流园及东侧收储地块、云台农场居住地块、云台农场新建加油站、云台农场道路交通设施等。

第五节　土地征用

20世纪90年代后期，经济发展加速，基础设施建设加快和城市建设向外延伸，云台农场地邻市郊，从1996年开始至2021年2月，连云港市发展建设征用（收回）农场国有土地累计10410.9658亩。

1996年8月，因连云港市中级人民法院法警训练基地建设需要，连云港市中级人民法院与农场签订土地征用协议，征用位于农场东山15亩土地。

2002 年，因连云港市朝阳东路市府广场及东城区建设需要，连云港市政府与农场签订土地征用协议，该片土地位于农场盐河管理区，共 1630.65 亩。

2003—2005 年，明远中英文学校（神州武校）、市棉麻公司及农场产业园区与云台农场签订土地征用协议，该片土地位于场部小城镇内，共 313.13 亩。

2006 年，因连云港市海宁东路建设及东城区建设向南延伸，连云港市政府与省农垦集团有限公司签订土地征用协议，该片土地位于农场盐河管理区，共 1461 亩。

2007 年，因连云港市公安局四所建设需要，连云港市政府与省农垦集团有限公司签订土地征用协议，该片土地位于农场东山，共 85.85 亩。

2008—2009 年，因连云港市东疏港通道（大岛山至港口的快速通道）与 242 省道建设需要，连云港市政府与省农垦集团有限公司签订土地征用协议，该片土地位于农场大岛山管理区，共 446.4865 亩；因疏港航道（烧香河）建设需要，连云港市政府与省农垦集团有限公司签订土地征用协议，征用土地位于农场沿烧香河两岸，共 355.409 亩。

2012 年，因连云港市上合物流园（金港湾）建设需要，连云港市政府与省农垦集团有限公司签订土地征用协议，该片土地位于农场大岛山管理区，共 327.42 亩；因连云港市残联（舒馨家园）建设需要，连云港市政府与省农垦集团有限公司签订土地征用协议，该片土地位于农场场部小城镇内，共 21.91 亩。

2013—2014 年，建设连云港市徐（圩）新（浦）公路，该公路通过农场场部和新建管理区（九队）、于团管理区，用地 231.6987 亩；建设连盐铁路支线，该支线经过农场小岛管理区，用地 22.6116 亩；连云港市国土储备中心与省农垦集团有限公司签订征用协议，在云台农场产业园区与张圩管理区共征用土地 2802.04 亩。

2015 年，连云港市政府与省农垦集团有限公司签订土地征用协议，将连云港市康复（优抚）医院搬迁至农场场部，用地 60.99 亩。

2016 年 9 月，上合组织（连云港）国际物流园管理委员会与省农垦集团有限公司签订土地征用协议，征用位于农场大岛管理区 76.518 亩土地，用于建设大岛山路。

2017 年，因连云港市特殊教育中心、城市救助站建设需要，连云港市政府与省农垦集团有限公司签订土地征用协议，该片土地共 98.26 亩。

2019 年 4 月，连云港高新技术产业开发区委员会与省农垦集团有限公司签订土地征用协议，该片土地位于农场普山管理区（十五连），共 483.7605 亩，用于申马物流园项目建设。

2019 年 8 月，连云港市上合组织（连云港）国际物流园管理委员会与省农垦集团有限公司签订土地征用协议，该片土地位于农场大岛管理区，共 268.932 亩，用于丰树项目和钱江路建设。

2020 年 5 月，连云港市连云区人民政府与省农垦集团有限公司签订土地征用协议，该片土地位于农场大岛管理区，共 57.84 亩，用于南极磷虾项目建设。

2021 年 4 月，因江苏省第十二届园艺博览会配套设施用地需要，连云港市人民政府与省农垦集团有限公司签订土地征用协议，该片土地位于农场有限公司于沈管理区，共 1611.4595 亩；海州区人民政府与江苏省云台农场有限公司签订土地租赁协议，租用土地 1946.1945 亩。

第六节　土地后备资源开发利用

依据《江苏省土地管理设施条例》（苏国土资发〔2008〕96 号）、《关于城乡建设用地增减挂钩拆旧区复垦项目备案工作有关问题的通知》、《云台农场土地利用总体规划》（1997—2010 年）、《江苏省连云港市新浦区城乡建设用地增减挂钩规划（2006—2008 年）》、《江苏省连云港市新浦区城乡建设用地增减挂钩 2007 年度设施规划》，2007 年农场委托江苏省东图城乡规划设计有限公司编制《江苏省连云港新浦区云台农场土地复垦项目规划方案》（项目编号 FG07GA001），该方案经省国土资源厅批准，云台农场 2008 年组织实施对项目区大汪（8 队）居民点（23.2 亩）拆建项目。共有 69 户进行整体搬迁至规划中心村张圩居民点。拆除旧建筑面积 7001.11 平方米；平整土方 18720 立方米，沟、渠、路配套，新建 4 座过路涵，共计新增农用地 23.2 亩（其中新增耕地 21.1 亩）。

2010 年《江苏省连云港新浦区云台农场土地复垦项目规划方案》通过连云港市国土资源局和省国土资源厅验收，2013 年省国土资源厅苏国土资函〔2013〕440 号文，下达城乡建设用地增减挂钩指标。2015 年 7 月，省农垦集团有限公司苏垦集资〔2015〕175 号文批复，同意给予农场 23.2 亩城乡建设用地增减挂钩指标，用于农场水生花卉园新建配套项目用地，以保障农场乡村旅游发展用地的需求。11 月经连云港市国土资源局审查，12 月连云港市海州区人民政府向省国土资源厅申请海政发〔2015〕104 号《关于申请（连云港市海州区 2013 年度城乡建设用地增减挂钩第一批设施规划）的请示》，省国土资源厅于 2016 年 4 月给予批复：苏国土资函〔2016〕340 号《江苏省国土资源厅关于连云港市海州区 2013 年度城乡建设用地增减挂钩（第一批）实施规划的批复》："原则同意《连云港市海州区 2013 年度城乡建设用地挂钩（第一批）实施规划》。"实施规划项目区位于江苏省云台农场。其中拆旧区复垦形成农用地规模 1.5467 公顷，解决了农场水生花卉新建项目配套用地问题（同时节省报批用地费用），使水生花卉功能得到更进一步提升。

2015 年依据《国土资源部关于开展工矿废弃地复垦利用试点工作的通知》（国土资发〔2012〕45 号）、《江苏省国土资源厅关于做好工矿废弃地复垦项目库建设工作的通知》（苏国土资函〔2012〕832 号)、《关于连云港市 2015 年度工矿废弃地复垦项目入库审查情况的通报》(连国土资发〔2015〕91 号)、《新浦区土地利用总体规划（2006—2020 年)》等相关文件，为了充分盘活农场土地资源，经农场研究确定：委托江苏省东图城乡规划设计有限公司编制《江苏省农场土地复垦项目规划方案》，项目编号为：GL15DA105。项目位置位于农场境内云善河堆与烧香河堆小汪（五队）管理区南段。项目建设规模为 207.6165 亩，共有 9 个地块，其中新增耕地 200.7585 亩。经连云港市国土资源局《关于再次调整连云港市 2015 年度工矿废弃地复垦项目库的通报》连国土资发〔2015〕239 号批准："请各地按省市项目管理有关要求，在保证项目建设质量前提下，加快项目实施进度，如期完成项目建设任务，报请市局初验。"按文件要求，海州区人民政府领导经研究，成立专门的工作小组，具体负责制订工作方案及工作计划，进行业务培训、协调论证等日常工作。国土分局负责工矿废弃地工作的业务指导和管理，由农场负责复垦项目的具体实施。

省国土资源厅组织对连云港市 2015 年度第二批工矿废弃地复垦项目进行了验收，确认农场复垦项目新增农用地面积为 13.8401 公顷，验收合格获新增工矿废弃地复垦指标207.6015 亩。2016 年 5 月，苏国土资函〔2016〕396 号《江苏省国土资源厅关于下达连云港市 2015 年度第二批工矿废弃地复垦项目验收结果的通知》，因江苏海州经济开发区建设需要用地指标，经江苏省云台农场、江苏海州经济开发区管委会、连云港市国土资源局海州分局三方协商，于 2017 年 2 月 15 日签订《工矿废弃地复垦指标转让协议》，工矿废弃地转让价格为 14.5 万元/亩，农场获得工矿废弃地复垦指标转让费 3010.2217 万元。

依据《江苏省云台农场土地利用总体规划（2010—2020 年)》土地整治安排，2016 年农场申报省以上投资土地整理项目，6 月 29 日经江苏省国土资源厅、财政厅批复，苏财建〔2016〕130 号《关于下达 2016 年第一批省以上投资（耕地开垦费内）土地整治项目计划和预算的通知》。农场对实施项目进行公开招标，农场委托江苏中润工程建设咨询有限公司招标代理。项目区总面积 692.4717 公顷，范围涉及小岛（二队）、小粮地（三队）、河东（四队）、小汪（五队）、张圩（六队）几个管理区，总投资 3418 万元，新增耕地 20.949 公顷。

项目工程量如下：

一是土地平整工程：混凝土地坪拆除 1205.5 立方米；清除建筑垃圾 1900 立方米；沟渠回填 43812.12 立方米；土地翻耕 21.1691 公顷。

二是灌溉与排水工程：斗渠 8333 米；农渠 57693.66 米；农沟 61384.54 米；现状沟清淤 3115 米；倒虹吸 9 座；渡槽 1 座；节制闸 35 座；进水涵闸 217 座；生产桥 2 座。

三是田间道路工程：田间水泥路 8703.64 米，田间砂石路 1587.86 米。

四是泵站及输配电工程：建泵站 6 座，输电线 1148 米，变压器 5 座。

五是农田防护工程： 栽垂柳 3350 棵，建晒谷场 9604.88 平方米。

以上的建设投入，高标准农田配套设施，使项目区内的 692.4717 公顷农田提高了抗洪涝、抗干旱的能力，为旱涝保收奠定了坚实的基础，2020 年通过市、省两级国土部门验收。

2017 年，依据 2010—2020 年农场土地利用总体规划，申报位于农场云水湾原沈圩（十队）、新建管理区（九队）省以上投资土地整治项目。6 月 30 日经省国土资源厅、财政厅批复苏财建〔2017〕132 号，《关于下达 2017 年第二批省以上投资土地整理项目计划和预算的通知》。由农场组织实施，农场委托江苏省国际招标公司招标代理，项目实行公开招标，项目区总面积 281.1360 公顷，总投资 1818 万元，新增耕地 7.19 公顷。

项目工程量如下：

一是土地平整工程：条田平整 12373 立方米；田埂修筑 241 立方米；表土剥离 14756 立方米；表土回填 14756 立方米。

二是灌溉与排水工程：B120 砖砌矩形斗渠拆建 1945 米；B120 砖砌矩形斗渠新建 563 米；B360 梯形土质农渠清淤 8286 米；农沟、斗沟清淤 19569 米；普山河清淤 2489 米；采摘园排水沟生态衬砌 1082 米；波纹管排水 25 米；PVC（聚氯乙烯）管排水 85 米。九队新建电灌站 1 座；改造十队电灌站 1 座；敷设电缆 285 米；配电装置 1 套，改造排涝闸 1 座，拆建两座节制闸；改造 1 座；节制闸斗渠拆建 16 座；渡槽拆建 2 座；盖板涵矩形渠拆建 1 座；涵洞进水闸及挡土墙拆建 8 座；涵洞带闸 43 座；铸铁管带闸 4 座；新建农桥 1 座；拆建农桥 1 座；农桥维修 1 座；新建拱桥 4 座；设施管理用房 1 栋。

三是田间道路工程：修沥青路面 7299 米。

四是农田防护林工程：种植红叶石楠（胸径 4 厘米）1300 株，紫薇（胸径 3 厘米）950 株。

项目实施后，农田增加了抗御灾害能力，项目区云水湾生态旅游景点品位得到进一步提升，因具有独特的生态环境云台农场被选为江苏省第十二届园艺博览会在连云港举办的场址，2020 年通过省、市国土部门验收。

2019 年，经省农垦集团有限公司批准，云台农场有限公司 2019 年土地整理与复垦项目可以从地方上报，苏垦集资〔2019〕38 号《关于云台农场耕地后备资源处置方案的批复》。

"一、原则同意你公司向连云港市国土资源局申报 2019 年度一般土地整理项目，其中：工矿废弃地复垦项目建设规模 79.9230 亩，耕地占补平衡补充耕地项目建设规模 107.9655 亩（以最终勘测为准）。"后经实际勘测，云台工矿废弃地复垦项目建设规模和耕地占补平衡补充耕地项目建设规模分别为 39.7 亩和 73 亩。

"二、上述项目投资由你公司自筹，新增的耕地占补平衡指标和工矿废弃地复垦指标，由你公司统筹使用，指标不得交易、外流。"

依据省农垦集团有限公司批复:《连云港市海州区土地整治规划(2016—2020年)》农场有限公司委托江苏省东图城乡规划设计有限公司分别做《连云港高新技术产业开发区云台农场土地复垦项目规划方案》,项目编号:GF19GA401与《连云港高新技术产业开发区云台农场一、三分场土地整理项目规划方案》,项目编号:Z19GA401。2019年5月30日连云港市自然资源和规划局分别下发文件批准。连自然资发〔2019〕236号《关于连云港市2019年度工矿废弃地复垦项目入库的通知》与连自然资发〔2019〕233号《关于连云港市2019年度耕地占补平衡补充耕地项目入库的通知》。

两个项目农场分别投入50.23万元与32.068万元,通过公开招标落实两个项目,项目主要工程内容如下:

1. **土地复垦项目(GF19GA401)** 项目区位于小岛管理区烧香河堤,面积39.7亩。

(1)主要工程:平整面积39.7亩,平整厚度0.3米,土方量7940.7立方米。

(2)新建上、下口0.5米,长467米防渗渠,维修项目区连接泵站渠30米及节制闸。

(3)修筑田埂2039米,土方量203.9立方米。实施后新增耕地39.7亩。2020年5月通过连云港市自然资源和规划局验收确认。连自然资发〔2020〕216号《关于连云港市2019年度第八批次(高新区)工矿废弃地复垦项目初验结果确认的通知》,7月省自然资源厅委托省土地开发整理中心验收合格。省自然资源厅、苏自然资函〔2020〕644号《江苏省自然资源厅关于下达连云港市2019年度第三批工矿废弃地复垦项目验收结果的通知》。2020年8月获省自然资源厅、苏自然资工矿〔2020〕21号批复,建新用地指标39.7亩。该指标用于农场当年建设的兵团路与加油站。

2. **土地整理项目(Z19GA401)** 项目区位于一分场小粮地,三分场新建管理区,面积73.4085亩。主要工程:土地平整工程9787.8立方米,增施有机肥改良土壤;新开挖10条土质灌渠2101米与原有水渠贯通,改造周边9条沟渠2040米,铺设2条3米宽砂石道路66米。项目竣工后,新增耕地54.56亩。

2020年5月,连云港市自然资源和规划局验收确认,根据《关于连云港市2019年度第十三批次(高新区)耕地占补平衡补充耕地项目预验收结果确认的通知》(连自然资发〔2020〕222号)文件精神,以上两个项目计39.7亩用地指标与73.4085亩占补平衡用地指标,既为云台农场解决了发展用地难的问题,又节省相关用地费用。

第七节 土地纠纷与争议处理

1953年6月18日,经南城区政府与农场负责人共同协商确定,将坐落在场域内中支河及原海连公路南面当时农场规划一排沟的 816.6 亩国有土地，暂借给南城区龙山乡群众耕种，耕种期限七年，从 1953 年 5 月起至 1960 年 6 月 10 日止，耕种期满，将国有土地全部交还给农场。1954 年 12 月 10 日双方负责人在合约上签字，合约生效。现已超出归还期 70 余年，1965 年 11 月 5 日、1984 年 2 月 14 日、1996 年 12 月 15 日、2002 年 8 月 23 日、2008 年 10 月，农场多次向所辖市、区、县人民政府书面申请，要求尊重历史事实，依据相关土地管理法规和双方合约，将云台街道长期侵占农场的 816.6 亩国有土地使用权归还农场，但此问题迟迟未能得到妥善解决。农场将连续保留对该宗国有土地使用权的追诉权，直至归还土地为止。

1956 年云台农场经当时的南城区批准，并经县委同意，在南城东凤凰山东山坡，建立了红军果园，1962 年 3 月 6 日，曾因管理和界址上的问题，云台人民公社龙山大队和云台农场红军果园在原云台公社（当时南城镇是云台公社社属）签订了合约。农场红军果园代表贺士樵，云台公社龙山大队代表颜井长，监督执行人为灌云县农业局王局长、云台公社党委会陈步云和云台农场党委会耿步怀。20 世纪 80 年代初，云台农场与南城镇因采石与护林再起纠纷，1983 年 3 月 9 日，灌云县吴有银副县长在云台农场主持了有关方面人员参加的座谈会，参加会议的有云台农场党委史书记、左场长；南城镇党委副书记孙宽道、王兆银及县有关部门人员。会议历时一天，本着尊重历史、面对现实、实事求是的原则，形成《关于解决云台农场和南城镇护林、采石问题会议纪要》，会议确认：南城山东山坡（红军果园）的管理权属云台农场，1962 年 3 月 6 日签订的合约，继续有效。合约中重申了维持红军果园南至南山嘴城墙拐的传统。1983 年 3 月 31 日，根据灌云县人民政府《〈关于解决云台农场和南城镇护林、采石问题会议纪要〉的通知》（灌政法〔1983〕44 号）文件精神，因城墙拐的标志消失，南山嘴的位置双方认定不一致，经多次协调、洽谈没有达成共识，至今双方未签订土地边界协议，无法申请确权登记。

第八节　土地资源管理相关政策

依据《中华人民共和国土地管理法》《江苏省土地管理条例》，2007 年重新修订《江苏省云台农场土地管理规定》，2009 年在 2007 年的基础上制定《江苏省云台农场有限公司土地管理办法》，共 17 条。

2010 年云台农场土地构成与利用情况见表 5-12。

表5-12 2010年云台农场土地构成与利用情况（亩）

序号	单位名称	土地总面积	农用地合计	耕地					园地				林地			其他农用地									
				小计	灌溉水田	水浇地	旱地	菜地	小计	果园小计	其他园地小计	其他园地可调整	小计	有林地小计	有林地可调整	小计	畜牧饲养地	设施农业用地	农村道路	坑塘水面	养殖水面小计	养殖水面可调整	农田水利用地	田坎	晒谷场等用地
1	第一分场（国有）	6697.5	6109.93	4861.03	4764.63		96.4									1248.9	16.1		98.9	30.3	25.1	25.1	1061.2		17.3
2	第二分场（国有）	16244.6	15660.9	12958.2	10266.3	2292.2	399.7		12		12	12	104.9	104.9	104.9	2585.8	11.3		323.6	18.7			2074.1	12.6	145.5
3	第三分场（国有）	6491.5	6132.7	4951.8	4627.7		324.1		65.1		65.1	65.1	60.1	60.1	60.1	1055.7	68.3		92.4	19.2			843	0.2	32.6
4	第四分场（国有）	8407.4	5928.91	4840.91	4019.91		821		23.9		23.9	23.9	0	0		1064.1	19.7		99.7	9	7.2	7.2	894.9		33.6
5	连云港市水利工程管理处（国有）	1715.7	119.4	18.7			18.7		93.5	93.5						7.2			4.4				2.8		
6	云台农场（国有）	6113.7	3875.8	2038	1697.7		340.3		0				28.3	28.3	28.3	1809.5	11.8		66.5	77.5	1319.8	1319.8	330	12.8	3.9
	合计	45670.4	37827.6	29668.6	25376.2	2292.2	2000.2	0.0	194.5	93.5	101.0	101.0	193.3	193.3	193.3	7771.2	127.2	0.0	685.5	154.7	1352.1	1352.1	5206.0		232.9

2010年云台农场土地构成与利用情况（一）见表5-13。

表5-13 2010年云台农场土地构成与利用情况（一）（亩）

序号	单位名称	合计	商服用地				工矿仓储用地			公用设施用地		公共建筑用地						住宅用地				交通运输用地			街巷
			小计	商业用地	金融保险用地	其他商服用地	小计	工业用地	仓储用地	小计	公共基础设施用地	小计	机关团体用地	教育用地	文体用地	医疗卫生用地	慈善用地	小计	城镇单一住宅用地	农村宅基地	空闲宅基地	小计	公路用地	港口码头用地	
1	第一分场（国有）	517.47	0				0			1.0	1.0	8.2	4.3	3.9				65.6	62.0		3.6	442.67	442.67		

（续）

序号	单位名称	合计	商服用地				工矿仓储用地			公用设施用地		公共建筑用地						住宅用地				交通运输用地			街巷
			小计	商业用地	金融保险用地	其他商服用地	小计	工业用地	仓储用地	小计	公共基础设施用地	小计	机关团体用地	教育用地	文体用地	医疗卫生用地	慈善用地	小计	城镇单一住宅用地	农村宅基地	空闲宅基地	小计	公路用地	港口码头用地	
2	第二分场（国有）	239.3	0				0			0.5	0.5	23.9	3.5	20.4				214.9	148.9		66	0			
3	第三分场（国有）	239.1	0				5.7	5.7		0.5	0.5	4	4					126.6	99		27.6	102.3	102.3		
4	第四分场（国有）	2329.09	1512.79	1503.49	2.4	6.9	130.5	127.8	2.7	27.4	27.4	141.2	73	46.2	5.1	15.5	1.4	376.4	348.4	1.2	26.8	140.8	109.1		31.7
5	连云港市市水利工程管理处（国有）	948.1	0				2.9		2.9	0.6	0.6	0						52.2	10.6	41.6		19.8	17.9	1.9	
6	云台农场（国有）	1859.1	0				1414.1	1412	2.1	0.2	0.2	50		50				64.3	64	0.3		330.5	129.4		201.1
	合计	6362.1	1512.8	1503.5	2.4	6.9	1553.2	1545.5	7.7	30.2	30.2	227.3	84.8	120.5	5.1	15.5	1.4	900.0	732.9	43.1	124.0	1036.1	801.4	1.9	232.8

2010 年云台农场土地构成与利用情况（二）见表 5-14。

表 5-14　2010 年云台农场土地构成与利用情况（二）（亩）

序号	单位名称	建设用地				未利用地						
		水利设施用地		特殊用地		合计	未利用土地			其他土地		
		小计	水工建筑用地	小计	墓葬地		小计	荒草地	其他未利用土地	小计	河流水面	苇地
1	第一分场（国有）	0.3	0.3	0		69.8	69.8	69.6	0.2	0		
2	第二分场（国有）	161.9	161.9	5.8	5.8	177.1	0.1		0.1	176.2	174	2.2
3	第三分场（国有）	24.5	24.5	0		95.2	0			95.2	93.4	1.8
4	第四分场（国有）	6.8	6.8	19	19	124	5.4	5.4		118	118	
5	连云港市水利工程管理处（国有）	872.6	872.6	0		648	0			648	648	
6	云台农场（国有）	11.6	11.6	0		367	5.5		5.5	362	206	156
	合计	1077.7	1077.7	24.8	24.8	1481	80.8	75	5.8	1399.4	1239.4	160

2010 年云台农场土地资源可利用量见表 5-15。

表 5-15　2010 年云台农场土地资源可利用量（万亩）

项目		2010 年现状	备注
可利用土地资源	耕地	3.08	其他用地指城镇居民点、交通、工矿、企业等用地
	林地	0.13	
	渔业用地	0.066	
	其他用地	0.844	
	小计	4.12	

第六编

组织管理

中国农垦农场志

第一章 中共江苏省云台农场组织机构沿革

1952年建场初期，农场成立党支部，20世纪50年代末，成立中共江苏省国营云台农场总支委员会、中共江苏省国营云台农场委员会。兵团撤销恢复农场建制，经省农垦局党组和中共淮阴地委批准，成立中共国营云台农场党的核心小组，隶属省农垦局党组。20世纪90年代末，农场党组织有10个党总支、58个党支部。至2021年底，全场党员515名，设2个党总支，20个党支部，其中在职党员145名，退休党员占绝大部分。

第一节 党的组织

1952年9月，成立南京市人民政府灌云棉垦管理处，同时建立党支部，陆致翔任党支部书记，王荣江任党支部副书记，共有党员24人，其中正式党员22人、预备党员2人，党组织关系隶属中共灌云县南城区委。

1956年10月，农场设立党组，王荣江任党组书记，康敬五任党组副书记。党组织关系仍属中共灌云县南城区委。

1957年1月，党的组织关系改属中共灌云县委管辖。

1959年5月，成立中共江苏省国营云台农场总支委员会，康敬五任党总支书记，耿步怀任党总支第二书记。

12月，成立中共江苏省国营云台农场委员会，同时设立常委会。康敬五任党委书记，耿步怀任党委副书记。康敬五、耿步怀、王荣江、刘学文、陈晓钟5人为常委。下设11个党支部。1960年，孙益三任党委副书记。

1966年，党支部增加到19个。

1969年9月，组建兵团，成立二团党委，隶属于江苏生产建设兵团党委，着手组建营连党组织。至1970年底，成立营党委5个，党总支2个，连党支部32个。任静安任团党委书记，王登龙任团党委副书记。

1972年，兵团独立二营（原南云台林场）划归二团建制，营党委增加到6个，党总支2个，党支部增至40个。

1975 年 8 月，恢复农场建制，经省农垦局党组和中共淮阴地委批准，成立中共国营云台农场党的核心小组，隶属省农垦局党组。康敬五任党的核心小组组长，祁福元任党的核心小组副组长。全场设立 6 个党总支、40 个党支部。1976 年 6 月，裴成连任党的核心小组副组长。

1978 年 11 月，恢复中共国营云台农场委员会，下设 7 个党总支、48 个党支部。康敬五任党委书记，祁福元、薛建云任党委副书记。农场党组织关系恢复由中共灌云县委管辖。

1980 年 5 月，康敬伍调离农场，史居华任农场党委书记。左延莹、韩如冰先后任党委副书记。

1984 年 3 月，张广政任党委书记。

1984 年 10 月起，农场党组织关系划归中共连云港市云台区委管辖。设立 7 个党总支、43 个党支部。

1986 年 3 月，朱建国任农场党委书记。李凤阁、朱崇昕先后任农场党委副书记。

1990 年 2 月，薛建云任云台农场党委书记。

1992 年，农场增至 8 个党总支、52 个党支部，庄开标任农场党委副书记。

1994 年 7 月，孙从波任农场党委书记，吴锋任党委副书记。到 1996 年增至 10 个党总支、58 个党支部。

1998 年，农场生产大队改为管理区建制，设置 11 个党总支、52 个党支部。

2002 年后，因企业改制，关停部分企业，公安、教育系统从企业剥离，全场设 8 个党总支、39 个党支部。因中共连云港市云台区委建制撤销，农场党组织关系改属中共连云港市新浦区委管辖。

2004 年，根据省农垦集团的要求，农场由二级核算三级管理改为一级核算两级管理，撤销分场建制，改为管理区。全场设 3 个党总支、21 个党支部。程荣喜任党委书记，汪宝明任党委副书记。

2007 年，农场设 2 个党总支、20 个党支部，吴玉和任党委书记，缪素华任党委副书记。

2011 年，全场设 2 个党总支、28 个党支部。6 月，张明立任党委副书记；12 月，全场农业资源整合，成立农业发展云台分公司，缪素华任存续农场党委书记，张明立任党委副书记，全场设 2 个党总支、22 个党支部。

2018 年 12 月，各党总支、支部换届选举，全场共设 2 个党总支、19 个党支部。

2018 年 12 月，成立连云港云龙房地产开发有限公司党支部。

2019 年 4 月，成立江苏省云台农场有限公司凤凰陵园管理处党支部。

2021 年 8 月，成立连云港华泰物业管理有限公司党支部。

2021 年 9 月，撤销江苏省云台农场有限公司资产经营部党支部，该支部党员组织关系全部转入江苏省云台农场有限公司机关第一党支部。

2021 年 12 月，各党总支、支部换届选举，全场 2 个党总支、19 个党支部，全面推行党政一肩挑。

第二节　党　员

1952 年，农场建场时党员 24 名，均为男性。其中正式党员 22 名，预备党员 2 名，党员占总人口的 24.74％。由于干部、工人队伍不稳定，建场初期农场未开展发展党员工作。

1955 年，农场改属江苏省农林厅领导后，干部、工人队伍趋于稳定，1956 年发展新党员 3 名。

1958—1959 年，由于农场建设需要，吸收当地于沈、小汪、武圩三处人员进场，转入部分党员，壮大党员队伍，至 1959 年底，农场党员增至 84 人。

1966 年社会主义教育运动中，农场涌现出大批入党积极分子，发展新党员 121 人，党员队伍迅速壮大到 220 人。

1967—1968 年，因"造反派"夺权，农场党委被迫停止工作，新党员的发展工作被迫停止。

二团时期，新党员的发展工作得到恢复。二团时期共发展新党员 177 人（包括南云台林场），1975 年撤销二团建制，全场党员数达到 458 人。

1976 年以后，党的组织建设工作逐步走上正常化、规范化的轨道。

1985 年，由于大批知识青年回城，农场党员降至 365 人。

1990 年，农场党员 403 人。从 1990 年开始，农场每年制定《党员发展意见》。按照"坚持标准，保证质量，改善结构，慎重发展"方针，制订党员发展计划，注重培养吸收生产一线骨干分子和各行各业的优秀青年入党，同时注重培养女性入党。注重吸收 35 岁以下、高中文化程度以上和女性中的优秀分子入党。1991—1995 年发展党员 97 人，年龄均在 35 岁以下，其中女党员占 20％。

1996 年，全场共有党员 508 人，其中大专以上学历只有 53 人，中专学历 36 人，高中中技学历 129 人，初中及以下学历 290 人。

2001年，农场党员增至538人。

2002年及以后，因公安、教育系统先后从企业剥离，农场党员数减少。农场党委始终重视新党员发展工作，大力培养优秀青年，不断壮大积极分子队伍，坚持把积极参与农场改革的先进青年及时吸收到党内来。2002—2008年，农场发展青年新党员20人，较好地改善了党员结构，提高了党员队伍的文化层次。

2011年，农场共有党员519人。其中研究生学历2人，本科学历39人，大专学历63人，中专学历39人，高中中技学历122人，初中及以下学历254人。

2019年，党员总数513名，预备党员8名。其中管理岗位81名，专业技术人员25名，离退休人员280名；高级职称7名，中级专业技术职务29名，初级专业技术职务28名。其中研究生7人，大学本科84人，大学专科86人，中专30人，高中、中技109人，初中及以下197人。

2020年，党员总数510名。其中女党员101名，占党员总数19.80%；大专以上党员186名，占党员总数36.47%；35岁以下党员66名，占党员总数12.94%，36~45岁党员47名，占党员总数9.21%，46~60岁党员129名，占党员总数25.29%，61岁以上党员268名，占党员总数52.55%；工人党员44名，专业技术人员33名，管理人员85名，其他职业80名，离退休人员268名。

2020年，党员总数505名，其中新发展党员14名。

2021年，党员总数515名，其中新发展党员13名，发展少数民族党员1名，35周岁以下新发展党员10名。

第三节　党　代　会

1959年12月，成立中共国营云台农场委员会，党委成员由淮阴地委批准，灌云县委任命。党委书记康敬五，党委副书记耿步怀，党委委员王荣江、陈晓钟、刘学文、司汝庭、孙从来、纪永传、葛树梓。其中康敬五、耿步怀、王荣江、陈晓钟、刘学文5人为常委。

1960年5月10日召开中共国营云台农场委员会第一次代表会议，出席会议代表61人。康敬五代表农场党委做工作报告。会议选举产生了中共国营云台农场第一届委员会。党委由9人组成，康敬五任书记，耿步怀任副书记，康敬五、耿步怀、刘学文、夏金顺、陈晓钟、纪永传、徐良基、孙从来、葛树梓为党委委员。后来，上级任命孙益三任党委副书记。

1963 年 5 月 7 日，召开中共国营云台农场委员会第二次代表大会，出席会议代表 71 人。会议选举产生中共国营云台农场第二届委员会，党委会由康敬五、孙益三、夏金顺、刘学文、陈晓钟、徐良基、马际章 7 人组成，康敬五任党委书记，孙益三任党委副书记。

1966 年 11 月 30 日—12 月 2 日，召开中共国营云台农场委员会第三次代表会议，出席会议党员 153 人，选举产生中共国营云台农场第三届党委会。党委会由康敬五、孙益三、葛绍武、万元亨、袁春武、马际章、王以顺、乙萍（女）8 人组成。康敬五任党委书记，孙益三任党委副书记。

1971 年 5 月 13 日至 16 日，召开中共江苏生产建设兵团第一师第二团第一次代表会议，即中共国营云台农场委员会第四次代表会议。会议选举产生二团第一届党委会。党委会由任静安、王登龙、李成山、祁福元、张克山、施惠群、范立本、刘全芳、汉善德、鲁光明、莫文丰、郑树堂、张瑞英、王世龙、武传来 15 人组成。任静安任党委书记，王登龙任党委副书记。任静安、王登龙、李成山、张克山、施惠群 5 人组成常委会。

1975 年 8 月，恢复农场建制，成立中共国营云台农场党的核心小组，康敬五任组长，祁福元任副组长，余光明、陈如友、韩如冰为成员，1976 年 5 月裴成连任副组长。

1978 年 11 月，恢复中共国营云台农场委员会，康敬五任书记，祁福元、薛建云任副书记，裴成连、余光明、陈汝友、韩如冰为党委委员。

1980 年 6 月，派任农场党委书记：史居华、张广政、朱建国；派任农场党委副书记：左延莹、韩如冰、李凤阁、朱崇昕。增补农场党委委员：张志、姜宝康。

1990 年 9 月 3 日至 4 日，召开中共国营云台农场第六次代表会议。出席会议代表 115 人。会议听取《加强党的建设，强化党的领导，为推进我场两个文明建设而奋斗》工作报告，选举中共国营云台农场第六届委员会，委员为薛建云、朱崇昕、刘宝玉、庄开标、魏根顺 5 人，薛建云任党委书记，朱崇昕任党委副书记；选举产生中共国营云台农场纪律检查委员会，委员为朱崇昕、李如为、王可银、陈培杭、孟宪水 5 人，朱崇昕任纪委书记，李如为任纪委副书记。

1991 年后，农场党代会停止召开，党委会成员由江苏农垦集团公司党委任命。

1991—2011 年，派任农场党委书记的有孙从波、程荣喜、吴玉和、缪素华；派任农场党委副书记的有庄开标、吴锋、汪宝明、缪素华、张明立；增补农场党委委员的有陈长生、王兆柱、徐定云、陈培杭、吴登成、李德利、邓传松、陈从林、张明立、陈兴广、刘卫华。

2016 年 9 月 26 日，农场党委书记何荣方出席中共连云港市第十二届党代会。

2017 年 8 月 26 日召开中共江苏省云台农场第七届代表大会，选举产生中共江苏省云台农场第七届委员会，何荣方、刘卫华、宋光锋、黄祖兵、叶小云为党委委员，刘卫华为书记、宋光锋为副书记；选举产生中共江苏省云台农场第七届纪律检查委员会，纪委委员叶小云、周恒芹、杨生力、杨守建、陈卫。叶小云为书记，周恒芹为副书记。

2021年，派任农场公司党委书记王信学，增补党委副书记黄祖兵，派任党委委员钱海祥。

2022年，派任农场公司党委委员、纪委书记韩跃武。

第四节　党委工作部门

1952年9月，成立南京市人民政府灌云棉垦管理处，设置人事科兼管党务工作，徐寿彭任人事科副科长，陈晓钟为科员，负责宣传工作。

1953年人事科改为人事股，康敬五任人事股长，王常任团支部书记。

1954年3月，灌云棉垦管理处更名为中国人民救济总会南京市分会云台农场，人事股更名为人事科，陈晓钟任人事科长。

1958年8月，云台农场与南城镇、南云台林场、黄圩乡、东磊乡等单位合并，成立灌云县云台人民公社，党委工作部门为人保科、团委、妇联，吴纪友任人保科科长，张玉任团委书记，丁月娥为妇联主任。

1959年，恢复国营云台农场建制，农场设置人保科兼管党务工作，徐洪勋任人保科科长。

1962年，农场党委工作部门为党委秘书、团委、妇联。

1963年，农场党委工作部门为人保科、团委、人武部、妇联。

1966年，农场党委工作部门为政治处，孙益三兼任政治处主任，万元亨、袁春武任副主任。另设人武部，部长席宇志。

1969年9月，兵团二团成立，党委工作部门为政治处。

1975年8月，撤销兵团建制，成立云台农场党的核心小组，设政工科、团委、妇联、人武部。

1978年，恢复国营云台农场党委，设政工科、团委、人武部、法庭。1984年，党委工作部门为组宣科、纪委、团委，另设人武部、派出所、法庭。

1986年，组宣科分设为组织科、宣传科。

1990年，农场党委工作部门设组织科、宣传科、纪委，另设派出所、司法所、人武部。

1992 年 9 月，组织科、宣传科、纪委合并，成立党委办公室。

1994 年，党委工作部门设党委办公室、纪委、政法办公室。

1995 年，党委办公室改为组织科、宣传科。

1997 年底，组织科、宣传科合并为组织（人事）宣传科。

2002 年，党委工作部门设党群办公室，下设组织、宣传、纪检、人武、保卫和工会办公室等职能单位。

2004 年，党群办公室更名为党委办公室，人武、保卫及综合治理职能划归新成立的城镇管理委员会。

2007 年，党委办公室增挂人力资源部牌子。

2008 年，城镇管理委员会更名为社区管理委员会。

2009 年，党委工作部门设置为组织部、宣传部、纪委和社区管理委员会。

2011 年 1 月，党委工作部门设置为党委办公室、社区管理委员会。

同年 12 月，根据江苏省农垦集团公司关于农业资源整合改制上市的要求，农业资源整合成立江苏省农垦农业发展公司云台分公司。党委工作部门在存续农场设组织宣传部（人力资源部），社区管理委员会仍承担人武、保卫、综合治理等工作职能。农业发展公司云台分公司设立人力资源部承担党委工作部门部分职责。

2018 年，农场实行公司制改革，成立党委工作部，组织人事部与宣传部合并。

第五节　党员教育

建场初期，农场党组织针对农场机构庞大、人员多、经营方针不明确、党员来自四面八方、久居城市、不习惯农村生活、不安心在农场工作的特点，开展总路线教育，并进行整党学习，批判个人主义、自由主义和悲观失望情绪，提高党员思想觉悟，稳定情绪，发挥先锋模范作用，保证各项任务完成。

20 世纪 50 年代，党员教育主要内容：组织党员干部学习马列主义、毛泽东思想，学习中央文件中有关总路线、"大跃进"、人民公社，自力更生，艰苦奋斗，多快好省地建设社会主义的理论知识。

1960 年后，对党员进行马列主义、毛泽东思想教育，组织党员学习毛主席著作、学习雷锋、为人民服务；举办工业学大庆、农业学大寨，全国人民学习解放军，学习毛主席著作，开展积极分子培训班、演讲会，经常开展忆苦思甜活动，增强党的战斗力，带领广大职工投身三大革命运动，建设农场。

1963—1966 年，开展两次规模较大的社会主义教育运动。全场 99 名党员参加了鉴定登记，两次运动发展新党员 109 人（25 岁以下的 76 人），发展新团员 137 人。

1981 年 8 月，农场召开全场党员大会，传达中共中央《关于建国以来党的若干历史问题的决议》精神。会后举办两期队以上干部学习班，每期七天，140 人参加了培训。翌年，把《关于建国以来党的若干历史问题的决议》分解为 8 个专题，用半年时间对全体党员进行系统教育。

1983 年后，围绕改革开放的方针政策，组织党员学习有关文件，教育党员参与改革，促进改革。

1985 年至 1987 年 1 月，根据中央精神分三批在全场开展整党工作。第一批是农场机关、场直单位；第二批是 4 个农业分场和 11 个场办工厂；第三批是农业大队。全场 6 个党总支、46 个党支部 323 名党员参加了整党。整党分三个阶段进行，第一阶段是学习文件阶段；第二阶段是对照检查和整改阶段；第三阶段是党员登记和组织处理阶段。

1988 年 4 月开始，在全场开展为期 45 天的民主评议党员活动。参加评议党员 380 人。评出优秀党员 45 人，合格党员 311 人，基本合格党员 23 人，基本不合格党员 1 人。

1990 年，农场成立党校，至 1992 年共举办 8 期党员干部培训班，4 期入党积极分子培训班，培训党员干部 390 人，入党积极分子 220 人。

1991 年，在党员中广泛开展马克思主义基本理论、党的基本路线、党的基础知识教育。组织党员干部学习《社会主义若干问题学习纲要》。同时在党员中开展党纪专项教育，组织党员干部学习江泽民同志讲话、中纪委颁布的七个纪律处分暂行规定，进行十项纪律教育。8 月，举办政工干部培训班，86 名政工干部参加了培训。

1992 年，抽调 30 名机关干部组成工作队，分赴基层单位进行五个专题宣讲。开展为期 4 个月的社会主义教育活动，结合学习邓小平南方谈话，围绕以经济建设为中心和改革开放，着力于提高党员干部职工素质，促进农场两个文明建设。全场 9 个党总支、55 个党支部 447 名党员参加了教育。

1994 年，在全场党员干部中深入开展学习《邓小平文选》活动，开展建设有中国特色社会主义理论教育。2 月，举办干部高中文化补习班，57 名干部取得高中文科班毕业证书。

1995 年，农场党委号召全场广大党员学习孔繁森先进事迹，在全场掀起了学习孔繁森的高潮。

1996 年，农场举办两期党员干部培训班，学习中共十四届六中全会精神，150 余名党员干部参加了培训，并举办了一期经济法律知识培训班，80 名党员干部参加了培训。

1997 年，开展"党性、党风、党纪"专题教育月活动。组织党员干部学习《中国共产党纪律处分条例》。

1998—1999 年，开展以"讲学习，讲政治，讲正气"为主要内容的党性、党风与纪律教育。

2000 年，在全场党员干部中开展"爱我农场，扬我精神，举我品牌，兴我事业，富我职工"的主题教育，通过开展"五我"主题教育，增强了党组织的战斗力、凝聚力，调动了广大党员干部和职工的积极性和创造性。

2001 年 4 月，在全场广大党员中开展"三个代表"重要思想的学习教育。是年 10 月，组织党员学习十五届六中全会通过的《中共中央关于加强和改进党的作风建设的决定》和江泽民同志在中国共产党成立 80 周年庆祝大会上的重要讲话。

2002 年，在全场党员干部中开展中共十六大精神学习活动，举办全场管理人员十六大知识培训班，组织 300 多名党员参加十六大知识问卷考试，利用无线广播、有线电视等宣传阵地，进行十六大精神宣传。开展"一个党员，一面旗帜"活动，掀起"三个代表"重要思想学习高潮。

2003 年，组织党员干部进行"两个务必"主题教育活动，认真学习胡锦涛同志考察西北坡时的重要讲话，对党员干部进行深化权力观教育，进一步增强党员领导干部立党为公、执政为民意识。在全场开展"争创学习型企业，争做知识型员工，树新时代农垦人形象"活动。

2004 年，在党员干部中开展"增强纪律观念，自觉接受监督"的主题教育活动，通过专题辅导、学习讨论、警示教育、知识竞赛等形式，提高党员干部遵纪守法、接受监督的自觉性，提高各级党组织的战斗力。

2005 年 7 月至 2006 年 5 月，在全场党员中开展了以推进富民强场为主线，以实现"三化"为目标，以实践"三个代表"重要思想为主要内容的保持共产党员先进性教育活动。教育活动分两批进行，第一批是机关党总支三个支部参加新浦区第二批先进性教育活动；第二批是农业管理区和企业管理中心党总支及其所属党支部参加新浦区第三批先进性教育活动。活动收集整理各种意见和建议 156 条，归纳为 8 个方面 44 条群众反映强烈的突出问题，逐项制定措施加以整改。在先进性教育活动中，全场 516 名党员全部参加了学习讨论，参学率达 100％。全场举办各类科技致富培训班 18 期，540 人次接受农村实用技术培训。理顺 23 名"挂空"党员组织关系，帮扶困难户 168 户，办理公益事业 12 件，为职工办理了 10 件实事，制定了保持共产党员先进性长效机制 10 项制度。

2006 年 8 月，全场各级党组织开展学习《江泽民文选》活动。要求广大党员要深刻学习领会，准确把握《江泽民文选》的主要内容和精神实质。

2007年，在全场各级党组织中开展"迎接十七大、宣传十七大、学习十七大、贯彻十七大"活动，大力弘扬"三创"精神，以二次创业的崭新业绩，迎接、宣传、学习、贯彻党的十七大，扎实推进，争创"五好"党支部，争当"三强"党支部书记活动。

2008年，在全场开展了"解放思想，创新发展"大讨论活动。职工群众对农场在发展和二次创业中提出了6个方面16条意见或建议，农场党委进行了逐条整改。

2009年，农场党委根据省农垦集团公司的布署，在全场开展了"深入学习实践科学发展观"活动。整个活动分为四个阶段13个环节。第一阶段为前期准备阶段；第二阶段为学习调研阶段；第三阶段为分析检查阶段；第四阶段为整改落实阶段。全场党员干部撰写调研报告45篇，收集整理职工群众意见或建议20条。落实整改措施17项，全场27个党支部519名党员参加了活动。

2010年，农场党委按照省农垦集团党委的统一布署，紧紧围绕"推动科学发展，促进垦区和谐，服务职工群众，加强基层组织"的目标要求，决定用三年时间，在全场党组织和广大党员中开展以"五个好"的基本要求，创建先进基层党组织，以"五带头"的基本要求，争当优秀共产党员的"创先争优"活动。

2013年，开展党的群众路线教育实践活动。农场党委开展"为民务实清廉"三大行动，认真开展"四查四治"专项行动，建立和完善党员干部联系点制度，党委和领导班子成员每人联系一个单位、一个贫困家庭。编织"一人联十户、十人联百户、百人联千户"的联系群众服务网络，主动上门解难题，排忧难。出台了四个专题整治方案：一是加强公车的管理和使用；二是加强公务接待管理，工作期间不许饮酒；三是建立联系群众工作制度；四是开展创建服务型社区活动。深化"十、千、百"联系活动，全场544名党员，联系5000名群众，在活动中，走访了2560户群众，受访群众达6600多人次，收集涉及28个方面有效意见与64条建议，进行整改。

2015年，开展"三严三实"专题教育。

2016年，响应党中央及集团公司党委号召，开展"两学一做"学习教育，即"学党章党规、学系列讲话，做合格党员"学习教育。践行活动：协调各类救助资金达80万元，为符合大病求助条件的7名大病特困职工，申报市总工会大病救助慰问金5000元/人。为3000名老人免费检查身体；为580名女职工开展每年两次"两癌筛查"。筹措资金近2000万元，完成普山路和猫山北路的改造工程、污水处理厂、垃圾中转站和东池河改造工程；完成112户危旧房改造，修建公厕7座；修建场部、于沈、东山、海州居民点道路6310平方米，修建下水道1720米；改造大岛居民点自来水主支管线7700米。

2018 年 6 月，农场基层党建创新案例获江苏省国资委表彰。

2019 年 6 月，开展"不忘初心、牢记使命"主题教育。召开"不忘初心、牢记使命"主题教育动员会。党员参训人数 400 多人次；党委理论学习中心组开设读书班；组织开展主题教育调查问卷，开展党的基本知识、党章党规知识测试。举行"爱国爱党爱垦爱场"主题教育报告会，组织开展献爱心捐款，累计捐款 12580 元，为因病致贫的居民、劳模和老战士共 12 人发放慰问金 11600 元，为 17 名困难党员、群众送去关爱。

2020 年 7 月，云台农场公司党委与高新区南城街道党工委开展共驻共建，在云荷道德讲堂签订共建协议，共同开展主题党日活动、志愿者活动、困难帮扶等活动。

2020 年 11 月，云台农场公司党委组织各总支、支部党员干部 40 余名前往湖南省韶山、长沙等地，开展题为"学习伟人风范、牢记初心使命"的红色教育培训活动。

2020 年，云台农场公司党委及基层党组织共 4 个党建品牌创建案例获集团二、三等奖。

2021 年 3 月，开展学党史教育，成立党史学习教育领导机构，制定印发《党史学习教育实施方案》《党史学习教育任务清单》《党史学习教育学习计划安排表》等文件。

2021 年 6 月 30 日，在云荷道德讲堂举办"两优一先"表彰大会；举办主题为"唱党歌颂党恩跟党走"庆祝中国共产党成立 100 周年的文艺汇演。

2021 年 12 月 15 日，召开基层党支部书记会议暨党建工作座谈会，党委书记王信学主持会议，对 2021 年党建工作进行总结，并对 2022 年党建工作开展情况进行部署，党委领导班子成员及各基层党总支、支部书记参加会议并交流发言。

第六节　纪检监察

一、组织机构

1959 年前，农场没有专门的纪检监察机构，纪检监察工作由党组织分工一名支部委员负责。

1960 年 5 月，农场成立中共国营云台农场监察委员会。负责党的纪律监察、行政监督工作。业务上由中共灌云县监委领导。刘学文任监察委员会书记。

1963 年 5 月，孙益三任农场监察委员会书记。

1969 年 11 月，兵团二团成立，纪检监察工作归二团政治处负责。

1975 年 7 月，兵团撤销，恢复农场建制，由政工科负责纪检监察工作。

1984 年 9 月，经省农垦局党组批准，成立中共国营云台农场纪律检查委员会。纪委实施独立办公。韩如冰兼任纪委书记，李如为任专职纪检员。

1990年2月，农场成立监察审计科，与农场纪委合并办公。单儒吉任监察审计科科长。

是年9月，举行中共国营云台农场第六次代表大会，选举朱崇昕、李如为、陈培杭、孟宪水、王可银等5人组成农场纪律检查委员会。朱崇昕当选为纪委书记，李如为当选为纪委副书记。

1992年9月，农场纪委监察与组织科、宣传科合并，成立党委办公室。

1993年，农场纪委经连云港市检察院批准，增挂连云港市检察院云台农场经济检察室的牌子，李如为、龚兰新为检察员。

1994年，纪检检察从党委办公室分离。恢复纪委、检察独立办公，同时行使行政监察职能。庄开标兼任纪委书记，李如为、龚兰新任纪检专职副书记兼检察员。

1997年12月，纪委、监察、审计合并办公。纪委设专职副书记1人，主任科员1人，审计监察2人。江舜年任专职纪委副书记。

2000年，左扬华任专职纪委副书记。杨守建任专职纪检员，姚静任审计员。

2001年，纪委、监察室、清欠办、审计合署办公。陈培杭兼任纪委副书记，杨守建任专职纪检员。姚静任审计员。

2002年，农场组织部、宣传部、纪检办公室、工会办公室、政法办公室、武装部合并成立党群办公室，索以香任党群办公室纪检副主任。审计职能划归财务办公室。

2004年，党群办公室更名为党委办公室，纪检从党委办划出，独立办公，程荣喜兼任纪委书记，马琳任专职纪委副书记。

2007年，成立监察审计部，与纪委合并办公，吴玉和兼任纪委书记，索以香任监察审计部部长、纪委副书记。

2008年，审计职能划归财会部，陈卫兼任审计部长。

2009年，恢复监察审计部，万红霞任监察审计部长、纪委副书记。

2011年，纪委与党委办公室合并办公，万红霞任纪委副书记；2011年5月，张明立兼任纪委书记。

2013年12月，何荣方任纪委书记，万红霞任纪委副书记（兼）。

2014年4月，周恒芹任审计监察室主任。

2016年7月，叶小云任纪委书记，周恒芹任纪委副书记兼审计监察室主任。

2019年9月，张子平任纪委书记，周恒芹任纪委副书记兼审计监察室主任。

2020年4月，纪委与审计监察分离，张子平任纪委书记，时奎敬任纪委副书记，周恒芹任审计部部长。

二、党风建设

1960 年，建立监察工作汇报制度，农场党委及时掌握全场党风党纪情况，对党员进行遵纪守法教育。

1965 年后，结合社会主义教育运动，采用树立典型、逐个鉴定及对少数违纪党员进行处理等方法，进行党风党纪教育。

兵团二团时期，团党委曾多次制定党风廉政建设的具体规定，对党员进行党纪教育。

1981 年，党委举办基层支部书记学习班，学习《关于党内政治生活的若干准则》。

1983 年，在全场党员干部中开展学习蒋筑英、罗建夫活动。

1985 年，建立纪检例会制度。

1990 年后，各级党组织制订规划，建立党风责任制。订立《党员干部小立法》《党员干部廉政建设若干规定》《党风检查制度》。

1993 年，制定颁布《关于加强党风廉政建设意见》，发出《关于坚决刹住摊派风的紧急通知》，规定任何单位不准接受各种名目的摊派。

1995 年，聘请"党风廉政建设监督员"，严禁党员干部请客送礼，进一步抓好厉行节约，制止奢侈浪费工作。

1998 年，开展学习《中国共产党纪律处分条例（试行）》。

1998 年以后，在全场全面推行场务公开，各级组织健全"场务公开"工作机制，通过"场务公开"促进了党风建设。

2001 年，农场纪委制定颁布领导干部家庭重大事项报告制度、收受礼品登记制度、招待费等费用列支公开制度。

2004 年，在全场党员干部中开展"增强纪律观念，自觉接受监督"主题教育。开展党风廉政建设知识网上讲座，举办讲座 18 次。

2005—2006 年，在全场开展保持共产党员先进性教育活动，通过学习教育，发挥各级党组织的政治核心作用和共产党员的模范带头作用，增强党员干部廉洁自律自觉性。

2007 年，实行物资采购和招投标公开制度，推进企业管理和廉洁经营。同时结合学习贯彻《中国共产党党内监督条例》，在全场党员领导干部中开展"弘扬新风正气，建设廉洁云台"主题教育活动。

2009 年，在全场党员中开展"加强党性修养，坚持党风党纪"主题教育活动。

2010—2011 年，在全场开展以"五个好"的基本要求，创建先进基层党组织，以

"五带头"的基本要求，争当优秀共产党员的争先创优活动，促进基层党组织和党员整体素质的提高，增强执行党的纪律的自觉性和主动性。

2013年，制定和完善《云台农场党委会议事规》《党委中心组学习制度》《党委领导成员廉洁自律小立法》《云台农场党建工作制度》等党建和党风廉政制度，认真执行《关于企业领导人员党风廉政建设的若干规定》《关于进一步加强农垦企业纪检监察组织建设工作的意见》《江苏农垦系统贯彻落实"三重一大"集体决策制度实施意见》等文件。

2017年，云台农场公司纪委与高新区纪工委签订了"廉洁共建协议书"；建立定期沟通制，推进企地共建问题；互聘党风廉政建设"监督员"；向高新区纪工委递交农场公司党委成员、纪委成员名单，主动接受地方纪委监督；通过沟通会，推动各项共建措施落地生根。3月，农场通过互联网＋，在党员中开展"掌上纪律课堂"活动，全场59名在职党员干部，通过实名制登录，参加答疑解惑、你问我答、晒家风、亮家规等活动，增强了纪律教育的实效性。6月，农场公司成立创建廉政文化示范点工作领导小组，制定2017—2020年廉政文化工作规划及实施方案。高新区拨款10万元资助建设活动中心、廉政图书室、廉政影视角、谈话室、云水湾廉政文化主题公园等廉政文化活动场所；组织开展廉政文化活动；建设廉政宣传栏和走廊，通过标语、故事、文化活动等内容，加强廉洁教育。是年，农场被高新区评为"党风廉政文化建设工作"先进单位。

2018年3月，江苏省云台农场被列为第十批"市级廉政文化建设示范点"，农场纪委书记叶小云参加了授牌仪式。

2018年8月，召开公司领导班子年度民主生活会和集中整治形式主义、官僚主义专题民主生活会，查摆出5个方面29个问题，研究制定69条整改措施。

2021年6月25日，云台农场公司召开党风廉政建设及反腐败工作会议。

2021年12月29日，召开党风廉政建设及反腐败工作专题研究会。

三、违纪案件查处

1960—1962年，农场有31人受到党纪、政纪和其他纪律处理。其中有1人受到留党察看处分，1人受到党内严重警告处分，1人受到党内警告处分，1人党内除名，1人受行政记过处分，12人受到撤职处分。有14人分别受到开除团籍、留团察看、免职等组织处理。

1965—1966年，在社会主义教育运动中，全场列入经济不清的党员干部有114人，经过核实定案，受到党纪处分 8 人，受到行政处分 7 人。

1969—1975 年，受到党纪处理的有 29 人。其中开除党籍 5 人，留党察看 8 人，严重警告 6 人，警告 5 人，取消预备党员资格的 3 人，劝其退党的 2 人。

1976 年，查处党员干部违纪案件，有 1 人受到开除党籍处分，2 人受到行政记过处分。

1989 年，农场纪检部门积极配合检察机关查处案件。共立案 5 起 10 人，其中移交地方检察机关处理的 2 起 3 人，受刑事惩处 1 人。

1990—1995 年，查处党员干部收受贿赂、利用职权侵吞公共财物、滥用职权、以权谋私和违反计划生育案件 14 起，14 名党员干部分别受到党纪政纪处理。

1996 年，农场纪委查处海州综合厂业务员张某某挪用公款案，移交司法机关处理，张某某被依法判处有期徒刑 5 年。

1996—2000 年，查处党员干部违法违纪案件 7 件，有 10 人受到党纪政纪处理。其中开除党籍 4 人，留党察看 1 人，党内严重警告 2 人，降职处理 2 人，行政警告 1 人。

2007—2008 年，先后配合司法机关查处工业经济发展部部长汪某某、工程技术部副部长吉某某贪污、受贿案；查处农机水利中心副主任谭某某受贿案。

2017—2019 年，地方移交信访件 4 件，问题线索 1 件；地方纪委指导帮助查办案件 2 件，查处 2 人。

2018 年，对集团公司巡察反馈的 5 类 53 个问题，农场完成 52 个问题的整改，仅剩吉本多的问题正在按集团公司要求推进整改进度。集团公司审计反馈的 26 个问题，农场全部整改完成。根据省委巡视"回头看"向集团公司的反馈意见，农场公司党委主动认领 6 个方面 14 个问题，切实推进整改，纪委做好整改监督工作，已即知即改 4 个方面 4 个问题，剩余 10 个问题按整改进度有序整改。

第七节　干部队伍

云台农场干部主要来源：一是由上级部门调进；二是分配大中专院校毕业生来场；三是从来场知识青年中选拔和培养；四是从复员转业军人中提拔使用；五是农场职工及职工子女就业后培养聘用；六是社会公开招聘。

1952 年秋，成立南京市灌云棉垦管理处，从南京市各机关抽调 83 名干部来场。其中处本部 47 人，基层中队 36 人。干部工作由处人事科管理。

1954 年，组织机构调整，成立南京市救济分会云台农场，有干部 56 人，其中场部 38

人，一中队 8 人，二中队 5 人，三中队 5 人。农场同时制定颁布《云台农场行政管理制度》。

1957 年，农场有干部 52 人，其中女干部 8 人，农业技术员 6 人，工程技术员 1 人，卫生技术人员 4 人。

1958 年，"整风反右"后期，有 4 名干部被错划为"右派分子"。

1962 年，农场有管理干部 113 人。其中场部 41 人，基层生产队 53 人，场带队 12 人，其他 7 人。

1963 年，实行干部参加劳动制度，促进干部思想革命化。

1966 年，农场共有干部 233 人，其中女干部 71 人。

1969 年，兵团二团成立，营以上干部主要由部队干部担任，原农场中层以上干部大部分被降职使用，有的在团机关或营任副职，有的到连队任职。

1971 年，二团党委结合清理阶级队伍，对干部审查考核，原农场干部逐步安排适当工作。

1972 年，兵团独立二营（原南云台林场）划归二团领导，加之二团从复员转业军人、知识青年以及原农场职工中培养选拔了一批干部，使农场的干部队伍迅速扩大。到 1973 年，农场有干部 479 人，其中国家干部 113 人，以工代干人员 366 人；女干部达到 132 人。在以工代干人员中，来场知识青年 219 人，复员退伍军人 61 人，职工及职工子女 86 人。

1975 年，兵团撤销，部队干部先后调离农场。

1976 年，农场配备基层妇女干部，一分场王惠芳任党总支副书记；二分场张惠茹任党总支副书记；三分场杜巧云兼任党总支副书记；四分场朱明桂任党总支副书记。

1979 年后，农场选送干部参加省农垦干校及其他院校培训。至 1992 年选送干部参加各类院校培训学习半年以上的达 125 人；组织干部参加连云港市广播电视大学举办的政工干部文化补习班，86 名干部参加学习，取得结业证书。

1980 年，知识青年 29 名"以工代干"人员转干。

1981 年，根据国务院〔1978〕104 号文件规定，开始办理老干部离退休手续。到 1990 年，办理离休干部手续 21 人，其中享受厅局级政治生活待遇 2 人，县处级干部 3 人，享受县处级政治生活待遇 2 人。办理退休干部手续 8 人。为确保离退休干部安度晚年，发挥老同志余热，农场专门成立老干部党支部，选派一名现职科级干部担任党支部书记，使老干部工作得到正常开展。

1983 年，企业整顿，加快了干部队伍革命化、年轻化、知识化、专业化的"四化"

建设，提拔中青年干部 37 人，其中担任场级干部 3 人，担任科、分场级干部 12 人，队级干部 22 人。7 名 50 岁以上科分场级干部退居二线，担任协理员。

1984 年，农场为 80 名以工代干（含代教、代医）人员转干。

1987 年，全场干部 285 人，其中国家干部 167 人。全场实行干部聘用制，打破终身制。对以工代干人员实行聘用制度，聘用在干部岗位的享受同职干部同等待遇。全场共聘用"以工代干"118 人。在 285 名干部中，管理干部 107 人，各类专业技术人员 147 人，其中工程技术人员 10 人，农业技术人员 43 人，教学人员 67 人，财会统计人员 8 人，卫生技术人员 43 人。农场制定干部年终责任考核办法，实行职工民主评议干部，将考核评议结果作为干部任职和年终奖金分配的依据。

1990 年，农场干部人数 302 人，其中管理人员 168 人、专业技术人员 134 人。全场有技术职称人员 199 人，其中高级技术职称 4 人，中级技术职称 37 人。

1995 年，农场干部人数 385 人，其中国家干部 144 人，聘用制干部 241 人。在干部队伍中有专业技术职称的 337 人，其中高级职称 7 人，中级职称 64 人，初级职称 246 人。干部队伍中，大学本科及其以上学历人员 14 人，专科学历 72 人，中专学历 88 人，高中学历 126 人，初中及其以下学历 85 人。全场女干部达 93 人。

1996 年，农场制定《关于在职干部职工学习费用及奖励办法的有关规定》。对参加各中等、高等学校自费学习的干部，取得国家承认的学历者给予一次性奖励，本科奖 800 元，专科奖 600 元，中专奖 400 元。印发《国营云台农场内退干部管理规定（试行）》，对男达 55 岁，女达 50 岁的干部实行离岗退养。规定在职国家干部或正科级干部内退期间保留原任职级，原工资待遇不变，内退期间不影响正常调资晋级，可以享受所在单位福利待遇。"聘用制"或"以工代干"干部内退期间，副科职发给其原标准工资 85%，正股职发给其原标准工资 75%，副股职发给其原标准工资 55%。29 名科、股级干部内退出领导岗位。

1997 年，以培养选拔年轻干部为重点，加强后备干部队伍建设，分别建立了场级和科股级后备干部人才库。由基层民主推荐，组织考核，农场党委研究，5 名科级干部作为场级后备干部，30 名股级干部作为科级后备干部。是年，全场 24 名民办老师转为公办教师，其中中学教师 9 人，小学教师 15 人。

1998 年，农场干部总数 335 人，其中有专业技术职称的 314 人，分别为工程技术职称 45 人，农业技术职称 51 人，卫生技术职称 42 人，教学技术职称 31 人，经济类技术职称 12 人，财会统计职称 31 人，政工技术职称 61 人。在 335 名干部中，本科学历 14 人，大专学历 68 人，中专学历 89 人，高中学历 106 人，初中及其以下学历 58 人。

1999—2002 年，农场工业实施"国退民进"，二三产场办企业全部转为民营，农场管理人员大幅度减少。加之中小学教师和公安派出所人员从农场剥离，分别移交新浦区管理。农场干部总数减少至 117 人。

2003 年，农场制定《云台农场干部人事管理若干规定》。

2004 年 2 月，根据省农垦集团公司人事制度改革精神，农场撤销分场级建制，合并成立 5 个管理区，机关职能科室合并为 3 个部门，实现了"小机关大服务"格局，农业管理区每 1000 亩耕地管理人员降至 1 人以下。全场干部总数减少至 76 人。

2007 年，农场建立管理干部年度重大项目推进考核制。结合管理人员年度考核，实行末名淘汰及诫勉谈话制度。考核采取个人述职、职工代表民主测评、组织考评、领导评议、综合打分的办法。9 名干部得到提拔任用，26 名干部得到重奖。

2007 年开始，农场每年向大中专院校和社会公开招聘大中专毕业生及成熟型人才，充实管理干部队伍，至 2011 年底，农场招聘大中专毕业生和社会成熟型人才 48 人。

2011 年 12 月，全场干部 97 人，其中有专业技术职务的 83 人，在有专业技术职务人员中，有高级专业技术职务的 6 人，中级专业技术职务的 41 人，初级专业技术职务的 36 人。在全场干部总数中，有本科及以上学历的 44 人，占干部总数的 45.36%，大专学历 29 人，占干部总数的 29.90%，中专（高中）学历 24 人，占干部总数的 24.74%，适应了农业资源整合改制的需要。

2018 年，农场选派 4 名优秀中层干部参加集团公司举办的优秀中青年干部培训班，提升综合素质和履职能力；新招聘 9 名管理人员，为农场公司和社区发展及时补充新鲜血液；全年集中培训员工 26 次，受训 2420 人次；实施"传、帮、带"工程，助推青年员工快速成长。

2020 年，农场管理人员 115 人。中层及以上干部 33 人（其中中层正职含享受正职待遇 11 人，中层副职 22 人）。

2020 年选拔任用中层正职管理人员 2 名，中层副职主持工作人员 3 名，中层副职管理人员 2 名，基层正职管理人员 6 名，基层副职管理人员 17 名；调整部分基层党支部书记 7 名；轮岗 12 名。推进实施"3116"中青年骨干培养工程，加大中青年干部培养力度，先后选派 2 人参加垦区巡察，选派 1 人到连云港高新区挂职锻炼，选派 3 人参加集团中青年干部培训班，选派 4 人参加集团第二届青年员工论坛，选派 1 人到集团公司跟班学习，选派 2 人参加集团公司优秀基层党组织书记"头雁工程"培训班。做好"传、帮、带"，充分发挥老同志示范带动作用。严格落实集团公司关于干部人事档案工作要求，高质量完成干部人事档案规范化整理工作。全年投入 80 万元组织开展各类培训 26 次，举办拓展训练 1 次，有力提升管理人员业务水平和综合素质。全年招聘管理人员 10 人，为农场公司发展补充新鲜血液。

2021 年，农场公司党委召开年轻干部培养选拔专题研讨会，制订《青年干部培训工作实施方案》。农场公司中层管理人员 50 岁以上 10 人，40 岁以下 13 人，干部年龄结构趋向合理。全年共招聘管理人员 11 人。

2012—2020 年，农场共推荐后备干部 8 人，截至 2021 年，提拔至集团公司党委管理干部 6 人。

第八节　老干部工作

一、组织机构

1981 年，农场开始办理干部离退休手续。至 1989 年，有离休干部 21 人，退休干部 8 人。到 2011 年，全场共有离退休干部 118 人，其中离休干部 8 人，退休干部 110 人。在退休干部中，场级退休干部 5 人，科级退休干部 55 人，股级退休干部 50 人。

1987 年前，老干部工作由农场组织部门分管，1988 年农场成立老干部党支部，任命现职副科级干部朱明桂同志担任老干部党支部书记，具体负责老干部的管理工作。同时，农场将场机关图书室改建为老干部活动室，开展日常活动。

1989 年 5 月，成立由老干部及组织部门、财务部门负责人组成的"云台农场老干部活动指导小组"。康敬五任组长，金汉章、陈汝有、刘景环任副组长。钱永门、秦士荤、朱明桂为成员。

1990 年后，老干部活动指导小组改由现职干部担任。农场分管老干部工作的负责人担任组长，组织部门负责人担任副组长。场行政办公室、财务科、老干部支部负责人为成员。

1995 年，住农场场部和住新浦地区的老干部分别成立老干部第一党支部和第二党支部。第一党支部书记左延莹，支部委员钱永门、张英；第二党支部书记张广政，支部委员裴成年、杜萍。

2002 年，党委办公室选派陈恒年负责老干部工作，并负责老干部活动室的管理工作。

2004 年，农场选派陈培云负责老干部活动室的管理工作。

2005 年，农场在新浦区设立老干部第二活动室，选举李如为担任驻新浦地区老干部党支部书记，冯全英为老干部工作人员，专门负责老干部的学习和思想教育，及时反映老干部的意见和呼声，解决他们的实际困难，并组织其开展参政议政和文体活动。

2008 年后，农场老干部党支部划入农场社管会管理，业务上仍归农场组织部指导。

2018 年，老干部工作归党委工作部管理，机关设老干部支部。

2020 年，老干部工作将分析研判意识形态领域情况纳入重要议事日程，充分掌握党员和居民的思想动态，辨析突出问题，有针对性引导重大事件、重要情况的苗头性、倾向性问题。组织老干部开展以"畅谈奔小康，助推双胜利"主题征求意见活动，共收集建议9 条。

2021 年 6 月，召开"光荣在党 50 年"老党员纪念章颁发仪式及座谈会，近 20 名老党员代表到会领取纪念章并做交流发言。云台农场为共 98 名党龄达到 50 周年的老党员颁发纪念章及慰问品。通过选配，原农场公司党委书记何荣方任老干部党支部书记，开展老干部工作。

二、主要工作

1981 年，农场办理第一批老干部离退休手续。老干部工作被列入党委工作议程，农场党委有专人分管老干部工作，组织科负责老干部工作日常事务。

1984 年，建立机关图书室，由一名老干部负责管理。

1988 年，成立老干部党支部，组织老干部开展活动，使老干部工作逐步走上规范化轨道。同时将农场机关图书室改建为老干部活动室，面积约 54 平方米。成立以老干部为主的江苏农垦书画协会云台农场分部，至 2011 年，协会已举办书画展 15 次，展出作品590 幅。有 30 幅作品被选送参加省、市书画展，并获奖。成立老年武术协会和健身协会，在重大节日，协会举行武术表演。

1990 年开始，农场把落实好老干部的政治生活待遇作为老干部工作的重点。坚持政治待遇不变，生活待遇从优的原则。重点是抓好"两项建设"，坚持"六项制度"。"两项建设"是指老干部党支部建设和老干部活动阵地即活动室建设。农场按照就近参加党组织活动的原则，分别建立党支部，着力加强老干部活动室建设，分别在新浦和场部建立老干部活动室，面积达到 120 平方米。活动室设置象棋、扑克、麻将、图书、报纸、杂志、健身器材等活动用具。"六项制度"为重大节日走访、慰问制度；生病看望制度；死亡吊唁制度；重大决策征求意见制度；组织开展活动制度；政治经济待遇必须按规定落实制度。建立老干部例会制度和老干部阅读文件制度，规定每月 10 日召开老干部例会，每月逢 5日为老干部阅读文件日。

1995 年开始，农场聘请部分离退休干部担任党风廉政建设监督员，对各单位党风廉政建设执行情况进行监督调查。至 2009 年，老干部归纳热点问题及建议 42 条。

2003年，先后成立老年科技协会、老年诗词协会、钓鱼协会、健身协会、文艺协会等，使老干部活动进一步规范化。农场六次被评为江苏省农垦老干部工作先进单位。

2005年，农场组建了门球队，除重大节日组织老干部开展棋牌、球类比赛，还组织代表队外出参加比赛。

2006—2011年，农场先后组队参加省农垦老年门球赛和市老年门球赛6次，有4次获奖。

2010年，农场为1998年12月1日及以后去世的16名离休老干部发放住房补贴345470.20元。厅局级离休干部按135平方米标准、县处级离休干部按110平方米标准、其他离休干部按90平方米标准发给差额补贴，差额补贴为每平方米300元，工龄补贴为每年6.30元。16名离休干部中，享受厅局级政治生活待遇2人，享受县处级政治生活待遇6人，其他离休干部9人。

2015年7月，农场召开老党员、老干部座谈会，党委书记何荣方介绍了农场发展情况和中长期发展规划。会上收集了16条意见和建议。

2018年9月，农场组织27名老干部，参观农场房地产业、农业生产区、张圩居委会、云水湾湿地公园、苏垦农友种苗等地。

2019—2021年，多次组织召开老干部座谈会，带领老干部代表参观云台农场产业，并听取老干部对云台农场发展的意见和建议。带领部分老干部到灌云红色教育基地开展实境教育。

第九节 宣传工作

一、机构

1965年以前，农场配有专职宣传干部，负责制订宣传计划，落实宣传工作。基层单位由党支部书记及宣传委员抓宣传工作。

1966年，农场成立政治处，设专职宣传干事。

兵团二团时期，团政治处设宣传股，营、连分别由政治教导员、政治指导员负责宣传工作。

1975年8月，兵团二团撤销，恢复农场建制，农场政工科负责宣传工作，各基层单位由党总支、党支部书记抓宣传工作。

1983年，撤销政工科，改为组织宣传科。1986年，成立宣传科，专抓宣传工作。

1986年，成立宣传科，专抓宣传工作。

1992年，组织科、宣传科、纪委合并成立党委办公室，由一名党委副书记分管宣传工作，各总支及支部配专职书记抓宣传工作。

1995年，恢复宣传科。

1997年，恢复组宣科，后组织科与宣传科合并办公。

2002年，组织部、宣传部、纪委办公室、保卫科、工会办公室、团委合并成立党群办公室，设立一名党群办宣传副主任，配一名专职宣传干事。

2004年，党群办更名为党委办公室，配一名专职宣传干事。

2007年，党委办公室配一名主任助理负责宣传工作并配宣传干事1人。

2008年，成立宣传部，专司宣传职能。

二、形式和途径

建场初期，主要通过组织学习、召开会议、办黑板报、张贴标语、自编自演文艺节目等形式，开展教育。

1965年，农场建有广播站，转播中央、省、市广播电台的节目，利用电话会、广播会，及时传达农场的各项政策。

1970年，农场建成广播扩大站、广播线与电话线分设，各连队都配上高音喇叭，及时传达宣传团党委的方针、政策，宣传好人好事，自办生活节目。

1970—1986年，每年创办《云农三夏快报》发至各连队。

1985年举办《云农工人》小报。

1986年，农场加强对外报道，被市以上报刊、电台录用的稿件逐年增多。

1987年，农场实行对外宣传报道录用稿件奖励的规定。凡被媒体录用稿件，获市级奖的奖励稿费的一倍，省级奖的奖励稿费的两倍，国家级奖的奖励稿费的三倍。

1995年，农场建成有线电视站。每周播放两档《云台新闻》节目，及时报道农场两个文明建设的丰硕成果，宣传农场的方针政策。

2005年，农场投资近7万元，建成调频广播。调频广播开通后，广播收听质量有了较大提高，使职工准时听到云台人民广播电台的声音。

2007年，农场创办《云农宣传》，每半月一期，成为农场重要的宣传阵地。

1983年开始，农场经常举办专题宣传月、宣传周活动。20世纪80—90年代每年都要举办一次计划生育宣传月活动。

21世纪开始，每年举办一次安全生产宣传月活动。

三、主要工作

建场初期，主要围绕垦荒建场的中心任务进行艰苦创业、扎根农场、建设农场的宣传。

1956—1959年，主要宣传党的八大精神，以"三面红旗"为主要内容，动员全场干部职工落实"八大"提出的各项任务。

1960—1962年，围绕自力更生、艰苦奋斗、战胜自然灾害、坚定不移地走社会主义道路进行宣传。

1963年后，主要围绕学习雷锋、学习焦裕禄等内容并结合工业学大庆、农业学大寨、全国人民学习解放军的内容进行宣传。

1978年，开展真理标准问题讨论，宣传党实事求是的思想路线。动员职工转移工作重点，抓好经济建设。

1981年后，围绕党的四项基本原则和改革开放的方针政策进行宣传，开展"五讲四美三热爱"活动。

1984—1986年，重点宣传农场经济体制改革方针，促进农场经济责任制落实。

1987—1989年，宣传党的十三大精神，反对资产阶级自由化，抵制各种不正之风。教育干部职工正确对待"学潮"，深化改革，巩固安定团结政治局面，促进农场经济健康发展。

1990年，进行爱场爱岗教育，大力宣传"团结，求实，拼搏，创新"的云农精神。

1992—1994年，宣传邓小平南方谈话精神和党的十四大精神，教育职工正确对待当前形势，巩固安定团结政治局面。

1995—1996年，在全场开展学习邯钢活动，开展增收节支创效益活动，开展"四德"教育活动和"三学"（学理论、学科学、学法律）"三树"（人生观、世界观、价值观）活动。利用板报、墙报、广播宣传中共十四届三中、四中全会精神。

1997年，宣传学习党的"十五大"精神。

1998年，组织职工继续学习江泽民同志十五大报告，在全场继续掀起学习邓小平理论的热潮。

1999年，在全场开展"爱我农垦，扬我精神，举我品牌，兴我事业，富我职工"的"五我"主题教育活动。

2000年，围绕"十五大"精神，结合学习江泽民《高举邓小平理论伟大旗帜，把建设有中国特色的社会主义全面推向二十一世纪》的报告，在全场干部职工中进行农场改革改制政策法规的宣传，动员干部职工正确对待改革，积极支持和参与改革。

2001年，深入宣传贯彻党的十五届五中、六中全会精神，开展"三个代表"重要思想教育。是年，把产业结构调整作为宣传工作的中心任务，通过对产业结构调整典型事迹的宣传报道，加快了"扩粮压棉"以及"实施农业工程"推进步伐。

2002年，宣传党的十六大精神，高举邓小平理论伟大旗帜，全面贯彻"三个代表"重要思想，继往开来，与时俱进，全面建设小康社会，加快推进社会主义现代化进程。

2003年，开展打造"学习型企业，争做知识型员工"的宣传教育活动。

2004年，开展"创业、创新，求强、求富"的新云农精神宣传教育活动。

2005年，围绕农场年初制定的产业化、工业化、城镇化"三化"建设目标，进行政策制度宣传，发挥农场的整体优势，加快"三化"建设。

2006年，学习贯彻胡锦涛同志关于树立社会主义荣辱观重要讲话精神，开展"八荣八耻"社会主义荣辱观教育。

2007年，开展学习贯彻党的十七大精神，积极开展"二次创业"，加快和谐农场、都市农场建设。

2008年，学习贯彻党的十七届三中全会精神，在全场开展"解放思想，创新发展，积极推进二次创业"大讨论活动。

2009年，开展学习实践科学发展观活动，围绕"党员干部受教育，科学发展上水平，职工群众得实惠"的总体要求，突出"践行科学发展，推进二次创业，实现三年翻番，建设和谐云台"这一主题，抓住"解放思想，开拓创新，励精图治，再接再厉，把云台农场经济和社会事业推向新阶段"这一工作大局，提高党员干部贯彻落实科学发展观的执行力、操作力和创新能力。

2010年，深入学习贯彻落实党的十七届四中全会精神，开展深入推进二次创业，实现新三年再翻番目标宣传，教育干部职工坚定加快生产方式转变，推进二次创业，实现新三年再翻番目标的信心。

2011年，深入学习贯彻中共十七届五中、六中全会精神，围绕农场新三年再翻番和建设和谐农场目标，深入开展"创先争优"活动，全面落实企业文化，提升和增强品牌价值及影响力。

2012年以后，农场加大宣传工作力度。购置照相机2台、松下AG-FC100MC数字摄录机一台、编辑机（带正版EDUIS8视频编辑软件）1台、数字公共广播系统1套；配齐宣传专职人员4人。开辟广播、电视、云农宣传、画廊、微信公众号等新媒体。

2013—2017年，农场连续5年获"江苏农垦新闻宣传工作先进单位"称号。

2012—2020年，农场每年均保持国家级用稿近40篇，江苏法制报、江苏经济报、江苏农垦人报等省级媒体每年用稿近200篇，连云港日报、江苏农垦信息网、苍梧晚报、连云港市总工会等市级媒体每年用稿近400篇，广播、云农宣传等场内媒体每年用稿近600篇。2013年度在江苏农垦广播、电视"好新闻"评选活动中荣获二等奖，被评为"江苏农垦基层思想政治工作先进单位""连云港市百家企业文化职工文化建设先进单位"。2014年度获江苏农垦思想政治工作课题研究及征文活动优秀组织奖。参加江苏省企事业新闻协会好新闻评比活动，获得一等奖；2013—2014年获得连云港市委组织部和宣传部表彰"党员冬训先进单位"称号；2015年度获"江苏农垦优秀政研会"，2015—2019年获"江苏农垦思想政治研究工作先进单位"；2018年获得江苏农垦广播好新闻一等奖。云台农场2019年被评为"江苏农垦优秀政研分会"，2020年获"江苏农垦优秀政研会"。

四、通讯报道

1987年，农场党委为进一步调动通讯员写稿积极性，制定《云台农场投稿奖励规定》，凡被国家级刊物采用的稿件，农场按稿酬的三倍给予奖励；凡被省级刊物采用的稿件，农场按稿酬的两倍给予奖励；凡被地市级刊物采用的稿件，农场按稿酬的一倍给予奖励。从2007年起，农场党委把此项工作当作一项政治任务去抓，要求农场领导成员带头写稿，机关部室人员积极行动，基层生产区宣传员及时报道，形成全场上下齐动员，营造宣传工作良好氛围。2007—2011年，农场向党的各级宣传机构和刊物投稿每年1000余件，被国家、省、市级媒体采用700余篇，用稿率70%以上。

1993年，陆松华的报告文学《东方大怪杰》写了连云港市李洪甫考古的特别成果，获中央级红旗出版社全国征文一等奖，刊登在红旗出版社出的获奖文集《来自改革开放第一线的报告》第一篇。

1997年11月，陆松华的公益广告词"帅才＋怪才＝出奇制胜""电脑联网，人脑更要自立自强……"分别获《人民日报海外版》二等奖和三等奖。在海内外作者中，陆松华是唯一双奖得主。

1989年5月，连云港知青张高潮撰写的《法学基础》一书由广东高等教育出版社出版，为国家公务管理学系列教材。

2009年，《江苏省农垦集团公司连云港云盛食品公司逆势飘红，三月创汇超百万美元》一稿被江苏省国资委网站采用，并被推荐给国务院网站采用。

2012年，农场每年对外通信报道发稿近千篇，被国家级采用达100篇左右，省级媒体采用达400篇，对内用稿1500篇左右。

2013年，农场电视新闻《我场荷花季成功开幕》获江苏省企事业好新闻一等奖。

2017年4月1日，农场油菜花新闻被中央电视台播放。

2018年，陆松华原创格律诗《儿郎星》："寰球天上转，父母汉河青。宇大儿郎小，微微闪亮星"获国家图书馆"十佳作品"称号，并被国家图书馆馆藏，《诗词家》2018年第四期转载。

2020年12月10日，省农垦集团公司2020年度"好新闻"评比活动以视频会议形式召开。云台农场公司选送的参赛作品全部获奖，取得满堂红，其中电视新闻获二等奖，广播新闻、网络新闻均获三等奖，微信公众号获十佳称号。

五、文明城市建设

1. **统一部署，建立组织机构** 农场公司2012年成立创建全国文明城市工作领导小组，下设具体的工作小组。对照创建目标、标准和责任，细化分解，把责任落实到人，形成一级抓一级，层层抓落实，服务与创建活动齐抓共管的工作机制。

2. **丰富载体，搞好创建活动** 2012—2020年共组织各类文艺演出、文体活动80余场；每年均组织志愿者开展集中整治行动50余次；邀请专家学者到云台开展精神文明与道德建设的宣讲活动，每年受教育的职工群众近千人；建设云台新时代文明实践所设立公共图书阅览室、活动室等，室内文化活动场所达200平方米，室外文体活动场所2000平方米。成立7支500余人的新时代志愿者服务队开展志愿服务。

3. **强化措施，推进道德建设**。2012年以来，在社区开展多种形式的教育活动达40余次，受教育群众近万人次，广泛开展"讲文明、树新风"活动。积极组织辖区居民参加高新区市民文明素养提升行动之"小手拉大手争当文明小使者"主题活动等活动；整合资源，开创未成年人教育新局面。社区的未成年人教育工作紧紧抓住学校、家庭、社会这三个重要环节，构建以学校为主导，以家庭为基础，以社区为依托的开放型教育体系，充分利用社区的人力资源、设施资源和部门资源，开展了丰富多彩、主题鲜明、形式新颖的教育活动。

六、企业文化建设

建场以来，农场以文化立场的理念始终指导农场各行各业建设，第一代农垦人以"艰苦奋斗"精神，在建场初期，把场域内是"穷山苦水杀人风，只长盐蒿不长粮""兔子不拉屎，生活住宿无保证"的盐碱荒地改造为"米粮仓"。20 世纪 70—80 年代，以改革创新精神，改变了农场单一的农业管理模式，迈向一二三产业同步发展的格局，工业生产走在了垦区的前列。20 世纪 90 年代，以"勇于奉献"精神，恢复三级管理三级核算经营管理体制，农场开始探索生产费用、生活费用自理和先交钱后种田的土地租赁经营方式。2000 年以后以"开拓创新"精神，调整产业结构，把农场经营战略积极融入城市建设，发展房地产业。2012 年以后，农场党委坚持"同心、敬业、务实、创新、自律、奉献"精神，致力于现代农业、房地产业、生态旅游业三大板块建设，使云台农场生态宜居的形象更加凸显。

2012 年，农场建场 60 周年之际，云台农场编制企业文化建设手册，确定以下内容：

农场愿景：建成生态云台、富强云台、和谐云台、平安云台。

农场使命：为社会创造健康产品，战略定位为都市型农场。

企业精神：同心、敬业、务实、创新、自律、奉献。

云台农场标志如下：

云台农场标志组合整体寓意"旭日东升"，象征企业发展生机勃勃，如日东升。

图形"太阳"内嵌"云台"两字采用篆书手法，表达岁月长河中农业发展的悠久历史，也体现了企业不断提升的人文力量。图形下方的"祥云"图案与中国传统"如意"图案结合，代表吉祥、瑞气、祥瑞之意。

2015 年，农场被评为江苏农垦"十二五"企业文化建设先进单位。

2012—2017 年，农场被中国企业文化研究会表彰为"企业文化建设优秀单位"。

2019 年，农场出台"云荷"新时代企业文化管理标准化规范手册、云台农场企业视觉识别系统。

2020 年 7 月 9 日，云台农场公司"云荷文化"被省农垦集团公司授予"江苏农垦特色子文化"品牌。

第十节 农场行政机构

(1) 1952—2021 年云台农场党委成员名单见表 6-1。

表 6-1 1952—2021 年云台农场党委成员名单

时间	党代会届次	机构名称	书记	副书记	常委	委员
1952.9		南京市灌云棉垦管理处党支部	陆致翔	王荣江		陆致翔、王荣江、康敬五、陈晓钟、徐寿彭
1953.8		中国人民救济总会南京分会云台农场党支部	王荣江	康敬五		
1956.1		江苏省国营云台农场党组	王荣江	康敬五		王荣江、康敬五、耿步怀、葛树梓、杨俊
1957.1		江苏省云台农场党支部	康敬五	韩克伦		
1959.5		云台农场党总支	康敬五	耿步怀		康敬五、耿步怀、陈晓钟、刘学文、葛树梓、孙从来、夏金顺、司汝庭、徐洪勋
1959.12		云台农场党委	康敬五	耿步怀	康敬五、耿步怀、王荣江、刘学文、陈晓钟	康敬五、耿步怀、陈晓钟、刘学文、孙从来、纪永传、王荣江、司汝庭、葛树梓
1960.5	第一届	云台农场党委	康敬五	耿步怀、孙益三		康敬五、耿步怀、刘学文、夏金顺、陈晓钟、纪永传、徐良基、葛树梓
1963.5	第二届	江苏省国营云台农场党委	康敬五	孙益三		康敬五、孙益三、夏金顺、刘学文、陈晓钟、徐良基、马际章
1966.11	第三届	江苏省国营云台农场党委	康敬五	孙益三		乙萍、葛绍武、万元亨、袁春武、马际章、王以顺
1971.5	第四届	兵团二团党委	任静安	王登龙		任静安、王登龙、李成山、祁福元、张克山、施惠群、范立本、刘金芳、汉善德、鲁光明、莫文本、郑树堂、张瑞英、王世农、武传来
1975.8		云台农场党的核心小组	康敬五（组长）	祁福元（副组长）		康敬五、祁福元、余光明、陈如友、韩如冰
1978.11		云台农场党委	康敬五	祁福元、薛建云		康敬五
1980.6		云台农场党委	史居华	左延莹		史居华、左延莹、裴成连、余光明、韩如冰
1984.3		云台农场党委	张广政	韩如冰		张广政、左延莹、韩如冰、江宝康、张志
1986.3		云台农场党委	朱建国	李凤阁		朱建国、韩如冰、李凤阁、江宝康
1990.9	第六届	云台农场党委	薛建云	朱崇昕庄开标		薛建云、刘宝玉、朱崇昕、庄开标、魏根顺、陈长生、吴锋、孙从波
1994.7		云台农场党委	孙从波	庄开标		孙从波、吴锋、庄开标、陈长生、汪宝明、徐定云、王兆柱、陈培杭
2004.1		云台农场党委	程荣喜	汪宝明		程荣喜、汪宝明、吴登成、李德利、缪素华
2007.1		云台农场党委	吴玉和	缪素华		吴玉和、缪素华、邓传松、陈从林、陈兴广、张明立、刘卫华
2011.5		云台农场党委		张明立、缪素华		张明立、缪素华、陈兴广、刘卫华
2011.11		云台农场党委	缪素华	张明立		张明立、缪素华、陈兴广、刘卫华
2013.11		云台农场党委	何荣方	刘卫华		何荣方、刘卫华、黄祖兵
2015.5		云台农场党委	刘卫华	何荣方		刘卫华、何荣方、宋光锋、黄祖兵
2017.8	第七届	云台农场党委	刘卫华	宋光锋		何荣方、刘卫华、宋光锋、黄祖兵、叶小云

（续）

时间	党代会届次	机构名称	书记	副书记	常委	委员
2018.10		云台农场党委	刘卫华	宋光锋		刘卫华、宋光锋、黄祖兵、叶小云
2019.9		云台农场党委	刘卫华	宋光锋		刘卫华、宋光锋、黄祖兵、赵士利、张子平
2020.1		云台农场党委	刘卫华	宋光锋		刘卫华、宋光锋、黄祖兵、赵士利、张子平
2021.01		云台农场党委	刘卫华	宋光锋、黄祖兵		王信学、宋光锋、黄祖兵、张子平
2021.04		云台农场党委	王信学	宋光锋、黄祖兵		王信学、宋光锋、黄祖兵、张子平
2021.10		云台农场党委	王信学	宋光锋、黄祖兵		王信学、宋光锋、黄祖兵、钱海祥、张子平
2021.12		云台农场党委	王信学	宋光锋、黄祖兵		王信学、宋光锋、黄祖兵、钱海祥、韩跃武

（2）1952—2021 年云台农场党组织构成见表 6-2。

表 6-2　1952—2021 年云台农场党组织构成

年份	党委/个	总支/个	支部/个	党员/人 合计	其中：发展党员	年份	党委/个	总支/个	支部/个	党员/人 合计	其中：发展党员
1952			1	24		1974	6	2	41	435	46
1953			1	23		1975	6	2	41	458	30
1954			1	19		1976	1	6	40	350	21
1955			1	21		1977	1	2	41	373	29
1956	1		1	22	3	1978	1	7	48	402	12
1957	1		1	25		1979	1	7	49	410	16
1958	1		3	71		1980	1	7	49	437	29
1959			5	84		1981	1	7	48	410	18
1960	1	1	11	96		1982	1	7	48	400	1
1961	1		11	98		1983	1	7	48	395	6
1962	1		12	99		1984	1	7	43	377	4
1963	1		12	101		1985	1	6	43	365	5
1964	1		12	98		1986	1	6	46	381	16
1965	1		12	99	6	1987	1	6	47	391	10
1966	1		19	220	121	1988	1	6	48	396	7
1967	1		19	220		1989	1	6	48	399	4
1968	1		19	220	0	1990	1	6	48	403	4
1969	1		27	250	0	1991	1	6	49	433	25
1970	5	2	32	376	5	1992	1	8	52	454	27
1971	5	2	35	345	6	1993	1	8	52	470	18
1972	6	2	40	334	19	1994	1	9	54	487	12
1973	6	1	41	402	44	1995	1	9	54	499	19

（续）

| 年份 | 党委/个 | 总支/个 | 支部/个 | 党员/人 | | 年份 | 党委/个 | 总支/个 | 支部/个 | 党员/人 | |
				合计	其中：发展党员					合计	其中：发展党员
1996	1	10	58	508	13	2009	1	2	28	513	0
1997	1	10	58	519	11	2010	1	2	28	517	4
1998	1	11	52	531	15	2011	1	2	22	519	4
1999	1	9	44	532	14	2012	1	2	22	521	4
2000	1	9	44	535	3	2013	1	2	21	518	5
2001	1	8	41	538	8	2014	1	2	20	521	5
2002	1	8	39	529	3	2015	1	2	22	519	3
2003	1	8	35	521	4	2016	1	2	22	526	3
2004	1	3	21	525	6	2017	1	2	22	516	3
2005	1	3	13	525	4	2018	1	2	19	503	4
2006	1	4	23	516	3	2019	1	2	20	513	8
2007	1	2	20	524	2	2020	1	2	20	505	14
2008	1	1	27	519	2	2021	1	2	19	515	14

（3）云台农场历届纪检（监察）委员会书记、副书记（监察主任）、专职纪检（监察）员名单见表6-3。

表6-3　云台农场历届纪检（监察）委员会书记、副书记（监察主任）、专职纪检（监察）员名单

时间	书记	副书记（监察主任）	专职纪检（监察）员
1960.5	刘学文		
1963.5	孙益三		
1983.12	韩如冰		李如为
1986.11	李凤阁		
1989.1	朱崇昕		胡启荣
1990.9	朱崇昕	李如为、单儒吉	王可银、何振法
1994.1	庄开标	李如为、龚兰新	
1998.1	庄开标	江舜年	李如为、汪宝刚、姚静
2000.1	庄开标	左扬华	汪宝刚、姚静、杨守建
2001.1	徐定云	陈培杭	姚静、杨守建
2004.1	程荣喜	马琳	
2007.1	吴玉和	索以香	周恒芹
2009.3	吴玉和	万红霞	
2011.6	张明立	万红霞	
2013.11	何荣方	周恒芹	
2016.7	叶小云	周恒芹	武宜超
2019.9	张子平		时奎敬、赵越
2021.12	韩跃武	时奎敬	赵越

（4）苏垦农发云台分公司成立以来管理人员基本情况统计见表 6-4。

表 6-4　苏垦农发云台分公司成立以来管理人员基本情况统计（人）

年份	总人数	职级划分				年龄结构				文化程度				职称		
		经理层	中层正职	中层副职	其他职级及无职级	30岁以下	31～40岁	41～50岁	51～60岁	研究生	本科	大专	中专及以下	高级	中级	初级
2012	48	2	5	10	31	11	12	21	4	3	17	16	12	1	19	14
2013	51	3	6	9	33	14	12	20	5	3	20	16	12	1	19	14
2014	53	3	8	8	34	12	9	26	6	4	21	16	12	1	19	14
2015	58	3	11	6	38	18	11	22	7	6	25	16	11	1	17	19
2016	65	3	11	5	46	13	12	30	10	6	27	16	16	1	17	18
2017	66	2	11	6	47	12	14	28	12	6	28	16	16	1	17	20
2018	62	2	9	8	43	9	13	29	11	7	26	18	11	1	16	26
2019	63	1	10	9	43	11	12	28	12	7	26	20	10	1	16	26
2020	59（含农服4人）	2	8	8	41	14	15	12	18	4	25	20	10	1	17	26
2021	51（不含农服）	2	4	9	36	10	13	8	20	1	28	17	5	1	13	26

第二章　群众团体

群众团体是指工会、共青团、妇联三大群众性组织。建场初期农场各级党组织十分重视群众组织建设，发挥群众组织的作用，采取召开全体代表大会、制定章程、民主选举领导机构等方式，发扬民主，根据农场党委在各个时期的工作中心任务，开展适合自己特点的活动。

第一节　工　　会

一、组织

1952 年 9 月，成立南京市人民政府灌云棉垦管理处。设置工会干部 2 人，负责工会工作。

1953 年 7 月，南京市人民政府灌云棉垦管理处更名为"中国人民救济总会南京市分会云台农场"。是年，对来场的原工会会员进行登记，成立"中国人民救济总会南京市分会云台农场工会委员会"，隶属南京市人民政府民政局机关工会，下设 7 个工会小组，工会会员 68 人。

1955 年 6 月，更名为"江苏省国营云台农场工会委员会"，下设 13 个工会小组。工会会员 105 人。

1966 年，工会下设 16 个基层分会，73 个工会小组，工会会员 675 人。

"文化大革命"开始后，工会工作中断。

1968 年 9 月，成立贫下中农代表大会委员会。

1969 年 11 月，兵团二团成立，农场的所有组织改为部队建制。工会组织也随之撤销。

1982 年 12 月，农场恢复成立工会工作筹建组。

1984 年 1 月，恢复成立"江苏省国营云台农场工会委员会"。隶属连云港市总工会、省农垦工会。

是年，农场工会对基层工会领导成员进行充实调整，分别选举产生 7 个基层工会工作委员会，41 个工会分会，116 个工会小组，会员 2100 人。

1986 年，农场工会设立女工委员会，配备专职女工干部两人。各基层工会委员会和工会分会都配备了女工委员。

1990 年，场工会下设 12 个基层工会工作委员会，41 个工会分会，116 个工会小组。会员 2410 人。

2001 年，场工会设立 11 个基层工会委员会，39 个工会分会，187 个工会小组，会员 1975 人。

2004 年，基层工会委员会更名为工会分会。民营企业成立工会联合会，全场设立 9 个工会分会。场办二三产企业改为民营企业，6 个民营企业成立非公企业工会联合会。全场工会会员 1798 人。

2007 年，场工会设立 9 个工会分会，一个民营企业工会联合会，下设 5 个非公企业工会委员会。全场会员 1651 人。

2010 年，场工会下设 13 个工会分会，一个参股企业工会委员会，7 个非公有制企业工会委员会。全场工会会员 1405 人。

2011 年，农场工会下设 13 个工会分会，8 个参股企业和非公有企业工会委员会，全场会员 1403 人。

2019 年，农场工会下设 8 个工会分会，分别是 4 个经营单位、1 个社区分会、3 个机关分会。工会会员数 142 人。

2020 年，农场工会下设 8 个工会分会。工会会员 154 人，入会率达 100％。

2021 年，农场工会下设 8 个工会分会。工会会员数 166 人。

截至 2022 年 5 月，农场工会下设 8 个工会分会。工会会员数 173 人。

二、工会会员代表大会与职工代表大会

农场在 1987 年之前，工会会员代表大会与职工代表大会是分别进行的。从 1987 年 8 月 13 日第二届职代会开始，工会会员代表大会与职工代表大会同步进行。

（一）工会会员代表大会

1954 年 9 月 9 日，召开农场第一次工会会员代表大会，刘学文同志做《工会工作报告》，会议改选成立新的工会委员会，工会委员 7 人，刘学文同志当选为场工会主席，全场有工会会员 76 人。

1955 年 8 月 14 日，召开农场第二次工会会员代表大会，刘学文同志做一年来的《工会工作报告》，选举产生云台农场工会委员会，选举刘学文同志为场工会主席。全场工会

会员 97 人。

1956 年 10 月 21 日，召开农场第三次工会会员代表大会，刘学文同志做《工会工作报告》，选举云台农场工会委员会，刘学文同志当选为场工会主席，工会委员 15 人，到会代表 57 人。选举刘学文、梁成检、李有才 3 位同志为出席江苏省工会会员代表大会代表。

1957 年 12 月 21 日，召开云台农场第四次工会会员代表大会。刘学文同志做《1956 年工会工作报告》，选举产生云台农场工会委员会，刘学文同志继续当选为场工会主席，工会委员 11 人。

1962 年 4 月 15 日，召开云台农场第五次工会会员代表大会，孙益三同志做《农场工会工作报告》，选举了新的工会委员会，工会委员 11 人，孙益三当选为工会主席。

1966 年 4 月 9 日，召开云台农场工会第六次工会会员代表大会。孙益三做《国营云台农场工会第五次代表大会以来工会工作报告》。到会代表 86 人，选举新的工会委员会，工会委员 13 人，候补工会委员 3 人。孙益三当选为场工会主席，徐辉、王以顺当选为工会副主席。董铨、刘巨清当选为工会经费审查委员会主任。

1987 年 8 月 13 日起，农场工会会员代表大会与职工代表大会同步召开。

（二）职工代表大会

1984 年 1 月 7 日，第一届职工代表大会在场部云农会堂召开，出席会议代表 304 名。会议选举产生第一届职工代表大会主席团，共有 23 人，他们是史居华、左延莹、李凤阁、陈培杭、李业三、田文圻、赵志宏、崔俊才、范松银、童隆华、吴保华、王长俊、倪锦堂、孙玉春、黄跃根、叶朝、吴凤巧、杨庆伦、王恒保、曹子芹、刘秀英、李怀忠、陈学武。

1987 年 8 月 13 日，第二届职工代表大会在场部云农会堂召开，205 名代表、11 名特邀代表、12 名列席代表出席了会议。会议审议通过《场规民约》《职工奖惩条例》《劳动工资管理制度》《财务管理制度》《公房折价处理意见》《改革粮油倒挂费意见》《职工代表大会实施细则》。会议选举产生第二届工会委员会，工会委员 13 人；选举产生由 25 人组成的第二届职工代表大会主席团。

1991 年 1 月 30 日，第三届职工代表大会在场部云农会堂召开，254 名代表出席了会议。会议审议通过《云台农场职工奖惩条例》《云台农场职工代表大会实施细则》《云台农场场规民约》。会议选举场工会委员会，场工会委员 13 人。选举薛建云等 15 人组成云台农场管理委员会；会上，场长刘宝玉、工会主席朱崇昕代表党政工签订了共保合同；会议选举产生了由 26 人组成的第三届职工代表大会主席团。

1994 年 2 月 28 日，第四届第一次职工代表大会在场部云农会堂召开，出席会议代表

262 人。会议选举场工会委员会，工会委员 13 人。庄开标当选为场工会主席，丁德庆当选为场工会副主席。会议讨论审议农场下一步改革目标，选举产生由 26 人组成的第四届职工代表大会主席团。

1997 年 1 月 18 日，第五届第一次职工代表大会在场部云农会堂召开，出席会议代表 245 名。会议选举新的工会委员会，工会委员 11 人。陈长生当选为场工会主席，杨庆生当选为场工会副主席。会议选举产生由 24 人组成的第五届职工代表大会主席团。

2001 年 2 月 22 日，第六届第一次职工代表大会在场机关二楼东会议室召开，出席会议代表 114 人。会议选举新工会委员会。工会委员 9 人，陈长生当选为工会主席，陈培杭当选为工会副主席，索以香当选为女工委员会主任。会议对 16 个先进集体、68 个先进个人、5 个盈利大户进行了表彰。会议选举产生由 17 人组成的职工代表大会主席团。

2005 年 2 月 26 日，第七届第一次职工代表大会在场机关二楼东会议室召开，出席会议代表 92 人。会议选举新工会委员会、工会委员 13 人，程荣喜当选为场工会主席，陈培杭、索以香当选为工会副主席。场长汪宝明代表行政、工会主席程荣喜代表职工签订了《云台农场 2005 年集体合同》，会议选举产生由 20 人组成的第七届职工代表大会主席团。

2006 年 2 月 25 日，第七届第二次职工代表大会在农场机关二楼东会议室召开，出席会议代表 92 人。会议表决通过《云台农场关于场域居民点布局规划与撤并工作的实施意见》。场长、党委书记分别与各基层单位党政负责人签订两个文明建设责任状。

2007 年 3 月 17 日，第七届第三次职工代表大会在场部机关二楼东会议室召开，出席会议代表 94 人。场长缪素华、党委书记吴玉和分别与基层单位签订了目标管理责任状；表决通过《云台农场城镇管理规定》《云台农场创建和谐劳动关系企业活动实施意见》。场长缪素华代表行政，党委书记、工会主席吴玉和代表职工签订了《云台农场集体合同》。

2008 年 3 月 4 日，第七届第四次职工代表大会在云台农场机关二楼东会议室召开，出席会议代表 91 名。会议表决通过《云台农场 2008 年投资计划方案》《云台农场开展创建和谐劳动关系企业活动实施方案》，表彰 2007 年度经济和社会发展目标以及重大项目推进先进集体和先进个人。

2009 年 2 月 20 日，第八届第一次职工代表大会在场部机关二楼东会议室召开，出席会议代表 113 人。会议表决通过《云台农场 2009 年重大投资方案》，审议通过《云台农场创建评选"五星级文明户"实施方案（试行）》。场长缪素华代表行政，党委书记、工会主席吴玉和代表职工签订了《云台农场集体合同》。会议选举新的工会委员会，工会委员 9 人。吴玉和当选为场工会主席，索以香、万红霞当选为工会副主席。会议选举产生由 17 人组成的第八届职工代表大会主席团。

2010年1月30日，第八届第二次职工代表大会在场部机关二楼东会议室召开，出席会议代表116人。会议表决通过《云台农场2010年投资计划方案》《云台农场职工奖惩条例》。党委书记吴玉和代表党委与基层党组织负责人签订了《党风廉政责任状》。

2011年1月16日，第八届第三次职工代表大会在云台农场场部花果山外向型管委会一楼会议室召开，出席会议代表116人。会议表决通过《江苏省云台农场"十二五"经济发展规划》《云台农场2011年投资计划方案》，审议通过《江苏省云台农场场务公开实施细则》。场长缪素华代表行政、工会主席吴玉和代表职工签订集体合同。

2012年5月13日，召开江苏省云台农场第九届第一次职工代表大会。选举产生了41名代表。其中：管理人员12名，占代表总数的29.3%；专业技术人员代表14名，占代表总数的34.1%；一线职工代表15名，占代表总数的36.6%；女职工代表12名，占代表总数的29.3%。会议选举工会委员会，工会主席张明立，副主席万红霞、杨守建；审议通过《关于公积金缴存比例暂按5%执行和暂缓执行新职工住房补贴的议案》。

2013年3月18日，召开第九届第二次职工代表大会。场长缪素华代表行政、工会主席张明立代表工会签订《江苏省云台农场工资集体合同》；农场党委与各总支、支部签订了2013年度党风廉政建设责任状。

2014年3月21日，召开江苏省云台农场第九届第三次职工代表大会。会议选举新工会委员会，工会主席何荣方，工会副主席杨守建；会议通过《关于实行中层干部竞聘上岗、一般工作人员双向选择的实施办法（试行）》《云台农场管理人员岗位薪酬管理办法》草案。

2014年，苏垦农发云台分公司召开一届五次职工代表大会。

2016年3月8日，召开江苏省云台农场第十届一次职工代表大会。会议选举新工会委员会主席团和秘书长。工会主席何荣方，工会副主席万红霞，秘书长万红霞。会议表决通过《江苏省云台农场职工大病救助管理办法》。

2017年2月27日，云台农场召开第十届二次职工代表大会，应到会代表49名，实际到会代表45名。会议表彰了2016年度先进单位、先进个人。

2018年2月10日，江苏省云台农场召开第十届三次职工代表大会。会议解读《关于推进全民所有制改制工作的通知》（苏垦集资〔2018〕29号）文件；会议表决通过《江苏省云台农场公司制改制方案》《连云港市云龙实业集团公司制改制方案》。

2018年2月26日，召开江苏省云台农场第十届四次职工代表大会。

2020年1月20日，召开第十一届一次职工代表大会暨工会会员代表大会，大会选举正式职工代表57名。大会选举产生了第十一届工会委员会，工会主席黄祖兵，工会副主席白文丽。董事长刘卫华代表江苏省云台农场有限公司，工会主席黄祖兵代表公司工会签订集体合同。表彰 2019 年先进集体和个人。

2020 年 2 月 28 日，召开第十一届委员会扩大会议，参加会议的有工会委员 7 人，分会主席 7 人，代表团长 1 人。增选江苏省云台农场有限公司工会第十一届委员会委员 1 人，选举江苏省云台农场有限公司工会第十一届委员会主席 1 人。王建波拟任工会第十一届委员会主席。

2020 年 3 月 3 日，江苏省农垦集团有限公司工会批复王建波同志任江苏省云台农场有限公司第十一届委员会主席，免去黄祖兵同志江苏省云台农场有限公司工会主席职务。

2020 年 6 月 5 日，召开江苏省云台农场有限公司第十一届二次职工代表大会。选举陈卫同志作为新一任职工董事，免去杨守建职工董事职务。

2020 年 10 月 19 日，召开第十一届三次职工代表大会在云荷道德讲堂召开，实到 48 人，符合法定程序。会议审议通过《江苏省云台农场有限公司（社区）职工重大疾病互助互济实施方案》，试行期一年。

2021 年 2 月 7 日，召开第十一届四次职工代表暨工会会员代表大会，应到会参加会议的代表 55 人，实到 55 人。农场公司总经理与工会主席签订《集体协商合同》《工资集体协商合同》《劳动安全集体协商合同》《女职工特殊保护专项集体合同》。

2022 年 1 月 26 日，召开第十一届五次职工代表暨工会会员代表大会。农场公司应到会代表 57 人，实到 55 人。农场公司总经理黄祖兵与工会主席钱海祥签订《集体协商合同》《工资集体协商合同》《劳动安全集体协商合同》《女职工特殊保护专项集体合同》。

三、民主管理

1953 年，进行会员登记，建立工会组织。

1955 年，农场由救济性质的机关工会转变为国营农场的农业企业工会。工会组织协助行政建立了一系列生产管理制度，确立了工人阶级主人翁地位，组织职工参与民主管理，发动职工向农场提建议和意见。在维护农场稳定、发展生产中发挥了重要作用。工会每年召开一次会员代表大会，邀请部分贫下中农代表列席会议，参与审查审议农场的财务和生产经营、职工生活方面的重大问题。

"文化大革命"期间，工会组织瘫痪，由"贫代会"行使民主管理职能。由于贫代会成立时间较短，几乎没有开展活动。

1984 年，恢复成立云台农场工会组织，召开首届农场职工代表大会，选举产生职工代表大会主席团，作为场务管理常设机构。职工代表大会每年召开一次，由场长向职工代表报告工作，工会、财务部门向大会报告工会工作和财务预决算情况，审议讨论农场政策法规文件。农场职代会先后审议通过了《国营云台农场场规民约》《国营云台农场职工奖惩条例》等农场政策法规文件。

1985年，在全场开展创建合格"职工之家"活动。场工会被省农垦评为"先进职工之家"。全场有8个基层工会被评为合格"职工之家"，18个基层工会被评为"先进职工之家"。1994年，有8个科分场级单位，11个队班组被市总工会评为"先进职工之家"。其中电子元件厂被市总工会授予"模范职工之家"称号，粮棉油加工厂剥绒车间被授予"先进班组"称号。

1988年4月，根据连云港市总工会和市计经委《关于在全市推行共保合同的意见》，在全场推行共保合同制度。场长与职工双方协商签订共保合同，保单位产值、利润和上缴税费，保单位技术改造，保精神文明建设，保职工生活及劳动条件改善，利益共享，风险共担，调动了全场领导和职工群众的积极性。在签订共保合同时，场工会为了保证合同规定的目标如期和全面实现，将共保合同目标进行"双向"分解，农场党委、场长、工会实行横向互保，分场、大队、车间、班组及责任人实行纵向共包，通过层层分解，明确责任和努力方向，实现责、权、利的统一。是年，在二三产业市场疲软、农业遭灾情况下，农场各级工会组织全体职工共保企业实现经营目标，较好地完成了共保合同规定的各项目标。1989年5月，省农垦工会在农场召开由全系统农场参加的共保合同研讨会。

1992年7月1日，由李凤阁主编的《农垦企业民主管理》一书，由中国工人出版社出版发行。我国著名经济学家蒋一苇，原农垦部副部长、中国农工商联合总公司经理赵凡为本书应邀题词，时任江苏农垦农工商联合总公司总经理周伟森为本书作序，时任江苏农垦农工商联合总公司党委副书记黄树贤为本书题写书名。朱崇昕、江舜年任副主编。

1998年，为加强民主制度建设和党风廉政建设，农场全面推行"场务公开"，场、分场（工厂）、管理区（车间）层层成立场务公开领导小组，明确了场务公开内容，建立了场务公开工作机制。2008年，制定了《云台农场场务公开细则》，完善了场务公开制度。2010年，农场被江苏省总工会授予"厂（场）务公开先进单位"称号。

为适应农场改革改制的需要，规范用人制度，农场党委把职工代表民主评议干部作为用人制度改革的一项重要措施。1991年场工会组织职工代表，对全场大队级以上干部进行三次民主评议，评出最佳干部15人，优秀干部26人，称职干部168人，不称职干部22人，农场党委先后提拔15人，免职16人。2008年1月，对全场34名中层管理人员组织职工代表进行综合测评；2009年3月，组织职工代表对农场领导班子成员进行述职测评。2001—2010年，先后有16名干部被免职，11名干部因民主测评不合格接受诫勉谈话，4

名干部被降职。

2019年，农场公司工会和农场社区管理委员会分别获得连云港市"十佳模范职工之家""模范职工小家"荣誉称号。

2020年，社区、凤凰陵园、水电中心、云龙房地产公司销售部分别获得"江苏省工人先锋号""江苏农垦工人先锋号""江苏农垦劳模创新工作室""江苏农垦巾帼建功标兵岗"荣誉称号。

四、劳动竞赛

组织职工开展劳动竞赛，一直是工会的重要工作议程，是推动生产情绪，提高工作效率，完成与超额完成生产任务的主要方法。

1955年4月，农场工会针对正在进行的棉田播种、麦田除草、机务修理等工作提出4月30日完成任务，向"五一节献礼"的劳动竞赛口号。"三夏"期间，场工会根据农场中心工作，提出"五抢"（抢收、抢运、抢晒、抢耕、抢种）、"四保"（保证及时与超额完成任务、保证质量、保证安全、保证物资及时供应）的竞赛口号。以各生产队为单位，场工会发给一面阶段竞赛红旗，作为该队各小组或小队阶段工作竞赛优胜标志。机务方面发给"先锋机车"红旗，由机耕队按作业阶段进行评比。各单位开展了夺红旗竞赛活动。4月29日，700亩棉花人工播种基本结束。小组总平均成绩由每人每日1.2亩，提高到2.55亩。麦田锄草工效大大提高。第一生产队第六小组、第二生产队第一小组、基建队第二小队被评为优胜小组。爱力斯机车组、M-H康拜因机车组获"先锋机车"称号。本次竞赛79人获得表扬，41人被评为先进个人。

1958年，场工会动员全场职工解放思想，发挥革命干劲和创造精神，掀起"比先进、学先进，赶先进，超先进"的生产竞赛热潮。全场400名妇女参加开挖妇联河工程。

1965年，大岛生产队乙萍青年样板组，20亩水稻单产437.75千克，被树为盐碱滩第一杆高产红旗。场工会号召全场开展以创"五好"为目标，"学乙萍，创五好，搞样板，夺高产"的比学赶帮超劳动竞赛。"五好"即政治思想好、执行政策好、组织建设好、生产搞得好、生活安排好。此次竞赛评出"五好职工"171人，各项标兵386人，"五好"单位6个，五好班组3个，样板单位7个。盐河生产队创造3.1亩水稻单产517千克；小岛生产队洪华中突击队创造水稻505亩产千克高产纪录；于沈生产队50亩青年样板田小麦平均亩产280.5千克，6亩试验田亩产玉米342.5千克；小汪生产队130亩大豆单产147.35千克；场部试验队亩产皮棉60千克；第五生产队职工集体食堂改造煤灶，每月节约1吨煤。

1986年3月，在全场开展实现"七五"计划建功立业的社会主义劳动竞赛。各基层单位工会采取各种形式组织职工参赛。农业单位组织"六比六看"赛，农机系统组织"六好"赛，机关、教育、卫生等系统组织了"四比四看"赛。评出农场先进集体32个、先进个人89个，被评为连云港市级文明单位1个、先进个人5人、先进班组1个。职工提合理化建议2000余条，被农场采用100余条，创造经济价值30多万元。

1987年，场工会和场女工委在全场组织开展"增收节支，增产节约"的"双增双节"安全生产竞赛，创造经济效益46.8万元。

1990—1993年，场工会组织农机职工、农机操作能手赛，在全场开展农机大比武活动。农场选派的两名同志在连云港公司农机大比武中分别夺得第一、第二名的好成绩。元件厂职工范学义参加连云港市组织的钳工、电工、车工比赛，获钳工比赛第四名，被市政府授予"技术能手称号"。1992年6月，在农业单位组织水稻插秧比赛，全场400名妇女参加，10人分别取得一、二、三名，场工会授予"插秧能手"称号。

1994年，场工会在全场开展粮棉百亩方、千亩片高产竞赛和"双学双比"竞赛活动。当年实现棉花总产超历史、粮食总产超历史、职工收入超历史目标。全场参加棉花百亩方竞赛的田块38块，面积4833亩，千亩片13块，面积13074亩。参加小麦百亩方竞赛田块10个，面积1024亩。是年，全场棉花参赛田块单产达85千克，其中：四大队千亩片单产达115.5千克，三大队单产达97.5千克。全场小麦单产比1993年亩增产15千克。

1996年，场工会组织职工开展"迎接新世纪，立功多贡献"劳动竞赛。全场参赛人数达1616人，创产值25万元。

1998年，场工会在全场工业系统开展争当"优质能手，高效能手，节约能手，革新能手，管理能手"的"五项能手"竞赛。56人分别获得各项能手称号。

2001年3月，根据省农垦工会〔1999〕4号文件要求，场工会参加省农垦集团工会组织的"争创工会工作六强场（厂）竞赛"活动。是年，通过省农垦工会六强场考核验收。

2003年，场工会组织职工开展"提万条合理化建议，挖掘身边1000个经济增长点，选树100个致富能手"的"万千百"竞赛活动。到2006年，全场提合理化建议1125条，被农场采纳745条，挖掘身边经济增长点产生经济效益100元以上的2891个，500元以上的1275个，1000元以上的753个。选树致富能手215人，其中被上级授予致富能手称号的42人。2008年，全场职工提合理化建议117条，被农场采纳85条，挖掘身边经济增长点产生经济效益500元以上422个，评选农场的致富能手24人，被上级授予致富能手称号的10人。

2006—2011年，场工会组织开展"当好主力军，建功'十一五'，和谐建小康"和开展创建"小康之家"活动。评选小康之家，2006年35家，2007年325家，2008年271家，

2009 年 715 家，至 2011 年全场 80％的居家户达到小康之家标准。到 2011 年全场发展民营企业 23 家，230 家个体工商户。农场建成"御香采摘园、瓜果蔬菜园、出口蔬菜园、水生花卉园"等高效农业生产园区。建成物流、仓储和农产品加工为一体的产业园区 1 个。

2009 年，开展重点工程项目立功竞赛活动。云盛食品公司被评为"江苏农垦重点工程立功竞赛活动先进单位"。

五、职工教育培训

1953—1957 年，工会对职工进行党在过渡时期总路线教育和劳动纪律教育，同时开办职工业余学校，加强职工文化教育。

1959—1961 年，国民经济困难时期，工会向职工进行革命传统教育、经济形势教育，教育职工发扬延安精神。

1963 年，各级工会组织广泛开展宣传学习毛泽东著作和学习雷锋活动。工会号召职工学习毛主席著作，学习雷锋。全场召开 400 名学习毛主席著作积极分子参加的经验交流会，25 人被评为出席灌云县活学活用毛泽东著作积极分子代表大会代表。

1965 年，成立业余大学，开展职工业余教育，715 名青年职工参加学习。其中：开办大专班 9 个，学员 354 人，中专班 9 个，学员 361 人；开办畜牧兽医班 1 个，学员 24 人；组织初中、高小、初小、扫盲文化班 27 个，学员 422 人。在此期间，工会还号召学习解放军，积极投入社会主义教育运动。

1983 年，工会工作恢复。工会广泛发动职工开展"五讲四美三热爱"活动，组织振兴中华读书活动，组织全场职工进行初高中文化补习，开办文化补课班 6 个、技术补课班 1 个，入班补课 410 人，补习双科合格 169 人。

1987 年起，场工会在全场开展"三讲三树立"活动。"三讲三树立"是：讲形势，树立看全局、看主流、看发展的观点；讲方法，树立以治理整顿为重点，全面深化改革的观点；讲任务，树立工人阶级主人翁责任感。

1994—1997 年，场工会在全场开展了以"四德"教育为主要内容的树主人翁形象教育和以爱党、爱国、爱农垦、爱岗、爱场、爱职工作为核心的爱国主义教育。把爱国主义教育与"创企业形象，展四德风采，闪班组新风"的主题教育结合起来。广泛开展评选"最佳主人翁"活动，黄跃根、王明发被评为省农垦系统"最佳主人翁"。

1998 年，在全场职工中开展"三学三树实施三项工程"活动。"三学"，即学理论、学科学、学法律。"三树"，即树立正确的人生观，树立正确的价值观，树立正确的世界观。实施三项工程是：实施质量优化工程；实施环境净化工程；实施素质强化工程。通过教育，提高了职工素质，培育了广大职工爱场、爱岗、诚实劳动、无私奉献、遵纪守法、讲究科学的良好品质。

2001年，在全场开展了"五我"创树主题教育活动。"五我"是"爱我农垦，扬我精神，举我品牌，兴我事业，富我职工"。工会要求"五我"创树主题教育活动，要做到五个结合：和学习党的十五届五中、六中全会精神相结合；和学习邯钢学亚星活动相结合；和各种劳动竞赛相结合；和各种有益的文体活动相结合。

2005年，开展了"争创学习型企业，争做知识型职工，树新时代农垦人形象"的"两争一树"活动。全场有40名职工参加各类成人大专以上学历培训，80余名职工参加技术工人等级资格培训。79名干部分别参加农业、政工、财会继续教育。同时，农场工会积极参与"创新，创业，求强，求富"新的企业精神的设计和培育，在全场开展了新的企业精神的宣传和教育。到2006年底，全场有670人建立了自己的学习目标，202人参加各类技术培训。

2007年，在全场职工中组织开展"全面达小康，建设新农场"和"我为二次创业争贡献，争当示范带动排头兵"主题教育活动，组织了二次创业大讨论活动，全场200名职工参加了讨论。为全场全面达小康，建设新农场营造了良好氛围。

2008年，组织全场职工开展"解放思想，创新发展"大讨论活动。全场职工写心得体会80多篇，撰写调研报告24篇。发动职工为"二次创业，建设都市农场"建言献策。发放调查问卷36份，征求职工意见或建议130多条。

2009年，开展了学习实践科学发展观活动。全场500余名职工参加了学习。对农场建设发展提出26条整改意见。

六、扶贫帮困

1955年2月，场工会举办互助储蓄，帮助职工解决临时经济困难。参加储蓄518会员人次，储金239.4元，解决临时困难借用周转者53人次，计413元。对特殊困难的会员，工会补助一人5元，同时建议行政帮助解决。

进入20世纪60年代后，场工会扶贫帮困主要工作内容。一方面，帮助职工发展生产，逐步改善职工生活，鼓励职工种瓜、种菜、养猪，发展家庭副业。对部分缺乏劳动力、病灾等困难户给予一定的经济补助。1965年，补助困难职工237人次，补助金额4600多元，补助物资320人，布票3200尺*，棉花350千克。帮助缺衣缺钱的同志克服了困难，调动了生

---

* 尺为非法定计量单位，1尺≈33.33厘米。

产积极性。另一方面，开展群众性互助互济活动。1962—1965 年，全场各工会分会办起了 14 个互助储金会。储金达 1153 元，会员达 450 人，解决了职工临时性经济困难。

1984 年后，农业生产实行"大包干"经济责任制，农业职工经济收入逐渐拉开了差距。各级工会在党政领导的支持下，采取科技帮扶和经济补助相结合，对贫困职工给予技术、人力和资金上的扶持，组织技术人员上门传授生产技术，动员团员、青年对贫困家庭进行义务帮工。场工会拨出专款解决贫困职工的生活困难，1984—1987 年，场工会拨款 24000 元，帮助 448 人解决了生活困难。1988—1991 年，工会拨款 22760 元，为 564 人解决了困难。

1994 年，场工会与各分场、大队职工代表协商，确定全场 16 户贫困户作为工会扶贫对象。工会投入资金 5000 多元，关键时刻将化肥、农药送到贫困户手中，当年，16 户贫困户全部脱贫。

1997 年，场工会和各基层工会委员会，成立扶贫领导小组。全场排查出的 44 户贫困户，采取"一帮一"的办法，场工会制定了扶贫措施，各大队工会分会与工会签订扶贫责任状，当年有 32 户脱贫。

2001 年，由于体制改革，造成工业单位下岗职工增多。为解决下岗职工的困难，场工会采取鼓励发展民营经济，促进下岗职工再就业。采取办班培训，增加下岗职工再就业的本领，创造条件，帮助下岗职工再就业。场工会拿出 2 万元为 7 名职工提供无息贷款。帮助解决创业启动资金，鼓励下岗职工转岗，到农业单位承租土地。场工会垫资建花卉、蔬菜大棚，优惠给下岗职工承包。对缺少生产技术的贫困户给予零星地、拾边地，不收土地费；对挂账贫困户实施减免还款；对帮贫责任人实行 200～500 元奖励。对全场 285 户贫困户发放扶贫救济款 4800 元，无息贷款 20000 元，对近百名中小学生发放助学补助 13000 元，使 95％以上的下岗职工有了自己的岗位和事业。

2005 年，场工会与江苏农村合作信用社共同协商，建立困难职工小额贷款制度，贷款由信用社发放，农场负责贴息，全年发放小额扶贫贴息贷款 100 万元。帮助了 192 户困难职工。场工会同时提出"户均输出一人，人均增收千元"的推进劳务输出和劳动力转移的扶贫帮困口号，全年输出劳动力 156 人。春节期间，工会向全场 779 户受灾和困难户发放救助慰问款 55 万元，解决了困难职工生活上的难处。

2006 年，场工会制定了《关于实施扶贫帮困工程，促进困难职工脱贫致富工作意见》，全场为 292 户困难职工发放小额扶贫贷款 120 万元。53 名工会干部、工会积极分子和基层管理人员与 63 户特困家庭结成对口帮扶对子，在资金担保、劳动力转移、生产技术措施方面给予扶持。为 206 户特困职工办理了最低生活保障手续，全年发放低保金

41.6 万元。12 月，全场管理人员为特困职工捐款 10900 元。

2007 年，场工会协助行政部门为 1650 名非职工居民办理了进入城市居民基本医保手续。210 户特困户享受了低保。

7 月，场工会与组织部门一起组织了工会积极分子和中共党员服务活动。180 人参加了活动，为贫困家庭做实事 110 件。

2008 年，工会制定《2008 年扶贫贷款管理办法》，将扶贫小额贷款向特种养殖、规模养殖、居民点撤并，以及日光温室、大棚、拱棚、露地瓜果蔬菜倾斜。全年发放小额贴息贷款 100 万元。2010 年，全场建成日光温室 100 幢，钢架大棚 43 个，新增规模养殖小区 2 个，新增高效农业面积 10000 亩。

2018 年 8 月 24 日，江苏省云台农场有限公司党委会形成决议，经工会委员会提议，《关于参加市职工重大疾病和意外伤害互助保障计划的议案》一致通过。在职在岗职工 133 名，在职职工 521 名，共计 654 名职工参加。

2019 年 3 月 5 日，云台农场有限公司党委出台了《云台农场有限公司 2019 年精准帮扶实施方案》，并由 40 名管理人员与 40 名低保户、特困职工结对帮扶。

2020 年农场为 577 名在职在岗职工缴纳《连云港市职工重大疾病和意外伤害互助保障计划》，期间为 4 名困难职工申请近 7 万元的互助金。

2020 年 10 月 20 日，农场公司出台《江苏省云台农场有限公司（社区）职工重大疾病互助互济实施方案（试行）》。

2021 年为 541 名在职在岗职工缴纳《连云港市职工重大疾病和意外伤害互助保障计划》，期间为 8 名困难职工申请近 5 万元的互助金。

2022 年 1 月 26 日，对《江苏省云台农场有限公司（社区）职工大病互助互济基金暂行管理办法》进行优化。

第二节　共青团、少先队

一、共青团

（一）组织

1952 年建场时，成立南京市人民政府灌云棉垦管理处团支部，团员 19 人，王常任团支部书记。

1958 年，成立中国共产主义青年团（简称共青团）江苏省国营云台农场委员会，设 12 个团支部，团员 133 人，张玉任团委书记。

1970 年改为江苏生产建设兵团一师二团共青团工作委员会，设 24 个团支部，团员 590 人，隶属团政治处领导，徐敏任团工委书记。

1976 年恢复共青团江苏省国营云台农场委员会。

20 世纪 70 年代后期，由于大批知青回城，团员人数由 1977 年的 1037 人减少至 1980 年的 550 人。2001 年学校移交地方，农场团员人数所剩无几。1976—1987 年团委为农场党委下属独立科室，1988—1995 年隶属场组织部门领导，1996 年后至今隶属场工会领导。

（二）团代会

1961 年 8 月，共青团国营云台农场召开第一届代表大会，到会代表 40 人，选举产生由 13 人组成的共青团江苏省国营云台农场第一届委员会，徐良基任团委书记。

1964 年 6 月，共青团第二届代表大会召开，到会代表 162 人，选举产生由 13 人组成的共青团江苏省国营云台农场第二届委员会，陆德桥任团委副书记，是年 7 月郭宝才任代理团委书记。

1965 年 10 月，共青团第三届代表大会召开，到会代表 125 人，选举产生由 15 人组成的共青团江苏省国营云台农场第三届委员会，郭宝才任团委书记。

1966 年 11 月，共青团第四届代表大会召开，到会代表 111 人，选举产生由 13 人组成的共青团江苏省国营云台农场第四届委员会，李凤阁任团委书记。

1972 年 10 月 10 日，共青团第五届代表大会召开，到会代表 165 人，选举产生由 15 人组成的共青团一师二团第五届委员会，徐敏任团委书记。

1975 年 1 月，共青团第六届代表大会召开，到会代表 117 人，选举产生由 17 人组成的共青团一师二团第六届委员会，徐敏任团委书记。

1976 年 5 月，共青团第七届代表大会召开，到会代表 203 人，选举产生由 17 人组成的共青团江苏省国营云台农场委员会；韩如冰任团委书记。

1984 年 5 月，共青团第九届代表大会召开，到会代表 91 人，选举产生由 13 人组成的共青团江苏省国营云台农场委员会，陈培杭任团委副书记。

1988 年 5 月，共青团第十届代表大会召开，到会代表 53 人，选举产生由 13 人组成的共青团江苏省国营云台农场委员会，索以香任团委副书记。

1992 年 5 月，共青团第十一届代表大会召开，到会代表 63 人，选举产生由 13 人组成的共青团江苏省国营云台农场委员会，陈亦萍任团委副书记。

1992 年后，共青团代表大会停止召开。

2022 年 5 月 11 日，共青团云台农场委员会进行了换届选举工作，同意第十二届中国共产主义青年团云台农场委员会下设 3 个团支部，分别为云台农场公司团支部、苏垦农发云台分公司团支部、云台农场社区团支部。选举白文丽、陈子娇、李俊领、索取任第十二届中国共产主义青年团云台农场委员会委员，白文丽任团委书记，陈子娇、李俊领、索取分别任云台农场公司团支部、苏垦农发云台分公司团支部、云台农场社区团支部书记。

（三）团的活动

20世纪50年代，共青团围绕农场政治、经济、文化的中心工作，做好党组织的助手，组织青年突击队、文艺宣传队，活跃在基层各单位。

20世纪60年代，各项团的活动正常开展，重点开展学雷锋、做好事、大种试验田，开展各项科技竞赛活动。

1963年，普山知青曾宪昆列席共青团中央九大会议。

20世纪70年代至90年代初，团的活动较为活跃，主要活动以开展学习毛主席著作、"五讲四美三热爱"、尊敬老人送温暖、振兴中华学知识、双增双节做贡献等为主，团员青年自身素质得到普遍提高，并积极为党组织输送新鲜血液。1984年5月4日，陈培杭当选连云港市共青团第十次代表大会代表并出席会议。同年10月27日，陈培杭、徐怀玉、何学兵、索以香当选共青团灌云县第九次代表大会代表并出席会议。

2000年后，受自然增长劳力的青年数减少、场属工业企业改制从农场体制中退出、中小学校移交地方等诸多因素影响，农场共青团组织人数急剧下降，所剩无几，故团组织专项活动基本处于停止状态。

2017年，云台分公司团支部被评为"江苏省五四红旗团支部"。

2017年5月4日，农场团委组织28周岁以下青年团员到抗日山烈士陵园参观学习，接受红色教育。

2018年5月4日，场团委组织25名共青团干部和共青团员前往淮安周恩来纪念馆参观学习。

2018年苏垦农发云台分公司团支部荣获江苏省"五四"红旗团支部。

2019年11月21日，为纪念五四运动100周年、中国共青团成立99周年，农场公司团委举办"青春心向党，建功新时代"主题活动。组织29名团员参观了南京中山陵、雨花台烈士陵园和侵华日军南京大屠杀遇难同胞纪念馆。

2020年5月22日，云台农场公司团委举办了以"扬青春风采，创美好未来"为主题的劳模暨青年员工座谈会。劳模及青年员工代表60余人参加了会议。

二、少先队

1958年，农场开始办小学教育，学生20名，少先队员10名。

1959—1966 年，学生数由 40 名增至 390 名，1966 年少先队员达 350 名。

1978 年，恢复少先队组织。1980 年实行年满 6 周岁入学儿童全部加入少先队。

1984 年，各小学建立少先队活动室，任命少先队大队辅导员 23 人，校外辅导员 1
人。1990—2001 年，少先队员数一直保持在 600 名左右。

20 世纪 80 年代后，少先队活动较为正常。1984 年，举办了少年儿童书法绘画展览，
共展出 153 件充满童心和智慧的少儿书画作品。1987 年，学校开展创造良好校风、学风
活动，通过评比，有 7 个少先大队、13 个少先中队被评为少先队先进集体，5 名辅导员被
评为优秀辅导员，32 名学生被评为优秀少先队员，5 名儿童被评为"红花幼儿"。1992 年
成立云台农场中心小学鼓号队，学校经常开展一些健康的中小学生娱乐活动和革命传统教
育活动。2000 年，场中心小学大队辅导员顾友祥被评为云台区"十佳"少先队辅导员。

第三节　妇　联

1958 年 8 月，场社合并后，成立江苏省云台农场妇女联合会（以下简称妇联），灌云
县委任命李秀梅为妇联主任。各基层单位都配有一名妇女干部，负责妇联工作。妇女工作
主要是宣传保护妇女儿童合法权益；号召妇女积极参加生产建设，宣传男女平等，男女同
工同酬和宣传婚姻法；组织妇科病检查，建立托儿所，解决妇女的后顾之忧；组织妇女参
加以比学赶帮超为主题的社会主义劳动竞赛。是年，农场组织 400 多名妇女，参加妇联河
会战，20 世纪 60 年代，农场涌现出了"五朵金花"养猪班和"铁姑娘班"，充分发挥了
妇女在农场建设和发展中"半边天"的作用。

1969—1975 年，兵团按部队建制，在各营、连、直属工厂、事业单位都配一名女干
部，负责女职工工作。

1985 年，场工会设立女工委员会，负责全场妇女工作，加大对女职工健康保护工作
力度，组织医护人员免费为全场 500 余名妇女和 300 多名幼儿进行体检。在生产过程中，
对职女工实行三调三不调，即经期调干不调湿、孕期调轻不调重，哺乳期调近不调远。

1986 年，农场女教师赵凤云荣获国家农牧渔业部"先进教师"称号。

1990—1999 年，场女工委注重对女职工的实用技能培训和普法培训，多次举办各类
培训班。受训女工达 12000 余人次，为女职工自强、自立和二次创业搭建了平台。

2004 年，场女工委在全场开展"巾帼建功"活动，鼓励全场女职工学习新知识，创
造新业绩，倡扬新风尚，建设新生活。

2007 年，场女工委以科学发展观为统领，以服务和促进农场二次创业为主题，以构

建和谐劳动关系为主线，以维护女职工特殊权益为重点，最大限度地调动和发挥女职工"巾帼建小康"的积极性和创造性。继续深入开展"双学双比"活动。

2008年，场女工委成立了云台农场女子健身协会，会员达250多人，至今已开展了五次大型活动。2008年，参加市总工会和市体委举办的全民健身操汇演比赛；与市老年艺术团共同举办"庆新春，贺新年"联欢会；参加市妇联组织的"三八"妇女健身操比赛；参加市总工会举办的"中华医学健舞"比赛，并获得三等奖。同时，还成立了云台农场淮海剧团、老年旱船、中老年腰鼓队等，活跃了女职工的业余文化生活。

2009年，农场成立"云龙蔬菜专业合作社"，懂经营、善管理、有专业技术的女职工龚成香当选为该社社长。女职工索以霞自办农场家政服务公司，聘请市妇联、市劳动保障局老师来场讲课，有61名妇女领取了家政服务合格证书。

2010—2011年，在全场女职工中共培树"金手链"致富带头人10名，建立两个"三八"科技示范基地。同时开展以"家庭美德"为主题的评比活动，有30户被评为"五好家庭"；有40户被评为"文明新风家庭"；有30人分别被评为"十佳好婆婆、十佳好媳妇、十佳好职工"；有32户被评为"卫生光荣户"；有1人被评为市"三八红旗手"；有1人被市妇联授予"百佳新女性"称号。

2017年，连云港华缘生态旅游有限公司陈子娇被评为"江苏省优秀共青团员"；2018年陈子娇被评为"全国优秀共青团员"；2017年陈子娇加入连云港市青年联合会担任第11届委员。

2018年3月8日，农场女工委组织50余名女职工开展"庆三八，爱健康"登山活动。

2018年4月，农场开展"魅力女性"培训，邀请博雅女子学院周小红老师讲课。

2020年5月，云台工会开办女职工文化课堂。针对女性身体机能、预防职业病以及仪容气质等方面展开培训。

1953—2021年云台农场工会组织发展情况见表6-5。

表6-5 1953—2021年云台农场工会组织发展情况

年份	工会委员会/个	基层工会（分会）委员会/个	工会小组/个	工会会员总数/人	年份	工会委员会/个	基层工会（分会）委员会/个	工会小组/个	工会会员总数/人
1953	1	0	7	68	1960	1	16	47	248
1954	1	0	7	76	1961	1	16	47	276
1955	1	0	13	105	1962	1	16	53	280
1956	1	13	33	150	1963	1	16	53	290
1957	1	13	42	180	1964	1	16	73	305
1958	1	13	42	197	1965	1	16	73	655
1959	1	16	47	230	1966	1	16	73	675

（续）

年份	工会委员会/个	基层工会（分会）委员会/个	工会小组/个	工会会员总数/人	年份	工会委员会/个	基层工会（分会）委员会/个	工会小组/个	工会会员总数/人
1967	0	0	0	0	1995	1	53	116	2493
1968	0	0	0	0	1996	1	53	116	2492
1969	0	0	0	0	1997	1	53	116	2492
1970	0	0	0	0	1998	1	53	116	2492
1971	0	0	0	0	1999	1	52	167	2233
1972	0	0	0	0	2000	1	51	177	2083
1973	0	0	0	0	2001	1	50	187	1975
1974	0	0	0	0	2002	1	50	144	1915
1975	0	0	0	0	2003	1	50	132	1863
1976	0	0	0	0	2004	1	15	95	1768
1977	0	0	0	0	2005	1	15	92	1754
1978	0	0	0	0	2006	1	15	92	1694
1979	0	0	0	0	2007	1	14	76	1651
1980	0	0	0	0	2008	1	14	76	1596
1981	0	0	0	0	2009	1	21	73	1550
1982	0	0	0	0	2010	1	21	64	1405
1983	0	0	0	0	2011	1	21	64	1403
1984	1	48	116	2100	2012	1	14	22	1069
1985	1	48	116	2153	2013	1	15	23	988
1986	1	48	116	2210	2014	1	15	20	936
1987	1	48	116	2263	2015	1	14	21	858
1988	1	48	116	2278	2016	1	13	22	786
1989	1	53	116	2390	2017	1	13	22	717
1990	1	53	116	2410	2018	1	12	23	628
1991	1	53	116	2494	2019	1	8	16	146
1992	1	53	116	2494	2020	1	8	16	154
1993	1	53	116	2493	2021	1	8	16	166
1994	1	53	116	2493					

注：至2019年民营企业未统计在内。

云台农场第一届至第十一届职代会主席团成员名单见表6-6。

表6-6　云台农场第一届至第十一届职代会主席团成员名单

时间	届次	主席团成员
1984年1月7日	第一届	史居华、左延莹、李凤阁、陈培杭、李业三、田文圻、赵志宏、陈学武、崔俊才、范松银、童隆华、吴保华、王长俊、倪锦堂、孙玉春、黄跃根、叶朝、吴凤巧、杨庆伦、王恒保、曹子芹、刘秀英、李怀忠

（续）

时间	届次	主席团成员
1987 年 8 月 13 日	第二届	姜宝康、戴平东、左延莹、魏根顺、贺士樵、刘景环、单儒吉、王长俊、孙爱连、杨维金、江舜年、郭展生、杨静宜、韩如冰、李凤阁、朱崇昕、秦士莘、顾同祝、黄跃根、杨庆伦、韩书来、孟宪良、索以香、叶敬芝、马山成
1991 年 1 月 30 日	第三届	薛建云、刘宝玉、朱崇昕、庄开标、魏根顺、左延莹、张广政、徐敏奎、江尧富、王长俊、陈学武、张志良、王宣波、杨家庭、刘景环、王明发、陈惠萍、索以香、徐德全、陈培杭、徐定云、黄跃根、杨庆伦、孙爱连、郑厚模、魏根甫
1994 年 2 月 28 日	第四届	薛建云、吴锋、孙从波、庄开标、陈长生、汪宝明、徐定云、武传生、刘玉军、徐发俊、孙爱连、王长俊、王可银、顾德华、李如为、席宇早、杨思雨、杨庆生、刘景环、黄跃根、王明发、周友明、陈培杭、孙良和、马琳、索以香
1997 年 1 月 18 日	第五届	孙从波、庄开标、陈长生、汪宝明、徐定云、王兆柱、陈培杭、陈培喜、杨庆伦、王明发、刘玉军、孙爱连、武传生、江尧富、周友明、顾同祝、马琳、索以香、吴凤伦、席宇早、江尧成、左扬华、李维密、魏根甫
2001 年 2 月 22 日	第六届	孙从波、庄开标、徐定云、陈长生、汪宝明、王兆柱、马琳、陈培杭、孙爱连、徐定国、周友明、张明立、吴凤伦、武传虎、陈培喜、陈培云、魏根甫
2005 年 2 月 26 日	第七届	汪宝明、程荣喜、孙从波、李德利、缪素华、陈培杭、江舜年、陈卫、马琳、孙爱松、徐守贵、吴庆岭、孙爱连、徐定国、张明立、周善民、郑景来、陆云峰、汪宝明、卞长青
2009 年 2 月 20 日	第八届	缪素华、吴玉和、陈兴广、陈从林、张明立、刘卫华、索以香、黄祖兵、周善民、杨毓青、陈卫、江舜年、吴庆岭、宋长征、万红霞、陈源泉、卞长青
2012 年 5 月 13 日	第九届	缪素华、张明立、黄祖兵、杨守建、万红霞、陈卫、王新礼、宋长征
2016 年 3 月 18 日	第十届	刘卫华、何荣方、黄祖兵、叶小云、赵士利、杨守建、林萍、陈卫、陈军、谢云苏、周恒
2020 年 1 月 20 日	第十一届	刘卫华、黄祖兵、赵士利、张子平、杨守建、白文丽、陈卫、陈军、刘玉春、时奎敬、周恒芹、谢云苏、司海洋、费宏年、江尧忠、陈恒年、周恒 秘书长：杨守建　副秘书长：白文丽

第三章　武装政法

人民武装和政法工作在农场属于社会性事务。建场初期，人民武装显得尤为重要，承担了每年民兵训练、征兵工作。政法部门负责维护农场社会治安、普法教育工作，为农场社会和谐稳定、经济发展起到了保驾护航作用。

第一节　农场保卫

一、人民武装部

1959 年，云台农场人民武装部（简称人武部）于经淮阴军分区批准成立，属农场编制，受农场和管辖区人武部双重领导。负责民兵整组、民兵训练、带领民兵维护农场社会治安，教育民兵积极参加农场经济建设，完成各项生产、工作任务，做好一年一度征兵工作，战时进行兵源登记等。

1969 年 11 月，江苏生产建设兵团一师二团成立后，人武部撤销，其工作由团作训股负责。

1975 年 8 月兵团撤销后，恢复农场建制，同时恢复农场人武部建制，隶属于灌云县人民武装部领导。

1984 年 10 月，人武部业务隶属于连云港市云台区人民武装部领导，2001 年云台区撤销后划归新浦区人武部领导。

2008 年至今，农场人武部与场综合治理办公室合并办公。

二、民兵

（一）组织

1958 年 9 月 29 日，农场成立民兵营，下设民兵连、排、班编制，共有民兵 120 余人。1965 年在第二次社会主义教育运动中，对民兵进行整理，按照部队战士条件，挑选 181 名骨干民兵，组建武装基干民兵连和武装独立排，进行重点武装训练。

1969 年 11 月至 1975 年 7 月，农场改建为江苏生产建设兵团一师二团，农场人武部机构和民兵组织撤销，由团作训股负责武装工作，按照部队编制全团设有 5 个营，21 个连，17 个武装排（其中独立排 2 个），武装班 57 个（其中独立班 4 个），共有武装战士 611 人（其中男 334 人，女 277 人）。

1975 年 8 月，恢复民兵组织。

1981 年，对民兵组织进行调整，民兵组织由原武装基干民兵、基干民兵、普通民兵简化为基干民兵、普通民兵。18～35 周岁的男女公民均被列为民兵，其中 18～28 周岁的男女公民，参照应征青年的政治、身体条件登记、列编为基干民兵。

1990 年，农场根据上级指示，组建由 30 名基干民兵组成的社会治安应急小分队。

1996 年，由于民兵人数大量减少，民兵组织撤销团级建制，保留营级建制。

1998 年 5 月，农场成立防汛抗灾民兵应急分队，下设 5 个小组，10 个分队，参加应急分队民兵人数达 820 人。

2000 年起，农场仅设一个基干民兵连建制，到 2011 年有基干民兵 59 名。2011—2015 年，农场基干民兵也一直保有 59 名编组。

2016 年，根据海州区人民武装部民兵整组统一要求，农场公司共编基干民兵 60 人，分别为民兵应急排 40 人、应急预备队 20 人。普通基干民兵 164 人。

2017 年，农场基干民兵应急排 40 人，普通基干民兵 164 人。

2018 年，农场基干民兵 89 人，农场在完成基干民兵应急排 30 人编组的同时，联系宁海卫生服务中心，编组海上民兵医疗救护分队 29 人和市属应急排 30 人。普通基干民兵 200 人。是年，成立云台农场地区军警民联防应急组织机构，领导小组组长何荣方，副组长陈恒年。共有 30 名基干民兵参加。成立云台农场抗洪抢险应急分队，农场编成 40 人的基干民兵分队作为第一梯队，第二梯队由社区组织 50 人的普通民兵编成，共计 90 人。具体任务：担任本单位抢险救灾任务。

2019 年，农场基干民兵 59 人，分别为民兵应急排 30 人、海上医疗救护分队 29 人。普通基干民兵 200 人。

2020 年，农场基干民兵 60 人，分别为：农场公司民兵应急排 30 人、武装部应急排 30 人。普通基干民兵 200 人。

（二）历任武装部部长

1952—1960 年，潘吉才任农场武装部部长。1961—1965 年，马继章任农场武装部部长。1966—1968 年，席于志任农场武装部部长。

1969—1975 年，兵团管理，由军事科负责民兵编组。

1975—1983 年，赵星举任农场武装部部长。1984—1986 年，龚兰新任农场武装部部长。1987—1992 年，徐发俊任农场武装部部长。1993—1994 年，杨家庭任农场武装部部长。1995—2002 年，刘士忠任农场武装部部长。2003—2010 年，杨景军任农场武装部部长。2010—2014 年，王兴礼兼任武装部部长。

2014 年 4 月至 2016 年 4 月，杨守建兼任武装部部长。2016 年 4 月至 2019 年 1 月，陈恒年兼任武装部部长。

2017 年，农场党委调整民兵整组领导小组，党委书记何荣方任组长，武装部成员及各居委会成员任组员，领导小组下设办公室，地点设在武装部。是年 4 月 8 日，经农场人武部会议研究，任命基干民兵干部，任命卜驰龙同志为应急排排长。

2019 年 1 月至 2020 年 4 月，陈军兼任武装部部长。

2019—2020 年，海州区人民武装部应上级军事文件聘任农场公司党委书记刘卫华为改治教导员。

2020 年 4 月至今，卜驰龙兼任武装部部长。

（三）训练

民兵组织建立初期，训练主要采用小型、就地、分散的方式，广泛开展群众性大练兵活动。训练内容主要有出操、紧急集合、队列、操枪法、兵器知识、射击、投弹防空等。训练计划由人武部统一制订，各基层组织实施。

1970 年，恢复训练。

1969—1975 年，兵团期内，训练计划由团作训股统一制订，各基层民兵组织分散实施，训练项目未变。1969—1971 年，认真贯彻毛主席"要准备打仗"的指示精神，加强民兵战备训练。

20 世纪 80 年代，改群众性练兵为组织民兵骨干集中训练，并按照上级提出的"减少数量、提高质量、抓好重点、打好基础"的方针，有计划地组织民兵开展时政学习，实施军事训练，以适应生产发展需要，在急、难、险的关键时刻，发挥民兵突击队作用。90 年代，民兵训练以轻武器训练为主。

2000 年，开始改为火炮训练分队，主要训练 37 高炮，125 高炮等。

2001 年，在连云港市警备区组织的"双 37"高炮实弹射击比赛中，农场参赛的民兵代表队成绩优异，受到市警备区的通报表扬。

2001—2005 年，农场民兵训练工作连续五年受到区委区政府的表彰奖励。

2006 年后，民兵训练均在人武部统一安排下，派员参加指定项目训练。

2018 年，农场根据连云港警备区《协助地方维护社会稳定行动方案》要求，制订军警民联防应急行动方案，明确组织、主要任务、原则，保障措施，具体要求，组织民兵进行脱产训练，训练人员 20 人；制订云台农场地区维护社会稳定应急行动方案、云台农场抗洪抢险预案、江苏省云台农场民兵抢险救灾行动方案、云台农场民兵参战支前政治工作预案、云台农场民兵防卫作战预案、云台农场民兵应对突发事件政治工作预案、云台农场民兵动员预案、云台农场片区防空袭预案；民兵军事训练教案制定了单个军人队列动作、正步走、立定、跑步行进与立定、齐步行进与立定、民兵基本常识等课目。

2019 年，农场组织员工参加连云港市警备区比武，顾中凯取得综合战术第三名，郭鸿玮取得射击第三名。

（四）武器装备

1968 年以前，民兵装备多是旧式武器，有三八式、七二式、七九式等老式步枪，由人武部集中保管。

二团时期，武装设备有所更新，数量增加。有半自动步枪 62 支，冲锋枪 48 支，步骑枪 76 支，轻机枪 6 挺，重机枪 6 挺，六零炮 9 门，手榴弹 262 枚，各种子弹近 3 万发。武器弹药集中于人武部统一保管，配有专职保管员。

1985 年后，根据中央军委指示，武器全部上交连云港市云台区人民武装部保管。

三、兵役

1954 年，志愿兵役制改为义务兵役制。1957 年前，因农场人口少，人员又多为从外地迁入，加之隶属关系多变，地方政府未下达农场征兵指标。从 1958 年开始，每年由辖区政府下达征兵指标，农场进行兵源登记，应征青年经过严格的体检和审查，报辖区政府人民武装部审查通过后方能入伍。1958—2020 年，全场共输送各兵种义务兵 411 人，其中 1958—1991 年输送义务兵 321 人，1992—2020 年输送义务兵 90 人。

从抗日战争至今，农场境内共有革命烈士 2 人，伤残军人 5 人，退伍转业等 350 余人，有 5 人荣立二等奖，28 人荣立三等功，157 人获得"优秀士兵"称号。2001—2011年，农场人武部连年被新浦区人武部授予"征兵工作先进单位"称号；2012—2020 年，农场人武部多次被海州区人武部授予"征兵工作先进单位"称号。

2020 年，农场多名现役军人在部队立功受奖，分别为：魏国在国防科技大学前沿交叉学科学院荣立"三等功"，参加南苏丹维和部队一年，于 2020 年 8 月完成任务后回国；左言军被军事科学院防化研究院化学防护研究所评为"四有"优秀军官；席远被中国人民解放军 31604 部队政治工作部评为"四有优秀士兵"；吴庆杰被中国人民解放军 66350 部队政治工作部评为"四有优秀士兵"；王亮被中国人民解放军 93617 部队政治工作部评为"四有优秀士兵"。

截至 2020 年 12 月，农场现役军人 17 人。其中现役军官 8 人，正师级 1 人，正团级 3
人；退役军人 214 名。

第二节 治安管理

1952—1969 年，农场未设立专门的治安保卫机构，人保科配 1 名保卫干事。

1976 年 3 月，经淮阴地区公安处批准，农场自配 4 名公安人员，隶属灌云县公安局
云台派出所，负责农场社会治安综合治理工作。

1982 年，农场成立社会治安综合治理委员会，各分场、工厂成立治保委员会，场属
各事业单位、机关成立治保小组，有 14 名基层领导分别被任命为治保委员会（组）主任
（组长），制定《云台农场关于加强治安管理若干暂行规定》16 条和《国营云台农场场规
民约》21 条，各基层治保委员会（组）每年与场社会治安综合治理委员会签订年度责任
书，并列入年终综合目标考核。

1982 年 10 月，农场认真贯彻落实中共中央关于从重从快打击刑事犯罪分子的指示，
清查刑事犯罪分子 4 人，判刑 3 人。

1984 年 12 月，经省公安厅批准成立云台农场派出所，编制 5 人，业务隶属云台区公
安分局领导。是年，建立健全场内治保组织网络、定期开展法制教育，对重点单位、要害
部门加强特殊防范；成立治安联防队，加强治安巡逻，及时处置治安案件，使农场企事业
单位和广大居民有了安全感。

2000 年，根据社会职能改革改制精神，公安派出所职能从农场剥离，移交新浦区公
安分局，农场只设置警务室，派驻 1 名警员负责场域内治安工作。

2012 年，社会治安仍然由警务室主管，社区管理委员会负责调解。是年，6 月 6 日，
农场组织 60 余名党员干部赴新浦区检察院接受预防职务犯罪警示教育。

2019 年至今，社会治安仍然由警务室主管，警务室人员增加为 2 人，社区管理委员
会负责调解。

1963—2020 年云台农场民兵情况统计见表 6-7。

表 6-7 1963—2020 年云台农场民兵情况统计

年份	民兵团/个	民兵营/个	民兵连/个	民兵人数/人		
				合计	基干民兵	普通民兵
1963		11	17	1720	1289	431
1964	1	12	18	1720	1289	431

（续）

年份	民兵团/个	民兵营/个	民兵连/个	民兵人数/人		
				合计	基干民兵	普通民兵
1965	1	12	19	1979	1477	502
1966	1	12	19	1890	1530	360
1976	1	6	23	3399	611	2788
1977	1	6	23	3450	1915	1535
1978	1	6	23	3158	2142	1016
1979	1	6	25	3011	1677	1334
1980	1	7	23	2429	1777	652
1981	1	6	28	1835	1218	617
1982	1	6	29	695	199	496
1983	1	6	29	695	199	496
1984	1	6	29	750	200	550
1985	1	6	29	780	180	600
1986	1	6	29	450	150	300
1987	1	6	29	586	120	466
1988	1	6	21	688	110	578
1989	1	6	21	581	100	481
1990	1	6	20	581	100	481
1991	1	6	23	434	76	358
1992	1	6	29	227	68	159
1993	1	9	26	198	47	151
1994	1	9	26	212	58	154
1995	1	9	26	151	37	114
1996	0	1	1	136	62	74
1997	0	1	2	187	55	132
1998	0	1	2	179	43	136
1999	0	1	1	153	60	93
2000	0	0	1	79	79	0
2001	0	0	1	67	67	0
2002	0	0	1	53	53	0
2003	0	0	1	84	84	0
2004	0	0	1	80	80	0
2005	0	0	1	65	65	0
2006	0	0	1	37	37	0
2007	0	0	1	42	42	0
2008	0	0	1	50	50	0
2009	0	0	1	74	74	0
2010	0	0	1	57	57	0
2011	0	0	1	25	25	0
2012	0	0	1	263	60	203
2013	0	0	1	256	58	198
2014	0	0	1	269	59	210
2015	0	0	1	261	56	205
2016	0	0	1	265	57	208
2017	0	0	1	266	60	206
2018	0	0	1	269	62	207

（续）

年份	民兵团/个	民兵营/个	民兵连/个	民兵人数/人		
				合计	基干民兵	普通民兵
2019	0	0	1	269	63	206
2020	0	0	1	266	61	205

1958—2020 年云台农场兵役情况统计见表 6-8。

表 6-8　1958—2020 年云台农场兵役情况统计

年份	征兵人数/人	年份	征兵人数/人
1958	2	1990	6
1959	0	1991	3
1960	0	1992	2
1961	0	1993	4
1962	0	1994	4
1963	0	1995	0
1964	8	1996	2
1965	0	1997	5
1966	0	1998	3
1967	0	1999	4
1968	4	2000	3
1969	8	2001	5
1970	13	2002	5
1971	15	2003	4
1972	62	2004	4
1973	32	2005	3
1974	36	2006	5
1975	28	2007	5
1976	15	2008	4
1977	14	2009	3
1978	14	2010	3
1979	13	2011	2
1980	12	2012	3
1981	9	2013	2
1982	7	2014	4
1983	7	2015	3
1984	2	2016	2
1985	2	2017	2
1986	3	2018	2
1987	6	2019	2
1988	0	2020	2
1989	0		

第四章　司法管理

第一节　司法部门的演变

1976年前，农场没有专门的司法机构，只在各科、分场级单位配专、兼职治保主任，负责调解辖区内各类民事纠纷，重大民事案件由地方司法机关依法调处。

1977年，经灌云县人民法院（法秘字〔1977〕03号）批准，在云台农场成立灌云县云台人民法庭，编制3人。负责云台农场、南云台林场民事审判工作，依法审理各类民事、经济和轻微的刑事案件，同时调处婚姻、家庭、邻里关系及债务等方面的民事纠纷，化解矛盾。

1986年8月，撤销云台人民法庭，划归连云港市云台区人民法院领导，迁址至南城镇，与云台区南城镇人民法庭合并，农场民事案件审理一并划归南城镇人民法庭管辖。

1990年8月，经连云港市司法局批准，农场成立司法所和法律事务所，编制3人，一套班子两块牌子。司法所成立后，在农场农业生产实行大包干经济责任制期间，年年参与农业承包合同的起草与签订，保证了合同的公平、合法，并通过对承包纠纷的审理、调解，及时向有关部门反馈合同中存在的问题，维护农场与承包职工双方的经济利益。

1992年12月19日，经上级法院批准，正式成立云台农场人民法庭，科级建制。

2000年7月，依据省政府关于企业不设法庭的有关规定，撤销云台农场法庭，保留云台农场司法所，代理司法业务。

2008年，农场进一步完善社会矛盾纠纷调解和领导干部接访机制，畅通职工群众利益诉求渠道，依法解决群众反映的现实问题。各基层单位聘请21名民事纠纷调解员，年内调解邻里纠纷106起，调解成功率95%以上。

第二节　云台农场司法工作者经历

1985年3月至1993年12月，朱银灯任国营云台农场法庭庭长。

1991年至1994年1月，汤茂忠任国营云台农场法庭副庭长、庭长。

1991 年 7 月至 1995 年 7 月，黄祖兵任连云港市国营云台农场人民法庭、书记员。

1995 年 7 月至 1996 年 10 月，黄祖兵任国营云台农场人民法庭助审员（主持工作）。

1996 年 10 月至 1999 年 6 月，黄祖兵任国营云台农场人民法庭审判员、副庭长。

1999 年 6 月至 2001 年 11 月，黄祖兵任国营云台农场司法所副所长、所长任场行政办司法副主任。

2001 年 11 月至 2007 年 8 月，林萍任江苏省云台农场有限公司法务办公室主任。

2017 年 3 月至 2018 年 6 月，车健任江苏省云台农场有限公司法务办公室主任。

第三节 普法教育

1991 年 8 月 12 日，成立云台农场二、五普法领导小组，组长薛建云。

2016 年，农场制定《江苏省云台农场法治宣传教育第七个五年规划（2016—2020年）》《江苏省云台农场关于全面推进法治农场建设的方案》《江苏省云台农场法务工作管理办法》等规划性文件、规章制度，对原有的《江苏省云台农场合同管理办法》进行了修改，为农场切实开展法治工作提供制度保障。

2017 年，农场社区成立社区调解委员会，由陈军任负责人。明确了民事调解委员会职责、工作制度。张圩、于沈、宏业、创业四个居委会分别成立了相应组织。社区积极配合警务室开展法制教育，协助对小区公共场所、娱乐场所、特种行业开展经常性的治安检查。

2009 年，农场进一步完善社会矛盾纠纷调解和领导干部接访机制，畅通职工群众利益诉求渠道，依法解决群众反映的现实问题，并在各基层单位聘请 21 名民事纠纷调解员，年内调解邻里纠纷 106 起，调解率达 100%，调解成功率 95% 以上。成立 6 个应急分队，成立 12 个"红袖章"队伍，65 个邻里互助小组，切实做好域内安全监控防范工作。几年来，这项工作一直保持常抓不懈。2014 年 8 月，农场邀请了海州区检察院反渎职侵权局副局长张鹏，为全场党员干部进行普法宣传，上了一堂法制课。

2014 年 3 月 13 日，农场召开党员干部警示教育大会，邀请市检察院职务犯罪预防处处长邹亚驰检察官来农场上课。是年 8 月市海州区检察院反渎职侵权局副局长张鹏来场进行法制教育。

2020 年 11 月 19 日上午，云台农场公司举办《中华人民共和国民法典》专题学习讲座。公司领导刘卫华、宋光锋、黄祖兵、张子平、王建波及全体管理人员 100 余人参加此次培训。

本次讲座邀请连云港市中级人民法院民四庭副庭长袁辉主讲。袁辉从学习《中华人民共和国民法典》的重大意义、《中华人民共和国民法典》的主要内容及亮点等方面进行认真细致讲解，同时精心挑选与职工工作生活紧密相关的法律条款和案例，以案释法，深入浅出地解读了此法典。

2016年，农场公司（社区）先后制定出台了《江苏省云台农场法治宣传教育第七个五年规划（2016—2020年）》《江苏省云台农场关于全面推进法治农场建设的方案》、《江苏省云台农场法务工作管理办法》等规章制度，并对原有的《江苏省云台农场合同管理办法》进行了修改，为农场法治工作切实开展提供制度保障。2020年3月，研究制定了《江苏省云台农场有限公司2020年法治工作要点》，进一步明确了农场公司（社区）全年的法治工作重点任务。

第四节　法律事务处理

1992—2000年，法庭共受理农场企业经济、民事纠纷案件390件，其中民事案件169件，经济案件221件，涉案标的近1000万元，结案率100％，为农场企业追回欠款360余万元，挽回经济损失近500余万元。

2002年，农场聘请了法律顾问，负责农场法律相关事务。在清收应收款期间，司法所和法律事务所对农场企业与外单位之间的经济纠纷及各类应收款，进行认真梳理、核对、调解、追收，1990—2019年，共调解各类纠纷600余件，审查公证签订合同3980余份，举办了从"一五"到"七五"七期普法工作，使全场职工法律意识进一步得到了加强；农场司法所积极承担场域内法律咨询、司法代理、办理公证、法律宣传、民事纠纷调解等职能，由于工作成绩突出，多次受到上级司法部门和农场的表彰和奖励。

2020年，农场公司涉法涉诉案件共计5起（含子公司），均为存量案件，无新增案件；其中2起胜诉，3起败诉。

2008年社区正式成立后，社会治安、民事纠纷由社区管理和调解。

2013年农场信访工作突出四字决：一是立足"早"，信访案件接案率达到85％；二是抓住"小"，把小矛盾当成大问题解决，在处理问题时一步到位；三是控制"源"，变群众上访为干部下访深入基层排查矛盾，解决问题；四是强调"快"，搭建服务群众的高效平台，健全完善长效机制。设立场长信箱、书记信箱。

2017年，农场公司深入贯彻《省国资委关于加强省属企业法制工作 建立总法律顾问制度的通知》（苏国资〔2014〕57号）和《关于印发〈江苏农垦法治工作考核实施办法〉

（试行）的通知》（苏垦集法〔2017〕61号）文件精神，进一步提升依法治企能力，成立法务办公室；是年成立了法治工作领导小组，主要领导任组长，法治工作分管领导任副组长，办公室、计划财务部、党委工作部等部门负责人为成员，领导农场公司（社区）法治工作。同年5月底，对领导小组成员进行了调整，并成立法务办公室，进一步明确工作职责，作为领导小组日常办事机构和农场公司法务工作归口管理部门，与办公室合署办公。设法务专员，负责处理日常法律事务。

合同管理。农场坚持实行合同会签制度，每份合同均由外聘律师、法务办公室、财务部门、分管领导、主管领导分级审核，2018年更新合同审批表，明确每一审核环节的审核重点，沿用至今，保证了合同的合法性和专业性。

2020年，实行合同动态管理，建立合同台账，跟踪关注合同履行情况，及时对台账进行更新，全年审核、存档合同200余份（含子公司）。

第五节　信访工作

2019年之前，农场信访工作职能归社区管理委员会。

2019年，农场信访工作职能归办公室，并成立信访接待室，邀请段万江、朱士弟两名退休老党员作为接访人，与农场公司信访办形成良性互补机制，实现信访工作管理闭环，全年接待信访243人次，调解成功率达99%；解决回复居民反映的12345市长热线问题105例；调解矛盾纠纷104起，接待来电、来访62次，对具有苗头性的重大事件及时介入，合理引导。

是年6月，社区城管办与高新区执法大队联合，开展拆除违章建筑行动，对南岛路、猫山路、东山路、老市场路等店外经营和违章构造物进行整改，路线全长2000米，店外经营42户，违章建筑物整改36户。

是年，被连云港市信访工作联席会议评为"全市信访工作先进单位"、连云港市信访工作"四无"先进单位；被江苏省国资委评为"省属企业信访维稳工作先进单位"。

2021年3月，农场被海州区评为信访工作特等奖。

中国农垦农场志

第七编

社会管理

中国农垦农场志丛

第一章 科 技

　　建场初期，农场科技工作由各职能部门管理，一产以普及农业科技为主，二三产业以产品开发、科技创新等为主要工作内容。成立科委、农科站等相关部门和单位以后，从事农场科技工作管理，推广农业技术、引种良种、土壤改良、引进新技术、开发新产品、创建产品品牌、组织撰写科技论文等。到 20 世纪 80 年代，农场科技管理分别由科委、科协和职工技协管理，科委和科协主要负责一二三产业的重大技术改造、技术革新和新产品开发等，职工技协主要负责收集各产业职工合理化建议，小改小革等。截至 2022 年，云台农场在职人员高级职称 2 人，中级职称 32 人，初级职称 73 人，发表科技论文 120 篇，技术革新 15 项。

第一节　科技机构及队伍

一、科技机构

　　建场初期，农场科技机构主要是农垦科和基建科。农垦科设科长 1 人，负责棉花、麦子工作 1 人，水稻工作 1 人，土壤森林工作 1 人，计划管理 1 人，统计工作 1 人。基建科设置工程师 1 人，助理技术员 1 人，负责农场各行业的技术指导，开展科技活动。

　　1956 年，农场成立生产股，全场的科技工作由生产股负责技术指导。20 世纪 60 年代，农场生产股改名为生产科，全场的科技工作由生产科负责。

　　1963 年 3 月，农场组建良种繁育队，后又改名为试验站，1970 年定名为农业科学试验站（简称农科站），负责农场粮棉品种的引进、试验推广和新品种的研究，农科站下设科研站，农场给 50 亩耕地，供其试验、示范用。

　　1969 年，兵团二团成立，团部设立生产股、机运股，负责农业、农机的生产指导和科学技术工作指导，相继成立农科站、土化室、植保气象站，隶属生产股垂直领导。各营建立种子班，负责所属单位的科研工作，这些单位立足于为农场生产服务，亦科研亦生产。

　　1977 年，农场成立兽医站，负责生猪、牛、羊疾病的预防、控制以及饲养技术指导。

1984年，农科站划归四分场。

1990年2月，农场成立农业服务中心，多种经营服务中心、种子公司，后又成立机电管理服务中心。农科站划归农业服务中心，仍以农业科技的试验、示范、推广为主。兽医站划归多种经营服务中心。

1990年3月，农场成立科学技术管理委员会（简称科委），科委主任由农场场长兼任，科委副主任由副场长级领导兼任，科委实施独立办公，设置专职秘书，负责科委的日常工作。刘宝玉、薛建云、吴锋、孙从波先后担任农场科委主任，朱崇昕、左延莹、孙从波、汪宝明先后担任农场科委副主任，张慧敏、陆松华先后担任农场科委秘书。科委负责组织制定农场的科技发展规划和每年的科技计划，配合有关部门搞好重大工程和技术改造计划，组织项目的调研、论证、申报、立项、组织实施和检查总结。

农场逐步成立以科委为龙头，以农业服务中心、种子公司、工业管理服务中心、机电管理服务中心、多种经营服务中心、建设办公室为主体的科技服务体系。

1998年，农场科委与教委合并，成立科教委，由场工会主席陈长生兼任主任，吴凤伦任科教委副主任。

1999年，农场科委由场长孙从波兼任主任。庄开标、陈长生、马琳、陈培杭先后担任农场科委副主任。科委下设办公室，由职能部门科级干部担任主任，吴凤伦、杨守建先后担任农场科委办公室主任。

2004年，根据省农垦集团的有关精神，农场工业管理服务中心、机电管理服务中心、多种经营服务中心相继撤销，其科技指导服务的职能相继并入农场农业服务中心。

2007年起，农场加大农业科技创新力度，成立外向型农业基地管理部，与台湾农友公司合作成立了华瑞种苗有限公司，负责农场高效农业技术指导和优良种苗的培育。成立农业技术服务中心，农机、水利服务中心，负责全场农业技术推广，良种引进，以及农业机械的技术指导等工作。

2015年，成立云台农场科学技术委员会，选举产生委员8名：工会副主席万红霞，办公室主任林萍，企管部部长赵士利，计划财务部部长陈卫，人力资源部部长杨守建，企划宣传部江舜年，农发分公司骆元、吴庆岭。下设科协办公室，负责日常科协事务。

2017年，云台成立科技教育志愿服务队。队长时奎敬，副队长李大维、郇国磊，队员12人。

2021年7月29日，调整农场科学技术委员会成员：主席王信学，秘书长白文丽，副秘书长陈子娇。

二、科技队伍

建场初期，农场有农业、建筑等技术人员 7 人。随后国家陆续从苏北农学院、南通学院、南京大学、南京金陵大学、重庆国立中央工业专科职业学校、江苏第一农校、华东农林干校陆续分配农业、畜牧等专业毕业生来场。

1962 年，农场专业技术人员增加到 18 人。从 1963 年开始，农场先后选拔的部分有经验的工人和知识青年经短期培训后担任农场种植、养殖、农机、水利、建筑、教育、卫生等方面的技术工作。

1969 年，原云台农场半农半读式农业技术学校农学、农机专业的毕业生 100 人，先后担任农场各种技术职务。兵团二团时期，各营、连和机耕排都配有专职的技术员。

自 1980 年起，农场不断从外地引进、调入各类技术人员，包括国家统配生和"五大"毕业生陆续走上相关技术岗位。农场同时加强原有技术人员的培训，当时的部分技术岗位因知识青年回城而削弱的技术力量得到充实，技术人员的整体素质也相应提高。至 1982 年，全场有技术职称的专业技术人员（不含社会科学）33 人，其中农艺师 2 人，工程师 1 人，畜牧兽医师 2 人，主治医师 1 人。至 1990 年，农场共有中专以上学历人数达 121 人，具备相应技术职务人员 180 人。

1992 年，农场有专业技术人员 254 人，其中高级农艺师 1 人，中学高级教师 3 人，农业、畜牧、工程、经济、财会方面中级技术职务 35 人，初级技术职务 215 人。

1993—2000 年，新增政工、农业、畜牧、工程、医疗、财会、经济、医卫、教育等领域专业技术人员 252 人，其中高级技术职务 8 人，中级职称 7 人，初级职称 177 人。

2001 年，全场教育事业剥离，教育战线 52 名专业技术人员移交新浦区管理。

2001—2010 年，农场除教育系统外，新增各类科技人员 97 人，其中高级技术职务 8 人，中级技术职务 48 人，初级技术职务 41 人。

从 2002 年开始，因大部分科技人员分流转岗和从事民营经济，农场国有经济领域科技人员大量减少。

2006—2010 年，农场加快建设现代农业的步伐，加大农业科技创新力度，相继从扬州农业大学、淮海工学院、安徽农业大学、南京理工大学、南京财经大学等高等院校及社会招聘、引进 47 名农学、园艺、蔬菜、水利工程、工商管理专业本科生和研究生及成熟人才，担任农场现代农业岗位的技术工作。

2011 年，农场有专业技术职务的各类专业技术人员共 203 名，其中政工类 24 名，农业类 52 名，工程类 62 名，会计类 30 名，卫生类 27 名，经济类 4 名，教育类 4 名；具有高级技术职务的 8 人，中级技术职务的 82 人，初级技术职务的 113 人。

截至 2022 年，农场有专业技术职务的各类专业技术人员共 107 名，其中政工类 17 名，农业类 33 名，工程类 31 名，会计类 16 名，经济类 2 名，其他类 8 名；具有高级技术职务的 2 人，中级技术职务的 32 人，初级技术职务的 73 人。

三、群科组织

1985 年 4 月，农场成立职工技术协作委员会（简称技协）。主要职责：贯彻执行上级组织关于职工技术协作的政策和规定，制定开展职工技术协作工作的措施和办法；收集、推广职工技术协作工作的信息和经验，组织协调农场内有关单位之间及其与场外单位的职工技术协作与交流；负责农场内职工的技术培训。支持、鼓励职工进行技术革新，提出合理化建议，并予以评审和奖励。职工技术协作委员会，由 13 人组成工作委员会，发展会员 205 人，由场工会副主席兼任职工技术协作委员会主任。

1986 年 5 月，成立科学技术协作委员会。有会员 158 人，云台农场科学技术协作委员会是云台农场科技工作者的群众组织，是农场党委领导下的人民团体。

1987 年开始，云台农场职工技术协作委员会与云台农场科学技术协作委员会合并办公。

2004 年，农场科委大力提倡和发动全场各业成立群众性、科学性各类专业性学会或协会组织。农场相继成立了林果协会、养殖协会、植保协会、农机协会、种子协会，这些协会既是新品种、新技术、新信息的"传输管道"，又是团结协会职工共同闯市场的经营联合体。

至 2022 年初，科协办公室职能划归工会办公室。

第二节　科技管理

1985 年之前，农场科技管理工作主要由各相关部门自主运行。

自 1990 年起，全场各企业年初向场科委申报科技研发项目及新品种、新产品、新技术的推广计划等，由场科委办公室配合相关部门组织调研论证后统一筛选制订。但这些计划的项目内容及投资数额须上报农场科委主任亲自审定，科委办公室对计划的实施进行全场监控和督促管理，发现问题及时解决，年终对各计划的完成情况进行验收总结，对取得的成果或成效进行统一表彰。

从 1985 年开始，在人才与成果激励方面，农场根据上级有关政策规定，对具有专业技术职务和取得大专以上学历的科技人员每月发给 7 元的技术补助。

1996 年，农场制定《国营云台农场科技管理暂行规定》，对科技管理组织体制、科技发展基金、科技项目奖励做了具体规定。对具备高级、中级、助理级、初级技术职务的科技人员每月分别给予 80 元、50 元、35 元、20 元技术补助，按比例评选先进科技工作者并予以表彰。"七五"期间有 41 名先进科技工作者受到表彰。对获得的各类科技成果除上级奖励外，农场再给予 200～2000 元奖励。"八五"期间，除一些获得省农垦公司奖励及农场政策规定的奖励外，对科技成果显著项目如获省农林厅"江苏省吨粮杯"棉花竞赛单季高产奖的，农场再奖给课题组 1000 元；获得省农垦总公司"水产生产丰收奖"竞赛第三名的，农场再奖给课题组 1000 元；获得省农垦公司科技进步三等奖的"万亩棉花高产优质轻型技术体系研究"，农场再奖给课题组 1000 元；获得省农垦总公司科技进步三等奖的"AA 母鸡产蛋期笼养及人工授精配套技术研究"，农场再奖给课题组 1000 元；获得省农垦总公司科技进步三等奖的"rMB 型灭火器压力表系类产品开发"，农场再奖给课题组 1000 元；获得省农垦总公司优秀成果三等奖的 QC 小组质量管理，农场再奖给课题组 200 元。农场从 20 世纪 80 年代起，对新引进的科技人员优先安排住房，对其配偶及子女优先安排工作。2005 年，农场投资 645196.63 元，建成云台农场科技楼，改善科技人员的工作环境。2006—2011 年，农场对招聘的 47 名大中专毕业生提高工资待遇，2007 年对 32 名退休的科技人员按专业技术职务每人每月分别发给 100 元、80 元、60 元的技术补助。

2007 年，农场决定按照销售收入的 0.5% 提取科技发展基金，用于科技计划中的科学研究、新产品试制、中间试验、技术开发、成果推广、技术改造和设备更新等。农场逐步建立健全科技人才的年度考评机制，推行重大项目考核奖励制度。对完成重大项目的科技人员进行重奖，每完成一项重大项目，农场给予 4000～10000 元的奖励，2007—2011 年共有 53 项重大项目，239 人次受到奖励，奖金额度达 44 万元。

2009 年，农场云龙蔬菜专业合作社转型为江苏省科技型农民专业合作社。为发展高效农业的合作社成员提供产前、产中、产后的技术信息，生产材料购买和产品的销售、加工、运输、贮藏等服务。

2015 年 5 月 15 日，成立江苏省云台农场科学技术委员会。农场单位组织或承办的各类科普活动，步入正轨；场域内举办的各类科普活动，接受农场科协监督管理；活动相关材料，归口管理和建档。

第三节　科技活动

一、科技普及

云台农场自 1985 年起，连年举办科普宣传周活动，每年由农场专门发文，成立由农场领导与各部门负责人参加的科普宣传周活动领导小组，按照上级要求，明确当年科普宣传周活动主题、活动内容与形式、活动成果的验收与表彰等。这期间，主要利用广播、板报、会议等形式宣传科技知识，印发科普读物。

1990 年起，农场普及科技知识的主要办法是：组织二三产企业人员参加国家经委举办的"全面质量管理""生产管理""现场管理""市场营销"等函授班，受培训 300 余人次。利用农场有线电视、无线广播等宣传媒体，开设科普知识讲座，每年开设 18 讲。聘请大专院校专家来场讲授高产栽培理论，并进行现场指导，每年培训 600 人次。组织以"科普与健康""环境与人类"为主题的"我爱云台环境美"科普演讲比赛。1995 年、1996 年两次组织演讲比赛，17 人做演讲报告。

2001 年以后，以农业技术服务中心牵头，协同有关部门，每年举办各类农业技术培训班、田头现场会 30 次。主要培训小麦高产技术、水稻高产技术、养殖业饲养技术、水产养殖技术，每年培训 1500 人次。

2013 年，农场引种黄秋葵 170 亩获得成功，平均单产 800 千克。

2014 年，省科协技术协会国际部副部长王安宁一行，在市农委副主任、市科协的陪同下，到农场调研，对农场质量追溯体系监控系统做了具体的指导。

是年，苏垦农发云台分公司推广 6 项农业生产实用新技术：一是试验推广旱整水插面积 1000 亩；二是推进水稻插秧机械化工程；三是推广土壤耕翻鼠道深松技术；四是稻麦秸秆还田技术；五是对 3000 亩晚播麦推广浸种催芽播种技术；六是推行直播稻播量试验。

同年，农场水生花卉园被省科协、省科技厅、省教育厅授予"省科普教育基地"。

2015 年，云台对水生花卉园、百果园的各类植物进行标牌，进行系统介绍，为进一步做好科普工作提供载体保障；农发公司云台分公司种植 3000 亩连云港市农业科学研究所推广的黏粳 7 号水稻，农友种公司成功申报引进推广 2000 亩甜瓜栽培项目。

2016 年，农场蝴蝶兰组培工艺试种成功，年产 40 万株，到 2017 年，可产 100 万株。蝴蝶兰在市场供不应求，可实现利润 70 万元。

2016 年，全场共有 142 名科技人员，按照专业划分为 12 个小组。农场科协重点组织果蔬、花卉、园艺苗木、环境工程等专业组开展技术练兵活动；其中园艺苗木组，在果树高秆嫁接上，实现技术性突破。是年，农场被市科协评为"企事业科协组织建设先进单位"。

2017年，农场科协获得市级优秀科技服务站，被江苏省科协批准为科技服务站。

2017年8月22日，连云港市企事业科协秘书长联席会议在农场召开，来自全市9家企事业单位学习了《连云港市科协系统深化改革实施方案》，听取了科协工作汇报。

2017年，农场科技服务站，被评为市级先进服务站。5月，华缘旅游公司刘丹代表农场参加连云港市科协组织的科技演讲，《科技创新与中国梦》荣获三等奖。同年，农场农产品检测中心牛春婷被连云港工程协会评为最美工程师。

2019年9月，农发云台分公司入选第二十批全国绿色食品原料标准化生产基地创建单位。

2019年，农场开展科普宣传日、科普宣传周等群众性科普工作。

2020年4月，农发云台分公司成立绿色食品原料标准化生产领导小组，确定基地范围和规模，总面积为21377.42亩，为稻麦两熟制。品种为：水稻连粳7号、连粳11号、华粳5号、小麦烟农19号、连麦8号、济麦22号等。

8月，经农业农村部农产品质量安全监督检验测试中心（中心）检测，农场水稻、小麦产品全部合格。

2020年，邀请南京林业大学专家来云台开展苗木园艺规划研讨，创建186亩苗木基地和186亩苗木示范林，承接园博园红线内110亩木林。

二、技术革新

1988年，粮棉油加工厂轧花、剥绒车间生产一条线改造，当年投资当年见效。1987年3月，农场职工医院从上海第三医科大学引进粘堵绝育手术，至1990年底共完成手术2228例，成功率99.9％，一年为医院创利近2万元。1989年粮棉油加工厂陈建林等同志成功地改制了一台"棉绒回收长棒机"，使棉籽出绒率由8％提高到10％，一年生产周期可回收棉短绒3万余千克，获净利7万元，节约成本20万元；1990年底农场塑料厂圆筒织机车间投资了3万元对拉丝磨头进行改造，可以掺和低价料和应用回收废料，使每条袋成本下降0.1元，年产250万条，可节约成本25万元。元件厂对电位器机座镀银项目进行革新，全年可节约2万元。1995年，农场"万亩棉花高产优质轻型栽培技术体系的研究""AA父母代肉种鸡产蛋期笼养及人工授精配套技术研究"分别获省农垦公司科技进步三等奖。

从1996年开始，农场大力开展农作物高产高效优化配方施肥技术的推广应用，推广秸秆还田及土地培肥改土技术，推广农作物高产群体质量栽培技术获得很大成功。节省N、P、K 化肥 11％左右，平均每亩增产 12％以上。

从 2000 年开始，农场在全场推广多年形式的一年两熟制、二年三熟制轮作栽培技术，同时推广良种繁育技术，到 2011 年，全场商品粮田种子商品化达 95％以上。大田良种覆盖率达 100％。

2007 年，为全面落实科技入户工程方案，做到"良种良法直接到田，技术要领直接到人，科技人员直接到户"，农场由农业技术服务中心牵头与各管理区订立万亩农业高产示范区。农业服务中心派出专业技术人员与 200 名农业职工签订技术承包合同，专业技术人员对农业职工采取集中授课、电视讲座、发放资料、现场观摩、田头指导、技术总结等多种形式进行培训，促进主推技术入户率达 100％。

是年，农场与台湾农友公司合作，成立连云港华瑞种苗有限公司，推进农场高效农业发展，每年生产优质瓜果、蔬菜种苗 500 万～1000 万株，在满足农场高效农业发展对种苗需求的基础上，不断拓宽优质种苗覆盖范围，到 2011 年，全场高效农业面积已发展到15000 亩。建成了高效农业蔬菜基地。

2009 年 5 月，农场建成 16000 亩的连云港市现代农业科技园，园区应用无公害、绿色栽培技术、产品质量追溯体系、蔬菜穴盘育苗技术、设施栽培技术、节水灌溉技术，年生产无公害农产品 72000 吨，出口 80 万个睡莲种球。

2014 年，农场自主研发了 30 余台浅水藕采收机，每台每天可采藕 10 余亩，节省人工 8 人，亩成本节省 1600 元。

2016 年秋，云台分公司利用水稻直播机试验推广了 8 米宽幅条带播种机，播种宽幅为 8米，较以往 3.6 米播幅的播种机，每趟播种播幅增加了 4.4 米，日均播种面积为 500～700亩，效率提升 3 倍，落籽均匀，实现了匀苗、齐苗、壮苗，小麦出苗时间比以往提前了11～13 天，实现晚中争早。

是年，云台分公司完成《农药减量使用技术研究与示范应用》《水田旱整机插水稻高产配套栽培技术研究》《钵苗机插高产栽培技术集成与应用研究》《稻瘟病防治技术研究与应用》《小麦茎基腐病发生规律与防治技术研究》等六个项目，麦稻产量以年 10％～15％速度递增，生产成本以年 10％左右的速度递减。农发云台分公司全程掌握了豆丹室内越冬、人工催育、化蛹、羽化、交尾、卵粒收集、消毒等一整套的繁育技术，形成了人工干预豆丹卵孵化时间、豆丹卵精确消毒等多项核心技术，豆丹卵孵化率已达 90％以上。

2017 年，农发云台分公司完成销售豆丹卵 300 万粒，创产值 30 万。2018 年该公司豆丹养殖中心已向连云港市各县区以及河南、山东、安徽等省多个市、县的养殖户提供

1000 余万粒虫卵。同时提供免费的养殖技术服务，先后组织豆丹养殖培训班 5 期，现场指导养殖技术 30 余次。

三、科技工作会议

1988 年 2 月 6 日，农场召开第一次科技工作会议，"两协"会员出席了会议。会议总结了云台农场职工技术协作委员会、科学技术协作委员会 1985 年以来，开展"合理化建议、技术革新和技术协作"三项基本活动的成绩与经验，讨论"两协"今后的工作意见。会上为左延莹、孟宪良、张传鼎、王达政、孙以专、秦万友、史宗喜、李永成、左世耀、叶志玲、顾方宽、孙玉岗、江尧宝等 13 位同志授予江苏省基层农业科技推广工作者荣誉证书和证章。

1991 年 5 月 10 日，农场召开第二次科技工作会议，总结"七五"科技工作，全场科技工作者和管理人员出席了会议。

1996 年 5 月 8 日，农场召开第三次科技工作会议，全场科技工作者代表和管理人员120 人出席了会议。总结农场"八五"以来的科技工作，讨论"九五"期间科技规划、1996 年科技工作计划和《国营云台农场科技管理暂行规定》，对"八五"期间科技项目成果、先进集体和先进个人进行奖励。

2015 年 8 月，召开云台农场科技协会成立大会，市科协主席程晓红参加会议。

2017 年 1 月 17 日，农场召开科协工作会议。是年，农场开展读报分享活动，参加市科协的演讲比赛和市工程师协会最美工程师评选，成立市级科技服务站，通过省级科技服务站邀请果树专家来场进行技术指导，组织科技团队到市农科院葡萄基地接受技能培训，组织开展科技练兵活动，开展青少年科普教育和科协宣传报道等。

四、学术交流

1980 年后，农场每年聘请专家、教授来场讲授作物高产栽培理论，派人参加农业部及省、市农垦总公司和相关高校举办的各种研讨班。仅"七五"期间就先后聘请江苏农学院、南京农学院、河海大学、农垦职工大学、江苏农业科学院、徐州农业科学研究所等高等院校近 30 人次的专家、教授来场讲学，农场先后派出 100 多人次到各专业学校进修研讨。2007 年以后又相继聘请南京农业大学、扬州大学等专家教授来场讲学，每年派出10～15 人，参加各院校和上级组织的研讨班。

1980 年后，农场工业部门每年组织骨干企业，根据省农垦集团公司的要求，结合本单位的实际情况，选择课题，进行 QC 小组攻关，并参加上级相关部门组织的 QC 成果发布会。每年委派 10 余人次，参加计量标准、质量管理、设备管理、现场管理等研讨班。

2010 年组织全场 86 名管理人员参加为期 3 天的 ISO 9001 质量管理体系培训。

五、科技兴场

建场初期，农场大修水利，坚持治水为本，不断改进农田基本建设，不断改良土壤，改善生产条件。

20 世纪 60 年代，农场实施用地养地相结合，引种田菁、苕子等，实施绿肥耕翻入田，改土培肥，增加了土壤的有机质含量和氮含量。

20 世纪 70 年代，农场大力改善农田建设实施，实行旱改水，实施淡水汇聚洗盐碱，使土壤含盐量迅速下降。

20 世纪 80 年代，农场实施秸秆还田，培养地力。引进新品种、新技术提高粮食产量，使棉花、小麦产量较建场初期提高了近 10 倍。

20 世纪 90 年代，农场推行"夏茬棉""棉茬麦"，使种植业发展上了新的台阶，效益得到合理提高。农业技术部门在全场大力推广十大技术体系，各种作物产量大幅增加，科技进步对农业的贡献份额高达 56%。

2005 年开始，农场在全场推广机械插秧活动。2005—2010 年，农场补贴农户先后购进 VP8 高速插秧机 4 台，手扶式久保田、步进插秧机 21 台。每年机插面积 4000 亩左右，解决了很多人"面朝黄土背朝天，弯腰曲背几十年"的插秧方式。

2007 年开始，农场在全场实施标准化生产和管理，专业化生产推动，产业化经营带动发展高效农业。采用工厂化种植，提升标准化管理水平。同科研院校和境外公司合作，引进推广国内外先进优质果蔬种苗，引进推广国内外先进农业技术，应用于外向农业，并对种植户进行技术培训、技术咨询。到 2010 年，建成具有农产品生产技术规程、农产品质量追溯体系、投入品管理体系的以技术标准为主体的企业标准化管理体系的 16400 亩高效农业生产基地，其中，万亩浅水藕基地 11000 亩，蔬菜科研试验基地 3000 亩，设施栽培基地 1000 亩，出口水生花卉基地 250 亩，工厂化育苗基地 150 亩，农产品加工基地 1000 亩，推进了农场现代农业建设。

2020 年度场科协下发软课题 17 个。

第四节　科技论文

1987—2011 年，农场党政领导及科技管理人员对外发表自然科学和社会科学方面论文有 86 篇，其中，发表在全国刊物上的有 15 篇，获得省、市不同级别奖励的 17 篇。为全面记录农场1987—2011年理论探索、科技研究、推广应用状况，以及政工、经济、管理方面研究探索的情况，对在市级以上科研院、校、所，以及行政市级以上部门和报刊发表的论文查选列编目附后。

第五节　科技成果

建场初期，农场坚持进行洗盐改土技术研究与推广。20世纪50—60年代，农场进行引种田菁、改土培肥及其配套技术研究与推广；进行引淡水灌溉技术试验与水利工程建设。20世纪70年代，进行三麦高产机械化栽培技术探索与推广；进行生猪、蛋禽杂交技术研究与应用。这些科技成果对全场大农业生产发展产生了重大推动作用。进入20世纪80年代，随着农场科技人才的增加与经济实力的增强，农场参与主持或接受省、市下达的科研课题。有许多项目获得科技成果奖，仅据1987—2005年不完全统计，农场获市、省级以上科技成果奖项目38项，其中获农业部及国家科委奖励7项，获省政府奖励4项，省农林厅奖励3项，省农垦奖励21项，连云港市政府奖励3项。2006年，农场科技工作重点转入对发展城郊农业的研究，开展农产品品牌创建和无公害农产品研究。到2011年底，农场有2个农产品获江苏省著名产品证书，云盛牌番茄、云盛牌刀豆、云盛牌荷兰豆、云盛牌黄瓜、云盛牌甘蓝、云盛牌浅水藕、云盛牌青花菜、云盛牌洋葱等产品获得农业部农产品质量安全中心授予的"无公害农产品证书"，2017年农场科技服务站被评为市级优秀科技服务站。2017年，云台农场农产品检测中心副主任牛春婷被评为市最美工程师。2018年，云台农场信息应用被省科协评为示范单位。2020年云台农场科协连云港市科学技术协会被评为优秀科技服务站。

江苏省云台农场2016年农业生态科普活动见表7-1。

表7-1　江苏省云台农场2016年农业生态科普活动

序号	日期	活动主题	活动内容	参与对象	宣教人次/人	取得成果（或社会效益）
1	3月12日	爱我家园义务植树	云水湾湿地公园义务植树1200棵	连云港检验检疫局云台农场各单位	240	1. 树立绿色环保意识 2. 增强绿色家园保护意识 3. 促进合作共赢意识
2	3月20日	爱护苗木建设美丽家园	1. 参观农友种苗基地 2. 听取专题讲座 3. 到御香采摘园采摘草莓	云台农场小学学生	300	1. 增进育苗感性认识 2. 了解果蔬种苗培育过程 3. 品味绿色有机果蔬

（续）

序号	日期	活动主题	活动内容	参与对象	宣教人次/人	取得成果（或社会效益）
3	4月9日	鉴赏油菜花 爱我云台湿地	1. 参观云水湾油菜花基地 2. 绘我最美云台画卷竞赛	云台中学学生	240	1. 观赏生态美 2. 提升鉴赏与绘画能力
4	5月9日	十里桃花堤 共书云台美	1. 游览云水湾十里桃花堤 2. 组织开展摄影大赛	市摄影协会	150	1. 促进人与自然和谐共生 2. 展现自然与艺术的魅力 3. 增进热爱家乡之情
5	6月25日	走进云台 体验生态生活	1. 参观云台蔬菜基地 2. 走进云台农残检测中心 3. 品味云台有机蔬菜	市四季蔬菜批发市场商户和部分生活超市采购商	120	1. 了解云台韭菜、浅水藕生产基地与生产过程管控 2. 了解农残检测与食品安全 3. 增进健康生活意识
6	7月16日	荷您藕遇 相会云台	1. 参观云台万亩浅水藕 2. 游览云水湾百荷园 3. 品尝莲荷精美食品 4. 组织开展写生比赛	市书画协会 市美术家协会	100	1. 了解云台浅水藕规模化种植情况 2. 鉴赏88种名贵荷花，增进对自然美的认识 3. 提升表达自然美的能力
7	8月20日	爱我云台 美文荷生	1. 参观百荷园、百果园 2. 品味果蔬美味 3. 现场朗诵咏荷比赛	市解放路小学学生 苍梧晚报小记者	600	1. 增进云台感性认识 2. 接受荷花文化教育 3. 促进果蔬认知与健康生活 4. 培养鉴赏能力，提升演讲能力
8	9月17日	和谐云水湾 美味藕香居	1. 组织采藕捕鱼比赛 2. 组织开展厨艺大赛	云台农场居民 社会各界	1200	1. 了解莲藕鱼虾生态养殖模式 2. 提升健康生态生活意识与能力
9	10月15日	走进车间 了解生态工艺	1. 参观樱桃酒和莲藕加工厂 2. 品味生态工艺食品	市苍梧小学学生	700	1. 了解现代化生态加工工艺 2. 增进食品安全意识
10	11月12日	品味百果 最美云水湾	1. 参观百果园、御香采摘园 2. 品尝柿子、火龙果等	连云港高新区 市科协企事业组织	100	1. 交流果树栽培与嫁接技术 2. 增进食品安全意识
合计		累计组织开展10个主题活动			3750	

1987—2012年获市级以上（含市级）科技项目成果奖统计见表7-2。

表7-2　1987—2012年获市级以上（含市级）科技项目成果奖统计

项目名称	获奖时间	发奖单位	等级	主要完成人	参加人员
雀麦、菟丝生物学特征观察	1987年11月	江苏省农垦总公司	科技进步三等奖	农场课题组	
麦仁株的发展及其化学防治	1987年12月	江苏省政府	三等奖	农服中心 王明发等	

（续）

项目名称	获奖时间	发奖单位	等级	主要完成人	参加人员
苏棉一号抗病棉的引进推广及高产配套技术研究	1988 年	江苏省农垦总公司	鼓励奖	农场课题组	
苏云一号制种技术	1988 年 10 月	江苏省农垦总公司	科技进步一等奖	农场课题组	
西引二号大麦的引进推广	1988 年 10 月	江苏省农垦总公司	科技进步三等奖	农场课题组	
PVC 热收缩膜研究	1988 年 10 月	江苏省农垦总公司	鼓励奖	叶敬芝、汪长城	
杂交玉米的推广	1988 年 12 月	江苏省政府	科技进步一等奖	农场课题组	
棉花杂草综合防除研究	1989 年 10 月	江苏省农垦总公司	科技进步二等奖	农场课题组	
江苏农垦杂草发生规律和防除技术研究	1989 年 10 月	江苏省政府	科技进步四等奖	农服中心王明发等	
江苏省"丰收杯"高产竞赛大豆百亩方	1989 年 2 月	江苏省农林厅	二等奖	周善民等	
棉花高产、省工、节本简化栽培	1990 年 10 月	江苏省政府	科技进步四等奖	农场课题组	
硫酸脱绒在棉花简化栽培中的应用	1990 年 10 月	江苏省农垦总公司	科技进步三等奖	农场课题组	
小麦机械化高产栽培技术	1990 年 12 月	农业部	三等奖	农场课题组	
采种甜菜生长规律及高产技术研究	1990 年 12 月	农业部	三等奖	农服中心王明发等	
水产生产	1991 年	江苏省农垦总公司	丰收奖	郑井来、葛跃九	
建鲤的繁育与养殖技术	1991 年	江苏省农垦总公司	科技进步二等奖	郑井来	
西引 2 号大麦高产栽培技术	1991 年	江苏省农垦总公司	三等奖	武可勤为第九完成人	
小（大）麦高产高效机械栽培技术	1991—1993 年	1991—1993 年度农牧渔业部	三等奖	孙从波、孙良和、周善民	
江苏农垦棉花害虫综合防治研究	1992 年	江苏省农垦总公司	二等奖	王明发	龚成香
江苏省黄淮海垦区棉花机械化高产优质栽培技术	1992 年	农业部	三等奖	孙良和为第八完成人	
机械化栽培麦田恶性杂草的发生规律与化除配套技术的研究	1992—1993 年	江苏省农垦总公司	一等奖	王明发	
麦后直播棉高产栽培技术研究	1992—1993 年	江苏省农垦总公司	二等奖	王明发	
棉田杂草的发生规律与化学防涂系列配套技术	1992—1993 年	国家科学技术委员会省公司	科技成果二等奖	王明发	

（续）

项目名称	获奖时间	发奖单位	等级	主要完成人	参加人员
江苏农垦小（大）麦高产高效机械化栽培	1993 年 9 月	中华人民共和国农业部	全国农牧渔业丰收杯三等奖	周善民为第十六完成人	
江苏省吨粮杯棉花竞赛	1994 年	江苏省农林厅	单季度高产奖	田恒高、徐兴华、冯全高、王明发、汪宝明、江尧富、孙良和	
万亩棉花高产优质轻型栽培技术体系的研究	1994—1995 年	江苏省农垦总公司	科技进步三等奖	汪宝明、孙从波、吴锋、徐兴华、王明发、周善民、冯全高、杨庆伦	
AA 父母代肉种鸡产蛋期笼养及人工授精配套技术研究	1994—1995 年	江苏省农垦总公司	科技进步三等奖	冯明献、周友明、王恒柱、季东敬、郑井来、张惠敏、陈培喜、陈洪琴、吴广娥	
YBM 型灭火器压力表系列产品的开发	1994—1995 年	江苏省农垦总公司	科技进步三等奖	汪勤东、王玉珍、吴友成、郑寿昌、江万良、孟凡荣、汪勤德、顾德华	
QC 小组质量管理	1995 年	江苏省农垦总公司	优秀成果三等奖	孙成林、刘宝华、刘宝权、黄祖勤、陈培云	
棉花高产丰产方	1997 年	江苏省农林厅	二等奖	周善民	
麦仁珠的发生规律及其防除技术研究	1998 年	江苏省农垦总公司	科技进步三等奖	云台农场为第五完成人	
机械化高产高效棉花群体质量调节体系	1998—1999 年	江苏省农垦总公司	科技进步二等奖	云台农场为第六完成人	
基、拔节磷肥比例对小麦群体质量的影响研究	2002 年 12 月	连云港市政府	优秀奖	周善民等	
西瓜-水稻高产高效栽培技术	2000 年 3 月	江苏省农垦集团	三等奖	周善民等	
大（小）麦优质高产高效机械化栽培技术	2001 年	中华人民共和国农业部	三等奖	云台农场为第十完成人	
棉套麦（陕 229）高产攻关四群体质量特点及栽培技术	2002 年 12 月	连云港市政府	优秀奖	周善民等	
嫁接无籽西瓜-棉花套种高产高效栽培技术	2002 年 12 月	连云港市政府	优秀奖	周善民等	
抗虫棉引种及推广	2005 年	江苏省农垦总公司	科技进步三等奖	农场为第三完成人	
出口蔬菜质量安全标准化控制体系建设	2012 年	江苏省农垦集团有限公司	科技进步三等奖	颜步春、刘卫华等	

第二章 教育、卫生

建场后，农场在地方政府的支持下，坚持自主办学，解决职工子女入学难的问题，为农场培养了实用型人才，特别是知青到农场后，解决农场师资问题，1959 年 9 月成立完全小学，后逐步完善为完全中学。2001 年义务教育移交海州区，为海州区云台农场小学（原农场场部小学）；2001 年划归连云港市新浦区教育局，区教育部门在农场开办了小学教育，施教范围为云台农场、云台乡龙山村。现有 12 个教学班，451 名学生，37 名教职工；学校占地 29291 平方米，建筑面积 3800 平方米。

建场初期农场仅有 3 名医务人员，到 20 世纪 60—70 年代，有了门类齐全的中小型规模医院，2004 年医疗卫生制度改革，农场仍承担农场公共卫生和卫生防疫，职工和居民凭医保卡可以到全市指定医疗单位就医。

第一节 教 育

1952 年建场初期，农场境内仍然没有学校，职工子女只能到附近的乡镇学校就读。

1958 年 9 月，农场在于团办起了一个初小复式班，学生 20 余人，场部相继办起初小复式班。20 世纪 60 年代初，境内推行耕读制和劳动制，兴办耕读小学形成高潮，先后创办了场部小学、于团小学、沈圩小学、小汪小学、张圩小学等。

1965 年，全场有 8 所小学，在校生 584 名，21 个班级，39 名教职工。中学教育也因势而兴，农场相继创办农业中学、农技校各一所，在校生 159 人。

1966—1968 年，教育受"文化大革命"冲击，陷于停顿状态。

1968 年 9 月，农场在大汪小学设戴帽初中班；1972 年，场部小学在原初中班戴帽基础上招收 29 名高中生；1973 年，场部中学、小学分开，正式成立兵团二团中学。全场有初中四个班，126 名学生，高中两个班，58 名学生。

"泥房子，泥桌子，里面坐着一群泥孩子"是办学初期办学条件的真实写照。二团时期，农场加大投入，教育有了较好发展，校舍基本都是兵营式平房，教师大都是"知青"（占 90% 以上），教育管理水平、教育质量好于周边乡镇。1975 年，全场有中小学校 6 所，

92 名教师（其中国有公办教师 36 人），班级 55 个（其中复式班 10 个，单班 45 个），学生 1315 人（其中中学生 256 人）。农场为了不让边远地区职工子女辍学，又在基层建了 19 个教学点，设置 1～4 年级，边远地区 5 年级以上学生到地方政府开办的学校入学，农场分别在板桥镇、南城镇、云台乡东磊村、海州刘顶村设代学点，由农场支付教育经费、出师资力量，借助地方政府校舍，帮助农场边远地区职工子女就近入学。场部及各分场职工子弟分别集中在场部小学、中学，以及小岛小学、于团小学、沈圩小学、小汪小学、小汪中学、张圩小学等。

1980 年前后，由于知青大批回城，教师人数减少，大专以上教师仅占教师总数的 10%，中专教师占教师总数的 15%，初高中生占教师总数的 75%，影响了教育质量。

1981 年，农场成立教卫科，专门负责全场教育卫生管理。农场筹集资金进一步改善了办学条件。学校达到了"一无四有"（无危房、有教室、有桌椅、有操场、有围墙），配备了农场中学实验室。同时农场加强了教师队伍建设，招收 23 名高中毕业生充实教师队伍，以优惠政策从地方引进 26 名教师，通过省农垦局分配师范院校毕业生 8 人，委托省内师范学校培养具有中师学历的小学教师 12 人，积极鼓励在职教师进修，通过自学函授取得大专、中专学历。学校建立健全了规章制度，突出了以教学为中心，以提高教育质量为重点，狠抓教学质量，使农场教育事业得到了恢复和发展。1990 年，全场普及九年制义务教育，小学入学率、合格率、巩固率、毕业率达 100%，初中毕业率达 100%，初中升入高中、中专录取率达 75% 以上。学校办学条件进一步改善，20 世纪 80—90 年代，场部小学相继盖起了教学楼，中学建起了微机室和语音室。

1991 年，农场对全场学校进行了整顿，实施了集中办学，教师队伍、教学质量均高于周围乡镇。到 2001 年底，中学教职工 98 人，其中初中教职工 33 人，中学高级职称 5 人，一级职称 16 人；小学教职工 237 人，其中小教高级职称 24 人。在校生初中 9 个班（375 人），小学 19 个班（592 人）。

1992 年，全场中小学通过省农垦教育达标验收。

根据省政府苏政发〔2000〕4 号文件精神、苏政办发〔2001〕38 号文件精神，农垦企业中小学应于 2001 年 7 月底全部移交给当地政府管理。至 2001 年 12 月底，全场中小学移交给连云港市新浦区政府。

进入 20 世纪 80 年代，农场幼儿教育、中小学义务教育、成人教育形成了较为完善的体系，教育事业协调有序发展。

2012 年以后，连云港市云台农场中心小学主要服务于农场职工子女，仍由地方政府管理。有 12 个教学班，360 名学生，32 名教职工（其中研究生 2 人，市区骨干教师 8 人，高级教师 2 人，一级教师 17 人），学校占地面积 29291 平方米，学生人均占地面积 81.36 平方米，校舍建筑面积 2800 平方米，经过长期的发展，学校凝练出"崇学尚农，励志树人"的校训。

云台农场小学秉承质朴、勤劳、探索、务实的农场人精神，以"培养有智慧的实践者"为培养目标，抓住"农"字做文章，以"农耕"文化为抓手，打造"尚农"劳动实践办学特色。学校先后被评为江苏省健康教育促进金牌学校、管理规范示范校、中小学优质资源先进学校，获得连云港市教学质量奖、教学质量管理奖、七彩校园艺术节优秀组织奖、综合督导评估优秀奖、校本课程建设网站评比一等奖、区教学质量先进奖等荣誉。连云港市小学荣获综合实践活动发展共同体优秀成果展评一等奖，获区一等奖 3 次，并承办了市、区中小学综合实践活动。

一、幼儿教育

农场的幼儿教育起源于 20 世纪 50 年代后期。最早是场部设托儿所，条件极其简陋，各生产队在农忙时兴办临时托儿所，无规定课程。

二团时期，团、营建立幼托领导机构，基层单位开始创办幼儿园。

1971 年，在位于场部南岛路南侧，供销社东旁边，建成了一座带有围墙的团机关幼儿园，设大小两个班，招收机关直属单位婴幼儿 50 名，配教师、保育员 5 人，开始由一名团部机关干部家属负责，后调徐洪英任幼儿园负责人。幼儿园由二团政治处代为管理。

1975 年，三营学校在学校附设幼儿园，招收 3～6 周岁儿童 45 人，配教师 4 人。开设唱歌、跳舞、认字、数数、做游戏等课程。刘晓玲为幼儿园负责人。

1982 年，四分场开办幼儿园，入园婴幼儿 30 多人，配保育员 3 人。至此，全场共有 4 所幼儿园，入园婴幼儿 200 人，配有教师 14 人。

1985 年，在普山路东侧元件厂北面建设云台农场中心幼儿园。该园占地面积 2737 平方米，建筑面积 650 平方米，并有滑梯、旋转椅、蹦床等活动设施。园内建楼房一幢，平房两幢，设有教室、办公室、卧室、音乐室、洗手间等，并配有钢琴、打击乐器、收录机、电唱机等，教学设备齐全，实现规范化管理。撤销了场部机关幼儿园、四分场幼儿园、元件厂、塑料厂、弹力丝厂托儿所，统一并入云台农场中心幼儿园，设置 4 个班制：小小班、小班、中班、大班，配有教师 8 人，招收幼儿 180 余人。场部小学一、二、三分场小学相继开办学前班。

根据《幼儿教育纲要规定》，按照不同的班次，先后在大、中、小班开设语言、计算、手工制作、音体美等课程，确保开全科目、开足课时，教养并重，活动正常规范。20 世纪 80 年代幼儿园隶属场工会管理，90 年代纳入场教育科统一管理。中心幼儿园园长先后为王奋、肖乐英、陈桂英、赵凤云、吴婷香、陈霞、孙健等。

2005 年 6 月 1 日起，场中心幼儿园采用国有民营方式实行租赁经营，办学效果越来越好。2010 年底，云台农场中心幼儿园入园儿童 260 人，幼儿教师 12 人（其中幼教高级职称 3 人，幼教一级职称 2 人，幼教二级职称 3 人），教师均获得中专以上学历。园内新建教学楼一幢，设有厨房、卧室、餐厅、活动室。教室配有彩电、空调、EVD 影碟机、饮水机、毛巾架、书架、口杯，添置了新课桌、新板凳、新床、新被子、新玩具。经常开办美术、剑桥英语、拉丁舞、珠心算等兴趣班。现在不仅招收场内婴幼儿，还招收附近乡镇的婴幼儿入园，从 1991 年农场集中办学起，场中心幼儿园开设了少儿学前班。2020 年农场中心幼儿园共有 5 个班，130 人，教职员工 11 人。2011 年农场中心幼儿园被评为市优质幼儿园。

2005 年，幼儿教育事业得到迅速发展，农场职工子女办起了私人幼儿园，徐长春创办了金童双语幼儿园，招收幼儿 30 人；杨林创办了四季阳光幼儿园，招收幼儿 40 多人，2 个班，3 名教职工。2010 年底至 2020 年，四季阳光幼儿园发展入园婴幼儿 260 人，有 8 个班级，教职工 22 人，四季阳光幼儿园于 2018 年 9 月搬迁到农场工业园区，开办了幼儿园分园，添置了大型玩具、橡胶地垫，并于 2010 年被评为市优质幼儿园。

2020 年底，全场有幼儿园 3 所，入园婴幼儿 590 人，教职工 32 人。每逢六一儿童节、敬老节，幼儿园都组织少儿进行文艺演出。

二、小学教育

1957 年前，农场境内没有小学，居民子女读书只能到附近的乡村学校就读。1958 年，于团村自发办起了初小复式班，招收学生 20 多名，村民聘请南城识字人胡希沛担任教师，后又聘请外地识字人江希启来于团教书，当时学生使用用木板和泥凳搭成的课桌。

1959 年，灌云县文教局派卞祖荣到于团学校任教。同年，小汪村办起初小复式班。

1960 年，场部办起初级小学。教室是竹架苇墙草顶的临时性工棚。全场有初小 6 个复式班，学生 155 名，教师 6 名。灌云县委派汪根年任学校校长。

1963 年，场部建完全小学一所，农场在场部原三角塘北面盖砖瓦结构平房教室一幢。9 月，农场在大汪盖起了一幢砖瓦结构平房教室，办起一所完全小学。全场在校学生增至 415 名，14 个班级，农场从知青中选拔一批人员充实教师队伍，教职工达 32 名。灌云县派徐开福任农场学校校长，后又派任之壁任农场学校校长。

1965 年，增办耕读小学，全场小学已发展到 8 所，在校生 584 名，21 个班级，教职工 39 人。

1968 年，小学学制由六年制改为五年制，部分耕读小学撤销，并入全日制小学。

二团时期，农场对各小学进行了调整。各营分工一名营领导分管教育工作。全场设立 4 所完全小学，小岛学校更名为一营学校，小汪、大汪学校合并更名为二营学校；于团、沈圩学校合并更名为三营学校，场部小学更名为二团团部小学。农场分别在一连、七连、十连、十六连、十八连设立教学点。二营学校采用七年一贯制学制。一营、二营、三营学校均迁移了新校址。校址新建了营房式的教室。1972 年独立二营（南云台林场）转入二团领导，学校也随之隶属二团领导。

1991 年，全场实行集中办学，小学五、六年级全部集中于场部小学就读，远途学生实行寄宿制，星期六、星期日安排专车接送。全场只保留一所完全小学、一所初级小学、一个教学点。二小和一分场教学点、三分场均办起学前班，在校学生 680 人。

1992 年 8 月，场部小学与场中学校址再次对调，农场中学迁回猫山路西侧、场医院南面的校址。场部小学迁回机关办公楼对面校址。

1996 年，一分场、三分场学前班撤销，分别并入二分场小学和场部小学，全场只有场部小学和二分场小学。

1998 年，农场投资 120 万元为场部小学建成 1507 平方米的三层教学楼一幢。

2001 年 12 月 31 日，根据苏政办发〔2001〕38 号文件精神，农场小学移交新浦区人民政府。全场共有小学 2 所，共 19 个班，592 名学生，教职工 32 人。移交场部小学净资产 178.1 万元，二分场小学净资产 23.15 万元。两所学校校园内土地面积 31563.5 平方米。

小学教育课程的设置，各个时期略有不同。1962 年前，一、二、三年级开设语文、算术、体育、图画、音乐 5 门课程，每周 24～26 课时，四、五、六年级增设自然、历史、地理三门课程，每周 28 课时。1963 年，小学二年级以上执行《江苏省全日制中小学教学计划》草案。"文化大革命"期间，小学课程没有统一规定，由学校自行安排。语文课教《毛主席语录》，体育课进行军训等活动，音乐课教唱毛主席语录歌等歌曲。1970 年组织学生学工、学农、学军，劳动课每年不得少于 1 个月。使用江苏省统编教材。1982 年农场小学恢复六年制，从 1984 年开始执行《江苏省全日制六年制小学暂行教学计划》（试行草案），1989 年小学开设劳动课、劳技课。

1992 年，农场小学通过省农垦总公司学校达标"优秀级"验收。1988 年 12 月，场部小学被市体委命名为"市级足球体育传统项目学校"，其足球队曾代表连云港市参加省小学足球赛。

2005年，二分场小学三、四年级并入场部小学，2007年二分场小学一、二年级又并入场部小学。

2006年7月，新浦区政府撤销云台农场中学，农场中学与云台乡中学合并，农场中学的校址移交给农场小学，作为低年级校区。

2011年，农场小学分为两个校区，共12个班级，946名学生，36名教职工（其中小教高级职称25人，初级职称9人）。学校建成了一个劳动实践基地。农场小学占地29291平方米，其中建筑面积3098平方米，绿地面积7372平方米。

2020年，农场小学申报江苏省"农耕文化"课程基地，为学生终身发展夯品筑基。

三、中学教育

1960年，农场创办第一所农业初级中学，校址设在猫山路场社区管理委员会斜对面偏南。校舍是一排毛竹芦苇搭建的泥巴墙草房。招收学生59名。该中学最开始由耿步怀兼任校长，顾以成兼任副校长。1960年10月，耿步怀不再兼任校长职务，顾以成同志调出，徐洪勋任农业初级中学校长，马国务任副校长。到1962年初，农业初级中学停办。

1968年9月，按照"小学校附设初中班，农民子女就近上学方便"的要求，场革命委员会决定，在原大汪小学的基础上，设戴帽初中班。招收场内小学毕业生46名。学制两年（实际为两年半）。灌云县派蒋祖俊任初中班数学教师，其他教师由农场从原小学教师中调配。

1969年2月，从大汪初中班抽调15名学生到场部，在场部小学又设戴帽初中班。教师大部分由原农业技术学校的留场教师担任。1970年12月第一届初中班毕业。

1970年，初中课程设置为政治、语文、数学、外语、历史、地理、军体、工农业基础知识，高中课程设置基本与初中相同。

1972年初，独立二营（现云台林场）转属二团领导，场部小学增设高中班，招收第一批高一学生29名，学制两年。

1973年，场部中学与小学分开，正式成立兵团二团中学，即"云台农场中学"前身，中学校址设在猫山路西侧，场医院南边。万元亨任中学校长兼党支部书记。是年，大汪小学及其初中班迁址至小汪，与小汪小学合并成立二团二营学校。农场的中学教育模式初步形成。1975年7月，全场有初中6个班，学生198名，高中2个班，学生58名。

1977年9月，三分场学校设初中班，招收新生26名。中共十一届三中全会后，场教育部门贯彻"调整、巩固、整顿、提高"的方针。1979—1982年，二、三分场初中班先后并入农场中学。1983年，农场中学新校址建成，中学迁至普山路东侧，元件厂对面。

场部小学迁至场中学校址，场部小学房屋移交农场中学。届时，云台农场中学有 6 个初中班、3 个高中班，注册学生 315 名，教职工 39 名。

初中班刚开办时没有统一教材，只开设语文、数学等课程，以报纸上的文章作为语文教材，数学教材是老师自己编写的讲义。1969 年 2 月起，采用淮阴地区教材编写组编写的教材。后采用省编教材，1978 年以后，采用国家统编教材。

1977 年秋，取消工农业基础知识课程，课程设置为政治、语文、外语、数学、物理、化学、中国历史、中国地理、生产常识、体育、音乐、图画。高一开设世界地理、世界历史。1979 年开始，初中学制由两年过渡到三年，1982 年招收的高中一年级新生开始执行三年学制。

1981 年秋，按照上级教育部门关于全日制中学执行两种教学计划的要求，初高中一、二年级执行《全日制六年级重点中学教学计划（试行草案）》，其中中学的初一、高一执行《全日制五年级中学教学计划（试行草案）的修订意见》，初中代数、几何并开，初三政治课讲法律常识，初高中各年级宣讲《关于建国以来党的若干历史问题的决议》，每周 3 课时。高中三年级同时开设人口教育讲座和生物课，高中增设选修课。语文课选修现代文阅读与写作、古典文学、当代文学等。物理课选修电工基础知识、无线电、实验仪器等。化学开设实验基础课，外语开设科技英语、情景对话等，高中各年级设时事政策教育课，每周一课时。

1983 年，学校将劳动课列入课表，对学生进行农业生产技术教育，开设土壤、肥料、育种、作物、家禽家畜饲养、农机维修等科目。1984 年 9 月增设《连云港地理》乡土教材。

1990 年，农场中学开始抓素质教育，上级教育部门每年进行教学宣导，促进教学水平提高。

1991 年，因高中生源不足等原因，农场中学高中部停止招生。1992 年 7 月，农场中学最后一批高中生毕业。农场中学先后培养了 17 届高中毕业生，培养 633 名高中生。至此，云台农场中学成为普通初级中学。

1992 年 4 月，在省农垦总公司组织的达标验收中，农场中学通过"优秀级"达标验收。

1994 年，农场提出"科教兴场"战略方针，加强了教育硬软件建设，农场中学教学器材、设备进一步改进。

1995 年，农场中学实施教育现代化工程，建起了微机室，添置电脑 25 台，建起 48 座语音室，适应了当前现代化教学需要。中学教学各类实验仪器、化学实验室、物理实验室全部配齐。

1999年，农场加大教育内部管理改革力度，场中学实行校长负责制、教职工聘任制、工资浮动制，调动教职工积极性，教学质量、教学管理上了新台阶。初中升入高中、中专、职高学生达80％以上。

2001年12月，根据省政府文件精神，对企业办学实行剥离，农场中学移交至连云港市新浦区。是年，农场中学共有9个初中班，400名学生，从创办初中班开始，农场中学培养初中毕业生3005名。

2006年7月，在新浦区教育体制改革中，农场中学整建制并入云台乡中学。万元亨、王世龙、王东元、贺士樵、丁德庆、吴凤伦先后在农场中学担任校长职务。杨维金、刘殿良、卞和平、陆锦茁先后在农场中学担任副校长或代理校长职务。

四、成人教育

1956年，农场成立扫盲委员会，设专职扫盲辅导员，利用业余时间办起扫盲识字班。扫盲重点为18～40周岁男女青壮年，识字1500个，能写200～300字的通顺短文为脱盲。当年，春、冬两季共开办扫盲班18个，入班学习209人，共有扫盲教师16人，扫盲教材采用统一的农民识字课本第一至第三册。

农场领导对扫盲教育非常重视，采用"党委领导、行政主办，工会协办，共青团配合，单位支持，党员带头"的方法，通过识字教学，1956年脱盲率达50％，1960年灌云县扫盲验收团来场验收，全场文盲、半文盲374人脱盲，验收考试成绩平均分达94.5分。

1957年，南京农学院在云台农场招收农学专业函授学员3名。1964年，农场109人考入苏北农学院四年制农学专业，21人考入一年制家禽专业函授学习。

1960年，为全面提高职工素质，在职工中开展业余教育，先后开办了12个初中班，入学学员168人，3个高中班，学员46人，全场有专兼职教师55人。1960年10月，农场举办机务修理培训班，招收学员50人，农场任命徐良基为指导员，万元亨为教务主任，王东元为班主任，陈亚涛、陶立言、郭宝才为副班主任。

1963年，开办农机驾驶员培训班，培养学员47人。

1965年11月，为贯彻中央两种劳动制度、两种教育制度的指示，省农林厅发文决定在云台农场举办半农半读、场来场去中等农业学校。1966年2月开学，设置农学两个专业班，招收具有初中毕业文化水平的插场知青和职工子女102名，教职工28名，东辛半农半读农业大学在农场设分校，招收学员737人。二团时期，选送114人参加大专、中专院校学习。

20世纪80年代初，农场贯彻中央〔1981〕8号文件精神，开展了扫盲和"双补"活动。1982年成立职工教育委员会，在教卫科设立职工教育办公室，配备专职教师和工作人员，各分场成立职教领导小组，配1名专职教师。对1968—1980年初高中生以及相当于初中、高中文化的40周岁以下干部和35周岁以下职工进行文化普测。全场650人中，语文、数学双科及格的仅43人，单科及格的135人。

1983年5月，农场选派6名职工到东辛农场参加职工教师培训班培训，学习两个月，这6名职工回来后，农场针对文化普测情况，开办文化补课班6个，技术补课班1个，参加补课410人，经结业考试，首期合格者达41%。

1990年起，职工教育转到岗位培训，干部职工、技术人员实施在岗培训、专业证书培训。"九五"期间，农场开展了扫除外来青壮年文盲活动。农场调整职工教育委员会，成立扫盲领导小组，设立成人中心校，农场分管教育的领导担任职工教育委员会主任，兼任扫盲领导小组组长、成人中心校校长。各分场成立职工文化技术学校。各分场场长兼任职工文化技术学校校长。

1991年4月5日，成立云台农场职工教育委员会，主任庄开标，副主任吴凤伦。

2001年以来，职工教育重点转移到岗位教育与职业教育并举，先后制定了云台农场"十五"和"十一五"期间培训工作规划纲要，加大对专业技术人员继续教育的力度。在在职人员中开展学历教育和专业证书培训。在职工和职工子女中开展职业技能培训和技术技能培养。在全场开展创建学习型企业活动。2002年农场制定了《云台农场关于加强职业教育与培训工作意见》，进一步完善了《云台农场干部职工自学奖励办法》，鼓励干部职工参加与本岗位相适应专业的国家学历教育，对通过自学、业余、函授教育，取得国家承认学历者，农场给予奖励。

1990—2011年，农场有计划地开办政工、农业、企业管理、法律知识、劳动保护、农机培训班56期，参加培训4187人次。开办计算机、农作物栽培、蔬菜加工、动物养殖、驾驶员、电子、车工、焊工、缝纫工、厨师培训28期，培训学员1240人次，80%人员通过培训上岗就业。参加中专自学考试164人，有96人毕业；有236人参加江苏省成人高等学校自学考试、各种函授等学历培训，有3人取得研究生学历，104人取得本科学历，118人取得大专学历。有753人次参加继续教育并取得相应的证书。农场选送干部职工参加地方院校学习达135人次。

"十三五"期间，持续开展各类培训，五年来共实施各类培训203场次，10350人参加培训。

五、教师队伍

1958 年，农场仅有 1 名教师，1975 年增至 92 人，其中公办教师 36 人，1984 年按照国家政策规定，有 19 人转为公办教师。

2001 年，农场有中、小学教职工 77 名，其中中学教职工 33 人，小学教职工 37 人，幼儿园教师 7 人。

1958—1969 年，教职工一部分由灌云县文教局正常分配，大部分从职工中选配，实行以工代教。

1969 年 11 月后，兵团成立，在教育上与灌云县脱钩。原属灌云县公办教师留在农场，县里不再给农场正常分配师范院校毕业生。农场从插场知青中选拔了部分教师。

1975 年 7 月，全场有教师 92 名（不含幼儿园），其中国有公办教师 36 人。

1979 年后，因知青大批回城，教师队伍出现了青黄不接的局面，农场开始从本场职工子女中招收高中毕业生充实教师队伍，先后招收 23 名高中毕业生。同时以优惠政策从附近县区引进招聘 26 名教师，并解决其住房、家属及其子女的就业问题。

1984 年，全场 19 名以工代教教师转为国家公办教师。

1995 年，全场大部分教师转为公办教师。

1990 年以来，农场教职工来自三个方面：一是社会上招聘的大中专院校毕业生；二是招聘地方在职教师；三是通过函授、培训原农场在职教师。2001 年，全场中学教职工 33 人，其中本科学历 8 人，专科学历 21 人；小学教职工 37 人，其中本科学历 5 人，专科学历 17 人，中师学历 13 人。

教职工待遇从 1985 年起，执行国家统一事业工资制，享受教龄、工龄津贴。

1993 年，根据《国务院关于机关和事业单位工作人员工资制度改革问题的通知》（国发〔1993〕79 号）和《国务院办公厅关于印发机关、事业单位工资制度三个实施办法的通知》（国办发〔1993〕85 号文件精神），全场教职工全部按规定进行了工资套改，按照差款单位的工资构成计算职务等级工资和津贴的比例，全部执行江苏省规定的工资标准。

1993 年前，教职工均享受农场企业奖金。在住房安排、家属子女进工厂、液化气使用等方面，农场对教职工均予以优先安排。

每年教师节，农场都派专人到学校走访慰问教职工。

六、教育管理

1969 年前，农场的小学教育一直由灌云县领导，灌云县负责分配教师，若师资不足则由农场从职工中选调补充。农场政工部门设一名文教干事，分管教育工作。县文教局选派一名同志任农场小学校长，基层单位的学校均不设校长，指定一名老师负责。灌云县先后选派汪根年、徐开福、任之璧担任农场小学校长。灌云县每年拨给农场小学部分教育经费，主要用于公办教师和县派民办教师的工资发放。农场也拨给农场小学部分教育经费。农场创办的初级农业中学和农技校，则由农场自己派人管理。

1969 年，二团成立，教育行政由兵团自行管理，不再归灌云县文教局领导。团宣传股设教育干事 1 人，负责全团教育工作，吴善之任教育干事。

1975 年 7 月，二团撤销，农场政工科设教育干事负责学校的领导工作，教育业务恢复由灌云县文教局和省农垦局双重领导和指导。

1978 年，场政工科设教育领导小组，孙全华任组长。

1981 年，农场设立教卫科。1983 年教卫科改为教育科。

1982 年 2 月，为贯彻中共中央〔1981〕8 号文件精神和省农垦局 1981 年 12 月会议精神，搞好职工教育工作，按照"加强领导，统一管理，分工负责，通力协作"的原则，农场成立职工教育委员会，负责全场的职工教育工作，裴成年任主任，张惠茹、贺士樵任副主任。职教办公室设在教卫科。

1985 年起，农场行政区划调整，教育划归连云港市云台区管理。云台区只负责教学方面的指导，其他如教师、教育经费由省农垦局和农场自行解决。每年省农垦局拨款数额不多，基本上由农场自己负担教育经费。

1990 年，教卫科下设教研室，负责全场中、小学教学研究及业务考核工作。12 月，农场成立中小学董事会，庄开标任场中学董事会董事长，杨庆生任副董事长，王宣波任场小学校董会董事长，聘请机关科室负责人和各分场场长为董事。

1991 年，农场教卫科仍改为教育科，管理全场中小学。

1991 年 7 月，农场教育体制改革，全场小学实行集中办学、集中管理。全场五、六年级的学生，集中场部小学就读，全场只保留场部小学 1 所完全小学、3 所初小、1 个教学点。

1993 年 8 月，农场制定《关于加强教育管理的若干意见》，各学校实行校长负责制，教育科核定全场教职工编制总额。校长在核定的编制内本着"聘用为主，聘用与自愿相结合"的原则任用教职工。对教育工作实行分级管理，场中、场小、中心幼儿园由场教育科直接管理，二小和分场学前班由分场和教育科共同领导管理。对在职在岗的教职工，胜任教学工作有困难的，男教师年满 55 岁、女教师年满 50 岁提前办理内退手续；男教师教龄达 30 年，女教师教龄达 25 年，本人自愿也可内退。内退或落聘教职工、男同志教龄或在校工龄满 30 年，女同志教龄或在校工龄满 25 年的发 100％工资，年满 45 岁，工龄满 20 年的教职工（不分男女）发 70％工资，但均不享受一切奖金。

1996 年 12 月，农场成立教育委员会。场工会主席陈长生兼任教委主任。设 1 名副主任具体管理教育工作。在教育委员会设 1 名专职职工教育干事。中小学教育与职工教育统一属场教育委员会领导。

1985 年以后，农场职工子女每年均有考入大学的记载。截至 2019 年，从农场中小学毕业的职工子女有 8 人获得博士学位。

2002 年 1 月 1 日，70 名教职员工移交连云港市新浦区教育局，场教育委员会撤销。《云台农场中小学移交协议书》签订日期为 2001 年 12 月 31 日，新浦区政府代表签字人为汤其好，云台农场代表签字人为陈长生。协议主要内容：移交对象为 1 所中学（即云台农场中学），2 所小学（即云台农场中心小学、云台农场二分场小学），28 个教学班（其中中学教学班 9 个，学生 400 人；小学教学班 19 个，学生 592 人）。移交时固定资产（含校舍、设备、设施、仪器、图书资料）净值为 257.75 万元。其中场中学净资产 56.5 万元，场中心小学净资产 178.1 万元，二分场小学净资产 23.15 万元。校内土地 37163.5 平方米。移交核定编制内教职工 70 人，其中教师 52 人，职员、教辅及工勤人员 18 人。

根据苏教人〔2006〕19 号、苏教人〔2007〕17 号文件精神，2007 年 11 月 19 日，云台农场遵照《关于同意省农垦集团、盐业集团分离办中小学二次移交人员函》（苏教人函〔2007〕69 号）文件，同意云台农场移交第二批退休教师 22 名。2007 年 12 月 27 日，教育移交工作全部结束。

2003 年 3 月，农场成立职业教育与培训工作领导小组，孙从波任组长，陈长生、陈培杭任副组长。职业教育与培训工作领导小组负责全场的职业教育与培训工作，制定了《云台农场关于加强职工教育与培训工作意见》，确定了新时期农场职业教育与培训工作的总体要求和目标任务，制定了相应的教育培训措施，教育培训重点转移为以职工及职工子女的岗位培训和职业技能培训为主。

2006 年 7 月，按照新浦区的教育规划，将云台农场中学并入云台乡中学。

2021 年，全场有小学 2 所，幼儿园 3 所。连云港明远中英文学校（后改为连云港市神州文武学校）是一所民办学校，有在校生 600 余人，设小学部、初中部、中专部，开设有散打、跆拳道、拳击、摔跤等专业，教练员 16 人，学校占地面积约 60 亩。新增场域内的连云港市特殊教育中心。

第二节 卫　　生

云台农场社区卫生服务中心由云台农场医院改制而成，是一所民营医院，占地 7600 平方米，有床位 30 张，现有职工 40 余人，其中高、中级职称人员 10 余名。

一、云台农场医院发展的初期

1952 年 9 月 17 日，成立"南京市人民政府灌云棉垦管理处"，当时筹建办公驻地在南城镇，借居民房办公。是年正式选定场部驻地地址，并在场部的东面用镀锌白铁皮（从南京调拨）建成有美式圆弧形房顶的铁皮房 16 幢，分别用作机关办公室、物资及农资仓库、机房、粮食加工房，以及部分职工、家属宿舍等。后建简易棚作为食堂。

用 16 幢铁皮房中的一幢设立南京市人民政府灌云棉垦管理处医务所，当时工作人员（医务人员）3 人，分别是：医师（负责人）1 人，护士 1 人，实习生 1 人。

全场职工来自南京建设局工赈人员、南京救济分会学员，以及南京各机关抽调干部与勤杂人员，总计 1412 人（其中机关干部、工人、勤杂管理人员 492 人，学员 920 人；女性 85 人；15 岁以下者 44 人）。南京市人民政府灌云棉垦管理处医务所为全场职工进行预防、医疗保健服务。1956 年，南京市人民政府灌云棉垦管理处更名为云台农场医务室，医师（负责人）哈粥凯、廖雅言先后担任负责人，还有一名老军医陈海峰。

1959 年，全场医务人员（包括基层大队卫生员）有 21 人。全场总人口近 2000 人。

从 1962 年开始有来自南京的知识青年后，全场总人口急剧增加，原有的农场医务室以及基层的卫生人员不能满足全场人员看病治疗需求。1963 年 3 月，农场领导决定：在原有的医务室基础上，正式成立云台农场职工医院，徐辉担任院长。有部分大学、中专医学专业的学生毕业分配加入医师、护士队伍。全场总人口近 3000 人。（从 1962 年始至 1969 年底，来自南京的知青合计 1485 人），全场职工看病实行公费医疗。

南京人李秋生医师毕业于医学院，于 1963 年 9 月底由省农林厅分配到云台农场医院工作。当时云台农场职工医院有医卫人员 11 人，其中院长 1 人，医生 6 人，助产员、护士、药剂员、检验员各 1 人。

医院有平房 3 间（诊室 1 间，挂号药房 1 间，注射换药化验室 1 间），面积不到 50 平方米。

除了场部医院外，基层（作业区）设立了两个医疗点，分别是由陈培平医师负责的小汪作业区（兵团期为五连）、由童隆华医师负责的场加工厂。当时农场医院由于条件限制，化验只能做一般的血常规及尿、便检验等，只能开展一些常见病、多发病的门诊治疗。

随着农场总人口不断增加，原有的医疗卫生用房已经不能满足人们医疗的需要，1964年农场将一个木工房改造成七间医疗用房，其中两间为病房，设简易病床 8 张。

1965 年底，农场又将两幢建场初期建的旧铁皮房改建，一幢设有诊室、挂号处及药房，另一幢设有注射换药室及检验室。病房扩大到四间，床位 16 张。收治麻疹、流脑、肝炎、细菌性痢疾、肠炎、疟疾、伤寒、肺炎、胸膜炎、脓胸、败血症、老慢支、支气管哮喘、肺心病、冠心病及脑卒中等疾病患者。

1965 年，医院院长徐辉调任农场党委秘书，武洪石代理院长。

1963—1969 年兵团成立前，农场医院（包括基层卫生点）医务人员有徐辉、王平、武洪石等 20 人。

1968 年，灌云县下派了 3 名淮阴医专毕业生到农场医院实习工作。10 月 22 日，云台农场革委会对医院精简人员、组织下放，场部医院仅保留 6 名工作人员。

20 世纪 60 年代，在各大队、小队作业区设有简单的医务室，卫生员分别由当地职工子女与南京老知青担任。

（1）大岛、小岛、小粮地作业区医务室设在小粮地。负责人、医生陈海峰。卫生员：黄慧兰、余以霞。

（2）张圩、大汪、小汪河东、小汪河西作业区医务室设在河西（烧香河西侧）。负责人、医生陈培平。卫生员：高宝玉、张彩萍、博继霞、毕瑞卿、田克亮、汪保全。

（3）于沈、于团作业区医务室卫生员：王恒来、龚维霞。

（4）普山作业区、农校医务室设在普山。负责人、医生仝隆华。卫生员：李桂芝、道贤美、何玲琍。

（5）盐河作业区医务室设在畜牧队，负责人、医生何维勤。卫生员：夏小梅、刘秀凤、丁美玲。

农场通过多种渠道、多种方式为各作业区培训卫生人员，全场初步组成了医疗防疫卫生网。

1964—1965 年，农场派送张惠琴、周友梅到灌云县卫校及淮阴市卫校学习。1965 年3 月至 1966 年 4 月，农场分别选派李桂芝、高宝玉、高怀俊、丁美玲、田克亮五人到连云港海州人民医院，进修学习临床医疗技术与化验。学习结束后他们全部回到各自所在的作业区医疗室，开展医疗工作。

1968 年春，农场安排王恒来（于沈）、毕瑞卿（大汪）、余以霞（小粮地）、龚维霞（于团）到凌州云台乡医院进行医疗技术学习。

当时农场的生活条件与工资收入水平低，农场缺医少药，看病难现象普遍存在，卫生员也没有经过专业的培训，尤其小队的卫生室没有像样的医疗器械，只有少量的药品，简陋的药箱内就是红药水、紫药水、消炎粉、胶布、绷带等。农场职工一旦有病往往都是到场部医院凭个人挂号证就诊，看病公费，自己付挂号费，如有重病即转诊至新浦连云港第一人民医院或海州医院治疗。

农场的卫生防疫工作由灌云县管理。

二、兵团时期卫生发展阶段

1969 年云台农场职工医院改名为中国人民解放军南京军区江苏生产建设兵团一师二团团部医院（以下简称为团部医院）。新成立的团部医院院长分别由王志昂军医、张万根军医担任，医院教导员由王益朋担任（后任命李秋生、牟青枝为副院长）。

随着二团总人口的增加，全场除了面临住房少、食堂少、口粮少等一系列的困难外，原有的医院规模、医务人员数量及医疗水平受到限制，不能满足兵团干部、战士以及家属治病、防病的需求。南京军区有关部队医疗机构抽调部分临床科室现役军人军医干部、医师、护士、营养师、药剂师至二团医院，江苏省省级机关医疗单位也抽调部分高年资的医师、护士等至二团医院，团部医院医师、护士等临床医疗工作的整体水平得以提高。

1969 年，团部医院军人干部与军医共有王志昂等 11 人。江苏省省级机关人员到农场医院工作的有李兰台等 7 人。其他人员、部队转业、复员卫生员有牟青枝（医院副院长）、胡谦士（中医）等 8 人。

团部医院成立初期，农场医务人员有李秋生等 8 人。1969 年年底，二团党委决定，在团部机关的西侧（猫山路西侧）建设"二团医院"新医院。

1970 年初，一幢由东朝西的门诊平房开始破土开工建设，1971 年 3 月投入使用。从此，铁皮房内的云台农场医院整体搬入新门诊平房。

新门诊平房类似兵营式平房，墙裙由当地的花岗岩石砌成，墙体用青砖砌成，屋顶以青"洋瓦"覆盖。平房中间为走廊，走廊两侧（南北）分别设置有关科室等医疗用房。

新"门诊平房"建好后，又在其北侧修建花坛、两幢独立的住院病房（男女普通病房、传染病病房）以及药剂室、库房、学习室、会议室等，并接通自来水供病人家属使用。在门诊房西侧修建一排青砖、红砖平房，作为医院工作人员宿舍、职工食堂等。

住院部北侧设中草药种植基地。

在团部医院建设的同时，按照部队的建制将原来各大队、各小队作业区的卫生室改称为营部卫生所、连队卫生室。原来的医务人员按照部队改称为"营部卫生员、连部卫生员"。

全团共有六个营卫生所，分别如下：

一营卫生所：位于小岛二连，负责人为部队复员卫生员丁斯传。

二营卫生所：位于小汪五连，后搬迁至张圩七连，再搬至营部驻地，负责人先后为部队复员卫生员力方明、南京军区125医院军医郭光华。

三营卫生所：位于十连，负责人部队复员卫生员张先恭、张希玲、王恒来。

四营卫生所：位于普山营部机关，负责人医师童隆华。

五营卫生所：位于盐河营部机关，负责人先后有何医师、仓为民、时杏珍、夏锦华。

六营卫生所：原属南云台林场、一师独立二营，1972—1978年划归二团。位于南城龙山头九岭，负责人吴文波，后为李强。其中位于南云台山林场山东庄卫生所负责人是钦荣珍、钟修源。

团部直属连队海州采石连卫生所：位于海州刘顶采石连，负责人博继霞。

全场共有连队卫生室（小队）及机关有关后勤部门30余个，医务人员严重匮乏。1969年5月，一师二团党委派团司令部与团部医院的现役军人干部到各营、各连动员、物色"新来的知青人选"，经过各连队的选拔推荐，6月初来自各个连队的知青近45人集中至团部机关，开展3个月的"二团医院首期卫生员学习班"学习。第一届卫生员学习班的学员中男学员16人，女学员30人，合计46人。其中苏州知青17人，南京知青15人，淮阴知青9人，农场本地职工子女5人。

1969年9月，二团正式成立团部医院，为全体卫生员配备便于携带的"药箱"和简单的医疗器械、药材，按照1个连队1男1女卫生员组织分配回到基础连队。

1970年起，二团医院完善了党、政机关设立，对有关科室的建设分类〔分别设置内科、外科、中医科、妇产科、五官科、眼科、口腔科、痔科、放射科、心电图检查室、化验室、药房与挂号收费室、住院部与病房（15间37床位）、护理室、产房、传染病房、药剂室、手术室、门诊观察抢救室、药品器械库房、医院食堂、太平间等〕。全院医务人员约40人（不含基层连队医务人员）。

1970年后，苏州第二批知青、常熟知青、靖江知青，部分连云港盐场知青相继来到二团，淮阴地区"革命老区"复员军人及农场随队家属的调入使得全场总人数进一步增加。至1975年兵团撤销前，农场共举办了7期卫生员学习班，参加培训的人员大约150人，基本上全部是知青。

1975年，二团医院划分三个组。

三、兵团撤销后农场卫生事业

1975 年，兵团撤销恢复"云台农场医院"名称。全场共有医务人员 74 人，其中医院医务人员 36 人，卫生员 38 人。有病床 37 张，50 毫安 X 光机一台，轻便手术床一张，牙机雕刻机一台，光电比色机一台。因原部队医生、护士相继撤走，加之大批知青返城，医院医务人员一度减少，技术骨干缺乏。为了改变其状况，农场陆续选派相关科室基础较好的医生到市、县、省等一些大医院进行深造，培养骨干力量，又从大专院校引进人才。1992 年，全场有医护人员 45 人，其中主治医师 2 人，大专毕业生 7 人。1981 年，农场成立教育卫生科，设卫生干事 1 人。

1978 年 8 月，建成两层门诊楼（现妇产科病房）并投入使用，分设了内科、外科、五官科、妇产科、化验室、放射科、药库等科室。设病房 15 间，病床 37 张。添置了 50 毫安 X 透视机、麻醉机、高压消毒器、显微镜、光电比色仪、恒温箱等医疗设备。是年，在各分场成立 6 所卫生所，各卫生所配医务人员 2～3 人。各连队配卫生员 1 人，形成了农场医疗网络。

1995 年，农场建成新门诊楼，建筑面积 2650 平方米。投资额 80 万元。

1996 年，农场医院经连云港市专家组评审验收，确定为一级甲等医院和爱婴医院。

至 2004 年底，农场医院共有床位 40 张，医务人员 60 人，其中高级职称 1 人，中级职称 13 人，初级职称 23 人。全年门诊量约 35000 人次，其中对外门诊量约为 20000 人次，收治住院病人约 500 人次。

2004 年 12 月，根据省农垦集团公司文件精神，经场研究决定对农场职工医院实施改制，改国有为民营，农场国有资产全部从医院退出。

2004 年 12 月 6 日，农场与受让人卞长青签订了江苏省云台农场职工医院净资产转让合同，产权交易机构为连云港市大陆桥产权交易中心，公证机关为江苏省连云港市公证处。转让形式：招投标。转让参考价 95 万元，成交价 180.88 万元。

2005 年 1 月 5 日，农场与受让人签订了云台农场职工医院净资产转让补充协议。医院更名为连云港市云台农场医院。

2006 年起，医院先后添置了血球计数仪、血流变仪、血凝仪、尿分析仪、脑电地形图记录仪、动态心电图记录仪、彩色超声机等医疗设备。

2009 年，医院转型为连云港市新浦区云农社区卫生服务中心。

1. 传染病防治　1963 年农场成立医院开始，对各类传染病实行疫情疫点报告制度，一旦发生疫情，立即进行处理。

20 世纪 60 年代至 70 年代，疫病在农场流行甚广。从 1980 年起，采用正规、全程治疗方法，年年坚持全民五次服药，至 20 世纪 80 年代中期彻底消灭了疫病在农场的流行。

20 世纪 50 年代至 60 年代初，白喉、流脑、乙脑、百日咳、麻疹等传染病先后流行。1963 年在儿童中发生麻疹流行，发病率为 39.3%。1966 年发生流脑 27 例。1968 年小汪生产区发生伤寒，发病率为 20%～23%，经治疗无一死亡。多年来，医疗防疫部门始终坚持预防为主、防治结合的方针，定期给儿童服用糖丸、注射卡介苗、麻疹疫苗，以及流脑、乙脑及肝炎疫苗等，使各种传染病发病率都大幅下降，其中小儿麻痹病、白喉、天花、破伤风、麻疹、伤寒、乙脑等传染病在农场已经基本绝迹，其他传染病发病率也大幅下降。

2003 年春季，全国非典型肺炎流行，农场成立"防非"指挥部，陈培杭任指挥，张明立、江乃庄任副指挥。指挥部启动紧急传染病预防预案。全场排查在外务工、经商、上学等人员 800 余人，对进出农场人员逐人检查、消毒，对从外地返场人员，实行有效的隔离和监控。场医院专门设立发热门诊，24 小时值班候诊。经过五个多月的严防死守，场域内没有发生一例非典疑似病例，充分体现了农场对突发传染病的组织防控能力。

2005 年，国际国内暴发禽流感，由于农场应对及时、措施有力，有效地杜绝了禽流感在农场的发生和传入。

2020 年春节前，新冠疫情暴发，农场公司党委落实省委省政府和集团公司《关于做好新型冠状病毒感染的肺炎疫情防控工作的紧急通知》。疫情期间，农场关停餐饮业 44 家，婴儿馆 2 家，儿童游乐园 1 家，关停服装店、五金店等共计 190 家。对下辖居委会、小区、单位实行封闭式管理，外来人员和车辆一律严控，加强人员进出管理和体温检测，要求居民不走亲访友、不聚会聚餐、不聚众打牌；鼓励每户家庭两天一次安排 1 名家庭成员外出采购生活物资。场域内非居民生活必需的公共场所一律关闭，农贸市场、超市、药店等场所合理安排营业时间，及时通风，定期消杀，进入人员一律测量体温、佩戴口罩；居民购买退烧药时须进行实名登记，居民出现发热、咳嗽等症状，要及时就诊，并在第一时间向社区报告。

2. 计划免疫　1979 年开始实行婴幼儿计划免疫疫苗接种。1986 年开始实行"计划免疫接种日"，每月一次整卡建卡，计划免疫工作逐步走向规范化、制度化，杜绝了漏卡、重种、漏种和错种现象。全场儿童单苗接种率、四苗覆盖率均达 100%。

3. 妇幼保健　农场妇幼保健工作一直由原院妇产科负责，专门负责全场妇女卫生、妇科病、产妇的系统管理和妇幼保健工作，配合计划生育部门做好育龄妇女的例行检查及节育手术，使各类妇科疾病能够及时发现和对症治疗。对妇女除按国家规定给予婚嫁、产假、节育假外，哺乳期、经期、孕期妇女还坚持三调三不调，即调干不调湿，调轻不调重、调白（班）不调夜（班）。普及新法接生，严格控制婴儿死亡率。目前新法接生率100%，新生儿成活率100%，完全杜绝了新生儿破伤风和孕产妇、婴儿死亡事故。妇产科还定期深入基层宣传妇幼保健知识，对婴幼儿、儿童进行健康检查，配合防保部门开展儿童常见病的查治，使危害儿童健康的肺炎、小儿麻痹症等基本绝迹。

2020 年 7 月 2 日，经高新区社会事业局批准，云农社区卫生服务中心停止产科助产技术服务（剖宫产、顺产），不再收治待产妇。

4. 公共卫生 食品卫生。农场防疫站成立以后，十分重视食品卫生工作。每年定期组织从事食品生产、销售人员和从事餐饮业人员进行健康检查。防疫人员经常深入农贸市场、经营餐饮业场所进行突击检查。1984—1992 年，共查处变质、低劣食品、饮料等 13 种 200 余千克。

劳动卫生。农场医院对全场企业有害因素及接触有害物资人群的情况调查常态化。对采石厂、砖瓦厂、水泥预制厂、轧花厂作业场所进行粉尘摸底检查。粮油棉加工厂于1984 年安装了二级除尘装置，有效降低了工作场所的粉尘浓度，并对从业人员按规定发放劳动保护用品。

2000 年以前，全场种植棉花面积较大，每年植棉 1.5 万～2 万亩，需用农药品种繁多，数量较大，为了把农药中毒降到最低限度，农场每年在农作物治虫前，都要举办农药使用培训班，把所施农药的性能、毒性、施药时间和方法、防护措施、原原本本地告诉施药人员。1995—1997 年，连续 3 年为近千名农业职工每人发放雨衣一套，以及口罩、肥皂等物品。各生产单位实行农药专储、专人管理、严格领发制度，从 20 世纪 90 年代开始，尽量采用低毒高效农药，使全场农药中毒人数呈逐年下降趋势。为了确保农药中毒人员的抢救效果，农场医院于 1979 年开展了农药中毒动物实验研究。2001 年参与了省农垦集团总公司组织的垦区农药中毒防治工作课题研究，完成了全部实验项目，并获得省科技进步三等奖。1989 年以来，农药中毒人员经抢救，成活率都在 100%，未发生一例农药中毒死亡病例。

5. 爱国卫生运动 1976 年 5 月，云台农场革命委员会成立场爱国卫生运动委员会，该组织亦是计划生育领导机构，负责全场计划生育领导工作。

1991 年，成立云台农场初级卫生保健委员会。

2011 年，社区共有环卫人员 13 人。每年夏秋两季，农场都要组织全场性灭蚊灭蝇工作，提升场镇及居民点卫生工作，2003 年夏，大岛管理区因饮水污染造成 70 余人腹泻，事后农场出资 10 万元，从板桥镇（台南盐场）接通大岛管理区自来水管道，从而结束了大岛管理区近50年一直靠到数十里以外的板桥镇拖水吃的历史。至2011年，城镇内共植各种花木10余万株，建草坪、绿地6000多平方米，路旁灌木绿化3000余平方米，城镇绿化覆盖率20.3%，为农场创建省级文明单位和基层单位创建省级、市级、区级文明单位提供了坚实的卫生条件，也为广大居民提供了健康、整洁、空气新鲜、气候宜人的人居环境。

四、防疫保健

1963年农场医院成立防疫组，有专职防疫人员1人。

1986年防疫组改为防疫科。

1990年11月28日，成立云台农场卫生防疫站，史鸣琦兼任站长。业务和行政由场医院领导，有专职防疫人员2人，各分场卫生所配有一名兼职卫生防疫人员，负责按时向防疫站上报传染病疫情，填报传染病卡片，协助防疫站做好疫点处理、流行病调查等工作。卫生所撤销后，全场的卫生防疫工作由防疫站负责。

2012—2020年，医院防保所坚持"预防为主"方针，树立良好的服务行业"窗口"形象。发展情况如下：

1. **人员培训**　2012年防保所只有2名工作人员具有接种证上岗资格，接种儿童较多，接种人员少，造成拥挤，次序紊乱，至今已有13名医护人员，每年参加上级的预防接种培训，取得预防接种上岗证，在接种日能够保证6名工作人员参加计划免疫宣传日的接种工作。从2011年10月开始，投资17万进行现代化预防接种门诊的建设，实现了全流程信息化管理，体现以人为本、科学管理、规范接种的思路，建立了一站式排队集成网系统，能够提升服务品质与内部管理水平，从而告别烦躁、杂乱的排队等待，营造轻松、有序的服务环境。现代化接种门诊实现了以下功能：进门取号，依次预检登记，根据语音呼叫和大屏提示信息进行有序接种，解决了排队拥挤现象，系统自动记录儿童留观到点时间，确切记录儿童接种的各项信息，建立连续性儿童预防接种服务档案，以便更好地为儿童进行预防接种服务。

2019年，根据省市疫控中心的要求，为了更安全地为儿童做好接种服务工作，杜绝出现过期疫苗、错种疫苗的情况，服务中心又投资近20万元进行创规范化接种门诊的工作，重新购置了7台电脑，6台打印机，2个询问诊和登记告知系统设备，3台接种确认系统设备。通过了省级规范化门诊的验收，以便能够更安全地为儿童做好计划免疫接种工作。

2012年至今，为农场常住人口建4442份电子档案，老年人管理人数为892人，其中每年为其免费体检的人数达到 600 人左右。高血压 187 人，糖尿病 105 人，每年农场提供 4 次免费测血压血糖服务，指导病人用药情况，并与 3938 人进行家庭医生签约。

2. **学校卫生工作**　农场卫生职能部门主动与教育部门协调，做好每年的新生入学、入园接种证查验工作，以保证每个儿童都有完整、正确的接种史，对有漏种的儿童及时给予补种，以减少学生传染病的发病率。

3. **其他公卫工作**　农场落实集团公司和地方政府疫情防控工作部署，按照"依法依规、属地管理，完善机制、合理应对，依靠科学、有序有效，公开透明、实事求是"的总要求，全力开展疫情防控工作。

2019 年，武汉发生新型冠状病毒感染，农场党委落实集团公司及地方政府疫情防控工作部署，成立农场公司和社区疫情防控领导小组，制订防控工作方案。至 2022 年 8 月，农场辖区无疑似病例、无确诊病例。

五、医疗制度

1952—1994 年，农场在职和离退休职工全部享受公费医疗。职工子女享受统筹医疗，20 世纪 60 年代每人医疗统筹费为 6 元/年。1990 年底后，分别增至 18 元/年、60 元/年、120 元/年，患者一律凭职工医疗卡和非职工统筹医疗卡到指定医院和卫生所就诊。

1995 年，农场根据国务院《关于职工医疗保险制度的试行意见》和江苏省《企业职工社会医疗保险制度试行意见》的有关政策规定，借鉴兄弟单位医疗保险制度，开始医疗保险制度改革，制定了《云台农场劳保统筹医疗保障制度若干规定》（云农场字〔1995〕55 号），对医疗保险经费收取和支付做出了新的规定。

医疗保险经费筹集，农场在职职工由场财务部门统一按职工工资总额（含奖金）的 8.5% 提取，离退休人员按退休金额的 10% 提取。停薪留职人员按场规定金额交纳医疗保险费，老红军、二等乙级以上革命残废军人不交纳任何保险费。未参加工作的独生子女按每人每年 140 元，从场计划生育经费中支付。场内职工供养的非劳力直系亲属医疗经费，按每人每年 140 元收取，并全部计入医疗账户，场医疗保健领导负责场医疗保险经费的筹集、运营和管理。

农场按全场职工年平均医疗经费定期转账，依据不同工龄，确定计入个人账户的金额，余额纳入统筹公共账户。计入个人账户的标准为：工龄未满 15 年，120 元/年；工龄 15～25 年，150 元/年；工龄 25 年以上，180 元/年；退休人员，240 元/年，合作医疗者，45 元/年。

参保者个人账户支付结束后，先由职工本人自负 150 元，非劳动力 300 元，超过部分，先由个人现金支付，年终凭病历、发票一次性核报。核报比例为：500 元以内部分核报 75%，个人支付 25%；501～1000 元部分的，核报 80%，个人支付 20%；1001～3000 元部分的，核报 85%，个人支付 15%；3001～5000 元部分的，核报 90%，个人支付 10%；5000 元以上部分的，核报 95%，个人支付 5%。大病患者核报 2.4 万元封顶。纳入统筹的慢性病患者核报 1 万元封顶，超出部分患者自付。离休人员及二等乙级以上残废军人、烈属未成年子女核报 100%。该项制度一直延续到 2004 年，以后年份对参保者缴费比例和医疗费核报比例虽有微调，但总的原则仍按此制度执行。

1986 年，医院开始实行经济责任制，经费包干，并对部分科室进行了经济责任制的探索。

2004 年 5 月，经省农垦集团公司批准，地方医疗保险机构同意，从 2005 年 1 月开始，农场正式加入连云港市地方职工基本医疗保险。基本医疗保险费由农场和职工共同缴纳。用人单位缴费率为职工工资总额的 7%，职工缴纳为本人工资性收入的 2%，简称"7＋2"。同时加入大病医疗救助，即大额医疗费用救助制度，医疗救助者基金按每人每月 6 元缴纳。参保单位和参保职工各承担 3 元。大病患者医疗费用 3 万元以上部分到 15 万元，个人自付 10%，最高报销额可达 15 万元。当年加入连云港市社会医疗保险人数 2900 人，其中退休人员 1100 人，占总人数的 38%，占在职职工人数 61%。进入地方社会医疗保险后，改变了过去企业包揽职工医疗费的做法，实现了从单位福利保障到社会保障的转变，建立了医、患、保三方面制约机制，克服了过去报销水平低、医患之间矛盾多、职工因报销药费反映大的弊端，使农场职工医疗保险工作正式进入了社会化管理范畴。在加入地方医疗保险的同时，加入地方工伤保险和生育保险。

在农场职工加入连云港市社会医疗保险后，农场根据省政府〔2007〕38 号文，省劳动和社会保障厅、财政厅〔2007〕11 号文，以及连云港市医疗保险暂行办法的通知精神，结合农场还有近 1000 非职工居民没有参加医疗保险的实际，2008 年，将农场所有非职工居民申请加入了连云港市城镇居民基本医疗保险。农场向连云港市医疗保险管理处承诺，如果省、市政府配套补助资金不到位，则由云台农场自己承担，确保云台农场非职工居民不因大病致贫。

农场在职职工、离退休人员和非职工居民分别加入连云港市职工社会医疗保险及连云港市城镇居民基本医疗保险，从此解决了全场职工、居民因贫治不起病或因病致贫的后顾之忧。

六、医疗器械

1969 年，农场医院有 50 毫安的透视机。

1977 年，农场医院添置 200 毫安的 X 光机。

1977 年，农场医院添置细菌培养的设备。

1979 年，农场医院开展生化检查。

1987 年，农场医院开展心电图、A 型超声波业务。手术室添置了麻醉机、心电监护仪（带除颤）、洗胃机、吸痰器。

1989 年，农场医院添置 B 超设备、纤维胃镜。

1995 年，农场医院增添 300 毫安的 X 光机，并配置闭路电视透视系统。

2001 年，医院购置了脑电地形图设备、动态心电图设备。

2004 年，云台农场社区卫生服务中心添置电解质分析仪、半自动生化仪。

2006 年，云台农场社区卫生服务中心增添血球计数仪、血流变仪、血凝仪、尿分析仪。

2007 年，云台农场社区卫生服务中心增添了彩色超声设备。2020 年增添了 CT 机。

1971—2011 年云台农场幼儿教育基本情况见表 7-3。

表 7-3 1971—2011 年云台农场幼儿教育基本情况

年份	幼儿园				年份	幼儿园			
	所数/所	班数/个	儿童数/人	教师数/人		所数/所	班数/个	儿童数/人	教师数/人
1971	1	2	50	5	1992	1	5	145	13
1972	1	3	68	6	1993	1	5	186	13
1973	1	3	79	6	1994	1	5	167	13
1974	1	3	82	6	1995	1	5	178	13
1975	2	5	136	11	1996	1	5	166	10
1976	2	5	136	8	1997	1	5	153	10
1977	2	5	141	8	1998	1	5	189	9
1978	2	5	135	8	1999	1	5	193	9
1979	2	5	144	8	2000	1	5	194	9
1980	2	5	134	8	2001	1	5	188	8
1981	3	5	137	8	2002	1	5	198	8
1982	3	8	191	15	2003	1	5	181	8
1983	3	5	171	12	2004	2	6	223	10
1984	3	6	184	13	2005	3	9	263	13
1985	2	6	181	13	2006	3	10	321	15
1986	2	6	179	13	2007	3	12	364	21
1987	2	7	203	14	2008	3	12	430	28
1988	2	7	203	14	2009	3	14	465	32
1989	2	9	243	15	2010	3	14	596	32
1990	2	9	272	15	2011	3	14	590	32
1991	1	10	238	18					

1958—2001 年云台农场学校基本情况见表 7-4。

表 7-4 1958—2001 年云台农场学校基本情况

| 年份 | 学校/所 | | 中学 | | | | 教职工/人 | | 小学 | | 中学 | | 班级学生/人 | | 小学 | | 中学 | |
	合计	小学	初中	高中	农中	农技	教师	职工	教师	职工	教师	职工	班级	学生	班级	学生	班级	学生
1958	1	1					2		2				1	20	1	20		
1959	2	2					4		4				2	40	2	40		
1960	4	3			1		9	1	4		5	1	10	280	9	221	1	59
1961	4	3			1		15	1	10		5	1	10	284	9	225	1	59
1962	5	4			1		16	1	11		5	1	10	290	9	231	1	59
1963	4	4					18		18				12	415	12	415		
1964	4	4					20		20				13	340	13	340		
1965	8	8					43	2	35		8	2	24	579	24	584		
1966	8	7				1	35	2	29		8	2	26	490	24	390	2	100
1967	9	8				1	40	2	32		8	2	26	571	24	471	2	100
1968	10	8	1			1	44	2	36		8	2	27	639	24	493	3	146
1969	10	8	2				51		40		11		28	801	24	606	4	195
1970	7	5	2				48		40		8		26	690	22	610	4	80
1971	7	5	2				47		38		9		26	740	22	632	4	108
1972	10	6	3	1			95		71		24		51	1226	43	979	8	247
1973	10	6	3	1			97		72		25		51	1286	43	1050	8	236
1974	9	5	3	1			91		68		23		51	1261	43	1003	8	258
1975	9	5	3	1			92		67		25		55	1315	47	1059	8	256
1976	9	5	3	1			95		68		27		55	1343	47	1063	8	280
1977	10	5	4	1			100		73		27		57	1394	47	1088	10	306
1978	8	4	3	1			102		76		26		60	1458	47	1102	13	356
1979	7	4	2	1			76	2	43		33	2	35	1008	24	728	11	280
1980	7	4	2	1			77	5	43		34	5	35	1016	24	734	11	282
1981	7	4	2	1			79	5	45		34	5	36	1035	25	753	11	282
1982	6	4	1	1			79	5	45		34	5	36	1028	25	665	11	363
1983	6	4	1	1			73	5	38		35	5	33	1048	24	733	9	315
1984	6	4	1	1			74	5	39		35	5	34	1015	25	693	9	322
1985	6	4	1	1			65	5	30		35	5	31	978	22	654	9	324
1986	6	4	1	1			66	8	31	1	35	7	32	1020	23	654	9	366
1987	6	4	1	1			67	8	34	1	33	7	34	1022	25	647	9	375
1988	6	4	1	1			68	8	36	1	32	7	34	950	25	584	9	366
1989	6	4	1	1			71	8	38	1	33	7	34	884	25	561	9	323
1990	6	4	1	1			71	9	38	2	33	7	34	824	25	498	9	326
1991	6	4	1	1			71	11	38	8	33	3	27	787	19	483	8	304

（续）

年份	学校/所						教职工/人						班级学生/人					
	合计	小学	中学				合计		小学		中学		合计		小学		中学	
			初中	高中	农中	农技	教师	职工	教师	职工	教师	职工	班级	学生	班级	学生	班级	学生
1992	3	2	1				68	11	36	8	32	3	32	1086	25	746	7	340
1993	3	2	1				70	11	37	8	33	3	25	949	19	642	6	307
1994	3	2	1				70	11	37	8	33	3	25	987	19	664	6	323
1995	3	2	1				69	11	38	8	31	3	32	1186	25	834	7	352
1996	3	2	1				66	10	38	2	28	8	27	957	20	606	7	351
1997	3	2	1				66	10	38	2	28	8	27	968	20	612	7	356
1998	3	2	1				63	12	37	2	26	10	28	954	20	626	8	328
1999	3	2	1				64	18	37		27	10	29	966	20	614	9	352
2000	3	2	1				62	18	36	8	26	10	29	987	20	624	9	363
2001	3	2	1				52	18	28	8	24	10	28	967	19	592	9	375

注：2001 年 12 月 31 日，场中、小学移交新浦区。

1987—2020 年云台农场卫生事业基本情况见表 7-5。

表 7-5　1987—2020 年云台农场卫生事业基本情况

年份	医院/个	病床/张	医务人员/人		卫生所/个	医务人员/人		年份	医院/个	病床/张	医务人员/人		卫生所/个	医务人员/人	
			小计	其中医生		小计	其中医生				小计	其中医生		小计	其中医生
1987	1	30	55	15	4	6	6	2004	1	40	55	15	4	6	6
1988	1	30	54	15	4	6	6	2005	1	40	55	15	—	—	—
1989	1	30	57	16	4	6	6	2006	1	40	54	14	—	—	—
1990	1	30	58	17	4	6	6	2007	1	40	54	14	—	—	—
1991	1	30	58	17	4	6	6	2008	1	40	54	14	—	—	—
1992	1	30	57	16	4	6	6	2009	1	40	54	14	—	—	—
1993	1	30	56	15	4	6	6	2010	1	40	54	14	—	—	—
1994	1	30	55	15	4	6	6	2011	1	40	54	14	—	—	—
1995	1	30	54	14	4	6	6	2012	1	30	44	13	0	0	0
1996	1	30	55	15	4	6	6	2013	1	30	44	14	0	0	0
1997	1	30	53	15	4	6	6	2014	1	30	45	14	0	0	0
1998	1	30	56	15	4	6	6	2015	1	30	46	16	0	0	0
1999	1	30	55	15	4	6	6	2016	1	30	46	17	0	0	0
2000	1	30	55	15	4	6	6	2017	1	30	48	15	0	0	0
2001	1	30	55	15	4	6	6	2018	1	30	46	16	0	0	0
2002	1	30	55	15	4	6	6	2019	1	30	47	15	0	0	0
2003	1	30	55	15	4	6	6	2020	1	30	48	16	0	0	0

云台农场医院主要医疗设备见表 7-6。

表 7-6 云台农场医院主要医疗设备

设备名称	数量	单位	价值/元	购置日期
300 毫安 X 光机	1	台	68000.00	1995 年 8 月 1 日
电视增强系统	1	台	135000.00	1995 年 7 月 1 日
遥控系统	1	台	25000.00	1995 年 7 月 1 日
B 超机	1	台	58500.00	1990 年 10 月 1 日
口腔科综合治疗机	1	套	12000.00	1995 年 9 月 1 日
牙椅	1	台	13000.00	1995 年 8 月 1 日
多参数监护仪	1	台	48000.00	1997 年 8 月 1 日
万能手术床	1	台	11000.00	1995 年 7 月 1 日
脑电地形图仪	1	台	33000.00	2002 年 2 月 14 日
全自动血细胞分析仪	1	台	96000.00	2006 年 4 月 12 日
全自动尿分析仪	1	台	19000.00	2006 年 2 月 10 日
全自动血流变分析仪	1	台	23000.00	2006 年 4 月 12 日
血凝仪	1	台	17500.00	2006 年 4 月 12 日
彩色多普勒超声诊断仪	1	台	385000.00	2007 年 3 月 14 日
全自动生化分析仪	1	台	195000.00	2010 年 3 月 15 日
直接数字化 X 线机（DR）	1	套	12000.00	2010 年 4 月 15 日
综合手术床	1	台	7000.00	2011 年 2 月
格兰仕空调	3	台	6600.00	2011 年 2 月
脑电地形图	1	台	16000.00	2011 年 10 月
综合治疗机（牙床）	1	台	12500.00	2011 年 11 月
格力空调	1	台	3000.00	2011 年 12 月
无影灯	1	台	16000.00	2011 年 12 月
抢救床	1	张	25000.00	2012 年 9 月
综合产床	1	套	24800.00	2012 年 9 月
妇科综合诊断床	1	台	19700.00	2012 年 9 月
综合手术床	1	张	19500.00	2012 年 9 月
床单元	19	台	49400.00	2012 年 9 月
普通救护车	1	台	112800.00	2012 年 9 月
无影灯	1	台	9600.00	2012 年 9 月
呼吸机	1	台	31800.00	2012 年 9 月
多参数监护仪	2	台	37800.00	2012 年 9 月
输液泵	1	台	5000.00	2012 年 9 月
胎儿监护仪	1	台	11200.00	2012 年 9 月
微波妇科治疗仪	1	台	17900.00	2012 年 9 月
十二导心电图机	1	台	15000.00	2012 年 1 月
高压蒸汽灭菌器	1	台	26800.00	2012 年
联想电脑	7	台	29350.00	2013 年 6 月
格力空调	2	台	6400.00	2013 年 7 月

（续）

设备名称	数量	单位	价值/元	购置日期
希森美康血球仪	1	台	198000.00	2015 年 2 月
糖化血红蛋白检测仪	1	台	4000.00	2015 年 5 月
格力空调	1	台	2800.00	2015 年 1 月
格力空调	1	台	2600.00	2016 年 2 月
联想电脑	1	台	3600.00	2016 年 4 月
联想电脑	1	台	3600.00	2016 年 5 月
联想电脑	1	台	3800.00	2016 年 7 月
联想电脑	1	台	3600.00	2016 年 8 月
格力空调	15	台	33900.00	2016 年 8 月
格力空调	1	台	5300.00	2016 年 8 月
立式压力蒸汽灭菌器	1	台	6500.00	2016 年 12 月
海信电视	15	台	35250.00	2016 年 12 月
海信电视	1	台	4510.00	2016 年 12 月
心电图	1	台	8000.00	2017 年 1 月
联想电脑	2	台	7600.00	2017 年 11 月
彩超诊断仪	1	台	150000.00	2017 年 12 月
海信电视	2	台	5600.00	2018 年 1 月
动态心电记录盒	2	台	17000.00	2018 年 3 月
动态血压记录仪	2	台	24000.00	2018 年 4 月
麻醉机	1	台	33000.00	2018 年 6 月
富士通打印机	6	台	28800.00	2019 年 3 月
电脑	7	台	28000.00	2019 年 3 月

1987—2020 年云台农场疫苗接种情况见表 7-7。

表 7-7　1987—2020 年云台农场疫苗接种情况（例）

年份	卡介苗	脊灰疫苗	麻疹疫苗	乙肝疫苗（酵母）	流脑疫苗（A）	麻腮风疫苗	甲肝疫苗（减毒）	乙脑疫苗（减毒）	流脑疫苗（A＋C）	百白破疫苗（无细胞）
1987	254	1025	774	496	495	0	0	451	0	0
1988	198	953	569	516	529	0	19	416	0	0
1989	211	975	529	615	583	0	10	516	0	0
1990	235	968	638	610	618	0	11	457	0	0
1991	199	993	758	599	592	0	250	425	0	0
1992	200	1010	913	529	498	0	115	436	0	0
1993	213	995	659	548	509	0	109	425	0	0
1994	225	1102	359	605	517	0	102	428	0	0
1995	189	1002	513	637	536	0	99	450	0	0
1996	221	991	651	496	496	0	50	512	0	0

（续）

年份	卡介苗	脊灰疫苗	麻疹疫苗	乙肝疫苗（酵母）	流脑疫苗（A）	麻腮风疫苗	甲肝疫苗（减毒）	乙脑疫苗（减毒）	流脑疫苗（A+C）	百白破疫苗（无细胞）
1997	196	953	805	653	587	0	210	502	0	0
1998	209	935	765	523	550	0	109	505	0	0
1999	211	969	695	516	603	0	156	509	0	0
2000	231	978	591	625	495	0	250	499	0	0
2001	199	1020	683	495	537	0	213	487	0	0
2002	215	1035	369	659	513	0	156	406	0	0
2003	222	895	495	593	482	0	210	501	0	0
2004	197	765	710	650	562	0	109	499	0	0
2005	222	516	706	539	419	0	199	421	0	12
2006	162	495	249	761	452	4	103	213	0	40
2007	327	1122	442	675	640	22	117	510	0	98
2008	295	991	391	868	520	192	132	514	215	100
2009	288	888	1010	830	494	255	254	458	229	365
2010	246	947	828	787	487	220	220	473	197	996
2011	254	952	836	769	495	186	193	455	179	877
2012	220	1258	290	644	598	300	5569	574	478	1182
2013	159	928	526	557	509	257	505	486	352	1012
2014	183	1234	290	637	561	304	614	588	435	1154
2015	182	1223	335	678	644	289	585	632	509	1267
2016	112	893	285	545	586	317	589	569	432	1123
2017	90	1021	262	486	606	305	627	561	549	1034
2018	59	792	190	232	462	256	531	467	629	763
2019	57	689	110	294	268	220	399	374	549	585
2020	39	348	65	108	162	91	201	198	336	271

注：2000 年以前本场无麻腮风、流脑（A+C）、百白破（无细胞）疫苗。

第三章　文化、体育

建场后，农场相继建立文化设施和文化机构。1963年知青进入农场后，农场文化、体育事业由农场工会主管，党办和宣传部门协管，发展迅速，在五个文明建设中发挥了重要作用。

截至2020年，农场建文化广场3万平方米，拥有室外广场3个，图书阅览室2个，拥有藏书2万余册。拥有室外篮球场3个，网球场1个，笼式足球场1个。业余老年广场舞队5支，业余篮球队2支，最高年份业余篮球队达到8支，业余淮海戏演出队2支；腰鼓队1支；篮球、象棋、围棋协会各1支；2019年建道德讲堂、场史文化展示馆、党员活动之家及书法、绘画培训室，制作LED宣传视频1个。2020年建设新时代文明实践所一座，共300平方米。

第一节　文　　化

一、文化管理与设施

农场群众性文化管理，在建场初期隶属人事科主管。1954年后，隶属场工会、共青团、政治处主管。兵团时期隶属二团政治处宣传股主管。

1960年，农场修建砖瓦结构的饭堂，除供职工就餐、开大会外，专供业余宣传队排练节目和室内演出所用。

1975年，农场修建1000平方米的云农会堂，用于全场开大会、室内放电影和演出节目。

1976年后，农场文化生活由场政工科管理。

1984年，农场群众性文化管理职能划归工会，在老机关办公区改建图书室一座，面积80平方米，由专人管理，藏书2万余册。1990年后，农场文化生活由场工会、组织、宣传部门共同管理。

2004年，农场成立社区管理服务中心，后更名为社区管理委员会，农场文化生活由农场工会与社区管理委员会共同管理。

2005 年，农场投资 35 万元建起老年活动中心，内设棋牌室、麻将室、健身室、图书室。同年，农场投资 260 万元修建了 11000 余平方米的职工文化娱乐广场，内设网球场、门球场、篮球场、健身区和娱乐区，同时添置了灯光、音响等设施。

2015 年，张圩新区建图书室一座，占地 32 平方米，藏书 12000 余册。

2019 年，农场对原加工厂旧水塔进行了亮化改造，兴建东大门（徐新路段）。同年投入 4.2 万元，兴建农场党建基地。

2020 年，农场投入 100 多万元，对文化广场进行升级改造。8 月，投资 353.57 万元，建设云荷广场，建筑面积 1770.14 平方米，2020 年 12 月竣工。

二、文艺宣传

建场初期，农场职工来自社会各个阶层，有文艺专长的人较多，他们在周末、节假日自发或行政倡导举行小型的文艺活动，有唱京剧的，有唱民间小调的，还有其他一些自编自演的即兴节目，如秧歌、花船、腰鼓等。

1960 年，农场在普山作业区建立了业余文工队，结合生产排演些小型剧目。开始有 20 人，后精减至 8 人，有简易道具，能排演 20 多个节目，在"五一""中秋""国庆"等重要节日表演，深入各作业区开展小型演出，活跃职工文化生活。

1963 年，农场成立良种繁育队，将有文艺专长的人集中在该队，组成业余剧团，农忙时搞生产，农闲时搞宣传。该团有演职员 40 余人，分为淮海剧组、话剧组、歌舞组、声乐组，文艺人才比较齐全，服装道具、乐器也比较齐备，既能演出现代戏，又能演古装戏；既能演快板、相声，又能演歌舞。先后演出古装戏《催租》《跑窑》《王婆骂鸡》《借子》等，话剧《箭杆河边》，现代戏《借刀》《年轻一代》《刘四姐》，歌舞《抢场》等。这些节目深受职工喜爱，并多次参加县、地区、省戏剧汇演，其中歌舞《抢场》获灌云县文艺汇演比赛一等奖。

1969 年，二团成立后，重建业余文艺宣传队，演出现代京剧、相声、快板和歌舞等，排演的现代京剧《沙家浜》到南京、淮阴等地演出，深受各地观众的赞许。1976 年，文艺宣传队停办。

1984 年，场团委组织的"青年集体舞"在云台区集体舞比赛中获得第一名。

1986 年，连云港农垦组织所属农场、林场及东风制药厂等单位，排练节目，参加江苏农垦首届职工文化艺术节，云台农场有三个节目入选，参加江苏农垦首届文化艺术节并在南京汇演。

1990 年，农场工会、团委组织业余文艺宣传队，业余排练、演出，参加江苏省农垦系统文化艺术节文艺汇演，深受兄弟单位好评。

20 世纪 70—80 年代，农场各中小学在每年的"六一"期间都要组织一次文艺汇演。

2005—2011 年春节，农场工会社管会组织文艺联欢会 20 余场。

2010 年 6 月，农场社管会与场部小学举行红领巾进社区联欢文艺晚会；农场在省农垦首届职工广场舞比赛中获得三等奖。

2012 年，农场在省农垦第二届职工广场舞比赛中获得三等奖；以建场六十周年为契机，退休职工自发成立三支广场舞业余舞蹈队，100 余人参加，还有腰鼓队、模特表演队，他们在重大节日组织职工进行文艺汇演。

2014 年，农场在省农垦第三届职工广场舞比赛中获得二等奖。

2015 年，农场职工田富芹获得"江苏农垦文化达人"称号。

2015 年，农场参加江苏农垦文化艺术节，选送节日二胡（赛马），获三等奖。

2016 年，农场被评为连云港市"书香企业"。

2017 年，农场在江苏农垦第四届职工广场舞比赛中获得第二名。

2018 年 3 月 25 日，连云港市副市长尹哲强陪同著名制片人、导演张纪中先生一行到农场考察。7 月，农场参加连云港市首届全民健身运动会职工排舞比赛，自选曲目荣获第一名，规定曲目获得第四名；农场在江苏省农垦第二届艺术节文艺汇演大赛创作类节目中获得二等奖，在语言类节目中获得一等奖。

2019 年，农场被集团评为企业文化阵地建设先进单位。1 月 30 日，农场公司举办迎新春职工联欢会，农发公司云台分公司、苏垦农友等单位共有 200 名管理人员参加联欢，选送节目 15 个。

三、报刊

1. **农场办报**　1970 年 6 月，二团创办报纸《三夏快报》，主要刊登上级文件精神、农场决定、好人好事，以及夏收、夏种、夏管进度等，篇幅短小，很有鼓动力。《三夏快报》属季节性报纸，蜡纸油墨刻印，8 开 1 版，发送各营连及团部各单位，1986 年停办。

1984 年，农场工会、共青团创办《云农工团》，《云农工团》是反映农场工会、共青团活动情况的小报。此外，还创办了《云农情况》《云台农场宣传》。

2007 年 4 月，《云台农场宣传》改为《云农宣传》，传达上级精神，反映农场各行各业发展成就、先进人物事迹，农场阶段性中心工作出专刊，一般每个月 1～2 期。至 2011 年底，共出《云农宣传》135 期；2012—2020 年，《云农宣传》改为周刊，年出刊 45 期左右，均装订年度合订本。

农场农业服务中心还创办《云农科技》《云农病虫情报》等刊物，不定期出版，为基层单位提供科技服务和信息服务。

2022年，农场创办《云荷》（双月刊）内刊，设新云广角、产业脉络、党建园地、云淡风轻、民生实事、社区民情、疫情防控、文明新风、云台万花筒9个专栏，全方位展示高质量发展。

2. **报纸订阅**　农场每年拨出一定数额的经费，由宣传部门统一给各科室、各基层生产区、各企业单位订报纸，主要为党报刊物，如《人民日报》《新华日报》《连云港日报》《江苏农垦人》《江苏法制报》《中国青年报》《党的生活》《中国监察》《中国工人报》《江苏工人报》《求是》等。其次是根据专业不同兼订专业技术性刊物，如《综合蔬菜报》《北方蔬菜报》《江苏农业科技报》《江苏农垦科技》《支部生活》《东海民兵》等有利专业学习的刊物。

四、图书

1975年，场部有一家小书店，有简易书架、柜台，出售一般常用书籍、画册等，1976年小书店关闭。群众用书或学生用书等都到新华书店购买。从2005年开始，云台农场供销社门市部和2户地摊工商户兼售部分图书。

2000年前，场内有农场工会、农场中学、农场中心小学、农场中心幼儿园、云台无线电电子元件厂等5个单位设置图书室，共有图书18000余册，其他单位、部门只有少量资料书籍。

至2011年，农场工会职工之家和场社区管理委员会设置图书室，图书种类涵盖社会科学、名人传记、中外名著、专业技术、现代文学、古典文学、纪实文学、成功励志、健康养生以及武侠、都市休闲读物等，图书10000余册。

2005年，张圩新村建成后，在公共场所办公区开辟30平方米图书室，购置10000册各类图书，供小区职工、居民、少儿阅读。

2015年6月2日，市总工会为农场免费赠送了1100余册图书。

2021年11月，农场被中华全国总工会评为"全国工会职工书屋示范点"；12月，获连云港市总工会授予的连云港市"三星级职工书屋"。

五、档案

农场建场时设有文书档案室。场长办公室配兼职管理员1人，负责档案管理工作。档案室有档案橱17个，存入档案310多卷。

1969 年，二团时期团部设保密员，专司文件档案的管理工作，档案室面积 24 平方米，到 1975 年，档案室共有文件 22863 份，其中绝密 327 份，机密 496 份，秘密 2041 份，内部 37 份，一般 16857 份，老职工、老知青档案 3105 份。

1975 年 7 月，文书档案室隶属农场行政办公室管理，由行政办公室秘书兼管文书档案工作。

农场内部的机关各科室、各基层工厂、分场、队都配有档案橱。组织部、劳资科、计财科都有兼职档案管理员。至 1992 年，全场有档案专橱 113 个，保存各类档案 5000 余卷。

1993 年，各生产大队的会计集中分场办公，大队财务档案集中分场管理。

2002—2003 年，场办工业改制为民营企业，改制企业档案移交场工业企业留守处管理。

2004 年，农场改三级管理两级核算为两级管理一级核算，各分场财务档案移交农场财务部集中管理。

2007 年，农场建起综合档案室，达到档案管理省一级标准。档案室建筑面积 96 平方米，其中档案库房建筑面积 40 平方米，有复印机 1 台，分散式空调机 1 台，除湿机 1 台，有专职管理人员 2 人，其中助理馆员 1 人。档案年度跨越 59 年。室藏档案分为文书、财务、人事等 12 类目录，室藏量达 8371 卷，6502 件。实物档案 159 件。

2007—2011 年，农场综合档案室连年通过省档案局目标认定验收，2014 年 4 月，连云港市档案局第十四协作组会议在云台农场召开。

六、电影

1961 年，农场向灌云县借 3 个人和放映机、发电机，成立农场电影放映队，李冠堂任队长，史洪路、高东生分别任放映员和发电机员，由淮阴电影公司供片，露天放映电影，不售票。

1963 年 6 月，农场自购 16 毫米放映机 1 台，从泗阳借来 2 名放映员，继续由淮阴电影发行公司供片。随后，农场培训张明华、高德明、刘长荣 3 名放映员，到基层单位轮流放映，农场各单位职工每月都能看上电影。

1972 年，二团时期，农场购置长江 35 毫米放映机 1 台，放映人员增加至 5 人，影片改由建设兵团发行，团里调荣文标任电影队队长，露天放映电影，不售票，每月每个职工扣 2 角钱电影费，农场各单位职工每周都能看上电影，各单位用牛车或手扶拖拉机拉送发电机、放映机。

1976 年，云农会堂落成，农场电影队拥有 5 台放映机，年放映影片 500 多场次。基层单位仍然是露天放映电影，场部放映开始售票，一部黑白影片票价1角5分。

1982年，电影队有5名工作人员，放映机5台，发电机2台，电视录像设备1套，小型客货车1辆。

1984年，电影队隶属农场政工部门管理。从1985年开始，电影队隶属场工会管理。

1985年起，农场对电影队实行定额补贴，亏损自负，年初订立考核责任制，年终由主管部门考核。电影队积极组织片源，改进服务态度，每年放映场次都在200场以上。

1995年，农场安装卫星地面站（CATV）系统，电影队成员为3人。后来农场将卫星地面站系统移交电影队管理，电影队更名为影视站，室内、室外放映就此停止。影视站由农场宣传部门管理。

七、广播

1965年，农场建广播站，开始在电话线上架设有线广播。广播站有150瓦扩音机1台，各基层单位配有舌簧喇叭。每天早、中、晚播音，每次30分钟。

1968年，扩音机功率增至300瓦，并增置录音机1台。

1970年，农场将广播线与电话线分开架设。广播线总长120千米。各基层单位相继购置扩大机，可以自办广播。20世纪70年代，每天播音前先放军号，通知全场职工起床、上班、下班。广播站对农场政治、经济、文化、生产、管理起到了很重要的作用。

1984—1992年，农场对广播线路先后进行三次大的改造，将原来的木杆全部改用水泥预制杆，铁横担架线，老化电线全部更新。

2000年，农场广播站有500瓦扩大机1台，收录机1台，电唱机1台，录音机2台。有专职广播员1人，每天播音3次。播音内容为向各基层单位传达上级和农场决定，宣读中央、省农垦文件和上级会议精神，传播农业生产技术和知识，发布通知和规定。节目有专题广播、农场新闻，还转播其他电台节目。

2005年1月，在连云港市广播电视局的支持下，经省广播电视局同意，农场投资60300元改有线广播为采用调频方式传输广播节目，广播站改为广播电台。农场有数字显示调频发射机2台，50瓦晶体点频自动调频收扩音机20台，高音喇叭40只。广播电台发射频率86.4兆赫，发射功率20瓦。每天早、中、晚三次播音，设专职播音员1名。

2012—2020年，农场有数字公共广播系统一套，采用自动播放，在人口居住集中地农场场部、张圩新区、于沈新区、普山等地安装高音喇叭共8只，调制好后，每天3次自动播放。农场新闻，每周2档，每天早、中、晚各播1次。

农场广播一直归宣传部门管理。

八、电视

1995 年 8 月，农场成立有线电视安装和建站工作领导小组，投资 36 万元完成有线电视安装工程 600 户（场部、普山住户）。网络结构采用电缆传输、空中走线、用户分片。有线电视开通后，接收 14 个频道。农场有线电视站与电影队合并，取名为云台农场电影电视站，归宣传部门统一管理。

2002 年 8 月，云台农场与连云港市广播电视传输总台签订协议，农场有线电视与连云港市有线电视网络联网，农场影视站整体移交连云港市广播电视传输总台管理。市传输总台为农场预留一个频道接口，作为农场自办节目频道。影视站人员由市传输总台聘用。

2007 年，农场在机关大楼三楼修建 50 平方米电视录像和播音室，配齐录播设备，用于农场新闻制作。

2011 年 3 月，农场所有电视改为有线数码电视。

2012 年，配合连云港市电视台制作建场 60 周年宣传片《春华秋实》，时长 10 分钟。同时与市电视台合作，每年做电视新闻 5～10 期，在市电视台播放。

2013 年，农场在江苏农垦好新闻比赛中获得二等奖。

2014 年，农场宣传部门制作专题片《绿色云台生态游》。

2017 年，农场宣传部门制作专题片《绿色云台铸华章》。

九、广告牌建设

2021 年，农场投资 70 万元在徐新公路农场境内两侧七排沟段建两座广告牌，对外招租广告。

十、诗词书画

1988 年 12 月 26 日，成立江苏农垦书画协会云台农场分部，于 1989 年启用，1 月 15 日正式启用印章。

1990 年，农场组织科牵头，成立以离退休干部为主体的云台农场职工书画协会，入会会员 30 余人。1990 年、1991 年、1996 年、1997 年、2002 年、2006 年、2007 年举办书法绘画展览各 1 次，每次参展作品 30 余幅。参展作品多次被推荐参加江苏省农垦总局举办的书法绘画展览。离休干部邱乐天创作的《菊花》、元件厂职工汤明创作的《昨夜艄公醉》、农场学校刘洪军创作的国画《累累硕果》《荷塘》《风竹》以及书法《清气若兰》，都曾在省农垦总局举办的书法绘画展览中获奖，其中刘洪军的《风竹》获一等奖。

2012年，为庆祝建场60周年，举办书法、摄影展，参赛书法、摄影作品共200余幅。

2017年，农场成立书法、摄影协会，50余人参加。协会定期邀请农场小学美术老师授课，培训书法和摄影基础知识。

十一、民间故事

云台农场散存于民间、流传于口头的故事不计其数，有《小白龙探母泪涟涟》《穷神的故事》《人心不足蛇吞象》《山芋》《馋嘴女人的故事》《馋嘴男人的故事》《拙女人的故事》《女婿拜寿》《笑死于公》等。

附：民间故事《于公高门》

传说汉宣帝时丞相于定国的父亲，人们称之为于公，为县衙管理狱讼的官吏，判断狱讼公平允当，被判的人，莫不心服口服，毫无怨恨。

东海有位孝妇，年少守寡，没有儿子，侍奉婆婆恭敬孝顺，婆婆劝她改嫁，孝妇始终不肯，婆婆对邻居说："我的媳妇侍奉我孝顺勤苦，可怜她无子守寡，为了我耽误终身幸福。我年老了，长久拖累于她，心中实在不忍，不知如何是好？"于是，自杀而死。婆婆的女儿不明实情，诬告孝妇杀死其母。太守逮捕孝妇严加拷打审问，孝妇不堪重刑，被迫含冤认罪。狱案已成文书具备，送到官府，于公据理为孝妇昭雪，太守不听，于公极力争论不能得，于是抱着已成的狱案文书，痛哭于官府上。太守不理，竟然判处孝妇死刑。

孝妇死后，东海郡内，枯旱三年不下雨，五谷不熟。后来新任太守到任，询问缘故，于公又为孝妇洗雪冤情，太守占卜得知缘故，于是亲自祭祀孝妇坟墓，并作表颂扬立碑于墓，天立时大雨，当年东海郡获得大丰收。

郡中由于此事，更加敬重于公。后来于公家的门闾坏了，父老乡亲共同要为他修理，于公说"门闾可做高大些，使它能容驷马高盖车进入，我治理狱讼多积阴德，没冤枉过好人，将来子孙必有昌盛显贵者"。后来于公的儿子于定国为廷尉官掌刑辟，治狱小心谨慎，以公平宽恕著称于世，汉宣帝任为丞相，封西平侯。乡亲们为纪念于公的功德，将于公住的村庄改为于公疃。东海孝妇的故事被元代杂剧作家关汉卿编成戏剧《感天动地窦娥冤》，流传甚广。

于公疃就是今天云台农场的于沈新村。

第二节　体　育

一、群众性体育活动

1952年，群众体育运动得到普及，如乒乓球（用一块木板当球桌，用两块砖头、一根芦柴或小毛竹当球网）、篮球（在木桩上安上铁圈当篮球架，有独栏，也有双栏）、拔河等。20世纪50年代末，农场派人参加灌云县象棋比赛，易中强获得个人冠军。

1962年，农场成立职工俱乐部。俱乐部开展读革命书、演革命戏、唱革命歌曲、讲革命故事的社会主义宣传活动。农场工会先后组织了业余篮球队、乒乓球队参加江苏省农垦系统及地方组织的比赛。

20世纪80年代初，农场场部大会堂门前建起灯光篮球场。1986年，农场工会举办了为时3天的职工篮球比赛，有8支球队、96名队员参赛。二分场和工业一队分获农业队、工业队第一名。

1984—1987年，开展群众性的活动（包括文艺汇演、篮球比赛、乒乓球赛、围棋赛、象棋赛、长跑比赛、跳远比赛、铅球比赛、摄影比赛、书法比赛、美术比赛、文艺舞会）100余次，组织场内广播稿件4000余篇，小报136期，黑板报50多期，画廊162期，制作幻灯片1300张，举行智力竞赛21次。

1985年，农场开展创建职工之家活动；1986年，场工会获省农垦"合格职工之家"称号，并被评为"先进职工之家"。

1988—1990年，场工会举办文艺演出18场次，广播讲座45期，举办篮球赛、乒乓球赛、象棋赛、扑克比赛、拔河比赛、舞会、知识竞赛146次。

1991年6月，成立国营云台农场体育运动委员会。

1997年，工会组织中小学生进行"迎香港回归，树革命理想"的演讲比赛。"七一"期间组织"庆七一，迎回归"文娱晚会，元旦期间组织了篮球比赛，"三八"节组织卡拉OK大奖赛、跳绳比赛和赛跑比赛。

1999年，工会组队参加连云港市总工会"王子杯"合唱比赛，获二等奖。国庆50周年期间，组织了全场篮球比赛、演讲比赛，举办了一台文艺晚会，并放映革命影视片。

2006年，农场投资260万元建起占地11000平方米，集文化、休闲、娱乐、健身于一体的大型文化广场。篮球场、乒乓球台、棋台、网球场、门球场一应俱全，各类健身器材应有尽有。投资10万元在场部机关新建高标准篮球场。

2009年，农场投资50万元建成张圩新区群众文化活动广场，占地1100平方米。

2006—2011年，农场先后举办场内篮球比赛20场次，乒乓球比赛18场次，象棋比赛20场次，健身操比赛10次，2008年3月8日，农场举办了迎奥运女子长跑比赛。

2006年，场工会帮助基层工会分会建立了15个职工活动室，开展了"迎国庆卡拉OK革命歌曲比赛""迎新春篮球比赛""乒乓球比赛""中老年妇女健身健美操"比赛。9月，举办了书法、绘画展览；10月，与连云港市农业银行、连云港市国土局举办了乒乓球联谊赛。

2007 年，场工会开展文化建家活动。举办"庆新春联欢会"，组织中老年妇女健身健美操比赛，"五一"期间，聘请新浦区戏剧团来场演出。于沈管理区和社管会工会自编自演文艺节目在职工休闲广场演出。

2008 年，举办百名妇女"庆三八，迎奥运"万米长跑比赛。

2011 年，全场有业余文艺团体 3 个，演职员 60 多人。健身健美体操队 8 个，队员 200 多人。业余门球队 1 个，队员 20 人。业余篮球队 6 个，队员 70 多人。有娱乐广场一座，内设门球场、篮球场、网球场、娱乐区、健身区、休闲区。

2013 年 7 月，农场在省农垦乒乓球比赛中，获得女子团体比赛第三名和女子单打第三名。

2017 年，对农场职工文化休闲广场进行改造，将普通篮球场改造为灯光球场，增加了娱乐设施；在集团公司举办的广场舞比赛中获得二等奖；10 月 16 日至 17 日，江苏省第六届农民体育节在农场云水湾举行，全省组成 13 支农民体育代表队，150 名运动员参加，开展 13 个体育项目比赛。

2018 年，农场在连云港市首届全民健身运动会职工部拔河比赛中获第六名。

2018 年 8 月 26 日，农场参加连云港市举办的首届全民健身运动会职工排舞比赛，获得第一名。9 月 20 日，农场参加省集团公司第二届文化艺术节，获得语言类一等奖和创造类二等奖。

2019 年 10 月 20 日，农场公司组织 200 名员工参加"卫星杯 2019 连云港徐圩国际马拉松比赛"。

2020 年 5 月 28 日，成立"云台农场微马队"。

2020 年 9 月 21 日，云台农场有限公司举办以"喜迎十一庆中秋，携手联欢话文明"为主题的广场舞比赛。来自农场和党组织结对共建单位南城街道党工委共 7 支代表队、百余名选手参加比赛。

2020 年 11 月 14 日，农场参加连云港市人民政府主办，连云港市农业农村局、连云港市体育局和江苏海洋大学联合承办的市第一届农民运动会。

二、学校体育

云台农场学校体育教学自 20 世纪 60 年代初就已开始，由于当时学校体育设施比较简陋，学校体育课一般都是传统体育项目训练，如田径、篮球、乒乓球、棋类、跳绳、儿童游戏等。20 世纪 70 年代，农场学校教学逐步走向正规化，体育老师队伍不断增强，体育设施不断增加，体育活动形式不断改进。至20世纪80年代初，云台农场中、小学拥有足球场面积达2400平方米，标准200米煤渣跑道3道，另有150米、250米、300米、400米跑道共11道。20世纪80年代，农场中小学体育教学与训练工作较为突出，经常举办田径运动会和单项球类比赛，农场多次派代表队参加县、市、区级教育系统体育项目比赛，取得的成绩较为显著。

1984年，云台农场小学代表队参加连云港市"贝贝杯"足球比赛，获女足第三名；参加"萌芽杯"足球赛，获男足第三名。

1987年，云台农场小学代表队在市传统学校比赛中获足球小学男子组第二名。

1988年12月，云台农场小学（足球）被市体委命名为市级体育传统项目学校。1989年，云台农场小学足球队代表连云港市参加江苏省小学生足球赛。

自1982年《国家体委锻炼标准》公布以来，农场学校把是否"达标"作为确定学生能否被评为"三好学生"的必要条件。1989年新的《国家体育锻炼标准施行办法》出台后，农场中、小学施行标准达标率一直保持在95％以上。1990年9月，农场中、小学专职体育教师均参加了云台区体委、区文教局举办的中、小学校施行"标准"培训班。

云台农场中学陈玉凤，1986年7月输送到市少年体校训练，练习踢足球。1990年8月被输送至国家女子足球队。她头脑灵活，技术全面，多次参加国内外大型足球比赛。1994年在日本广岛亚运会女足比赛中，陈玉凤头球攻入至关重要的一球，为中国队捧回冠军杯，立下汗马功劳，受到国家以及连云港市体委的嘉奖，被云台农场团委授予"杰出女青年"称号。

第四章　精神文明建设

随着社会、经济的发展，交通商贸业的繁荣，职工文化素质的提高，新的人生观在居民群众中渐渐树立起来，人们的精神面貌发生了新的变化。新的思想、新的观念、新的道德风尚在农场逐渐形成。勤于奉献，助人为乐，扶贫助残，婆贤媳孝，五好文明家庭、五星级文明户大量涌现。新型的家庭关系，体现了农场社会的进步，这一切都为云台农场的发展起了决定性作用，云台人为农场事业艰苦努力，为农场的发展献计献策，流血流汗，艰苦奋斗，勇于奉献，开拓创新。通过几代人的共同努力和艰苦创业，把盐碱荒滩变成了良田，在只长盐蒿不长粮的盐碱滩上创造了奇迹。建场初期，由于农场人员来自祖国各地，四面八方，成员复杂，风俗人情不一样，加上当时经济贫困，人际关系也比较淡漠，人们的交往多在老乡、战友、亲戚间进行。进入21世纪以来，以社会主义核心价值观统领干部职工的灵魂，坚持以社会主义核心价值体系建设为根本，围绕农场提出的"生态宜居农场"建设，用新的企业精神治理农场，以高昂的精神状态，深耕宜居农场建设，以文明单位创建为目标，广泛开展群众性精神文明创建活动。

第一节　组织机构

1952—1962年，精神文明建设工作由人保科代管，各支部书记主抓。

1969—1975年，兵团时期，精神文明建设工作由团政治处宣传股主抓，组织股和保卫股协助，各营党总支、连队党支部主抓。

1976—1981年，精神文明建设工作由农场政工科负责，各党总支、支部主抓，教卫科、武装部协助。

1983—1989年，农场组宣科负责精神文明建设工作，纪委、工会、团委、教卫科、武装部、法庭、派出所协助，各党总支、支部主抓。

1990—1992年，农场党委办公室负责精神文明建设工作，工会办公室、共青团委员会、妇联、教育科、政法办公室协助，各党总支、支部主抓。

1994年，农场党委办公室负责精神文明建设工作，政法办公室、工会办公室、共青团委员会、妇联、教育科、武装部、法庭、派出所协助，各党总支、支部主抓。

1995—1996 年，农场宣传科负责精神文明建设工作，组织科、纪委、工会办公室、共青团委员会、妇联、职工教育办公室、派出所、武装部协助，各党总支、支部主抓。

1998—1999 年，农场组宣科负责精神文明建设工作，纪委办公室、工会办公室、共青团委员会、妇联、教委协助，各党总支、支部主抓。

2000—2003 年，农场宣传科负责精神文明建设工作，组织科、纪委、工会办公室、共青团委员会、妇联、武装部、司法所、教委协助，各党总支、支部主抓。

2004—2006 年，农场党委办公室负责精神文明建设工作，纪委、工会办公室、共青团委员会、妇联、武装部、城管中心协助，各党总支、支部主抓。

2007—2008 年，农场党委办公室负责精神文明建设工作，纪委、工会办公室、共青团委员会、妇联、武装部、综合治理办公室协助，各党总支、支部主抓。

2009—2011 年，农场宣传企划部负责精神文明建设工作，组织、纪委、工会、妇联、社区管理委员会协助，各党总支、支部主抓。

2012—2021 年，农场党委工作部负责精神文明建设工作，纪委、工会、妇联、社区管理委员会协助，各党总支、支部主抓。

第二节　精神文明道德教育

一、五讲四美三热爱

1981 年 3 月，农场政工科、团委、法庭成立文明礼貌月活动工作组，在场部小学、四分场、医院等单位试点，然后全场推开，组织全场各单位开展治理脏、乱、差活动，清扫道路，铲除垃圾，后检查评比以环境美为始发点。

1983 年，农场党委在全场党员干部中开展学习罗健夫、蒋筑英活动，促进了文明礼貌活动。

1984 年，农场成立"五讲四美三热爱"领导小组，负责抓好农场第三个文明礼貌月活动，把"五讲四美三热爱"作为对全场干部、工人和青少年文明礼貌教育的中心课题。要求全场干部、工人用"五讲四美三热爱"对照自己，要求自己做一个文明的农垦人。农场团委组织团员青年上街做好事，开展为民服务，全场参加为民服务超过 1860 人次，为群众做好事 400 余件。

二、"三优一学"教育

1990年3月，农场制定《关于贯彻场（1990年精神文明建设意见）的实施要点》，农场党委向全场干部、工人、家属及服务行业发出以"优质的服务，优良的秩序，优美的环境重新塑造农垦人精神文明形象"的号召。云台农场全体干部职工通过深入学习雷锋和先进人物，在农场范围内掀起创优争模新高潮，促使精神文明建设在云台农场全面深入开展。"三优一学"活动将农场精神文明建设向前推进了一步。

1990—1995年，农场1人被评为连云港市劳动模范，1人被评为连云港市先进工作者，有1人被省农垦总局授予"优秀企业经营者"称号，有46人次分别受到省农垦总局和市总工会的表彰。

三、社会主义荣辱观教育和"三优三满意"活动

2006年5月，农场党委提出在全场干部职工中开展以"八荣八耻"为主要内容的社会主义荣辱观教育，将荣辱观贯穿公民道德建设全过程，使之融入农场经济社会生活的各个方面。

2006年10月，农场党委发出通知，在场直机关开展创建"三优三满意"文明机关活动。"三优"，即优质服务、优良作风、优美环境；"三满意"，即领导满意、基层满意、群众满意。农场党委制定了《云台农场"三优三满意"文明机关标准》。农场组织人员对社会主义荣辱观进行了宣讲，利用广播、电视进行大力宣传，开办讲座26讲。

2006年底，组织职工群众对机关、场直进行群众满意度测评，群众、基层满意度都在96%以上。

四、社会主义核心价值观教育

2015年1月，农场党委出台《关于培育和践行社会主义核心价值观的实施方案》，每年结合实际情况落实方案。

第三节　文明单位创建活动

1984年起，农场开展文明单位创建活动，1985年云台无线电元件厂首次被连云港市人民政府授予"文明单位"称号，至2003年改制前这段时间连续十次被授予省级"文明单位"称号。

1984年，农场"五讲四美三热爱"领导小组更名为精神文明建设领导小组，农场党委1名副场长分管精神文明建设工作，办公室设在农场组织宣传科。

1986年起，农场场长与分场、大队、工厂负责人签订物质文明与精神文明目标管理责任书。文明单位创建作为精神文明建设目标考核内容。

1990年，农场制定《精神文明建设意见》《关于贯彻场〈精神文明建设意见〉实施意见》。

1991年，农场供电所被连云港市人民政府授予"文明单位称号"。

1996年，农场制订《云台农场精神文明建设规划》，提出要抓好12356工程：全场要创建1个省级文明单位；创建2个市级文明单位；创建30个场级文明单位和班组；抓好思德教育，创建500户五好文明家庭；办好业余党校等6个阵地。农场成立以场长党委书记为组长，党委副书记、工会主席为副组长的精神文明建设指导委员会。农场工会制定《关于在全场开展创建"文明村"（单位）和"五好文明家庭"活动意见》。农场连续5次获得区、市级文明单位称号。

2004年，农场党委提出云台农场创建省级文明单位的要求。成立创建工作领导小组，党委书记任创建工作领导小组组长，党委办公室主任兼任创建办公室主任。创建办公室制定《文明单位创建实施意见》。12月，普山管理区、场医院、供电管理中心获区级文明单位称号，农场又一次获得市级文明单位称号。

2006年，小岛、张圩、于沈、普山、小汪5个管理区、云龙房地产公司、供电管理中心、云亨公司等8个单位获区级文明单位称号。

2007年，农场党委进一步加大了文明单位创建活动的领导。调整了创建工作领导机构，将文明单位创建活动列为农场重大项目推进。当年农场获"2005—2006年度江苏省精神文明建设先进单位"称号。

2010年，农场获"2007—2009年连云港市文明单位"称号。社区管理委员会获"连云港市精神文明建设先进单位"称号。

2012年，农场实行"一把手"负责制，将创建工作纳入全场工作规划、列入党委重要议事日程，并围绕中心工作坚持做到同规划、同部署、同检查。修订《云台农场文明创建工作规划和文明创建目标管理考核办法》等制度。开展"四创一争"（创文明机关、创文明科室、创文明家庭、创文明居委会，争当群众满意的管理人员）、"两讲一树"（讲文明、讲礼貌，树新风）创优争先活动，两年共评选表彰文明家庭51户、文明科室8个、文明标兵9人，开展职工技术创新工作室活动，张圩居委会职工书屋被市总工会、省集团公司工会授予"优秀职工书屋"；吉本多盐渍车间获市总工会"五一巾帼标兵岗"；开展五星级文明户创建活动，培植 100 户文明新风户，评选出"五星级"文明户 10 户、好媳妇 10 名；在全场管理人员中开展"读好书，好读书"活动，评出"读书明星"1 名。开展扶贫帮困、奉献爱心活动，在全场开展爱心捐款近 5 万元，扶贫帮困救助寒门学子结对子 6 对，捐献物品 150 多件。

2005—2006 年，农场首次被评为省级文明单位。

2013 年，开展五星级文明户创建活动，培植 100 户文明新风户，评选出"五星级"文明户 10 户、好媳妇 10 名；同年 11 月开展"学雷锋文明交通志愿服务周周行"活动。

2014 年，江苏省云台农场、苏垦农友种苗公司、农发云台分公司、吉本多食品公司、供电中心、社区、云龙房地产开发公司被评为海州区级文明单位；农场社区被评为海州区文明社区；创业居委会、普山居委会、张圩居委会被评为区级文明村。是年，江苏省云台农场、供电管理中心、农业发展股份有限公司云台分公司、连云港苏垦农友种苗有限公司、连云港云龙房地产开发有限公司、连云港吉本多食品有限公司被评为市级文明单位；云台农场社区被评为连云港市文明社区；张圩新村被评为市文明村。

2016 年，农发云台分公司、社区、金百达、云龙房产获批区级文明单位。

2012—2020 年，农场共评选出 120 户文明家庭。农场退休职工江乃庄、封公荣分别被评为第一届和第二届江苏农垦文明标兵。

2016 年，农场职工袁春银获连云港市首届港城十大网络善行榜提名奖，退休职工封公荣入选中国好人榜候选人；6 月 21 日，农场组织 50 余人开展无偿献血活动，献血总量为 9000 余毫升。

2020 年，农场建设新时代文明实践所，建设内容主要包括新时代文明实践所门牌标识、新时代文明实践所室内活动场所。将基层组织活动场所和便民综合服务中心、场史馆、退役军人之家、图书馆、书画室等统筹设立为文明实践点，全力打造理论宣讲、文化教育、为民服务等综合平台。新时代文明实践所下设 7 支志愿者服务分队开展为民服务工作。

2005—2021 年，农场连续 17 年被评为"省级文明单位"称号。

第四节 "五好文明家庭"与"五星级文明户"

一、"五好文明家庭"评选

1986 年始，农场将"五好家庭"创建纳入年度精神文明建设考核目标，精神文明目标与物质文明目标同时布置，同时考核。

1988 年，于守荣、夏田英、徐继荣、刘华、王文兰、杨静宜、韩连霞等 7 户家庭被评为场级"五好家庭"，受到农场表彰。

1994 年，三分场职工徐继荣家庭被评为市级"五好家庭"，受到连云港市妇联表彰。

1996 年元月，吴婷香家庭被省农垦总公司党委授予"文明新风家庭"称号。11 月，农场成立了精神文明建设指导委员会，制定《关于开展创建"文明村（单位）"和"五好文明家庭"活动意见》，在全场广泛开展了"五好文明家庭"创建活动。每年农场职工代表大会或"五一"期间，都要对基层单位评选的场级"五好文明家庭"进行表彰。到 2008 年，全场共评选出场级"五好文明家庭"148 户。

2003 年，武传霞家庭被评为市级"五好文明家庭"，受到连云港市委宣传部等单位的表彰。

2012 年至今，农场共评选出 120 户文明家庭。

二、"五星级文明户"评选

2008 年，农场制订《云台农场创建评选"五星级文明户"实施方案（试行）》，2009 年 2 月，农场第八届一次职代会通过了此方案。

2010 年，社区管理委员会开始宣传进行试评，初评有 10 户被评选为"五星级文明户"，给他们门头上挂上"五星级文明户"门牌。被评为"五星级文明户"是光荣的象征，是文明的标志。

2011 年，在全场开展"五星级文明户"评选，共评出 100 户"五星级文明户"。

三、志愿服务网络建设

云台农场公司现有注册志愿者 120 人，编外志愿者 300 人，建有志愿者服务站一个。新时代文明实践所组建 7 支志愿者队伍，有计划地开展无偿献血、文化惠民、助力三夏三秋、扶贫帮困等志愿服务。

2017 年，农场志愿者队伍获评连云港市优秀志愿者组织。

四、"云台好人"文化建设

为了发扬典型示范作用，近年来社区每年召开一次居民代表大会，评选出孝老爱亲、诚实守信、乐于助人等优秀居民 30 名。截至 2020 年已评选 400 名优秀居民。

第五节　文明新风及典型选介

云台农场历届领导都把奉献精神教育作为做好职工思想政治工作的重要内容,奉献已成为广大干部职工的自觉行动。

一、老场长王荣江

老场长王荣江是 1935 年入党的老共产党员、老红军,曾参加过二万五千里长征,在长期的革命战争中,他转战南北,八次负伤。

1952 年 9 月,他放弃城市生活,主动要求从南京城来到苏北云台山下,带领职工群众战严寒,治盐碱,在一片荒凉的盐碱滩上建起了云台农场。老场长平易近人,艰苦朴素,从不居功。建场初期,上级分配给他一匹马,供他工作乘骑,他坚持步行,将其改作拉车运输使用。他坚持背筐拾粪,为改造盐碱滩做出贡献。

1953 年秋天的一个深夜,天空刮起十级台风,老场长第一个冲出家门,带领大家抢护草房,因战争时腿部受伤行走不自如,他被强台风刮倒昏迷多时。老场长经常对工人进行革命传统教育,特别是经常给青年人讲革命战争故事,教育青年职工安心建设农场。在老场长的领导下,通过几年的努力,云台农场从几间草房和一望无际的盐碱荒滩,建成了一个初具规模的机械化农场。

二、英雄知青江杭苹

在南京雨花功德园"知青苑"墓地,"英雄知青江杭苹"赭色的墓碑置放在最醒目的位置,分外引人注目。

江杭苹原是南京三女中品学兼优的学生,1963 年高中毕业后到苏北云台农场插场。那时的云台农场无垠的土地泛着一层白花花的盐碱,除了高高的盐蒿之外似乎是寸草不生。南京来的千余名知青开始用最原始的方法进行改天换地的创业。江杭苹当年只有 18 岁,貌似幼稚的她却以同龄人少有的成熟成为知青群体中的骨干,担任了张圩作业区的团支部书记。知青想家,她便以自己的乐观精神感染大家,于是极其简陋的知青宿舍中便响起了"革命人永远是年轻"的歌声;她还把自己每月节余下来的饭票接济给食量大的男知青;利用业余时间和节假日,把林带修剪下来的树枝拖回去给食堂当柴火;把家里寄来的挂面、饼干等"珍贵"的食品送给病号……她的床头贴着雷锋语录——"把有限的生命投入到无限的为人民服务中去!"上进、刻苦、任劳任怨的她被农场团委评为模范共青团员。

1966年夏天，毛主席畅游长江并发出了"到江河湖海里去游泳，到大风大浪中去锻炼"的号召。7月25日正午时分，团支部组织民兵在作业区后面一个不大的池塘学游泳。同伴们先后上岸离去，最后只剩下江杭苹与一位姓陆的女知青。此时江杭苹已经上岸正在擦身穿衣，突然她听到小陆"救命"的急迫呼声。原来，小陆上岸时不慎滑入岸边原来置放抽水机铁管的暗坑。江杭苹未做任何思考，便勇敢地跳进池塘去救小陆。挣扎中小陆把前来救她的江杭苹踩入了暗坑，从而立在江杭苹的肩上使自己的头部露出了水面。恰在此时有人路过此处，将昏迷的小陆救上岸。知青们闻讯立即赶往出事地点，待将小陆抢救苏醒后，方知江杭苹还在水里。大家七手八脚把浑身是泥的江杭苹从坑中救起，只见她为了用力托起小陆而紧咬的嘴唇，嵌印着深深的紫色齿印。

场部及时上报了江杭苹为挽救农友而英勇献身的事迹材料，并引起了团省委的高度重视，时任团省委书记的叶绪泰亲临农场进行实地调查。场长康敬伍更是无私地献出了其为老母亲准备的棺木，安葬了英雄知青江杭苹，于是紧靠南城的凤凰山果园又多了一座没有墓碑的坟茔，原因是所有云台农场知青，期盼着上级能够授予江杭苹荣誉称号，以便镌刻在墓碑上，这样既可慰藉亡灵安息九泉之下，更可弘扬正气传承雷锋精神。后来"文化大革命"突起，江父被划为"右派"……诸多历史因素，此事未能达成。

20世纪70年代末、80年代初，农场大批知青返城，然而大家一直牵挂着早逝的江杭苹，牵挂着凤凰山上那座无碑的坟茔。曾与江杭苹朝夕相处的张圩知青，进城后自发撰写了多篇怀念江杭苹的文章，其中部分文章先后被北京《英才》、江苏《东方》等杂志及《现代快报》《连云港日报》《公路通讯》等多家报刊选用。正是由于这些文章的存世，使江杭苹舍己救人的壮举以及铭刻着特殊时期烙印的经历，重新走进了广大读者的视野，并引发了南京功德园的关注。2013年，张圩老知青筹办插队五十周年活动，功德园多方探寻并派员主动与活动筹备组联系，表示愿为英雄知青江杭苹免费提供墓地，让已逝世近五十年的英灵早日魂归故里。云台农场对江杭苹迁坟一事给予了大力支持，先后五次派人寻找已经消失了的墓地，并派副场长黄祖兵参加了于2013年12月3日举行的"英雄知青江杭苹魂归故里落葬功德园"隆重仪式。当日，数百名云台农场知青相聚功德园共迎英灵回南京。南京的众多新闻媒体对此事进行了重点报道。

自江杭苹魂归故里落葬功德园以来，每年清明时节，当年曾与江杭苹朝夕相处的云台农场众多知青——虽然现今皆已白发苍苍，有的甚至拄着拐杖，都会自发来到她的墓前献上一捧黄白相间的菊花，以寄托对英雄知青的敬意与哀思！

三、南京知青唐惠兰

1966年8月9日上午，年仅21岁的南京女知青唐惠兰，在云台农场大汪棉花田治虫时，不幸农药中毒，以身殉职，用生命谱写了一首动人的歌。

1963年11月26日，她随167名南京知青一道，奔赴大汪生产队务农。

那年，棉花长势喜人，丰收在望，但棉虫危害极其严重，若从已封行的棉田中穿行几步，衣裤上就能粘连一条条青色的棉铃虫。当时生产队已将治虫作为头等大事，决定将人员分成白天夜间两班制，解决机械不足的矛盾，"歇人不歇机"。当天，唐惠兰恰逢上白班，因她平日患胃病及贫血、眩晕等慢性病，又赶上身体不适，组长劝她休息一天。她想治虫是大事，执意拎着剧毒农药1605，提前走向棉田参加治虫。那天，高温酷暑。据唐惠兰弟弟后来回忆，南京气温高达40℃，其母惴惴不安，不停地念叨在农场的女儿：这么热的天，不知道惠兰在农场怎么样了？岂料，慈母之念竟一语成谶！

近中午，烈日当头，个子不高的唐惠兰背着器械往返于闷热的棉花丛中喷药，身感乏力头晕，但谁也没有意识到，此时的唐惠兰已农药中毒。同伴们都劝她赶快回去休息，但被她拒绝，她硬是坚持到收工。然而已无一丝力气的唐惠兰瘫倒在地。几位男知青见状急忙轮流背着她往宿舍跑，途中她开始呕吐。片刻，作业区领导和场部医生先后赶到，但已无回天之术，她走了。一个花季少女，一位可亲可敬自强不息的好伙伴，永远离开了我们，离开了她无比眷恋的知青大家庭。

唐惠兰的突然离世，犹如晴天霹雳，震惊了往日喧闹的大汪作业区。触目所见，是一双双泪眼和一张张凝重的面孔，大家纷纷回忆起桩桩件件唐惠兰的平凡往事。

组长记得，她在工作中一贯能吃苦肯出力。摘棉花是她的最重，拾麦穗是她的最多，剥田菁蔴是她剥得最快，挖条沟时，许多女知青都需要男知青帮忙才能完成任务，而小个子的她却总能独立完成任务。最让人感动的是棉花间苗时，眼看大面积的幼苗疯长成高脚苗，影响棉花产量，她心急如焚，借着月光独自一人在棉田间苗，大家知道此事后，深受感动，激励了农友们干劲，加快了间苗进度，保证了间苗任务的如期完成。

作业组里有两个年龄很小的知青，没有生活自理能力，唐惠兰视他们为小弟弟，包揽了他俩洗衣缝被等琐事。痢疾病流行时，同宿舍一位姐妹被感染，她在夜间起床为其端茶送水。在生活上她一贯节省，人们几乎看不到她买过荤菜，却常见她将节余的饭票送给饭量大的男知青。逢休息日，大家相约逛新浦，却从未见她去过，只托人带些牙膏、肥皂之类的生活必需品。同宿舍的姐妹记得，她探亲回南京时，买了一件小碎花布的棉袄罩衫，夏天又用它当衬衫穿。更让人感动的是在她去世后，连一双像样的布鞋都没有，而是一位女知青将她母亲新寄来的鞋给她穿上，让她一路走好。

唐惠兰就是这样一位对工作如火，对大家温暖如春，对自己克勤克俭的好姐妹，她的不幸去世，怎不令人痛惜万分？

唐惠兰的优秀品格，源自她良好的家庭教育。

唐惠兰出生在工人家庭，全家十口，姐弟八人，全靠父亲每月十几元工资生活。其父唐凤鸣，时任南京市汽车公司车队党支部书记兼队长，是建国初期培养的共产党员，多次被评为南京市劳动模范。他艰苦朴素，严于律己，宽以待人。对子女言传身教，养成了他们勤恳工作、宽厚做人的美德。唐惠兰初中就辍学，和母亲在外打零工，挣钱养家。生长在这样的家庭，唐惠兰自小就热爱劳动，勤俭节约，关爱弟妹。到农场后，她一直保持这种风清气正的家风，她的优异表现正是她秉承家风的延续。她没有豪言壮语和丰功伟绩，但人们都看到她那颗金子般闪光的心。

2014年3月25日，唐惠兰魂归故里。在雨花台功德园举行了隆重的唐惠兰骨灰安放仪式，出席仪式的有唐惠兰的亲属，农场和功德园负责人，以及数百位昔日农场的知青代表、好友。唐惠兰被授予"因公殉职模范知青"的光荣称号。

四、退休职工汪成山

原二分场五大队职工、共产党员汪成山，1979年退休后，看到大队公共厕所内蛆虫遍地，粪便满池，没有专人打扫，他自己找来工具，把厕所冲洗干净。从那以后，汪成山主动承担了为大队打扫公共厕所的担子。

汪成山打扫厕所做到了"两净"，即把粪便掏净、大小便池用清水洗刷干净。

有一次，汪成山生病了，自己不能去打扫厕所，他就嘱咐老伴去打扫。

不论是赤日炎炎的酷暑，还是冰天雪地的寒冬，汪成山坚持打扫厕所，没有要大队一分钱报酬，直到1989年因病去世，整整十一年从未间断。就在他住进医院，生命垂危时，还对守护在身边的孙子说："你到大队去给我请个病假。"孙子说："你都退休了，还请什么病假。"汪成山说："我是退休了，可我还是党员啊!"

五、见义勇为顾建民、张步叶

1999年1月2日9时许，云台农场几户居民为建房雇佣一辆客货两用车运回两箱玻璃，在卸货时因方法不当，致使车上玻璃向外倾倒，当场砸倒两人。

这时，云台农场普山分场四机站司机顾建民正骑着摩托车去上班，见此情景，他毫不犹豫地冲上前去救人；云台农场塑料厂门卫张步叶听到呼救声也赶来相助。正当大家合力救人时，车上的另一箱玻璃又突然倒下，将顾建民砸倒，张步叶在抢救顾建明时，右腿被砸成粉碎性骨折，顾建民因伤势过重，经抢救无效而光荣献身。

1999年5月14日，《江苏农垦报》报道了此事，江苏省见义勇为基金会做出决定，给因救人而英勇献身的顾建民家属颁发抚恤金 15000 元，给舍己救人英勇负伤的张步叶颁发奖金 5000 元。

六、病人牵动万人心，捐款救治三人生命

1995 年，农场女职工张少华身患癌症，三次做手术，农场工会女工委发出倡议，在全场女职工中开展献爱心活动，500 名女职工共捐款 4000 元。

2000 年，元件厂女职工徐长霞身患白血病，场工会发动全场职工捐款，挽救徐长霞的生命，全场捐款 11000 元，送给徐长霞的亲属。

2009 年初，农场下岗职工曾长夫妇的儿子曾霄汉被市人民医院诊断为患脑干肿瘤。农场工会发出"献爱心，捐善款，延续少年生命"倡议书。全场居民群众纷纷前往曾长家中看望孩子，并捐款。云山塑胶公司刘翔一次捐款 3000 元，机关及社区捐款 5500 元。2011 年，术后健康的曾霄汉考上连云港市工贸职业技术学校五年一贯制大专班。

七、情系灾区，奉献爱心

2008 年 5 月 12 日，四川汶川发生 8.0 级大地震。农场工会立即在全场开展了"情系灾区、奉献爱心"捐款活动。场工会举行了捐款仪式。社区工会组织人员走上街头宣传捐款倡议书，并举行募捐活动。紧接着场工会又组织了"重建家园，再献爱心"捐款大行动。全场累计捐款 189609.5 元。农场各级党组织同时组织了交纳特殊党费活动，全场 356 名党员交纳特殊党费 34210 元。其中缪素华、吴玉和分别一次性缴纳 2000 元特殊党费；程荣喜、索以香、周善民、陈兴广、陈从林、张明立、宋长征、黄祖兵、杨育青、刘翔共十人分别缴纳一次性 1000 元特殊党费。

2020 年新型冠状病毒感染期间，老党员李怀忠捐款 1600 元，王宣波捐款 1000 元。

云台农场文明单位创建情况统计见表 7-8。

表 7-8　云台农场文明单位创建情况统计

单位名称	文明单位称号	授予年份	授予单位			
			区县级	市级	省级	国家级
云台无线电元件厂	1984—1985 年度文明单位	1986		市政府		
云台无线电元件厂	1985—1986 年度文明单位	1987			省政府	
云台无线电元件厂	1987—1988 年度文明单位	1989			省政府	
云台无线电元件厂	1989—1990 年度文明单位	1991			省政府	
云台农场变电所	1989—1990 年度文明单位	1991		市政府		
云台无线电元件厂	1991—1992 年度文明单位	1993			省政府	

（续）

单位名称	文明单位称号	授予年份	授予单位			
			区县级	市级	省级	国家级
云台无线电元件厂	1993—1994 年度文明单位	1995			省政府	
云台农场	1995—1996 年度文明单位	1997	区政府			
云台农场	1995—1996 年度文明单位	1997		市政府		
云台无线电元件厂	1995—1996 年度文明单位	1997			省政府	
云台农场消防器材总厂调表车间	双文明班组	1996		省农垦公司		
云台农场	1997—1998 年度文明单位	1999	区政府			
云台农场	1997—1998 年度文明单位	1999		市政府		
云台无线电元件厂	1997—1998 年度文明单位	1999			省政府	
云台农场	1999—2000 年度文明单位	2001	区政府			
云台农场	1999—2000 年度文明单位	2001		市政府		
云台无线电元件厂	1999—2000 年度文明单位	2001			省政府	
云台农场	2001—2002 年度文明单位	2003	区政府			
云台农场	2001—2002 年度文明单位	2003		市政府		
云台无线电元件厂	2001—2002 年度文明单位	2003			省政府	
云台农场	2003—2004 年度文明单位	2005	区政府			
云台农场普山管理区	2003—2004 年度文明单位	2005	区政府			
云台农场医院	2003—2004 年度文明单位	2005	区政府			
云台农场供电中心	2003—2004 年度文明单位	2005	区政府			
云台农场	2003—2004 年度文明单位	2005		市政府		
云台农场小岛管理区	2005—2006 年度文明单位	2007	区政府			
云台农场张圩管理区	2005—2006 年度文明单位	2007	区政府			
云台农场于沈管理区	2005—2006 年度文明单位	2007	区政府			
云台农场普山管理区	2005—2006 年度文明单位	2007	区政府			
云台农场小汪管理区	2005—2006 年度文明单位	2007	区政府			
云台农场供电中心	2005—2006 年度文明单位	2007	区政府			
云龙房地产公司	2005—2006 年度文明单位	2007	区政府			
云亨电子公司	2005—2006 年度文明单位	2007	区政府			
云台农场	2005—2006 年度文明单位	2007	区政府			
云台农场	2005—2006 年度精神文明建设先进单位	2007		市政府		
云台农场	2005—2006 年度文明单位	2007			省文明委	
云台农场	江苏省文明单位（2005—2007）	2008 年			√	
云台农场社管会	2007—2009 年度文明单位	2010	区政府			
云台农场社管会	2007—2009 年度精神文明建设先进单位	2010		市文明委		
云台农场	2007—2009 年度文明单位	2010	区政府			
云台农场	2007—2009 年度文明单位	2010		市政府		
云台农场	连云港市文明单位（2010—2011）	2012 年		√		
云台农场	文明单位（2010—2012）	2013 年			√	
云台农场	新浦区文明单位（2012—2013）	2014 年	√			

（续）

单位名称	文明单位称号	授予年份	授予单位			
			区县级	市级	省级	国家级
云台农场	连云港市文明单位（2012—2013）	2014年		√		
农发云台分公司	海州区文明单位（2014—2015）	2016年	√			
社区管理委员会	海州区文明单位（2014—2015）	2016年	√			
金百达有限公司	海州区文明单位（2014—2015）	2016年	√			
云台农场	江苏省文明单位（2013—2015）	2016年			√	
云龙房地产	海州区文明单位（2014—2015）	2016年	√			
江苏省云台农场有限公司	江苏省文明单位（2016—2018）	2019年			√	
江苏省云台农场有限公司	江苏省文明单位（2019—2021）	2022年			√	

云台农场荣获市级"五好文明家庭"称号登记见表7-9。

表7-9 云台农场荣获市级"五好文明家庭"称号登记

授予年份	授予称号	授予单位	被授予者家庭	备注
1995	1993—1994年度"五好家庭"	连云港市委宣传部、市文明办、市妇联	徐继荣	
1996	文明新风家庭	中共江苏省农垦农工商联合总公司委员会	吴婷香	
2004	2002—2003年度"五好文明家庭"	连云港市委宣传部、市文明办、市妇联	武传霞	
2022	2021年度海州区文明家庭	海州区文明委	武可军、武传彩、万江、席时勇	

第五章　民　　政

云台农场建场初期属于南京市人民政府民政局下属单位，民政工作从建场时就有专人负责管理。民政工作主要职能是：低保管理、残联管理、社会救助、城乡居民养老保险管理、婚姻管理、殡葬管理、扶贫、退伍军人管理等。多年以来，农场积极为民办好事、办实事，帮扶济困、精准扶贫，得到了地方政府和群众的认可，2014 年农场荣获海州区民政工作先进集体称号。

第一节　机　　构

1952 年至 1954 年 6 月，农场民政事务由灌云县人民政府民政部门直接管理。

1954 年 7 月，农场更名为"中国人民救济总会南京市分会云台农场"，隶属南京市民政局领导，农场在行政办公室设兼职民政助理员 1 人，负责辖区内民政事务。

1958 年 11 月场社合并期间，农场更名为"云台人民公社"，民政事务归云台人民公社办理。

1959 年 4 月，恢复云台农场建制，农场属全民所有制企业。之后直至 2003 年，农场的民政事务职能一直设在行政办公室，并配一名民政助理员（兼职），办理辖区内民政事务。

2004 年至今，民政工作职能移交场社区管理委员会。

第二节　救济扶贫

一、救济

建场初期，大批学员和垦殖工人从南京来到农场，对于其中的特困人员，由工会补助每人 5 元，解决其生活困难。

20 世纪 60—70 年代，农场采用生产帮困和物质救济相结合的方法，对困难户给予帮助。免费提供种子、化肥、农药；免费给予少量家禽、家畜供困难户饲养，通过发展生产提高家庭收入；补助少量人民币以及粮票、布票、粮食、棉花、衣被等物资，给予救济。

1966 年，补助困难职工 237 人次，补助金额 4600 元；补助物资的职工为 320 人次，补助布票 3200 尺，棉花 350 千克以上。

20 世纪 80 年代以后，主要对因病、因残致贫的困难户给予经济上的补助。每年中秋节、春节等传统节日，场领导、场工会都会在认真摸底的基础上，上门为病灾户、特困户送去慰问金、救助款，以及粮食等实物。

1995 年，场工会组织干部职工为身患重病的女职工张少华捐款 4000 元。

2000 年，农场工会对 16 户贫困户发放小麦 3600 千克，对 94 户病灾户、特困户发放慰问金 17000 元，发放救助款 38000 元；为身患白血病的女职工徐长霞捐款 11000 元。

2005—2007 年，农场每年对病灾户、特困户发放的救助款均在 15 万元以上。春节、中秋两大节日发放慰问金 30000 元以上。

2008 年，场工会为 12 户特困职工办理了连云港市总工会颁发的特困职工特困证，发放特困补助金 7200 元，为子女考上大学的困难职工罗乾坤家庭发放助学补助金 3000 元。特殊党费上缴新浦区委组织部。2008 年 8 月，由中共中央组织部、江苏省委组织部签章的"特殊党费"收据发放到党员手中。

2009 年，场工会为子女考上大学的困难职工刘同来、孙学美两户家庭分别给予了 3000 元的金秋助学教育援助；为 10 名大病患者争取市总工会困难补助金 10000 元。

2010 年，为 13 名考入本科的大学生发放助学补助金 28000 元；为 49 户困难职工家庭申请市总工会发放的困难救助金 78400 元。

1995—2011 年，场工会先后三次组织、发动全场干部职工为大病患者开展献爱心捐款活动。

2012—2021 年，农场为特困职工和居民共发放救济金 330 万元，救济 862 人次。

二、扶贫

2003 年，农场成立了以工会主席为组长，相关部门负责人为成员的扶贫帮困工作领导小组，下设办公室，办公室设在工会，专门负责督查指导全场的扶贫帮困工作。制定《云台农场扶贫帮困工作实施意见》《扶贫贷款管理办法》，确定目标任务和具体帮扶措施。

2005 年，棉花、水稻受灾害严重，导致部分家庭生产、生活发生较大困难，场党委启动救灾预案，发放救灾补助款 200 余万元，并为困难家庭备好部分生产生活用品，帮助他们发展生产和解决生活困难。

2005 年起，农场每年投入 230 万元，保证全场 2881 人（含离退休职工）全部进入连云港市医疗保险统筹。至此，除了失业保险外，五大保险云台农场已缴纳四个。

2008年，农场根据省政府〔2007〕38号文和省劳动和社会保障厅、财政厅〔2007〕11号文及连云港市医疗保险暂行办法的通知精神，为全场近1000名非职工居民申请加入连云港市城镇居民基本医疗保险。2009年为1100余名居民代办了城镇居民医疗保险，基本实现全覆盖；对年满16周岁未参加职工养老保险的农场户籍人口，登记办理城乡居民社会养老保险114人，居民医疗、养老有了保障；对全场中断社保的退役军人40余人进行登记，并上报区社会事业局。

2001—2011年，对于工会中身体多病，无劳动能力、无生活来源的人员，平均每人每月收入低于170元的职工家庭，争取地方政府支持，实行最低生活保障；为困难职工发放小额扶贫贴息贷款130余万元，帮助了近300户低收入家庭发展生产，提高收入。

2001—2019年，农场将帮助低收入家庭脱贫致富列入场长年度工作目标。每年都有60多名工会干部、基层管理人员与60余户低收入家庭结成帮扶对子，并明确帮扶目标任务，同时在资金担保、劳动力转移，生产技术措施方面给予支持，帮助低收入家庭增加收入。

2001年起，平均每年为50余户150多人申办了农村居民最低生活保障，累计发放保障金总额153.27万元；为130余户430多人申办了城镇居民最低生活保障，累计发放保障金总额476.54万元。总计为180余户580多人发放最低生活保障金总额629.81万元，保证了他们有饭吃，有衣穿，有房住。

2014年，农场有城市低保62户158人，全年发放低保金47.1万元，农村低保13户35人，全年发放低保金11.5万元。

2015年，农场有城市低保63户161人，全年发放低保金59.2万元，农村低保13户35人，全年发放低保金12.3万元。

2016年，农场有城市低保63户156人，全年发放低保金58.7万元，农村低保11户28人，全年发放低保金11.9万元；2016年农场参加城镇居民保险1484人。

2017年，农场有城市低保61户145人，全年发放低保金57.1万元，农村低保11户28人，全年发放低保金11.9万元。

2018年，农场有城市低保61户145人，全年发放低保金54.5万元，农村低保11户28人，全年发放低保金12.1万元。

2019年，农场有城市低保34户65人，全年发放低保金31.9万元，农村低保6户15人，全年发放低保金6.8万元。

2020年，发放低保金41万元，重残补助金14万元，优抚补助金4万元，尊老金15

万元，争取地方冬春救助 4.78 万元；春节对辖区 20 位 90 岁以上老人登门慰问，发放慰问金 2 万元。

2021 年，发放低保金 39.77 万元，重残补助金 15.77 万元，优抚补助金 10.56 万元，尊老金 13.26 万元，争取地方冬春救助 0.72 万元；春节对辖区 28 位 90 岁以上老人登门慰问，发放慰问金 2.8 万元。

三、劳动力技能培训

2006 年，场工会在调查研究的基础上，对 10 类 297 人确定了就业培训意向。通过办班及送出去学习等方式，共培训 310 人次。

2006—2012 年，工会每年培植 20～30 户科技示范户，种植高效作物，增加职工收入。

2007—2021 年，工会每年均举办水产养殖培训班、驾驶员培训班、计算机知识培训班、畜牧饲养培训班、园艺栽培培训班、初级及中级育婴师培训班、高级茶艺师培训班等，接受培训达 13000 余人次。通过技能培训，全场共有约 900 人到全国各地打工，在场内企业就业人数达 350 余人。

第三节　助　　残

1989 年，农场在原二分场张圩管理区成立社会福利性质的工厂——纸盒厂，专门为全场残疾人就业提供就业场所，共安排近 20 名不同程度残疾者上岗就业。

1991 年 5 月，全国实施《中华人民共和国残疾人保障法》。农场根据残疾人自身条件和能力，通过实施技能培训、安排就业、优惠经营、给予生活补助等办法，解决残疾人实际困难。

2008 年，云台农场根据《中华人民共和国残疾人保障法》，成立残疾人联合会，建立健全残疾人基础信息档案和评残工作，并将评残结果上报新浦区残疾人协会审查。

2009 年 10 月，农场建立残疾人扶贫基地，划出部分土地建造蔬菜大棚，优惠供残疾人种植。

2010—2013 年，农场对部分生活困难的残疾人实施生活救助，发放救助款 3600 余元，另有 5 人享有重度残疾人救助待遇，每人每月发放救助款 260 元。

2014 年，农场共有残疾人 124 名，为其中无固定收入重度残疾人 12 人补贴，共补贴 4.8 万元；为其中 6 人进行残疾人护理补贴，共补贴 8640 元。

2015 年，农场共有残疾人 132 名，其中无固定收入重度残疾人补贴 6 人 3.5 万元；残疾人护理补贴 6 人 8640 元。

2016 年，农场共有残疾人 140 名，其中无固定收入重度残疾人补贴 11 人 6.4 万元，残疾人护理补贴 10 人 14400 元；农场荣获连云港市"十二五"扶贫助残先进集体称号。

2017 年，农场共有残疾人 143 名，其中无固定收入重度残疾人补贴 11 人 6.7 万元，残疾人护理补贴 14 人 20160 元。

2018 年，农场共有残疾人 146 名，其中无固定收入重度残疾人补贴 11 人 6.2 万元，残疾人护理补贴 18 人 25920 元；发放了残疾人适配辅具及家庭无障碍环境改造用具 48 套。

2019 年，农场共有残疾人 149 名，其中无固定收入重度残疾人补贴 11 人 6.3 万元，残疾人护理补贴 20 人 28800 元。

2020 年，农场共有残疾人 151 名，其中无固定收入重度残疾人补贴 11 人 8.3 万元，残疾人护理补贴 20 人 28800 元。

截至 2021 年底，农场共有各种类型残疾人 169 人，其中持证的有 144 人：视力残疾者 18 人，听障人士 21 人，肢体残疾者 62 人，智力残疾者 21 人，精神残疾者 22 人。

第四节　婚姻管理

1968 年以前，农场达法定年龄的男女青年要求结婚，均到地方婚姻登记机关办理登记、领证手续。

1968—1979 年，男满 25 周岁，女满 23 周岁，方可申请结婚。婚姻登记、发证手续也由地方移交二团办理，发放结婚证书。

1980—1999 年 12 月，婚姻登记、发证工作由云台乡婚姻登记机关办理。农场只为申请结婚的男女双方出具婚姻状况证明。

1999 年至 2002 年 12 月，农场的婚姻登记、发证手续移交至云台区婚姻登记机关办理。

2002 年至 2014 年 12 月，云台区撤销，农场婚姻登记工作由新浦区婚姻登记机关办理。自 2003 年 10 月开始，农场不再为申请结婚者出具婚姻状况证明，申请结婚男女双方只需持身份证明和户口簿直接到区婚姻登记机关办理登记、领证等手续。

2015 年 1 月至今，农场婚姻登记工作由海州区婚姻登记机关办理。

第五节　殡葬管理

20世纪80年代以前，按照当地习俗，普遍对死者实行土葬。

1982年起，江苏省开始大力宣传提倡火葬，广泛宣传火葬的好处。20世纪90年代后，火化率逐年上升，但仍有个别偷埋现象发生。

1993年5月，经云台区政府批准，在南城东侧云台农场东山综合厂境内一处乱坟场处，建造公益性墓地，定名为东山公墓，后改名为凤凰山公墓。2009年，更名为连云港市凤凰陵园。同年，农场加大殡葬管理力度，出台了《关于殡葬改革实施意见的通知》，火化率有较大幅度提高，到2010年，死亡人员火化率基本达到85%左右。云台农场的殡葬管理、移风易俗工作多次受到市、区民政部门的表彰。2011年凤凰陵园从社区管委会划出，归农场垂直领导，同时设立凤凰陵园管理处。

凤凰陵园一期批复土地面积83.459亩，实际使用面积43.21亩，建设有12个园区，至2021年，建设墓穴4462座；2020年，凤凰陵园二期经连云港市民政局、连云港市高新区经安局批复同意建设，批复土地面积71.1亩，其中包括高新区散坟整治项目20亩土地。二期规划9个园区，计划建设生态墓位12996座；计划建设纪念堂1200平方米；园区绿化覆盖率达到60%。

2012—2022年，凤凰陵园建设墓位2061座，投资175万元进行基础设施的改造，园区内修建沥青道路580米，修建停车场3300余平方米，投资165万元修建陵园前道路1480米。

第六章 社会生活

云台农场建场后，人员来自全国各地，风俗、语言各异。由于人口的几度变迁，加之政区沿革，尤其是当地居民与 20 世纪 60—70 年代南方来场知青和兵团时期全国各地来场的转业退伍军人互相之间的文化交流，使云台农场的语言，既有云台地区的特点，又有外来文化的风格。语言有向普通话靠拢的明显趋势，风俗习惯仍以当地流传的为主。随着政治、经济、文化的发展，党的十一届三中全会以来，人们生活的不断改善，群众思想觉悟大为提高，社会风貌日新月异，有些历史上遗留下来的陈规陋俗已被摒弃或湮没，社会主义建设的文明新风已经形成。自 20 世纪 80 年代起，农场的社会生活纳入社区管理。

第一节 社区管理

一、社区组织的演变

1987 年，农场在场部设立居委会，下设 4 个街道小组，聘请退休工人担任小组长，承担场部城镇范围的卫生、基础设施管理、民事调解等职能，由农场武装部长徐发俊兼任居委会主任。

1995 年，农场在原基建科的基础上成立建设科，下设城管会、土地办公室、基本建设办公室，承担城镇管理、土地管理、建筑管理、社区服务等多重职能。其职责是：研究制定农场场部小城镇管理各项规定和制度，并负责实施和监督；制订农场建设总体规划，建设配套设施；规划建设场区域绿化；负责道路和公共厕所清扫；清理违章建筑，承担房地产管理；维持社会治安，对违规行为进行查处。

1996 年，农场制订《云台农场场镇发展规划和实施意见》，明确规定"城管会是行使居民管理、环境卫生管理、公共设施维护的职能部门"。

1997 年，农场制定《云台农场小城镇建设与土地管理若干规定》，重申"城管会是行使居民管理、环境卫生管理、公共设施维护的职能部门"的规定。

2004 年 3 月，农场成立云台农场城镇建设管理委员会。同时设立创业和宏业两个社区。承担城镇规划管理、场部社区服务以及居民新村建设等多种职能。4 月，农场颁布

《云台农场城镇建设与管理暂行规定》，对发展与管理云台农场小城镇进一步做出 5 条明确规定：合理规划，完善功能；坚持规范化，制度化，完善建筑施工审批手续；加大投资力度，加快城镇建设；加强水电管线维护维修；加强公共设施维护及环卫管理。

2008 年 8 月，经省农垦集团公司批准，成立江苏省农垦云台农场社区管理委员会，编制 14 人。下设社会行政管理科、社会事业管理科、社会服务管理科、城管中队、环卫队和张圩、于沈、普山、宏业、创业 5 个居民委员会。承担农场社会行政、社会事业、社会服务共 33 项社会职能。

1. 社会行政性职能 包括土地管理，城镇建设与管理，环境卫生与绿化管理，卫生监督（含人口与计划生育管理），综合治理（含环境保护、安全生产监督），市容监察，市场管理，房屋及房地产管理（含拆迁），道路、公路及桥梁管理，渔政管理，农机管理，水资源管理。

2. 社会事业性职能 包括民政（含敬老、助残、济困、居民最低保障）、居民社会保障、离退休人员管理、社区党建、人武部（义务兵役）、司法（包括社区矫正、群众信访、民调）、劳动力就业培训指导、社区文化宣传（含广播、有线电视、网络）、公墓建设管理。

3. 社会服务性职能 包括企业生产和居民生活水电气的管理与服务，社区物业管理与服务，医疗卫生管理与服务（包括社区公共卫生、防疫），幼儿教育管理，公共基础设施管理。

2011 年 12 月，社区管理委员会成立离退休人员社会管理中心，负责离退休人员管理服务，成立危旧房改造办公室，隶属社会行政管理科，城管中队与环卫队合并成立城管环卫绿化队。将 5 个居民委员会合并为张圩、普山和创业 3 个居委会。

2013 年 8 月 19 日，社区"一站式"服务大厅启用，服务项目涉及城建城管、土地管理、房屋建设、信访民调、社会保障、农机水利、费用收缴等窗口，零距离为民服务，解决群众各种诉求。定期开展环境整治活动，与沿街商户签订"门前四包"责任书。

2014 年，社会行政管理科、社会事业管理科、社会服务管理科合并办公，成立综合办公室，下设张圩、于沈、宏业、创业四个居委会。

2018 年 12 月 26 日，农场将社区原科室变更为综合管理科、公共服务科、社会管理科。

2020 年 10 月，社区办公地点由科技楼搬迁至普山路与徐新公路交界处。

二、社会行政管理

1997 年，农场制定《云台农场小城镇建设与土地管理若干规定》，对场部小城镇规划建设管理和土地管理做出规定。

2007年3月17日，农场第七届第三次职代会票决通过《云台农场城镇建设管理暂行规定》，对农场小城镇建设的范围、道路管理、环境卫生管理、镇容管理、绿化管理、建筑管理、禁违拆违、市场管理、社区管理、处罚等做出了具体规定。

2008年，农场社区管理委员会成立城镇管理中队，强化城镇管理，改善场容场貌，主要有维护公共设施及林木绿化、查处违章建筑、场容场貌管理等职能。

2008—2011年，社区共纠正违章建筑26起，查处违章现象21起。通过加大查处力度，场镇范围内的违章建筑全部拆除，杜绝乱搭乱建现象，乱摆摊点、店外经营现象得到有效遏制。

2006年以前，农场除特殊场所有专人负责卫生管理外，场部城镇区域无专业环卫队伍。

2007年，农场成立环卫队，负责场域道路及公共场所的环境卫生管理。农场陆续从下岗或转岗职工中招聘27人从事环卫工作。环卫人员实行卫生包干区。环卫人员分4个工种：清扫路面18人，负责场域14.3万平方米水泥路面的清扫工作；厕所清洁工3人，负责场域17个厕所清扫保洁工作；公共场所环卫人员2人，负责贸易市场、休闲广场等场所的保洁工作；垃圾清运工4人，负责场域垃圾清理运输工作。为改善场域各社区卫生状况，农场先后投资20万元用于卫生设施建设，建垃圾池30个，购置垃圾运输车和吸粪车各1辆，在普山路、东山路、猫山路设垃圾箱20个，为改善农场社区面貌奠定了基础。

2011年11月30日，环卫队与城管中队合并，成立城管环卫绿化队，隶属社区管理委员会社会行政管理科领导，统一负责全场的城镇管理、环境卫生和绿化工作。

2012年，开展以"清洁进万家、环境清理无死角"为主题的环境综合整治活动，清理各类垃圾890吨，清理下水道8000米，新增7个垃圾池。强行拆除3处违建146平方米。与沿街门面经营户签订"门前三包"责任书，梳理流动摊位，清理占道经营，使城镇环境卫生得到进一步提升。

2016年，面向社会招聘3名城管人员。2017年，社区开展辖区内交通、市场专项整治，为了保证居民生活交通秩序的畅通，营造和谐生产、生活环境，针对中心地段商铺和菜市场较集中，各类车辆乱停乱放较为严重的现象，社区加大对镇容、镇貌的整治力度，发出环境整治通告80余份，居民做到自觉、有序行驶与停放车辆。强化菜市场管理，对入场食品进行安全检查，要求经营户严格执行商品质量准入制，杜绝了"三无""过期""变质"商品流入市场，对不服从市场管理的经营户坚持予以清退，终止经营合同，并制定相关规章制度《菜市场考核办法》《菜市场管理制度》《菜市场管理人员职责》，确保居民食品安全。与当地公安机关"社区居民住宅人口信息登记"调查工作相结合，对各居委会做到人、户、住址一致，对人、户不一致及空住宅、空住址等与实际不符的，居委会逐步走访调查认真核实，按家庭人口，一户一表进行登记，为平安社区建设和辖区居民人口信息排查工作、信息一体化管理夯实基础。

2018—2019年，社区投资10余万元购买城管监察巡逻车1辆，投资20多万元购买洒水车1辆。

2019年，农场社区与连云港高新区及驻场单位签订供电协议，落实地方政府开展创文创卫系列活动部署，深入开展"社区是我家、清洁靠大家"环境专项整治，清理各类垃圾4000余吨，清理下水道58处4026米，治理生活区周边河道三条，对沿岸进行美化，让"垃圾河变成景观河"。对生活垃圾做到日产日清，与辖区商户签订"门前四包"150余户。发放"云台农场社区环境卫生责任告知书""致广大居民一封信"1000余份。拆除违建21处，拆除室外违章搭建11处、封闭公共巷口68处，拆除违建面积2860平方米，制止乱挖乱垦11处，清除私搭乱建乱晒260余处，清除占用花池80余处。

2020年，做好新型冠状病毒疫情防控工作。成立农场公司和社区疫情防控领导小组，建设专兼职结合的工作队伍，场域内无确诊、疑似病例。投资6万元对猫山路医院门前临时摊点整治改造。组织拆违行动12次，拆违面积870平方米。建立零售摊位临时集中点，清理占道经营32处、店外经营114处，巡查清理小广告274处，规范商铺更换门头20家。成功解决东山路与普山路两处4户房屋突出于街道立面的问题。投资10万元购置不锈钢分类组合垃圾箱80个，镇区内雨污分离建设全面启动。年内宏业居委会、创业居委会旧房改造55户。环卫管理经社区与江苏省云台农场有限公司下属华泰物业公司协商达成协议，社区环卫管理及环卫人员由华泰物业公司代为管理，每年社区付华泰物业公司环卫管理费500万元，社区环卫进入专业化管理。

三、社会服务管理

2017年，对沿街道路两侧乱停乱放车辆、农具加大管理力度，投资30万元建8000平方米农机具停放点，沿道路两侧在不影响交通地段划定临时停车位，城管监察人员不间断上路巡查，促成居民由原来乱停、乱放，改为自觉按章停放。

2017年，社区争取社会事业项目资金60万元，建设一座垃圾中转站，环卫工作纳入城乡一体化管理，农场的城镇生活垃圾交由市政统一处理。

2018—2020年，在辖区内利用信息化平台，落实"以房管人"为辖区60岁以上老人建立家庭健康档案，开展免费体检，为残疾人签订"健康服务包"，开展上门医疗与康复指导服务。将农场社区管理服务、安全生产、环境卫生管理等部分社会性事务经费共计425.25万元纳入连云港市高新区2019年财政预算，农场社区被成功纳入高新区城区社会事业发展规划。居民管理由以前农村管理模式，转变为城市居民管理模式，顺应居民城市生活需求，更好地为人民服务，社区管理开始逐步纳入地方政府管理范围。

依据《国务院关于印发加快剥离国有企业办社会职能和解决历史遗留问题工作方案的通知》（国发〔2016〕19号）、《国务院办公厅转发国务院国资委、财政部关于国有企业职工家属区"三供一业"分离移交工作指导意见的通知》（国办发〔2016〕45号）、《江苏省国有企业职工家属区"三供一业"分离移交工作实施方案（苏政办发〔2017〕2号）》等文件精神，进一步深化国有企业改革，加快剥离国有企业办社会职能和解决历史遗留问题，促进国有企业轻装上阵，公平参与竞争，集中资源做强主业。

2018年4月，江苏省云台农场有限公司与国网江苏省电力有限公司连云港供电分公司签订《电力资产移交协议》《职工家属区供电设施资产移交协议》。12月，江苏省农垦云台农场社区管理委员会与连云港市自来水有限责任公司签订《江苏省云台农场有限公司职工家属区"三供一业"供水分离移交改造项目协议书》。2019年，连云港市新奥燃气公司管道入户。

四、居委会管理

1987年，农场在场部居民住宅区建立居委会，聘退休工人参与居委会管理。受农场机构调整变动的影响，居委会到1990年停止工作。

2004年3月，农场成立城镇管理委员会，下设宏业、创业两个社区。

2008年8月，农场城镇管理委员会更名挂牌为"云台农场社区管理委员会"，场域设置张圩、于沈、普山、创业、宏业5个居民委员会。

2011年12月，农场将5个居委会合并调整为张圩、创业、普山3个社区居委会，2014年为了便于管理，三个居民委员会调整为张圩、于沈、创业、宏业4个居民委员会，面向社会招聘居委会管理人员，负责场域居民的民主管理和居民自治工作，居委会隶属农场社区管理委员会社会服务管理科。

1. **张圩社区居民委员会**　由原大岛管理区、小岛管理区、小粮地管理区、小汪管理区、河东管理区、张圩河南管理区、张圩河北管理区、大汪管理区组建成立张圩居民委员会。共有居民350户，人口1427人。设置张圩居民点。下设大岛山、小岛山、小粮地、小汪、张圩河南、张圩河北6个居民小组。

张圩新村居民点是新农场建设示范点。2007年按照《云台农场建设社会主义新农场规划》，实行居民点撤点并村，撤销大岛山、小岛山、小粮地、小汪、小汪河东、大汪居民点，集中在张圩建设张圩新村。张圩居民点 2006 年开工建设，2007 年底建成 50 幢公寓式两层小楼，100 户居民搬进新村。到 2020 年共建楼房 142 栋，284 户居民搬进张圩新村。

居委会设在张圩新村，有办公楼 1 幢，内设活动室、阅览室。新村居民点设有活动广场，并配有篮球场、排球场和各类健身活动器材。

2. **于沈社区居民委员会**　由原新建管理区、沈圩管理区、于团管理区组建成立于沈居民委员会。居民 274 户，人口 680 人。设置于沈新农村居民点，撤销新建、沈圩居民点，集中在于团云东路两侧，规划建设于沈新农村居民点，2008 年开工建设，到 2020 年，于沈、新建两个居民点先后全部拆除。居民到于沈新村建房。于沈新村共有住户 252 户（含原于团居民）。

2017 年，农场有限公司美丽乡村项目投资 272 万元建 1000 平方米居民服务中心办公楼，服务功能齐全，活动广场设置各种健身器材。

3. **宏业社区居民委员会**　2009 年 10 月 18 日，由原普山分场、兔场、盐河管理区、海州综合厂、东山综合厂组建成立普山社区居民委员会。2011 年 11 月，农场将原宏业社区居委会的知青路以南片区划归宏业社区居民委员会管理。2014 年，原普山居民委员会更名为宏业社区居民委员会（除盐河管理区被市政府东城区建设征用后，划归郁州街道凤舞社区）。居民 774 户，人口 2573 人，下设普山猫山路东、普山猫山路西、普山桥西、东山综合厂、海州综合厂、兔场、宏业南小区 7 个居民小组。居民委员会设在普山居民点，农场原普山分场办公楼划拨给宏业居民委员会办公使用。2014 年普山居民点通过重新规划，2015 年开工建设，到 2020 年有 153 户居民拆除旧平房，新建 3~4 层阳光排屋。

云台农场产业园区有 11 家二三产企业。连云港市特殊教育中心、连云港市城市救助站、云台农场中心幼儿园、四季阳光幼儿园、江苏农垦农友公司、连云港市电信局云台农场支局、连云港市康复（优抚）医院、明远中英文学校、连云港邮电云台农场营业所、江苏省连云港市东方农村商业银行云龙支行、连云港市残疾人托养中心，均在宏业居委会管理网格内。

4. **创业社区居委会**　2005 年 2 月，成立云台农场场部创业社区。2009 年 10 月更名为云台农场创业居委会。2011 年 11 月，农场将原宏业社区知青路以北以及工业园片区划归创业社区居委会管辖。创业社区居委会位于云台农场场部中心区，南至场部知青路，北至南岛线（与云台街道丹霞村、东窑村民小组相望），东至云东路，西与云台街道丹霞村交界。居民 485 户，人口 1822 人，下设供销社东、供销社西、路南、站西、西小区、加工厂住宅区 6 个居民小组。

东山路商业一条街、农贸市场、敬老院、图书室、中老年活动中心、农场机关办公楼、江苏农垦农业发展公司云台分公司办公楼、海州区云台供销合作社、农场社区医院、农场中心小学均在该居委会辖区内。

该辖区为农场政治、经济、文化活动的中心社区，建有占地面积 11000 平方米职工文化娱乐休闲广场，内设网球场、篮球场、健身区和游乐区，是居民健身、娱乐、休闲的最佳场所。

第二节　居民生活

一、收入

云台农场建场初期，根据不同人员的身份实行不同的生活待遇。在干部中，依据干部级别不同实行不同的生活待遇制度，有的实行供给制，分小灶、中灶待遇；有的实行工资分制，有的实行货币工资制，干部人均月收入为 30 元左右。工人中有的实行工资分制，有的实行供给制，吃大灶伙食，每月发 3 元左右的零花钱，工人的人均月收入不足 20 元，没有其他收入。

1956 年，国家实行工资改革，统一执行货币工资制，农场干部实行职务工资制，工人则按照其工种、技术分别定为农牧工、技工等级别，广大职工的工资收入得到初步提高，职工年均收入 369.55 元。

1959—1979 年，农场职工收入没有明显提高，其中因素较多，主要是国家经济困难和"文化大革命"。虽经 1962 年、1973 年、1979 年的几次工资调整，但职工的年工资收入都没有突破 400 元，最低的是 1959 年（194 元），最高的是 1978 年（394.38 元）。

1980 年以来，国家进行改革开放，农场经济向好，工资多次调整，职工收入明显提高。1985 年全场职工年均收入达到 520 元，居民人均年收入 298 元。到 1991 年，职均年收入为 2010.57 元，是 1979 年的 6.25 倍，是 1959 年的 10.36 倍。

随着改革开放的不断深入，农场逐步打破了等级工资制，职工收入进一步提高。

1995 年，全场职工年均收入达到 7202 元，人均年收入 3863 元。2000 年，由于农场实行场办企业经营体制改革，一些场办企业职工转岗，场域居民收入受到一定影响，职均年收入只有 6850 元，人均年收入 2526 元。

2005 年，全场职均年收入达到 10487 元，人均年收入 5635 元。

2007 年，职均年收入 13230 元，人均年收入 7340 元。

2008 年，职均年收入 15492 元，人均年收入 8853 元。

2009 年，全场各项经济指标均达到了小康社会规定的要求。职均年收入实现 19054 元，人均年收入首次突破万元，达到 10801 元。

2012 年，职均年收入 28116 元，人均年收入 14512 元。

2013 年，职均年收入 35906 元，人均年收入 16669 元。

2014 年，职均年收入 38765 元，人均年收入 19665 元。

2015 年，职均年收入 40882 元，人均年收入 25346 元。

2016 年，职均年收入 44131 元，人均年收入 28638 元。

2017 年，职均年收入 54206 元，人均年收入 35648 元。

2018 年，职均年收入 55434 元，人均年收入 28173 元。

2019 年，职均年收入 59186 元，人均年收入 29960 元。

2020 年，职均年收入 65543 元，人均年收入 32396 元。

2021 年，职均年收入 71069 元，人均年收入 35312 元。

2021 年，职均年收入比 2012 年增长了 183.17%；人均年收入 2021 年比 2012 年增长 180.05%。

二、消费

1954 年，农场职工口粮实行定量供应，每人每天 0.5 千克，另外补给劳动土方粮。

20 世纪 70 年代，居民收入略有增加，温饱不愁，许多家庭购买了"老三件"。据统计，全场家庭拥有自行车 234 辆，缝纫机 281 台，手表 362 只。

20 世纪 80 年代，职工家庭的电气化、自动化程度逐步提高。居民家庭购买了"新三件"。据统计，全场居民家庭拥有电冰箱 124 台，彩电 169 台，洗衣机 201 台。

20 世纪 90 年代，冰箱、彩电、洗衣机等家用电进入普通家庭，居民消费结构发生了新的变化。据统计，全场居民家庭拥有空调 138 台，摩托车 213 辆，手机 80 余台。

至 2009 年，云台农场已经全面达到了建设小康社会各项指标。

2020 年，全场 85% 左右家庭拥有轿车，家用电脑、摄像机、电话、手机、摩托车、电动车成为每户居民的日常用具。手机几乎是人手一部（除 10 岁以下）。农场的消费水平已明显高于周边乡镇。

1954 年，在老机关建石墙瓦顶浴室一处，每年过十月一日以后营业，每逢周六对女同志开放，周日对男同志开放。春节期间天天开放，逢单日对男同志开放，逢双日对女同志开放。票价为 5 分钱。20 世纪 80 年代中期，弹力丝厂有锅炉一台，建职工浴室一处，分男女，设有淋浴，20 世纪 90 年代初，加工厂建职工浴室一处，一次性可容纳一百多人，洗浴条件得到了改善。2000 年农场国有企业改制后，职工浴室关闭，先后有两家民营企业建浴室，对外开放，满足了职工和居民的洗浴需求。

三、住宅

建场初期，农场人员的住宅是竹架苇墙、草顶工棚，办公场所是铁皮房。

1956 年，农场建造 11 座石墙瓦顶平房，主要供生产、办公之用，住宅仍是竹架苇墙、草顶工棚。

1960 年开始，农场陆续建造砖（石）瓦结构的住宅平房，到 1976 年，农场职工住宅完全为砖（石）瓦平房，草房在农场绝迹。当地籍职工家庭出现 6～8 米包外带走廊的砖瓦房，是年，全场共有房屋 7.5 万平方米，但因知识青年较多，生活用房仍然紧张，人均面积仅为 8 平方米左右。

1980 年后，当地籍职工住房墙体外装马赛克、瓷砖或水刷石，室内用红砖或混凝土铺设。

1987 年，农场实行住房制度改革，农场大批住宅折价归私，开始允许私人在场部建房，居民住宅面积得到提高，新建住宅结构也在改善。在场部东山路、普山路、猫山路两旁、南岛路南侧，建起了一幢幢宽敞明亮的商住两用楼房，农场先后开辟了西小区、南小区住宅区楼群。

1992 年，全场拥有私人用房 67000 平方米，人均 16 平方米。

2004 年开始，农场对居民点进行建设规划，将原 10 个居民点，规划撤并为 4 个居民点，后又规划为 3 个居民点，开始农场新农村建设，先后建成张圩新村和于沈新村，排排别墅拔地而起。

2005 年，农场规划开发华泰丰泽园，批复后于 2010 年由云龙房地产开发有限公司开工建设。第一期建 3 幢小高层，198 户；4 幢多层，156 户。第二期山南福第花园建三幢电梯多层，共 72 户；阳光排屋 6 幢，共 72 户，第一期场内职工及职工子女购房每平方米可优惠 100 元。

2016 年，农场启动了普山危旧房改造工程，改造危旧房 112 户，面积 10080 平方米。小区道路 3360 平方米。到 2020 年农场危旧房改造基本完成，张圩居委会居住 350 户，人口 1427 人。于沈新村居住 262 户（不含未改造房 12 户），人口 680 人。宏业居委会 774 户（含东山、海州、兔场居民点），人口 2573 人。楼房 523 幢，平房 251 幢，按照农场统一规划小区建设。创业居委会居住 485 户，人口 1822 人。场部对建场以来危旧房已基本改造完成,普山路两侧已有 7 户改建为四层商住两用住宅楼。

2021 年,新建楼房 70 幢,面积 18900 平方米,新增面积 13980 平方米。到 2021 年,全场拥有私人楼房 1771 幢,270330 平方米,人均住房 46.6 平方米,超过省定小康社会目标值 35 平方米。

第三节 场镇居民养老、医疗保险

一、养老保险

自 1992 年国家推行养老保险制度以来,农场职工养老保险基金一直实行统筹,即由省农垦集团公司统一管理,在系统内进行统筹。2000 年农场职工养老保险基金纳入江苏省直接结算,参加省统一的社会统筹。非农场职工居民则参加连云港市养老保险统筹。场镇居民有的是自己到连云港市劳动和社会保障局直接办理基本养老保险手续,有的则由农场社区管理委员会社会事业科代为办理基本养老保险手续。2007—2013 年,社区社会事业科每年都要为 50 余名非职工居民办理基本养老保险手续。

2014 年办理参加城乡居民养老保险 123 人;2015 年 125 人;2016 年 129 人;2017 年 132 人;2018 年 159 人;2019 年 162 人;2020 年 167 人;2021 年 182 人。

至 2021 年 12 月,为 19 名居民办理退休并领取养老金。

二、医疗保险

1952—1994 年,农场在职职工和离退休人员享受公费医疗,职工家属及子女实行统筹医疗。

1995—2004 年,实行场内医疗保险统筹。农场根据职工平均医疗经费定期转账,职工依据不同年龄,确定计入个人账户金额,余款纳入公共统筹账户。职工供养的非劳动力,按每人每年 140 元收取医疗费用,计入医疗账户。凡参保者先由个人按规定标准支付医疗经费,超过规定标准部分,按个人支付段比例标准核报封顶。

自 2005 年,农场每年投资 230 万元,为全场 2881 名职工和离退休人员办理参加连云港市基本医疗、工伤和生育保险。

2007 年,农场根据省政府〔2007〕38 号文件精神,省劳动和社会保障厅、财政厅〔2007〕11 号文件精神,以及《连云港市医疗保险暂行办法》的通知精神,争取地方政府补贴 14.99 万元,农场出资 18.31 万元,为 1651 名非职工居民办理城镇居民基本医疗保险。

2008年，争取地方政府资金11.27万元，农场出资11.08万元，为1458名非职工居民办理了城镇居民基本医疗保险。

2009年，争取地方政府资金20.33万元，为1320名非职工居民办理基本医疗保险。

2010年，争取地方政府资金21.80万元，农场出资13.95万元，为1420名非职工居民办理基本医疗保险。至此全场居民全部参加了连云港市城镇居民医疗保险。

2010年，办理参加城乡居民医疗保险1550人。

2014—2020年，每年场域居民参加城乡居民医疗保险人数为：2014年1614人；2015年1484人；2016年1395人；2017年1579人；2018年1528人；2019年1259人；2020年1250人。

职工养老保险按省农垦集团公司要求比例缴纳，医疗保险按地方（市）标准缴纳。

2020年因新冠疫情，为了减轻企业负担，根据江苏省人社厅要求，减免职工养老保险、医疗保险企业部分，农场有限公司减免459.1万元。

2021年10月，农场争取了海州区居家养老服务项目，通过第三方机构，定期为188位80岁以上老人提供免费上门服务，使老人的生活得到有力保障，在惠民生、促和谐、保稳定等方面发挥了重要作用。

中国农垦农场志

第八编

人物与荣誉

　　云台农场人杰地灵。建场后，在老场长王荣江的带领下，众多仁人志士战严寒、治荒碱，在这一片盐碱荒地上创造了辉煌的业绩，艰苦奋斗的农垦精神激励云台三代人奋力拼搏，使云台农场人才辈出，犹若灿烂群星，辉映云台，夺目农垦，耀眼神州。他们为云台的振兴、发展、辉煌做出了不可磨灭的贡献，云台人应当永远记住他们。

第一章　人　物　传

王荣江（1905—1973），安徽省霍邱县人，出身于雇农家庭。1930 年参加中国工农红军第四方面军，民国 24 年加入中国共产党，历任班长、排长、连长、营长、第十二纵队荣军大队长、华东荣校三分校校长、南京市中山陵园管理处副处长、南京市监狱典狱长、南京市人民政府灌云棉垦管理处副处长、江苏省国营云台农场场长、灌云县副县长等职务。

王荣江参加过大别山和云雾山区开辟苏维埃政权的斗争。历经五次反"围剿"、毛儿盖、正阳关等激烈战斗，参加了二万五千里长征和平型关大战。

在革命战争年代，王荣江意志坚强，英勇战斗，有"神枪手"之称，在平型关大战主攻"老爷庙"的战斗中，他任连长，当自己的三连只剩十几人时，首长又将一连、二连调来由他指挥，一直坚持到战斗结束。当时王荣江身负重伤，后转到后方疗养。

中华人民共和国成立以后，王荣江转业到地方工作。1952 年 9 月，他放弃城市生活，从南京城来到苏北云台山下，建设农场。他带领职工战严寒，修水利，治荒碱，使 24000 多亩盐碱草荒地变成良田。1953 年，上级分配他一匹马，供他工作乘骑，他坚持步行工作，将马改作役用；他长期坚持背筐拾粪，为改造盐碱滩做出表率。1953 年秋的一天深夜，突然刮起十级台风，他第一个带领大家顶风抢护草房，因战争时腿部受伤，被强风刮倒，昏迷多时。他经常向工人特别是年轻人讲述战争故事，进行革命传统教育。在他的领导下，云台农场从几间破草房和一望无际的盐碱荒滩，变成了一个初具规模的机械化农场。《江苏画报》曾以"当年的老红军，今天的好场长"为题，报道了他的事迹。

王荣江身经百战，9 次负伤。1973 年元月 6 日，因伤口复发，久治无效，不幸逝世，遗体火化后骨灰中有七九弹头和碎片，被中华人民共和国民政部追认为革命烈士，终年68 岁。

陆致翔（1917.6—1985.8），上海市宝山县人。1937 年 8 月在沪参加抗日战地服务团；1938 年 8 月在皖南参加新四军，同年 10 月参加中国共产党。历任太仓县、苏州县区委书记、县委组织部部长，新四军七师敌工干事、敌工站长，甘泉县区长、区委书记，华野三纵炮兵团宣教股长，南京市人民政府秘书、副科长、救灾办公室主任。

陆致翔青年时代就投身革命，把自己的一生都献给了中国人民的解放事业。在抗日战争和解放战争时期，经历战火考验，在狱中参加暴动，与敌人进行了不屈不挠的斗争，逐步成长为一名坚定的共产主义战士，为中国人民的解放事业贡献了应有的力量。

1952年，调任南京市人民政府灌云棉垦管理处（云台农场）任处长，带领干部职工和党员垦荒建点，和职工、学员一起住草棚，喝咸水，吃粗粮，修水利，治荒碱，为建设农场做出了积极努力。

1953年7月调回南京，先后担任南京市民政局副局长、地方工业局副局长、轻工局局长、南京化工厂厂长、党委书记、南京市化工局局长、党委书记，为南京市地方工业和化学工业发展做出了可贵贡献。1982年12月离职休养。因突发性心肌梗死，抢救无效，于1985年8月8日在南京逝世，终年68岁。

季方（1890—1987），字正成，江苏海门人，早年就学于保定陆军军官学校，参加过辛亥革命和讨袁战争。

1921年季方加入中国国民党，1924年到广州黄埔军校任特别官佐，曾参加东征和讨伐陈炯明之役，1928年春在上海与谭平山等成立新党。1930年8月，参加邓演达创建的中国国民党临时行动委员会（农工民主党前身），任中央干部会干事，负责总务、联络、军事方面的工作。1931年邓演达被害后，季方到北平成立"中国国民党临时行动委员会各省市联合办事处"，继续进行反蒋反帝斗争。1933年参加"闽变"失败后，化名张君达隐居上海真茹镇。1935年春天，季方联合海门一百多户中小农户（包括贫农），集资5000多元，在云台山前（现云台农场境内）的大汪村购得荒地2000亩，围垦滩涂，组织了一个定名为"大汪新村"的合作农场，种植棉花，改变了当地居民祖辈单一种植麦子的习惯。后因云台山被日本侵略者占领，搞得不得安生，加之排水困难，没有多少收成，大汪新村合作农场停办。1940年季方进入苏中抗日根据地，任新四军苏中第四军分区司令员，苏中行政公署主任。

抗日战争胜利后，季方出任苏皖边区政府副主席。1947年任中国农工民主党中央执行委员会委员。1948年任华东军区解放军军官教导总团团长。1949年9月参加中国人民政治协商会议第一届全体会议。

中华人民共和国成立后，季方先后任政务院交通部副部长，江苏省副省长。1951年12月任中国农工民主党中央执行局委员兼中央副秘书长。1958年起，任中国农工民主党中央代理主席、主席。1978年2月至1987年任全国政协副主席。

1987年1月，任农工民主党中央名誉主席。

季方是第二、三、四、五届全国人民代表大会常务委员会委员；政协第二届全国委员会委员；第四届全国委员会常务委员。

1987 年 12 月 17 日，时任全国政协副主席，农工民主党名誉主席的季方在北京逝世，终年 97 岁。

金汉章（1917.1—1997.1），连云港市金湾人，初中文化，1941 年加入中国共产党。1940 年 1 月在灌云县龙王口参加青年抗日队，宣传国共合作，动员群众反汪抗日。1940 年 10 月至 1941 年 2 月先后参加淮海干校和盐城新四军军部抗大学习，担任学习组长。1941 年 9 月，调淮海行政公署任行政科长。是年 12 月调淮连沭灌交通一分局任局长。1945 年 7 月在淮海地委党校学习，兼任新海连工委书记。1946 年 11 月至 1950 年 8 月，先后任灌南青集区区长，灌云南城区区长、区委书记。1950 年 8 月至 1959 年 9 月，先后担任灌云县人民政府工商科长、仲集区委书记、灌云县委宣传部部长、灌云县农村工作部部长。1959 年 10 月至 1960 年 3 月，任灌云县副县长兼东辛农场党委书记。1960 年 8 月至 1965 年 4 月 12 日，任东辛农场党委书记。任职期间正值三年困难时期，他以身作则，同广大职工同甘共苦，共渡难关，号召全场广大干部群众"低标准、瓜菜代"，组织职工发展生产，抗灾自救，使职工生活逐渐好转。1965 年受社会主义教育运动查处，长期挂职。1978 年调江苏省国营云台农场任顾问，任职期间，经常深入基层调查研究，为农场发展提出许多建设性意见和建议。同时兼任农场学校校外辅导员，关心下一代的成长，经常到学校对学生进行革命传统教育。1984 年 7 月办理离休手续，1997 年 1 月因病逝世，终年 80 岁。

康敬五（1925.9—1997.12），山东梁山县人。1944 年 10 月参加革命工作，1946 年 3 月加入中国共产党。历任八路军冀鲁豫第八专署南旺区文市情报股长、民政助理、组织委员、南京市（原江苏省）工业部军代表、南京市贸易总公司储运股长、南京市土产总公司人事保卫股长、南京市人民政府灌云棉垦管理处人事科长、江苏省国营云台农场副场长、党支部书记、云台人民公社党委第二书记、云台农场党总支书记、党委书记。1969 年 9 月，任江苏生产建设兵团一师二团副参谋长、副团长、云台农场党的核心小组组长、革命委员会主任、党委书记。1979 年至 1985 年 6 月，任江苏省农垦局淮阴地区分局副局长、党组成员，江苏农垦总公司连云港分公司顾问。

康敬五曾参加过淮海战役、渡江战役，为解放全中国做出了贡献。

康敬五在创建云台农场期间，带领职工大搞水利建设，垦荒治盐，号召全场大种绿肥，培肥地力，使农场农业生产水平有了较大提高，大力发展养殖业和其他产业，为农场经济发展奠定了基础。

康敬五生活简朴，时刻以老红军王荣江为榜样，始终保持艰苦朴素的传统，言行一致，经常到基层帮助解决实际问题，关心职工疾苦，自己掏钱，救济困难职工，深得职工爱戴和拥护。调到农垦淮阴地区分局和连云港分公司工作后，仍十分关心云台的发展，经常给云台的工作提出指导性意见。1984 年 7 月办理离休手续，享受厅局级政治生活待遇。康敬五离休后，热心参与中老年体育锻炼保健活动，组织指导中老年职工开展气功、武术及保健操等健身活动。1997 年 12 月，康敬五在连云港病逝，终年 72 岁。

张广政（1932.5—1998.1），江苏省东海县人。1948 年参加革命工作，1949 年 3 月加入中国共产党。历任东海县驼峰区范埠村公安员、驼峰区粮食助征工作队队员、东海县畜牧局人事科科员、东海县包庄乡团委书记、岗埠农场生产科科长、四分场场长、人武部部长、岗埠农场革命委员会主任、党的核心小组组长、党委书记、东海县洪庄乡党委书记、沛县鹿湾乡党委书记、湖西农场党委书记、云台农场党委书记、督导员。

张广政作风扎实，经常深入基层调查研究，帮助基层解决实际问题，1970 年撰写的《关于彻底改变岗埠农场贫困面貌的计划和实行旱改水的措施》一文，对岗埠农场的农业发展起了很好的指导作用。

张广政在云台农场工作期间，坚持实事求是，坚决按政策规定办事。在思想上、政治上始终同党中央保持高度一致。1986 年因身体原因，担任督导员工作，仍身体力行，努力干好分管工作。1992 年退休，1998 年 1 月 27 日突发心肌梗死去世，终年 66 岁。

任静安（1926.7—1999.2），河南省潢川县仁和集公社任大湾人，1945 年 10 月在河北省马头镇入伍，1948 年 6 月参加中国共产党。历任中国人民解放军决九团战士、179 师五三七团二营副政教、团后勤协理员；1959 年至 1961 年 9 月在长沙第一政治干校学习；1961 年 9 月至 1966 年 6 月任 179 师五三七团政治处主任，副政委。1969 年 3 月任江苏生产建设兵团一师二团政委。

1972 年 4 月调任江苏生产建设兵团四师二十四团任政委，1975 年 8 月任 179 师政治部副主任，1978 年 10 月任南京市秦淮区革命委员会副主任，副书记。1980 年 9 月任秦淮区人民代表大会常务委员会主任，副书记。1999 年 2 月 1 日，因病医治无效，在南京逝世，终年 73 岁。

耿步怀（1916.4—2002.1），江苏省大丰县丰富公社丰富大队人。1942 年 7 月在方强区参加革命工作。1943 年 7 月加入中国共产党，历任方强区保长、乡长、区民政助理、区长，盐东县步凤区区长，苏北区党委党校学员，苏北行署农水处副科长，大丰县区立棉试验场场长，江苏省棉作试验场场长，1960 年 5 月任国营云台农场场长。

他担任云台农场场长期间，在艰苦的工作、生活条件下，团结党委一班人，带领农场广大干部职工创造条件，发展生产。

　　1963年6月，调任丹阳县练湖农场场长，1974年9月任国营高资茶场党委书记兼主任。1982年12月离休，离休后享受地市级政治生活待遇。2002年1月因病逝世，终年86岁。

　　葛绍武（1921.5—2004.9），江苏省沭阳县西屏乡人，1942年2月在沭阳县张陈圩参加革命工作，1944年加入中国共产党。历任沭阳县西屏乡农会会长，沭阳独立团一营排长，沭阳公安局派出所干事，沭阳宣义镇镇长，建陵镇指导员，沭阳城区共青团书记，沭阳团县委组织部部长、副书记，宿迁团县委书记，淮阴地区团委组织部部长，光华化学厂党总支副书记，新丰面粉厂党支部书记，淮阴地委工业部科长，专员公署工业局副局长，淮阴地区驻徐州小煤矿党总支书记，淮阴地区工会办事处副主任。1965年先后任国营云台农场场长、革命委员会副主任、江苏生产建设兵团一师二团副参谋长。

　　1970年调江苏生产建设兵团一师五团任副参谋长、副团长，东海农场党的核心领导小组组长，1976年调江苏省农垦局工业处副处长，省农垦工会副主席，1983年12月离休，离休后享受厅局级政治生活待遇。2004年9月11日，因病医治无效，在淮安市逝世，终年83岁。

　　顾家富（1923.6—2010.4），江苏省灌云县南城区东滩乡杨圩村（现江苏省云台农场张圩分场小汪河东管理区）人，1945年8月参加革命，1945年12月入党，历任晋察冀军区炮兵旅战士、第五兵团十六军炮兵营排长、中国人民志愿军六十八军炮兵团五连副连长、炮兵第十四师六团二营四连连长、炮兵十四师六团一营参谋长、炮兵十四师后勤部生产科副科长等职，生前系河北省邯郸军分区第二干休所正团职离休干部。

　　解放战争时期，顾家富参加了热河战斗、山西战斗、张家口战斗、怀来战斗、保定战斗、南洋战斗、陇海路战斗、渡江战役和西南剿匪战役，转战祖国大江南北，英勇善战，不怕牺牲，为中国人民的解放事业立下了不朽的战功。曾荣获中华人民共和国解放奖章。

　　朝鲜战争爆发后，顾家富积极响应党中央毛主席的号召，义无反顾地投身到抗美援朝战争中，参加了著名的朝鲜东线阻击战和金城反击战，为朝鲜人民的解放事业做出了贡献，荣获朝鲜人民政府授予的军功章一枚。

　　2010年4月12日，因病医治无效，在解放军二八五医院逝世，终年87岁。

　　朱建国（1941.12—2015.1），安徽庐江人，1965年5月加入中国共产党，大专学历，高级政工师。2015年1月31日病故。1962年10月参加工作，先后担任国营东辛农场农工、学生民工五中队队长、杨圩大队副指导员、江苏生产建设兵团一师三团二营14连副指导员、12连指导员、二营副教导员、二营教导员、东辛农场机关党支部书记、东辛农场办公室主任、东辛农场副场长、东辛农场副书记。1985年3月调任国营云台农场书记。

1988 年 5 月调任江苏省盐业公司苏州分公司党委副书记、纪委书记、工会主席。2002 年 1 月退休之后，发挥余热担任苏州盐业公司退休党支部书记至 2011 年，热心为公司退休干部职工服务。

朱建国同志的一生，是辛劳奉献的一生。他勤奋好学，艰苦朴素，在各个工作岗位上都能严格要求自己，处处以全心全意为人民服务为己任，不忘宗旨，不忘党性，多次荣获优秀共产党员、优秀党务工作者、优秀工会工作者等荣誉称号。

左延莹（1931.11.4.—2016.2.2），江苏省涟水县梁岔乡梁岔村人。1962 年毕业于南京农学院植保系。1948 年 6 月参加工作，1950 年 6 月加入中国共产党，历任淮北盐务局八滩办事处填票员，清江盐业公司业务股调研员，淮阴专属工商科物价员，清江市人民政府商业科物价员，苏北农学院附设工农兵学院学员，南京农学院植保系学员，东辛农场杨圩分场技术员，东辛农场生产科技术员，省农林厅社教工作队队员，东辛农场良种站副站长，东辛农场试验站副站长，江苏生产建设兵团三团参谋、副股长，东辛农场农业科科长，淮阴地区农垦局农业科负责人，1980 年 6 月，调至国营云台农场任副场长，1981 年 2 月任国营云台农场副书记、副场长，1981 年 4 月任国营云台农场场长。终年 85 岁。

左延莹同志一生任劳任怨，从事农业技术和领导工作，为农垦事业勤劳奉献了一生，始终以党员的标准要求自己，全心全意为农场职工服务，深受云台人民的尊重，并多次受到上级的表彰。

第二章 名 录

一、烈士名录

王荣才，1923 年出生，江苏省云台农场沈圩人，中共党员，生前任沭阳县某乡中队长，1945 年在沭阳一次战斗中不幸光荣牺牲，时年 22 岁。中华人民共和国成立后，被中华人民共和国民政部追认为革命烈士。

杨文华，1951 年出生，江苏省云台农场小汪人，1967 年加入中国共产主义青年团，1969 年高中毕业，1970 年应征入伍，生前在中国人民解放军 5808 部队任副班长。1973 年 4 月，因抢救国家财产在陕西省安乐县月池公社不幸光荣牺牲，时年 22 岁。中国人民解放军七五二部队司令部政治处给杨文华同志荣记个人二等功，中国人民解放军总政治部追认杨文华同志为革命烈士。

二、劳动模范及受市以上表彰人员名录

农场受省部级表彰人员共计 6 人；受厅局（含市）级表彰人员计 27 人；授予"劳动模范"和"五一劳动奖章"称号（含享受劳模待遇人员）7 人。

三、获得博士学位人员名录

励建安，男，1952 年 6 月生，1969 年下放到云台农场，1973—1977 年就读于南京医科大学（时名江苏新医学院），1983 年获南京医科大学（时名南京医学院）运动医学专业硕士学位。2014 年入选美国医学科学院国际院士，南京医科大学教授、博士生导师，第一附属医院/江苏省人民医院康复医学中心主任，附属钟山康复分院院长。

2002—2014 年，任南京医科大学康复医学系主任。2014—2017 年，任南京医科大学康复医学院院长。

他曾任国际物理医学与康复医学学会主席（2014—2016 年），中国康复医学会常务副会长兼秘书长（2001—2015 年），中华医学会物理医学与康复学分会主任委员（2014—2017 年），中国医师协会康复医师分会会长（2011—2014 年），中国科协第八届委员（2011—2016 年），江苏省康复医学会会长（2008—2018 年）。

目前担任亚洲与大洋洲物理医学与康复医学学会候任主席、国家卫健委能力建设和继续教育康复医学专家委员会主委；国家卫健委脑卒中专家委员会副主委；中国非公立医疗机构协会康复医学专委会主委；中国康复医学杂志主编。*Journal of Rehabilitation Medicine* 副主编，*Sports Medicine and Health Science* 编委。

他擅长心血管康复治疗。开展系列研究，证明生理性缺血训练对心肌缺血后侧支循环生成的作用和机制，为缺血性疾病和心脏康复提供新的治疗路径。神经康复方向：脑卒中三级康复路径、脊髓损伤康复临床规范、肌肉痉挛的肉毒毒素应用和融神经注射技术。功能评定方向：聚焦于国际功能、残疾和健康分类（ICF）在中国的临床应用，努力为医疗保险和长期照护保险提供新的路径和标准，是世界卫生组织（ICF）临床应用项目组的主要专家之一。此外，曾启动国内步态分析的临床应用。在健康中国的大局下，近年来还积极参与推动体医融合、康养融合、大数据-人工智能与主动健康、康复机器人和智能辅具、肿瘤康复、心肺康复等。

他曾主持国家自然科学基金项目 4 项，国家"十一五"课题子课题 2 项，国家"十二五"支撑项目子课题 1 项，国际合作项目 6 项，江苏省科技支撑项目课题 2 项，1 项教学课题，1 项科普课题。以第一作者或通讯作者在国内外学术期刊发表论文 403 篇，包括 SCI 文章 41 篇；作为主编、副主编、参编教材和专著 65 部。他培养已毕业硕士 44 人，博士 31 人；在读博士后 2 人，博士 11 人，硕士 4 人。获中华医学奖三等奖 1 项，江苏省科技进步二等奖 2 项和三等奖 1 项，江苏医学奖二等奖和三等奖各 1 项，2010 年获得中国科协科技先进工作者称号，2014 年获得第九届中国医师奖，国家优秀教师称号，国家卫计委脑卒中筛查与防治工程委员会"突出贡献奖"，被江苏省卫生和计划生育委员会授予"江苏省医学突出贡献奖"。2016 年获江苏省卫生和计划生育委员会杰出贡献奖和江苏省医学会终身医学成就奖，南京医科大学名医称号。2017 年被中国科学技术协会特聘为全国康复医学首席科学传播专家。

沈辉，男，博士，江苏省连云港市人。1956 年 7 月 1 日出生，1974 年 7 月毕业于连云港市猴嘴中学高中，1975 年 8 月下放江苏省生产建设兵团一师二团（后改为云台农场）一营三连一排工作，后调到二营七连担任连长。1978 年被农场党委批准加入中国共产党。1978 年 10 月至 1982 年 8 月在南京华东工程学院（现为南京理工大学）78-411 班（工程光学）学习。1982—1992 年任中国科学院固体物理研究所科研人员，从事非晶态合金与纳米材料研究。1989 年 8—11 月，在德国科学院下属研究所进修，从事材料微观结构研究。1991 年获得中国科学院首届留学基金奖学金，研究课题为"纳米材料合成与物性研究"。1992—1996 年德国夫琅禾费不莱梅应用材料研究所访问学者与德累斯顿工业大学博士研究生，于 1996 年 5 月获得德国德累斯顿工业大学材料科学博士学位。1997—1998 年任华南理工大学材料学院副教授。1998 年获得中国科学院"百人计划"项目资助，研究课题为"太阳能功能材料与光电转换"。1999—2004 年任中国科学院广州能源研究所研究员。2002 年任中山大学理工学院兼职教授，于 2004 全职到中山大学工作并创建中山大学太阳能系统研究所。2002—2013 年任中山大学光电材料国家重点实验室副主任。2010—2020 年任顺德中山大学太阳能研究院院长。2011—2020 年任广东省光伏技术重点实验室主任。

社会兼职。光伏科学与技术国家重点实验室（天合光能）学术委员会主任（2010 年至今）、光伏装备国家工程技术研究中心（长沙 48 所）技术委员会主任（2011 年至今）、中国可再生能源学会光伏专委会副主任（2003—2020 年）、中国光伏行业协会咨询委员（2014 年 6 月—2020 年 11 月）与咨询顾问（2020 年 12 月至今）、中国绿色供应链联盟光伏专委会主任（2019 年至今）等。

左言军，男，1973 年 4 月出生，江苏连云港云台农场人。博士学位，现为军事科学院防化研究院研究员，技术大校，博士生导师，全军优秀博士学位论文获得者，主要从事核生化处置技术研究。目前为军委科技委国防科技机动处专家组成员、北京市表面工程学会理事。先后获得国家科技进步二等奖 1 项，军队科技进步一等奖 1 项，二等奖 5 项，主持完成军用洗消剂和洗消装备研制，在国内外核心期刊发表论文 50 余篇，SCI 和 EI 收录十余篇，培养博士和硕士研究生多名。

陆方文，女，中共党员，1978 年 1 月出生于江苏省云台农场，1982 年毕业于云台农场中学。2011 年毕业于美国加州伯克利大学，经济学博士。荣获 2017 年度教育部青年长江学者称号，获得 2018 年度国家自科基金优秀青年项目资助。她擅长运用随机实验方法探讨行为经济学和发展经济学领域的热点难点问题，其研究成果发表在经济学、管理学和医学的顶尖学术期刊（*British Medical Journal*、*Management Science*、*Journal of Development Economics*、*Journal of Labor Economics*、*Journal of Public Economics*、*Journal of Economic Behavior & Organization*、《经济研究》等），并出版专著《随机实地实验：理论、方法和在中国的运用》。她的论文荣获"教育部第五届全国教育科学研究优秀成果奖"和"北京市第四届哲学社会科学优秀成果奖"。现任中国人民大学教授。

陈瑶，女，博士研究生。1979 年 6 月出生于江苏省云台农场。2016 年获法学博士学位，美国乔治华盛顿大学访问学者。主要研究方向为国际经济法、知识产权，兼职律师。任江苏经贸职业技术学院法律专业教师、教研室主任、副教授。在《国际经济法学刊》《南京大学学报》（哲学社会科学版）、《知识产权》等核心期刊发表论文多篇，主持、参与省部级科研项目多项。

魏国，男，博士研究生。1985年出生于江苏省云台农场。2005年加入中国共产党。2007年毕业于东南大学，工学学士学位。免试推荐至国防科技大学光电科学与工程学院读研。2009年于国防科技大学光电科学与工程学院提前攻读博士学位，2013年光学工程专业博士毕业，获工学博士学位；2013—2017年任国防科技大学光电科学与工程学院任讲师；2017—2018年任国防科技大学前沿交叉学科学院讲师；2018至今任国防科技大学前沿交叉学科学院副教授；2019—2020年执行海外维和任务，担任联合国驻南苏丹特派团军事观察员。参加工作以来，主持和承担多项国家级重点科研项目，2014年获军队科技进步三等奖一项，2017年获军队科技进步一等奖一项，2018年获国防科技大学研究生教学个人三等奖一项。现为技术军官，技术九级，调技术八级，正团。

王慎旭，女，1987年5月1日出生于江苏省云台农场，中共党员，博士研究生，现役军人，技术九级，文职六级，目前为中国人民解放军联勤保障部队第989医院心肾内科主治医师。2004年入学第四军医大学，并成为全军第一批八年制本硕博临床医学专业学员，2012年博士毕业于中国人民解放军空军军医大学（原第四军医大学）。在校本科期间荣获三等功1次，获得全国数学建模竞赛陕西省一等奖，研究生期间获2011年世界分子影像大会旅行资助奖（当年中国仅6人获得）。在医院工作期间，承担洛阳市医疗科技计划项目3项，原济南军区后勤项目1项，发表文章十余篇，并获得嘉奖1次。

谭晨，男，1986年9月出生于江苏省云台农场，博士研究生。2009年9月至2015年8月于江南大学硕博连读，食品科学与工程，博士。2015年9月至2017年2月就读于美国马萨诸塞大学阿默斯特分校（UMASS），食品科学专业，博士后；2017年2月至今美国康奈尔大学（Cornell University）食品科学博士后。长期致力于食品营养组分递送系统的开发、控制利用及相关分子机制研究。在校期间被评为江南大学十佳研究生，先后获得硕士研究生和博士研究生国家奖学金。以第一作者或通讯作者在国际顶级期刊发表SCI论文24篇，均为原创性论文。

2020年1月回国，任北京工商大学任正教授、博士生导师。

秦磊，男，1988年10月5日出生于江苏省云台农场，博士研究生，中共党员。2013年6月毕业于北京化工大学材料学院，硕士研究生。2018年11月博士后研究员，获清华大学光华博士奖学金、香港科技大学博士生全额奖学金、国际会议最佳墙报奖。

孙翰，男，1991年2月出生于江苏省云台农场。于2016年9月至2020年7月在北京大学工学院修完博士生研究培养计划规定的全部课程，专业为力学（能源与资源工程）。熟练掌握藻类分离、纯化、鉴定、培养、代谢流分析、碳分区及流动模型建立等。

　　池文杰，男，1971 年出生于江苏省云台农场，中共党员，男高音歌唱家，主持人，声乐艺术硕士，国家一级导演，江苏省文联副主席，高级职称，中国杂技家协会杂技创作委员会副主任，江苏省杂技家协会常务理事，江苏省杂技家协会主席，南京市杂技家协会主席，南京市杂技团团长兼书记，南京艺术学院高职院声乐特聘教授，江苏艺术职业教育集团艺术团艺术指导委员会委员，江苏省职业教育舞台表演技能大赛声乐评审专家，江苏艺术职业教育集团艺术团导演组组长，南京艺术学院高职艺术团业务副团长。在部队期间获得三等功及嘉奖，在地方获得南京宣传系统优秀党员和先进工作者称号。发表多部论文、著作，参与编导的 20 多部杂技作品获得省级以上奖项，其中，杂技剧《渡江侦察记》荣获第十届全国杂技展演优秀剧目奖、第四届中国杂技艺术节优秀剧目奖、江苏省第十一届精神文明建设"五个一工程"奖和第七届南京文学艺术奖入选作品奖和 2019 年南京文化艺术节·戏剧展演奖。编导的杂技《西游时空——跳板蹬人》获得国家艺术基金立项资助，荣获第七届南京文学艺术奖特别奖。出品导演的杂技《我们的芳华——四人芭蕾》荣获第四届江苏省文华奖；杂技《初心·前行——绳技蹬人》荣获第四届江苏省文华奖；杂技《自由——地圈》荣获"江苏省文艺大奖·杂技奖"金奖；杂技《巅峰对决——双人球技》荣获"江苏省文艺大奖·杂技奖"银奖；杂技《攻——蹦床》《突袭——立绳》荣获"江苏省文艺大奖·杂技奖"铜奖。

四、云台农场劳动模范及市、省级以上表彰人员名录

　　云台农场劳动模范及市、省级以上表彰人员名录见表 8-1。

表 8-1　云台农场劳动模范及市、省级以上表彰人员名录

姓名	性别	表彰时间、单位及荣誉称号
缪素华	男	2009 年，江苏省国资委表彰优秀共产党员
徐兆希	男	1979 年，农垦部表彰先进工作者（享受省级劳模待遇）
武传生	男	1978 年，农业部表彰先进生产者（享受省级劳模待遇）
殷佃民	男	1987 年，农业部表彰安全生产先进个人
王明发	男	1995 年，连云港市总工会授予"劳动模范"称号
周善民	男	1996 年，连云港市科委表彰"八五"科技兴农带头人； 2005—2006 年，市政府表彰优秀农业科技人员（二等奖）； 2008 年，省农垦集团公司授予"劳动模范"称号
陈培杭	男	2008 年，连云港市总工会授予"五一劳动奖章"
程荣喜	男	2007 年，江苏省表彰"思想政治工作先进工作者"
龚成香	女	2010 年，江苏省农垦集团公司授予"劳动模范"称号

（续）

姓名	性别	表彰时间、单位及荣誉称号
薛克钢	男	1981 年，农牧渔业部表彰"先进教师"
赵凤云	女	1986 年，农牧渔业部表彰"先进教师"
陈卫	男	2019 年 4 月，获得连云港市"五一劳动奖章"
杨生力	男	2017 年 4 月，获得连云港市"五一劳动奖章"
缪素华	男	2014 年 5 月，获得江苏省"五一劳动奖章"
万红霞	女	2015 年 5 月，获得江苏省"五一劳动奖章"
吴庆岭	男	2015 年，获得连云港市劳模
孙爱山	男	2018 年 4 月，获得连云港市劳模
赵士利	男	2013 年，获得江苏农垦第三届劳模
牛春婷	女	2012 年，获得连云港市劳模
孙建伟	男	2020 年 4 月，获得连云港市"五一劳动奖章"

五、云台农场援藏（援外）人员名录

云台农场援藏（援外）人员名录见表 8-2。

表 8-2　云台农场援藏（援外）人员名录

姓名	性别	出生时间	援藏（援外）地区	援藏（援外）时间	援藏（援外）期内所任职务
黄跃根	男	1942 年 8 月	坦桑尼亚	1975 年 7 月	工程技术人员
陈学武	男	1940 年	几内亚	1974 年 8 月	工程技术人员
杨庆岭	男	1944 年	坦桑尼亚	1975 年 2 月	工程技术人员
魏根顺	男	1947 年	西藏	1979 年 4 月	错那县农业局局长
赵士利	男	1982 年 1 月	西藏	2019 年 6 月	拉萨净土投资开发集团有限公司副总经理

六、云台农场有限公司高级专业技术职务人员名录

云台农场有限公司高级专业技术职务人员名录见表 8-3。

表 8-3　云台农场有限公司高级专业技术职务人员名录

序号	姓名	性别	出生年月	学历	参加工作时间	所任职务	技术职务	任职时间
1	王信学	男	1966 年 2 月	研究生	1983 年 10 月	江苏省云台农场有限公司党委书记、总经理、董事长	高级政工师	2013
2	骆元	男	1971 年 3 月	本科	1995 年 10 月	农发云台分公司党总支书记、副总经理	江苏农垦首席农艺师	2019
3	吴玉和	男	1956 年 1 月	大专	1975 年 6 月	江苏省云台农场党委书记	高级政工师	2002
4	张明立	男	1960 年 12 月	本科	1977 年 10 月	江苏省复兴圩农场有限公司党委书记	高级政工师	2001

（续）

序号	姓名	性别	出生年月	学历	参加工作时间	所任职务	技术职务	任职时间
5	陈培杭	男	1953 年 9 月	本科	1973 年 3 月	江苏省云台农场组织科科长	高级政工师	1996
6	江舜年	男	1960 年 1 月	本科	1977 年 10 月	江苏省云台农场宣传科科长	高级政工师	2005
7	万红霞	女	1963 年 8 月	本科	1982 年 2 月	江苏省云台农场工会副主席	高级政工师	2004
8	索以香	女	1965 年 5 月	研究生	1985 年 6 月	农发云台分公司工会副主席	高级政工师	2007
9	周善民	男	1964 年 10 月	本科	1984 年 7 月	江苏农垦兴垦科技有限公司副总经理	高级农艺师	2004

七、农场职工子女优秀人才名录

周如成，男，1955 年出生，系本场张圩管理区小汪河东人，中共党员，现任中国航空石油总公司董事长。

司海林，男，1954 年 9 月出生，系本场张圩管理区小汪河西人，中共党员，现任中国民航青岛流亭机场服务公司总经理。

周如标，男，1957 年出生，系本场张圩管理区小汪河东人，中共党员，现任江苏南京禄口机场安保部部长。

陈玉凤，女，1970 年出生，原女足国家队运动员。

八、云台农场出席省级以上代表会议代表名录

曾宪昆，1963 年 7 月，出席共青团中央第九次代表大会。

彭湃，1965 年 1 月，出席江苏省贫下中农代表大会。

乙萍，1965 年 1 月，出席江苏省贫下中农代表大会。

林月兰，1964 年 9 月，赴京参加中华人民共和国成立 16 周年国庆观礼。

蔡必水，1964 年 12 月，出席江苏省知识青年积极分子代表大会。

刘学文，1956 年 10 月，出席江苏省工会代表大会。

梁成检，1956 年 10 月，出席江苏省工会代表大会。

李有才，1956 年 10 月，出席江苏省工会代表大会。

武传生，1977 年 3 月，出席江苏省第五届人民代表大会；1978 年 9 月 8 日，出席全国总工会第九次代表大会。

第三章　荣　　誉

1978—2011年云台农场荣誉见表8-4。

表8-4　1978—2011年云台农场荣誉

获得年限	荣誉称号或奖项	授予单位
1978年	夏粮单产首次超产红旗	江苏省人民政府
1980年	粮棉增产、经济扭亏为盈奖	江苏省农垦局
1982年	工作成绩显著奖	江苏省农垦局
1983年	企业整顿验收合格	江苏省农垦局
1984年	生产建设成绩显著奖	江苏省农垦局
1986年	农机管理标准化农场	江苏省农垦总公司
1986年	社会治安综合治理先进单位	中共连云港市委、市人民政府
1987年	安全生产成绩显著奖	江苏省农垦总公司
1987年	农田水利超计划奖	江苏省农垦总公司
1987年	双文明单位奖	江苏省农垦总公司
1988年	农机管理标准化农场	江苏省农垦总公司
1988年	先进单位	江苏省农垦总公司
1989年	安全生产三无企业	江苏省农垦总公司
1989年	省农垦系统综合评比银杯奖	江苏省农垦总公司
1989年	安全生产先进单位	江苏省农垦农工商联合总公司
1990年	安全生产先进单位	江苏省农垦总公司
1990年	省农垦系统综合评比银杯奖	江苏省农垦总公司
1990年	特级信用企业	中国农业银行江苏省分行
1992年	先进单位	江苏省农垦总公司
1992年	合理化建议优胜单位	江苏省农垦总公司
1993年	安全生产先进单位	连云港市安全生产委员会
1995年	依法纳税先进企业	江苏省连云港市国家税务局
1996年	农机管理标准化优秀单位	中华人民共和国农业部农垦局
1996年	安全生产先进单位	江苏省农垦农工商联合总公司
1999年	信息工作先进单位	江苏省农垦集团有限公司、江苏省农垦事业管理办公室
2001年	丰收奖三等奖	中华人民共和国农业部
2002年	财务管理先进单位	江苏省农垦集团有限公司
2002年	养老保险工作先进集体	江苏省农垦集团有限公司
2002年	财务管理先进单位	江苏省农垦集团有限公司
2003年	2001—2002年度文明单位	中共连云港市委委员会、连云港市人民政府

（续）

获得年限	荣誉称号或奖项	授予单位
2003 年	2003 年度社会治安安全单位	中共连云港市委、连云港市人民政府
2003 年	2003 年度办公室信息工作先进单位	江苏省农垦集团有限公司
2004 年	2003—2004 年度安全生产先进企业	江苏省农垦集团有限公司
2005 年	2003—2004 年度文明单位	中共连云港市委委员会、连云港市人民政府
2006 年	2003—2005 年度思想政治工作优秀单位	中共连云港市委宣传部、组织部
2007 年	2005—2006 年度文明单位	中共连云港市委员会、连云港市人民政府
2007 年	江苏省农垦和谐劳动关系企业	江苏省农垦集团有限公司工会委员会
2007 年	全国农垦现代农业示范区	中华人民共和国农业部
2007 年	江苏农垦劳动力转移工作先进集体	江苏省农垦集团有限公司工会委员会
2008 年	江苏省农垦工会服务和促进二次创业先进集体	江苏省农垦集团有限公司工会委员会
2008 年	2005—2006 年度精神文明建设先进单位	江苏省精神文明建设指导委员会
2008 年	2007 年度产业直属单位工会争先创优三等奖	连云港市总工会
2008 年	江苏省农垦企业工会建设年活动先进单位	江苏省农垦集团有限公司工会委员会
2008 年	江苏省农垦和谐劳动关系企业	江苏省农垦集团有限公司工会委员会
2009 年	江苏省农垦工会服务二次创业先进集体	江苏省农垦工会
2009 年	江苏省农垦和谐劳动关系企业	江苏省农垦工会
2009 年	2008 年度先进单位	江苏省农垦集团有限公司
2009 年	江苏省五一劳动奖状	江苏省工会
2009 年	2009 年连云港市门协会员单位"环保杯"门球赛第五名	连云港市门球组委会
2010 年	2009 年度先进企业	江苏省农垦集团有限公司
2010 年	2010 年度先进企业	江苏省农垦集团有限公司
2010 年	和谐劳动关系标兵企业	连云港市创建劳动关系和谐企业工作领导小组
2010 年	全国城乡妇女岗位建功先进集体	全国妇联全国妇女"双学双比"活动领导小组
2010 年	江苏农垦工会服务二次创业先进集体	江苏省农垦工会
2010 年	江苏农垦先进职代会	江苏省农垦工会
2010 年	江苏农垦和谐劳动关系企业	江苏省农垦工会
2010 年	江苏农垦重点工程（项目）立功竞赛先进单位	江苏省农垦工会
2010 年	江苏省厂务公开民主管理先进单位	江苏省厂务公开协调小组
2010 年	中国门球冠军赛连云港分区赛第三名	中国门球组委会
2010 年	连云港市"迎中秋 庆国庆"门球比赛第五名	连云港市门球组委会

云台农场 2011—2021 年获得的荣誉见表 8-5。

表 8-5　云台农场 2011—2021 年获得的荣誉

编号	荣誉称号或奖项	发放时间	发放单位
1	2010 年度经济建设和社会发展目标有功单位	2011 年 2 月	新浦区委、新浦区人民政府
2	2011 年度外向型农业工作先进单位	2011 年 12 月	连云港市农业现代化工程建设领导小组
3	2011 年度市级现代农业产业园区	2011 年 12 月	连云港市农业现代化工程建设领导小组
4	江苏农垦和谐劳动关系企业	2011 年 3 月	江苏省农垦工会
5	2011 年度市级康居示范村创建先进单位	2012 年 2 月	连云港市委员会、连云港市人民政府

（续）

编号	荣誉称号或奖项	发放时间	发放单位
6	2011 年度垦区工会财务工作竞赛二等奖	2012 年 2 月	江苏省农垦工会
7	2011 年度经济建设和社会发展目标建设新浦区先进单位	2012 年 2 月	中共新浦区委新浦区人民政府
8	连云港吉本多食品有限公司荣获 第十届中国国际农产品交易会金奖	2012 年 9 月	农产品交易会组委会
9	全市工会困难职工帮扶中心建设示范单位	2012 年 9 月	中共连云港市委、连云港市人民政府
10	开拓创新企业	2012 年 9 月	江苏省农垦集团有限公司
11	江苏农垦第二届职工广场舞比赛三等奖	2012 年 9 月	江苏省农垦工会
12	无公害农产品证书	2012 年 9 月	农业部农产品质量安全中心
13	2010—2011 年度文明单位	2012 年 9 月	中共连云港市委、连云港市人民政府
14	2012 年度网络"好新闻"三等奖	2012 年 11 月	集团公司宣传部
15	2013 年度企划宣传先进单位	2012 年 11 月	集团公司宣传部
16	2012 年度江苏农垦电视"好新闻"评选活动三等奖	2012 年 11 月	集团公司宣传部
17	全市工会困难职工帮扶中心建设示范单位	2012 年 12 月	连云港市总工会
18	2012 年度十佳乡村旅游区（点）	2013 年 2 月	连云港市旅游局
19	江苏农垦思想政治工作先进单位	2013 年 7 月	江苏农垦集团有限公司委员会
20	江苏农垦基层思想政治工作先进单位	2013 年 7 月	江苏农垦集团有限公司委员会
21	2010—2012 年度江苏省文明单位证书及奖牌	2013 年 7 月	江苏农垦集团公司委员会
22	2013 年度江苏农垦广播、 电视"好新闻"评选活动二等奖	2013 年 11 月	江苏省农垦集团有限公司委员会宣传部
23	连云港市百家企业文化职工文化建设先进单位	2013 年 11 月	江苏省农垦集团有限公司委员会宣传部
24	2012 年度十佳乡村旅游区（点）	2013 年 12 月	连云港市旅游局
25	江苏省放心消费创建活动先进单位	2014 年 2 月	省集团公司
26	2013 年先进企业	2014 年 2 月	省集团公司
27	江苏省放心消费创建活动先进单位	2014 年 3 月	江苏省放心消费创建活动办公室
28	2013—2014 年度连云港市冬训工作先进单位	2014 年 3 月	连云港市委宣传部
29	江苏农垦 2014 年度新闻宣传工作先进单位	2014 年 5 月	集团公司党委
30	2013 年度综合先进单位	2014 年 5 月	省农垦集团公司
31	2012—2013 年度新浦区文明单位	2014 年 6 月	新浦区委、新浦区人民政府
32	2012—2013 年度文明单位	2014 年 6 月	连云港市委、连云港市人民政府
33	2014 年度江苏农垦思想政治工作课题研究 及征文活动优秀组织奖	2014 年 9 月	江苏省农垦职工思想政治工作研究会
34	2014 年度江苏农垦电视"好新闻"三等奖	2014 年 9 月	江苏省农垦职工思想政治工作研究会
35	江苏农垦第三届广场舞比赛三等奖	2014 年 10 月	江苏省农垦工会
36	2015 年度江苏农垦广播"好新闻"三等奖	2014 年 12 月	省农垦集团公司宣传部
37	2013—2014 年度连云港市冬训工作先进单位	2015 年 1 月	连云港市委宣传部
38	先进基层党组织	2015 年 2 月	省集团公司委员会

（续）

编号	荣誉称号或奖项	发放时间	发放单位
39	2014 年度经济建设和社会发展目标一等奖	2015 年 2 月	海州区委、海州区人民政府
40	连云港市厂务公开管理示范单位	2015 年 3 月	连云港市厂务公开协调小组
41	2014 年度优秀志愿服务组织奖	2015 年 5 月	连云港市宣传部、文明办、市委委员会、志愿者协会
42	2015 年江苏农垦文化艺术节（器乐）三等奖	2015 年 5 月	省农垦集团公司
43	2014 年度优秀志愿服务组织奖	2015 年 5 月	连云港市宣传部、文明办、市委委员会、志愿者协会
44	连云港市厂务公开管理示范单位	2015 年 6 月	连云港市厂务公开协调小组
45	2015 年度江苏农垦新闻宣传工作先进单位	2015 年 9 月	集团公司
46	2013—2014 年市级守合同重信用企业	2015 年 11 月	连云港市工商行政管理局
47	江苏省农垦现代农业产业园区	2015 年 11 月	江苏省农业委员会、江苏省海洋与渔业局
48	江苏农垦二○一五年度优秀政研会	2015 年 11 月	江苏省农垦职工思想政治工作研究会
49	2013—2014 年市级守合同重信用企业	2015 年 11 月	连云港市工商行政管理局
50	2015 年度江苏农垦新闻宣传工作先进单位	2015 年 12 月	集团公司委员会
51	云台农场科协组织建设先进单位	2016 年 3 月	连云港市科学技术协会
52	江苏省五一巾帼标兵岗	2016 年 3 月	江苏省总工会
53	"十二五"全市扶残助残先进单位	2016 年 5 月	市人民政府残疾人工作委员会
54	云台农场科协组织建设先进单位	2016 年 5 月	连云港市科学技术协会
55	无公害农产品产地认定证书	2016 年 6 月	江苏省农业委员会
56	先进基层党组织	2016 年 7 月	省集团公司委员会
57	江苏省文明单位	2016 年 9 月	江苏省精神文明建设指导委员会
58	江苏农垦电视"好新闻"二等奖	2016 年 11 月	江苏省农垦集团有限公司委员会宣传部
59	2016 年度优秀微信公众号	2016 年 11 月	江苏省农垦集团有限公司委员会宣传部
60	2016 年度江苏农垦新闻宣传工作先进单位	2016 年 11 月	江苏省农垦集团有限公司委员会宣传部
61	2016 年度江苏农垦思想政治研究工作先进单位	2016 年 12 月	江苏省农垦职工思想政治工作研究会
62	2016 年度建设有功单位	2017 年 2 月	中共连云港高新区党工委、连云港高新区管委会
63	江苏农垦 2016 年度优秀协（学）会	2017 年 2 月	江苏农垦工会
64	2016 年度全区宣传思想文化工作先进集体	2017 年 3 月	中共连云港高新技术产业开发区工作委员会
65	江苏农垦第四届职工广场舞比赛二等奖	2017 年 5 月	江苏农垦
66	2015—2016 年度市级守合同重信用企业	2017 年 8 月	连云港市工商行政管理局
67	2012—2017 年度企业文化建设优秀单位	2017 年 11 月	中国企业文化研究会
68	连云港市工会 2016 年度财务工作先进单位	2017 年 12 月	连云港市总工会
69	2017 年度江苏农垦思想政治工作研究先进单位	2018 年 1 月	省农垦职工思想政治工作研究会、省农垦集团有限公司党委宣传部
70	2017 年度信访工作"四无"乡镇（街道、场）先进单位	2018 年 2 月	连云港市信访工作联席会议
71	2017 年度建设高新区优秀单位	2018 年 3 月	连云港高新区工作委员会、高新技术产业开发区委员会
72	2017 年度全区党风廉政文化建设先进单位	2018 年 3 月	高新区纪工委、高新区监察局

（续）

编号	荣誉称号或奖项	发放时间	发放单位
73	模范职工之家	2018 年 4 月	江苏省总工会
74	女职工"新时代巾帼颂——好书悦读" 展演大赛优秀组织奖	2018 年 5 月	连云港市总工会
75	连云港市首届全民健身运动会职工部拔河比赛第六名	2018 年 8 月	连云港市总工会
76	江苏农垦第二届艺术节文艺汇演大赛语言类一等奖	2018 年 9 月	大赛组委会
77	江苏省农垦第二届艺术节文艺汇演大赛创作类二等奖	2018 年 9 月	省农垦集团有限公司工会
78	江苏农垦模范职工之家	2018 年 11 月	省农垦工会
79	2018 年度建设高新区有功单位	2019 年 2 月	高新区工委会
80	2017—2018 年度党群工作先进单位	2019 年 2 月	连云港高新区技术产业开发区党群工作部
81	2018 年度全年信访工作先进单位	2019 年 2 月	连云港市信访工作联席会议
82	2017—2018 年度政法维稳工作先进单位	2019 年 3 月	中共连云港高新技术产业开发区政法委员会
83	2016—2018 年度先进基层党组织	2019 年 6 月	中共连云港高新技术产业开发区工作委员会
84	省属企业信访维稳工作先进单位	2019 年 9 月	江苏省政府国有资产监督管理委员会
85	江苏省文明单位	2019 年 12 月	江苏省精神文明建设指导委员会
86	守合同重信用企业	2019 年 12 月	连云港市市场监督管理局
87	《云台职工魏敏：随时为病人输送"熊猫血"》 2019 年度网络"好新闻"	2019 年 12 月	中国共产党江苏省农垦集团有限公司委员会宣传部
88	2019 年度先进企业	2020 年 3 月	江苏省农垦集团有限公司
89	江苏农垦企业文化阵地建设优秀单位	2020 年 3 月	江苏省农垦集团有限公司党委宣传部
90	先进基层党组织	2020 年 4 月	中共江苏省农垦集团有限公司委员会
91	江苏省五一劳动奖	2020 年 4 月	江苏省总工会
92	2019 年度服务高质量发展有功单位	2020 年 5 月	中共连云港高新区工委
93	优秀读书组织	2020 年 11 月	江苏省农垦集团有限公司工会委员会
94	《生态宜居新云台》优秀短视频	2020 年 11 月	江苏省农垦集团有限公司工会委员会
95	2020 年度江苏农垦电视"好新闻"二等奖	2020 年 12 月	中国共产党江苏省农垦集团有限公司委员会宣传部
96	模范职工小家	2021 年 2 月	江苏省农垦工会
97	2019—2020 年度宣传思想文化工作先进单位	2021 年 3 月	中共江苏省农垦集团有限公司委员会
98	2020 年优秀政研分会	2021 年 3 月	江苏省农垦职工思想政治工作研究会
99	连云港市五一巾帼标兵岗（华缘营销部）	2021 年 3 月	连云港市总工会
100	全国工会职工书屋示范点	2021 年 11 月	中华全国总工会
101	连云港市优秀工会工作者（白文丽）	2021 年 12 月	连云港市总工会
102	连云港市"三星级职工书屋"	2021 年 12 月	连云港市总工会
103	连云港市十佳模范职工小家	2021 年 12 月	连云港市总工会
104	2019—2021 年度省级文明单位	2022 年 1 月	江苏省精神文明委

1978—2011 年云台农场所辖单位（部分）荣誉见表 8-6。

表 8-6　1978—2011 年云台农场所辖单位（部分）荣誉

获得年限	授奖单位	荣誉称号或奖项	授予单位
1978 年	云台农场医院	计划生育工作成绩奖	江苏省革命委员会
1979 年	云台农场四分场	全国农垦系统先进集体	国家农垦部

（续）

获得年限	授奖单位	荣誉称号或奖项	授予单位
1979 年	云台农场四分场	省农业先进单位	江苏省人民政府
1984 年	连云港云台无线电元件厂	生产成绩显著奖	江苏省农垦总公司
1984 年	云台农场医院	先进科技单位	江苏省农垦总公司
1984 年	连云港云台无线电元件厂	民兵整顿先进人武部	江苏省农垦总公司
1985 年	连云港云台无线电元件厂	先进集体	江苏省农垦总公司
1985 年	连云港云台无线电元件厂	文明单位	连云港市人民政府
1985 年	云台农场工会	先进职工之家	江苏省农垦工会
1985 年	云台农场医院	江苏省农垦系统先进集体	江苏省农垦总公司
1986 年	连云港云台无线电元件厂	场办工业竞赛成绩显著奖	江苏省农垦总公司
1986 年	云台农场工会	先进职工之家	江苏省农垦工会
1987 年	云台农场派出所	颁发居民身份证先进单位	连云港市人民政府
1988—1991 年	连云港云台无线电元件厂	省级文明单位	江苏省人民政府
1988 年	云台农场二分场四大队	大豆丰产方二等奖	江苏省农林厅
1988 年	云台农场四分场十四大队	棉花丰产方四等奖	江苏省农林厅
1988 年	云台农场工会	先进职工之家	江苏省农垦工会
1988 年	云台农场工会	共保合同二等奖	连云港市总工会市体改革市计经委
1988 年	云台农场二分场	棉花百亩高产试验四等奖	江苏省农林厅
1988 年	云台农场二分场	大豆高产一等奖	江苏省农林厅
1988 年	云台农场四分场	棉花百亩高产试验二等奖	连云港市人民政府
1989—1990 年	连云港云台无线电元件厂	特级信用企业	中国农行省分行
1989 年	连云港云台无线电元件厂	工业生产成绩显著奖	江苏省农垦总公司
1989 年	江苏省云台农场小学	农垦系统先进单位	江苏省农垦总公司
1989 年	云台农场计划生育委员会	计划生育二等奖	连云港市人民政府
1989 年	人民武装部	支持部队改革和建设先进单位	连云港市人民政府
1990 年	云台农场四分场十四大队	大麦百亩高产优胜奖	江苏省农垦总公司
1990 年	云台农场工会	先进职工之家	江苏省农垦工会
1990 年	云台农场工会	共保杯奖	连云港市总工会
1990 年	多种经营服务中心	水产丰收奖杯	江苏省农垦总公司
1990 年	人民武装部	拥军优属先进人武部	连云港市人民政府
1990 年	人民武装部	民兵整顿先进人武部	连云港市人民政府
1991 年	云台农场变电所	市级文明单位	连云港市人民政府
1991 年	人民武装部	民兵整顿先进人武部	连云港市人民政府
2008 年	普山管理区	模范职工小家	江苏省总工会
2010 年	花果山外向型农业管委会	2009 年度江苏农垦学习型班组（集体）	江苏省农垦集团有限公司工会委员会
2010 年	云台农场水电管理中心	连云港市工人先锋号	连云港市总工会

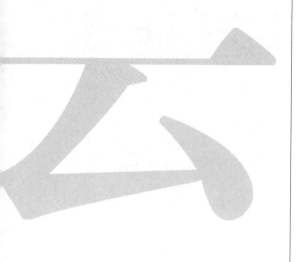

江苏云台农场志

Jiangsu Yuntai NongChang Zhi

后记

盛世修志，志载盛世。编修地方志是中华民族的优秀历史文化传统。

《江苏云台农场志》的修编，在公司党委的领导和关怀下，经过全体编纂人员的共同努力，现已完成编纂，不日将付梓出版。本志是在2012年版《云台农场志》的基础上进行修编。

2020年6月8日，农场公司党委决定启动《江苏云台农场场志》编纂工作，并成立场志编纂工作领导小组。组长：王信学；副组长：宋光锋、黄祖兵、钱海祥、韩跃武、匡洪萍、骆元；成员：农场公司、社区、农发云台分公司各部门、单位负责人。职责：全面负责场志编纂工作的组织领导、检查督导、考证考核、资料审定、评审及制定编纂方案工作。场志编纂领导小组下设办公室，具体负责场志编纂日常工作。由农场公司、社区、农发云台分公司及各驻场单位确定的场志编纂工作具体负责人，主要职责为场志编纂。办公室作为收集史料、整理文档、编审志史的工作机构，负责制定场志目录、大纲、资料收集方案，培训修志人员，召集编志工作座谈会、专题研讨会及评审会，组织开展全场史料及有关疑问的考证与甄别工作，撰写、编审和印制场志。

在修编过程中，场志办的同志本着"真实、准确、完整"的六字方针，召开了6次座谈会，走访了100多名相关人员，查阅了

5000 多份档案，对部分章节进行了调整和整合。本次编纂工作得到了海州区地方志编委会主编孙大伟的鼎力相助，江苏省农林志专家黄平南和南京知青苏鸿熹的指导，机关各部门、各单位提供翔实史料，在此表示衷心的感谢！

史海楫舟传文明、志苑耕耘写春秋。《江苏云台农场志》时跨七十年，事涉千条线，内容纷繁，资料不全，由于我们水平有限，加之某些历史资料缺乏，疏漏和舛误在所难免，敬祈各级领导、方志专家和读者批评指正，以便在今后续修时纠谬补遗。